地球の歩き方 J12 ● 2024〜2025年版

SHIKOKU

COVER STORY

弘法大師・空海により開かれてから、
1200年以上の歴史がある四国霊場88ヵ所。
最初は僧たちの修行のための旅路だったお遍路は
今や多くの観光客が訪れる人気の巡礼路となっています。
第1番札所から88番まですべて参拝する「通し打ち」をするもよし、
いくつかの札所を回る「区切り打ち」もよし。
札所を回るときは、常に大師様が一緒にいてくださいます。
その心を忘れず、ルールを守ってお遍路札所を回りましょう。

地球の歩き方編集室

SHIKOKU
CONTENTS

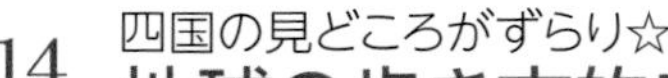

CONTENTS

取り外して持ち歩ける

別冊マップ

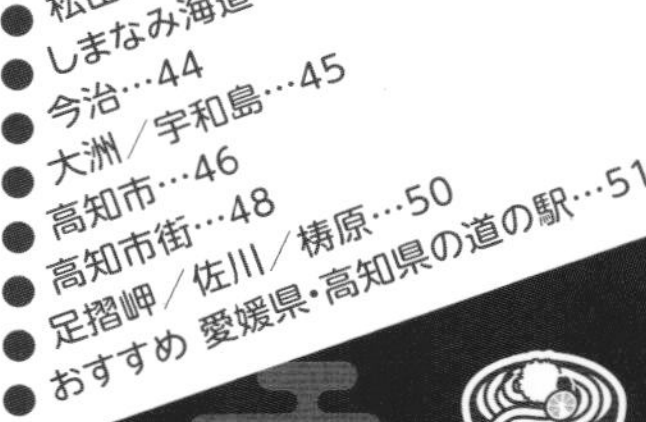

GLOBE-TROTTER TRAVEL GUIDEBOOK

地球の歩き方編集室

四国全図

A
B
広島県
東広島市
三原市
尾道北IC
広島IC
志和IC
河内IC
吉和IC
中国自動車道
五日市IC
広島Jct
広島空港
尾道IC
広島東IC
西条IC
山陽新幹線
廿日市市
廿日市Jct
広島市
広島駅
東広島駅
P.14-15 ドライブマップ⑥
竹原市
尾道駅
尾道市
因島北IC
羅漢山
大野IC
宮島駅
宮島ロープウエー
呉市
竹原駅
佐木島
生口島
因島
山口県
岩国市
大竹市
厳島
大竹IC
呉駅
野呂山
大三島IC
大崎上島町
大崎上島
大三島
伯方島
上島町
1
岩国IC
新岩国駅
江田島
岩国駅
岩国空港
大黒神島
下蒲刈島
上蒲刈島
大崎下島
しまなみ海道
伯方島IC
大島北IC
大島
倉橋島
来島海峡大橋
大島南IC
今治北IC
玖珂IC
安居島
今治駅
瀬戸内
今治IC
今治市
柳井駅
柳井市
柱島
神島
津和地島
予讃線
中島
浮島
今治湯ノ浦IC
壬生川駅
伊予西条駅
いよ西条IC
屋代島
松山市
東予丹原IC
平生町
興居島
奥道後ロープウェイ
いよ小松Jct
長島
松山駅
松山市駅
東温市
平野林道
西条市
松山空港
平郡島
松前町
松山IC
川内IC
石鎚山
石鎚登山ロープウェイ
伊予市駅
伊予IC
伊予市
砥部町
松山自動車道
愛媛県
久万高原町
仁淀川町
2
P.24-25 ドライブマップ⑪
大洲市
内子町
越知町
大洲IC
内子駅
内子五十崎IC
伊予大洲駅
P.16-17 ドライブマップ⑦
P.18-19 ドライブマップ⑧
佐川駅
佐川町
大洲北只IC
八幡浜駅
伊方町
八幡浜市
梼原町
津野町
須崎東IC
西予市
須崎市
卯之町駅
西予宇和IC
鬼北町
中土佐IC
佐田岬
中土佐町
土讃線
四万十町
宇和島北IC
松丸駅
四万十町東
四万十町中央IC
宇和島駅
予土線
窪川駅
宇和島南IC
松野町
P.22-23 ドライブマップ⑩
津島岩松IC
宇和島市
四万十市
黒潮町
中村駅
愛南町
宿毛市
3
土佐くろしお鉄道
中村・宿毛線
(四万十くろしおライン)
宿毛駅
四万十川
三原村
土佐清水市
大月町
沖の島
足摺岬
P.20-21 ドライブマップ⑨
A
B

0
1:750,000
15km
C
D
水島IC
玉野市
宇野駅
倉敷市
笠岡市
P.33 直島
直島町
児島駅
瀬戸大橋線
児島IC
土庄町
寒霞渓ロープウェイ
小豆島
豊島
小豆島町
P.30-31 小豆島／豊島
P.12-13 ドライブマップ⑤
瀬戸中央自動車道
P.4-5 ドライブマップ①
北木島
広島
本島
高松駅
坂出駅
坂出市
高松西IC
高松東IC
志度駅
志度IC
津田東IC
白鳥大内IC
淡路島
西淡三原IC
宇多津町
丸亀駅
坂出IC
粟島
多度津駅
丸亀市
坂出Jct
多度津町
高徳線
さぬき市
淡路島南IC
神戸淡路鳴門自動車道
高松中央IC
三木町
長尾駅
引田IC
三豊市
善通寺駅
善通寺市
予讃線
高松空港
綾川町
香川県
東かがわ市
鳴門市
鳴門IC
鳴門北IC
琴平駅
琴平町
高松市
鳴門Jct
鳴門駅
観音寺駅
高松自動車道
満濃池
まんのう町
阿波市
土成IC
板野町
池谷駅
北島町
松茂町
藍住町
徳島阿波おどり空港
脇町IC
上板町
大野原IC
観音寺市
箸蔵山ロープウェイ
東みよし町
吉野川
石井町
徳島IC
徳島Jct
三好市
徳島自動車道
雲辺寺ロープウェイ
眉山ロープウェイ
徳島駅
之江駅
之江Jct
佃駅
美馬IC
貞光駅
徳島線
美馬市
阿波山川駅
吉野川市
鴨島駅
徳島市
徳島津田IC
南小松島駅
川之江東Jct
阿波池田駅
井川池田IC
神山町
佐那河内村
小松島市
P.10-11 ドライブマップ④
P.6-7 ドライブマップ②
勝浦町
阿南駅
新宮IC
三好市
つるぎ町
上勝町
津峯スカイライン
高知自動車道
土讃線
太龍寺ロープウェイ
阿南市
剣山
三嶺
徳島県
那賀町
本山町
大豊町
大豊IC
牟岐線
蒲生田岬
美波町
日和佐駅
牟岐町
高知県
香美市
海陽町
南国市
馬路村
大島
南国IC
阿波海南駅
香南市
芸西村
安芸市
阿佐海岸鉄道
後免駅
高知龍馬空港
安芸駅
北川村
東洋町
甲浦駅
高知駅
高知南IC
土佐くろしお鉄道 ごめん・なはり線
P.8-9 ドライブマップ③
安田町
奈半利駅
田野町
奈半利町
室戸市
室戸岬
太平洋
凡例
本誌掲載物件
見どころ
体験・アクティビティ
お遍路札所
グルメ
ショップ
宿泊施設
道の駅
P.000 掲載ページ
記号
都道府県庁
市区役所・町村役場
宿泊施設
学校
郵便局
警察署／交番
消防署
銀行
寺
神社
病院
空港
山頂
信号
ガソリンスタンド
コンビニエンスストア
セブン-イレブン
ファミリーマート
ローソン
ファストフード・カフェ
マクドナルド
ケンタッキーフライドチキン
モスバーガー
スターバックスコーヒー
道路・鉄道
高速道路
国道
県道
新幹線
JR線
私鉄線
ロープウェイ
1
2
C

ドライブMAP①香川・徳島

A
B
瀬戸内海
道の駅 源平の里むれ
大串自然公園 P.148
平賀源内旧邸 P.147
P.30-31 小豆島／豊島
琴電志度駅
さぬき市観光協会 P.146
平賀源内記念館 P.147
道の駅 津田の松原
志度寺 P.28
志度駅
志度IC
津田の松原（琴林公園）P.147
讃岐津田駅
白鳥大内SA
P.147 日本ドルフィンセンター
オレンジタウン駅
津田寒川IC
造田駅
さぬき三木IC
鶴羽駅
津田東IC
神前駅
長尾寺 P.28
琴電長尾線
長尾駅
P.148 門入の郷
富田茶臼山古墳 P.148
道の駅 みろく
丹生駅
高徳線
三本松駅
讃岐白鳥駅
香川のてぶくろ資料館 P.153
しろとり動物園
P.152 体験学習館マー
引田の町並み
讃州井筒屋敷
東かがわ手袋ギャラリー
塚原のから風呂 P.148
P.153 とらまるパペットランド
高松自動車道
白鳥大内IC
引田IC
三木町
さぬき市
P.153 水主三山（虎丸山・本宮山・那智山）
道の駅 ながお
P.152 東かがわ市歴史民俗資料館
引田駅
讃岐相生駅
大窪寺 P.28,149
香川県
東かがわ市
八十八庵 P.149
鵜の田尾トンネル
P.219 板野町歴史文化公園
P.219 徳島県立あすたむらんど
P.219 徳島木のおもちゃ美術館
P.86 たらいうどん新見屋
P.23,26 大日寺
道の駅 どなり
P.23,26 地蔵寺
阿波市
P.224 フルーツロード
技の館
P.221
上板SA
板野駅
P.26 熊谷寺
土成IC
道の駅 いたの
P.224 阿波の土柱
P.218 地域情報コーナー
P.26 切幡寺
P.26 十楽寺
上板町
徳島自動車道
安楽寺 P.26
P.26 法輪寺
美馬IC
脇町IC
阿波PA
麻植塚駅
鴨島駅
牛島駅
石井町
石井駅
下浦駅
阿波山川駅
山瀬駅
西麻植駅
吉野川
学駅
阿波川島駅
童学寺
国分寺
常楽寺
穴吹駅
川田駅
徳島線
阿波和紙伝統産業会館 P.223
P.221 地福寺
徳蔵寺
大畠酒造 P.222
藤井寺 P.26
吉野川市
P.221 徳島県野鳥の森
美郷ほたる館 P.223
神山町
P.223 高開の石積み
徳島県立神山森林公園
P.227 イルローザの森
P.223 船窪つつじ公園
P.226 佐那河内ジェラート
P.227 NATURE HEALING KAMIYAMA
道の駅 温泉の里神山
美馬市
佐那河内
P.26 焼山寺
P.34 徳島市周辺
脇町本町
川北街
P.233 PIZZA PUNTA
美馬市伝統工芸体
美来工房 P.232
P.232 吉田家住宅
P.230 美馬市観光交流センタ
道の駅 藍ランドうだつ
P.233 藍蔵
脇町橋
吉野

1:270,000
0
5km
C
D
周辺図 P.13
美馬
北橋
南橋
P.233
脇町劇場
オデオン座
うだつ上がる P.233
美馬市地域交流センター
ミライズ
脇町市民サービスセンター
キョーエイ
12
0
1km
1:11,000
洲本市
慶野松原
神戸淡路鳴門自動車道
緑PA
洲本IC
西淡三原IC
淡路ファームパーク
28
1
P.36 鳴門海峡
道の駅 うずしお
島田島
大鳴門橋
大塚国際美術館
鳴門北IC
大毛島
淡路島南IC
淡路島南PA
兵庫県
南あわじ市
吹上浜
2
P.254
北灘漁協直送
とれたて食堂
11
鳴門市
撫養駅
鳴門駅
道の駅 第九の里
鳴門IC
鳴門Jct
金比羅前駅
波大谷駅
池谷駅
立道駅
道の駅くるくる なると
松茂PA
松茂スマートIC
28
徳島阿波おどり空港
北島町
松茂町
勝瑞駅
吉成駅
徳島IC
徳島Jct
沼島
紀伊水道
佐古駅
徳島駅
吉野川
徳島南部自動車道
吉野川サンライズ大橋
318
公園
阿波富田駅
徳島沖洲IC
二軒屋駅
文化の森駅
徳島津田IC
島県立
博物館
地蔵橋駅
中田駅
南小松島駅
島県
島市
55
小松島市
阿波赤石駅
恩山寺
羽ノ浦駅
広島県
P.14-15
P.12-13
P.4-5
高松市
香川県
徳島市
松山市
P.16-17
P.10-11
徳島県
P.24-25
高知県
高知市
P.6-7
愛媛県
P.18-19
P.22-23
P.8-9
P.20-21
3

A
B
佐那河内村
道の駅 温泉の里神山
大川原高原 P.
神山町
雨乞の滝 P.227
P.229 RISE & WIN Brewing Co. BBQ & General Store
P.229 上勝町ゼロ・ウェイストセンター
正木ダム
雲早山
P.229 山犬嶽
P.228 樫原の棚田
剣山スーパー林道 P.229
高丸山
上勝町
P.65 HOTEL WHY
P.226 恐竜の里
穴吹川
坂州木頭川
徳島県
那賀町
那賀川
道の駅 もみじ川温泉
歩危峡
霧越峠
胴切山
P.248 轟の滝
辺川駅
牟岐町
牟岐駅
南阿波サンライン
P.249 貝の資料館
海部川
鯖瀬駅
海陽町
浅川駅
出羽島 P.2
阿波海南文化村
阿波海南駅
海部駅
海部川
道の駅 宍喰温泉
宍喰駅
水床湾
北川村
野根川
阿佐海岸鉄道
元祖海賊料理 海賊の家 P.248
甲浦駅
海中観光船ブルーマリン P.247
高知県
竹ヶ島 P.247
のきした豆腐カフェ
東洋町
白浜海水浴場 P.431
生見サーフィンビーチ
1
2
3

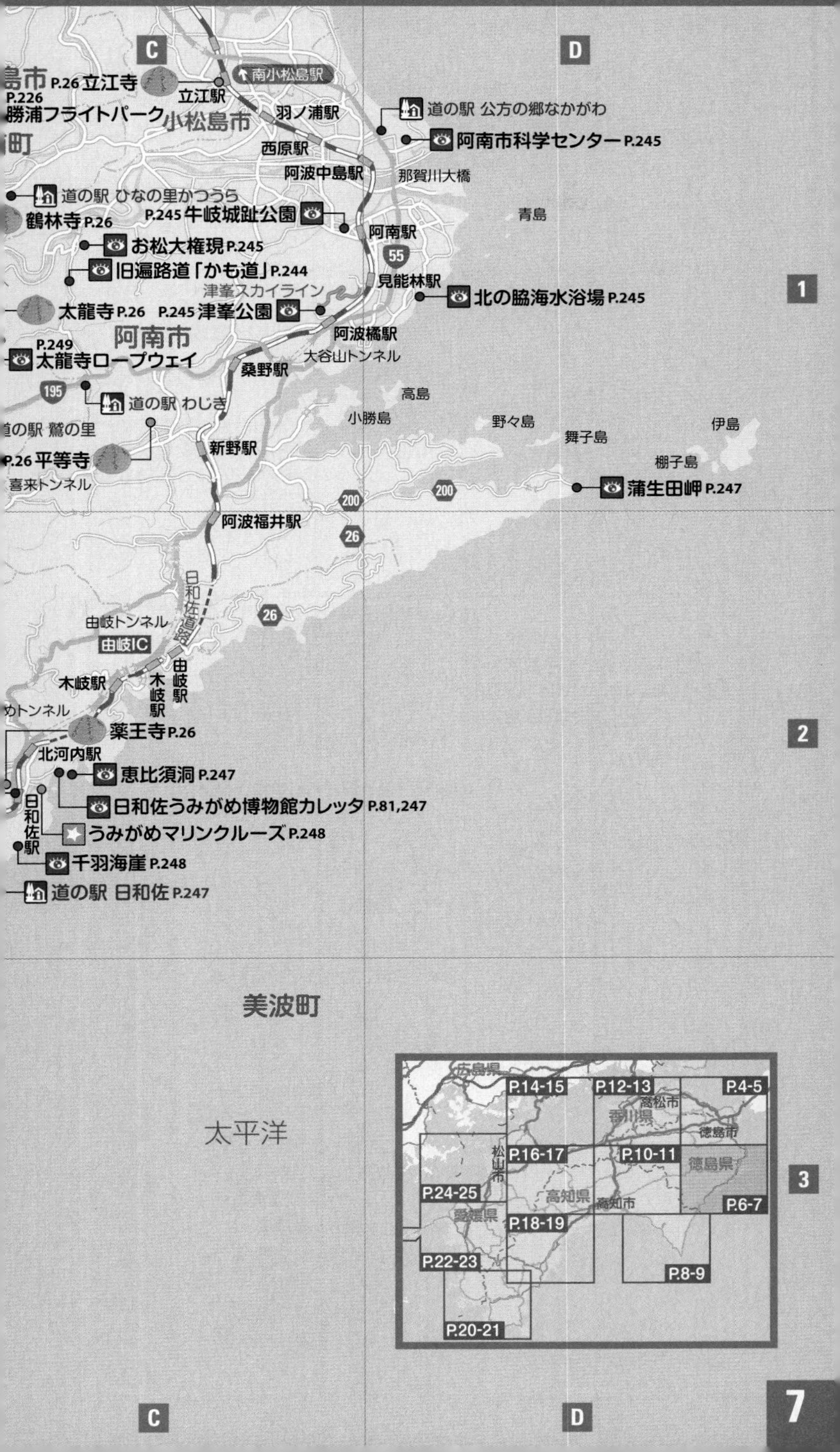

N 0 1:270,000 5km

C D

島市 P.26 立江寺
P.226
勝浦フライトパーク
町
南小松島駅
立江駅
小松島市
羽ノ浦駅
道の駅 公方の郷なかがわ
阿南市科学センター P.245
西原駅
阿波中島駅
那賀川大橋
道の駅 ひなの里かつうら
P.245 牛岐城趾公園
鶴林寺 P.26
阿南駅
青島
お松大権現 P.245
55
旧遍路道「かも道」P.244
見能林駅
津峯スカイライン
北の脇海水浴場 P.245
1
太龍寺 P.26
P.245 津峯公園
阿南市
阿波橘駅
P.249
太龍寺ロープウェイ
大谷山トンネル
桑野駅
195
道の駅 わじき
高島
道の駅 鷲の里
小勝島
野々島
舞子島
伊島
新野駅
P.26 平等寺
棚子島
喜来トンネル
200
200
蒲生田岬 P.247
阿波福井駅
26
日和佐道路
由岐トンネル
26
由岐IC
由岐駅
木岐駅
木岐駅
めトンネル
2
薬王寺 P.26
北河内駅
恵比須洞 P.247
日和佐駅
日和佐うみがめ博物館カレッタ P.81,247
うみがめマリンクルーズ P.248
千羽海崖 P.248
道の駅 日和佐 P.247

美波町

太平洋

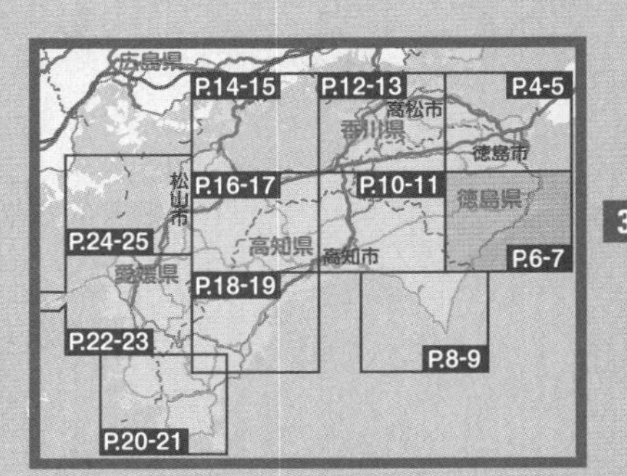

3

C D

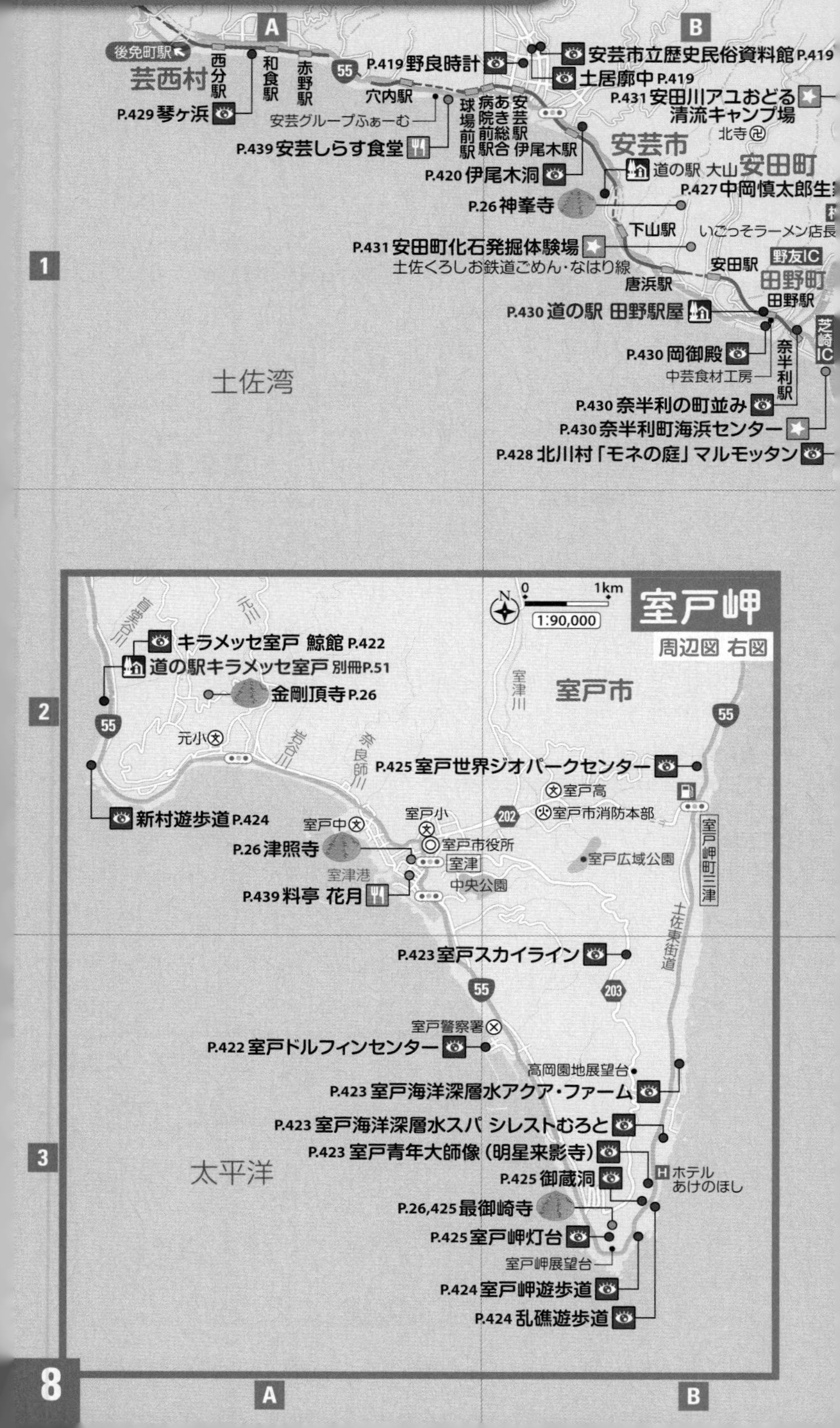

ドライブMAP③高知

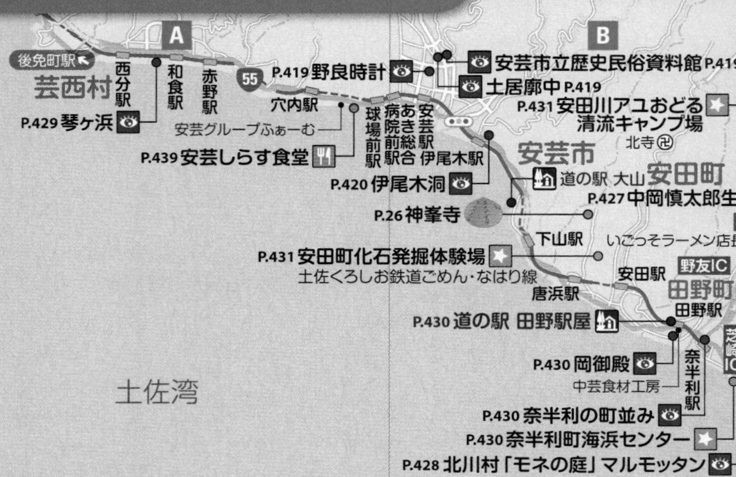

1

2

3

室戸岬

周辺図 右図

0 1km
1:90,000

三津坂トンネル
元川
キラメッセ室戸 鯨館 P.422
道の駅キラメッセ室戸 別冊P.51
金剛頂寺 P.26
室津川
室戸市
55
元小
岩谷川
奈良師川
P.425 室戸世界ジオパークセンター
室戸高
新村遊歩道 P.424
室戸小
202
室戸市消防本部
室戸中
P.26 津照寺
室戸市役所
室津
室戸広域公園
室戸岬町三津
室津港
P.439 料亭 花月
中央公園
土佐東街道
P.423 室戸スカイライン
55
203
室戸警察署
P.422 室戸ドルフィンセンター
高岡園地展望台
P.423 室戸海洋深層水アクア・ファーム
P.423 室戸海洋深層水スパ シレストむろと
P.423 室戸青年大師像（明星来影寺）
太平洋
P.425 御蔵洞
ホテル あけのほし
P.26,425 最御崎寺
P.425 室戸岬灯台
室戸岬展望台
P.424 室戸岬遊歩道
P.424 乱礁遊歩道

A B

1:270,000
0
5km
C
D
平鍋ダム
493
101
野根
北川村
野根山
東洋町
55
松林寺（慎太郎遺髪墓地）P.427
中岡慎太郎館 P.427
佐喜浜川
土佐東街道
368
西ノ川
高知室戸 漁船・遊漁船 海来 P.422
高知県
室戸市
368
吉良川の町並み P.423
55
吉良川魚処 玄～kuro～
むろと廃校水族館 P.81,422
室津川
金剛頂寺
道の駅 キラメッセ室戸
202
津照寺
203
室戸スカイライン
最御崎寺
室戸岬
左下図 室戸岬
太平洋
1
2
3
広島県
P.14-15
P.12-13
P.4-5
高松市
香川県
徳島市
P.16-17
P.10-11
徳島県
松山市
P.24-25
高知県
高知市
P.6-7
愛媛県
P.18-19
P.22-23
P.8-9
P.20-21
C
D

ドライブMAP④徳島・愛媛・高知

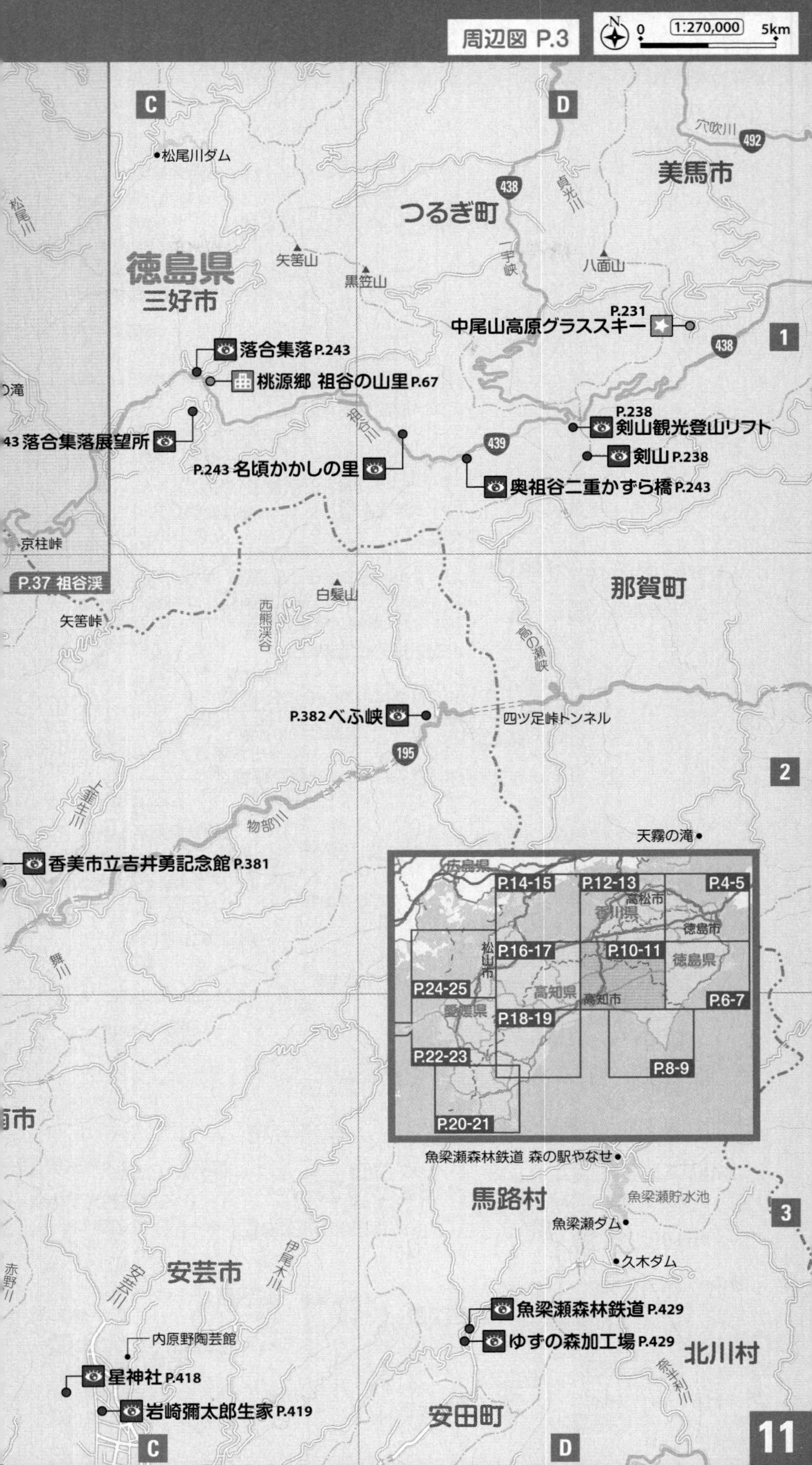
周辺図 P.3
N
0
1:270,000
5km
C
D
松尾川ダム
穴吹川
492
美馬市
438
貞光川
つるぎ町
松尾川
矢筈山
一宇峡
八面山
徳島県
三好市
黒笠山
P.231
中尾山高原グラススキー
1
落合集落 P.243
438
桃源郷 祖谷の山里 P.67
の滝
P.238
祖谷川
剣山観光登山リフト
43 落合集落展望所
439
剣山 P.238
P.243 名頃かかしの里
奥祖谷二重かずら橋 P.243
京柱峠
P.37 祖谷渓
那賀町
白髪山
西熊渓谷
矢筈峠
高の瀬峡
P.382 べふ峡
四ツ足峠トンネル
195
2
上韮生川
物部川
天霧の滝
香美市立吉井勇記念館 P.381
広島県
P.14-15
P.12-13
P.4-5
高松市
香川県
徳島市
舞川
松山市
P.16-17
P.10-11
徳島県
P.24-25
高知県
高知市
P.6-7
愛媛県
P.18-19
P.22-23
P.8-9
南市
P.20-21
魚梁瀬森林鉄道 森の駅やなせ
馬路村
魚梁瀬貯水池
3
魚梁瀬ダム
久木ダム
伊尾木川
赤野川
安芸川
安芸市
魚梁瀬森林鉄道 P.429
内原野陶芸館
ゆずの森加工場 P.429
北川村
奈半利川
星神社 P.418
岩崎彌太郎生家 P.419
安田町
C
D
11

白石島
北木島
P.161 手島
P.161 小手島
P.161 広島
塩飽諸島
小飛島
真鍋島
大飛島
備後灘
P.171 佐柳島
六島
P.171 高見島
児島IC
瀬戸中央自動車道
P.155 瀬戸大橋スカイツアー
P.155 与島パーキングエリア
P.160 本島
道の駅 瀬戸大橋記念公園
P.161 牛島
P.163 香川県立東山魁夷せとうち美術館
P.155 瀬戸大橋記念公園
P.15 丸亀・坂出
道の駅 恋人の聖地 うたづ臨海公園
丸亀市
讃岐塩屋駅
丸亀駅
P.170 多度津町立資料館
P.170 家中舎
P.170 旧合田家住宅（島屋）
P.179 志々島
P.170 桃陵公園
P.179 粟島
多度津町
P.86 平野屋
多度津駅
P.24,28 道隆寺
P.178 フラワーパーク浦島
P.85 釜あげうどん 長田 in 香の香
詫間湾
P.170 林求馬邸
海岸寺駅
金蔵寺駅
P.178 紫雲出山
P.104 津島ノ宮駅
弥谷寺 P.24,28
P.32 善通寺
P.177 三豊市観光交流局
善通寺駅
詫間駅
鴨之越・丸山島
道の駅 ふれあいパークみの
善通寺市
山下うどん
三豊鳥坂IC
仁尾の町並み
三豊市
みの駅
王墓山古墳
P.179 蔦島
甲山寺 P.24,28
P.24,28 出釈迦寺
P.178 父母ヶ浜
P.24,28 曼荼羅寺
高瀬駅
高瀬PA
P.186
須崎食料品店
P.183 高屋神社
比地大駅
予讃線
11
P.174 二宮忠八飛行館
道の駅 空の夢もみの木パーク
本山駅
さぬきの豊中IC
P.15 観音寺
道の駅 ことひき
P.181 伊吹島
本山寺 P.28
財田川
377
観音寺駅
高松自動車道
道の駅 たからだの里さいた
大興寺 P.28
広島県
P.14-15
P.12-13
P.4-5
高松市
香川県
徳島市
松山市
P.16-17
P.10-11
徳島県
P.24-25
高知県
高知市
P.6-7
愛媛県
P.18-19
P.22-23
P.8-9
P.20-21
一の宮公園
豊浜駅
大野原IC
新猪ノ鼻トンネル
観音寺市
箕浦駅
豊浜SA
雲辺寺ロープウェイ
P.238 坪尻駅
P.237
三好市観光案内所
道の駅 とよはま
豊稔池堰堤
P.182
P.183 雲辺寺山頂公園
雲辺寺 P.28
吉野川
P.317 川之江城
P.317
紙のまち資料館
川之江駅
白地トンネル
阿波池田駅
土讃線
愛媛県
川之江Jct
川之江東Jct
徳島自動車道
池田PA
三縄駅
新境目トンネル
四国中央市
192
P.239 阿波池田うだつの家／たばこ資料館
新居浜駅
三島川之江IC
高知自動車道
上分PA
法皇トンネル
予讃線
伊予三島駅
三角寺 P.28
祖谷口駅
土居IC
新宮IC
319
新宮IC

1:270,000
0
5km
C
D
大島
稲毛島
P.26-27 高松市
女木島
木沢湾
五色台
大橋タワー
小瀬居島
名物かまど総本店 P.156
坂出市塩業資料館 P.156
天皇寺 P.28
根香寺
白峰寺
香西駅
道の駅 源平の里むれ
八栗寺
屋島寺
高松築港
高松駅
ことでん志度線
高徳線
栗林公園北口駅
鬼無駅
端岡駅
八十場駅
鴨川駅
讃岐府中駅
国分寺
国分駅
高松檀紙IC
高松中央IC
高松西IC
一宮寺
仏生山駅
栗林駅
木太町駅
屋島駅
古高松南駅
八栗口駅
讃岐牟礼駅
志度駅
高松東IC
高田駅
さぬき三木IC
志度IC
坂出IC
坂出Jct
城山展望台 P.155
府中湖PA
府中湖スマートIC
純手打うどん よしや P.187
滝宮駅
綾川駅
陶駅
畑田駅
一宮駅
空港通り駅
香川県
高松市
平木駅
学園通り駅
長尾駅
P.176 滝宮公園
なかむらうどん P.84
道の駅 滝宮
羽床駅
綾川町
P.129 公渕森林公園
P.150 太古の森
栗熊駅
道の駅 香南楽湯
P.85 山越うどん
P.470 高松空港
岡田駅
P.176 綾菊酒造
三木町
羽間駅
レオマリゾート P.159
高山航空公園 P.176
元祖しょうゆうどん 小縣家 P.186
P.129 高松市塩江美術館
国営讃岐まんのう公園 P.175
道の駅 しおのえ
満濃池
香川県満濃池森林公園 P.174
ひまわりの里まんのう P.175
山内うどん店 P.84
P.231 西照神社
大滝山
まんのう町
湯山荘 阿讃琴南 P.66
美馬市
P.231 旧長岡家住宅
三好市
道の駅 ことなみ
三頭トンネル
P.231 デ・レイケ公園
道の駅 みまの里
脇町IC
東みよし町
美馬の寺町 P.230
吉野川ハイウェイオアシス P.236
穴吹駅
P.4-5 美馬
箸蔵寺 P.239
道の駅 三野
徳島自動車道
美馬IC
道の駅 藍ランドうだつ
吉野川スマートIC
吉野川SA
半田手延べそうめん協同組合 P.234
徳島線
箸蔵駅
吉野川
貞光駅
小島駅
本楽寺 P.231
徳島駅
佃駅
辻駅
阿波加茂駅
三加茂駅
江口駅
阿波半田駅
道の駅 貞光ゆうゆう館
美濃田の淵
P.235 旧永井家庄屋屋敷
貞光二層うだつの町並み P.235
P.236 東みよし町立歴史民俗資料館
徳島県
つるぎ町
猿飼集落
水の丸ふれあい公園 P.236
P.235 土釜
1
2
3
11
193
32
377
438
492

P.14-15
P.12-13
P.4-5
P.16-17
P.10-11
P.24-25
P.6-7
P.18-19
P.22-23
P.8-9
P.20-21
広島県
三原市
山陽新幹線
三原駅
糸崎駅
尾道糸崎港
須波駅
小佐木島
黒滝山
呉線
忠海駅
安芸幸崎駅
三原瀬戸
大久野島
高根島
高根大橋
潮音山 向上寺
潮聲山 耕三寺
耕三寺博物館
瀬戸田PA
生口島
生口島北IC
多々羅大橋
多々羅展望台
生口島南IC
道の駅 今治市多々羅しまなみ公園
甘崎城
大三島IC
道の駅 しまなみの駅御島
今治市大三島美術館
大山祇神社
伯方の塩・大三島工場
契島
生野島
佐組島
松島
臼島
柵林島
船島
長島
津久賀島
大崎上島
大島上島町
神峰山
大三島
上浦PA
開山公園
大三島橋
大三島リモーネ
伯方島
伯方島IC
マリンオアシスはかた
ドルフィンファームしまなみ
ところミュージアム大三島
今治市伊東豊雄建築ミュージアム
中の瀬戸大橋
岡村大橋
平羅橋
小大下島
大下瀬戸
大下島
安芸灘オレンジライン
岡村島
今治市岩田健母と子のミュージアム
呉市
大崎下島
呉市豊町御手洗伝統的建造物群保存地区
伯方・大島大橋
鵜島
カレイ山展望公園
能島
戸代鼻
大島北IC
大島
村上海賊ミュージアム
よしうみバラ公園
津島
横島
大角鼻
九十九島
来島海峡大橋展望所
西瀬戸自動車道(しまなみ海道)
芸予要塞小島
来島海峡大橋
大島南IC
亀老山展望台
梶取ノ鼻
馬島
来島海峡
道の駅 よしうみいきいき館
来島海峡急流観潮船
波方駅
波止浜駅
今治北IC
来島海峡SA
P.42-43 しまなみ海道
延命寺
今治港
南光坊
今治城
今治駅
大西駅
今治IC
泰山寺
予讃線
小比岐島
比岐島
瀬戸内海
伊予亀岡駅
菊間駅
歌仙の滝
伊予北条駅
伊予富田駅
栄福寺
国分寺
平市島
小平市島
仙遊寺
伊予桜井駅
愛媛県
今治市
今治湯ノ浦IC
道の駅 今治湯ノ浦温泉
湯ノ浦温泉
玉川ダム
蒼社川
松山市
P.44 今治
壬生川駅

周辺図 P.2
1:270,000
0
5km
C
D
尾道大橋
尾道駅
向島
向島IC
尾道市
加島
百島
観音崎
因島大橋
横島
シーパーク大浜
水軍城 本丸（資料館）
因島
百貫島
因島公園
弓削島
弓削大橋
生名橋
上島町
佐島
豊島
観音寺
周辺図 P.12
観音寺市
有明浜ホースパーク P.182
有明浜海水浴場 P.182
観音寺中
根上がり松
興昌寺 P.181
琴弾公園 P.183
観音寺 P.28,181
銭形展望台
神恵院 P.28
財田川
染川橋
大小路橋
琴弾八幡宮
観音寺第一高
八幡
三架橋
P.181
世界のコイン館
琴弾廻廊
琴弾橋
道の駅 ことひき
新琴弾橋
興昌寺
三架橋
観音寺郵便局
トマト
高瀬駅
観音寺小
観音寺市民会館
一の谷川
P.180 大正橋プラザ（観光案内所）
300m
1:27,000
予讃線
観音寺駅
川之江駅
共同撰果場
丸亀・坂出
周辺図 P.12-13
児島IC
児島駅
瀬戸大橋線
瀬戸内海
番の州公園
坂出市観光案内所 P.154
P.163 小沢剛 讃岐醤油画資料館
1km
1:80,000
P.165 聖通寺山展望台
常盤公園
坂出北IC
別冊P.33
道の駅 恋人の聖地 うたづ臨海公園
P.165
宇多津古街
P.163 四谷シモン人形館 淡翁荘
坂出駅
P.78,165 四国水族館
P.165 天空のアクアリウム ソラキン（ゴールドタワー）
宇多津町役場
予讃線
高松駅
宇多津駅
郷照寺 P.28
坂出商高
P.187 日の出製麺所
丸亀うちわミュージアム P.158
P.165
P.156 鎌田共済会郷土博物館
P.159 一鶴 丸亀本店
青ノ山山頂展望台
宇多津町
坂出市
太助灯籠
P.160 丸亀港
御菓子司 寶月堂 P.159
津ノ郷
坂出IC
P.157 丸亀市観光案内所
丸亀市役所
藤井高
丸亀駅
大束川
瀬戸中央自動車道
P.49
うちわ工房「竹」
鍋谷
予讃線
丸亀高
飯野町
丸亀城 P.70,158
蓮池
高松西IC
讃岐塩屋駅
丸亀市立資料館 P.158
坂出Jct
飯野
P.162
中津万象園 P.158
丸亀市猪熊弦一郎現代美術館
香川県
高松自動車道
丸亀美術館 P.162
多度津駅
清水川
土器川
丸亀市
丸亀城西高
ゆめタウン
P.159
飯野山
善通寺IC
大島
みなとオアシス マリンパーク新居浜 P.316
多喜浜駅
四国中央市
赤星駅
新居浜市
予讃線
P.17

今治市
松山市
水ケ峠トンネル
高縄山
楢原山
石手川
東三方ヶ森
石手川ダム
奥道後ロープウェイ
今治湯ノ浦IC
今治駅
伊予三芳駅
P.28 吉祥寺
今治小松自動車道
P.28 宝寿寺
壬生川駅
予讃線
伊予小松駅
伊予氷見駅
東予丹原IC
玉之江駅
西山興隆寺
P.28 香園寺
いよ小松北IC
いよ小松IC
いよ小松Jct
石鎚山SA
道の駅 小松オアシス
黒瀬湖
P.38 石鎚神社 口之宮 本社
愛媛県
東温市
西条市
平野林道
P.28 横峰寺
前神寺 P.28
松山自動車道
重信川
鞍瀬川
川内トンネル
松山市駅
牛渕団地前駅
牛渕駅
見奈良駅
横河原駅
東温市観光物産協会 P.285
面木山
桜三里PA
伊予鉄道横河原線
川内IC
松山IC
P.286 母恵夢 スイーツパーク
P.286 坊っちゃん劇場
P.286 白猪の滝
黒森峠
唐岬ノ滝
P.39 石鎚登山ロープウェイ
石鎚スキー場
P.38,291 石鎚神社 土小屋遥拝殿
P.38 石鎚山
P.289 石鎚山登山口
P.291 土小屋terrace
上林森林公園 P.286
皿ヶ嶺連峰県立自然公園
三坂峠
三坂道路
P.291 面河渓
P.289 GOOD RIVER
面河ダム
P.291 面河山岳博物館
石鎚スカイライン
面河川
久万青銅之廻廊 P.289
久万川
久万高原天体観測館 P.292
P.291 おもご ふるさと
大寶寺 P.27
岩屋寺 P.27
町立久万美術館 P.288
道の駅 天空の郷さんさん 別冊P.51
久万高原町観光協会 P.287
内子町
久万高原町
上黒岩岩陰遺跡 P.288
真弓峠
御三戸嶽 P.288
道の駅 みかわ
P.367 仁淀川アウトドアセンター
仁淀川町
P.377 ひょうたん桜公園
中津山 (明神山)
P.377 中津渓谷 県立自然公園
P.288 花桃の里
P.377 上久喜の花桃
大渡ダム
仁淀川
岩屋川
P.289 八釜の甌穴群
ニヨドフライハイ P.377
P.14-15
P.12-13
P.4-5
広島県
高松市
香川県
徳島市
P.16-17
P.10-11
徳島県
松山市
高知県
高知市
P.24-25
愛媛県
P.6-7
P.18-19
P.22-23
P.8-9
P.20-21

1:270,000
0
5km
C
D
P.315 あかがねミュージアム
15 日暮別邸記念館
愛媛民藝館 P.313
滝の宮公園
新居浜駅
新居浜市観光物産協会 P.314
予讃線
関川駅
伊予土居駅
土居IC
入野PA
三島川之江IC
新居浜IC
鉄道歴史パーク in SAIJO P.313
中萩駅
松山自動車道
四国中央市
飯岡トンネル
いよ西条IC
道の駅 マイントピア別子
山根トンネル
別子ライン P.316
鹿森ダム
八堂山トンネル
富郷渓谷
P.315
愛媛県総合科学博物館
マイントピア別子 東平ゾーン P.319
富郷ダム
1
マイントピア別子 端出場ゾーン P.318
P.316
別子山ふるさと館
法皇湖
新居浜市広瀬歴史記念館
P.316
新居浜市
保土野渓谷甌穴群
194
大永山トンネル
銅山川
笹ヶ峰
白滝鉱山跡
寒風山トンネル
P.391 自然王国「白滝の里」
銚子滝
大川村
UFOライン（町道瓶ヶ森線）P.291,370
道の駅 木の香
吉野川
P.391 集落活動センター「結いの里」／村のえき
本川トンネル
大橋トンネル
本川サウナ ニジュマル
大橋貯水池
瀬戸川
194
2
稲村調整池
稲叢ダム
長沢貯水池
長沢ダム
瀬戸川渓谷
土佐町
大森川
にこ淵 P.366
大森川貯水池
大森川ダム
439
新大森トンネル
郷ノ峰峠
安居渓谷県立自然公園 P.366
194
高知県
いの町
道の駅 633美の里
P.66 オーベルジュ土佐山
439
新大峠トンネル
P.46-47 高知市
日ノ浦あじさい街道 P.376
名越屋沈下橋 P.367
高知市
P.367 屋形船仁淀川
越知町
P.370
土佐和紙工芸村くらうど
柳井駅
3
高知商業前駅
P.367
浅尾沈下橋
道の駅 土佐和紙工芸村
きび街道
P.375
横倉山
P.370 いの町紙の博物館
伊野駅
とさでん交通
日高村
P.376
横倉山自然の森博物館
波川駅
P.371 小村神社
伊野IC
朝倉駅
高知駅
P.371 日高村オムライス街道
枝川駅
高知自動車道
宮の前公園
佐川町
村の駅ひだか
土佐加茂駅
岡花駅
小村神社前駅
伊野駅
56
6 大樽の滝
日下駅
P.371
土讃線
めだか池（日下川調整池）
佐川駅
土佐IC
西佐川駅
C
D

西予市
内子町
久万高原町
仁淀川町
大野ヶ原 P.40
天狗高原 P.41
P.41 五段高原
カルストテラス P.41
四国カルスト
星ふるヴィレッジTENGU
韮ヶ峠 P.77
地芳トンネル
姫鶴平 P.40
439
津野町
四万十川源流点 P.39
P.48 和紙スタジオ かみこや
梼原町
440
フォレストアドベンチャー・高知
白龍湖
P.402 長沢の滝
道の駅 布施
P.405
P.77 那須俊平・信吾邸跡
神在居の千枚田
P.50下図 梼原
197
道の駅 ゆすはら
雲の上のギャラリー
P.407
高樋沈下橋
（大股沈下橋）
高研山トンネル
梼原川
四万十川
愛媛県
鬼北町
久保谷森林セラピーロード P.405
P.395 一斗俵沈下橋
高知県
四万十町
六反
松丸駅
十川駅
こいのぼり公園 P.399
仁井田
四万十町中央IC
381
予土線
道の駅 あぐり窪川
第一三島沈下橋 P.395
土佐昭和駅
P.399 四万十町観光協会
439
窪川
無手無冠
P.27,29,400 岩本寺
土佐大正駅
P.395
上岡沈下橋
四万十町西IC
四万十町郷土資料館
若井沈下橋
若井駅
道の駅 四万十大正
家地川駅
打井川駅
56
海洋堂ホビー館
四万十 P.400
荷稲駅
黒潮拳ノ
四万十市
海洋堂かっぱ館
P.400
土佐くろしお鉄道
中村・宿毛線
（四万十くろしおライン）
伊与喜駅
黒潮町
道の駅 なぶら土佐佐賀
ソルティーブ
土佐佐賀駅
佐賀公園駅
中村駅
広島県
P.14-15
P.12-13
P.4-5
高松市
香川県
徳島市
P.16-17
P.10-11
徳島県
松山市
P.24-25
高知県
高知市
P.6-7
愛媛県
P.18-19
P.22-23
P.8-9
P.20-21
A
B
1
2
3

1:270,000
0
5km
西佐川駅
伊野駅
P.371 猿田洞
日高村
P.27 清瀧寺
伊野IC
土佐IC
高知市
P.50下図 佐川
佐川駅
まきのさんの道の駅・佐川 別冊P.51
P.373 佐川ナウマンカルスト
宮地鮮魚店
襟野々駅
P.373 佐川町立佐川地質館
土佐市観光協会 P.368
蓮池公園 P.369
出間のヒマワリ畑
P.46-47 高知市
佐川町
斗賀野駅
P.376 聖神社（土佐の投入堂）
土佐市
土佐PA
土佐スマートIC
P.369 波介山展望公園
P.77 龍馬神社
土讃線
酔鯨酒造 土佐蔵 P.369
仁淀川河口大橋
かわうそ自然公園 P.402
高知自動車道
P.369 ホエールウォッチング宇佐
新荘川
吾桑駅
よさこいトンネル
須崎東IC
P.27 青龍寺
浦ノ内湾
P.403 横浪黒潮ライン
多ノ郷駅
大間駅
須崎市
須崎中央IC
武市半平太像
五色の浜・横浪メランジュ
駅 かわうその里すさき
須崎駅
鳴無神社 P.403
須崎西IC
土佐新荘駅
LOGOS PARK SEASIDE KOCHI SUSAKI P.403
須崎湾
安和駅
戸島
土佐町
土佐IC
右図 中土佐町
土佐久礼駅
道の駅 なかとさ
高知自動車道
土讃線
町東IC
中土佐町
周辺図 P.19
須崎駅
久礼小
西岡酒造
100m
1:11,000
多田水産
P.401,438 山本鮮魚店
P.401 久礼大正町市場
土佐久礼駅
土讃線
久礼郵便局
中土佐町
久礼八幡宮
P.401 中土佐町立美術館
中土佐ふるさと海岸
久礼駐在所
鰹乃國のめし家◎ 萬や
窪川駅
四万十市中心部
周辺図 P.21
後川橋
中村高・中
500m
1:40,000
P.397 四万十市郷土博物館
土佐中村郵便局
為松公園
中村中
中村小
東山小
菜の花の森
なごみ宿安住庵
後川
新ロイヤルホテル四万十
四万十市立市民病院
四万十市
渡川第2緑地
一條神社 P.397
渡川緑地
P.397 四万十市トンボ自然公園
四万十市役所
中村プリンスホテル
四万十川橋
具同小
四万十川
佐岡橋
四万十川学遊館あきついお
アピアさつき
中村南小
土佐くろしお鉄道 中村・宿毛線
土佐入野駅
中村駅
太平洋
P.396 四万十市観光協会
宿毛駅
具同駅
フジグラン
マルナカ
ケーズデンキ
渡川大橋
四万十IC
四万十消防署
中村警察署
1
2
3
C
D

A B

津島高田IC
P.322 日本庭園 南楽園
道の駅 津島やすらぎの里
宇和島道路
岩松の町並み P.322
津島岩松IC
竹ヶ島
4
28
56
愛媛県
宇和島市
1
篠山
須ノ川海岸
ゆらり内海
由良岬
46
愛南町
僧都川
内海
56
P.27 観自在寺
御荘湾
南レク
P.338 西海観光船
34
鹿島
道の駅 みしょうMIC
横島
紫電改展示館 P.338
P.338 石垣の里 外泊
7
深浦港
2
P.338 高茂岬
当木島
P.416 咸陽島

竜串
高知県立
足摺海洋館
SATOUMI P.80,411
土佐清水市
桜浜海水浴場
たつくし海中観光 P.411
321
ホテル南国
P.411 海のギャラリー
P.412 竜串海岸
P.411 竜串観光汽船
足摺海底館 P.411
0 200m
1:20,000
周辺図 右図

宿毛湾
大月

P.14-15 P.12-13 P.4-5
広島県 高松市 香川県 徳島市
松山市 P.16-17 P.10-11 徳島県
P.24-25 高知県 高知市 P.6-7
愛媛県 P.18-19
P.22-23 P.8-9
P.20-21

3
大堂山展望台
P.417 柏島
大堂海岸
蒲葵島
姫島
沖の島
太平洋

A B

周辺図 P.2

1:270,000
0
5km
C
D
8
P.394 岩間沈下橋
お菊の滝 P.398
441
439
四万十市
四万十川
P.408 黒潮町観光ネットワーク
道の駅 ビオスおおがた
黒潮町
窪川駅
P.394 勝間沈下橋
四万十カヌーとキャンプの里
かわらっこ P.392
P.398 安並水車の里
P.409
砂浜美術館
P.409
じぃんず工房大方
土佐入野駅
坂本ダム
P.394 佐田沈下橋
P.394 三里沈下橋
P.393 四万十の碧
P.398 入田ヤナギ林
石見寺山
P.398
42
西大方駅
56
4
P.19右下
四万十市中心部
土佐くろしお鉄道
中村・宿毛線
古津賀駅
具同駅
宿毛市
50
P.27 延光寺
土佐くろしお鉄道
中村・宿毛線
関IC
国見駅
中村駅
四万十IC
中筋川
四万十屋 P.438
中村宿毛道路
P.397
香山寺市民の森
56
有岡駅
平田駅
工業団地駅
平田IC
20
P.408 大方ホエールウオッチング
宿毛駅
宿毛和田IC
四万十川野鳥自然公園
四万十川
東宿毛駅
21
P.416
星ヶ丘公園(ヒメノボタンの里)
宿毛まちのえき林邸 P.416
P.409 大方あかつき館
土佐三原どぶろく合同会社 P.416
道の駅 すくも
サニーサイドパーク
三原村農業構造改善センター
三原村
46
321
21
321
28
高知県
土佐清水市
道の駅 ふれあいパーク大月
大岐海岸 P.413
道の駅 めじかの里
土佐清水
左図 竜串
P.413
大阪・海遊館
以布利センター
足摺サニーロード
P.417
樫西海岸
(弁天島)
P.411 見残し海岸
321
叶崎 P.413
金剛福寺
P.50上図 足摺岬
足摺岬
1
2
3

A
B
1
2
3
P.333 綱掛岩
P.334 岬の養蜂園
P.333 しらす食堂はなはな
伊方町
P.334 三崎港
P.334 ムーンビーチ井野浦
P.346 まりーな亭
正野野坂の石垣群
P.334 名取の石垣群
佐田岬 P.333
三崎灘
A-2へ
197
378
大洲
平家谷公園 P.335
簪女トンネル
八幡浜市
P.333 道の駅 伊方きらら館
大峠トンネル
P.335
パン・メゾン 八幡浜本店
P.87 ロンドン
八幡浜道路
P.335 八幡浜市水産物地方卸売市場
千丈駅
八幡浜駅
道の駅 八幡浜みなっと
P.335 八幡神社
伊方町
佐田岬メロディライン
道の駅 瀬戸農業公園
せと風の丘パーク
P.333
双岩駅
笠置峠古道
笠置トン
八幡浜大島
予讃
伊予石城駅
地大島
上宇和
新三瓶トンネル
須崎海岸
卯之
P.336 宇和文化の里休憩
高島
大崎鼻灯台
上図
広島県
P.14-15
P.12-13
P.4-5
高松市
香川県
徳島市
松山市
P.16-17
P.10-11
徳島県
P.24-25
高知県
高知市
P.6-7
愛媛県
P.18-19
P.22-23
P.8-9
P.20-21
宇和海
大良鼻
嘉島
P.323
遊子水荷浦の段畑
高島
戸島
遠戸島
契島
P.347 いかだ屋
黒島
権現山
横島
P.323 日振島

0 1:270,000 5km
C
D
伊予市駅
松山IC
伊予白滝駅
P.331 八日市・護国の町並み
P.330 内子町ビジターセンター
P.331 内子座
内子PA
木蝋資料館上芳我邸
別冊P.51
道の駅 内子フレッシュパークからり
道の駅 小田の郷せせらぎ
内子駅
内子五十崎IC
商いと暮らし博物館
五十崎駅
春賀駅
五郎駅
大洲IC
新谷駅
喜多山駅
予讃線
大洲北IC
内子町
伊予大洲駅観光案内所 P.324
伊予大洲駅
冨士山公園 P.326
大洲冨士IC
大洲肱南IC
大洲南IC
大洲北只IC
P.77 夜明けの道記念碑
泉谷の棚田 P.331
P.76 泉ヶ峠
P.77 男水自然公園
P.76 坂本龍馬脱藩之日記念館
P.77 韮ヶ峠
梼原町
道の駅 清流の里ひじかわ
荒間地トンネル
白髭トンネル
鳥坂トンネル
御在所山
鹿野川湖
松山自動車道
愛媛県
西予市
西予市立城川地質館
三滝渓谷
宇和米博物館 P.337
明石寺 P.27
開明学校 P.337
卯之町の町並み P.337
西予宇和IC
道の駅 きなはい屋しろかわ
P.337
四国西予ジオミュージアム
堂の坂の棚田
野村ダム
クアテルメ宝泉坊
下宇和駅
愛媛県歴史文化博物館 P.337
御在所山
仏木寺 P.27
龍光寺 P.27
伊予宮野下駅
二名駅
道の駅 日吉夢産地
鬼北町
広見川
立間駅
道の駅 みま
三間IC
予土線
大内駅
伊予吉田駅
務田駅
元祖 河合太刀魚巻店 P.321
深田駅
道の駅 広見森の三角ぼうし P.339
岩谷縄文遺跡
近永駅
出目駅
P.392
四万十川ジップライン
P.393, 別冊P.51 道の駅四万十とおわ
土佐大正駅
泉が森
高光駅
宇和島北IC
P.45下図 宇和島
北宇和島駅
道の駅 虹の森公園まつの
虹の森公園 P.339
P.339
成川渓谷
宇和島駅
芝不器男記念館
河後森城跡
松丸駅
吉野生駅
真土駅
中半家沈下橋
道の駅 うわじま きさいや広場
滑床渓谷 P.339
半家駅
P.394
長生沈下橋
薬師谷渓谷 P.323
宇和島南IC
松野町
西ヶ方駅
四国横断自動車道
宇和島市
高知県
四万十市
目黒ふるさと館
江川崎駅
道の駅よって西土佐
P.393
黒尊渓谷
松尾トンネル
津田高田IC

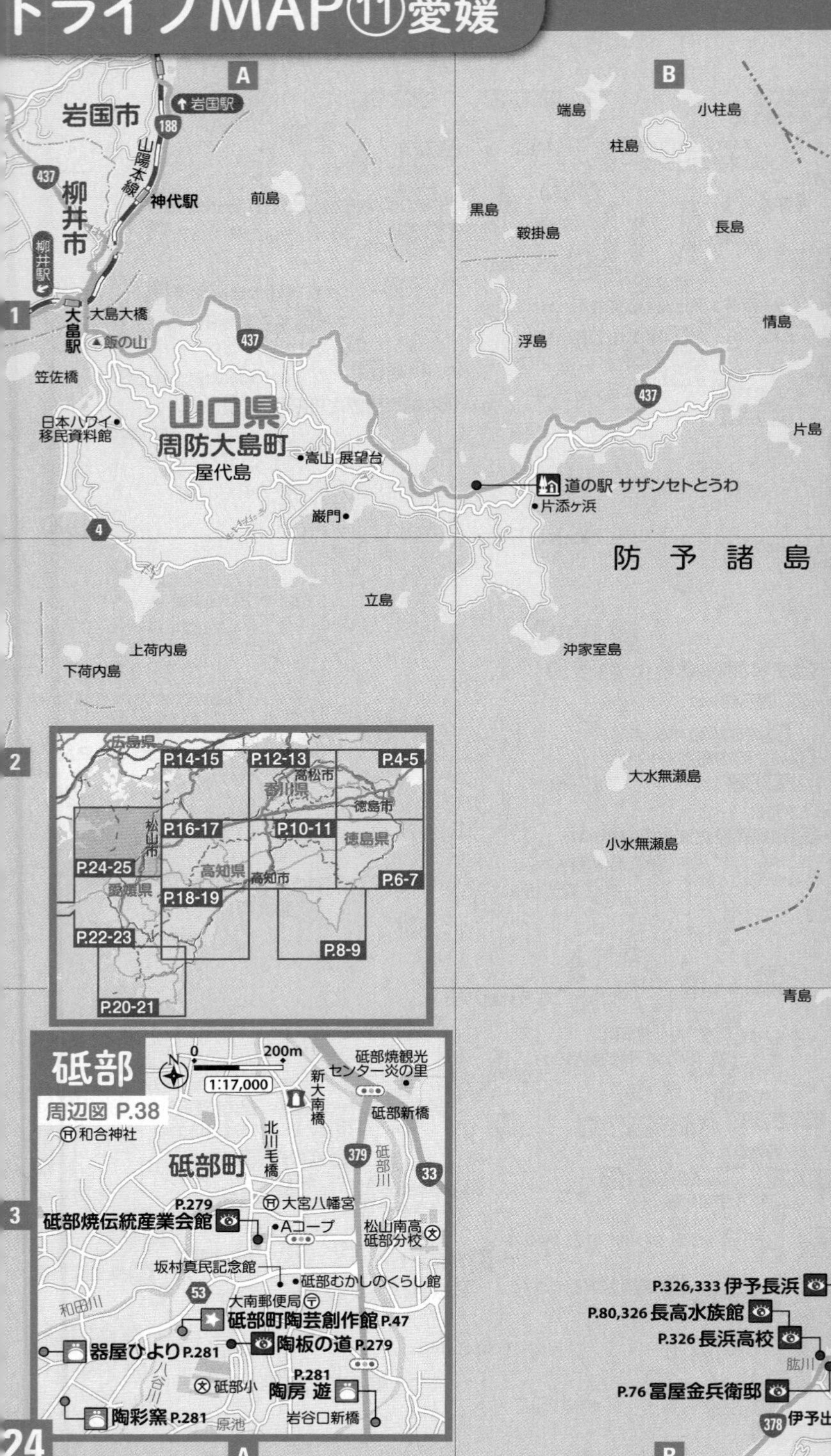
A
B
岩国市
岩国駅
188
山陽本線
437
柳井市
柳井駅
神代駅
前島
端島
小柱島
柱島
黒島
鞍掛島
長島
1
大島大橋
大畠駅
飯の山
437
浮島
情島
笠佐橋
437
片島
日本ハワイ移民資料館
山口県
周防大島町
屋代島
高山 展望台
道の駅 サザンセトとうわ
片添ヶ浜
嵩門
4
防予諸島
立島
上荷内島
下荷内島
沖家室島
2
広島県
P.14-15
P.12-13
P.4-5
高松市
香川県
徳島市
P.16-17
P.10-11
徳島県
松山市
P.24-25
高知県
高知市
P.6-7
愛媛県
P.18-19
P.22-23
P.8-9
P.20-21
大水無瀬島
小水無瀬島
青島
砥部
0
200m
1:17,000
砥部焼観光センター炎の里
新大南橋
砥部新橋
周辺図 P.38
和合神社
北川毛橋
379
砥部川
砥部町
33
3
P.279
砥部焼伝統産業会館
大宮八幡宮
Aコープ
松山南高砥部分校
坂村真民記念館
砥部むかしのくらし館
53
大南郵便局
和田川
砥部町陶芸創作館 P.47
器屋ひより P.281
陶板の道 P.279
八谷川
P.281
砥部小
陶房 遊
陶彩窯 P.281
原池
岩谷口新橋
P.326,333 伊予長浜
P.80,326 長高水族館
P.326 長浜高校
肱川
P.76 冨屋金兵衛邸
378
伊予出
A
B

0 1:270,000 5km
P.38 松山市
小館場島
大館場島
西中港
怒和島
P.277 中島
神浦港
二神島
小市島
由利島
伊予灘
大浦港
睦月島
野忽那島
P.277 興居島
由良湾
釣島
小富士
大浦駅
道の駅 風早の郷風和里
浅海駅
菊間駅
予讃線
伊予北条駅
柳原駅
粟井駅
光洋台駅
堀江湾
堀江駅
松山市
円明寺
太山寺
伊予和気駅
高浜駅
伊予鉄道高浜線
三津浜駅
山西駅
奥道後公園
奥道後ロープウェイ
石手寺
道後温泉
大宝寺
松山駅
松山市駅
松山空港
土居田駅
繁多寺
浄土寺
平井駅
福音寺駅
伊予鉄道横河原線
伊予鉄道郡中線
鎌田駅
市坪駅
重信川
松山IC
古泉駅
西林寺
横河原駅
松前駅
松前町
北伊予駅
新川駅
南伊予駅
伊予横田駅
伊予灘SA
とべ動物園
鳥ノ木駅
八坂寺
浄瑠璃寺
伊予市駅
砥部町
伊予IC
向井原駅
衝上断層公園 P.279
三坂道路
伊予大平駅
P.284 犬寄峠の黄色い丘
高野川駅
明神山トンネル
P.283 ふたみシーサイド公園「道の駅ふたみ」
愛媛県
伊予市
伊予上灘駅
夕やけこやけライン
中山スマートIC
P.283 下灘駅
道の駅 なかやま
P.346 潮路
黒岩岳トンネル
下灘珈琲 P.283
P.283 夕焼けぴちぴち市
伊予中山駅
串駅
農村工芸体験館
道の駅 ひろた
松山自動車道
喜多灘駅
大洲市
内子町
伊予立川駅
伊予大洲駅
立山トンネル
196
317
33
56
378
440
379
380
C
D
1
2
3

A B

小槌島
大崎ノ鼻
瀬戸内海
16
五色台 P.129
瀬戸内海歴史民俗資料館 P.129
1
亀水湾
生島湾
五色台スカイライン
玉川池
総合運動公園
植松町
16
休暇村讃岐五色台
生島町
大山池
坂出市
五色台トンネル
今池
香西寺
本津川
うみまち商店街
桑崎池
根香寺 P.28
香西駅
郷東町
昭和町
香東川
西行法師の道 P.156
33
峰山公園展望台
白峯寺 P.28
P.125 旧御殿水源地（高松市水道資料館）
香川誠陵高
御殿貯水池
鞍谷池
高松西高
峰山公園
2
予讃線・瀬戸大橋線
鬼無駅
高月池
大池
浄願寺山
五色台温泉
新池
新池
峰山口
香川高等専門学校
神崎池
端岡駅
11
国分寺 P.28
国分駅
壇紙
松尾神社
前谷東
高松檀紙IC
田中東
讃岐府中駅
野間
御厩池
11
関の池
伽藍山
中間町
33
英明高
新名
ザ・ビッグ
高松西IC
12
西永井
新池
坂出駅
六ツ目山
P.28 一宮寺
高松自動車道
39
32
円座駅
一宮駅
府中湖PA
府中湖スマートIC
堂山
円座バイパス
香東川
橘池
44
3
総合運動公園
坂出Jct
府中湖
相生北
17
岡本駅
香川中央高
手打うどん 田村 P.83
奈良須池
綾川町
羽間池
香川町大野
綾南バイパス
イオンモール
ことでん琴平線
挿頭丘駅
北條池
一本松
畑田駅
39
鶏生池
193
32
44
綾川町南
綾川駅
ひだまり公園あやがわ（ヤドン公園）P.176
小田池
13
陶駅

A B

周辺図 P.13

1:93,000
0
2km
C
D
大島
竹居観音寺
女木島
庵治漁港
遠見山
大池
創造の森
P.81,128 新屋島水族館
P.128 獅子の霊巌展望台
P.28 屋島寺
屋島スカイウェイ
立石港
P.28 八栗寺
八栗山
八栗山上駅
八栗ケーブル
八栗登山口駅
P.28 高松市街
高松港
高松駅
高松築港
玉藻公園
片原町駅
今橋駅
松島二丁目駅
沖松島駅
高松パブリックゴルフコース
高松市役所
香川県庁
瓦町駅
P.128 四国村ミウゼアム
古高松駅
八栗駅
牟礼
六万寺駅
高松市石の民俗資料館
高松北高
八栗新道駅
ことでん志度線
春日川駅
潟元駅
琴電屋島駅
屋島駅
古高松南駅
大町駅
八栗口駅
讃岐牟礼駅
志度駅
詰田川西
片田
花園駅
栗林駅
高徳線
木太町駅
高松大
新川
東部運動公園
羽間上池
羽間下池
栗林公園
栗林公園駅
詰田川
松縄町
宮の原
三条駅
林道駅
木太東口駅
国立病院機構高松医療センター
屋島カントリー倶楽部
ゆめタウン
野田池
春日川
天神町
大池
久米池
伏石駅
元山駅
高松中央IC
水田駅
前田西町
高松東IC
さぬき三木IC
長池
太田駅
高松桜井高
高松自動車道
志度IC
西前田駅
ハローズ
香川大医学部
香川大医学部附属病院
多肥小北
香川大創造工学部
高松東高
男井間池
高田駅
ことでん長尾線
仏生山駅
高松市
由良山
女井間池
P.127 仏生山
農学部前駅
平木駅
学園通り駅
平木尾池
池戸駅
DCM
P.150 白山
法然寺
住蓮寺池
仏生山公園
フジグラン
十川東町
平田池
三木町役場
松池
三郎池
P.150 三木まんで願鏡
蓮池
長尾駅
糠山池
実相寺山
上佐山
三木町
下赤坂東
池田町
坂瀬池
C
D

N
0
1:27,000
500m
周辺図 P.27
A
B
1
2
3
高松港
P.29 高松駅周辺
フェリー乗り場
高松シンボルタワー
高松サンポート
JRホテルクレメント 高松
高松駅
高松築港駅
レクザムホール
玉藻公園
香川県立ミュージアム
北浜alley P.126
159
香川県立中央病院
福岡町1
高松漁港
坂出駅
瀬戸大橋通り
瀬戸大橋線・予讃線
高徳線
寿町
高松北警察署
裁判所
高松中央郵便局
高松三越
片原町駅
高松競輪場
ザ・セレクトン 高松
新番丁小
173
30
P.127
菊池寛記念館
P.125
旧香川県立体育館
マルナカ
高松市美術館
ことでん琴平線
高松工芸高
高松市役所
番町
今橋駅
ことでん志度線
香川大
高松高
中央公園
160
紫雲中
高松赤十字病院
香川県警察本部
香川県庁
43
幸町
11
高松市こども未来館
瓦町駅
北消防署
香川大附属高松小
天神前
高松商高
高松第一小
亀阜小
石清尾八幡宮
中新町
P.185
手打十段うどんバカー
英明高
上福岡
花園駅
栗林公園北口駅
高松市
花園小
172
高徳線
栗林駅
稲荷山
P.94,123
かがわ物産館「栗林庵」
栗林小
P.122 栗林公園
P.123 南湖周遊和船
P.123 掬月亭
フジ
栗林公園駅
高松第一高
163
大手前高松高・中
観興寺
桜町中
御坊川
室町
ハローズ
中央公園
室山
奥の池
室新町
P.185 手打ちうどん大蔵
今里町
松縄町
280
松縄流石中央公園
東ハゼ町
三条町
三条駅
マルヨシセンター
ゆめタウン高松
仏生山駅

周辺図 P.28

0 1:12,000 200m
小豆島、直島行きフェリー乗り場
高松港 P.130
サンポート高松公園
高松マリーナ
P.126 高松シンボルタワー
高松港旅客ターミナルビル
第一浮桟橋
第二浮桟橋
高松サンポート
JRホテルクレメント 高松
サンポート高松玉藻
水城通り
P.118,480 香川・高松ツーリストインフォメーション
高松駅前
高松駅
コム高松
高松築港駅
P.126 史跡高松城跡 玉藻公園
レクザムホール
香川県立ミュージアム P.127
大橋線・予讃線
高徳線
味庄 P.184
寿町
瀬戸大橋通り
高松センチュリーホテル
高松北警察署
日本銀行高松支店
法務合同庁舎
ことでん琴平線
ホテルリブマックス高松駅前
P.185 手打ちうどん植田
P.189 天勝 本店
高松中央郵便局
高松三越
マルナカ
高松東急REIホテル
マルヨシセンター
片原町駅
高松中央商店街
リーガホテルゼスト高松
高松市
フェリー通り
喫茶 城の眼 P.125
高松市美術館 P.127
高松丸亀町商店街 P.126
紺屋町
Osteria enne P.188
工芸高
穴吹学園高
骨付鳥 一鶴 高松店 P.189
番町1
高松市役所
P.189 酒と料理のなつ
丸亀町グリーン
ロイヤルパーク ホテル高松
香川県文化会館
番町
今橋駅
高松高
高松市立中央公園
ドーミーイン高松
P.124
県庁舎東館
百十四銀行本店 P.125
瓦町1
県庁北
P.184 うどん職人 さぬき麺之介
ことでん志度線
高松赤十字病院
香川
香川県警本部
菊池寛通り
香川県庁
高松病院
瓦町駅
天然温泉 玉藻の湯 ドーミーイン高松中央公園前
さか枝うどん本店 P.184
香川大附属高松小
高松国税総合庁舎
瓦町 FLAG
コンフォートホテル高松
花園駅
英明高
中新町
ことでん長尾線
スーパーホテル高松
マルナカ
ことでん琴平線
八幡通り
P.49 讃岐かがり手まり保存会
中央町
栗林公園駅
C
D
1
2
3

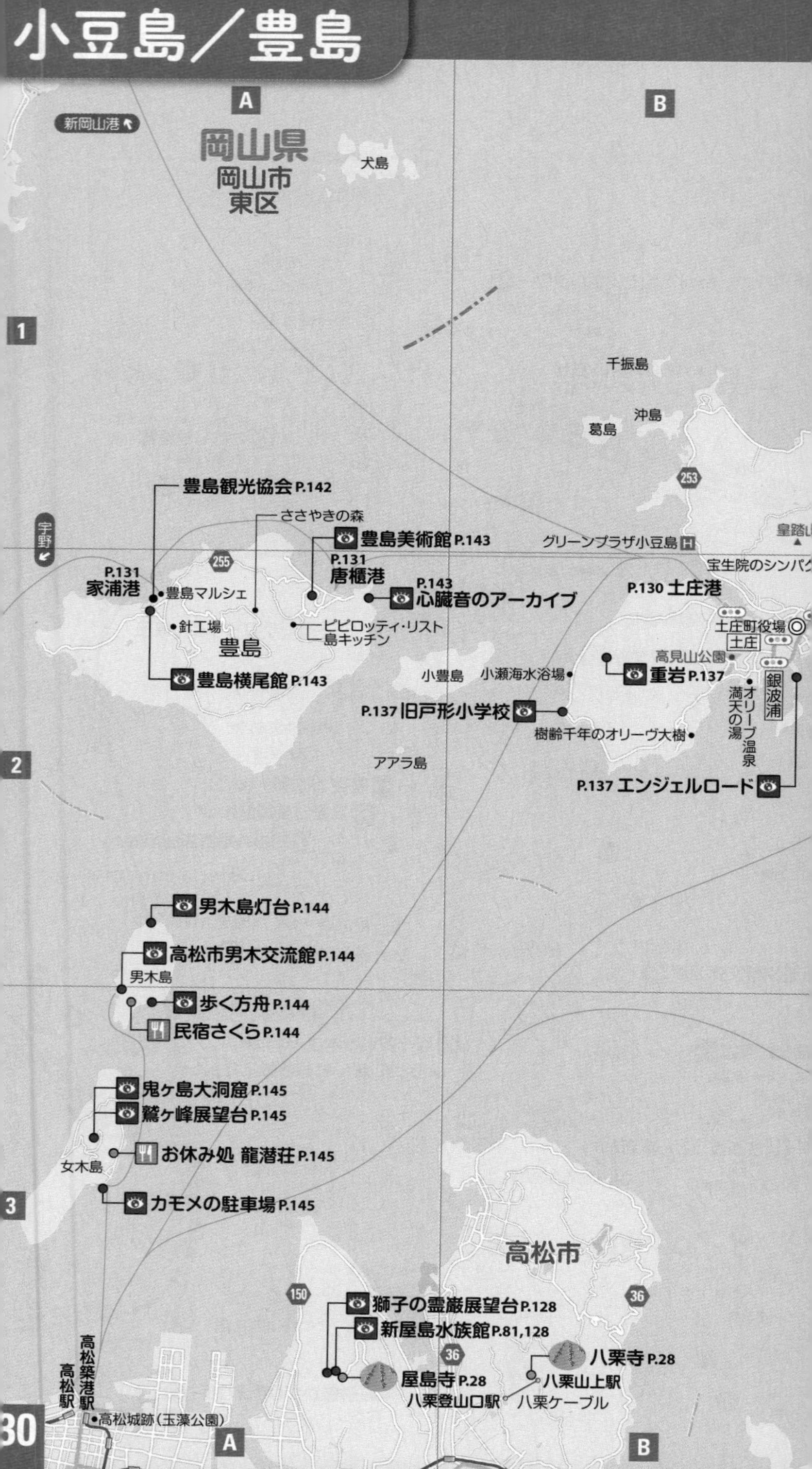
A
B
新岡山港
岡山県
岡山市
東区
犬島
1
千振島
沖島
葛島
253
豊島観光協会 P.142
ささやきの森
宇野
豊島美術館 P.143
グリーンプラザ小豆島
皇踏山
255
P.131
家浦港
P.131
唐櫃港
宝生院のシンパク
豊島マルシェ
P.143
心臓音のアーカイブ
P.130 土庄港
針工場
ピピロッティ・リスト
島キッチン
土庄町役場
豊島
土庄
高見山公園
小豊島
小瀬海水浴場
重岩 P.137
銀波浦
豊島横尾館 P.143
オリーブ温泉
満天の湯
P.137 旧戸形小学校
樹齢千年のオリーヴ大樹
2
アアラ島
P.137 エンジェルロード
男木島灯台 P.144
高松市男木交流館 P.144
男木島
歩く方舟 P.144
民宿さくら P.144
鬼ヶ島大洞窟 P.145
鷲ヶ峰展望台 P.145
お休み処 龍潜荘 P.145
女木島
3
カモメの駐車場 P.145
高松市
150
36
獅子の霊巌展望台 P.128
新屋島水族館 P.81,128
36
八栗寺 P.28
高松築港駅
高松駅
屋島寺 P.28
八栗山上駅
八栗登山口駅
八栗ケーブル
高松城跡（玉藻公園）
A
B

1:130,000
0
2km
C
D
日生
吉田東展望台
P.134
オートビレッジ YOSHIDA
田井浜海水浴場
大島
大部港
小島
P.134
シマアソビ
26
福田港
姫路
道の駅
残石記念公園
31
吉田川
遠手浜
海水浴場
香川県
小豆島町
1
オリビアン小豆島
夕陽ヶ丘ホテル
小島
土庄町
26
246
銚子渓おさるの国 P.135
小豆島シーサイドゴルフクラブ
四方指展望台 P.137
27
小豆島スカイライン
寒霞渓ロープウェイ
436
小豆島大観音
P.137 寒霞渓
中山千枚田
小豆島ブルーライン
26
252
こまめ食堂 P.135
小豆島
29
肥土山農村歌舞伎舞台 P.135
P.133
小豆島八十八ヶ所霊場第42番札所 西之瀧
別当川
安田大川
城ヶ島
井上誠耕園 ファームズテーブル 忠左衛門
平木
小豆島町役場
なかぶ庵 P.134
P.137 MINORI GELATO
池田港 P.130
安田
道の駅 小豆島オリーブ公園 P.133
宿舎 小豆島
小豆島オリーブ園
P.132
醤の郷 P.133
P.133
内海湾
道の駅・海の駅 小豆島ふるさと村
ベイリゾートホテル小豆島
2
池田湾
249
小豆島手延べそうめん館
岬の分教場・二十四の瞳館
P.130 坂手港
小島
瀬戸の浜海水浴場
坂手湾
二十四の瞳映画村 P.135
風ノ子島
神戸
大角鼻灯台
福部島
釈迦ヶ鼻園地 P.135
地蔵崎灯台
瀬戸内海
3
ぬき市野外音楽広場テアトロン
大串自然公園 P.148
さぬきワイナリー
さぬき市
C
D

琴平／善通寺

琴平

1:16,000　0　300m

周辺図 P.12

善通寺駅
ことでん琴平
琴平駅
高燈籠 P.173
琴電琴平駅
琴平郵便局
染匠 吉野屋 P.32
P.33 浪花堂餅店
こんぴら温泉湯元八千代
P.61 御宿 敷島館（共立リゾート）
金陵 P.33
琴平小
P.172 かがわ・こんぴら観光案内所
P.32 灸まん本舗石段や本店
琴平町
P.32 本家 船々堂
琴平海洋博物館（海の科学館）P.173
白峰神社
松尾寺
琴平グランドホテル桜の抄
P.33 五人百姓 池商店
旧金毘羅大芝居（金丸座）
P.60 とら丸旅館
琴平花壇
P.30 金刀比羅宮
高橋由一館
琴平公園 P.173
三穂津姫神社
カフェ&レストラン 神椿
金刀比羅宮 旭社
愛宕神社
金倉川
土讃線

善通寺

1:20,000　0　300m

周辺図 P.12

満賀池
多度津駅
本郷通り
土讃線
マルヨシセンター
善通寺グランドホテル
まちなか黒板アート P.167
DCM
P.104 善通寺
善通寺看護学校
P.166 まんでがん おしゃべり広場
本郷通り
中通り
マルナカ
片原町通り
四国こどもとおとなの医療センター
善通寺ステーションホテル
善通寺市美術館
善通寺郵便局
赤門筋
P.168 旧善通寺偕行社
善通寺第一
P.166 善通寺市観光交流センター
善通寺市役所
ZENキュー
熊岡菓子店
東門
第14旅団善通寺自動車教習
五重塔
P.24,28,167 総本山善通寺
四国学院大
総本山善通寺 西院
乃木神社
仲多度合同庁舎
東中
中央小
P.168 旧陸軍第11師団騎兵隊兵舎（四国学院大学2号
香川縣護國神社
P.167 香色山ミニ八十八ヵ所
消防本部
稲荷大明神
西中
香色山
ゆうゆうロード
P.168 旧陸軍第11師団兵器庫（陸上自衛隊善通寺駐屯地倉庫）
騎兵隊兵舎
浄證寺
熊ヶ池
西部小
弘田川
乃木館（陸上自衛隊善通寺駐屯地資料館）P.168
善通寺市

周辺図 P.3

0 1:75,000 1km

C
D
茶屋町駅
宇野駅
430
玉野市役所
宇野港
京ノ上臈島
井島
山県
野市
局島
風戸港
寺島
家島
1
葛島
香川県
直島町
向島
直島
256
直島港（本村港）
宮浦ギャラリー六区
家プロジェクト
直島町役場
P.139 直島銭湯「I♥湯」
256
直島中
ANDO MUSEUM P.139
荒神島
「赤かぼちゃ」
直島小
P.131 宮浦港
256
P.138 直島町観光協会
尾高島
海の駅なおしま
北ゲート
P.139 地中美術館
杉本博司ギャラリー 時の回廊
つつじ荘
東ゲート
P.139 李禹煥美術館
P.64 ベネッセハウス
P.140 ベネッセハウス ミュージアム
柏島
瀬戸内海
高松港
2

おすすめ 香川県・徳島県の道の駅

海を眺めながらひと休み

道の駅 恋人の聖地 うたづ臨海公園

みちのえき こいびとのせいち うたづりんかいこうえん

MAP 別冊P.15-C2

瀬戸内海に面した臨海公園。園内には、宇多津の特産品を販売するコーナーや、カフェなどが併設されている。また約50年前まであった塩田を復元し実際に塩づくり体験ができる塩田や、四国水族館（→P.78）も。

住 香川県綾歌郡宇多津町浜一番丁4
TEL 0877-49-0860　営 9:00～21:00（カフェは～19:00）
休 月曜（祝日の場合は翌日）
交 高松自動車道坂出ICから車で約10分　P 54台

1 園内にある「海と空のカフェ」 2 宇多津町で栽培されている古代米をパンに。セットの古代米サンドランチはドリンク代+792円 3 かつて栄えた宇多津町での製塩業。塩田体験は1週間前までに予約が必要

体験型食のテーマパーク

道の駅くるくる なると

みちのえきくるくる なると

MAP 別冊P.34-B1

鳴門市にある道の駅。1階には鳴門金時を使用したスイーツショップや、新鮮魚介を扱う食堂、農産物マルシェなど計10店舗が集まる。2階には全長約85mのジップラインがあるのでぜひ体験を。

住 徳島県鳴門市大津町備前島蟹田の越338-1
TEL 088-685-9696
営 9:00～17:00、飲食店は10:00～16:00LO　休 なし
料 ジップライン800円（ウェブサイトから要予約）
交 徳島自動車道鳴門ICから車で約5分　P 152台

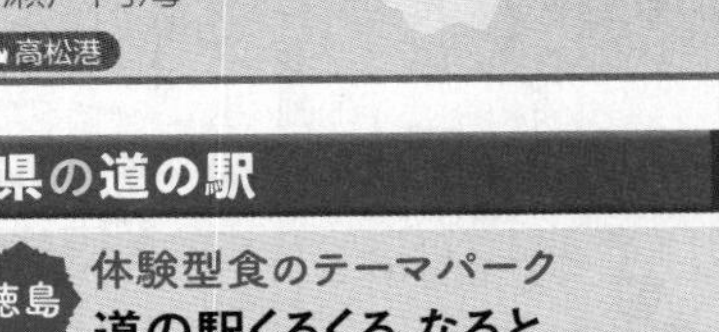

1 農産物マルシェ・物販コーナーには徳島・鳴門を中心とした特産品が並ぶ 2 1階にある「大渦食堂」の大渦5色丼1580円。マグロや鯛を使用した贅沢な一杯 3 スリル満点のジップラインを楽しもう

徳島市周辺
0 1:130,000 2km
周辺図 P.4-5
A
B
1
2
3
鳴門市
鳴門北IC
神戸淡路鳴門自動車道
鳴門駅
鳴門Jct
鳴門IC
撫養駅
鳴門渦潮高
28
金比羅前駅
教会前駅
高松自動車道
鳴門線
立道駅
阿波大谷駅
P.36 鳴門海峡
P.210 陶業会館 梅里窯
P.210 大西陶器
P.210 窯元 森陶器
P.210 田村陶芸
P.210 矢野陶苑
P.210 佳美窯
P.211 大麻比古神社
P.210 鳴門市ドイツ館
鳴門西PA
道の駅 第九の里
P.210 大谷焼の里
P.23,26 極楽寺
引田IC
板野IC
板東駅
池谷駅
P.22,26 霊山寺
板野の愛宕山古墳
高徳線
阿波川端駅
門前一番街 P.22
ドイツ村公園
板野町役場
金泉寺 P.23,26
板野駅
板野町
引田駅
P.46 本藍染矢野工場
旧吉野川
松茂PA
松茂スマートIC
道の駅 くるくる なると 別冊P.33
11
P.220 松茂町歴史民俗資料館・人形浄瑠璃芝居資料館
徳島阿波おどり空港
松茂町役場
今切川
松茂町
藍住町
P.217 藍住町バラ園
P.217 勝瑞城館跡
勝瑞駅
北島町役場
北島町
藍住町役場
P.220 北島チューリップ公園
土成IC
藍住IC
正法寺川
吉成駅
P.251 中華そば かわい
P.220 月見ヶ丘海浜公園
徳島自動車道
名田橋
四国三郎橋
高徳線
P.203 阿波木偶人形会館
徳島IC
四国大
徳島Jct
吉野川
P.217 藍住町歴史館 藍の館
P.202 徳島県立阿波十郎兵衛屋敷
吉野川橋
吉野川大橋
P.250 中華そば やまきょう
徳島ゴルフ倶楽部
P.26 井戸寺
小松島
P.35 徳島駅周辺
府中駅
鮎喰駅
蔵本駅
徳島線
佐古駅
徳島駅
徳島市民病院
阿波しらさぎ大橋
徳島大
支那そば 巽屋
吉野川サンライズ
徳島商高
石井駅
318
むつみパーク蔵本
石井町
P.251 可成家
徳島市役所
徳島市立高
徳島南部自動車道
192
観音寺 P.26
眉山公園
阿波富田駅
徳島県庁
徳島沖洲IC
阿波史跡公園 P.207
眉山 P.204
國分寺 P.26
徳島市
新町川
眉山カントリークラブ
城南高
二軒屋駅
アスティとくしま
常楽寺 P.26
徳島びっくり日曜市 P.200
鮎喰川
法花IC
文化の森IC
文化の森駅
徳島津田IC
園瀬川
上八万IC
大日寺 P.26
徳島南環状道路
P.204 徳島県文化の森総合公園
大松川
P.201 徳島県立博物館
徳島県立近代美術館
徳島県立鳥居龍蔵記念博物館
地蔵橋駅
日峯大神子広域公園
日峰山
P.251 岡本中華
P.207 とくしま植物園
P.207 とくしま動物園
STELLA PRESCHOOL
ANIMAL KINGDOM
小松島西高
中田駅
佐那河内村
P.225 小松島ステーションパーク
小松島市役所
小松島市
439
P.225 旗山の源義経騎馬像
南小松島駅
山神果樹薬草園 P.226
勝浦川
牟岐線
55
P.203 犬飼農村舞台
P.26 恩山寺
田野川
阿波赤石駅
羽ノ浦駅
34

徳島駅周辺

1:14,000 200m
徳島市
徳島県立文学書道館 P.205
徳島駅バル P.207
徳島駅前地下自転車駐車場 P.197
徳島駅
徳島市立
徳島城博物館 P.205
トクシマウェルカムセンター P.196,480
P.86,250 中華そば
いのたに本店
あわぎん眉山ロープウェイ P.204
阿波おどり会館 P.205
しんまちボードウォーク P.206
とくしまマルシェ P.200
SunSunマーケット P.200
P.253 O-ba'sh cafe.
P.206 ひょうたん島クルーズ
P.252 割烹 四国三郎
みその P.253
紺屋町 よしこの P.253
徳島魚問屋 とゝ喝 P.252
徳島健生病院
興源寺
香蘭高
助任小
徳島中
水道局
前川橋
出来島公園
ハローワーク徳島
西の丸橋
助任川河岸緑地
中央武道館
内町小
徳島市立体育館
徳島大
助任橋
助任新橋
鳴門教育大附属小
徳島地方合同庁舎
高徳線
新町川
助任川
仁心橋
ザ・グランドパレス 徳島
あわぎんホール
JRホテルクレメント徳島
藍場町
春日橋
藍場浜公園
アミコ
ダイワロイネットホテル
ホテルサンルート徳島
徳島中央公園
検察庁
城東高
元町
八百屋町
東光寺
新町橋
徳島中央郵便局
徳島中央警察署
徳島本町
裁判所
徳島市役所
新町橋2
徳島眉山神社
寺島公園
徳島東消防署
税務署
新町小
両国橋
瑞巌寺
中洲町1
東大工町
ハイパーイン ホテル越久
徳島ワシントンホテルプラザ
かちどき橋
国瑞彦神社
徳島県庁
東富田公園
阿波富田駅
富田中央公園
キョーエイ
牟岐線
昭和町公園
西富田公園
富田小
金比羅神社
忌部神社
富田中
南小松島駅

1:78,000
1km
周辺図 P.5
兵庫
南あわ
道の駅うずしお
大鳴門橋
鳴門海峡
下図 鳴門公園
島田島
小鳴門海峡
鳴門カントリークラブ
P.212 うずしお観潮船
四方見展望台
183
P.209 鳴門スカイライン
大毛山
鳴門北IC
鳴門グランドホテル海月
アオアヲナルトリゾート
小鳴門新橋
182
ウチノ海
阿波井神社
瀬戸中
堂の浦 鳴門本店 P.254
長崎山
P.209 鳴門ウチノ海総合公園
11
大毛島
八木の鼻
神戸淡路鳴門自動車道
鳴門塩田公園
三ツ石山
鳴門教育大
高島
鳴門中
42
小鳴門大橋
福丸水産 P.255
中山トンネル
小鳴門橋
撫養橋
潮明寺
撫養町大桑島
金光山
撫養港
鳴門病院
うずしおふれあい公園
P.208 鳴門駅前観光案内所
鳴門Jct
鳴門高
鳴門駅
NFT鳴門美術館 P.211
P.211 和庵 鳳月坊
鳴門郵便局
第二中
中央公園
あそこ食堂 P.86
鳴門IC
鳴門線
鳴門市役所
撫養駅
鳴門警察署
金比羅前駅
池谷駅
12
鳴門・大塚スポーツパーク
大津町吉永
184
28
鳴門渦潮高
大津町木津野
鳴門地方卸売市場
撫養川
7
徳島県
鳴門市
大手海岸
185
大津橋
鳴門公園
200m
1:20,000
孫崎展望
P.255 鳴門公園 うづ乃家
P.213 大鳴門橋遊歩道 渦の道
鳴門山展望台
千畳敷展望台
P.213 鳴門公園
鳴門市
大鳴門橋
28
P.213 大鳴門橋架橋記念館 EDDY
亀浦港
神戸淡路鳴門自動車道
エスカヒル・鳴門 P.21
お茶園展望台
11
うずしお汽船 P.212
大塚国際美術館 P.214
A
B
1
2
3

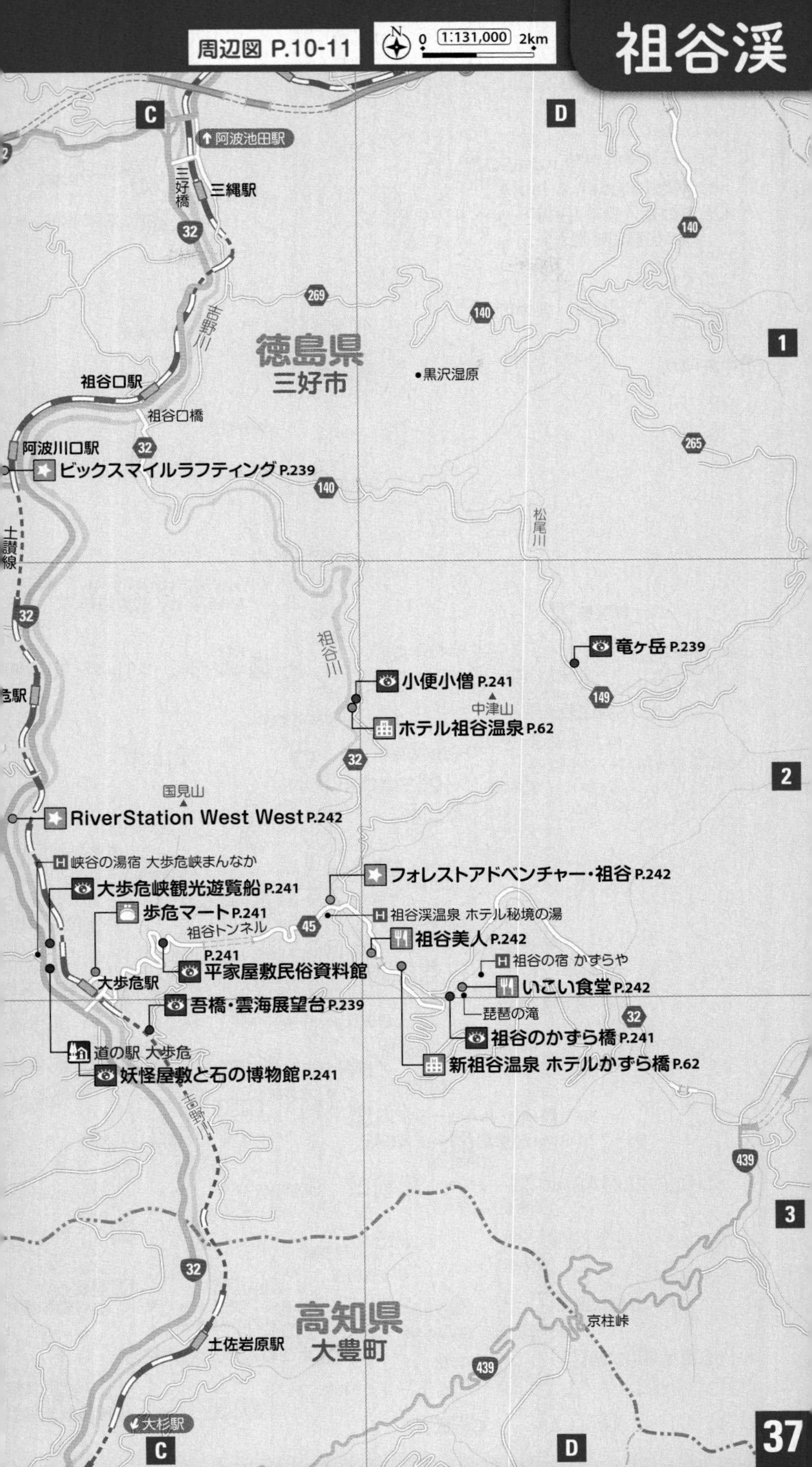
周辺図 P.10-11
0 1:131,000 2km
C
D
阿波池田駅
三好橋
三縄駅
吉野川
徳島県
三好市
黒沢湿原
祖谷口駅
祖谷口橋
阿波川口駅
ビックスマイルラフティング P.239
土讃線
松尾川
祖谷川
竜ヶ岳 P.239
小便小僧 P.241
中津山
ホテル祖谷温泉 P.62
国見山
RiverStation West West P.242
峡谷の湯宿 大歩危峡まんなか
大歩危峡観光遊覧船 P.241
フォレストアドベンチャー・祖谷 P.242
歩危マート P.241
祖谷トンネル
祖谷渓温泉 ホテル秘境の湯
祖谷美人 P.242
P.241
平家屋敷民俗資料館
祖谷の宿 かずらや
大歩危駅
いこい食堂 P.242
吾橋・雲海展望台 P.239
琵琶の滝
祖谷のかずら橋 P.241
道の駅 大歩危
新祖谷温泉 ホテルかずら橋 P.62
妖怪屋敷と石の博物館 P.241
高知県
大豊町
京柱峠
土佐岩原駅
大杉駅
1
2
3

松山市
0 1:100,000 2km
周辺図 P.25
三津浜港 P.276
P.270 日の出
P.271 N's Kitchen & labo
P.271 島のモノ 喫茶 田中戸
P.270 旧濱田医院
三津浜
P.271 練や正雪
三津駅
伊予鉄高浜線
0 250m 1:25,000
P.272 鹿島
P.345 太田屋 鹿島店
菊間駅
今治
大浦駅
予讃線
浅海駅
道の駅 風早の郷・風和
伊予北条駅
松山北条バイパス
中島 P.277
睦月島
野忽那島
瀬木戸海峡
伊予灘
釣島海峡
柳原駅
粟井駅
光洋台駅
P.65 瀬戸内リトリート 青凪 by 温故知新
堀江湾
堀江駅
P.277 興居島
P.341 CAFE NAWA NAWA
由良湾
釣島
P.27 圓明寺
P.27 太山寺
P.273 ミウラート・ヴィレッジ（三浦美術
P.276 松山観光港
高浜駅
P.276 高浜港
伊予和気駅
伊予鉄道高浜線
久万川
松山市
P.342 みきゃんパーク梅津寺
梅津寺駅
三津の渡し P.270
三津浜港
上図 三津浜
松山港
三津浜駅
ロシア兵墓地
セキ美術館
奥道後ロープウェ
山西駅
衣山駅
P.39 道後温泉
道後温泉
松山総合公園
松山市駅
松山城
愛媛県庁
松山市役所
P.25,27,2 石手寺
石手川
P.273 松山市考古館
松山駅
P.40-41 松山市中心
P.470 松山空港
福音寺駅
北久米駅
久米駅
繁多
浄
土居田駅
いよ立花駅
余戸駅
P.272 伊丹十三記念館
鷹ノ子駅
伊予鉄道横河原線
鎌田駅
市坪駅
重信川
松山IC
井門IC
P.273 の・ボールミュージアム
松山環状道路
P.25,27 西林寺
P.284 恋泉畑
岡田駅
古泉駅
P.284 エミフルMASAKI
松前町
北伊予駅
松前駅
松山自動車道
砥部町
伊予鉄道郡中線
予讃線
南伊予駅
P.279 とべもり+（とべワンダーフォレスト）
新川駅
伊予横田駅
愛媛県立 とべ動物園
伊予灘SA
P.67 つたや旅館
鳥ノ木駅
P.66 TOBE オーベルジュリゾート
郡中港駅
伊予市
P.284 えひめ森林公園・大谷池
P.283 五色姫海浜公園
伊予市駅
谷上山公園
P.25, 浄瑠
伊予IC
P.24 砥部
砥部町観光協会
向井原駅
羽ノ浦駅
38

周辺図 P.38

1:5,000
0
100m
C
D
鷺谷墓地
道後ぎやまんガラス美術館
ホテルルナパーク 別邸 やすらぎ
八千代
どうごや
187
ホテル椿館
道後hakuro
別邸 朧月夜
道後舘
道後御湯 P.59
オールドイングランド 道後 山の手ホテル
ルナパーク
道後やや
道後温泉 ホテル古湧園 遥
花ゆづき
大和屋別荘
P.59 大和屋本店
道後温泉 葛城 琴の庭 P.58
ホテル パティオ・ドウゴ
道後温泉 椿の湯 P.55
喫茶「茶楽」P.57
松山市東消防署
P.55 道後温泉本館
圓満寺 P.275
かどや 道後椿坂店 P.344
茶玻瑠 P.59
つぼや菓子舗 P.56
道後郵便局
道後温泉別館 飛鳥乃湯泉 P.55
P.274 空の散歩道
P.57 Mustakivi
湯神社
P.56 お茶屋 華ひめ楼
シナモンゲストハウス道後
道後観光案内所 P.274
夏目旅館
P.275 伊佐爾波神社
伊佐爾波坂
坊っちゃんカラクリ時計
オーベルジュ道後
P.58 道後温泉 ふなや
道後温泉駅
道後温泉 あたたかい宿 谷屋
にぎたつ会館
P.269 松山市立子規記念博物館
松山市
うめ乃や
松山市役所 道後支所
188
道後公園湯築城跡 P.275
道後公園駅
湯築城資料館
道後公園展望台
伊予鉄道松山市駅線
宇佐八幡神社
松山環状線
1
2
3

土橋駅
萱町六丁目駅
萱町六丁目駅
高砂町駅
伊予鉄道高浜線
伊予鉄道環状線
伊予鉄道本町線
伊予
松山本町郵便局
古町駅
本町四丁目駅
平和通り
平和通6
本町3
味酒小
松山市総合福祉センター
阿沼美神社
マルナカ
フジグラン松山
ホテルクラウンヒルズ松山
本町三丁目駅
松山税務署
アパホテル〈松山城西〉
三津浜駅
松山地方法務局
宮田町駅
伊予鉄道環状線
伊予鉄道高浜線
庚申庵史跡庭園 P.273
西堀端通り
伊予鉄道市内線
南味酒公園
ホテルサンルート松山
城山公園堀之内地区
伊予の湯治場 喜助の湯
松山大手郵便局
大手町駅前駅
P.272 愛媛県美術館
松山市民会館
JR松山駅前駅
本町一丁目駅
松山駅
NHK松山放送局
松山駅前
大手町駅
西堀端駅
西堀端
愛媛県立図
コンフォートホテル松山
南堀端通り
南堀端
西堀端
松山市民病院
東京第一ホテル松山
南堀端駅
南堀端
新玉公園
幸町公園
済美高西
済美高校前
千舟町通り
新玉小西
新玉小
松山市総合コミュニティセンター温水プール
済美高
花園町
松山市駅
予讃線
四国電力
太陽市
松山市総合コミュニティセンター
四国電力
こども館・コスモシアター
中央図書館
北藤原
いよてつ高
伊予鉄道郡中線
聖カタリナ
あいテレビ
市坪駅
土橋駅
19
196
56
18

周辺図 P.38

0
1:10,000
200m
C
D
図書館
愛媛大
東雲小
松山北高
伊予鉄道環状線
清水町駅
鉄砲町駅
工学部本館
法文学部本館
赤十字病院前駅
松山赤十字病院
サンガーデン松山
松山鉄砲町郵便局
平和通一丁目駅
泰平
平和通3
CMダイキ
西一万
上一万駅
東雲公園
松山城 P.69,266,269
東雲神社
山麓駅
松山東警察署
松山城ロープウェイ
警察署前駅
松山市
山頂駅
元祖 宇和島鯛めし
丸水 本店 P.344
松山東雲中
松山まどんな病院
松山東雲高
二之丸史跡庭園 P.266
P.269
萬翠荘
松山鯛めし 秋嘉 本店 P.345
漱石珈琲店 愛松亭
P.341
秋山兄弟生誕地 P.269
坂の上の雲ミュージアム P.269
霧の森菓子工房 松山店
愛媛県庁
松山地方裁判所
ダイワロイネット
ホテル 松山
勝山
松山東急REIホテル
伊予鉄道環状線
裁判所前
勝山町駅
県庁前駅
ANAクラウンプラザ
ホテル 松山
カンデオホテルズ松山大街道
松山三越
大街道駅
フルーツパーラーみしま P.341
あんから庵 P.340
未来高
番町小
所前駅
P.262,480 愛媛・松山観光
インフォメーションセンター
天然温泉 石手の湯
ドーミーイン松山
ネストホテル松山
松山市役所
愛媛信金
松山ニューグランド
ホテル
裁判所
日銀
P.347 出汁茶漬け 網元茶屋
チェックイン松山
観音寺
銀前
松山中央郵便局
noma-noma P.340
三番町通り
五志喜 P.345
大街道
八坂公園
千舟町5
千舟町3
みずほ
大街道交番前
ホテルNo.1 松山
永木
ことり P.87
坊っちゃん列車ミュージアム
中ノ川通
河原町
伊予鉄道横河原線
子規堂
P.268
井出神社
石手川
中村橋
石手川公園駅
1
2
3
20
11
33

安芸カントリークラブ
河内IC
山陽自動車道
本郷IC
河内駅
山陽新幹線
広島駅
京覧カントリークラブ
本郷駅
新庄
沼田川
三原市役所
本郷カントリー倶楽部
たけはら町並み保存地区
竹原カントリークラブ
仁賀ダム
広島県
三原市
須波駅
竹原市
賀茂川
三原カンツリークラブ
安芸幸崎駅
東広島市
黒滝山
竹原市役所
道の駅 たけはら
たけはら美術館
大乗駅
呉線
安芸津駅
吉名駅
瀬戸内さざなみ線
竹原駅
たけはら海の駅
ピースリーホーム バンブー総合公園
安芸長浜駅
忠海駅
三原瀬戸
阿波島
大久野島
高根島
瀬戸内ゴルフリゾート
小久野島
潮音山 向上寺
潮聲山 耕三寺
耕三寺博物館
契島
松島
生野島
佐組島
生口島のレモン谷
臼島
柵林島
船島
P.301,304 道の駅 多々羅しまなみ公園
多々羅大橋
大島上島町役場
多々羅展望台
瀬戸田PA
長島
道の駅 しまなみの駅 御島
津久賀島
今治市大三島美術館
塚崎
P.302 レストラン よし川
大三島IC
P.306 甘崎
P.306 大三島
伯方の塩・大三島工場
大崎上島
木江港
P.34,302 大山祇神社
大島上島町
神峰山
P.36 大山祇神社 宝物館
上浦PA
開山公園
P.301 大三島 Limone
大三島橋
P.306 伯方島
P.302,306 ところミュージアム大三島
P.302,306 今治市伊東豊雄建築ミュージアム
中の瀬戸大橋
平羅橋
岡村大橋
P.304 道の駅 伯方S・Cパーク
柏島
宗方港 P.298
ドルフィンファームしまなみ
小大下島
大下瀬戸
大下島
肥島
伯方・大島大橋
安芸灘オレンジライン
岡村島
岡村港
カレイ山展望公園
呉市
大崎下島
呉市豊町御手洗伝統的建造物群保存地区
今治市岩田健母と子のミュージアム
大島北IC
P.301 Cafe Shozan
P.306 能島
よしうみバラ公園
津島
大角鼻
大突間島
P.305 大島
来島海峡大橋展望所
大島南IC
芸予要塞小島
P.44 今治
来島海峡大橋
梶取ノ鼻
亀老山展望公園
馬島
道の駅 よしうみ いきいき館
P.300,304,別冊P.51
来島海峡
波方駅
波止浜駅
来島海峡SA
今治北IC
来島海峡急流観潮船
愛媛県
今治市
予讃線
今治港
菊間駅
今治駅

周辺図 P.14-15

0
1:220,000
5km
新尾道駅
西瀬戸尾道IC
山陽新幹線
栗原IC
浄土寺
尾道大橋出入口
千光寺
尾道市役所
尾道大橋
道の駅 みはら神明の里
尾道バイパス
吉和IC
尾道駅
尾道市
山陽本線
向島IC
岩子島
向島 P.307
加島
百島
坊地ノ瀬戸
高見山展望台
細島
小細島
因島大橋
観音崎
睦橋
田島
布刈瀬戸
白滝山
大浜PA
西瀬戸自動車道
瀬戸内しまなみ海道
因島北IC
シーパーク大浜
横島
当木島
因島水軍城
因島 P.307
因島南IC
みろくの里
道の駅 アリストぬまくま
福山市
内海大橋
阿伏兎観音
阿伏兎ノ瀬戸
百貫島
生口橋
P.309 三秀園・メンヒル
防波堤アート「天の花」、馬立の鼻 P.308
因島公園
家老渡港
弓削の荘 P.311
上弓削港
P.312 生名島
弓削島 P.311
岩城橋
生名港
上島町観光協会 P.311
岩城島
ゆめしま海道
下弓削港
上島町役場
P.309 積善山
生名橋
P.312 西方寺
しまでCafe P.309
弓削大橋
燧灘
岩城港
赤穂根島
P.312 佐島
上島町
ゆめしま海道 佐島展望所 P.309
豊島 P.312
津波島
木浦港
P.312 高井神島
P.312 魚島
村上海賊ミュージアム P.301
瓢箪島
江ノ島
瀬戸内海
梶島
明神島
鼠島
美濃島
C
D
1
2
3

1:170,000
0
3km
周辺図 P.14
芸予要塞小島 P.296
宗方
伯方島IC
大島南IC
大島 P.305
亀老山展望公園
道の駅 よしうみいきいき館 P.300,304,別冊P.51
来島海峡急流観潮船 P.304
来島海峡大橋
馬島 P.305
馬島神社
来島海峡
塔ノ峰
波方港
来島海峡展望館
P.296 糸山公園
波止浜港
海の見えるカフェ
中央レンタサイクルターミナル P.300,303
来島海峡SA P.305
大浜八幡大神社
大浜 P.346
今治北IC
海山城跡展望公園
波方公園
アクティはしはま
予讃線
波方駅
波止浜駅
菊間駅
西瀬戸自動車道
瀬戸内しまなみ海道
近見山トンネル
城慶寺
県立今治病院
大新田公園
今治駅前観光インフォメーションセンター
今治駅前サイクリングターミナル P.303
P.27 南光坊
P.295 みなと交流センター「はーばりー」
今治港 P.298
しまなみアースランド
岡山理科大
P.27 延命寺
今治北高
今治市役所
P.296 白楽天 今治本店
今治駅
マックスバリュ
今治明徳短大
今治警察署
今治城 P.295
今治タオル 本店 P.297
P.297 IKEUCHI ORGANIC 今治ファクトリーストア
今治精華高
今治西高
今治南高
今治市河野美術館 P.297
今治IC
イオン
今治市民の森
P.27 泰山寺
片山
今治工高
ヤマダデンキ
コープ
P.295 日本食研世界食文化博物館
今治市
今治市西消防署
イオンモール今治新都市
今治バイパス
喜田村
織田ヶ浜
登泉堂 P.342
四村
ショッパーズ
伊予富田駅
頓田川橋北
鴨部橋西
唐子浜
栄福寺 P.27
蒼社川
国分寺 P.28
犬塚池
高市
今治市玉川近代美術館 P.296
鹿ノ子池公園
鹿ノ子池
仙遊寺 P.27
伊予桜井駅
今治特別支援
光林寺
頓田川
頓田川橋北
満願寺
多伎神社
緑のふるさと公園
周桑今治広域農道
今治湯ノ浦IC
道の駅 今治湯ノ浦温泉
今治小松自
鈍川せせらぎ交流館(鈍川温泉)
鈍川渓谷 P.297
世田薬師(栴檀寺)
世田山城跡
西条市
タオル美術館
今治カントリー倶楽部
壬生川駅

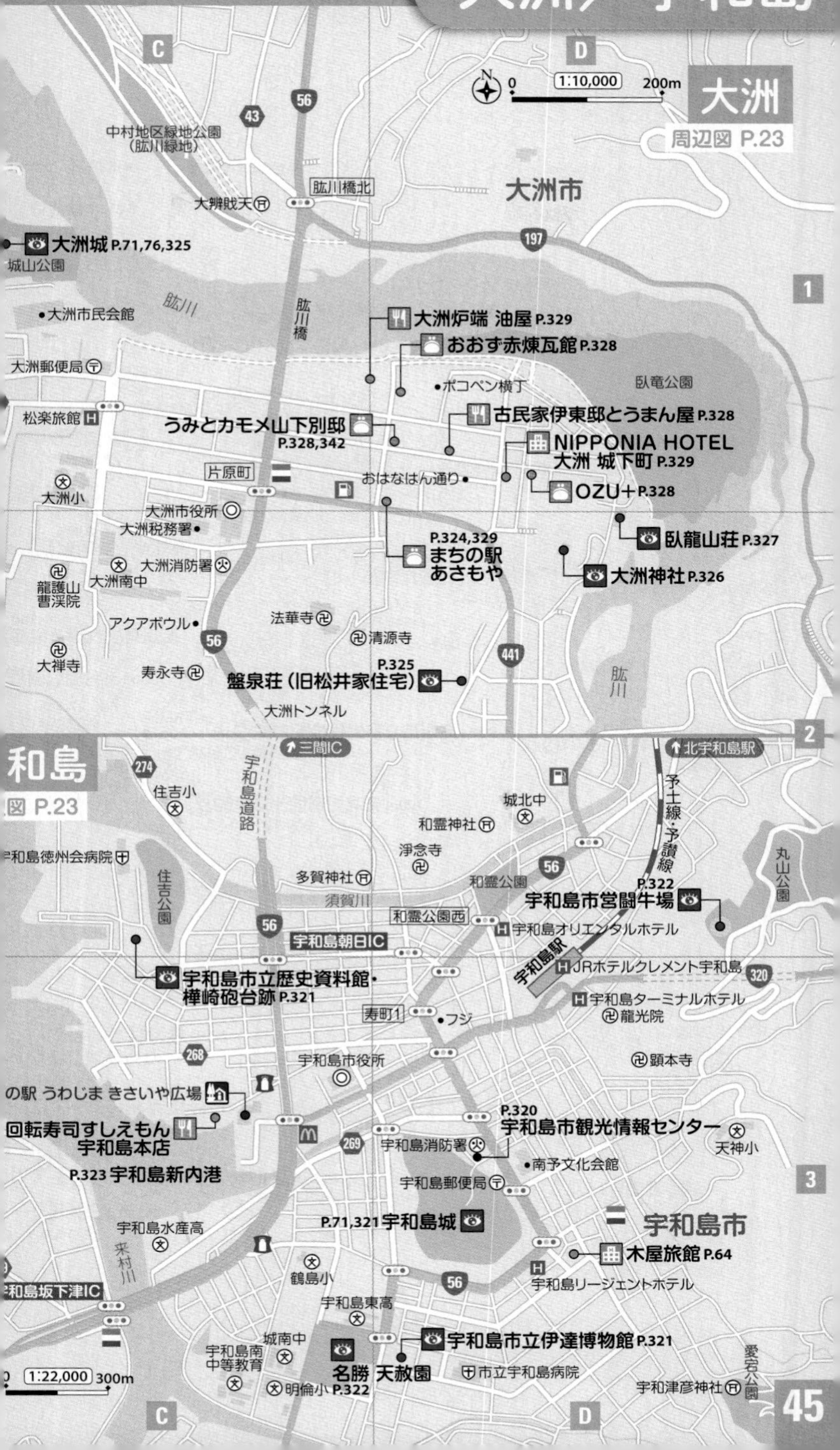
C
D
0
1:10,000
200m
大洲
周辺図 P.23
56
43
中村地区緑地公園
（肱川緑地）
肱川橋北
大洲市
大辨財天
197
大洲城 P.71,76,325
城山公園
1
肱川
肱川橋
大洲市民会館
大洲炉端 油屋 P.329
おおず赤煉瓦館 P.328
大洲郵便局
ポコペン横丁
臥竜公園
松楽旅館
古民家伊東邸とうまん屋 P.328
うみとカモメ山下別邸
P.328,342
NIPPONIA HOTEL
大洲 城下町 P.329
片原町
おはなはん通り
OZU+ P.328
大洲小
大洲市役所
大洲税務署
P.324,329
まちの駅
あさもや
臥龍山荘 P.327
大洲消防署
大洲神社 P.326
龍護山
曹渓院
大洲南中
法華寺
アクアボウル
清源寺
441
56
大禅寺
寿永寺
P.325
盤泉荘（旧松井家住宅）
肱川
大洲トンネル
2
和島
図 P.23
274
三間IC
北宇和島駅
住吉小
宇和島道路
城北中
予土線・予讃線
和霊神社
浄念寺
宇和島徳州会病院
丸山公園
住吉公園
多賀神社
56
和霊公園
P.322
宇和島市営闘牛場
須賀川
和霊公園西
56
宇和島オリエンタルホテル
宇和島朝日IC
宇和島駅
JRホテルクレメント宇和島
320
宇和島市立歴史資料館・
樺崎砲台跡 P.321
宇和島ターミナルホテル
寿町1
フジ
龍光院
268
宇和島市役所
顕本寺
の駅 うわじま きさいや広場
P.320
宇和島市観光情報センター
回転寿司すしえもん
宇和島本店
269
宇和島消防署
天神小
P.323 宇和島新内港
南予文化会館
宇和島郵便局
3
P.71,321 宇和島城
宇和島市
宇和島水産高
来村川
木屋旅館 P.64
鶴島小
56
宇和島リージェントホテル
宇和島坂下津IC
宇和島東高
城南中
宇和島市立伊達博物館 P.321
宇和島南
中等教育
名勝 天赦園
市立宇和島病院
愛宕公園
0
1:22,000
300m
明倫小 P.322
宇和津彦神社
C
D

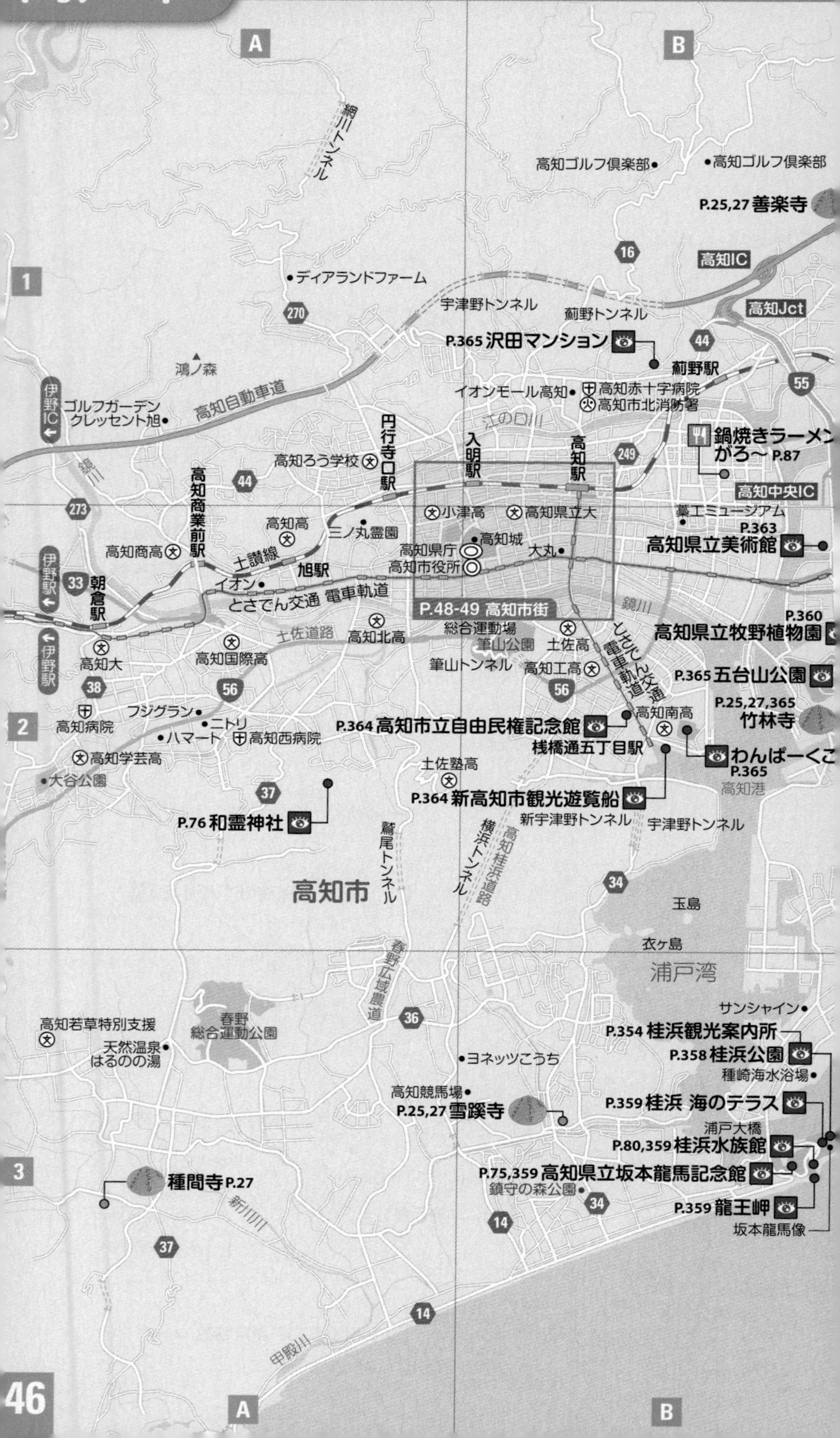

高知市

A
B
細川トンネル
高知ゴルフ倶楽部
高知ゴルフ倶楽部
P.25,27 善楽寺
16
高知IC
1
ディアランドファーム
270
宇津野トンネル
薊野トンネル
高知Jct
P.365 沢田マンション
44
薊野駅
鴻ノ森
伊野IC
ゴルフガーデン
クレッセント旭
高知自動車道
イオンモール高知
高知赤十字病院
高知市北消防署
55
江の口川
円行寺口駅
入明駅
高知駅
鍋焼きラーメン
がろ～ P.87
249
鏡川
高知ろう学校
44
高知商業前駅
高知中央IC
273
小津高
高知県立大
藁工ミュージアム
高知高
三ノ丸霊園
高知城
P.363
高知県立美術館
高知商高
高知県庁
大丸
高知市役所
土讃線
伊野駅
33
朝倉駅
旭駅
イオン
とさでん交通 電車軌道
P.48-49 高知市街
鏡川
P.360
高知県立牧野植物園
伊野駅
土佐道路
高知北高
総合運動場
筆山公園
土佐高
高知大
高知国際高
筆山トンネル
高知工高
とさでん交通電車軌道
P.365 五台山公園
38
56
56
P.25,27,365
竹林寺
2
高知病院
フジグラン
ニトリ
ハマート
高知西病院
P.364 高知市立自由民権記念館
高知南高
栈橋通五丁目駅
わんぱーくこ
P.365
高知学芸高
土佐塾高
高知港
大谷公園
37
P.364 新高知市観光遊覧船
P.76 和霊神社
新宇津野トンネル
宇津野トンネル
鷲尾トンネル
横浜トンネル
高知桂浜道路
34
高知市
玉島
衣ヶ島
春野広域農道
浦戸湾
サンシャイン
高知若草特別支援
春野
総合運動公園
36
P.354 桂浜観光案内所
天然温泉
はるのの湯
ヨネッツこうち
P.358 桂浜公園
種崎海水浴場
高知競馬場
P.25,27 雪蹊寺
P.359 桂浜 海のテラス
浦戸大橋
P.80,359 桂浜水族館
3
P.75,359 高知県立坂本龍馬記念館
種間寺 P.27
鎮守の森公園
34
新川川
14
P.359 龍王岬
坂本龍馬像
37
14
甲殿川
A
B

周辺図 P.10

0 1:85,000 1Km
C
D
南国IC
道の駅 南国風良里
南国SA
岡豊トンネル
45
山田西町駅
高知自動車道
岡豊別宮 八幡宮
国分寺 P.27
土佐山田駅
南国警察署 香美警察庁舎
32
高知大
195
岡豊城跡
国分川
P.379 西島園芸団地
香美市
P.379 高知県立歴史民俗資料館
高知東道路
土佐長岡駅
天然の湯 ながおか温泉
1
P.104 後免駅
南国広域農道
31
布師田駅
南国市役所
岡豊高
195
後免町駅
土讃線
土佐大津駅
篠原駅
住吉通駅
土佐くろしお鉄道 ごめん・なはり線
立田駅
195
長崎駅
後免西町駅
後免中町駅
清和女子高
高知東工高
物部川橋
P.87 自由軒 大津店
海洋堂 Space Factory なんこく P.379
高知東警察署
高知中央高
55
吾岡山 文化の森公園
南国警察署
南国バイパス
高知東郵便局
高知東部自動車道
55
のいち駅
なんこく南IC
55
物部川
三和スポーツ 交流センター
高知龍馬空港IC
13
高知大
下田川
東部 総合運動場
32
南国市
P.470 高知龍馬空港
高知 工業高専
蛸の森トンネル
45
31
2
P.378 前浜掩体群
武市半平太旧宅
高知南IC
瑞山神社
女躰神社
琴平神社
14
後川
瑞山記念館
高知医療センター
石土池
池公園の土曜市 高知オーガニックマーケット P.364
住吉池
禅師峰寺 P.25,27
大平山トンネル
14
高知新港客船ターミナル
高知新港
太平洋
3
C
D

A B 1 2 3

伊勢崎公園
小津神社
城北中
入明駅
土讃線
薫的神社
安楽寺
高知大附属中
洞ケ島公園
伊野駅
P.364 大川筋武家屋敷資料館
小高坂小
高知大附属小
豊栄橋
上ノ橋
丸の内高音楽館
高知県立
高知小津高
高知城橋
高知丸の内高
寺田寅彦記念館
高知県警察本部
地域
江の口川
保健衛生総合庁舎
越前町公園
ふれあい橋
城西公園
P.363 高知県立文学館
高知県立武道館
弘徳館
P.362 高知まんがBASE
土佐女子高・中
桜馬場公園
桜馬場橋
藤並公園
高知県立盲学校
P.71,362 高知城
高知公園
P.436 ひろめ市場
総合あんしんセンター
P.362 高知県立高知城歴史博物館
城西中
高知県庁
P.437 ひろめで安兵衛
高知県庁西庁舎
P.437 土佐あかうしとワイン プティ・ヴェール
円満橋
裁判所
P.437 ひろめの鰻処 まん
大膳町公園
高知法務総合庁舎
P.437 本池澤 ひろめ市場店
御幸橋
P.437 やいろ亭
常通寺橋
高知市役所
珍味堂 P.437
第四小
高知共済会館
県庁前駅
高知城前駅
県庁前
NHK高知放
上町1
とさでん交通
枡形駅
グランド通駅
ザ クラウン
33
新阪急高知
上町一丁目駅
グランド通り
高知会館
オリエントホテル高知
伊野駅
城西館
出雲大社 土佐分祠
中島町公園
地方合同庁舎
県民文化ホール
龍馬の生まれたまち記念館 P.75
八軒
三翠園
第六小
鷹匠公園
旧山内家下屋敷長屋展示館
山内神社
山内容堂像
鏡川みどりの広
柳原橋
鏡川
陸上競技場(りょうまスタジアム)
総合体育館

A B

周辺図 P.46
1:10,000
0
200m
C
D
江ノ口小
瓢箪公園
エースワン
P.354,480 高知観光情報発信館とさてらす
太平洋学園高
高知駅
JRクレメントイン高知
高知中央郵便局
高知警察署
とさてらす
高知駅前駅
コーナン
土讃線
ケーズデンキ
後免駅
高知市
P.432 お食事処あおき
エースワン
コンフォートホテル高知
ホテルロスイン高知
スーパーホテル高知天然温泉
近森オルソリハビリテーション病院
総合心療センター
とさでん交通
中の橋
近森病院
高知橋駅
相生町公園
高知病院
江の口川
廿代橋
高知橋
山田橋
近森リハビリテーション病院
屋台安兵衛
高知パレスホテル
本願寺高知別院
蓮池町通駅
ブライトパークホテル
ウェルカムホテル高知
P.434
元祖 赤のれん
はりまや橋小
リッチモンドホテル 高知
はりまや橋
オーテピア
高知図書館 P.363
ドーミーイン高知
高知大丸
とさ市場 P.462
P.433 たに志
中央公園
P.363
はりまや橋
高知よさこい情報交流館
横堀公園
デンテツターミナルビル前駅
とさでん交通
はりまや橋駅
はりまや
堀詰駅
葉牡丹 P.433
はりまや町1
料亭 得月楼 P.435
後免町駅
高知サンライズホテル
田舎家 P.432
高野寺
幡多倉公園
P.362 横山隆一記念まんが館
松渕川公園
P.434 にこみちゃん
潮江橋
鏡川
雑喉場橋
九反田橋
天神大橋
覚心寺
リバーサイドホテル松栄
とさでん交通
梅の辻駅
潮江中
桟橋通五丁目駅
1
2
3
16
32
34
249
274
384

足摺岬／佐川／梼原

足摺 周辺図
清水高
清水中
清水小
あしずり港
土佐清水市役所
土佐清水市観光協会 P.410
養老漁港
海の駅あしずり
あしずり漁業体験くらぶ P.413
足摺黒潮市場（土佐清水さかなセンター）P.439
唐船島
ジョン万次郎資料館 P.412
窪津埼灯台
土佐湾
土佐清水市
清水港
足摺スカイライン
金比羅宮
ジョン万次郎生家 P.412
中浜小
白滝山
大浜トンネル
国民宿舎足摺グリーンハウス
竃戸神社
民宿 夕日
白皇山
P.413 唐人駄場遺跡
松尾トンネル
P.27,415 金剛福寺
足摺亜熱帯植物園
臼碆
P.415 万次郎足湯
龍宮神社
足摺サニーサイドホテル
アシズリテルメ
足摺岬小
P.63 TheMana Village
P.63 足摺国際ホテル
P.415 白山洞門
P.414 足摺岬
0 1:88,000 1km
高知駅
周辺図 P.19
佐川 梼原
0 1:12,000 200m
周辺図 P.18
土讃線
春日神社
佐川町役場
春日川
須崎駅
酒ギャラリーほてい（司牡丹酒造）P.373
佐川駅
佐川地場産センター
佐川郵便局
酒蔵の道
竹村家住宅
名教館 P.375
佐川文庫庫舎（旧青山文庫）
旧浜口家住宅
佐川町立青山文庫 P.73,373
牧野公園 P.375
さかわ観光協会（うえまち駅）P.372
牧野富太郎ふるさと館 P.375
佐川城跡
佐川町
深尾神社
0 100m 1:11,000
梼原川
三嶋神社
神幸橋（みゆきはし）
吉祥寺
P.407 YURURIゆすはら
P.407 梼原町立図書館（雲の上の図書館）
P.407 まちの駅「ゆすはら」
梼原橋
梼原病院
P.405 旧掛橋和泉邸
P.407 梼原町総合庁舎
P.404 ゆすはら雲の上観光協会
梼原小
梼原中
P.77,405 維新の門
P.405 梼原町立歴史民俗資料館（梼原千百年物語り）
P.406 ゆすはら座
P.405 六志士の墓
P.405 茶堂
梼原町

愛媛

生産者の顔が見える道の駅

道の駅 内子フレッシュパークからり

みちのえき うちこふれっしゅぱーくからり

MAP 別冊P.23-C1

旬の野菜や果物を扱う直売所やレストラン、燻製工房、パン工房、シャーベット工房など7施設が集まる。直売所で取り扱う商品は、すべて内子町内の畑や加工場で作った商品のみというこだわりぶり。

住愛媛県内子町内子2452 TEL0893-43-1122
営8:00～17:00(店舗により異なる) 休店舗により異なる
交松山自動車道内子五十崎ICから車で約5分 P165台

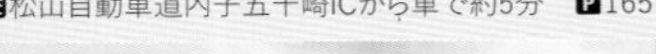

1 2本の川に囲まれた自然豊かな立地 2 毎朝新鮮な野菜が農家から直接運び込まれる 3 本場ドイツで修行した職人が作る、内子豚を使用したソーセージ。そのジューシーさで人気を博す

久万高原町の特産品が手に入る

道の駅 天空の郷さんさん

みちのえき てんくうのさとさんさん

MAP 別冊P.16-A2

久万高原町の特産品や加工品などが手に入る物産館、ランチビュッフェが楽しめるレストラン、ベーカリーなど4軒が集まる。

住愛媛県久万高原町入野1855-6
TEL0892-21-3445
営9:00～17:00
(施設・時期により変動)
休なし
交松山自動車道松山ICより車で約30分 P70台

1 観光客も地元民も休める“うちの実家”がコンセプト
2 「天空の郷レストランさんさん」では地元産野菜を使用したランチビュッフェを味わえる

海鮮を食べるならココ

道の駅 よしうみ いきいき館

みちのえき よしうみ いきいきかん

MAP 別冊P.42-B3

しまなみ海道の大島に位置する道の駅で、レストランと市場が併設されている。海鮮を豪快に使った七輪BBQが名物。

(DATAは→P.304)

市場では島内で獲れた野菜や鮮魚が購入できる

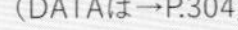

高知

2023年6月オープン!

まきのさんの道の駅・佐川

まきのさんのみちのえき・さかわ

MAP 別冊P.19-C1

みやげ店やレストラン、スイーツショップが集まる道の駅。「まきのさんの市場」では、佐川町をはじめ仁淀川流域で採れた野菜や果物など地場産品を販売。季節限定や数量限定の地酒もここでゲットできる。

住高知県佐川町加茂2711-1
TEL0120-117-188
営8:00～18:00(店舗により異なる) 休なし
交高知西バイパス鎌田ICから車で約20分 P91台

1 植物分類学者・牧野富太郎博士の出身地、自然豊かな佐川町に立つ 2 木の温もりあふれる館内に地場産品がずらり 3 佐川町産の米粉を100%使用した店内製造のごちそうバウムSOFT〔プレーン〕1620円が人気

室戸の魅力がいっぱい

道の駅 キラメッセ室戸

みちのえき きらめっせむろと

MAP 別冊P.8-A2

室戸の食材が並ぶ「直販所楽市」や太平洋が一望できるレストラン、鯨漁について学べる「鯨館」(→P.422)などが併設された道の駅。

住高知県室戸市吉良川町丙890-11
TEL0887-25-2918(産直市場)
営8:15～17:00(施設により異なる) 休月曜 交高知東部自動車道芸西西ICから車で約1時間 P48台

1 高知の海の幸・山の幸が手に入る 2 自家製ジェラートが名物。400円～。果物から変わり種のフレーバーまで毎日約4～5種類のフレーバーが並ぶ

四万十川流域に建つ道の駅

道の駅四万十とおわ

みちのえきしまんととおわ

MAP 別冊P.23-D3

四万十川流域の食材が味わえるレストランやバイキング、産直市場を併設している。四万十川を越える長さ約220mのジップラインも楽しめる。

(DATAは→P.392,393)

四万十川流域の食材を味わうならぜひ寄りたい

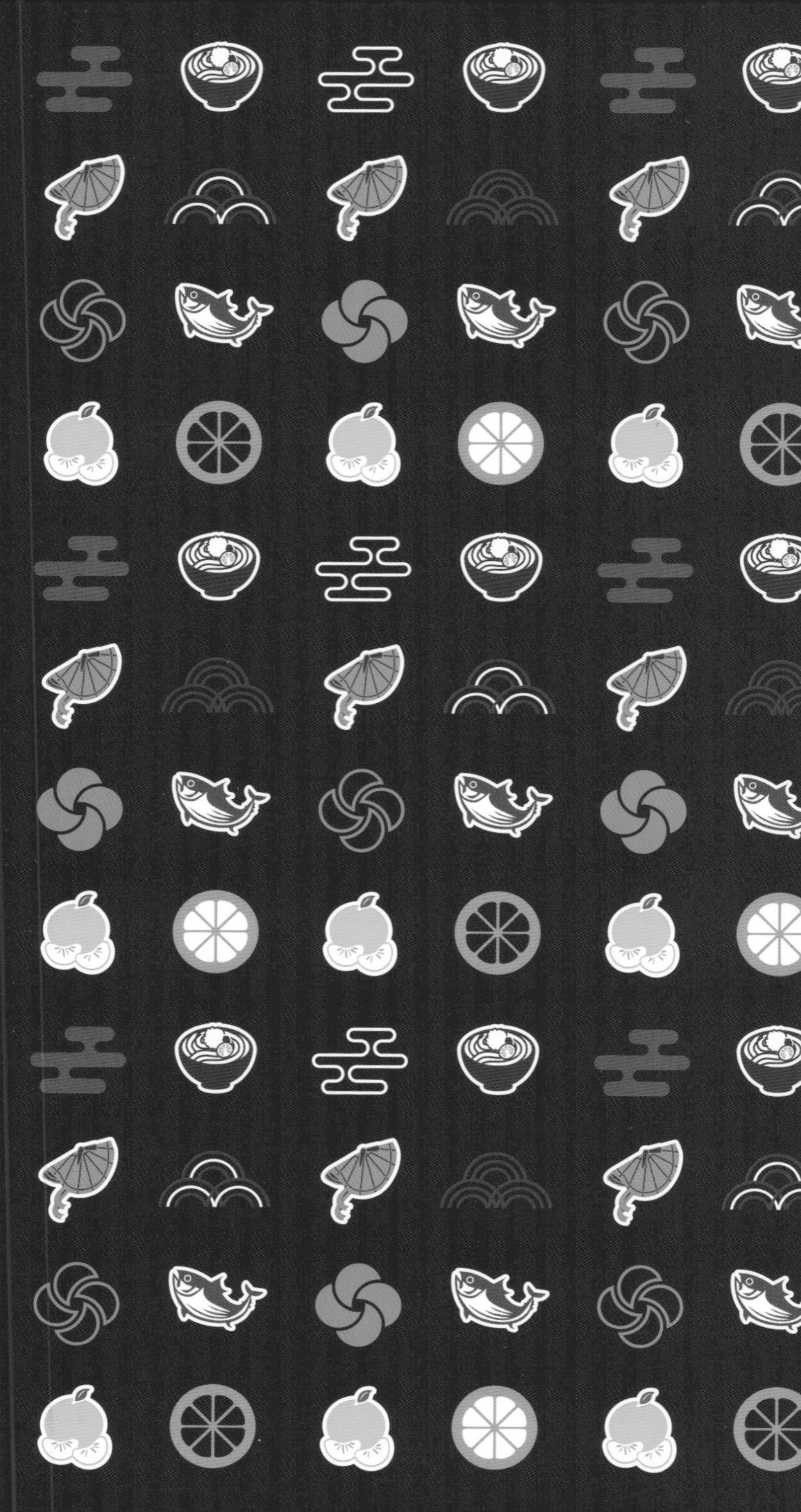

歴史と文化　441

旅の準備と技術　463

Column

エリアガイドの見方

そのエリアの拠点となる場所です。インターチェンジのほか、鉄道駅、バス停、フェリーターミナルを表示してします。

リムジンバスや路線バスを使った場合の市内への行き方、観光案内所、そのエリアの+α情報を案内しています。

各地の空港からエリアへの行き方（車とバス）を案内しています。複数の行き方があり、また時間帯により所要時間などが大きく異なりますので、あくまでも一例としてご利用ください。

日本一面積が小さい県の県庁所在地

MAP 別冊P.13・26-29

高松市 たかまつし

人口 41万1546人 面積 375.54㎢

エリアの拠点

インターチェンジ

高松自動車道高松中央IC

鉄道駅

JR高松駅、ことでん高松築港駅

バス停

JR高松駅

フェリー

高松港

交通INFO

空港から市内へ

高松空港からは、ことでんバスの高松空港リムジンバス、または路線バスの44番が運行している。どちらも栗林公園や瓦町、ことでん高松築港駅、JR高松駅などに停車する。JR高松駅まで空港リムジンバスは1000円、路線バスだと860円。

観光案内所

香川・高松ツーリストインフォメーション

MAP 別冊P.29-C1

住 香川県高松市浜ノ町1-20(JR高松駅1階コンコース)

TEL 087-826-0170

開 9:00～20:00

休 なし

JR高松駅1階コンコースにあるコンパクトな観光案内所。英語、中国語、韓国語に対応するスタッフが常駐する。高松市および香川県の観光パンフレットが揃うほか、無料の検索用タブレットも設置されている。

にっこり笑顔のJR高松駅構内にある

高松港にある「Liminal Air -core-」は、2010年(平成22年)の瀬戸内国際芸術祭で大巻伸嗣(おおまきしんじ)が手がけた作品。左は直島行きのフェリー

香川県の中部に位置する県庁所在地。人口も面積もダントツの県下最大都市であり、中核市に指定されている。四国地方においては、愛媛県の松山市に続いて第2位の人口規模を誇る。高松藩の城下町として栄えた都市で、明治以降に市が発足してからは合併を繰り返し、2006年（平成18年）に現在の市域になった。北は瀬戸内海、南は徳島県に面しており、海や島、山など豊かな自然環境と、都市部の利便性を兼ね備えているのが魅力だ。市街地は市の北部で、見どころもこのエリアに多い。「栗林公園」（→P.122）や「史跡高松城跡 玉藻公園」（→P.126）など、都市の中心部にも緑あふれるスポットがある。

新緑がまぶしい初夏の「栗林公園」

空港からのアクセス

県道45号、国道193号、国道11号、国道32号、国道30号経由約16km

ことでんバス 高松空港リムジンバス 約28分

ことでんバス 44番 約45分

高松空港 — 栗林公園 — 瓦町 — ことでん高松築港駅 — JR高松駅 — 高松港

約7分 / 約10分 / 約5分 / 約3分

約10分 / 約7分 / 約5分

118 INFO 高松空港の2階には、うどんだしの出る蛇口がある。蛇口横にコップが設置され、無料で飲むことが可能。ただし、容器に入れての持ち帰りや、うどんの持ち込みは禁止されている。

こぼれネタや補足情報を紹介しています。マークは、四国原産の四国犬です。

データ欄の記号

MAP 別冊P.5-A1
別冊地図上の位置を表示

- 住 住所及び物件の場所
- TEL 電話番号
- 開 開館時間
- 営 営業時間
- 運 運行時間
- 催 催行期間、時間、所要時間など
- 休 休館・定休日（特記のない場合、祝日や年末年始等を除く）
- 料 料金（大人料金のみ表示、税込み）
- 予 飲食店での予算
- P 駐車場の有無及び台数
- 交 インターチェンジや駅、空港、港から物件への行き方
- URL ウェブサイト
- 室 客室数
- IN 宿泊施設のチェックイン時間
- OUT 宿泊施設のチェックアウト時間

年号について

本書では原則的に年号表記を西暦（和暦）年と記載。令和以降の年号については西暦のみを記載しています。

地図の記号

本誌掲載物件

見どころ　アクティビティ・体験
お遍路札所　グルメ
ショップ　宿泊施設
道の駅　P.000 掲載ページ

コンビニエンスストア

セブン-イレブン
ファミリーマート
ローソン

ファストフード・カフェ

マクドナルド
ケンタッキーフライドチキン
モスバーガー
スターバックスコーヒー

記　号

都道府県庁　寺
市役所　神社
宿泊施設　病院
学校　空港
郵便局　山頂
警察署／交番　信号
消防署
銀行
ガソリンスタンド

道路・鉄道

高速道路
58 国道
39 県道
新幹線
JR線
私鉄線
ロープウエイ

宿泊施設のアイコン

送迎　ショップ
ランドリー　冷蔵庫
レストラン

宿泊料金は、特記のない限り2名で宿泊した場合の1室あたりのもの。シーズンにより料金が変動するので、目安として利用すること。

■本書の特徴

本書は、四国4県の全市町村を紹介している、四国全土をじっくり楽しみたい方のためのガイドブックです。旅行者の方はもちろん、地元の方にも新たな魅力を発見していただけるよう情報を充実させるとともに、できるだけ使いやすいものを心がけて作りました。

■掲載情報のご利用に当たって

編集部では、できるだけ最新で正確な情報を掲載するように努めていますが、現地の規則や手続きなどがしばしば変更されたり、またその解釈に見解の相違が生じたりすることもあります。このような理由に基づく場合、または弊社に重大な過失がない場合は、本書を利用して生じた損失や不都合などについて、弊社は責任を負いかねますのでご了承ください。また、本書をお使いいただく際は、掲載されている情報やアドバイスがご自身の状況や立場に適しているか、すべてご自身の責任で判断のうえご利用ください。

■取材および調査期間

この本は2023年5〜9月の取材を基に編集されています。また、追跡調査を2023年10月まで行いました。記載の住所、料金などのデータは基本的にこの時点のものです。料金については原則として税込料金を表示、定休日についてはゴールデンウイーク（GW）、お盆休み、年末年始を省略しています。宿泊施設のチェックイン、チェックアウト時間については基本的なプランの時間を記載しています。プランやお部屋のタイプによって時間が異なる場合があります。また、時間の経過とともにデータの変更が生じることが予想されるとともに、営業時間等の変更や臨時休業などが実施される可能性があります。そのことをお含みおきのうえ、事前に最新の情報を入手されることをおすすめします。

■発行後の情報の更新と訂正について

発行後に変更された掲載情報や訂正箇所は、『地球の歩き方』ホームページ「更新・訂正情報」で可能なかぎり案内しています（ホテル、レストラン料金の変更などは除く）。下記URLよりご確認いただき、ご旅行の前にお役立てください。

URL book.arukikata.co.jp/support/

四国

穏やかな伊予灘を望む下灘駅(愛媛県)

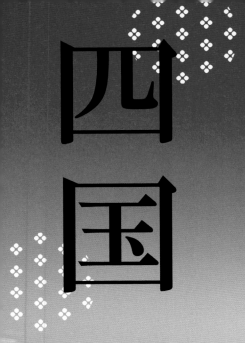

どうして四国？

かつて律令制において国府が置かれた4つの国があったため。讃岐、阿波、伊予、土佐がそれで、江戸時代にはさらに細かく藩が分かれていたが、明治の廃藩置県などを経て現在でも、4つの国の構成はそのまま残っている。

“今、世界の目がSHIKOKUに！”

四国は今、世界から注目を浴びている。2022年には世界的な旅行ガイドブック『Lonely Planet』が「行くべき旅先」の6位に挙げ、2023年には愛媛県大洲市が取り組む「歴史的資源を活用した観光まちづくり」が評価され、ザ グリーン デスティネーションズ ストーリー アワードにおいて世界1位を受賞。今や多くの外国人が四国を訪れ、地方にある古びたお遍路札所でまで外国人の姿を見かけるように。

四国はなんだか、不思議なところだ。ものすごく田舎でもないし、特別都会でもない。ただ、町から少し離れれば豊かな自然が広がり、海も山も密接な関係にある。4つの県はもともと違う国だっただけあって、言葉も文化もまったく違う。そしてそれぞれが自国の文化や歴史に誇りを持ち、お互い尊重して暮らしている。県をまたいで移動するだけで、まったく違う土地を旅している気分になれるのだ。そんな独特の風土と気質を感じに、四国へ出かけてみませんか？

風景

森と海に彩られた、四国の風景。胸に迫るような絶景ではないものの、見ていてどこか懐かしさを感じる。それは、日本の原風景が残っているからなのかも知れない。

ゆめしま海道の岩城島にそびえる積善山の山頂には3000本以上の桜が咲く 愛媛県

夕日のスポットとしても知られるJR予讃線の下灘駅 愛媛県

高知県の伊尾木洞には約40種類のシダ類が生い茂る 高知県

徳島県の剣山をハイキング 徳島県

仁淀川の清流ではSUPやカヌーなどのアクティビティが人気 高知県

観音寺市の高屋神社には天空の鳥居と呼ばれる絶景スポットがある 香川県

秘境・祖谷渓のさらに奥地にある二重かずら橋 徳島県

もこもことかわいいコキア。国営讃岐まんのう公園では夏は緑、秋には紅葉した姿が見られる 香川県

絵画の世界に思わずうっとり。北川村「モネの庭」マルモッタンにて 高知県

四国4県の県民性をリサーチ!

香川県

讃岐の言葉で「へこらい」と呼ばれる、香川県人の県民性。へこらいとは悪く言えば「ずるい」だが、要領がいいという意味も。全体的に人当たりのいい人が多いが、見栄っ張りなところもある。

こんな県民性!

- ✓ 要領がいい
- ✓ 人当たりがいい
- ✓ 教育熱心
- ✓ 見栄っ張り
- ✓ 好奇心旺盛

など

徳島県

四国でも一番の商売人と見られている。また普段はおとなしくシャイだが、阿波おどりの日だけは別で開放的になる。ほか、まじめで倹約など、信頼感のあるワードが並ぶ。働き者な人も多いとされる。

こんな県民性!

- ✓ おとなしくてシャイ
- ✓ 阿波おどりだけは別
- ✓ まじめ
- ✓ 倹約家
- ✓ 商売上手

など

愛媛県

全体的には温和でのんびりしているが、東予、中予、南予で異なる県民性。中予はちゃっかり、東予はせっかち、南予はおおらかなんていわれることも。仲間意識が高いが、やや閉鎖的と評されることもある。

こんな県民性!

- ✓ 温和でのんびり
- ✓ 親切
- ✓ マメ
- ✓ マイペース
- ✓ 仲間意識が高い

など

高知県

土佐の男は「いごっそう(頑固者)」、女は「はちきん(男勝り)」という県民性を表すキャッチフレーズがある。南国らしく、明るくて開放的な性格の人が多い。酒が大好きなのはイメージ通り。

こんな県民性!

- ✓ 明るく開放的
- ✓ 行動力がある
- ✓ 一本気
- ✓ 頑固
- ✓ 酒飲み

など

1万円拾ったら何に使う?

こちら、よくいわれる四国の県民性が分かる小咄。以下の回答を見て、どの県か当ててみて!

A すべて将来のために貯金する

?

B 半分は使って、半分は貯金する

C すべて使ってしまう

D 自分の1万円をさらに足してすべて飲む

答え:A徳島県 B香川県 C愛媛県 D高知県

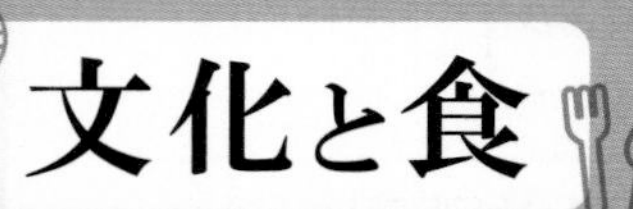

文化と食

伝統の祭りに、藩政時代の城や庭園……四国は、文化も多彩だ。食も旅の大きな楽しみ。3つの海に囲まれているだけに、魚介のうまさは折り紙付きだし、うどんは最高だ。

踊る阿呆に見る阿呆、同じ阿呆なら踊らにゃ損々! 徳島県

四国を代表する名庭園、栗林公園 香川県

梼原に住むロギールさんは、土佐和紙の伝統を受け継ぐひとり。今も山奥の工房で紙を漉く 高知県

植物の葉を乾燥・発酵させた蒅（すくも）を原料に染める阿波藍染め 徳島県

別名「鷹城」とも呼ばれる高知城 高知県

勇壮な山車が市内を練り歩く、新居浜太鼓祭り 愛媛県

海鮮料理はどれも絶品!

鯛めしは四国の文化! 各県で食べられるが、特に有名なのが徳島と愛媛「徳島魚問屋 と>喝」 徳島県

弘法大師が伝えたという讃岐のうどん。コシが強くうま味も抜群 香川県

高知といえばカツオ。新鮮なカツオを使うタタキは絶品だ 高知県

漁師町・宇和島ならではの浜焼きが最高!「いかだ屋」 愛媛県

INTERVIEW!

フィンランドから、日本へ
改めて感じる愛媛の魅力

砥部町で生まれ育った幼少期

若い頃にフィンランドへと渡り、人気デザイナーへと駆け上がった石本さん。出身は愛媛県、砥部焼の里として知られる砥部町だ。
「生まれ育ったのは砥部町の上原という地区で、周囲をみかん畑に囲まれた家でした。家の近所に焼き物の窯元があって、幼い頃には陶器の破片を集めて遊び道具にしたりしていましたね」
当時の家からは砥部町と伊予市にまたがる皿ヶ嶺連峰が見えて、連なる山容のなかでもひときわ盛り上がったのが障子山。これが、石本さんの原風景。

マリメッコ、アラビアで活躍

「高校までは愛媛にいて、大学は東京藝術大学に進んでグラフィックデザインを学びました」
大学を卒業すると一旦就職。しかし1970（昭和45）年から世界一周の旅へと出る。アメリカ、カナダ、イギリスと渡り、次の渡航先はデンマークのコペンハーゲン。ここで石本さんはマリメッコのデザインに再会し、その後の旅先を変更してフィンランドへ。そして当時マリメッコで活躍していた脇阪克二やマリメッコの創業者であるアルミ・ラティアなどとの出会いを経てマリメッコで働くこととなる。
「当時も今も、デザインのモチーフとしているのは身近な草花や自然、また旅先で見た風景などです。最初、私はマリメッコの姉妹会社で働きながら本社にデザインの提案をしていました。最初に採用されたのが、Kujaというパターンです。これは、ポーランドのザリピエという小さな村にインスピレーションをうけたものなんです」
その後マリメッコに正式採用となり、2006年の定年まで活躍。定年後は同じフィンランドの陶磁器ブランド、アラビアで作陶の日々を過ごす。
「陶磁器に興味を持ったのは1980年頃でした。当時マリメッコを半年間休職しアラビアの客員作家として作陶をしていましたね。マリメッコに戻り、定年退職したあとはアラビアで陶芸作家として活動していました」
2013（平成23）年には愛媛で個展を開き、陶芸家としても注目を浴びるようになった。そして2020年、50年にもわたるフィンランド生活を終え帰国する。

Courtesy of Fujiwo Ishimoto.石本さんの実家の横にあった戦前まで砥部の陶工達に使われていた作業場。背後には障子山。1981年撮影

ショップに併設したアトリエ。日本の民芸品がちらほら

帰国後、愛媛の松山へ

「帰国してからどこに住むか、いろいろと考えはあったのですが、決めたのは結局愛媛の松山市でした。戻ってみると、なんだかヘルシンキに似ていると思いましたね。人口も同じくらい（※ヘルシンキは約60万人、松山市は約51万人）ですし、町にはトラム（路面電車）も走っているし、休日を過ごすのにぴったりな島もある」
帰国後は道後温泉近くにアトリエを開き、Mustakivi（→P.57）の商品デザインの傍ら、作陶を続ける。
「現在でもデザインのモチーフはかわりません。なかには幼い頃に見たり感じたりした愛媛の自然の記憶もあります。砥部の里山に、家の周囲で見かけたみかん、庭に生えていたヤマモモの木など。Mustakiviの店舗で作品に触れてもらって、そうした情景を感じてもらえたらうれしいです」

PROFILE

石本藤雄
Fujiwo Ishimoto

1941年、愛媛県砥部町生まれ。1970年からフィンランドへ。マリメッコやアラビアなどのフィンランドブランドで活躍。2020年に帰国、愛媛県在住。

四国の見どころがずらり☆

地球の歩き方的 モデルルート

PLAN 01 3泊4日 3県海沿いハイライト制覇プラン

徳島
香川
愛媛

徳島から始まり、海に沿って北上、香川、愛媛と3県を回るルート。鳴門にお遍路札所、水族館にしまなみ海道と見どころ盛りだくさん！

1日目 AM
鳴門公園

1日目 PM
大塚国際美術館
2日目 PM
霊山寺

3日目 AM
四国水族館
3日目 PM
琴弾公園
4日目 AM
しまなみ海道

1日目 徳島到着！ 空港から鳴門をぐるぐる

徳島空港に到着後、空港でレンタカーを借りて一路鳴門市へ。夜は徳島市内へと移動し、名物グルメを堪能。

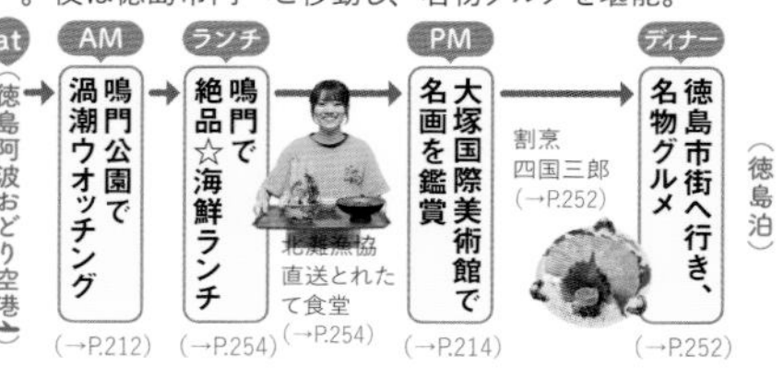
at
(徳島阿波おどり空港)
AM
鳴門公園で渦潮ウオッチング
(→P.212)
ランチ
鳴門で絶品☆海鮮ランチ
(→P.254)
北灘漁協直送とれたて食堂
(→P.254)
PM
大塚国際美術館で名画を鑑賞
(→P.214)
割烹四国三郎
(→P.252)
ディナー
徳島市街へ行き、名物グルメ
(→P.252)
(徳島泊)

2日目 始まりと終わりの札所に参詣し高松市へ

午前中に徳島の伝統工芸、藍染めを体験し、第1番と88番のお遍路札所を回り高松市内へ。夜は名物の骨付鳥！

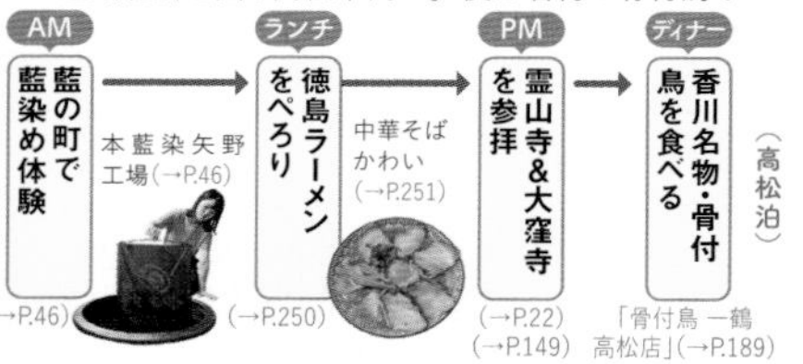
AM
藍の町で藍染め体験
(→P.46)
本藍染矢野工場(→P.46)
ランチ
徳島ラーメンをぺろり
(→P.250)
中華そばかわい
(→P.251)
PM
霊山寺&大窪寺を参拝
(→P.22)
(→P.149)
ディナー
香川名物・骨付鳥を食べる
「骨付鳥 一鶴 高松店」(→P.189)
(高松泊)

3日目 瀬戸内海に沿って西へ 海沿いのスポット巡り

高松市から瀬戸内海沿いに西へと走り、愛媛の今治市へ。途中、四国水族館や天空スポット、父母ヶ浜をぐるり。

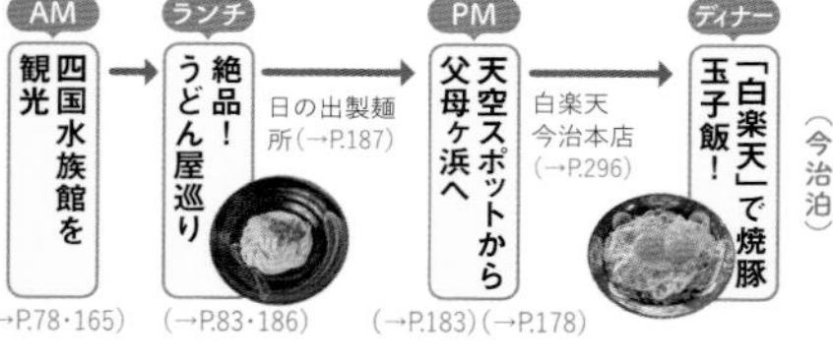
AM
四国水族館を観光
(→P.78・165)
ランチ
絶品！うどん屋巡り
(→P.83・186)
日の出製麺所(→P.187)
PM
天空スポットから父母ヶ浜へ
(→P.183)(→P.178)
白楽天 今治本店
(→P.296)
ディナー
「白楽天」で焼豚玉子飯！
(今治泊)

4日目 しまなみ海道から松山空港へ

ラストはしまなみ海道をドライブ。絶景を堪能したあとは、松山空港へ。今治市から空港まで1時間以上かかるので注意。

AM
しまなみ海道ドライブ
(→P.304)
ランチ
海の見えるカフェでランチ
「Cafe Shozan」
(→P.301)
PM
松山空港に到着！

四国の絶対おすすめの見どころを回る、とっておきのモデルルートを提案。県をまたぐ周遊プランと、県別のショートプランの全10本。地球の歩き方的ルートはこちら!

松山 道後温泉 今治 高松 鳴門 祖谷渓 徳島 高知 ルート❶ ルート❷

PLAN 02 4泊5日 四国4県制覇の欲張りプラン

香川 → 徳島 → 高知 → 愛媛

四国4県を回るルート。高松から入り、金刀比羅宮、祖谷渓を抜けて高知へ。四国カルストで天空ドライブ&砥部焼の窯元巡り、道後温泉でフィニッシュ♪

1日目 高松到着! まずは市内観光&うどん

初日は高松市内をじっくりと観光。栗林公園や屋島など郊外へも足を延ばす。ランチはうどん、夜は市内の人気店へ。

at 高松空港
AM 天下の名園・栗林公園を散策 (→P.122)
手打ちうどん大蔵 (→P.185)
ランチ 高松市内の名店でうどん三昧 (→P.184)
PM 高松市内を王道観光
Osteria enne (→P.188)
ディナー 香川食材の人気店へ! (→P.188)
(高松泊)

2日目 こんぴら参りからの徳島の秘境・祖谷渓

午前中はこんぴら参り。785段の石段を上り御本宮に参拝。まんのう公園の花畑に立ち寄って、徳島の祖谷渓へ。

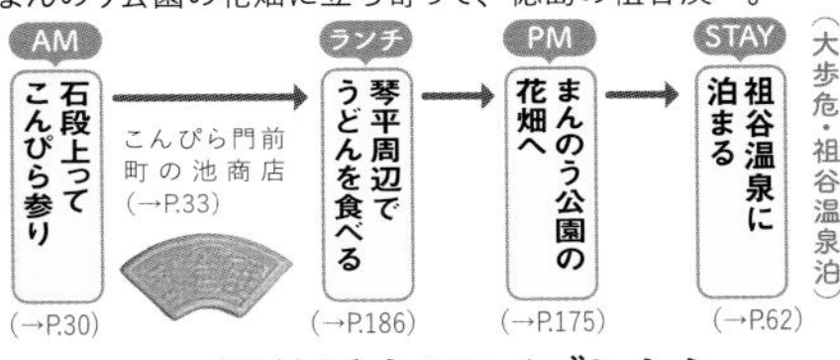

AM 石段上ってこんぴら参り (→P.30)
こんぴら門前町の池商店 (→P.33)
ランチ 琴平周辺でうどんを食べる (→P.186)
PM まんのう公園の花畑へ (→P.175)
STAY 祖谷温泉に泊まる (→P.62)
(大歩危・祖谷温泉泊)

3日目 祖谷渓をドライブしたら一路南下で高知市へ

午前中は祖谷渓を車で回り、ランチ後に高知へ。桂浜公園を散策し、市内へ移動。夜はひろめ市場で決まり!

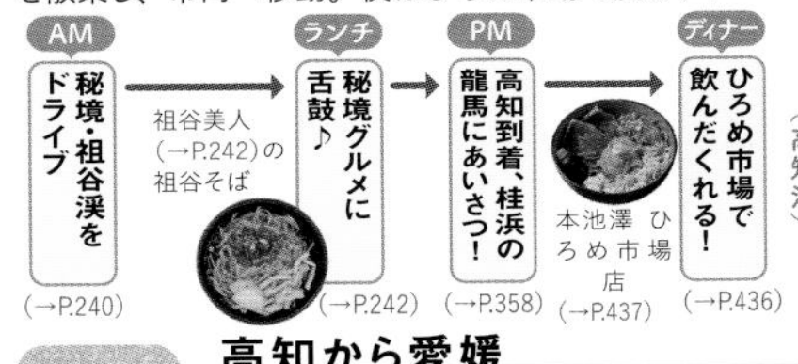

AM 秘境・祖谷渓をドライブ (→P.240)
祖谷美人(→P.242)の祖谷そば
ランチ 秘境グルメに舌鼓♪ (→P.242)
PM 高知到着、桂浜の龍馬にあいさつ! (→P.358)
本池澤 ひろめ市場店 (→P.437)
ディナー ひろめ市場で飲んだくれる! (→P.436)
(高知泊)

4日目 高知から愛媛 締めくくりは道後温泉

高知市から仁淀川、四国カルストをドライブし愛媛へ。砥部町に立ち寄って伝統工芸の砥部焼をゲット!

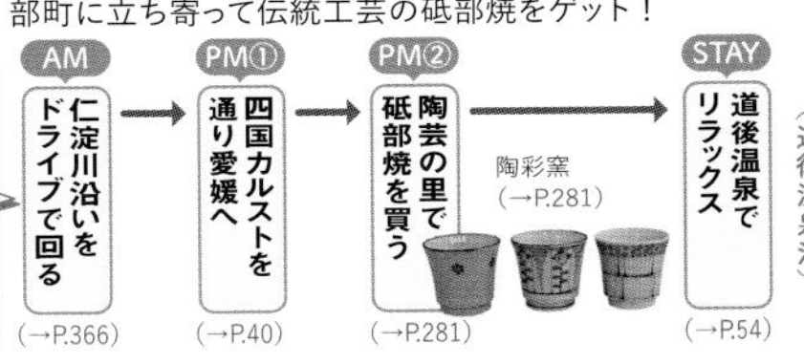

AM 仁淀川沿いをドライブで回る (→P.366)
PM① 四国カルストを通り愛媛へ (→P.40)
PM② 陶芸の里で砥部焼を買う (→P.281)
陶彩窯 (→P.281)
STAY 道後温泉でリラックス (→P.54)
(道後温泉泊)

1日目 AM 栗林公園
2日目 AM 金刀比羅宮
2日目 STAY 大歩危・祖谷温泉
3日目 PM 桂浜公園
4日目 STAY 道後温泉

5日目 最終日はこう過ごす!
松山空港発の飛行機の時間にもよるが、遅い便なら道後の温泉街で買い物したり、市内中心部に出て松山城などを見学するのも◎。

王道 県別モデルルート

4県それぞれのモデルルートを紹介。どの県も、1泊2日と2泊3日、週末で気軽に回れるプラン。ルートを組み合わせれば独自のルートも作れちゃう。

香川県

1泊2日

PLAN 01 〈高松～琴平～善通寺～丸亀〉

こんぴらさんと善通寺に参る

1泊2日のショートトリップで、金刀比羅宮と総本山善通寺に参拝。電車でも回れるが、車があればよりスムーズ。夜には温泉も堪能できる。

1日目 高松→琴平（琴平泊）

高松空港に到着後、琴平町へ。金刀比羅宮への参拝や門前町でのおみやげ探しを楽しんで。ランチは周辺のうどん店、夜は琴平温泉の宿に泊まる。

2日目 琴平→善通寺→丸亀→高松

2日目は飛行機の時間まで県内を回る。総本山善通寺と丸亀城だけなら午前中に見学可能。うどんを食べたら空港へまっしぐら。

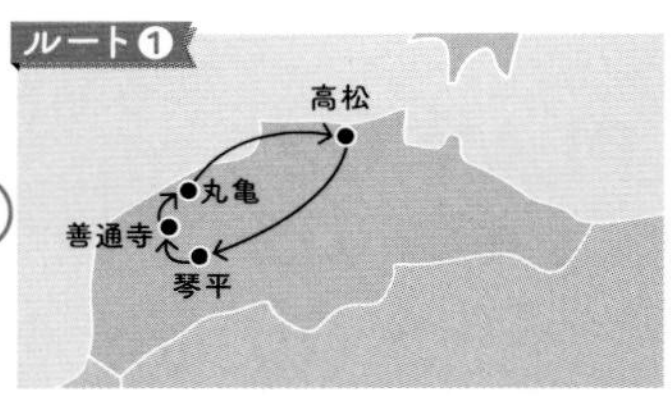

日本一の石垣といわれる丸亀城 （→P.70・158）

弘法大師三大霊場のひとつ、総本山善通寺 （→P.24・167）

2泊3日

PLAN 02 〈高松～小豆島～直島〉

瀬戸内海の島々を回る

人気の小豆島は、高松市から日帰りでも行けるが、せっかくなら1泊してゆっくりするのがおすすめ。2日目は直島へ日帰り、最終日は飛行機の時間まで高松市内を観光。

1日目 高松→小豆島（小豆島泊）

高松港からフェリーに乗って小豆島へ。島内は車で回るのがやっぱり便利。車は高松からフェリーに乗せてしまえるほか、島でレンタカーもできる。

2日目 小豆島→直島→高松（高松泊）

小豆島から直島へは一度高松港へ戻り、再度フェリーで。アートな直島を堪能しよう。フェリーは欠航の可能性があるので、帰る前日までに乗るのが◎。

3日目 高松

栗林公園やミュージアムなど、高松市内の見どころを回ったり、おみやげ探しを楽しんだら空港へ。飛行機の時間が遅ければ琴平に行くという手も。

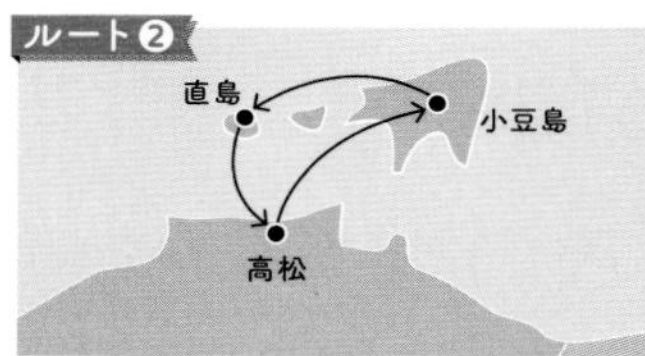

どちらの島にも高松港からフェリーが出ている

小豆島では、あちこちにオリーブの木が見られる （→P.132）

徳島県

PLAN 01 〈徳島～鳴門～祖谷渓～美馬〉 2泊3日

鳴門&祖谷、徳島の王道を回る

鳴門の渦潮に秘境・祖谷渓、美馬市のうだつの町並みと、徳島東部と北部のスポットを回る定番ルート。徳島自動車道を利用すれば移動は簡単。ただし車が必須。

1日目　徳島→鳴門（鳴門泊）

徳島の空港に到着したら、そのまま鳴門市へ。展望台やクルーズ船から渦潮を見たり、大塚国際美術館へと行ったりして、鳴門のホテルに泊まる。

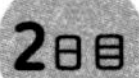

2日目　鳴門→祖谷渓（祖谷渓泊）

鳴門市から祖谷渓へは、高速と一般道を通って2時間ほど。午前中に出発して、昼前に到着すれば十分に観光できる。夜は祖谷渓の温泉宿へ。

3日目　祖谷渓→美馬→徳島

徳島の空港へ行く前に、美馬市のうだつの町並みに立ち寄って見学。飛行機の時間によっては霊山寺などお遍路の札所に立ち寄ることもできる。

川の両脇に切り立つ渓谷が見られる、祖谷渓（→P.240）

美馬市は「うだつの町並み」で有名（→P.232）

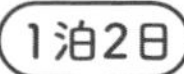

PLAN 02 〈徳島～阿南海岸～上勝～勝浦〉 1泊2日

南部の海岸線から山奥へ

徳島県南部の海岸線、阿南海岸をメインとする1泊2日のルート。海岸線の絶景ドライブや今注目の廃棄物ゼロを目指す「ゼロ・ウェイスト」の上勝町を訪れる。

1日目　徳島→阿南海岸→上勝（上勝泊）

徳島から南下して阿南海岸へ。阿南市、美波町、海陽町と海沿いの町を通り海岸線を駆け抜けたら、上勝町へ。宿泊は「HOTEL WHY」。

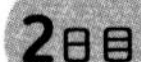

2日目　上勝→勝浦→徳島

上勝町を出発し、「恐竜の里」として人気上昇中の勝浦町へ立ち寄り。化石の発見された恐竜の里などを見学したら、空港へ急ごう。

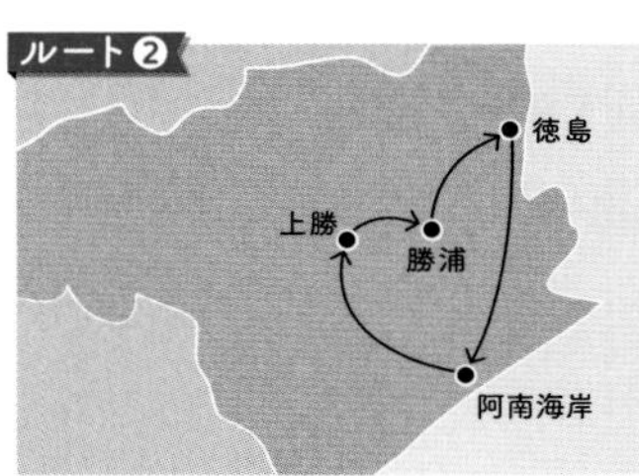

阿南海岸の蒲生田岬（→P.247）

ユニークな外観の上勝町のHOTEL WHY（→P.65）

愛媛県

PLAN 01

1泊2日

〈松山～西条～新居浜〉

石鎚&別子銅山のアクティブ旅

愛媛県の東予地方を回るルート。聖地として人気の石鎚山に登ったり、別子銅山（マイントピア別子）を訪問したりと、自然と文化の両方を感じることができる。

1日目　松山→石鎚山→西条（西条泊）

松山空港に着いたら、高速道路を使って西条市へ。ロープウエイで石鎚山へ登り、ハイキングを楽しむ。夜には星空観賞ツアーも催行される。

2日目　西条→新居浜→松山

西条市から新居浜市へ行き、別子銅山（マイントピア別子）を見学。「東洋のマチュピチュ」と呼ばれる景観を楽しんだら、松山空港へ戻ろう。

ルート❶

霊峰・石鎚山でハイキング（→P.38）

283年にわたり採掘が行われた別子銅山（→P.318）

PLAN 02

2泊3日

〈松山～伊予～伊方～宇和島～大洲～内子〉

海沿い南下で南予と城下町へ

松山市から伊予市、さらに南予の町をぐるり回る。人気の下灘駅や四国最西端の佐田岬、宇和島市&大洲市の城下町に内子町と、絶景と文化がギュッと凝縮！

1日目　松山→伊予→伊方→宇和島（宇和島泊）

空港から南下して、伊予市へ。海岸沿いの夕やけこやけラインを走り、一気に佐田岬までドライブ！途中には下灘駅を通る。宿泊は宇和島市。

2日目　宇和島→大洲（大洲泊）

宇和島市と大洲市、ふたつの城下町を回る。特に大洲市は近年古い建物をリノベーションしたカフェやレストランが増殖中。人気の臥龍山荘も忘れず見学。

3日目　大洲→内子→松山

最終日は松山空港へと行く前に、内子町の伝統的な町並みを散策。飛行機の時間によっては、この後に砥部町で動物園や窯元巡りもできる。

ルート❷

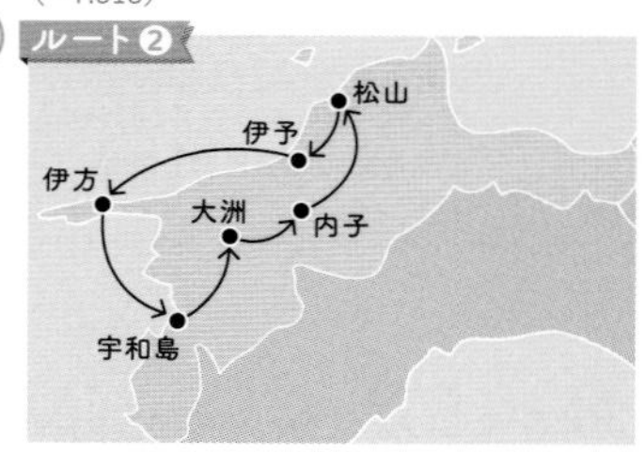

近年SNSでも話題となった下灘駅（→P.283）

日本建築の傑作として名高い臥龍山荘（→P.327）

高知県

PLAN 01 〈高知～四万十川～梼原～仁淀川～佐川〉 2泊3日

牧野博士のルーツと清流を巡る旅

仁淀川と四万十川、高知の誇るふたつの清流に、山あいにある「現代建築の町」こと梼原、そして植物分類学者・牧野富太郎のふるさとと、今が旬のルートがこちら！

1日目 高知→四万十川→梼原（梼原泊）

高知市から四万十川までは車で2時間ほど。下流域の四万十市から川沿いを走り、上流域の四万十町へ。沈下橋巡りやアクティビティを楽しんで。

2日目 梼原→仁淀川（仁淀川エリア泊）

午前中は梼原の町内にある隈研吾の建築群などを回り、午後からは仁淀川へ。川沿いをハイキングして、青く透明な水に癒やされよう。

3日目 仁淀川→佐川→高知

牧野博士の生まれた佐川町へ。博士が植物採集に駆け巡った野山を回る。飛行機まで時間があれば高知市の高知県立牧野植物園にも行こう。

PLAN 02 〈高知～北川～室戸岬～香美〉 1泊2日

室戸岬と洞窟探検、モネの庭へ

高知の東、室戸岬は絶景の宝庫！ジオパークにもなっている室戸岬でトレッキングをしたり、洞窟を探検したりと、ここにしかない体験がめじろ押しだ。

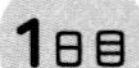

1日目 高知→北川→室戸岬（室戸岬泊）

室戸岬へは高知市から車で約2時間。ほとんどが一般道。途中、北川村「モネの庭」マルモッタンに寄り道。その後は一路室戸岬へ。

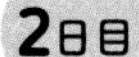

2日目 室戸岬→香美→高知

午前中は室戸岬でハイキング。午後は空港へと戻る前に、香美市にある鍾乳洞、龍河洞へ。ライトアップされた洞窟内は圧巻の美しさ。

四万十川に架かる沈下橋を巡ろう（→P.394）

季節の花が楽しめる牧野公園（→P.375）

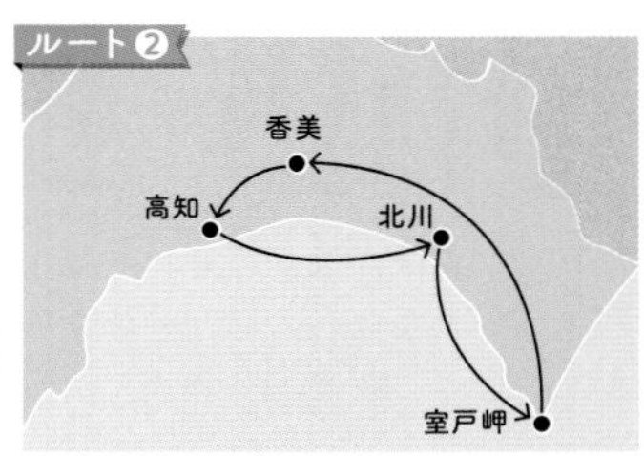

ジオパークにも登録されている室戸岬（→P.424）

ライトアップされた幻想的な洞窟内を歩こう。龍河洞（→P.383）

1200年続く古の巡礼路 四国お遍路ことはじめ

山奥にある札所などもある

四国4県に広がる札所を巡礼するお遍路。かつては僧たちの修行の場であったが、最近では気軽に楽しむ人もたくさん。基本やマナーを学んで、初・お遍路へ出かけてみよう！

途中観光を交えながら回るのが楽しい

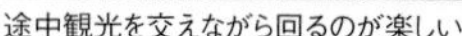

本堂や大師堂でお経をあげる

四国88ヵ所の霊場を回る

四国お遍路とは、弘法大師・空海が修行した88ヵ所の霊場を巡拝する巡礼のこと。霊場は徳島（阿波）の霊山寺から始まり、高知（土佐）、愛媛（伊予）、そして弘法大師生誕の地である香川（讃岐）と4ヵ国にわたって続き、総距離は1400kmにも及ぶ。88ヵ所を巡礼する人のことを「お遍路さん」、札所を結ぶ道を「遍路道」と呼ぶ。成立について詳しくはわかっていないが、平安時代末期に編纂された『古今物語集』や『梁塵秘抄（りょうじんひしょう）』に四国での修行についての記述がある。最初は修行僧が行うものであったが、弘法大師に対する信仰が高まるにつれ民衆にも広がりを見せた。88の札所すべてを回り終えることを「結願（けちがん）」といい、大きな御利益が得られるとされている。最近では自分を見つめ直したり健康増進を目的に歩くという人も多い。

お遍路の作法と札所について

四国には数多くの霊場があるが、なかでも代表的なのが弘法大師が選定したと伝わる88ヵ所の札所。各札所を巡るときは、常に弘法大師とともにあると念じ、不殺生や不偸盗（ふちゅうとう）など古来から仏教の教えであるといわれる十善戒を守るよう心がけよう。各札所には、仏様を祀る本堂、弘法大師を祀る大師堂が必ずある。修行者はふたつを順に参拝し、堂内でお経を奉納する。奉納方法は読経または写経で、合掌礼拝から始まり般若心経などいくつものお経を唱える。お経について詳しくわからないという場合は、各札所などで販売されている経本を手に入れておくとよい。お遍路の途中には「お接待」という地元の人からのサービスや御布施を受けることも。機会があったときはありがたく頂戴し、代わりに自分の住所や名前を書いた納め札を渡すのがマナー。

知っておきたい
お遍路のキホン

納めるもの、授与されるもの

札所では、参拝の証しとして納め札を奉納する。札には参拝した日付と住所、願い事、名前、年齢を書き、本堂と大師堂に奉納。参拝したあとに納経所でいただくのが、納経（御朱印）と本尊が描かれた御影。

納経帳と御影袋

納め札は参拝した回数により色が変わる。1～4回は白

本堂にある納札入れに納め札を入れる

※納め札や納経帳は各寺で購入できる

参拝時間と方法

境内は自由に入れる寺院が多いが、納経所が開いているのは基本的に7:00～17:00なので、この時間内に参拝することを心がけたい。参拝にはマナーがあるので、下の参拝方法の手順を守ること。

1献灯用のろうそくや献香用の線香は用意されている（有料） 2手水は最初に右手、次に左手、最後に口をゆすぐ

参拝方法

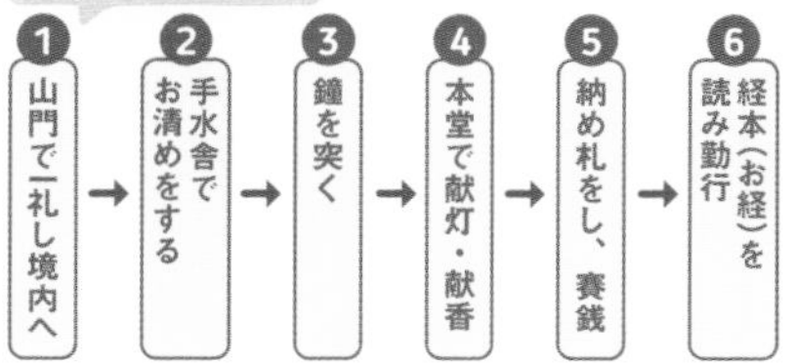

1. 山門で一礼し境内へ →
2. 手水舎でお清めをする →
3. 鐘を突く →
4. 本堂で献灯・献香 →
5. 納め札をし、賽銭 →
6. 経本（お経）を読み勤行

※この後大師堂へ行き、⑤～⑥を繰り返す
※鐘突き堂は札所によってはない場合も

服装について

巡礼には普段着で行くのもいいが、せっかくなら昔ながらの遍路服を着用してみては？なかでも白衣、輪袈裟、金剛杖の3点セットが基本となる。

遍路笠：弘法大師の教えが書かれた菅笠

輪袈裟：お経を唱える時に必要な袈裟を簡略化したもの

白衣：かつては死に装束の意味があった。普段着の上から着てOK

金剛杖：弘法大師の化身とされる杖

巡礼バック：お札や納経帳を持ち歩くのに便利

念珠：数珠。お経を唱える時に使う

ノウハウから素朴な疑問まで！

四国お遍路Q&A

Q1 お遍路は歩いて回らないといけませんか？

歩いて回る際は1日20kmくらいが目安

A 回る方法について特に決まりやマナーはなく、車や公共交通機関を使って回っても大丈夫。なお、歩きで回る人を「歩き遍路」といい、88ヵ所の札所すべてを歩いて回るには40日くらいかかる。

Q2 一度に88ヵ所回れないのですが？

A 一度に88ヵ所すべてを回れなくても問題ない。回る順番も回る場所も自由。第1番札所から88番まで順に回ることを「順打ち」、逆に回ることを「逆打ち」という。また一部のルートを回ることを「区切り打ち」という。

Q3 どうして札所っていうのですか？

A 札所とは寺院のことで、参拝の証しとして札を納めたり受け取ることからこのように呼ばれる。札所を回ることを「打つ」というが、これはかつて巡礼者が自分の名前や住所を書いた札を寺院の柱に打ち付けたことが由来。

現在は打ち付ける代わりに納め札をする

Q4 遍路笠に書かれた文字の意味を教えて！

A 文字にはすべて意味がある。詳細は以下。

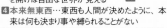

1梵字…「ゆ」と読み、弘法大師を表す
2迷故三界城…三界とは欲界、色界、無色界。人の悩みや苦しみを表す
3悟故十方空…悟りを開けば自由な世界が見える
4本来無東西…東西も人間が決めたように、本来は何も決まり事や縛られることがない
5何処有南北…東西と同様、南北も人間が決めたもの
6同行二人…巡礼には弘法大師が同行してくださっている

Q5 宿泊する場所はどうしたらいいですか？

A 車で回る場合は、特に場所など気にする必要はない。歩き遍路の場合、寺院のそばや遍路道途中にある宿を利用するという場合が多い。寺院のなかには宿坊を備えているところもある。

宿坊のほかお遍路さん歓迎の宿もたくさんある

県別 ＼だいたい10～20km！／

区切り打ちおすすめルート

札所には1から88まで番号が付けられているよ！

旅行の合間にも取り入れやすい区切り打ち。4県それぞれのおすすめルートをご紹介！距離は10～20kmなので、日帰りで回るのにぴったりの距離感。

徳島ルート

23の札所があり、通称「発心の道場」と呼ばれる。第1番札所の霊山寺から第5番札所の地蔵寺までは距離も短く、道もわかりやすい。これからお遍路を始めたいという人にうってつけのルートだ。

徒歩：約10.7km、所要約2時間53分
車：約13km、所要約40分

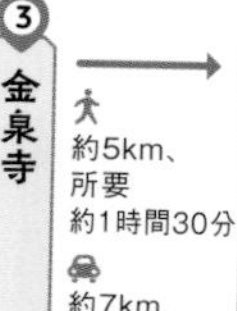

お納経はこちら
右に札所印、中央に梵字とご本尊を象徴する宝印、左に札所名が書かれている

1本堂の天井からは500もの行灯が下がる 2地元では「いちばんさん」と呼ばれ親しまれている 3境内で最も古い多宝塔。応永年間（1394年～1428年）の建造 4山門から入るときは一礼するのを忘れずに

お遍路始まりの札所

①霊山寺 ●りょうぜんじ

第1番札所

MAP 別冊P.34-A1

88札所巡りの出発点となる「発願の寺」。ここから「同行二人」の長い道のりが始まる。聖武天皇（在位724～749年）の勅願を受け行基が開設、ご本尊は釈迦如来。境内には多宝塔のほか縁結び観音も祀られている。そばにお遍路ショップがあり、服装から納経帳、経本など一式がここで購入できる。

住 徳島県鳴門市大麻町板東塚鼻126
TEL 088-689-1111
交 JR板東駅から徒歩約10分。徳島自動車道板野ICから車で6分　P 100台　宿坊 なし

門前立ち寄りSPOT

門前一番街 ●もんぜんいちばんがい

MAP 別冊P.34-A1

霊山寺の目の前。名物の「あわくった」は、粟と米を混ぜた生地のおまんじゅう。昔からお遍路さんに愛されてきた。

こしあんとよもぎの2種類がある、あわくった2個300円

トイレや無料の休憩所もある

TEL 088-689-4388
営 8:30～17:00
休 なし

美しい庭園をもつ

②極楽寺 ●ごくらくじ

第2番札所

MAP 別冊P.34-A1

奈良時代創建の古刹。本堂にある本尊、阿弥陀如来坐像は弘法大師の作で、国の重要文化財に指定されている。山門の先には極楽浄土を思わせる庭園が広がる。境内にある樹齢約1200年の長命杉は、弘法大師のお手植えとされる。

住 徳島県鳴門市大麻町檜段の上12
TEL 088-689-1112　P 40台　宿坊 なし

お納経はこちら

1 朱色の山門 2 本堂階段の下にある釈迦の足形 3 安産のお守りを奉納する人も多い

源義経ゆかりの寺

③金泉寺 ●こんせんじ

第3番札所

MAP 別冊P.34-A1

聖武天皇時代の創建で、開基は行基。創建時は金光明寺と呼ばれたが、弘法大師が訪れた際に日照りに苦しむ住民のため井戸を掘ったことから金泉寺と改められた。屋島合戦に向かう前の源義経が立ち寄り戦勝を祈願したと伝わる。

住 徳島県板野町大寺亀山下66
TEL 088-672-1087　P 14台　宿坊 なし

お納経はこちら

1 境内の奥には霊水の湧き出る井戸がある 2 弁慶が持ち上げたとされる巨石 3 赤い忠魂塔が立つ

大日如来がご本尊

④大日寺 ●だいにちじ

第4番札所

MAP 別冊P.4-B2

清流の黒谷川に面した札所。本尊は大日如来で、本堂に鎮座する木造大日如来坐像は秘仏として護持されているが、前仏として総檜造りの大日如来坐像を参拝できる。大師堂と大日堂を結ぶ回廊には観音尊像が、また本堂横回廊には青面金剛尊像が安置されている。

住 徳島県板野町黒谷居内28
TEL 088-672-1225　P 20台　宿坊 なし

お納経はこちら

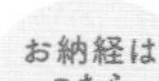

1 周囲を森に囲まれた札所 2 境内には季節の花が咲いている 3 西国三十三観音霊場にまつわる観音像が安置されている

寺領4万㎡もの古刹

⑤地蔵寺 ●じぞうじ

第5番札所

MAP 別冊P.4-B2

嵯峨天皇（在位809～823年）の勅願により弘法大師が開基。本尊の勝軍地蔵菩薩は大師作。武将たちの信仰があつく、源頼朝・義経、蜂須賀家などが寄進をしている。徒歩5分ほどの所にある奥の院には五百羅漢像が納められている。

住 徳島県板野町羅漢林東5
TEL 088-672-4111　P 50台　宿坊 なし

お納経はこちら

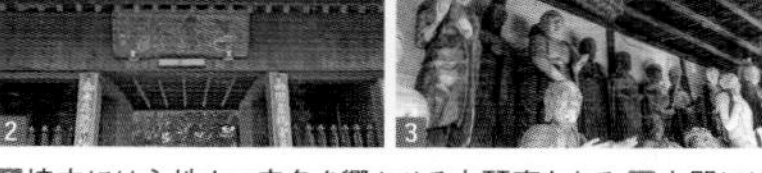

1 境内には心地よい音色を響かせる水琴窟もある 2 山門にはさわやかな青字で山号が書かれている 3 奥の院にある五百羅漢像（拝観料200円）

香川ルート

弘法大師生誕の地である香川には23の札所があり「涅槃の道場」と呼ばれる。善通寺の周辺7つの札所を1日で回る「7ヵ所参り」は古来から伝わる巡礼方法。

善通寺周辺の7ヵ所参り

7札所には七福神なで仏が祀られており、巡礼するとご運を授かる。総本山善通寺で七ヵ所参りの色紙や御影も授与される。

Route　Total
徒歩：約14.6km、所要約3時間35分
車：約19.5km、所要約41分

①弥谷寺 → 徒歩 約4km、所要約1時間／車 約5km、所要約10分 → ②曼荼羅寺 → 徒歩 約0.4km、所要約5分／車 約0.5km、所要約1分 → ③出釈迦寺 → 徒歩 約2.5km、所要約35分／車 約2km、所要約5分 → ④甲山寺 → 徒歩 約1.5km、所要約20分／車 約2km、所要約5分 → ⑤総本山善通寺 → 徒歩 約2.3km、所要約35分／車 約5km、所要約10分 → ⑥金倉寺 → 徒歩 約3.9km、所要約1時間／車 約5km、所要約10分 → ⑦道隆寺

高松自動車道三豊鳥坂ICから車で約10分。

霊山、弥谷山に位置する
①弥谷寺
●いやだにじ　第71番札所

MAP 別冊P.12-B2

霊山として信仰された弥谷山にある。仁王門から本堂までは400段の階段を上る。本堂下にある水場の洞窟は神仏世界への入口といわれる。

弘法大師が刻んだとされる阿弥陀三尊磨崖仏

四国霊場で最も古い寺
②曼荼羅寺
●まんだらじ　第72番札所

MAP 別冊P.12-B2

四国霊場のなかで最も古い、596（推古4）年の創建。最初は世坂寺と呼ばれたが、弘法大師が3年がかりで寺を建立し現在の名に改められた。

大師堂。弘法大師尊像を拝顔できる

「捨身ヶ嶽」の伝説が残る
③出釈迦寺
●しゅっしゃかじ　第73番札所

MAP 別冊P.12-B2

断崖絶壁から身を投じた幼少期の弘法大師が釈迦如来に救われたという伝説「捨身ヶ嶽」にゆかりのある寺。伝説となった場所は奥の院にある。

釈迦如来を祀る本堂

弘法大師のふるさと
④甲山寺
●こうやまじ　第74番札所

MAP 別冊P.12-B2

弘法大師の故郷で、寺院の周辺は幼少期の大師が遊んだ場所とされる。開基は弘法大師で、岩窟には大師手彫りの毘沙門天像が祀られている。

通称「ウサギ寺」とも呼ばれる

弘法大師の生まれた地
⑤総本山善通寺
●そうほんざん ぜんつうじ　第75番札所

MAP 別冊P.32-A3

弘法大師三大霊跡のひとつ。面積約4万5000㎡の境内は「伽藍」と呼ばれる東院、「誕生院」と呼ばれる西院に分かれている

●詳細は（→P.167）

1本堂である東院金堂。国の重要文化財に指定されている 2高さ43mの五重塔。毎年GWのみ初層と二層内部が特別公開される

天台寺門宗の開祖、智証大師誕生の地
⑥金倉寺
●こんぞうじ　第76番札所

MAP 別冊P.12-B2

滋賀県にある天台寺門宗の園城（おんじょう）寺の末寺。創建は774（宝亀5）年で、本尊は薬師如来。1898（明治31）年から3年間、乃木希典が宿舎とし、遺品も保管。

智証大師と弘法大師の像を安置する大師堂

観音像がずらりと並ぶ
⑦道隆寺
●どうりゅうじ　第77番札所

MAP 別冊P.12-B1

712（和銅5）年の開創。境内にはブロンズの観音像が並ぶ。本堂の裏手には江戸時代の典医、京極左馬造の墓所があり、眼病に御利益があるとされる。

参拝者たちを見守る観音像

各札所のDATAは（→P.26～28を参照）

愛媛ルート

愛媛にある札所は26ヵ所。悟りを開く境地へたどり着く途中を表す「菩薩の道場」と呼ばれる。松山市内の浄瑠璃寺から石手寺までの道のりは起伏もなくスムーズ。最後は道後温泉でリフレッシュを。

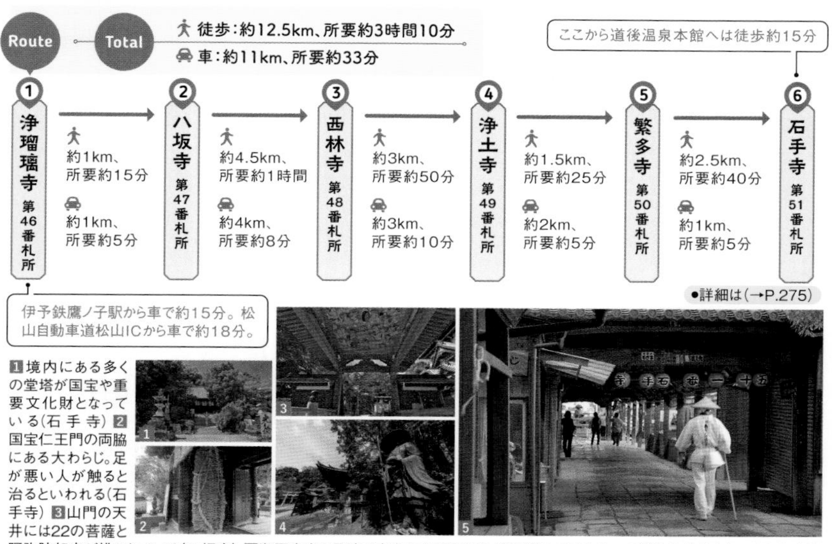

Route Total 徒歩:約12.5km、所要約3時間10分
車:約11km、所要約33分

① 浄瑠璃寺 第46番札所
伊予鉄鷹ノ子駅から車で約15分。松山自動車道松山ICから車で約18分。
→ 徒歩 約1km、所要約15分 / 車 約1km、所要約5分

② 八坂寺 第47番札所
→ 徒歩 約4.5km、所要約1時間 / 車 約4km、所要約8分

③ 西林寺 第48番札所
→ 徒歩 約3km、所要約50分 / 車 約3km、所要約10分

④ 浄土寺 第49番札所
→ 徒歩 約1.5km、所要約25分 / 車 約2km、所要約5分

⑤ 繁多寺 第50番札所
→ 徒歩 約2.5km、所要約40分 / 車 約1km、所要約5分

⑥ 石手寺 第51番札所
ここから道後温泉本館へは徒歩約15分
●詳細は(→P.275)

1 境内にある多くの堂塔が国宝や重要文化財となっている(石手寺) 2 国宝仁王門の両脇にある大わらじ。足が悪い人が触ると治るといわれる(石手寺) 3 山門の天井には22の菩薩と阿弥陀如来が描かれている(八坂寺) 4 瀬戸内海を見渡す高台にある繁多寺 5 車道から石手寺への道は仲見世となっており、食事処やおみやげ物店が並ぶ

高知ルート

四国最大の面積に最も少ない16の札所がある。そのため札所間の距離が長く、「修行の道場」と呼ばれる。おすすめは、高知市内の4つの札所を回るルート。起伏があり距離も長いので決意をもって歩こう。

Route Total 徒歩:約21km、所要約6時間10分
車:約29km、所要約1時間20分

① 善楽寺 第30番札所
JR土佐一宮駅から車で約5分。高知自動車道高知ICから車で約5分。
↓ 徒歩 約7.5km、所要約2時間 / 車 約10km、所要約30分

② 竹林寺 第31番札所
●詳細は(→P.365)
↓ 徒歩 約6km、所要約1時間40分 / 車 約8km、所要約20分

③ 禅師峰寺 第32番札所
↓ 徒歩 約7.5km、所要約2時間30分 / 車 約11km、所要約30分

④ 雪蹊寺 第33番札所

高知県内唯一の五重塔。高さは31.2mで、総檜造り(竹林寺)

航海や漁の安全を祈願して建立された禅師峰寺

地元では厄除大師として知られる善楽寺

戦国時代に長宗我部元親により再興された雪蹊寺

＼ ルート作りの参考に！ ／ お遍路ガチ勢のための

88札所コンプリートガイド

88ヵ所の札所すべてを回る「通し打ち」に出かけたいという人は、こちらを参照に。札所間の距離は徒歩の場合。

❶ 霊山寺 ●りょうぜんじ
徳島県 MAP別冊P.34-A1
住徳島県鳴門市大麻町板東塚鼻126
TEL088-689-1111 P100台
宿坊なし（→P.22）

↓ 約1.2km

❷ 極楽寺 ●ごくらくじ
徳島県 MAP別冊P.34-A1
住徳島県鳴門市大麻町檜段の上12
TEL088-689-1112 P40台
宿坊なし（→P.23）

↓ 約2.5km

❸ 金泉寺 ●こんせんじ
徳島県 MAP別冊P.34-A1
住徳島県板野町大寺亀山下66
TEL088-672-1087 P14台
宿坊なし（→P.23）

↓ 約5km

❹ 大日寺 ●だいにちじ
徳島県 MAP別冊P.4-B2
住徳島県板野町黒谷居内28
TEL088-672-1225 P20台
宿坊なし（→P.23）

↓ 約2km

❺ 地蔵寺 ●じぞうじ
徳島県 MAP別冊P.4-B2
住徳島県板野町羅漢林東5 TEL088-672-4111 P50台
宿坊なし（→P.23）

↓ 約5.3km

❻ 安楽寺 ●あんらくじ
徳島県 MAP別冊P.4-B3
住徳島県上板町引野寺ノ西北8
TEL088-694-2046 P約20台
宿坊あり

↓ 約1km

❼ 十楽寺 ●じゅうらくじ
徳島県 MAP別冊P.4-B2・3
住徳島県阿波市土成町高尾法教田58 TEL088-695-2150 P20台
宿坊あり

↓ 約4.2km

❽ 熊谷寺 ●くまだにじ
徳島県 MAP別冊P.4-B2
住徳島県阿波市土成町土成前田185
TEL088-695-2065 P20台
宿坊なし

↓ 約2.5km

❾ 法輪寺 ●ほうりんじ
徳島県 MAP別冊P.4-B3
住徳島県阿波市土成町土成田中198-2 TEL088-695-2080 P50台
宿坊なし

↓ 約3.8km

❿ 切幡寺 ●きりはたじ
徳島県 MAP別冊P.4-A3
住徳島県阿波市市場町切幡観音129
TEL0883-36-3010 P20台
宿坊なし

↓ 約9.8km

⓫ 藤井寺 ●ふじいでら
徳島県 MAP別冊P.4-B3
住徳島県吉野川市鴨島町飯尾1525
TEL0883-24-2384 Pあり（有料）
宿坊なし

↓ 約12.5km

⓬ 焼山寺 ●しょうさんじ
徳島県 MAP別冊P.4-A3
住徳島県神山町下分中318
TEL088-677-0112 P有料100台
宿坊なし

↓ 約21.5km

⓭ 大日寺 ●だいにちじ
徳島県 MAP別冊P.34-A3
住徳島県徳島市一宮町西丁263
TEL088-644-0069 P15台
宿坊なし

↓ 約2.5km

⓮ 常楽寺 ●じょうらくじ
徳島県 MAP別冊P.34-A2
住徳島県徳島市国府町延命606
TEL088-642-0471 P15台
宿坊なし

↓ 約1km

⓯ 國分寺 ●こくぶんじ
徳島県 MAP別冊P.34-A2
住徳島県徳島市国府町矢野718-1
TEL088-642-0525 P10台
宿坊なし

↓ 約1.7km

⓰ 観音寺 ●かんおんじ
徳島県 MAP別冊P.34-A2
住徳島県徳島市国府町観音寺49-2
TEL088-642-2375 Pあり 宿坊なし

↓ 約3km

⓱ 井戸寺 ●いどじ
徳島県 MAP別冊P.34-A2
住徳島県徳島市国府町井戸北屋敷80-1 TEL088-642-1324 P30台
宿坊なし

↓ 約19km

⓲ 恩山寺 ●おんざんじ
徳島県 MAP別冊P.34-B3
住徳島県小松島市田野町恩山寺谷40 TEL0885-33-1218 P20台
宿坊なし

↓ 約4km

⓳ 立江寺 ●たつえじ
徳島県 MAP別冊P.7-C1
住徳島県小松島市立江町若松13
TEL0885-37-1019 P5台
宿坊あり

↓ 約14km

⓴ 鶴林寺 ●かくりんじ
徳島県 MAP別冊P.7-C1
住徳島県勝浦町生名鷲ヶ尾14
TEL0885-42-3020 P10台
宿坊なし

↓ 約6.5km

㉑ 太龍寺 ●たいりゅうじ
徳島県 MAP別冊P.7-C1
住徳島県阿南市加茂町龍山2
TEL0884-62-2021 P有料あり
宿坊なし

↓ 約12km

㉒ 平等寺 ●びょうどうじ
徳島県 MAP別冊P.7-C1
住徳島県阿南市新野町秋山177
TEL0884-36-3522 P30台
宿坊なし

↓ 約21km

㉓ 薬王寺 ●やくおうじ
徳島県 MAP別冊P.7-C2
住徳島県美波町奥河内寺前285-1
TEL0884-77-0023 P350台
宿坊なし

↓ 約83.5km

㉔ 最御崎寺 ●ほつみさきじ
高知県 MAP別冊P.8-B3
住高知県室戸市室戸岬町4058-1
TEL0887-23-0024 P37台
宿坊あり（→P.425）

↓ 約7km

㉕ 津照寺 ●しんしょうじ
高知県 MAP別冊P.8-A2
住高知県室戸市室津2652-イ
TEL0887-23-0025 Pあり
宿坊なし

↓ 約4km

㉖ 金剛頂寺 ●こんごうちょうじ
高知県 MAP別冊P.8-A2
住高知県室戸市元乙523 TEL0887-23-0026 Pあり 宿坊あり

↓ 約30.5km

㉗ 神峯寺 ●こうのみねじ
高知県 MAP別冊P.8-B1
住高知県安田町唐浜2594 TEL0887-38-5495 P30台 宿坊なし

↓ 約38.5km

㉘ 大日寺 ●だいにちじ
高知県 MAP別冊P.10-B3
住高知県香南市野市町母代寺476
TEL0887-56-0638 P30台
宿坊なし

↓ 約9km

㉙ 国分寺 ●こくぶんじ
高知県 MAP別冊P.47-D1
住高知県南国市国分546 TEL088-862-0055 P45台 宿坊なし

↓約7km

㉚ 善楽寺 ●ぜんらくじ
高知県 MAP別冊P.46-B1
住高知県高知市一宮しなね2-23-11
TEL088-846-4141 P20台
宿坊なし (→P.25)

↓約7.5km

㉛ 竹林寺 ●ちくりんじ
高知県 MAP別冊P.46-B2
住高知県高知市五台山3577
TEL088-882-3085 P100台
宿坊なし (→P25・365)

↓約6km

㉜ 禅師峰寺 ●ぜんじぶじ
高知県 MAP別冊P.47-C2
住高知県南国市十市3084 TEL088-865-8430 P20台 宿坊なし (→P.25)

↓約7.5km

㉝ 雪蹊寺 ●せっけいじ
高知県 MAP別冊P.46-B3
住高知県高知市長浜857-3 TEL088-837-2233 P10台 宿坊なし (→P.25)

↓約6.5km

㉞ 種間寺 ●たねまじ
高知県 MAP別冊P.46-A3
住高知県高知市春野町秋山72
TEL088-894-2234 P70台
宿坊なし

↓約9.5km

㉟ 清瀧寺 ●きよたきじ
高知県 MAP別冊P.19-D1
住高知県土佐市高岡町丁568-1
TEL088-852-0316 P15台
宿坊なし

↓約15km

㊱ 青龍寺 ●しょうりゅうじ
高知県 MAP別冊P.19-D1
住高知県土佐市宇佐町竜163
TEL088-856-3010 P20台
宿坊なし

↓約55.5km

㊲ 岩本寺 ●いわもとじ
高知県 MAP別冊P.18-B3
住高知県四万十町茂串町3-13
TEL088-022-0376 P20台
宿坊あり (→P29・P.400)

↓約86.5km

㊳ 金剛福寺 ●こんごうふくじ
高知県 MAP別冊P.50-B2
住高知県土佐清水市足摺岬214-1
TEL088-088-0038 P40台
宿坊休業中 (→P.415)

↓約56km

㊴ 延光寺 ●えんこうじ
高知県 MAP別冊P.21-C2
住高知県宿毛市平田町中山390
TEL0880-66-0225 P50台
宿坊なし

↓約30km

㊵ 観自在寺 ●かんじざいじ
愛媛県 MAP別冊P.20-B2
住愛媛県愛南町御荘平城2253-1
TEL0895-72-0416 P15台
宿坊なし

↓約48km

㊶ 龍光寺 ●りゅうこうじ
愛媛県 MAP別冊P.23-C2
住愛媛県宇和島市三間町戸雁173
TEL0895-58-2186 P10台
宿坊なし

↓約3km

㊷ 仏木寺 ●ぶつもくじ
愛媛県 MAP別冊P.23-C2
住愛媛県宇和島市三間町則1683
TEL0895-58-2216 P20台
宿坊なし

↓約11km

㊸ 明石寺 ●めいせきじ
愛媛県 MAP別冊P.23-C2
住愛媛県西予市宇和町明石205
TEL0894-62-0032 P200台
宿坊なし

↓約70km

㊹ 大寶寺 ●だいほうじ
愛媛県 MAP別冊P.16-A2
住愛媛県久万高原町菅生2-1173
TEL0892-21-0044 Pあり 宿坊あり

↓約9km

㊺ 岩屋寺 ●いわやじ
愛媛県 MAP別冊P.16-A3
住愛媛県久万高原町七鳥1468
TEL0892-57-0417 Pあり(有料)
宿坊なし

↓約17.5km

㊻ 浄瑠璃寺 ●じょうるりじ
愛媛県 MAP別冊P.38-B3
住愛媛県松山市浄瑠璃町282
TEL089-963-0279 P12台 宿坊なし (→P.25)

↓約1km

㊼ 八坂寺 ●やさかじ
愛媛県 MAP別冊P.38-B3
住愛媛県松山市浄瑠璃町八坂773
TEL089-963-0271 P30台
宿坊なし (→P.25)

↓約4.5km

㊽ 西林寺 ●さいりんじ
愛媛県 MAP別冊P.38-B3
住愛媛県松山市高井町1007
TEL089-975-0319 Pあり 宿坊なし (→P.25)

↓約3km

㊾ 浄土寺 ●じょうどじ
愛媛県 MAP別冊P.38-B3
住愛媛県松山市鷹子町1198
TEL089-975-1730 P有料20台
宿坊なし (→P.25)

↓約1.5km

㊿ 繁多寺 ●はんたじ
愛媛県 MAP別冊P.38-B3
住愛媛県松山市畑寺町32 TEL089-975-0910 P5台 宿坊なし (→P.25)

↓約2.5km

51 石手寺 ●いしてじ
愛媛県 MAP別冊P.38-B2
住愛媛県松山市石手2-9-21
TEL089-977-0870 P50台
宿坊なし (→P.25・275)

↓約10.5km

52 太山寺 ●たいさんじ
愛媛県 MAP別冊P.38-A2
住愛媛県松山市太山寺町1730
TEL089-978-0329 Pあり 宿坊なし

↓約2km

53 圓明寺 ●えんみょうじ
愛媛県 MAP別冊P.38-B2
住愛媛県松山市和気町1-182
TEL089-978-1129 P10台
宿坊なし

↓約34.5km

54 延命寺 ●えんめいじ
愛媛県 MAP別冊P.44-A2
住愛媛県今治市阿方甲636
TEL0898-22-5696
P有料あり(随意) 宿坊なし

↓約3.6km

55 南光坊 ●なんこうぼう
愛媛県 MAP別冊P.44-A2
住愛媛県今治市別宮町3-1
TEL0898-22-2916 P30台
宿坊なし

↓約3.1km

56 泰山寺 ●たいさんじ
愛媛県 MAP別冊P.44-A2
住愛媛県今治市小泉1-9-18
TEL0898−22-5959 P有料50台
宿坊なし

↓約3km

57 栄福寺 ●えいふくじ
愛媛県 MAP別冊P.44-A2
住愛媛県今治市玉川町八幡甲200
TEL0898-55-2432
P有料10台(随意) 宿坊なし

↓約2.5km

58 仙遊寺 ●せんゆうじ
愛媛県 MAP別冊P.44-A3
住愛媛県今治市玉川町別所甲483
TEL0898-55-2141 P有料20台
宿坊あり

↓約6.2km

59 国分寺 ●こくぶんじ
愛媛県 MAP別冊P.44-B2
住愛媛県今治市国分4-1-33
TEL0898-48-0533　P有料50台
宿坊なし

↓約33km

60 横峰寺 ●よこみねじ
愛媛県 MAP別冊P.16-B1
住愛媛県西条市小松町石鎚甲2253
TEL0897-59-0142　P50台
宿坊なし

↓約10km

61 香園寺 ●こうおんじ
愛媛県 MAP別冊P.16-B1
住愛媛県西条市小松町南川甲19
TEL0898-72-3861　Pあり　宿坊なし

↓約1.5km

62 宝寿寺 ●ほうじゅじ
愛媛県 MAP別冊P.16-B1
住愛媛県西条市小松町新屋敷甲428
TEL0898-72-2210　Pあり　宿坊なし

↓約1.4km

63 吉祥寺 ●きちじょうじ
愛媛県 MAP別冊P.16-B1
住愛媛県西条市氷見乙1048
TEL0897-57-8863　Pなし　宿坊なし

↓約3.5km

64 前神寺 ●まえがみじ
愛媛県 MAP別冊P.16-B1
住愛媛県西条市洲之内甲1426
TEL0897-56-6995　P30台
宿坊なし

↓約45km

65 三角寺 ●さんかくじ
愛媛県 MAP別冊P.12-A3
住愛媛県四国中央市金田町三角寺甲75　TEL0896-56-3065　Pあり
宿坊なし

↓約20.5km

66 雲辺寺 ●うんぺんじ
徳島県 MAP別冊P.12-B3
住徳島県三好市池田町白地ノロウチ763　TEL0883-74-0066
P有料10台　宿坊なし

↓約13.5km

67 大興寺 ●だいこうじ
香川県 MAP別冊P.12-B3
住香川県三豊市山本町辻4209
TEL0875-63-2341　P10台
宿坊なし

↓約9m

68 神恵院 ●じんねいん
香川県 MAP別冊P.15-D1
住香川県観音寺市八幡町1-2-7
TEL0875-25-3871　P50台
宿坊なし

↓約0km（同じ境内）

69 観音寺 ●かんのんじ
香川県 MAP別冊P.15-D1
住香川県観音寺市八幡町1-2-7
TEL0875-25-3871　P50台
宿坊なし（→P.181）

↓約4.7km

70 本山寺 ●もとやまじ
香川県 MAP別冊P.12-B2
住香川県三豊市豊中町本山甲1445
TEL0875-62-2007　P20台
宿坊なし

↓約12.2km

71 弥谷寺 ●いやだにじ
香川県 MAP別冊P.12-B2
住香川県三豊市三野町大見乙70
TEL0875-72-3446　P50台
宿坊なし（→P.24）

↓約4km

72 曼荼羅寺 ●まんだらじ
香川県 MAP別冊P.12-B2
住香川県善通寺市吉原町1380-1
TEL0877-63-0072　P有料30台
宿坊なし（→P.24）

↓約0.4km

73 出釈迦寺 ●しゅっしゃかじ
香川県 MAP別冊P.12-B2
住香川県善通寺市吉原町1091
TEL0877-63-0073　P30台
宿坊なし（→P.24）

↓約2.5km

74 甲山寺 ●こうやまじ
香川県 MAP別冊P.12-B2
住香川県善通寺市弘田町1765-1
TEL0877-63-0074　P有料60台
宿坊なし（→P.24）

↓約1.5km

75 総本山善通寺 ●そうほんざんぜんつうじ
香川県 MAP別冊P.32-A3
住香川県善通寺市善通寺町3-3-1
TEL0877-62-0111　P有料350台
宿坊あり（→P.24・167）

↓約2.3km

76 金倉寺 ●こんぞうじ
香川県 MAP別冊P.12-B2
住香川県善通寺市金蔵寺町1160
TEL0877-62-0845　Pあり　宿坊なし（→P.24）

↓約3.9km

77 道隆寺 ●どうりゅうじ
香川県 MAP別冊P.12-B1
住香川県多度津町北鴨1-3-30
TEL0877-32-3577　Pあり　宿坊なし（→P.24）

↓約7.1km

78 郷照寺 ●ごうしょうじ
香川県 MAP別冊P.15-D2
住香川県宇多津町1435
TEL0877-49-0710　P100台
宿坊なし

↓約6.3km

79 天皇寺 ●てんのうじ
香川県 MAP別冊P.13-C1
住香川県坂出市西庄町天皇1713-2
TEL0877-46-3508　P有料あり
宿坊なし

↓約6.3km

80 国分寺 ●こくぶんじ
香川県 MAP別冊P.26-A2
住香川県高松市国分寺町国分2065
TEL087-874-0033
P有料20台（随意）　宿坊なし

↓約6.7km

81 白峯寺 ●しろみねじ
香川県 MAP別冊P.26-A2
住香川県坂出市青海町2635
TEL0877-47-0305
P有料あり（随意）　宿坊なし

↓約4.6km

82 根香寺 ●ねごろじ
香川県 MAP別冊P.26-A2
住香川県高松市中山町1506
TEL087-881-3329　P30台
宿坊なし

↓約13.3km

83 一宮寺 ●いちのみやじ
香川県 MAP別冊P.26-B3
住香川県高松市一宮町607　TEL087-885-2301　P40台　宿坊なし

↓約13.7km

84 屋島寺 ●やしまじ
香川県 MAP別冊P.27-D1
住香川県高松市屋島東町1808
TEL087-841-9418　P有料あり
宿坊なし

↓約7.2km

85 八栗寺 ●やくりじ
香川県 MAP別冊P.27-D1
住香川県高松市牟礼町牟礼3416
TEL087-845-9603　P400台
宿坊なし

↓約6.5km

86 志度寺 ●しどじ
香川県 MAP別冊P.4-A1
住香川県さぬき市志度1102
TEL087-894-0086　P30台
宿坊なし

↓約7km

87 長尾寺 ●ながおじ
香川県 MAP別冊P.4-A2
住香川県さぬき市長尾西653
TEL0879-52-2041　P有料30台
宿坊なし

↓約15.6km

88 大窪寺 ●おおくぼじ
香川県 MAP別冊P.4-A2
住香川県さぬき市多和兼割96
TEL0879-56-2278　Pあり　宿坊なし（→P.149）

※第66番札所、雲辺寺は徳島県にあるが、香川県の打ち始めとなる

進化する

宿坊にフォーカス

最近、宿坊が進化している。アートにキャンプ、サウナなどのエンタメ要素から、寺ならではの体験ができる最先端の宿坊をご紹介。

そもそも宿坊とは何?

寺院に併設された宿泊施設のこと。僧のための施設だったが、一般の参拝者も利用できる。

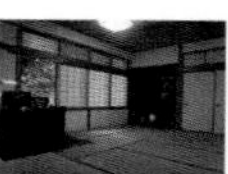

Pick Up!

アートな宿坊にキャンプまで!

岩本寺 ●いわもとじ

MAP 別冊P.18-B3　高知県

住 高知県四万十町茂串町3-13
TEL 0880-22-0376　P 20台

第37番札所。ここから38番札所までは約86.5km。そのため昔からここの宿坊に泊まり次を目指すのが定番だった。2021年から宿坊に関するおもしろい取り組みを次々と開発し話題に。

POPアートかわいい!

宿坊や体験の予約はウェブサイト(URL at40010.jp)にて。クレジットカードでの支払いのみの場合があるので、要確認　●詳細は(→P.400)

PONT

1 アートな部屋

宿坊全9室のうち1室は、壁や天井がPOPアートで埋められたSHETA's room。手がけたのは世界的アーティストのSHETA。境内の山門などにも同じPOPアートがある。

●お寺で宿泊プラン
IN 15:00　OUT 10:00　料 1泊1名素泊まり5200円～、朝食1100円、夕食2100円、2食付き2700円プラス

カラフルなアートが室内を飾るSHETA's room

素泊まりのほか食事も付けられる

こちらはある日の朝食

PONT

2 寺サウナでととのう

宿坊には1室だけサウナ付きの部屋がある。サウナストーンに水をかけて室内を暖める本格的フィンランドサウナで、サウナ室は四万十産のヒノキ製。何ともいい香り!

●サウナ付き客室プラン
料 2800円(宿泊料金別途)

サウナストーンには寺の瓦を使用

PONT

3 寺キャンプ&BBQもできる!

寺院の敷地内にはRV車専用のキャンプ場が設けられている。サイトはひとつだけで、テントは基本持ち込み。電源やBBQ機材のレンタルやBBQ食材コースの販売も。

●寺キャンププラン
料 RVキャンプ3400円(1台当たり、1名分の利用料金込み)、1人追加につき+1000円
●お寺BBQと焚火プラン
料 BBQコース4100円～、BBQレンタルセット3000円(宿坊、またはキャンプへの宿泊料金別途)

1 食材を持ち込めばピザも焼ける! 2 宿泊者は宿坊のトイレやサウナを利用可能

PONT

4 寺ならではの体験にチャレンジ

座禅や写経など、寺ならではの体験も充実。宿泊すれば、いくつかの体験をはしごできる。四万十川水中禅などユニークな体験もあるので、ウェブサイトでチェックして。

●岩本寺写経　催 通年10:00～17:00(受付は～15:00)、所要1時間～(当日受付可)　料 2000円
●お寺境内好きなところで禅　催 通年9:00～、所要約3時間(7日前までに要予約)　料 9100円
●四万十川水中禅　催 5～9月9:00～、所要約4時間(7日前までに要予約)　料 9100円　要水着持参

精神が研ぎ澄まされます

1 写経は当日でも申し込むことができる 2 四万十川での座禅はここだけのオリジナル。より自然と一体化できる

自然界に宿る神々に参拝

海洋・山岳信仰の聖地を巡る

四国の人々は昔から、山を御神体とし海の安全や戦勝を司る神々をあがめてきた。金刀比羅宮、大山祇神社、石鎚山という聖地を巡り、昔の人と同じように手を合わせてお参りしよう。

階段を上った先に現れる大社関棟造の御本宮

785段の石段を上る

01 こんぴら参り

香川県／琴平町

1.御本宮と三穂津姫社をつなぐ約40mの回廊
2.手水舎の手前には境内で唯一、下りる階段が1段ある。石段は実は786段あり、「なやむ」という語呂合わせを避けるため1段下げたという

航海の安全を守る海の神

金刀比羅宮

●ことひらぐう

MAP 別冊P.32-A2

象頭山の中腹に鎮座する神社で、金刀比羅宮の総本山。海上の守り神として信仰を集め、江戸時代には全国から参拝者が集まった。参道から御本宮までは785段の石段を上る。

住香川県琴平町892-1 TEL0877-75-2121 開6:00～18:00 料参拝無料 交御本宮までJR琴平駅、ことでん琴平駅から徒歩約1時間、大門までは徒歩約30分。高松自動車道善通寺ICからJR琴平駅まで車で約15分 P駐車場はないので周辺有料駐車場を利用

主祭神 大物主命、崇徳天皇

御利益 航海の安全、豊漁祈願、五穀豊穣、商売繁昌、病気平癒

授与品をCheck!

幸運の黄色いお守り
鬱金（うこん）の染め糸を使った幸運守り。初穂料1000円。ミニこんぴら狗付きもある（初穂料1500円）500円

御朱印
季節限定など数種類がある。初穂料500円・1000円

笑顔元気くん守り
元気くんのイラストの入ったお守り。カラバリは全4色。初穂料500円

御本宮の様式は大社関棟造。◯に金の紋から「まるこん」とも呼ばれる

金刀比羅宮の石段

金刀比羅宮の入口に当たる大門から御本宮までも420段の石段を上る。手水社の所だけ1段下がる石段がある。

夏は汗びっしょりに

休憩スポットはこちら！

石段500段目にあるカフェ&レストランの神椿。境内の森を眺めながら軽食やスイーツがいただける。
℡0877-73-0202
営10:00〜17:00（LO16:30）
休なし

人気の神椿パフェ1230円

はるか山の上から瀬戸内の航海の安全を司る

金刀比羅宮の主祭神である大物主神は、五穀豊穣や産業の繁栄を司り、また海上の安全をもたらす神とされている。神社の創始について詳しくはわかっていないが、「神代の頃、琴平のあたりは海岸で、よい港であったとされている。それゆえ大物主神が瀬戸内海を望むこの場所を選び行宮を建てた」という伝説が残っている。近世にかけてその神威はますます高まり、航海の発展も相まって全国に勧請された。
庶民の旅行が禁止されていた江戸時代、神社への参拝旅行だけは特別に許されていた。江戸の人々にとってお伊勢参りとともに人気だったのが、こんぴら参り。「一生に一度はお参りしたい」と呼ばれるほど、憧れの場所だった。

五人百姓とこんぴら名物・加美代飴

金刀比羅宮と共にこの地に来た5軒の家筋「五人百姓」。何千年もの間、神事の手伝いを続けてきたことから境内で唯一商売を許可されている。加美代飴の「加美代」とは「神代」のこと。こんぴらさんへの参拝がかなった人々が買って帰り、付属の小槌で割ると、御利益を周囲の人々に分け与えられると伝わる。五人百姓の各店舗でのみ販売されている。

コラム

犬も参ったこんぴら詣で

どうしても参拝に行けない人の代わりに代理で参拝することを「代参」といった。飼い主の代わりに犬が参拝することもあったそう。首に「こんぴら参り」と書かれた袋を下げ、人から人へと連れられ金刀比羅宮を目指した。

境内参拝モデルルート

神域への入口となる大門から御本宮までの道のりはこちら。石段は境内で420段、途中にも境内社が点在する。

1 大門 365段

金刀比羅宮の総門。この先が神域となっている。門を抜けてすぐの広場には五人百姓の加美代飴屋台がある。

→ 徒歩5分

2 神厩舎 429段

神様がお乗りになる2頭の神馬が奉納されている。月琴号、ルーチェ号2頭がおり、運がよければ姿も見られる。

→ 徒歩2分

3 表書院 477段

国の重要文化である表書院と入口である社務所門。表書院では江戸時代の画家・円山応挙（まるやまおうきょ）の襖絵が見られる。

→ 徒歩8分

4 旭社 628段

1837（天保8）年建造の社殿で、天御中主神など9柱の神様を祀る。柱間や扉には見事な鳥獣・草花の彫刻が。

↓ 徒歩8分

5 御本宮 785段

旭社からいくつかの門や境内社を見ながら石段を上ると、御本宮に到着。町を見渡す展望スポットにもなっている。

← 徒歩1分

6 三穂津姫社 785段

御本宮から回廊と社務所の間を通り三穂津姫社へ。主祭神である大物主命の妃である三穂津姫を祀っている。

+1時間

さらに歩いて奥社へ 1368段

御本宮の脇には、奥へと続く石段がある。さらに583段を上れば、奥社へと着く。時間&体力に余裕のある人はぜひ行ってみて。

奥社でのみ授与される天狗守り

奥社。正式名称は厳魂（いづたま）神社

境内へ続く一本道

こんぴら門前町の老舗店へ

JRとことでんの琴平駅から境内までの参道には、おみやげや飲食店がずらり！ 数ある店のなかでも、創業100年を超える老舗店をピックアップ。名店には、長年愛され続けてきた理由があるのだ。

創業1909（明治42）年

店頭で焼く伝統のせんべい

本家 船々堂

●ほんけ ふねふねどう

MAP 別冊P.32-B1

石段の22段目で営業。船々せんべいは、創業時から店頭で手焼きされる伝統の味。船の帆の形をした、卵たっぷりの洋風せんべいだ。

住香川県琴平町952
TEL0877-73-2020 営8:00～18:00 休なし P3台

刻印は民謡『こんぴらふねふね』の一節

店頭でせんべいを焼いている様子が見られる

船々せんべい18枚入り600円～

創業1765（明和2）年

お灸の形のおまんじゅう

灸まん本舗石段や本店

●きゅうまんほんぽいしだんやほんてん

MAP 別冊P.32-B1

その昔、旅籠を営んでいた時代にこんぴら帰りの客の足に施したお灸をモチーフにした灸まんが名物。しっとり黄身あんのやさしい味。

住香川県琴平町798
TEL0877-75-3220 営8:00～17:00 休なし P3台

灸まんと抹茶がセットになったお抹茶セット700円

イートインスペースがある

左 いちごまん6個入り920円
右 灸まん6個入り600円

創業1912（大正元）年

香川県伝統的工芸、讃岐のり染工房

染匠 吉野屋

●せんしょう よしのや

MAP 別冊P.32-B1

鮮やかな色合いが特徴の讃岐のり染めの工房兼ショップ。金毘羅歌舞伎に使う幟のデザインを生かしたバッグが人気。正藍染めも行っている。

住香川県琴平町旭町286
TEL0877-75-2628 営9:00～17:00 休水曜 P10台

歌舞伎の幟のデザインを生かしたKONBAG。トートやショルダーなどから選べる。3240円～

水玉模様ののれんが目印

うどん柄のショルダーバッグ各5500円

徒歩3分ほどの所に工房もあり、見学や体験も可能

御本宮 785段目
旭社
大門 365段目
100段目
新町商店街 アーケードのあるレトロな商店街

階段に面した店も多い

階段の途中には狛犬が鎮座

創業1245(寛元3)年

金刀比羅宮境内で商売を許された

五人百姓 池商店

●ごにんびゃくしょう いけしょうてん MAP 別冊P.32-B2

金刀比羅宮にお供してきた五人百姓のうち一軒が2021年にリニューアル。加美代飴を使ったスイーツを販売するほか飴づくり体験も可能(要予約)。

型に流し込む様子が見学できる

加美代飴は付属のミニハンマーで割って食べる。5枚入り800円～

住香川県琴平町933
TEL0877-75-3694
営9:00～18:00
休不定休(SNSを要確認)
Pなし

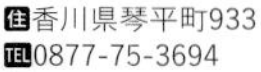

700年もの歴史がある加美代飴をぜひ!

ひやしあめソーダ450円。味は選ぶことができ、瀬戸内レモンがおすすめ

大門を抜けた先で今も五人百姓が加美代飴を販売

創業1789(寛政元)年

琴平最古の蔵元直売店

金陵

●きんりょう

MAP 別冊P.32-B1

琴平町内で酒造りを続ける酒蔵。定番以外にも店舗限定の日本酒が揃うほか、オリーブ酵母を使った日本酒やゆずのリキュールなどもおすすめ。

住香川県琴平町623 TEL0877-73-4133 営9:00～16:30(土・日曜・祝日は～17:30) 休なし Pなし

1.オリーブ由来の天然酵母を使った金陵 瀬戸内オリーブ純米吟醸1738円 2.金陵千歳緑(ちとせみどり) 特別純米1276円 3.四国産のゆず果汁を45%も使用した金陵 ゆず酒1711円

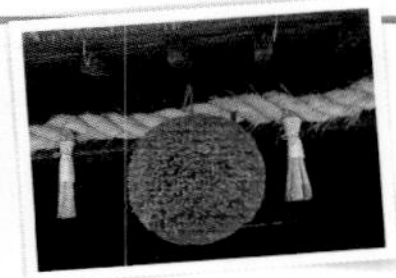
軒先には造り酒屋を示す酒林が下がる

酒造りの工程や歴史について学べる資料館を併設

創業1868(明治元)年

昔ながらの杵つき餅

浪花堂餅店

●なにわどうもちてん

MAP 別冊P.32-B1

琴平の人々に親しまれる餅屋。かつては商店街にて手押し車で販売していたことも。十勝の小豆を手作業で煮込んで作るあんは絶品だ。

住香川県琴平町603-3 TEL0877-75-5199 営8:30～17:00 休毎月9のつく日(土・日曜・祝日の場合は営業) P3台

どっしり重い、あんこ入り五色餅680円。黒豆、よもぎ、白、きび、あわの5種類

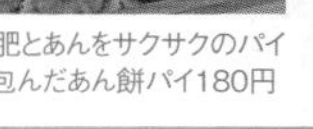
求肥とあんをサクサクのパイで包んだあん餅パイ180円

一つひとつていねいに作ってます

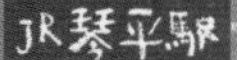

村上水軍の守り神

02

大山祇神社を参拝

愛媛県／今治市（大三島）

村上水軍の武将たちが
武運と海洋交通の安全を祈った

拝殿のある広場へと入る神門。神紋は八角形の中に波形の三が入っている

源平の時代から戦の勝利と航海の安全を司る

古くから瀬戸内海における交通の要地となっていた大三島に鎮座するのが、大山祇神社だ。主祭神である大山積神は山の神として知られている。戦いを勝利へ導く神社として信仰され、源平の時代から多くの武将たちが戦勝祈願や戦勝報告のため訪れ、武具・甲冑を奉納した。また、しまなみ海道の島々を本拠とした村上水軍は大山祇神社を氏神としてあがめていた。今治の市街にある別院大山祇神社の拝殿は来島村上家が修築したものだ。

日本総鎮守、伊予国の一宮

大山祇神社

●おおやまずみじんじゃ

MAP 別冊P.42-B2

伊予国で最も格式高い神社で、大正時代には四国で唯一の国幣大社に列せられた。御祭神・大山積神を祀る本殿のほか、摂社の上津社、下津社の3つを合わせて信仰されている。

住愛媛県今治市大三島町宮浦3327 TEL0897-82-0032 開参拝自由 交西瀬戸自動車道大三島ICから車で約15分 Pあり

祭神 大山積神（おおやまつみのかみ）

御利益 戦勝祈願、縁結び

本殿の横には神社に奉納された酒樽が並んでいる。地元、愛媛の名酒も多い

1.室町時代初期に再建された拝殿。檜皮葺き屋根の切妻造り。国指定重要文化財　2.総檜造りの総門。室町時代の古図をもとに再建されたもの　3.参道の中央にある御神木。樹齢2600年とされ、国の天然記念物に指定されている　4.旧暦5月5日の御田植祭と旧暦9月9日の抜穂祭が行われる神田。愛媛県の無形民俗文化財である一人角力が奉納される　5.本殿の真裏にある境内社。祭神の大山積神の姫神である木花咲耶姫を祀る

コラム

瀬戸内のジャンヌ・ダルク、鶴姫

鶴姫は大山祇神社の宮司の娘で、戦国時代の伊予国にいたとされる伝承上の人物。周防大内家が大三島に侵攻すると軍勢を率いて立ち向かい撃退。喜んだのもつかの間、最後は戦死した恋人に殉じ自ら命を断ってしまった。

神社の脇を走る鶴姫ロードには鶴姫の像が立つ

+10分

神社の裏にある神宮寺の奥の院へ

かつて島にあった神宮寺の奥の院。廃仏毀釈により廃寺になり、現在は奥の院と東円坊のみが残る。神社からは集落の中を歩いて10分ほど。小さな社があるほか、生樹の御門と呼ばれる自然の木を使った珍しい門がある。

1.奥の院の拝殿　2.傍らにはおみくじを結びつけた枝がある　3.奥の院参道にある。樹齢3000年ともいわれる楠の根元に開いた空洞が自然の門となっている

秘蔵の武具甲冑がずらり

大山祇神社の国宝拝見！

大山祇神社の宝物館には、源平の時代から戦勝を祈願・感謝して奉納された武具や甲冑が納められている。多くが国宝および重要文化財に指定されている。秘蔵のコレクションのごくごく一部を紹介。

禽獣葡萄鏡（きんじゅうぶどうきょう）

年代：唐時代　奉納者：斉明天皇

663（天智2）年に日本・百済連合軍と唐・新羅連合軍の間で行われた日唐戦争（白村江の戦い）。斉明天皇は勅命で大山祇神社の祭司者であった越智大領守興に出陣を命じた。その際、勅願により奉納された唐鏡と伝えられている。

CHECK!
唐時代の初期に造られた白銅鏡。直径26.8cm、重さ3346g、保存状態のよい大型銅鏡としては東洋随一

CHECK!
名前の由来となった兵庫産鎖の帯執（おびとり）

CHECK!
白鮫着の柄

CHECK!
牡丹唐草模様、長い覆輪を掛けた鞘

牡丹唐草文兵庫鎖太刀拵（ぼたんからくさもんひょうごくさりたちこしらえ）

年代：鎌倉時代　奉納者：護良親王

長さ96cm、金銅造の太刀。名前は鞘に彫られた牡丹模様と、帯執に兵庫で用いた鎖を使っていることが由来。鎌倉時代の武士が競って着用した拵で、当時幕府は華美過ぎると禁止令を出したことが『吾妻鏡』に記されている。

神社に伝わる宝物を展示

大山祇神社 宝物館

●おおやまずみじんじゃ ほうもつかん　MAP 別冊P.42-B2

境内の隅にある宝物館。鎌倉から戦国時代までの名品がずらり。隣には昭和天皇の御採集船・葉山丸を展示する大三島海事博物館がある。

住愛媛県今治市大三島町宮浦3327 TEL0897-82-0032（大山祇神社）開9:00～16:00（最終入館15:30）休なし 料1000円

大山祇神社のココがすごい！

＼日本の国宝鎧の8割がここに／

国宝8件、重要文化財76件を有し、国にある同指定の武具・甲冑の約8割を展示。特に甲冑の数に関しては日本一。

＼誰もが知るあの武将の鎧も／

目玉は、源頼朝、義経兄弟が壇ノ浦の戦い後に奉納した国宝の鎧。武蔵坊弁慶奉納の薙刀や鶴姫着用と伝わる胴丸も必見。

CHECK!
綾（あや）とは、芯に麻を使いたたんだ絹織物。これを小札をつなげる「威毛（おどしげ）」として使うのが「綾威」

CHECK!
金具廻·革所を包む絵韋（えがわ）。獅子の絵と円紋様に格子柄が入る「襷入獅子円文」

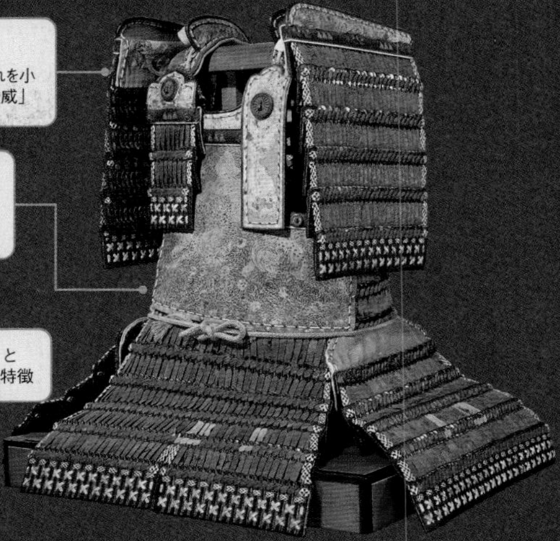

CHECK! 胸を守る栴檀板（せんだんのいた）と鳩尾板（きゅうびのいた）も大鎧の特徴

紫綾威鎧（むらさきあやおどしよろい）・大袖付

年代：鎌倉時代　奉納者：源頼朝

鎌倉初期の典型的な遺品。最大の特徴は、鉄と革の平小札を紫地小葵文綾をもってつづり合わせる「綾威（あやおどし）」。数ある鎧のなかでも綾威の現存例は極めて希少で、この鎧のほか広島県に鎮座する厳島神社の国宝「浅葱綾威鎧」など4領しかない。

CHECK! 大鎧の特徴である弦走韋（つるばしりのかわ）と大袖

CHECK! 胴丸の特徴である草摺（くさずり）

赤絲威鎧（あかいとおどしよろい）・大袖付

年代：平安時代　奉納者：源義経

奉納者は源義経で、源平合戦に大勝を収めた後、武将佐藤忠信をして代参奉納したものと伝わる。かの「八艘飛びの鎧」と呼ばれるものでは、唯一の現存。大鎧と胴丸の特色を備えた胴丸鎧で、重さは16.8kgと大鎧（40kg程度）と比べ非常に軽い。

CHECK!
小札をつづり合わせる威毛（おどしげ）は麻糸。太く「大荒目」と呼ばれる

紺絲威鎧（こんいとおどしよろい）・兜・大袖付

年代：平安時代　奉納者：河野通信

奉納者の河野通信は、壇ノ浦の戦いにおいて活躍した武将。当時瀬戸内に大きな影響力をもっていた三島水軍の長で、150艘の兵船を引き連れて源義経の下にはせ参じた。壇ノ浦の戦い後、戦勝の御礼に奉納したもの。日本三大鎧のひとつといわれる。

03 聖なる石鎚山に登る

愛媛県／西条市・久万高原町

大地を踏みしめ歩き
霊峰・石鎚山の山頂へ

1.天狗岳の頂上 2.急峻な崖の上にある石鎚神社 奥宮 頂上社

頂上社付近から見た天狗岳

修験者も歩いた山道を進み ふたつの山頂を目指す

石鎚山は1300年に修験道の開祖・役小角により開山されたとされ、今でも白装束に法螺貝を携えた修験者の姿を見かけることも。山には弥山と天狗岳、南尖峰という3つのピークがあり、弥山山頂には石鎚神社の奥宮である頂上社、最高地点の天狗岳には石鎚三十六王子社の三十六番天狗嶽王子が祀られている。山頂までの道のりは非常に険しく、途中には断崖を登る鎖場もある。一の鎖（33m）、二の鎖（65m）、三の鎖（68m）を登りきると、弥山頂上に到着。緑深い石鎚山系から瀬戸内海まで望む360度の大パノラマが広がる。

途中、鎖場を通るが、迂回することもできる

日本七霊山のひとつ

石鎚山

●いしづちさん　MAP 別冊P.16-B2

西条市と久万高原町の境にそびえる霊山。標高は1982mで、西日本の最高峰。古くから山岳信仰の対象となり多くの修験者が参拝した。

●登山などの情報は以下ウェブサイトで確認できる
URL ishizuchisankei.com

コラム

石鎚神社四社

霊峰である石鎚山を御神体とする神社。山の周辺に鎮座している4つの社を合わせて石鎚神社という。

主祭神 石鎚毘古神（いしづちひこのかみ）
御利益 諸願成就、家内安全、厄除開運、病気平癒

① 石鎚神社 口之宮 本社

いしづちじんじゃ くちのみや ほんしゃ　MAP 別冊P.16-B1

石鎚神社の本社で、山の麓に位置する。朱色の本殿が鎮座し、庭園のような境内が広がる。

住 愛媛県西条市西田甲797　TEL 0897-55-4044　開 参拝自由　P 450台　交 JR石鎚山駅から徒歩約15分。松山自動車道伊予小松ICから車で約20分

② 石鎚神社 中宮 成就社

いしづちじんじゃ ちゅうぐう じょうじゅしゃ

石鎚登山ロープウェイを降りて20分ほどの所。周辺にはおみやげ店や食事処もある。

住 愛媛県西条市小松町石鎚422　TEL 0897-59-0106　開 参拝自由

③ 石鎚神社 奥宮 頂上社

いしづちじんじゃ おくのみや ちょうじょうしゃ

弥山頂上に鎮座。神社の運営する山荘があり、売店や食堂があるほか宿泊も可。営業は5月1日～11月3日。

④ 石鎚神社 土小屋遥拝殿

いしづちじんじゃ つちごやようはいでん　MAP 別冊P.16-B2

土小屋ルートの登山口に鎮座する。標高約1500mに位置し、境内から石鎚山を仰ぎ見る。

DATAは→P.291

登山ルートはおもにふたつ！

＼メインルート／

1 成就ルート

石鎚登山のメインルート。出発は西条市の石鎚登山ロープウェイ。麓から中腹までロープウエイを利用するので楽だと思いがちだが、それは間違い。石鎚神社 中宮 成就社までなら勾配も少なくスニーカーでも行けるが、その先は本格的な登山コースとなる。距離、勾配とも土小屋ルートよりもきつく、鎖場も多い。行くなら装備を揃え覚悟を決めること。

登山口へのアクセス

電車＆バス JR伊予西条駅からせとうちバスで約1時間20分、バス停ロープウェイ前下車、徒歩約1分 車 松山自動車道伊予小松ICから車で約40分

西条市内 P有料 ロープウェイ前 P有料 山麓下谷駅 石鎚登山ロープウェイ スタート リフト 山頂成就駅 5分 奥前神寺 15分 20分 石鎚神社 中宮成就社 八丁坂 25分 15分 遥拝所 10分 5分 八丁分岐 試しの鎖（上り48m、下り19m） 55分 70分 前社ヶ森小屋 夜明峠 20分 25分 一の鎖（33m） 25分 35分 25分 35分 ゴール 弥山（1972m） 天狗岳（1982m） 35分 45分 20分 ベンチ2 ベンチ3 20分 15分 15分 ベンチ1 25分 35分 石鎚神社 土小屋遥拝殿 スタート 石鎚土小屋 町道瓶ヶ森線（UFOライン）※冬期通行止め（11月末日～4月中旬） 土小屋terrace 石鎚スカイライン ※夜間・冬期通行止め（12/1～3/31）

山頂周辺 拡大図
石鎚山公衆トイレ休憩所 二の鎖（65m） 分岐注意 三の鎖（68m） 石鎚神社 奥宮 頂上社 弥山（1972m） 天狗岳（1982m）

1 成就ルート
距離 片道4.7km
標高差 約700m
所要時間 上り約3時間30分、下り約3時間

2 土小屋ルート
距離 片道4.6km
標高差 約500m
所要時間 上り約2時間30分、下り約2時間

1.土小屋ルートとの分岐点にある鳥居。そばにはトイレも　2.石鎚神社 中宮 成就社。参拝のほか周囲には売店などもある

石鎚山への玄関口
石鎚登山ロープウェイ
●いしづちとざんろーぷうぇい MAP 別冊P.16-B2

山麓下谷駅から標高1300mの山頂成就駅までを結ぶロープウエイ。成就駅付近で星空を観察するスターナイトツアーも催行している。

途中からの眺めもすばらしい

住愛媛県西条市西之川下谷甲81 TEL0897-59-0331 営ロープウエイ8:40～17:00※行事、季節により変動。詳細は公式ウェブサイト（URLwww.ishizuchi.com）を参照 休4月上旬 料ロープウエイ往復2200円、片道1200円 P近隣有料駐車場利用

★石鎚山で星空観賞★
石鎚山スターナイトツアー
いしづちさんすたーないとつあー
住愛媛県西条市西之川下谷甲81 TEL0897-59-0331（石鎚登山ロープウェイ）催4～9月19:00～、10～3月18:30～、所要約2時間10分（要予約）料3500円

＼最短・最速／

2 土小屋ルート

久万高原町の面河渓や高知県いの町のUFOラインからアクセスする土小屋ルート。尾根部分を歩くため成就ルートよりも登りやすく初心者向け。とはいえ本格登山なので準備は万全に整えよう。登山口までの道路は冬季は閉鎖となってしまうため登ることのできるシーズンは限られる。弥山の手前で成就ルートと合流。分岐を間違えないように注意しよう。

登山口へのアクセス

車 松山自動車道伊予小松ICから車で約1時間40分。途中、石鎚スカイラインを通る（冬季は通行止め）
※JR松山駅からバスを乗り継いでアクセスできるが、便数が少ないので車がおすすめ。

標高差も成就ルートよりは低く、所要時間も短い

登山シーズン
通年登山できるが、冬は降雪も。ベストは5月下旬～10月下旬。なお土小屋ルートへ行く石鎚スカイライン、町道瓶ヶ森線はどちらも冬季通行止め（→P.290）。

服装について
本格的な登山の格好を心がけよう。両手の空くリュック、靴は滑らないトレッキングシューズの用意を。非常食や飲み物、地図、雨具も準備して。

／心が震えるほどに美しい／

山の絶景、海の絶景

豊かな自然に恵まれた四国において、絶景スポット巡りは観光のハイライト！
山や海が織りなす感動の風景を探しに行こう。

山の絶景

浸食でできた不思議な地形

高知県と愛媛県にまたがる標高1100～1400mの高原地帯が、四国カルスト。南北約3km、東西約25km。太古の昔、このあたりは海の底で、海底火山の山頂付近にサンゴ礁が発生。その後四国山地の隆起により地上に露出、風雨の浸食を受け現在のような地形となった。

高原の一本道を通り 四国カルストをドライブ

4つの高原をつないでドライブルートが延びている

四国カルストドライブルート

牧歌的な景色が広がる

大野ヶ原

おおのがはら

愛媛県

MAP 別冊P.18-A1

四国カルストの西部。愛媛県でも有数の畜産地帯で、牧草地が広がる丘の斜面で牛が草を食む牧歌的な風景が見られる。観光牧場があり、夏は避暑地としてにぎわう。

住愛媛県西予市野村町大野ヶ原 TEL0894-72-1115（西予市野村支所産業建設課）開散策自由 Pあり

波打つ丘陵地帯に家々が点在する

四国カルストのほぼ中央

姫鶴平

めづるだいら

愛媛県

MAP 別冊P.18-A1

見渡す限りの牧草地帯が広がる。キャンプ場や展望所があり、姫鶴荘（TEL0892-55-0057）では絶景を見ながらのBBQランチも楽しめる（4月下旬～11月上旬、要予約）。

住愛媛県久万高原町西谷 TEL0892-21-1192（久万高原町観光協会）開散策自由 Pあり

散策の拠点となる姫鶴荘

松山自動車道松山IC → 約75km 約1時間45分 → 大野ヶ原 → 約11km 約25分 → 姫鶴平 → 約2km 約4分

四国カルストの歩き方

4つの高原をつないで県道383号が通っており、一本道なので迷う心配もない。各高原には駐車スペースもある。西の大野ヶ原から東の天狗高原まで直通で30分ほど。

旅のシーズン

ハイシーズンは夏。初夏に咲くヒメユリやハンカイソウは、シンボル的存在。秋の紅葉は10月中旬〜下旬が見頃。県道383号は例年11月下旬〜3月中旬、冬季閉鎖となるので注意。

学習館で自然を学ぶ

四国カルストの地形やそこに咲く高山植物などを解説する施設が「カルストテラス」。晴れた日にはテラスから室戸岬まで一望できる。

カルストテラス
●かるすとてらす
MAP 別冊P.18-A1
住高知県津野町芳生野乙4921-48 TEL0889-62-3371 開9:00〜17:00 休月曜（祝日の場合は翌日）料無料 Pあり

天狗高原の展望台からの眺め

天狗高原にある森林セラピーロード。スタートは星ふるヴィレッジTENGU駐車場からで1周は約7km。

星空の名所としても有名

赤い牛舎が目を引く姫鶴牧場

草原をあかうしが闊歩

五段高原

●ごだんこうげん
MAP 別冊P.18-A1

白い石灰石が密集するカレンフェルトや鉢状のくぼみのドリーネなど、カルスト地方特有の地形が多く見られる五段高原。四国カルストでも有数のビュースポットとして知られている。

住高知県梼原町 TEL0889-65-1187（ゆすはら雲の上観光協会）開散策自由 Pあり

牛の放牧風景が見られる

NHK連続テレビ小説『らんまん』にも登場

天狗高原

●てんぐこうげん
MAP 別冊P.18-A1

四国カルストの最高峰、標高1485mに位置する。拠点となる星ふるヴィレッジTENGU（TEL0889-62-3188）では宿泊やランチが楽しめるほか、プラネタリウムや天体観測も。

住高知県津野町芳生野乙 TEL0889-55-2021（津野町観光推進課）開散策自由 Pあり

四国カルスト観光の中心的存在

約2km 約3分　約60km 約1時間20分　高知自動車道須崎東IC

緑と青の幻想的な風景が広がる

山の絶景 Collection!

日本最大秘境のひとつ

祖谷渓 徳島県

四国のほぼ中央、1000m級の山々に囲まれた渓谷地帯。祖谷川の両脇は深いV字谷になっている。写真は、シラクチカズラという植物を編み込んで作られた祖谷のかずら橋

詳細は(→P.240)

ブルーの滝つぼ

にこ淵 高知県

日本有数の清流である仁淀川の支流、枝川川にある。滝の水が流れ落ちる淵に驚くほど透き通った青い水が見られる。水神の化身である大蛇がすむというパワースポット

詳細は(→P.366)

豊かな水が育む山の風景

全面積のおよそ7割が森林に覆われた四国。山に降る雨は斜面を伝う川となって流れ、木々や草花、動物など多くの命を育む。車窓から風景をただ眺めるのではなく、自分の足で絶景スポットまで歩いてみよう。森に渓谷、清流、棚田まで、緑の大自然がとっておきの癒やしの時間を演出してくれるはず。

1	2
3	
4	5

1.高知県いの市から石鎚山へと延びるドライブルート、UFOライン（町道瓶ヶ森線）（→P.370） 2.西日本最高峰、標高1982mの石鎚山。愛媛県西条市と久万高原町にまたがる（→P.38） 3.高知県内を流れる四万十川。川に架かる沈下橋は、四万十を代表する風景（→P.394）
4.山々の斜面を利用した棚田。写真は愛媛県の内子町にある泉谷の棚田（→P.331）
5.落差82mを3段にわたって流れ落ちる轟の滝（→P.382）

海に囲まれた四国ならではの風景

四国は、本州、北海道、九州に次ぐ日本で4番目に大きな島の国だ。北は瀬戸内海に南は太平洋、また東は紀伊水道、西は豊後水道と異なる海に囲まれ、海によりその風景もまったく異なる。瀬戸内の海は穏やかだが、太平洋では打って変わり断崖に白波が打ち付ける荒々しい景色が広がる。島と島の間に流れる海峡では渦潮が見られる。

1.ときには船よりも大きな渦潮が発生する鳴門海峡(→P.212) 2.香川県三豊市にある紫雲出山から瀬戸内の島々を望む。桜の名所でもある(→P.178) 3.透き通るようなエメラルドグリーンの海が広がる柏島(→P.417) 4.海に最も近い駅として知られるJR予讃線の下灘駅(→P.283) 5.弘法大師・空海の伝説が残る足摺岬。浸食されてできた荒々しい岸壁に波が砕ける音が響く(→P.414)

空を映し出す
鏡のような海面

父母ヶ浜 香川県

香川県三豊市の沿岸、1kmにも及ぶロングビーチ。干潮時には砂浜に潮だまりが発生する。風がない日には海面が鏡のようになり、周囲の風景を映し出す

詳細は(→P.178)

蜃気楼が生み出す
奇跡の風景

だるま夕日

愛媛県 高知県

海に沈む直前の太陽が蜃気楼のように揺らいでだるまのように見える現象。高知県の宿毛市が有名だが、愛媛県伊予市から宇和島市など太平洋に面した広い範囲で見られる。シーズンは11月初旬から2月中旬にかけて

土地に根差した手工芸品

四国の伝統工芸を体験する

美しい藍色を生み出す阿波藍や、提灯やふすまに使われる土佐和紙など、土地のものを使用して伝わってきた伝統工芸。実際に触れてみて、その技巧に理解を深めよう。

徳島県

江戸時代から伝わる伝統技法「天然灰汁発酵建て」による本藍染にトライ！自然から生まれる藍の風合いを楽しもう。

ここがコツ！ 布全体をしっかり浸けて、染め残しがないようにしよう

3 甕に入った藍染液にハンカチを1分浸したあと、取り出して30秒待つ。この工程を10回ほど繰り返すと、ろうを塗った部分以外が藍色に染まる

体験スタート！

1 種まきは3月、刈り取りは7～9月に行われる藍。生育期間中は畑で実際に藍に触れることが可能

2 今回はろうけつ染めにチャレンジ。熱いろうがついた筆で、ハンカチに好きな絵を描こう

4 染まったハンカチを水洗いし、生地を軽く絞ったあとアイロンを当てて乾かす

完成！

5 藍と白のコントラストが美しいマイハンカチの完成！そのままで持ち帰ることができる

本藍染の伝統技法を学ぶ

本藍染矢野工場

●ほんあいぞめやのこうじょう

MAP 別冊P.34-A1
住 徳島県藍住町矢上江ノ口25-11
TEL 088-692-8584　営 9:00～12:00
休 なし　交 徳島自動車道板野ICから車で約13分　P 5台

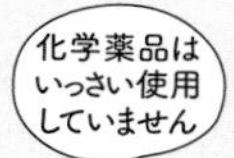

化学薬品はいっさい使用していません

本藍染体験

催 随時、所要約2時間（1週間前までに要予約）
料 ハンカチ1枚1650円～

阿波藍の主要産地、藍住町に位置する工場

阿波藍染め Quick info

歴史 阿波藍は、吉野川流域の藍作に適した土壌や気候、さらに藩の奨励も相まって、江戸時代～明治時代まで盛んに製造が行われていた。化学染料が一般的となった今でも徳島の特産品のひとつである。

原料について 原料となるのはタデ科の藍。収穫した藍を裁断し乾燥させ、熟成させることで堆肥状の染料「蒅（すくも）」になる。この蒅を藍甕に入れ発酵させることで、かの染液ができる。

藍の葉と茎を乾燥させて蒅（すくも）を作る

その他の施設

阿波藍の歴史を学べる施設や、藍商人の住宅を見学できる施設など、県内には阿波藍にまつわる施設がたくさん。

・徳島県立阿波十郎兵衛屋敷 （→P.202）
・藍住町歴史館 藍の館 （→P.217）
・吉田家住宅 （→P.232）

二、砥部焼

愛媛県

砥部町は四国随一の焼き物の里。砥部町陶芸創作館では、職員の指導のもと器造りが体験できる。ロクロのほか手びねり体験も。

体験スタート！

1 作り方をレクチャーしてくれる。形は大きくカップ、茶碗、皿などから選ぶことができる

ここがコツ! 土の真上から形を見定めよう!

2 実際にロクロに座って、作陶スタート。じっくりと時間をかけ思いどおりの形に仕上げていく

3 仕上がりをイメージしながら手指を動かす。ロクロは動いているので集中を切らさずに!

形になってきた～

注意!

失敗! もう一度チャレンジできる

完成!

4 成形が終わったら、ロクロから切り離して完成! 焼成後は指定の住所に送付も可能

町営の体験施設

砥部町陶芸創作館

●とべちょうとうげいそうさくかん

ぜひ体験しに来てください!

MAP 別冊P.24-A3

住 愛媛県砥部町五本松82

TEL 089-962-6145

営 9:00～17:00

休 木曜（祝日の場合は翌日）

交 松山自動車道松山ICから車で約20分　P 20台

ロクロ体験

催 随時、所要約30分（要事前予約）

料 1500円

販売コーナーも併設している

+more

絵付け体験も!

素焼き後に再度施設を訪れれば絵付けもできる。世界にひとつだけの砥部焼が完成!

絵付け体験　料 500円～

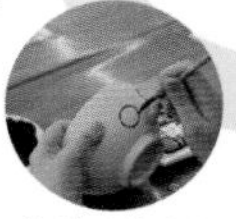

絵付けだけの体験もある

砥部焼 Quick info

歴史 発祥は江戸時代中期の大洲藩。良質な陶石を用いた砥石が有名であったが、その際に出る砥石くずの再利用として杉野丈助に器づくりを命じる。苦心の末に杉野は白磁の焼成に成功し、砥部焼発展の基礎を作った。

原料について 砥部焼は今でもすべて、砥部町で産出される陶石を用いて手造りされている。なお砥部焼は石が原料のため陶器（土が原料）ではなく磁器。陶器よりも固く、器としても長持ちする。

陶石は今も砥部町で採れる

その他の施設

五本松周辺には多くの窯元があり、ギャラリーを併設しているところも多い。「砥部焼伝統産業会館」では町内の窯元の器が購入できるショップがあるほか、豊富な資料で歴史を学べる。

・砥部焼伝統産業会館 （→P.279）

・砥部焼の窯元巡り （→P.281）

三、土佐和紙

高知県

日本三大和紙のひとつである土佐和紙。かみこやでは、周辺の植物を漉き込む和紙作りが体験できる。オーナーのロギールさんは、隈研吾との仕事も手がける凄腕の和紙職人だ。

にここがコツ！
どこにどの植物を置くかは、置き直しもできるので大胆に

3 紙の上に草花を配置していく。使う草花は自分で周囲から摘むことができる

体験スタート！

1 大きな木の棒を使って楮（こうぞ）をたたき、繊維をほぐす。水に入れるとふわりと広がるようになる

2 水にたたいた楮を入れ、型に流し込む

4 草花の上に原料をかける

にここがコツ！
上から流し込む。草花が動かないようにゆっくりと

5 プレスして水分を抜いた後、刷毛を使って板に張り付ける

＼完成！／

6 これで全行程が終了！天日干ししたあとに指定の住所まで送ってくれる。おつかれさま！

山奥の和紙工房

和紙スタジオ かみこや

●わしすたじお かみこや

宿泊施設も併設しています

MAP 別冊P.18-A1
住 高知県梼原町太田戸1678
TEL 0889-68-0355
営 9:00～18:00　休 不定休
交 高知自動車道須崎東ICから車で約1時間10分　P 3台

草花漉きこみ和紙ワークショップ

催 随時、所要約1時間30分（3日前までに要予約）
料 4200円
（体験は2名から）

土佐和紙 Quick info

歴史 1000年以上の歴史があるとされる土佐和紙。最も古い記録では、平安時代の927（延長5）年完成の『延喜式』の中にその記述がある。江戸時代には土佐藩へ納められ、幕府への献上品としても利用された。

原料について
楮というクワ科の植物が原料。高知は昔から楮の名産地として知られていた。現在全国的に楮は少なくなってしまっているが、ロギールさんは未だ地元の楮にこだわり、和紙造りを続けている。

土佐和紙の原料となる楮（こうぞ）

その他の施設
かみこやにはギャラリーもありロギールさん制作の和紙の購入もできる。いの町には和紙の博物館があるほか「土佐和紙工芸村くらうど」では土佐和紙手漉き体験も行っている。

・いの町紙の博物館　（→P.370）
・土佐和紙工芸村くらうど　（→P.370）

四、丸亀うちわ

香川県

江戸時代以前から続くといわれる丸亀うちわ。1本の竹から骨を作り紙を貼る工程は全部で47あり、今もすべて手作業。丸亀城内のうちわ工房「竹」では、製造工程の一部を体験できる。できあがったうちわはそのまま持ち帰ろう。

形や紙の種類もいろいろ！

日本の伝統的工芸品に指定されている

体験スタート！

1 デザインを選んだら、用意された骨に糊を付けて貼る。仕上げにたわしでこすり貼り合わせる

2 乾くのを待つ間に、竹の骨の制作を体験。割き機で割ったら、穂の部分を手で広げていく

完成！

3 うちわが乾いたら、カットして形を整える。思い切りよく木づちを振り下ろすのがポイント

丸亀城内のうちわ工房

うちわ工房「竹」

●うちわこうぼう「たけ」

MAP 別冊P.15-C3
住 香川県丸亀市一番丁丸亀城内
TEL 0877-25-3882
営 9:30～16:30　休 なし
交 JR丸亀駅から徒歩約15分。高松自動車道坂出ICから車で約13分　P 50台

うちわ製作体験

催 10:00～14:00の随時、所要約1時間（要事前予約）
料 1000円

職人さんの実演が見られる

五、讃岐かがり手まり

香川県

草木染めの糸を使い幾何学模様にかがる技法。かがり手まりは女性の手から手に受け継がれてきたもの。江戸時代には姫君の遊具となり、やがて庶民にも広がった。讃岐かがり手まり保存会では、小さな手まりを作る体験教室を開催。

模様は菊や桜の花が多いよ

カラフルな模様がとってもかわいい！

体験スタート！

1 好きな糸を選び、ベースの手まりに模様をかがっていく

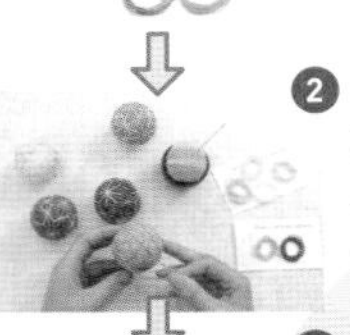

2 見本を見ながら針を使い黙々と模様をかがっていく。だんだんと麻の葉の模様になっていくのがうれしい！

完成！

3 模様がしっかりできたら完成。すべてバランスよく整えるのが難しい。完成品は持って帰れる

伝統工芸品を今に伝える

讃岐かがり手まり保存会

●さぬきかがりてまりほぞんかい

MAP 別冊P.29-D3
住 香川県高松市観光通2-3-16
TEL 087-880-4029
営 10:00～17:00　休 日曜・祝日
交 ことでん瓦町駅から徒歩約6分
P なし

讃岐かがり手まりちょっぴり体験

催 10:30～、13:30～、所要1時間～1時間30分（3日前までに要予約）
料 3300円

手まりのほか制作グッズも販売

独自の景観と文化が息づく

SETOUCHI ISLANDS

瀬戸内の島々へ
～絶景を求めて～

穏やかな瀬戸内海には、700余もの島々が浮かぶ。それぞれに異なる歴史を歩み、独特の文化を育んできた。島ならではの絶景と文化を訪ねて、旅してみよう。

海に架かる橋を渡り6つの島をホッピング

橋で結ばれた6つの島

しまなみ海道の島々

愛媛県

愛媛県今治市と広島県尾道市に挟まれた芸予諸島。大島、伯方島、大三島、生口島、因島、向島の6島はしまなみ海道という高速道路で結ばれ、車や自転車で気軽に行き来ができる。

詳細は(→P.300～307)

1

2

1 大島のカレイ山展望公園（MAP別冊P.43-B3）から見た、しまなみ海道の島々 2 車のほか自転車で橋を渡ることもできる 3 美しい夕日も必見だ 4 まるで南の島のような美しい海とビーチが点在する 5 島の特産品はレモン。実がなるのは冬 6 現代アートの美術館やパブリックアートも多い。写真は大三島の今治市伊東豊雄 建築ミュージアム

3

5

4 6

瀬戸内の島々へ
オリーブとそうめんの島
しょうどしま
小豆島
香川県
高松市の北に浮かぶ小豆島は、日本におけるオリーブ栽培発祥の地。起伏のある島には数々の絶景スポットが点在し、訪れる人を魅了してきた。手延べそうめんの天日干しは、冬の風物詩。
詳細は（→P.132）
渓谷美に、小島へ延びる砂州の道
自然と文化が織りなす風景
島の名産
手延べ
そうめん
OKAYAMA
HIROSHIMA
しまなみ海道
の島々
小豆島
直島
豊島
KAGAWA
EHIME

1島の中央にある寒霞渓。秋にはパッチワークのような森が広がる 2干潮時のみ島へと渡る道ができるエンジェルロード 3昭和レトロな映画セットがかわいい二十四の瞳映画村 4そうめんを天日干ししている風景は、冬の風物詩 5小豆島は、日本におけるオリーブ栽培発祥の地。写真はオリーブの木々に囲まれた道の駅 小豆島オリーブ公園

島のあちこちに現代アートが

直島（なおしま）

香川県

アートが創り上げた奇跡の風景

小豆島の西に位置する直島。かつては精錬所の島だったが、平成になりベネッセホールディングスが美術館をオープンすると様相は一変。今や「現代アートの聖地」となった。

詳細は（→P.138）

1

直島パヴィリオン 所有者：直島町 設計：藤本壮介建築設計事務所

2

4 地中美術館／写真：藤塚光政

3 大竹伸朗 直島銭湯「I♥湯」(2009)／ 写真：渡邉修

1 直島のシンボルでもある草間彌生の「南瓜」。ベネッセハウス ミュージアムの屋外展示のひとつ 2 宮浦港のそばにある「直島パヴィリオン」（藤本壮介）3 大竹伸朗の手がけた直島銭湯「I♥湯」は、入浴のできる美術施設 4 建物のほとんどが地下に埋設された地中美術館。安藤忠雄の設計で、照明はなく自然光のみ。そのため時間によりさまざまな表情を見せる

アートと自然が融合する

豊島（てしま）

香川県

小豆島と直島の間に浮かぶ。直島と同じくアートの島として知られる。自転車でも半日あれば回れてしまう小さな島には、アートと自然、伝統がミックスした景色が広がっている。

詳細は（→P.142）

豊島横尾館／写真：山本糾 5

6

5 古い家屋を改修した豊島横尾館。内部では横尾忠則の平面作品やインスタレーションを展示 6 豊島美術館の目の前に広がる唐櫃の棚田

瀬戸内海で開催されるアートの祭典「瀬戸内国際芸術祭」

2010年からスタートした、海底から引き上げたものを展示し、海の中へ思いを巡らせるプロジェクト
日比野克彦「瀬戸内海底探査船美術館プロジェクト」『ソコソコ想像所』(写真は2013年の作品)
Photo: Kimito Takahashi

3年に1度のトリエンナーレ形式で、香川県と岡山県に挟まれた瀬戸内の島々で開催されるのが「瀬戸内国際芸術祭」だ。「瀬戸内海の豊かな自然に囲まれ、伝統文化を育んだ島々を活性化させ、地球上すべての地域の希望の海となる」ことをモットーに、2010年から2022年まで計5回が開催された。芸術祭は春、夏、秋と3つの会期に分かれ、計100日以上に渡る。2022年の第5回 瀬戸内国際芸術祭の会場となったのは12の島（直島、豊島、女木島、男木島、小豆島、大島、犬島、沙弥島、本島、高見島、粟島、伊吹島）とふたつの港（高松港、宇野港）。「海の復権」という大きなテーマがあり、国内外からアーティストを誘致または公募し、さまざまな作品が展開される。イベントに合わせて公開される新作のアート作品や常設作品のほかにも、アーティストを招いてのイベントやコンサート、また地域の伝統芸能などが行われる。会期中には島内にある既存の美術館などのアート施設も会場に加わり、12の島すべてが芸術祭の会場となり盛り上がる。

次回開催は2025年で、従来の会場に加えさぬき市、東かがわ市、宇多津町も加わる予定となっている。今後の詳しい情報は公式ウェブサイトで順次発表されるので、チェックしてみて。

瀬戸内国際芸術祭
TEL 087-813-2244(総合インフォメーションセンター)　URL setouchi-artfest.jp
催 2025年は春(4月18日～5月25日)、夏(8月1～31日)、秋(10月3日 ～11月9日)の計107日間

女木島の商店街にある民宿を改装した、海の家のテーマパーク
原倫太郎+原游　≪女木島名店街≫「ピンポン・シー」
Photo：Keizo Kioku

科学探査船TARA号の研究活動を紹介する展示
TARA「TARA」
Photo：Keizo Kioku

写真提供:瀬戸内国際芸術祭

四国の四大温泉地へ

道後温泉　こんぴら温泉郷
大歩危・祖谷温泉　あしずり温泉郷

四国4県には、それぞれ土地を代表する温泉地がある。道後（愛媛）、こんぴら（香川）、大歩危・祖谷（徳島）、あしずり（高知）、いずれ劣らぬ名観光地となっている。

万葉集にも歌われる古湯

1 道後温泉（どうごおんせん）

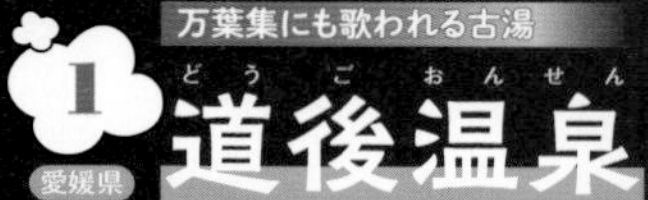

愛媛県

松山市市街の東、小高い丘を背にした場所に広がる温泉地。明治時代に完成した公共温泉、道後温泉本館を中心に温泉宿が点在している。

温泉DATA

源泉数　18本
公共温泉施設　3軒
温泉宿　31軒

道後温泉本館の保存工事について

2023年10月現在、道後温泉本館は保存修理工事中。霊の湯のみで営業。神の湯、2階・3階休憩室は休止中。正面入口も閉鎖中なので、入口は東側。全館営業再開は2024年7月の予定。

道後温泉本館の正面入口（2023年10月現在、保存修理工事中）

坊っちゃん泳ぐべからず

湯船の脇には名作ゆかりの文言がある

道後温泉本館の神の湯（保存修理工事中）

日本三大古湯のひとつ

道後温泉は、3000年以上の歴史をもつ日本屈指の古湯で、『万葉集』や『日本書紀』にも入浴の記録が残る。温泉が発見されたのは古代白鷺の伝説に遡る。足をケガした白鷺が岩間から噴出する温泉を見つけつかったところ、傷が癒えたというもの。神代の時代には大国主命と少彦名命がつかり、飛鳥時代には聖徳太子をはじめ斉明天皇、中大兄皇子などの来浴が詠われている。道後温泉本館が落成したのは、1894（明治27）年。4棟の建物からなる近代和風建築は画期的で、教師としてこの地に赴任した夏目漱石はその偉容に感激。のちに小説『坊っちゃん』にも登場することとなった。

公共の温泉施設は3つ!

道後温泉には、3つの公共温泉施設がある。どこも源泉は同じで、かけ流し。それぞれの特徴を知って、どこに行くのか決めよう。

道後温泉街のシンボル
王道ならココ!

道後温泉本館
●どうごおんせんほんかん

MAP 別冊P.39-D2

建物は当時の道後湯之町町長・伊佐庭如矢が「100年の繁栄」を考え造られた木造3階建て。1994(平成6)年には日本の公衆浴場として初めて国の重要文化財に指定された。湯船は霊の湯と神の湯のふたつで、2・3階は休憩室となっている。

住愛媛県松山市道後湯之町5-6 TEL089-921-5141(代表) 開6:00~23:00(札止~22:30) 休12月に1日休館あり 料460円 交電停道後温泉から徒歩約5分 P道後温泉駐車場を利用(入浴客は1時間無料)

道後温泉本館の混雑について

本館が混雑するのは、休日の朝一番と午後早め。夜19:00以降は比較的すいている。混雑時は入口で整理券を配布。30分ごとに時間も指定できる。GW、夏休みなどの繁忙期は早々と「札止」になるので、注意。なお現在の混雑状況は公式ウェブサイト(URLdogo.jp)で確認できる。

1.花崗岩のなかでも最高級とされる庵治石や大島石が使われた霊の湯(女湯) 2.2023年8月現在の入口は東側となっている 3.皇族が使用した又新殿。要予約で見学可能(270円)

3つの湯、比較表

	入浴料	露天風呂	備え付けアメニティ	タオル貸し出し	休憩所
道後温泉本館	460円	×	×	○(有料)	×(2024年6月まで)
飛鳥乃湯泉	610円	○	○	○(有料)	○(一部有料)
椿の湯	450円	×	×	○(有料)	×

新コンセプトの湯屋
映え&アートな宿

道後温泉別館 飛鳥乃湯泉
●どうごおんせんべっかん あすかのゆ

MAP 別冊P.39-C1

飛鳥時代の建築様式を取り入れた湯屋がテーマ。伝統工芸と先端のアートを駆使した新しい公共温泉施設。1階浴室には露天風呂を備え、2階には大広間や個室休憩室、貸し切り可の特別浴室がある。

住愛媛県松山市道後湯之町19-22 開6:00~23:00(札止~22:30)、2階休憩室は~22:00 休12月に1日休館あり 料入浴のみ610円、入浴+2階大広間休憩1280円、+2階個室休憩1690円 交電停道後温泉から徒歩約8分 P道後温泉駐車場を利用(入浴客は1時間無料)

1.浴室には砥部焼の壁画があり、プロジェクションマッピングで和歌の世界観を表現 2.中庭には蜷川実花のインスタレーション作品が。展示は2024年2月まで 3.愛媛の伝統工芸を駆使した装飾がそこかしこに

地元民に愛される
のんびり入浴するなら

道後温泉 椿の湯
●どうごおんせん つばきのゆ

MAP 別冊P.39-C1

飛鳥乃湯泉のすぐそば。松山市民も御用達の地元密着型の温泉で、サービスは最低限だが入浴料は最も安く混雑することもあまりない。浴室には花崗岩が使われ、中央には道後温泉特有の湯釜が座る。

住愛媛県松山市道後湯之町19-22 開6:30~23:00(札止~22:30) 休12月に1日休館あり 料450円 交電停道後温泉から徒歩約8分 P道後温泉駐車場を利用(入浴客は1時間無料)

1.飾りなどはなくシンプルな浴室 2.飛鳥乃湯泉と同じ敷地にある

道後の温泉街で 粋に遊ぶ

電停から道後温泉本館まで続くアーケード

道後温泉本館前に広がる道後温泉街。電停道後温泉から道後温泉本館までL字形に延びる商店街とその周辺で、「粋」に遊べるスポットをご紹介。

開いている場合は飛び込みでのラウンジ利用が可能

松山発祥の野球拳などさまざまなお座敷遊びを体験できる

PLAY 1 芸妓さんとお座敷遊び♪

いつもと少し違う体験をしたいなら、日本の伝統、座敷遊びはいかが? 芸妓さんの踊りや唄に聞き惚れ、食事と会話を楽しんでみて。

路地裏のお茶屋で大人遊び

お茶屋 華ひめ楼

●おちゃや はなひめろう

MAP 別冊P.39-C2

路地裏にある道後唯一のお茶屋さん。お座敷遊びを楽しめるのは夜で、基本料金5万5000円（2時間）。ラウンジでは芸妓さんとおしゃべりを楽しみながらアルコールが飲める。

住愛媛県松山市道後湯之町13-4 TEL089-945-5151
営11:00～13:30、18:00～24:00（要事前予約）
休水曜 交電停道後温泉から徒歩約2分 Pなし

マナーを守って遊びましょ♪

カンタン!お座敷の流れ

1 あいさつ → 2 食事・談話 → 3 お座付き → 4 食事・談話 → 5 お座敷遊び → 6 食事・談話 → 7 あいさつ

MENU

昼：**旬替わり昼膳**（抹茶、和菓子付き）3300円
夜：**日替わりおまかせコース**7700円、**華ひめ楼御膳**7700円、**八寸コース**8800円

1.夜の八寸コース。愛媛の味覚が味わえる　2.美しい芸妓さんがもてなしてくれる

PLAY 2 漱石も食べた！名物団子をパクリ

かの文豪、夏目漱石は、甘い物が大好物だった。漱石が食したという名物団子は、商店街の和菓子店で今も変わらず販売されている。

漱石が食べたのはコチラ！

湯晒団子（4個入）260円
十勝産の小豆を使った、ひと口サイズのあんころ餅。教師として赴任した漱石が食した

これが元祖、坊っちゃん団子

坊っちゃん団子（2本入）260円
抹茶、白、小豆の3種類のあんの団子。抹茶付きのイートインは660円

美しい木彫りの看板が目印

元祖坊っちゃん団子の店

つぼや菓子舗

●つぼやかしほ

MAP 別冊P.39-C2

1883（明治16）年創業。漱石が赴任した当時は遊郭の入口で団子やたばこを商っており、『坊っちゃん』に登場する団子屋はここがモデル。三色の坊っちゃん団子も、この店が発祥だ。

住愛媛県松山市道後湯之町14-23 TEL089-921-2227
営9:30～18:00、20:00～21:00（臨時休業あり）
休火曜 交電停道後温泉から徒歩約2分 Pなし

素朴な味ニャ

おみやげ用の坊っちゃん団子。16本入り2080円

昔から変わらない味を楽しんでください

PLAY 3 30種類の柑橘スイーツでまったり

愛媛といえば、やっぱりみかん。温泉街にもみかんグルメを扱う店は多いが、柑橘の種類はここがダントツ。何種類もの柑橘を食べ比べてみよう。

みかんジェラート550円（ダブル）。季節により5～6種類のフレーバーがある

月により品種が変わる今月のみかんジュース500円（右）とみかんビール600円（左）

みかんグッズをおみやげに！

1.ドライフルーツ皮なし 温州 580円　2.ノンオイルドレッシング 温州×野菜 980円

商店街入口のすぐそばに店を構える

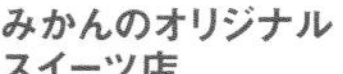

みかんのオリジナルスイーツ店
10FACTORY 道後店

●てんふぁくとりー どうごてん　MAP 別冊P.39-C2

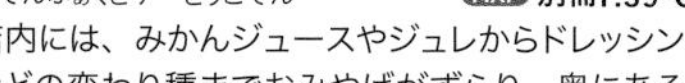

店内には、みかんジュースやジュレからドレッシングなどの変わり種までおみやげがずらり。奥にあるカウンターではジェラートなどのスイーツを販売。

住愛媛県松山市道後湯之町12-34 TEL089-997-7810 営9:30～19:30 休なし 交電停道後温泉から徒歩約1分 Pなし

PLAY 4 北欧を彷彿とさせるデザイン磁器をゲット！

温泉街の外れに陶磁器のお店を発見。シンプルなデザインは、まるで北欧。それもそのはず、デザイナーはフィンランドで活躍した人物（→P.13）なのだから！

ぽってりしたフォルムとカラーリングがキュートなONNEA 4620円～

石本さんカラーリングの今治タオルいろは1870円

シンプルなマグカップのMUKI ひとつ3850円

北欧を感じさせる色とデザイン
Mustakivi

●むすたきび　MAP 別冊P.39-D2

デザインを手がけるのは、マリメッコで活躍したデザイナー、石本藤雄さん。陶磁器をメインにタオルや手ぬぐいなどの生活雑貨を販売している。

温泉街の外れに位置している

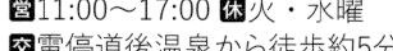

住愛媛県松山市道後湯月町3-4（上人坂テラス）TEL089-993-7497
営11:00～17:00 休火・水曜
交電停道後温泉から徒歩約5分
P2台

PLAY 5 創業150年以上！山田屋まんじゅうのカフェへ

多くの著名人に愛される山田屋まんじゅう。道後店は、唯一となるカフェを併設。ここでしか味わえないまんじゅうと日本茶のマリアージュを楽しんで。

MENU
玉露ーしずく茶ー 山田屋まんじゅう 946円
夏目漱石の小説『草枕』に出てくるお茶をイメージ。山田屋まんじゅう付き

1.山田屋まんじゅう、こきび（きび糖）、まろぶ（白双糖）の詰め合わせ1458円　2.ショップに併設してカフェがある

まんじゅうとお茶のマリアージュ
喫茶「茶楽」

●きっさ「ちゃらく」　MAP 別冊P.39-D1

山田屋まんじゅうの店舗に併設した日本茶カフェ。店内はシンプルながら上質。窓から道後温泉本館を眺めながら、ゆっくりとした時間が過ごせる。

住愛媛県松山市道後鷺谷町5-13 TEL089-921-3588
営10:00～18:00（ショップは9:00～19:00）休なし
交電停道後温泉から徒歩約10分 Pなし

PLAY 6 夕食を食べたら地元スナックへ繰り出せ☆

夜も遅くなるとほとんどの店が閉まる道後において、地元スナックといえばこの店。まだまだ遊び足りない、話し足りない人はここに集合だ！

1.カウンターのほかテーブル席もあり、ひとりでも団体でも大歓迎！　2.温泉街のそばにひっそりとたたずむ　3.奥にはカラオケ用のステージがある

明朗会計の安心スナック
カラオケバー 道後まどんな

●からおけばー どうごまどんな　MAP 別冊P.39-C2

飛鳥乃湯泉の目の前にあるスナック。会計は飲み放題1時間男性3300円、女性2200円で、歌い放題。しっぽりと飲みたい人はカウンターへどうぞ。

住愛媛県松山市道後湯之町15-24 TEL089-921-2355
営20:00～翌2:00 休なし 交電停道後温泉から徒歩約8分
Pなし

道後温泉の温泉宿

道後温泉本館以外にも、魅力的な宿がたくさん！老舗の和風旅館から現代風なモダン宿までタイプもいろいろ。おすすめの温泉宿はこちら。

1.京都の数寄屋大工が手がけたロイヤルスイートは記念日利用にぴったり　2.地産地消にこだわり、月替わりの和食、洋食、和洋食から選べる

温泉自慢!

肌に優しく湯治にも適した道後温泉。その源泉を大浴場や露天風呂に用い、"100%道後の湯"にくつろげる。

3.古代檜を使った「檜湯」や伊予大島石の「御影湯」で名湯三昧。日帰り入浴も可能　4.道後公園に隣接し、市内観光にも便利なロケーション　5.昭和天皇が1950（昭和25）年に宿泊した洋館を移築し、展示室として公開している

文豪たちに愛された老舗

道後温泉 ふなや

●どうごおんせん ふなや　MAP 別冊P.39-D2

創業390余年。夏目漱石ら松山ゆかりの文化人をはじめ、皇室御用達の名旅館として知られる。客室は松山城と城下町を望むロイヤルスイートなど全58室。自然の川が流れる「詠風庭」や、風情ある館内を巡るのも楽しい。

住愛媛県松山市道後湯之町1-33 TEL089-947-0278
料2万6550円～（2食付き）室58室 IN15:00 OUT10:00
交電停道後温泉から徒歩約3分 P50台

泉質　アルカリ性単純温泉（無色透明）

温泉自慢!

加水はせず、源泉そのままの"生湯"を贅沢にかけ流し。客室の専用の湯船で存分に堪能することができる。

3.客室は離れ、メゾネット、ガーデンスイート、ヴィラの4タイプ　4.愛媛産の檜や杉材をふんだんに使用　5.サータ社のベッドやホワイトグースダウン100%の布団など上質な寝具にもこだわる

1.食事は庭園内の離れ「緑風庵」で提供。四国の旬をテーマに琴線に触れる献立でもてなす　2.落ち着きある雰囲気のなかで朝夕の食事を楽しめる

全客室に源泉かけ流し温泉

道後温泉 葛城 琴の庭

●どうごおんせん かつらぎ ことのにわ

MAP 別冊P.39-D1

町のシンボル「道後温泉本館」に隣接する庭園跡地に2020年に誕生。老舗旅館「葛城」の息吹を受け継ぎ、県産を中心とした木のぬくもりに包まれる。全室露天風呂付きで、源泉かけ流し。本館を望む展望足湯もある。

住愛媛県松山市道後湯月町4-16 TEL089-931-5141
料8万8000円～（2食付き）室10室 IN15:00 OUT11:00
交電停道後温泉から徒歩約5分 P10台

泉質　アルカリ性単純温泉（無色透明）

舞台を有する能楽の宿

大和屋本店

●やまとやほんてん

MAP 別冊P.39-D1

1868（明治元）年から伝統をつなぎ、創業150余年の現在は純和風の風情あるたたずまい。数寄屋造りの和室とモダンな洋室を選べ、檜風呂付きのスイート和室は7名まで宿泊可。能舞台「千寿殿」を併設する。

住愛媛県松山市道後湯之町20-8
TEL089-935-8880 料3万4100円～（2食付き）室91室 IN15:00 OUT10:00
交電停道後温泉から徒歩約6分 P50台

泉質 アルカリ性単純温泉（無色透明）

温泉自慢!

「道後温泉本館」と同じ引き湯を使用。岩造りの露天風呂付きの女湯と、内湯に伊予大島石を配した男湯がある。

総檜造りの「千寿殿」。公演のほか、宿泊者限定の能舞台体験も実施

1.女湯の露天風呂には一枚岩をくり抜いた壺型の湯船も **2.**10畳の主室を据えたスタンダード和室。観光からビジネスまで使い勝手がいい **3.**夕食には旬の味覚が満載の和食を。旅のテンションを盛り上げてくれる

1.月光浴も楽しめる屋上露天風呂。女湯は週末の夜限定で「露天バラ風呂」に変身 **2.**ディナービュッフェではメインの肉・魚料理と、60種超の多彩な料理を選べる **3.**マリメッコをあしらったエグゼクティブスイート

温泉自慢!

道後初という屋上露天風呂が自慢。南に松山城と市街地、北に石鎚山と、名湯につかりながらの眺望は言うことなし！

松山の特産品や名品が揃うセレクトショップを併設

和洋が融合したくつろぎの宿

茶玻瑠

●ちゃはる　MAP 別冊P.39-D2

地上10階建ての館内に和と洋のエッセンスが融合。最上階には屋上露天風呂や夜景が見事な展望ラウンジも。夕食は“ネオ道後キュイジーヌ”をうたうビュッフェと、現代風の解釈を加えたモダン会席から選べる。

住愛媛県松山市道後湯月町4-4 TEL089-945-1321
料1万7600円～（2食付き）室66室 IN15:00 OUT10:00
交電停道後温泉から徒歩約5分 P60台

泉質 アルカリ性単純温泉（無色透明）

客室露天付きのモダン宿

道後御湯

●どうごみゆ

MAP 別冊P.39-C1

前身は老舗の「宝荘ホテル」。“現代湯治のための湯宿”として生まれ変わり、全室に道後温泉の引き湯を注ぐ客室露天風呂を完備。上質なプライベート空間で気兼ねなく湯浴みができる。

住愛媛県松山市道後鷺谷町2-20
TEL089-931-7111
料3万8000円～（2食付き）
室30室 IN15:00 OUT10:00 交電停道後温泉から徒歩約5分 P24台

泉質 アルカリ性単純温泉（無色透明）

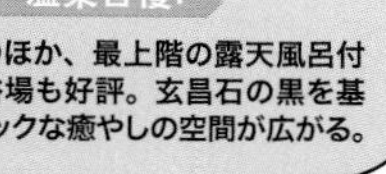

温泉自慢!
客室風呂のほか、最上階の露天風呂付き展望大浴場も好評。玄昌石の黒を基調としたシックな癒やしの空間が広がる。

1.プライバシーに配慮しつつ、ゆとりのテラスを備えた客室露天風呂 **2.**「道後温泉本館」から徒歩3分のロケーション **3.**和モダンのさらに上をいくエレガントな全30室 **4.**食を通して季節の移ろいを感じさせる和の創作料理が秀逸

金刀比羅宮のお膝元

2

香川県

こんぴら温泉郷（おんせんきょう）

香川県琴平町、金刀比羅宮へと続く参道周辺にあるのがこんぴら温泉郷。かつてここには温泉は湧いていなかったが、1997（平成9）年に掘削により温泉を掘り当て、その後温泉街として整備された。現在では神社参拝と温泉の両方が楽しめる観光地となっている。源泉湧出の地の宿である「こんぴら温泉湯元八千代」をはじめ現在10軒以上の宿が源泉を引いている。

温泉DATA

源泉数	3本
公共温泉施設	なし
温泉宿	10数軒

こんぴら温泉郷の温泉宿

琴平駅から金刀比羅宮へと続く参道の両脇に温泉宿が点在している。なかには階段の途中にある宿も。創業100年を超える老舗から新しい宿までさまざまなタイプから選ぶことができる。

温泉自慢！

観光や参拝の汗を流す湯船には、智光院温泉の源泉を使用。肌にやさしく、朝参り後の朝風呂にもぴったり。

江戸時代から歴史をつなぎ、年季の入ったたたずまいも味がある

こんぴらさんに最も近い

とら丸旅館

●とらまるりょかん

MAP 別冊P.32-B2

金刀比羅宮参道の92段目にあり、参拝はもちろん観光にも便利な好立地。創業100余年の老舗ながら気取らず家庭的なもてなしが喜ばれている。琴平みやげと箸の専門店「ことへい」を併設。

住香川県琴平町1017 TEL0877-75-2161 料1万7900円～（2食付き）室10室 IN15:00 OUT11:00 交JR琴平駅から徒歩約15分。高松自動車道善通寺ICから車で約15分 P30台

泉質 低張性弱アルカリ性冷鉱泉（無色透明）

1.古さは否めないがそのぶん日々の手入れが行き届き、和の設えが旅情をそそる 2.「参拝の汗が引かぬ間にさっぱり流す癒やしの湯」とも称される

温泉自慢！

名湯を堪能できる温泉大浴場と貸切露天風呂がある。大浴場の露天風呂は讃岐平野を見渡せる穴場スポット。

讃岐平野や阿讃山脈を望み、眼下には琴平の門前町も

文人も逗留した老舗温泉

琴平花壇

●ことひらかだん

MAP 別冊P.32-B2

森鴎外や与謝野晶子など宿を愛した文豪は数知れず。江戸前期に旅籠として創業し、現在は歴史が香る日本間や数寄屋造りの離れなど計40室を有する。滋味豊かな会席料理も宿泊の楽しみのひとつ。

住香川県琴平町1241-5 TEL0570-078857 料2万1050円～（2食付き）室40室 IN15:00 OUT10:00 交JR琴平駅から徒歩約15分。高松自動車道善通寺ICから車で約15分 P40台

泉質 低張性弱アルカリ性冷鉱泉（無色透明）

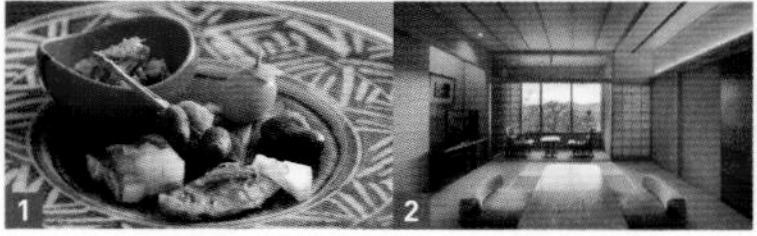

1.「讃岐三畜」のほか、瀬戸内や山里の幸など食の宝庫ならではの多彩なラインアップ 2.回遊式庭園や市街地、讃岐富士など客室からの眺めはさまざま

色浴衣の貸出があり、由緒ある木造旅館や古い町並みによく映える

レトロ&モダンが新しい!

御宿 敷島館(共立リゾート)

●おんやど しきしまかん(きょうりつりぞーと)

MAP 別冊P.32-B1

金刀比羅宮の表参道に位置し、かつて国登録有形文化財にも指定された老舗旅館が四国初の「共立リゾート」として再始動。歴史的景観を保ちつつ令和の時代にマッチした装いで脚光を浴びている。洗練された10タイプの客室があり、本館最上階には露天風呂付きの部屋も。無料の貸し切り風呂や夜食など充実のサービスも魅力。

住香川県琴平町川西713-1 TEL0877-58-8005 料3万9600円～(2食付き) 室100室 IN15:00 OUT11:00 交JR琴平駅から徒歩約8分。高松自動車道善通寺ICから車で約15分 P100台

泉質 低張性弱アルカリ性冷鉱泉(無色透明)

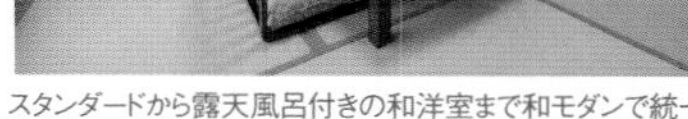

スタンダードから露天風呂付きの和洋室まで和モダンで統一

温泉自慢!
智光院温泉を引いた「雲水の湯」は心身を清めるような心地よさ。男女別の大浴場、4つの貸切風呂で堪能できる。
4

1.古きよき老舗のもてなしと現代風の演出が調和する 2.竹・檜・岩・陶の貸切風呂は先着順で何度でも利用可 3.夕食は一期一会を体現した会席料理。無料の夜食「夜鳴きそば」もたまらない 4.大浴場にはゆったりとした内湯と露天、サウナを完備

山と渓谷に囲まれた温泉地

3 徳島県

大歩危・祖谷温泉

おおぼけ・いやおんせん

温泉DATA

源泉数 5本　公共温泉施設 なし
温泉宿 5軒

宿

吉野川沿いの渓谷、大歩危と日本三大秘境のひとつである祖谷、ふたつのエリアに湧くのが大歩危・祖谷温泉だ。宿の数は少ないものの、大自然の真っただ中というロケーションが魅力。露天風呂から渓谷が一望できる宿も多く、山の幸や川の幸を生かした料理も楽しみ。

祖谷渓にたたずむ一軒宿

ホテル祖谷温泉

●ほてるいやおんせん　MAP 別冊P.37-C2

冒険心をくすぐる秘境の谷底に、ケーブルカーで行く露天風呂がある。渓谷にせり出すように造られた湯船に全身を委ね、翡翠色の清流を眺めれば至福の境地。夕食は食材の持ち味を生かした"慈食キュイジーヌ"。

住徳島県三好市池田町松尾松本367-28
TEL0883-75-2311 料2万3250円〜（2食付き）
室20室 IN15:00 OUT11:00 交徳島自動車道井川池田ICから車で約55分 P37台

泉質　アルカリ性単純硫黄温泉（無色透明）

露天風呂の「渓谷の湯」「せせらぎの湯」は1日ごとの男女入れ替え制

温泉自慢！
四国では珍しい自噴する源泉をかけ流し。とろみがあり、湯船には白い湯の花も浮かぶ。

1.一面に渓谷美が広がる客室や展望露天風呂付きのスイートも 2.阿波牛やすだち鮎、祖谷豆腐など地場食材が主役の会席料理 3.ケーブルカーで約5分。傾斜角42度の断崖を下った先に秘湯が待っている

絶景ビューの天空露天風呂が人気

新祖谷温泉 ホテルかずら橋

●しんいやおんせん ほてるかずらばし　MAP 別冊P.37-D2

平家の伝説が残る名所・かずら橋から車で3分。山小屋風のケーブルカーで登った先にある「天空露天風呂」が代名詞。野趣あふれる岩風呂から、切り込んだ谷と山々が織りなす名風景を一望できる。囲炉裏を囲む里山の郷土料理も旅の醍醐味。

住徳島県三好市西祖谷山村善徳33-1 TEL0883-87-2171
料4万700円〜（2食付き）室23室 IN15:00 OUT10:00
交徳島自動車道井川池田ICから車で約45分 P23台

泉質　アルカリ性単純硫黄温泉（無色透明）

温泉自慢！
高台にある天空露天風呂から雲海や星空を楽しむことも。貸し切り風呂は宿泊者の特権。

1.山を切り開いた庭園に男女別の露天風呂や貸し切り露天風呂、足湯が点在 2.シモンズ社製のベッドや陶器風呂を配した和洋室

紺碧の海を望む絶景温泉

4 高知県

あしずり温泉郷

温泉DATA

源泉数 1本 公共温泉施設 なし
温泉宿 6軒

宿

およそ1200年間、修行のため足摺岬を訪れた弘法大師が谷川から湧き出す湯を発見したのが始まり。1854（安政元）年の安政南海地震により一度源泉は枯れたが、平成になり掘削が行われ再び源泉が湧き出した。源泉はラドンを含む良質の天然温泉。

温泉自慢!
大海原や空との一体感を感じられる露天風呂が名物。日帰り利用も可（繁忙期を除く）。

1.使われていなかったプールをデッキに活用したホテル併設のイタリアンレストラン「Azzurrissimo」。宿泊客以外も利用可能 2.大きな窓のあるロビーでは、コーヒーやオリジナルドリンクを飲みながら開放感ある景色を楽しめる

全室オーシャンビューのモダン宿

TheMana Village

●ざまな びれっじ

MAP 別冊P.50-B2

足摺岬から車で約5分。ホテル、レストラン、カフェ、マーケット、温泉などレジャー施設が集結した四国最大級のリゾートエリア。ロケーションを生かした客室からは太平洋の絶景を見渡せる。

住高知県土佐清水市足摺岬783 TEL0880-88-1111 料4万6000円～（2食付き）室39室 IN16:00 OUT10:00 交高知自動車道四万十町中央ICから車で約1時間50分 P35台

泉質 低張性弱アルカリ性冷鉱泉（無色透明）

3.スイートルーム「ザマナコンフォート」。専用露天風呂がありグループでの宿泊も可能 4.土佐の旬の食材を中心にした会席料理。ライブキッチンで仕上げるカツオの藁焼きは絶品

温泉自慢!
大浴場では希少な天然ラドン温泉を、露天風呂では太平洋のパノラマ風景を満喫できる。

1.季節や天候によってさまざまな情景が広がり、青空の下での湯浴みは格別 2.吹き抜けのロビーに入るとすぐに太平洋のまばゆい青が目に飛び込んでくる

太平洋を見下ろすロケーション

足摺国際ホテル

●あしずりこくさいほてる

MAP 別冊P.50-B2

お遍路はもちろん、竜串海中公園や四万十川など観光に便利な好立地。露天風呂をはじめ館内のいたるところから雄大な太平洋を望み、スターウオッチングなど自然と触れ合う無料ツアーも好評。

住高知県土佐清水市足摺岬662 TEL0880-88-0201 料3万1100円～（2食付き）室59室 IN15:00 OUT10:00 交高知自動車道四万十町中央ICから車で約1時間50分 P30台

泉質 低張性弱アルカリ性冷鉱泉（無色透明）

3.海を眺めてごろんと寝転がれる8～12畳の和室と、デラックス和洋室がある 4.基本の会席料理のほか、土佐和牛やカツオのタタキなどこだわりの別注料理も

宿泊することが特別な体験になる

一度は泊まりたい個性派宿

旅の充実度をグンと上げてくれる、スペシャルなホテルに泊まってみよう。アート、大自然、古民家&町家と、個性派のホテルをセレクション！

01 アートな宿

今、アートな宿が人気。建築物はもちろん、館内装飾やインテリアも上質なデザインで統一された空間で、夢のような一夜を過ごそう。

アートにうっとり♪
美術館に泊まる悦び

1美術館とホテルが一体化した施設として、1992（平成4）年に直島に誕生 2「パークスイート」一例 3宿泊棟「オーバル」はここに宿泊する人のみが訪れることができる 4季節のフランス料理でもてなす「テラスレストラン」

アートの島の泊まれる美術館

ベネッセハウス

● べねっせはうす

MAP 別冊P.33-D2 香川県

「自然・建築・アートの共生」をコンセプトに安藤忠雄が設計。立地と趣向の異なる4つの宿泊棟が点在し、随所に現代アートが配されている。スタッフの案内する鑑賞ツアーあり。

住 香川県直島町琴弾地 TEL 087-892-3223 料 4万1745円～(素泊まり) 室 65室 IN 15:00 OUT 11:00 交 直島港から車で約8分、宮浦港から車で約10分 P 20台

すてきPOINT

- 2022年に新施設「杉本博司ギャラリー 時の回廊」が誕生
- 自然とアートの調和を全身で感じられる工夫がいっぱい！
- ふたつのレストランやカフェ、スパは宿泊者以外も利用可能

文化財を華麗にリノベート

木屋旅館

● きやりょかん

MAP 別冊P.45-D3 愛媛県

1911(明治44)年創業、名だたる文豪が宿泊した宿。一度は廃業するもアートエンターテインメントを軸に再始動し、現在は1日1組限定、一棟貸しの滞在型旅館に。

住 愛媛県宇和島市本町追手2-8-2 TEL 0895-22-0101 料 3万9600円～(軽朝食付き) 室 5室 IN 15:00 OUT 11:00 交 JR宇和島駅から徒歩約15分。松山自動車道宇和島朝日ICから車で約5分 P 2台

すてきPOINT

- 犬養毅や司馬遼太郎ら偉人も訪れた歴史ある宿
- 町家スタイルの旅館で周囲を気にせず過ごせる
- 登録有形文化財の建物×今どきアートの異空間

宇和島の中心街にある
地域活性化のシンボル

創建当時の外観が保たれ国登録有形文化財に指定されている

1旅籠の面影を残した木造2階建ての日本家屋 2LEDライトがあり自由にライトアップ可能 3大広間があり1棟1組2～10名で宿泊可能 4薬師谷渓谷(→P.323)をイメージした中庭

移ろう光も名建築も
すべてが静かな芸術

安藤忠雄設計のリゾートホテル

瀬戸内リトリート青凪 by 温故知新

● せとうちりとりーとあおなぎ ばい おんこちしん

MAP 別冊P.38-B2　愛媛県

瀬戸内を代表する"安藤建築"のひとつであり、かつての美術館を改装した全7室のスモールラグジュアリー。ふたつのプールや温泉ジャクージ、スパにサウナと設備もいたれり尽くせり。

住 愛媛県松山市柳谷町794-1
TEL 089-977-9500　料 6万円～（2食付き）　室 7室　IN 15:00　OUT 11:00
交 JR松山駅から車で約35分。松山自動車道松山ICから車で約30分　P 7台

すてきPOINT
- ✓ アートが散りばめられた"元・美術館"
- ✓ 半露天風呂付きやメゾネットの客室も！
- ✓ 1年中遊べる屋内プールは貸切利用OK

1 緑がまぶしい小高い丘にたたずみ、本館と別館からなる 2 川邊りえこ作「光の祝詞 瀬戸内へのオマージュ」 3 客室は4タイプのスイート仕様 4 海に向かって突き出たインフィニティプールが印象的 5 伊予食文化の恵みをいただこう

アップサイクルタウンの中心

HOTEL WHY

● ほてる ほわい

MAP 別冊P.6-B1　徳島県

全国の自治体で初めて「ゼロ・ウェイスト宣言」をした徳島県上勝町にあり、宿泊を通じてゴミや環境問題と向き合うきっかけを提供。学びとくつろぎを両立する取り組みが話題。

住 徳島県上勝町福原下日浦7-2　TEL なし
料 3万800円～（朝食付き）　室 4室　IN 15:00
OUT 10:30　交 JR徳島駅から車で約1時間　P 5台

すてきPOINT
- ✓ SDGsな滞在が日々の暮らしを見直すヒントに
- ✓ ゴミを資源に変える「分別体験」を随時開催
- ✓ 自然を謳歌するアクティビティが盛りだくさん

リサイクル率80%
エコな町のハブ

1 掘り出し物を無料で持ち帰れるリユースショップも 2 朝食はお弁当箱の中の具材を自由に選んで作るスタイル 3「？」を模したユニークな施設 4 不用品を45種類に分別する「ゴミステーション」を併設 5 町産の木材を活用した山小屋風の客室

02 大自然のなかのポツン宿

人里離れた場所で癒やしの時間を過ごしたいなら、大自然のなかにたたずむ宿がおすすめ。森や山、湖などロケーションもさまざま。

阿讃山脈の懐にどっぷりと浸かる

日本古来の生活様式を体感
湯山荘 阿讃琴南
●ゆざんそう あさんことなみ

MAP 別冊P.13-C2　香川県

渓流の奥座敷にたたずみ、風土に寄り添う"里山の別荘"。自家源泉を張った内湯や露天風呂があり、サウナ付きの貸切風呂も。夕食は山菜やジビエなどの地場食材がメイン。

住 香川県まんのう町勝浦1
TEL 0570-078-857　料 3万7700円～(2食付き)　室 28室　IN 15:00
OUT 11:00　交 徳島自動車道美馬ICから車で約15分　P 30台

すてきPOINT
- 里山の風情や囲炉裏のぬくもりなど日本文化が息づく
- 内湯、岩風呂、寝湯、深湯、貸切露天風呂で温泉三昧
- ドッグランがあり、愛犬との憩いの時間を謳歌できる

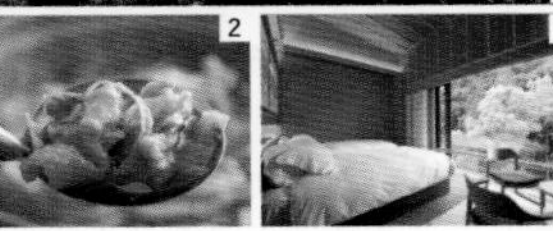

1 山の斜面に立つ宿泊棟「里山ヒュッテ」。ドッグフレンドリーな部屋もある 2 讃岐・阿波産を中心に、厳選された四国食材が織りなす里山会席に舌鼓 3 ウッドテラスや露天風呂付きの客室はゆったりと開放的な造り

滝の音や野鳥のさえずりなど自然の息吹を感じられる河畔風呂「せせらぎ」

1 オーベルジュの顔ともいえるダイニング 2「土佐の匠」認定の料理長のセンスが光る 3 県産木材のぬくもりが漂う

自然と美食を堪能できる
オーベルジュ 土佐山
●おーべるじゅ とさやま

MAP 別冊P.17-D3　高知県

緑深い工石山を背景に、隠れ家のようなヴィラとホテルが横たわる。土佐和紙や土佐漆喰など随所に地の利を生かし、四季が香る創作和食はその集大成。地酒とともに賞味したい。

住 高知県高知市土佐山東川661　TEL 088-850-6911
料 6万7400円～(2食付き)　室 16室　IN 15:00
OUT 11:00　交 高知自動車道高知ICから約30分　P 50台

すてきPOINT
- "メイド・イン・土佐山"を尊ぶ地産地消の宿
- 季節変わりの献立で、いつ訪れても発見がある
- 土佐山温泉の露天風呂＆リラクゼーションも！

1 春は桜、秋は紅葉が見事な通谷池に面している 2 シェフおまかせコースの一皿 3 全10室のスイート＆ヴィラ

里山の自然を感じる贅沢宿
TOBEオーベルジュリゾート
●とべおーべるじゅ りぞーと

MAP 別冊P.38-B3　愛媛県

道後温泉からひと足延ばして自然豊かな山里へ。地形を生かしたプライベート感あふれる空間にくつろげる。和洋折衷の料理には自家菜園の食材も多用し、滋味深く仕上げている。

住 愛媛県砥部町宮内1622-7　TEL 089-960-7501
料 8万2280円～(2食付き)　室 10室　IN 15:00
OUT 12:00　交 松山自動車道松山ICから車で約15分
P 15台

すてきPOINT
- 松山市内から車でわずか15分のオーベルジュ
- レストランはランチ＆ディナーのみの利用も可
- 自然美やアートに彩られたキュイジーヌを堪能

03 古民家&町家宿

利用されなくなった古民家や町家を宿としてリノベート！ 昔の雰囲気がそのままに残る空間は、どこか懐かしさを感じさせる。

「雨読」「雲外」など名前のついた8棟があり、それぞれ間取りや趣が異なる

祖谷の山奥で里山ステイ

桃源郷 祖谷の山里

●とうげんきょう いやのやまさと

MAP 別冊P.11-C1 徳島県

日本三大秘境と称される徳島県祖谷地方。その集落に残る空き家を一棟貸しの古民家宿としてリノベーション。自炊可能な調理器具や床暖房も備え、国内外の旅人を迎える。

住 徳島県三好市東祖谷落合403
TEL 0883-88-2540 料 2万8400円～(素泊まり) 室 8室 IN 15:00
OUT 10:00 交 徳島自動車道井川池田ICから車で約1時間30分 P 各約2台

フォトジェニックな
茅葺き民家にステイ

1 山の急斜面に広がり、重要伝統的建造物群保存地区でもある落合集落に位置 2 集落の飲食店では郷土の味のケータリングを実施（有料） 3 地元のお母さんに教わるそば打ちなどを通して暮らしと食文化を学べる

すてきPOINT

- 築100年以上の古民家に、暮らすように泊まれる
- 地元の人々と交流して郷土の文化や風習に触れる
- 文化体験や集落散策ツアーなど参加型のプランも

昭和レトロな町家を利用

つたや旅館

●つたやりょかん

MAP 別冊P.38-A3 愛媛県

昭和初期に建てられた邸宅を改装した町家旅館。玄関とロビーは洋風、中庭や大広間は純和風と和洋折衷ながらもしっくりと調和する。4タイプの客室と、ドミトリーもある。

住 愛媛県伊予市灘町110 TEL 089-909-6123 料 個室8000円～(2食付き)、ドミトリー4000円～(素泊まり) 室 5室 IN 16:00 OUT 10:00(要相談) 交 JR伊予市駅から徒歩約3分 P 4台

伊予市の住宅街に
ひっそりたたずむ

すてきPOINT

- 懐かしくも新しい"昭和モダン"にほっこり
- ひとり旅に重宝するドミトリーと個室から選べる
- 灘町商店街にあり、「いよ温泉」まで徒歩5分

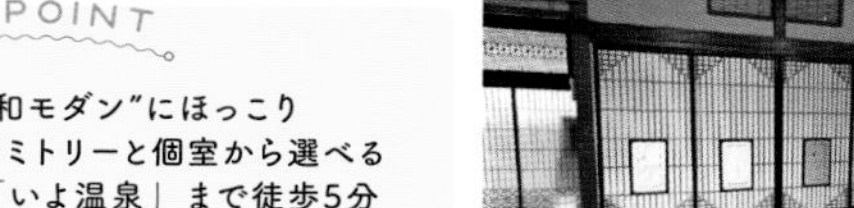

1 間口が狭く、通常の約2倍も奥行きがある細長い造りが灘町の町家の特徴 2 ドミトリーエリアの談話室はまるでドラマのセットのよう 3 浴室や洗面所のレトロなタイルも目を引く 4 個室は豪華な造りの「数寄屋の間」、5名まで泊まれる「書院の間」の2部屋

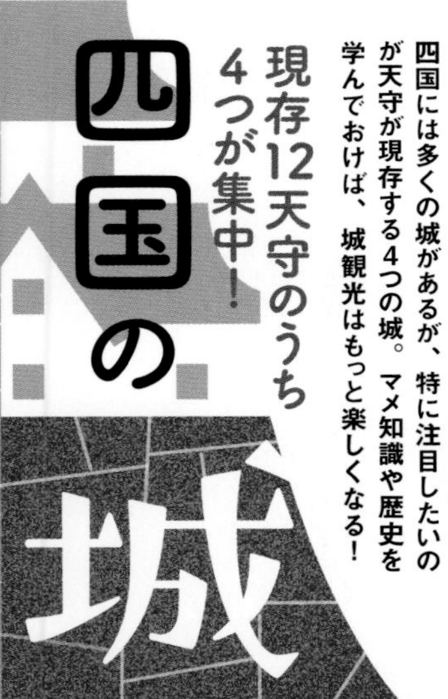

現存12天守のうち4つが集中！

四国には多くの城があるが、特に注目したいのが天守が現存する4つの城。マメ知識や歴史を学んでおけば、城観光はもっと楽しくなる！

知っておくとさらに楽しみUP☆ 城の見学に当たって

天守 について

天守とは城の中核である本丸に立つ最も高い建物で、最終防御施設。建築の形はふたつ、付随する建物を含めた様式は4つに区分される。

形

層塔型

1階または2階建ての入母屋造りの屋根の上に望楼（物見台）をのせた形式。初期の天守によくある形式で、堅牢。

連立式層塔型の松山城天守

望楼型

関ヶ原以降の形式で、考案者は藤堂高虎。同じ形の建物を積み重ね、上階ほど小さくなる。工期、コストが抑えられる。

独立式望楼型の高知城天守

様式

独立式

天守が単独で立つ様式。シンプルだけに攻略も容易。戦のない江戸時代以降に建てられた。

天守

複合式

天守の横に櫓や小天守が付随。天守内には付随建物からしか入れないため防御に優れた。

連結式

小天守を離し、渡櫓（わたりやぐら）で連結させた様式。ふたつの建物を連結させた城もあった。

連立式

天守とふたつ以上の付随建物を渡櫓で結び、四角く囲った様式。中庭があるのが特徴。

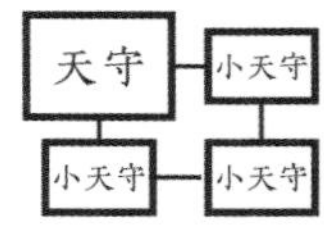

石垣とお堀

城には敵の侵入を防ぐ防御のための石垣と堀がある。天守が復元または存在していなくても、このふたつは残っているという城も多い。石垣は石の加工方法や積み方によりいくつかの種類がある。

丸亀城三之丸の高石垣は20m以上ある

城の様式

城は建てられた地形により4つの城郭様式に分けられる。山の上にある「山城」と「平山城」、平地にある「平城」、湖や川、海などの水辺に立つ「水城」がその4つ。四国には平地にある起伏を利用した平山城が多い。

01 愛媛県／松山市

松山城

まつやまじょう MAP 別冊P.41-C1

はるか山の上から市街を見下ろす

松山市街にある松山城。日本で最後の完全な城郭建築（桃山文化様式）であり、難攻不落の名城として知られる。

松山の市街の中心に位置している

城があるのは、標高132mの勝山。山頂に本丸があり、南西の裾野には二之丸、三之丸を配し周囲を堀に囲まれている。登城道は4つあり、江戸時代の正規ルートは二之丸の北を通る黒門口登城道。天守は防御に優れた連立式層塔型で、高さは約20m。1635（寛永12）年に松平家が城主となったため、現存12天守のなかで唯一、瓦に葵の御紋を付す。江戸時代の姿を残す完全城郭で、日本で唯一現存する望楼型二重櫓の野原櫓など21の建造物が国の重要文化財に指定されている。

●DATAは（→P.266）

夜景の名所としても名をはせる

日本最長といわれる登り石垣をもつ

賤ヶ岳の七本槍のひとりじゃ

築城年
1602（慶長7）年

築城主
加藤嘉明

城内には初代城主・加藤嘉明などの甲冑や刀剣が展示されている

下から攻めてくる敵を打ち落とすための石落

城DATA

天守構造：3重3階地下1階、連立式層塔型

様式：平山城

重要文化財：21棟（天守、野原櫓など櫓6棟、紫竹門、一ノ門など門7棟、筋鉄門東塀など塀7棟）

02 香川県／丸亀市

丸亀城

●まるがめじょう　MAP 別冊P.15-C3

「石の城」と呼ばれ古城ファンの心をつかんでやまない丸亀城。麓から仰ぎ見ても、間近に見上げても美しい石垣は、日本一と呼ぶにふさわしい。

1麓から見上げるほどの高さの石垣が連なる 2毎年9～11月にかけて行われる「丸亀城キャッスルロード」。城や石垣のライトアップなどさまざまなイベントが行われる（写真：丸亀市提供）3重要文化財に指定されている大手一の門

丸亀城最大の魅力は、日本一の高さを誇る石垣だ。4層に重ねられた石垣の総高は60mで、技法や積み方もさまざまなものが確認できる。大手門をくぐってすぐの枡形の石垣は、切り出した石を隙間なく積み上げた切り込みハギ。三之丸から本丸の大部分は割った石を組み合わせた打ち込みハギという様式だ。異なる大きさの石を見事なバランスで配置した乱積みも必見。また搦め手側の南東山麓では自然の石を積み上げた野面（のづら）積みも見られる。

●DATAは（→P.158）

築城年	室町時代初期
改修年	1602(慶長7)年
改修者	生駒親正（いこまちかまさ）

二の丸広場の桜。春には花見客でにぎわう

大手門枡形の石垣には鏡石という2mを超える大石がはまっている

城 DATA

天守構造：3重3階、複合式層塔型

様式：平山城

重要文化財：8ヵ所（天守、大手一の門、大手二の門、御殿表門、長屋、番所、石垣、堀）

03 高知県／高知市

高知城

こうちじょう MAP 別冊P.48-B2

凛々しくそびえる
天守と門が一枚の絵に

追手門と天守を一枚の写真で撮ることができる、全国的にも珍しい城

初代・一豊から豊範まで16代にわたり土佐藩主を務めた山内家の居城。土佐漆喰の城壁と灰色の瓦葺が鷹の羽のように見えることから「鷹城」とも呼ばれる。本丸には天守のほか本丸御殿もあり、このふたつが現存するのは高知城が日本で唯一。御殿内部も見学でき、波模様の飾りのある欄間や護衛の武士が隠れる武者隠しなどは必見。

●DATAは（→P.362）

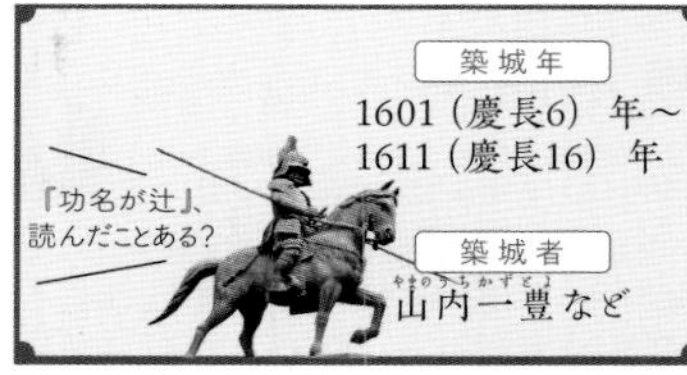

『功名が辻』、読んだことある？

築城年
1601（慶長6）年～1611（慶長16）年

築城者
山内一豊など

城DATA

天守構造：4重5階、独立式望楼型

様式：平山城

重要文化財：15棟（天守、本丸御殿、納戸蔵、黒鉄門、西多聞など）

1 重要文化財の黒鉄門。周囲の矢狭間塀には雨対策の長押型の水切りが見られる 2 山内家の家紋。岩崎弥太郎はこれと自家の家紋を組み合わせて三菱のロゴを制作した

04 愛媛県／宇和島市

宇和島城

うわじまじょう MAP 別冊P.45-D3

天守とともに現存する上り立ち門

宇和島城を造ったのは、築城名人・藤堂高虎。城の外郭は不等辺五角形をしているが、これは防御や逃げる際に敵の目を欺きやすくする工夫。築城後高虎は今治へと転封され、代わりに城主となったのが伊達家。現在の天守は2代藩主・宗利の時代に改修されたもの。

●DATAは（→P.321）

現在の天守は1666（寛文6）年に改修されたもの

築城年 1596(慶長元)年

築城主 藤堂高虎（とうどうたかとら）

改修者 伊達宗利（だてむねとし）

城DATA

天守構造：3重3階、独立式層塔型

様式：平山城 重要文化財：1棟（天守）

なんと！ CHECK!

天守に宿泊ができる

大洲城

MAP 別冊P.45-C1

愛媛県大洲市の大洲城も、藤堂高虎の城郭。天守は江戸時代から残る資料をもとに木造復元されている。注目は、天守閣に泊まれる宿泊プラン。さまざまな工夫で殿様気分を満喫できる。

●DATAは（→P.325）

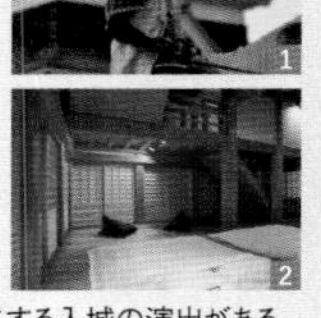

1 天守に泊まる“城泊”では城主証を授与する入城の演出がある
2 天守の1階に寝所が用意される

時代をつくった男たちにフォーカス!

幕末・土佐の志士たち

幕末から明治維新にかけて、土佐藩では思想をもって活動した志士たちが活躍した。日本の英雄、坂本龍馬をはじめとした志士たちに迫る!

幕末のヒーロー

坂本龍馬（さかもとりょうま）

天保6年11月15日（1836年1月3日）～慶応3年11月15日（1867年12月10日）

土佐藩の郷士（下級武士）の家に生まれ、江戸での剣術修行中に黒船来航を体験。帰郷後、河田小龍に師事し世界へと目を向ける。その後土佐勤王党に加盟、翌年には土佐を脱藩し江戸で勝海舟に弟子入りした。薩摩藩と長州藩の間に同盟を締結させるなど活躍し、土佐藩の後藤象二郎に大政奉還を盛り込んだ意見書・船中八策を授け明治維新へと導いた。自身は蝦夷地開拓を目指したが、大政奉還の1ヵ月後に京都の近江屋で暗殺された。

1.龍馬生誕の町や家族について学べる「龍馬の生まれたまち記念館」 2.龍馬の像が立つ桂浜公園にある坂本龍馬記念館

学べる施設はここ!

高知県立坂本龍馬記念館 （→P.359）

龍馬の生まれたまち記念館 （→P.75）

土佐勤王党の生みの親

武市瑞山（半平太）（たけちずいざん（はんぺいた））

文政12年9月27日（1829年10月24日）～慶応元年閏5月11日（1865年7月3日）

土佐藩の白札郷士。剣術修行で江戸に出た際に長州藩の桂小五郎、久坂玄端、高杉晋作らと出会い、帰郷後に土佐における尊王攘夷集団・土佐勤王党を結成。藩の思想を攘夷に向かうよう仕向け、当時の参政であった吉田東洋暗殺を成し遂げるが、土佐藩の前主・山内容堂の弾圧を受け投獄。切腹を命じられた。

学べる施設はここ! 瑞山記念館 MAP 別冊P.47-C2

龍馬の盟友

中岡慎太郎（なかおかしんたろう）

天保9年4月13日（1838年5月6日）～慶応3年11月17日（1867年12月12日）

現在の高知県北川村の庄屋の家に生まれる。武市瑞山に剣術を学び、やがて土佐勤王党に加盟し志士として活動。土佐勤王党弾圧の折に脱藩し長州へと渡る。坂本龍馬とともに薩長同盟の締結に携わり、倒幕を目指す浪士たちによる軍隊、陸援隊を結成。その後も活躍したが、坂本龍馬とともに京都で暗殺された。

学べる施設はここ! 中岡慎太郎館 （→P.427）

日本人初の渡米者

ジョン万次郎（じょんまんじろう）

文政10年1月1日（1827年1月27日）～1898（明治31）年11月12日

漁師の家に生まれ、14歳の時に漁のため沖に出たところ船が漂流。無人島で143日間生き延びたあとアメリカの捕鯨船に救助されハワイへ。その後アメリカ本土へ渡る。帰国後は土佐藩士分となり、藩校にて教師を務める。日米修好通商条約批准の通訳として渡米するなど活躍。

学べる施設はここ! ジョン万次郎資料館 （→P.412）

三菱グループの創始者

岩崎弥太郎（いわさきやたろう）

天保5年12月11日（1835年1月9日）～1885（明治18）年2月7日

郷士よりも身分の低い地下浪人の家に生まれる。秀才として知られ、江戸に出て学ぶも、父親の喧嘩がもとで投獄。釈放後に吉田東洋の塾で学び、後藤象二郎らと知り合う。東洋暗殺後は後藤象二郎のもと土佐商会の主任として辣腕を振るう。維新後は三菱商会を設立、三菱グループの基礎を造り上げた。

学べる施設はここ! 安芸市立歴史民俗資料館 （→P.419）

【 幕末・土佐の人物相関図 】

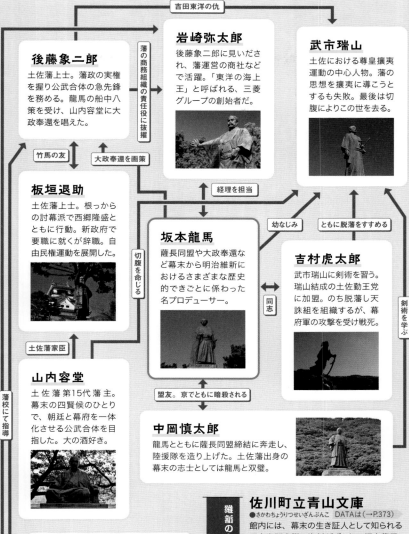

吉田東洋の仇

藩の商務組織の責任役に抜擢

竹馬の友

大政奉還を画策

経理を担当

幼なじみ

ともに脱藩をすすめる

切腹を命じる

同志

剣術を学ぶ

土佐藩家臣

盟友。京でともに暗殺される

藩校にて指導

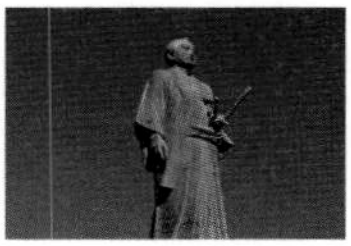

後藤象二郎

土佐藩上士。藩政の実権を握り公武合体の急先鋒を務める。龍馬の船中八策を受け、山内容堂に大政奉還を唱えた。

岩崎弥太郎

後藤象二郎に見いだされ、藩運営の商社などで活躍。「東洋の海上王」と呼ばれる、三菱グループの創始者だ。

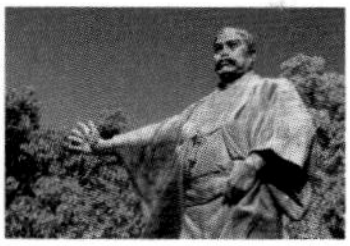

武市瑞山

土佐における尊皇攘夷運動の中心人物。藩の思想を攘夷に導こうとするも失敗。最後は切腹によりこの世を去る。

板垣退助

土佐藩上士。根っからの討幕派で西郷隆盛とともに行動。新政府で要職に就くが辞職。自由民権運動を展開した。

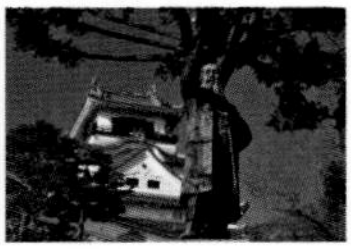

坂本龍馬

薩長同盟や大政奉還など幕末から明治維新におけるさまざまな歴史的できごとに係わった名プロデューサー。

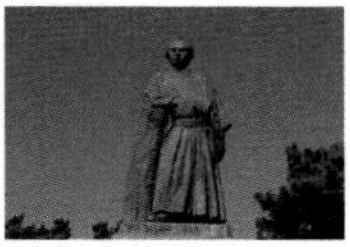

吉村虎太郎

武市瑞山に剣術を習う。瑞山結成の土佐勤王党に加盟。のち脱藩し天誅組を組織するが、幕府軍の攻撃を受け戦死。

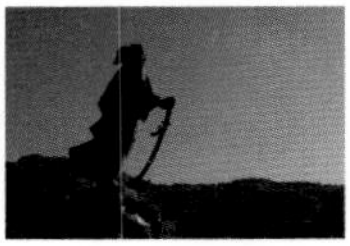

山内容堂

土佐藩第15代藩主。幕末の四賢候のひとりで、朝廷と幕府を一体化させる公武合体を目指した。大の酒好き。

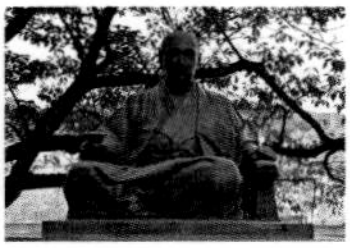

中岡慎太郎

龍馬とともに薩長同盟締結に奔走し、陸援隊を造り上げた。土佐藩出身の幕末の志士としては龍馬と双璧。

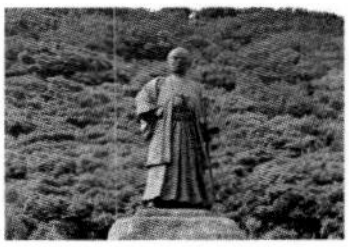

ジョン万次郎

日本人として初めてアメリカ本土に渡り、以降講師や通訳として活躍した。国際情勢と感覚に優れた人物。

維新の志士たちの記録をとどめる

佐川町立青山文庫

●さかわちょうりつせいざんぶんこ DATAは(→P.373)

館内には、幕末の生き証人として知られる田中光顕寄贈の資料がずらり。坂本龍馬、中岡慎太郎、武市瑞山をはじめ幕末の志士たちの直筆書状や書画は必見。

レトロな建物にも注目

人の世に道は一つということはない。

日本を今一度せんたくいたし申候

人間というものは、いかなる場合でも、好きな道、得手の道を捨ててはならんものじゃ

業なかばで倒れてもよい。そのときは、目標の方角にむかい、その姿勢で倒れよ

万事、見にゃわからん

世の人は我を何とも言わば言え我が成す事は我のみぞ知る

道は百も千も万もある

坂本龍馬について知る

— 言葉 —

何の志も無きところに、ぐずぐずして日を送るは、実に大馬鹿者なり

時勢に応じて自分を変革しろ。

偏見を持つな。相手が幕臣であろうと乞食であろうと、教えを受けるべき人間なら俺は受けるわい。

人として生まれたからには、太平洋のように、でっかい夢を持つべきだ

恥といふことを打ち捨てて世のことは成るべし

事は十中八九まで自らこれを行い残り一、二を他に譲りて功をなさむべし

坂本龍馬について知る ― 博物館 ―

高知市には、龍馬の名を冠した博物館がふたつある。ひとつは生まれた町や家族にスポットを当てた「生まれたまち記念館」。貴重な資料を見たいなら桂浜の「坂本龍馬記念館」へ。

龍馬の過ごした時代を体感

龍馬の生まれたまち記念館

●りょうまのうまれたまちきねんかん

MAP 別冊P.48-A3

龍馬の生まれた高知市の上町にある。館内では龍馬が生まれ育った町の歴史や坂本家の家族、ゆかりの人物に関してジオラマやバーチャル映像、音声などを使って解説している。展示室は2フロアにわたり、龍馬や姉の乙女、盟友の近藤長次郎らと記念撮影できるコーナーも。

住高知県高知市上町2-6-33 TEL088-820-1115 開8:00～19:00（最終入館18:30）休臨時休館あり 料300円 交電停上町一丁目から徒歩約1分 P14台

龍馬や乙女と記念撮影しよう

1.龍馬の生まれた当時の町の様子を再現できるバーチャル4面シアター　2.龍馬の生きた時代を体感

龍馬の生涯を学ぶ

高知県立坂本龍馬記念館

●こうちけんりつさかもとりょうまきねんかん

MAP 別冊P.46-B3

坂本龍馬の銅像が立つ桂浜にある博物館。常設展では、龍馬が書いた書状や所持したピストル、最も有名な肖像写真の原版も展示されている。またジョン万次郎の展示室もある。

貴重な資料や刀剣、拳銃などを展示

DATAは（→P.359）

坂本龍馬について知る ― ガイドツアー ―

龍馬の生まれたまち記念館では、周辺の龍馬ゆかりの地を巡るガイドツアーを開催している。記念館を解説してもらったあとは、外に出て生誕の地や幼い頃に遊んだ場所などを回る。

龍馬の同門である近藤長次郎邸跡

ガイドさんがていねいに解説してくれる

幼い龍馬の遊び場だった秋葉神社

坂本龍馬誕生の石碑

1 龍馬の生まれたまち記念館 → 2 水通川 → 3 坂本龍馬誕生地 → 4 秋葉神社 → 5 魚の棚 → 6 大堤 → 7 水丁場 → 8 日根野道場跡 → 9 河田小龍塾跡 → 10 水天宮 → 11 近藤長次郎邸跡 → 12 才谷屋跡

土佐っ歩

●とさっぽ

TEL088-820-1115（龍馬の生まれたまち記念館）

龍馬誕生コース

催9:30～、13:30～
所要約1時間30分（要予約）
料700円

日本の「夜明け」に続く道

坂本龍馬「脱藩の道」をゆく

江戸や京都でのできごとや出会いを経て、龍馬は土佐藩を脱藩することを決意する。現在の高知市から愛媛県大洲市の伊予長浜までの道のりは「脱藩の道」と呼ばれている。

高知から愛媛へ抜ける約170kmの道

1862（文久2）年3月24日、坂本龍馬は同志である澤村惣之丞とともに土佐藩を脱藩した。藩政下にあった当時、脱藩は藩との主従関係を一方的に破棄するものであり、その責任は家族にまで及ぶ重罪であった。脱藩の目的は吉田東洋暗殺の嫌疑がかけられることを嫌ったとか、薩摩の島津久光による軍勢を率いての江戸出向に従うためだとも言われているが定かではない。龍馬は現在の高知市を出たあと梼原に1泊し、直後の吉田東洋暗殺事件を起こす那須俊平・信吾の案内で韮ヶ峠を越えて脱藩。その後は現在の愛媛の道を歩き大洲市の伊予長浜から船に乗り九州へと渡った。高知から伊予長浜までの距離は約170km。ここをわずか4日で駆け抜けたこととなる。

坂本龍馬脱藩之日記念館

●さかもとりょうまだっぱんのひきねんかん

MAP 別冊P.23-D1

川沿いにある記念館では、龍馬が歩いた脱藩の道のルートを写真パネルを用いて解説。龍馬の生涯がわかる歴史年表などもある。

そばには坂本龍馬、澤村惣之丞、那須俊平の顕彰碑「飛翔の像」がある

住愛媛県大洲市河辺町三嶋1912
TEL0893-39-2211（河辺ふるさとの宿）
開9:00～17:00 休第2・4月曜（祝日の場合は翌日）
料無料 交松山自動車道内子五十崎ICから車で約35分 P30台

道沿いに史跡が連続

現在、坂本龍馬が歩いたとされる道は「坂本龍馬脱藩の道」として公開されている。山の中の道も多く歩くのはたいへん厳しいが、梼原の町なかを通る部分もあるため歩いてみるのもおもしろい。梼原では毎年10月に脱藩の道マラソンを開催している。車なら、高知市から伊予長浜まで関連の史跡に立ち寄りながら移動するのもおすすめ。これなら1日でも十分に回れる。

梼原町から始まる維新の道「坂本龍馬脱藩の道」

START!

❶ 和霊神社

●われいじんじゃ

坂本家の守り神となる神社で、脱藩の決意を固めた龍馬が旅の無事を祈願したと伝わる。毎年3月24日には龍馬脱藩祭が行われる。

MAP 別冊P.46-A2

交JR高知駅から車で約15分

❽ 泉ヶ峠

●いずみがとうげ

脱藩に成功した龍馬が最初に泊まったとされる場所。駐車場から山道を上がったところに「坂本龍馬宿泊の地」と書かれた碑がある。

MAP 別冊P.23-D1

約25km

❾ 大洲城

●おおずじょう

泉ヶ峠をあとにした龍馬たちは船に乗り、小田川から肱川を下り大洲の城下町に向かった。肱川から望む城は、当時龍馬も見た風景だ。

MAP 別冊P.45-C1

約18km

FINISH!

❿ 冨屋金兵衛邸

●とみやきんべえてい

肱川をさらに下り、伊予長浜へ。ここにある冨屋金兵衛邸で1泊し、翌早朝に九州へ。冨屋金兵衛邸は現在宿として営業している。

MAP 別冊P.24-B3

❷ 龍馬神社
●りょうまじんじゃ

佐川町の町外れにある神社で、坂本龍馬を祀っている。西には龍馬が通ったとされる古道、朽木峠があり、ハイキングが楽しめる。

MAP 別冊P.19-C1

→ 約50km

❸ 那須俊平・信吾邸跡
●なすしゅんぺい・しんごていあと

梼原に着いた龍馬は那須俊平・信吾の家で1泊し先を急いだ。現在家屋はなく、道から下りた所にある茂みに碑が立つのみ。

MAP 別冊P.18-A1

→ 約2km

❹ 維新の門
●いしんのもん

梼原町にゆかりのある8人の志士の像が並ぶ。3つの像のうち右側にあるのが、那須親子の案内で脱藩の道を歩く坂本龍馬だ。

MAP 別冊P.50-B3

↓ 約19km

❺ 韮ヶ峠
●にらがとうげ

愛媛県との県境で、龍馬は3月26日にここを越え脱藩に成功した。県境に碑とふたりの足跡が残されているほか、そばには龍馬像もある。

MAP 別冊P.18-A1

← 約8km

❻ 男水自然公園
●おとこみずしぜんこうえん

愛媛県西予市の山中にある公園。四国カルストを水源とする湧水があり、龍馬が脱藩の際にこの水でのどを潤したといわれている。

MAP 別冊P.23-D1

← 約32km

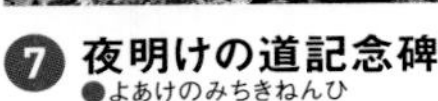

❼ 夜明けの道記念碑
●よあけのみちきねんひ

川沿いの道から外れ、小さな集落のかたわらにある「夜明けの道」と刻まれた記念碑。周辺には龍馬が通ったとされる道も保存されている。

MAP 別冊P.23-D1

美しくて、楽しい

四国の水族館がすごいらしい。

海と密接な関係がある四国には、たくさんの水族館が存在している。
どの水族館も工夫を凝らした展示で、
超個性的！ 絶対おすすめの水族館7施設を紹介！

光とアイデアで見せる
最新水族館にうっとり

きれいすぎる〜

SNSで話題の水族館

四国水族館

●しこくすいぞくかん

香川県 MAP 別冊P.15-C2

瀬戸内の臨海地区に、2020年にオープンした水族館。館内は大きく6つのゾーンに分かれ、約400種類、1万4000点の生物を展示。

DATAは（→P.165）

大人も楽しい、美術館のような水族館

四国水族館のテーマは「四国水景」。瀬戸内海、黒潮の流れる太平洋、四万十川など清流域の生き物たちを展示するゾーンで四国の多様な水の生態系や、人との関わりを解説している。またこの水族館の大きな特徴が「光」の演出。館内にある水槽はスポットライトを浴びているかのような演出で、魚たちが浮き上がるように見えディテールや模様まではっきり確認できる。時間帯によって照明の色やBGMも変化し、何度見ても飽きることがない。

鳴門海峡の渦潮を再現した水槽「渦潮の景」。渦潮の下で魚たちがどのように行動しているかがわかる

光を受け、魚が虹色に浮かび上がる

瀬戸内海をバックに行われるイルカプレイングタイム。夕暮れ時が特におすすめ!

四国の海に生息するさまざまなクラゲを展示する「海月の景」

訪問を盛り上げる数々のイベント

水族館では、ただ水槽を見せるだけにとどまらない大小さまざまなイベントが行われる。なかでも瀬戸内海をバックに行われるイルカプレイングタイムは、水族館の目玉イベント。夏の1ヵ月間は水族館の開館が延長される。その時期のみ開催されるイルカサンセットプログラムでは、夕日を背にイルカたちがジャンプし、より幻想的に。ほかにもフィーディングタイムや飼育員お手製の「美し過ぎる」黒板解説ボードなど、見どころは盛りだくさん。

1.リアルな絵とわかりやすい解説が評判　2.水遊ゾーンのゴマフアザラシ。フィーディングタイムの時間は入口でチェック

シュモクザメの泳ぐ神無月の景

その他おもなエリアと見どころ

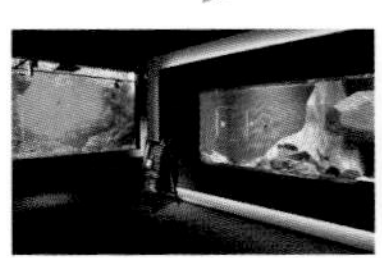

▷ 瀬戸内ゾーン

四国にとっては身近な瀬戸内海に生息する魚たちを展示するゾーン。最大の見どころは鳴門海峡の渦潮を再現した「渦潮の景」。

▷ 太平洋ゾーン

四国の南部、高知県や徳島県の沖に広がる太平洋。四国最大の水槽「綿津見の景」には、飼育が難しいカツオ類の姿も見られる。

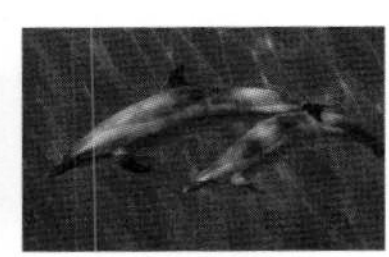

▷ 淡水ゾーン

四万十川、仁淀川、吉野川など河川で生息する淡水魚の展示。時期によってはオイカワやカワムツなどの美しい婚姻色も観察できる。

▷ 夕暮れの景

イルカの飼育ゾーン。水族館にいるのは、全国で飼育例の少ないマダライルカ。ホールでは真横から水中の様子が見られる。

▷ 水遊ゾーン

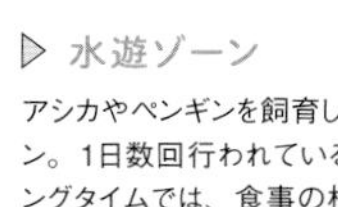

アシカやペンギンを飼育しているゾーン。1日数回行われているフィーディングタイムでは、食事の様子と飼育員の解説が楽しめる。

日本唯一とレア体験、ユニーク展示がめじろ押し！

四国各地の水族館をCheck it out!

四国各地に点在するユニーク水族館を巡る旅にGo！
日本唯一だったり、初だったり、パワーあふれる水族館コレクションを一挙紹介！

日本唯一！

高校の部活が舞台の水族館

長高水族館

●ながこうすいぞくかん

愛媛県 MAP 別冊P.24-B3

水族館があるのは、なんと高校の中！ ここは、現役の高校生たちが飼育員をしている、全国で唯一の水族館部なのだ。水族館としては1ヵ月に一度、第3土曜のみ一般公開される。長浜高校の生徒による「魚愛」あふれる解説や、独自の行動研究を元に開発されたショーも楽しい！ ※2024年春に、現在の大洲市長浜保健センターに移転予定 DATAは（→P.326）

触ってみますか？

1.現役の高校生たちがじっくり解説してくれる。特によかった子には「シロクマシール」を渡そう 2.名物のハマチの輪くぐりショー 3.教室に水槽が置かれている

駅前には水族館モチーフのポストが！

愛媛県

ユニーク展示

原生林から深海までを冒険

高知県立足摺海洋館 SATOUMI

●こうちけんりつあしずりかいようかん さとうみ

高知県 MAP 別冊P.20-A2

豊かな海洋資源を誇る土佐清水市にある。順路通りに回ると、足摺の原生林から竜串湾、外洋、深海と徐々に沖へと出て行く演出がなされ、陸から海へとバーチャルトリップしているかのような気分に！ 水族館のあとは、磯遊びやグラスボート、スノーケリングを楽しもう。 DATAは（→P.411）

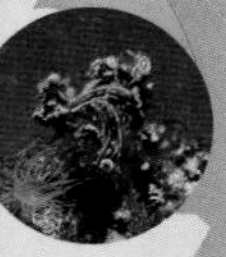

水族館のアイドル、アオウミウシ

高知県

手作りのポップがかわいい！

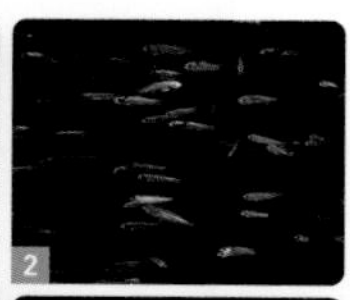

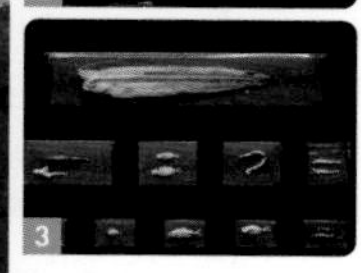

1.頭の上も魚たちが泳ぐ外洋水槽 2.数千匹のイワシがトルネードを作って泳ぐイワシ水槽 3.深海生物などの美しい標本もある

激レア体験！

飼育員渾身のPOPに感激！

桂浜水族館

●かつらはますいぞくかん

高知県 MAP 別冊P.46-B3

南国土佐の激情型水族館。怪魚「アカメ」の群泳は必見。トド、アシカ、オットセイのヒレアシ三種を一度に観察することができるのもポイント。エサやりなどの体験イベントも多彩。爬虫類や両生類を展示している新エリアも見逃せない。 DATAは（→P.359）

超☆ユニークイベント

おもしろ企画がぎっしり

新屋島水族館

●しんやしますいぞくかん

香川県 MAP 別冊P.27-D1

侍によるストーリー仕立てのイルカライブや傘をさすアザラシが活躍するアザラシライブなど、ユニークなイベントが話題の水族館。約200種類の海洋生物を飼育しており、水族館のマスコットにもなっているアメリカマナティに出合えるのは、日本でも新屋島水族館を含む2ヵ所だけ。 DATAは（→P.128）

1.SNSで拡散され話題となった「傘を差すアザラシ」こと、美雨（♀）と海雨（♂） 2.日本では沖縄の美ら海水族館とここでしか見られないアメリカマナティ 3.土・日曜・祝日のイルカライブには侍が登場。イルカよりも目立つ

香川県

徳島県

世界初！

ウミガメ専門の博族館

日和佐うみがめ博物館カレッタ

●ひわさうみがめはくぶつかんかれった

徳島県 MAP 別冊P.7-C2

世界的にも珍しい、ウミガメ専門の博物館。博物館のある徳島県美波町はウミガメが産卵のため上陸する場所で、自然とウミガメとの共存を目指す活動をするため開設された。飼育されているアカウミガメの「浜太郎」は、なんと1950（昭和25）年生まれ。生誕年がわかっているウミガメでは世界最高齢だ。

ウミガメとの共存を目指している

DATAは（→P.247）

※2023年6月から全面改装のため閉館中。再オープンは2024年4月の予定

おねだり上手！

日本で初めて！

廃校を水族館にリノベート！

むろと廃校水族館

●むろとはいこうすいぞくかん

高知県 MAP 別冊P.9-C2

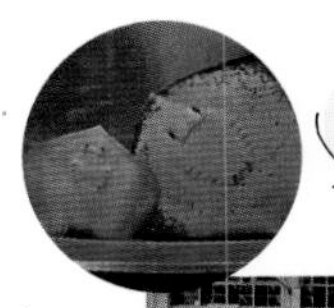

思わず笑顔になる水槽も！

近年、廃校となった校舎を利用したリノベ施設がはやりだが、ここはそのパイオニア的存在。かつての教室や廊下に水槽がずらり。AEDに金魚が泳いでいたり、人体模型があったりとなかなかのカオス！ 最大の目玉は、サメやウミガメなどが泳ぐ屋外プール。

DATAは（→P.422）

かつてのプールにはサメやウミガメが泳ぐ

1.アシカに餌をあげられる 2.海獣たちのトレーニング風景が見られる

1.手作りのユニークなアトラクションも。こちらはプーリング 2.旧校舎がまるまる水族館となっている

＼香川グルメの王道／

讃岐うどんを極める

自ら「うどん県」と名乗る香川は、人口に対するうどん店の数が全国1位。こしが強い讃岐うどんを、いろいろな食べ方で思う存分味わおう！

讃岐うどんとは？

讃岐地方にうどんがもたらされたのは9世紀、弘法大師が伝授したとされる。以来、うどんは生活に欠かせない食文化として根付いてきた。その「讃岐うどん」の特徴は、何といってもこしの強さ。うどんの生地を足で踏むことでこしを出す独特な製法が、今も受け継がれている。
なお「讃岐うどん」は、香川県内で製造されたもの、加水率40%以上、15分以内でゆで上がるものなどの基準をクリアしたものだけが名乗れる。

讃岐うどんの特徴

「うどん職人 さぬき麺之介」→P.184は香川産小麦100%の麺が人気

1.こしが強くて長い！

こしが強くもちっとした食感、太めで1本が長いのが特徴。うどん粉はオーストラリア産の小麦（ASW）を使っている店が多いが、香川県産「さぬきの夢」や国産小麦をブレンド、または県産の粉を100%使用している店もある。

2.常に打ちたてゆでたて！

器械を一切使わない、「純手打うどん よしや」→P.187

店内でうどんの生地をのばし、専用のうどん包丁で切り（手打ち）、大きな釜でゆで上げた、できたて麺を提供。厨房内での作業が見られる店が多い。

3.いりこたっぷりのだし

地元の醤油やいりこでだしをとる。「山内うどん店」→P.84

香川では麺つゆを「だし」という。だしには瀬戸内海名産のいりこ（煮干し）、カツオ節、昆布、醤油は欠かせない。色が薄く、風味が立っているのが特徴。ぶっかけ用のだしは甘味が加わり濃い目。

店のタイプ

麺も自分で温める完全セルフの「さか枝うどん本店」→P.184

セルフの店が圧倒的に多い！

メニューを見てオーダーする一般的な店と、セルフの店がある。セルフには2パターンあり、完全セルフの店と、サイドのみ選ぶハーフタイプがある。製麺所が経営する店も人気で、システムはセルフが多い。

うどんの量

「須崎食料品店」→P.186では麺は小か大、冷たいか温かいかを選ぶのみ

小サイズが1玉の量

うどんは通常、小・大、または小・中・大から選べる。注意しなくてはならないのが、小が1玉、約200gあるということ。中は1.5玉、大は2玉のボリュームとなる。なかには小が1.5玉分の約300gの店もある。

天ぷら・サイドの種類

「手打ちうどん大蔵」→P.185のおでん

天ぷら、ご飯類、おでんも！

サイドの天ぷらはちくわ天、とり天、コロッケ、練り物、油揚げなどの定番（→P.187）から個性的なものまで種類が豊富。ほかにおにぎり、いなり寿司といったご飯物、おでんがある店も多い。いずれも手頃な値段が魅力。

天ぷらも定番から変わり種まで各店個性がある。「山下うどん店」→P.186

うどんの種類

「かけ」か「ぶっかけ」かなど、はじめはちょっと戸惑うが、基本をおさえればスムーズに注文できる。「かけうどん」と「ぶっかけうどん」はだしの違い。ゆで上がった麺を水で締めるのが「冷」、再度温めたのが「温（熱）」、ゆでたまま水で締めないで提供するのが「かまあげ」だ。「冷」と「温（熱）」の間の「ぬるい」がある店も。

定番うどん

かけ 冷 温

「さか枝うどん本店」→P.184

水で締めた麺をお湯にくぐらせて温め、温かいだしをかけるのが基本。冷たい麺に温かいだし、あるいは冷たいだしをかける冷かけも一般的。

ぶっかけ 冷 温

「うどん職人 さぬき麺之介」→P.184

冷たい麺にぶっかけ専用の濃い目のだしをかけ、レモンを絞り、ネギや大根おろし、ショウガなどとよく混ぜて味わう。温ぶっかけもある。

醤油 冷 温

基本はぶっかけと同じで、だしではなく生醤油をかけて食べる。店それぞれ、醤油にこだわりがある。

「日の出製麺所」→P.187

かまあげ（釜揚げ） 温

「釜あげうどん 長田 in 香の香」→P.85

釜でゆで上がったあつあつの麺をお湯ごと丼（あるいは桶）に入れて提供。だしにつけて味わう。「湯だめうどん」はゆで上がった麺を一度水で締めているところが違い。

かまたま（釜玉） 温

「山越うどん」→P.85

生卵を割り入れた丼に釜からあげたあつあつの麺を入れ、醤油、あるいは専用だしをかけ、よくかき混ぜて食べる。ゆで上げ麺に生卵をのせるパターンもある。

マストでおさえておきたい 讃岐うどんの名店

讃岐うどんの本場、香川には約600件ものうどん店があるといわれている。悩んだらまずは、行列のできる名店のうどんを味わってみて！

セルフ おみやげ

手打うどん 田村 ●てうちうどん たむら

綾川町 MAP別冊P.26-A3

開店と同時に次々と客が訪れ、厨房に入って麺を受け取り、あっという間に去って行く。独自ブレンドの粉を使った麺は、太くぷりぷりとしてこしがあり、噛むと小麦の香りが口いっぱいに広がる。

住香川県綾川町陶1090-3　TEL087-876-0922　営9:00～13:00頃(麺がなくなり次第閉店)　休日曜・祝日　予250円～　交ことでん陶駅から車で約5分。高松自動車道府中湖スマートICから車で約4分　P30台

●注文の流れ

うどん注文→だし+天ぷらなど+薬味→食後に会計

一軒家の横の見過ごしてしまいそうな建物が店舗

窓口で注文し、厨房に入ってうどんを受け取り、このスペースで食べる

シンプル・イズ・ベスト！ これぞ讃岐うどんの原点

かけうどん小 250円
温かいうどんは自分でデボ（ざる）を使って10秒ほど温める。温と冷のだしがある

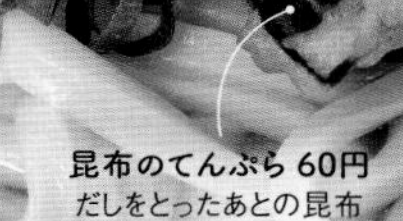

昆布のてんぷら 60円
だしをとったあとの昆布を甘辛く煮て天ぷらに

醤油うどん小 250円
冷たいうどんに醤油をひとまわし。麺そのものを味わえる

約40年間、変わらない味とスタイルでやっています

朝4時からうどんを仕込み、打って、切って、ゆでてと忙しい田村さん

年季の入った釜で麺をゆで、ゆでたてを提供

てんぷら、あげ、ちくわはどれも60円。コロッケは100円

だしのタンクの左に各自麺を温めるデボと鍋がある

セルフ注文の流れ

一般的なセルフの店の流れをレクチャー。店により順番が違う場合があるが、流れにのって進めば問題なし！

1 うどんを注文
「さか枝うどん本店」→P.184
貼ってあるメニュー表を見てうどんの量（小・中・大など）、温かい麺か冷たい麺か、または釜あげなどを注文。

2 サイドを取る
「純手打うどん よしや」→P.187
窓口の近くに生卵、温泉玉子、天ぷら、ご飯物、おでんなどがあるので、食べたいものを皿に取る。

3 会計

4 だしをかける

「手打うどん 田村」→P.83
うどんを受け取ったら、だし、だし醤油、生醤油をお好みでかける。だし醤油や生醤油はかけすぎないよう注意。

5 薬味をのせる
「さか枝うどん本店」→P.184
薬味はテーブルの上などにあるので小口ネギ、ショウガ、天かすなどをお好みでのせて食べる。

6 食器の返却

セルフ …セルフの店　おみやげ …店のおみやげうどんあり

セルフ おみやげ

山内うどん店 ●やまうちうどんてん

まんのう町 MAP別冊P.13-C2

1984（昭和59）年の創業時から変わらぬ製法で作るうどんは、ややねじれがあり、口の中ではねるほどの弾力。「宮武系」の伝統を受け継ぎ、麺とだしの冷・熱の組み合わせが選べる。

住香川県まんのう町大口1010 TEL0877-77-2916 営9:00～売り切れ次第閉店 休木曜 予250円～ 交JR黒川駅から徒歩約20分 P30台

●注文の流れ
うどん注文→天ぷらなど→会計

薪の煙が立ち上る山の中の一軒家

かけうどん 小250円
「あつあつ」（熱い麺と熱いだし）、「ひやあつ」（冷たい麺と熱いだし）、「ひやひや」（冷たい麺と冷たいだし）が選べる

げそ天 200円
一番人気。長いイカの足の天ぷら

カウンターに山のように積まれた天ぷら

山の中のにあるかつての瓦工場を改装した店

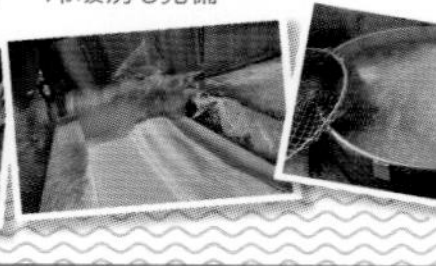

食べるスペースは広めで冷暖房も完備

薪は廃材を使うなど昔ながらのやり方でがんばってます

2代目の山内鉄也さん

燃料は薪。高温で一気にゆで上げる

湯だめうどん 小250円
ゆで上がったうどんを水で締めてから、温めて提供。専用だしに付けて食べる

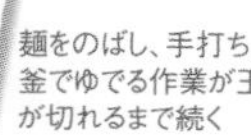

麺をのばし、手打ち、釜でゆでる作業が玉が切れるまで続く

セルフ おみやげ

なかむらうどん ●なかむらうどん

丸亀市 MAP別冊P.13-C2

讃岐うどんブームを牽引してきた、1972（昭和47）年創業の有名店。一番人気の釜たまは、半熟卵とつるつるの麺が絡み合い、飲むように食べられる。かけもおすすめ。

住香川県丸亀市飯山町西坂元1373-3 TEL0877-98-4818 営9:00～14:00(売り切れ次第終了) 休火曜、第2·4水曜 予250円～ 交JR丸亀駅から琴参バスで約15分、バス停高柳下車、徒歩約5分。高松自動車道坂出ICから車で約10分 P30台

●注文の流れ
うどん注文→天ぷらなど→会計→だし

代々受け継がれるツルもち麺とだしに行列

釜たま 小310円
生卵にゆで上げあつあつ麺をのせるので熱で半熟状態に

食べるときはよくかき混ぜるのがポイント

こうやの天ぷら 140円
味の染みた高野豆腐の天ぷら

かけうどん 小250円
温かいうどんは自分でデボを使って温め、タンクの「熱かけつゆ」をかける

自分で5秒ぐらい温める

うちはやや細めで食べやすい麺なんですよ

3代目が受け継ぐ伝説のうどん店

麺をのばしたり打ったりしながら翌日のうどんを踏んでいる

周辺からは讃岐富士の眺めがいい

テラス席もある広い店内。薬味は各テーブルに

入口右のカウンターには定番の天ぷらが並ぶ

セルフ　おみやげ

山越うどん ●やまごえうどん

あつあつ麺を卵にオン！
釜玉うどん発祥の店

かまたま 小350円
一番人気のかまたま。半熟になった卵が麺にからみまろやかな味

綾川町　MAP 別冊P.13-C2

ゆで上がった麺を、卵を割り入れた丼に入れ、素早く混ぜてネギをのせ、目の前に出てくる流れに見とれてしまう。専用のだしをかけ、庭を眺めながら麺と卵のハーモニーを楽しもう。

住香川県綾川町羽床上602-2　TEL087-878-0420　営9:00～13:30　休水・日曜、臨時休業あり　予300円～　交ことでん綾川駅から車で約5分。高松自動車道府中湖スマートICから車で約13分　P150台

●注文の流れ

うどん注文 → 天ぷらなど → 会計 → だし

オリジナルかまたま用つけだしをかけてどうぞ

正面に庭があり、右に回り込んで店内へ

天ぷらは150円均一。人気はじゃがいも天

丼を持って庭へ。木々を眺めながら食べられる

かまたまはゆでたてのあつあつ麺をそのまま生卵の上へ

熱いうちに食べてくださいね

つきみやま 小400円
2番人気のつきみやまは、麺に生卵ととろろがのる

釜揚げうどんの名店で
あつあつゆでたて麺を

釜あげうどん 小400円
うどんは釜揚げと冷やしがある。たらい（桶）に入った「たらい」（小4.5玉）1500円は家族に人気

おみやげ

釜あげうどん 長田 in 香の香

●かまあげうどん ながたいんかのか

善通寺市　MAP 別冊P.12-B2

ゆでたてのうどんを「つけだし」に浸して食べる釜あげうどんが名物。麺を水で締めていないためもちふわ感が味わえ、いりこやカツオ節の風味がいいだしとの相性も見事。冷やしもあり。

住香川県善通寺市金蔵寺町1180　TEL0877-63-5921　営9:00～15:00　休水・木曜　予400円～　交JR金蔵寺駅から徒歩約10分。高松自動車道善通寺ICから車で約5分　P160台

●注文の流れ

ご飯もの → うどん注文・会計

大きな徳利の中に湯煎した熱いつけだしが入っている

香り高いだしにつけて味わう

うどんの味そのものをじっくり楽しんでください

大量にゆでて絶妙なタイミングであげる

店名の香の香は「釜あげうどんは香川の香り」から

広い店内。注文したら着席して待つ

天ぷらがない代わりにご飯ものがいろいろ。赤飯250円、ばら寿司300円、おはぎ250円も

うどんだけじゃない！ 四国☆うま麺選手権

四国には、さまざまなご当地麺がある。
各地からエントリーした猛者たちを一挙紹介！

ENTRY 1 from香川県 鍋ホルうどん

多度津町

ピリ辛スープとホルモンがマッチ！

鍋ホルうどん 750円

スパイスが効いたスープにぷりぷりホルモンがたっぷり！ かつては町を代表するご当地麺だったが、現在1店舗でのみ提供と絶滅危惧種に！

ENTRY 2 from徳島県 徳島ラーメン

徳島市

濃厚豚骨醤油！ 甘辛豚肉無双！

中肉生卵トッピング 850円

豚骨醤油ベースのスープに、中細麺と甘辛豚バラ肉が絡み合う！ 生卵をトッピングすれば阿波っ子も泣いて喜ぶザ・徳島ラーメンの完成。

ENTRY 3 from徳島県 たらいうどん

阿波市

インパクト絶大！ 阿波の名物うどん

たらいうどん 580円（写真は2人前）

卵を練り込んだ噛み応え抜群のもっちりうどんを、豪快にたらいにイン！ 昆布やいりこでとった風味豊かなおだしにつけて召し上がれ♪

ENTRY 4 from徳島県 鳴ちゅるうどん

鳴門市

鳴門の人々に愛される癒やし系うどんはこれ♥

ちくわうどん 450円

あっさり醤油だしに柔らか麺。その優しい味がクセになっちゃう鳴門名物。塩田で働く人に消化のよいうどんを、と考案されたのが始まり。

ここで食べる！

鍋ホルうどんは要予約！

1 平野屋

●ひらのや

MAP 別冊P.12-B1・2

住 香川県多度津町本通3-1-13 TEL 0877-33-3053 営 11:00～14:00 休 日曜 予 700円～ 交 JR多度津駅から徒歩約15分。高松自動車道善通寺ICから車で約20分 P 12台

徳島ラーメンの有名店

2 中華そば いのたに本店

●ちゅうかそば いのたにほんてん

MAP 別冊P.35-C2

徳島ラーメンブームの火付け役。王道の茶色系スープはあっさりまろやかなテイスト。

●DATAは→P.250

清流を見ながらうどん

3 たらいうどん新見屋

●たらいうどんにいみや

MAP 別冊P.4-B2

住 徳島県阿波市土成町宮川内上畑100-1 TEL 088-695-2068 営 11:00～17:00（売り切れ次第終了） 休 月曜（祝日の場合は翌日） 予 600円～ 交 徳島自動車道土成ICから車で約6分 P 10台

地元ライクな食堂

4 あそこ食堂

●あそこしょくどう

MAP 別冊P.36-A3

住 徳島県鳴門市撫養町南浜東浜327 TEL 088-686-1615 営 11:00～19:00 休 木曜 予 500円～ 交 JR鳴門駅から徒歩約7分。神戸淡路鳴門自動車道鳴門ICから車で約10分 P 4台

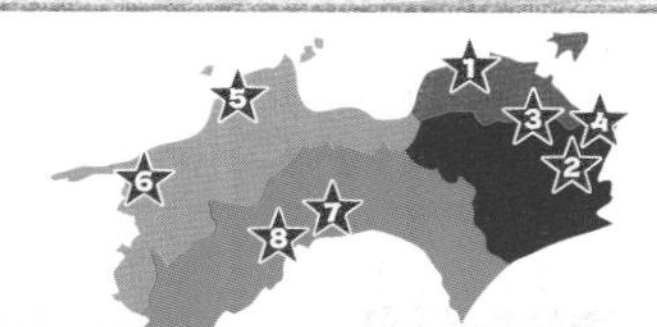

ラーメン屋におでん?

四国のなかでも、特に愛媛、高知、香川のラーメン屋にはおでんが置かれていることが多い。店内の傍らにおでん鍋がセットされ、客はセルフサービスでそれをつまむ。

香川のうどん屋でもよく見かける

ENTRY 5 from愛媛県 鍋焼きうどん

松山市

鍋焼うどん 700円

夏でも鍋焼き 松山の常識です

レトロなアルミ鍋に入った松山のソウルフード。いりこと昆布でとった甘めのだしが体に染み渡る。相棒にはおいなりさんをぜひ!

ENTRY 6 from愛媛県 八幡浜ちゃんぽん

八幡浜市

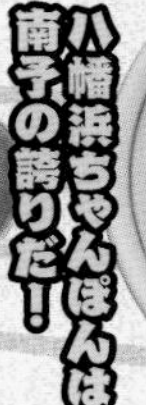

ちゃんぽん 630円

八幡浜ちゃんぽんは 南予の誇りだ!

鶏ガラをベースにしたスープが特徴のあっさり味ちゃんぽん。スープは醤油味で、具には野菜や豚肉がどっさり!

ENTRY 7 from高知県 味噌カツラーメン

高知市

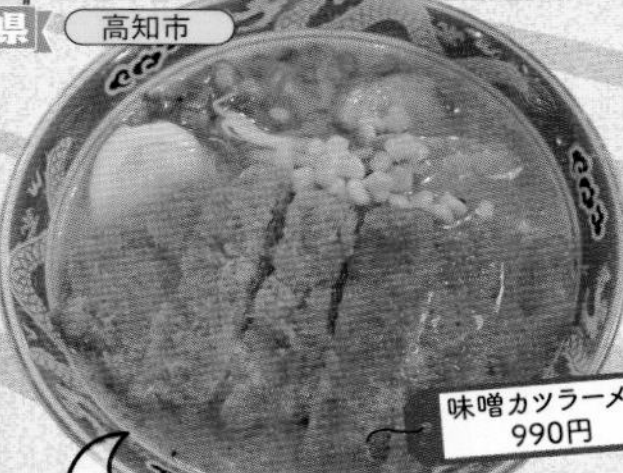

味噌カツラーメン 990円

味噌ラーメンに豚カツの 圧倒的ビジュにひれ伏せ

高知市のご当地ラーメンといえばこちら。こってり濃厚味噌ラーメンにぶ厚いカツがどーん!スープを吸ったカツがまた美味♪

ENTRY 8 from高知県 鍋焼きラーメン

須崎市発祥、下記店舗は高知市

鍋焼きラーメン(おや鳥) 990円

ぐつぐつの鶏ガラスープが うますぎる〜♪

戦後まもなく生まれたご当地ラーメン。親鳥のうま味が詰まり、何ともなつかしい香り。土鍋で食べる、日本一!?熱いラーメンだ。

鍋焼きうどん専門店

★5 ことり

●ことり

MAP 別冊P.41-D3

住 愛媛県松山市湊町3-7-2 TEL 089-921-3003 営 10:00〜14:00(売り切れ次第終了) 休 水曜、不定休 予 700円〜 交 伊予鉄松山市駅から徒歩約10分 P なし

レトロな洋風食堂

★6 ロンドン

●ろんどん

MAP 別冊P.22-B1

住 愛媛県八幡浜市新町1466 TEL 0894-22-1234 営 11:30〜20:30 休 水曜、毎月8日 予 700円〜 交 JR八幡浜駅から徒歩約17分。大洲・八幡浜自動車道八幡浜ICから車で約5分 P 3台

高知っ子も太鼓判

★7 自由軒 大津店

●じゆうけん おおつてん

MAP 別冊P.47-C1

住 高知県高知市大津乙1014-1 TEL 088-866-5798 営 11:00〜20:00 休 月曜、第2・4火曜(祝日の場合は変更の時あり) 予 720円〜 交 電停船戸から徒歩約5分 P 30台

須崎創業の老舗店

★8 鍋焼きラーメン がろ〜

●なべやきらーめん がろ〜

MAP 別冊P.46-B1

住 高知県高知市北御座10-10(とさのさと AGRI COLLETTO内) TEL 088-856-7030 営 10:00〜20:00 休 なし 予 1000円〜 交 JR高知駅から車で約10分 P あり

ローカルスーパーで地元の

香川県

**おうちでお気軽うどん
おいりのお菓子も！**

うどんやそうめんなどの麺類から、海産物加工品まで種類豊富。地元以外で見られないものを狙っている人は、しょうゆ豆なんていかが？

おすすめローカルスーパー

マルナカ

●まるなか

赤丸にアルファベットの「m」が入ったロゴがトレードマーク。現在はマックスバリュのグループ会社となっている。

店舗検索はこちら！

URL www.maxvalu.co.jp

Ⓐ おいり（→P.159）の箱には2枚だけ小判型のせんべいが入っているが、こちらはそのせんべいのみを商品にした、その名も「こばん」

Ⓑ 小豆島の名産といえば、そうめんとオリーブ。そのふたつを贅沢にコラボレーションさせたオリーブそうめん

Ⓒ 香川といえば讃岐うどん。スーパーでもさまざまなタイプのうどんが販売されている。こちらは坂手市に店のある日の出製麺所（→P.187）のもの。香川県産小麦を使用している

Ⓓ 讃岐の郷土料理であるしょうゆ豆。皮付きの空豆を醤油に漬け込んでいる。お酒のつまみにぴったり

Ⓔ だしが染みたふわふわ食感のレトルトお揚げ。うどんに入れて食べるのがおすすめ

Ⓕ 小豆島の天然岩のりが入ったのり佃煮。ご飯のお供に最適

Ⓖ 瀬戸内海で取れる小エビをミンチにし、しぼり豆腐と魚のすり身を合わせたえび天かまぼこ。観音寺市の特産品

Ⓗ 伊吹島で取れるカタクチイワシを煮て干した最高級いりこ

Ⓘ 1789（寛政元）年創業、鎌田醤油のだし醤油。うどんつゆとしてはもちろん、煮物などオールマイティに使える

味を探す

地元ならではの味が揃うスーパーマーケット。四国4県を代表するご当地スーパーで、まとめ買いしちゃいました！ 買い物カゴの中身を大公開♪

徳島県

全国区の金ちゃんラーメン！
海藻系のおみやげもぜひ

みんな大好き、金ちゃんラーメンはマストバイ。日の出印の味付のりやオサメソースなど徳島県民のごひいきのアイテムも要チェック！

Ⓐ 徳島県の那賀町や上勝町の特産品である阿波晩茶。使いやすいティーバッグタイプ

Ⓑ 淡路島のたまねぎや徳島のニンジン、鳴門のにがり塩などが入った県民御用達のウスターソース「オサメソース」。料理の隠し味にも◎

Ⓒ 鳴門海峡は、日本有数のワカメの産地。激しい海流にもまれたワカメはうま味も食感も段違い！

Ⓓ 徳島県民なら知らぬ者はいない、日の出印の味付のり。有明海の海苔を使い、香り高くパリッとした食感

Ⓔ 1年がかりで発酵させた青唐辛子と手作り味噌をあえたおかず味噌。熱々のご飯にのせて食べよう

Ⓕ 全国展開している徳島製粉の金ちゃんラーメンシリーズ。こちらは県外だとあまり見かけないカップ焼きそば

Ⓖ やっぱり外せない金ちゃんラーメン。持ち運びやすい乾麺タイプで、鍋でゆでるだけと簡単。醤油味のスープ付き

Ⓗ 徳島はすだちの生産量が全国1位。なんと国内シェアの9割以上を占める。ザ すだちは、そのまま飲めるすだち飲料

Ⓘ 徳島はコーヒー文化が盛んな土地。深煎り焙煎の缶コーヒー、徳島珈琲は県民に大人気。阿波踊りのロゴもクール

おすすめローカルスーパー

KYOEI
●きょーえい

徳島県内に30店舗以上を展開する地元スーパー。徳島市など都市部では郊外の幹線道路沿いなどに店舗が多い。

店舗検索はこちら！
URL www.kyoei-group.co.jp

愛媛県

**練り物にそうめん、味噌まで
ご当地の味がてんこ盛り！**

古くから独自の食文化があった愛媛。味噌は麦が定番だし、じゃこ天などかまぼこも名産。明治のカールはすべて愛媛県産なんです！

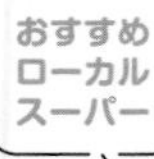

FUJI

●ふじ

中予地方を中心に約50店舗を展開するスーパーマーケットチェーン。地元企業とコラボしたオリジナル商品も。

店舗検索はこちら！

URL www.the-fuji.com

A 甘味がありサクッとやわらかな松山あげ。油抜きをせずにそのまま使える。味噌汁のほか炊き込みご飯などの具にも◎

B 愛媛県産小麦を使った愛のうどん。のど越しがよく、暑い夏でもつるっと食べられる。ほかに焼きそばやそばなどもある

C 東日本では販売を終了したカール。現在はすべて愛媛県松山市の工場で作られている。スーパーで普通に買える

D 創業100年を超える漬物の老舗、大洲の玉井のきざみたかな漬。ごまとショウガ入りで食べやすい

E 松山の誇る高級だしのやすまる。5種類のだしを合わせた万能タイプで、普段の料理をグレードアップしてくれる

F 愛媛でそうめんといえば、五色そうめん。1635（寛永12）年の創業。白だけではなく五色のそうめんが入っている

G 愛媛で一般的に食べられるじゃこ天。地魚のすり身を油で揚げる。おもに宇和島地方で製造されるものが有名

H 伊予では、昔から麦味噌が定番だった。甘味が強く、香りも芳醇

I 南予地方、八幡浜の名産であるけずりかまぼこ。タラのすり身を均等にスライスしたもの。そのまま食べてもおいしい

高知県

**南国ならではの
お菓子や珍味がずらり**

アイスクリーム、ミレー、芋けんぴの三大お菓子は大定番！カツオ製品はふりかけから酒のつまみまで種類豊富に揃っている。

Ⓐキュートな帽子の形のぼうしパン。外はサクサクと香ばしく、中はふわふわ。パン屋さんの定番だが、スーパーでも販売している

Ⓑ土佐発祥の珍味、酒盗。カツオの内臓の塩辛で、スーパーではおもに瓶詰めで売られている。酒飲みの大好物♪

Ⓒ仁淀川や四万十川流域で栽培される高地の茶葉。この茶葉を使ったのが土佐茶。ペットボトル入りで手軽に味わって

Ⓓ日本生まれのビスケット、ミレービスケット。ほんのりした塩味が絶妙で、食べる手がなかなか止まらない！味のバリエーションも豊富

Ⓔ揚げたサツマイモに溶かした砂糖をからめた、土佐の郷土菓子、芋けんぴ。さまざまな味があるが、シンプルな塩けんぴがおすすめ！

Ⓕ南国市に本社があるひまわり乳業の乳酸菌飲料、リープル。黄色いパッケージで親しまれるロングセラー商品

Ⓖ高知の人々に愛され続けるご飯のお供、土佐の赤かつお。味付けしたカツオのフレークだ

Ⓗかまぼこの中に卵が入った大丸。おせちなどの縁起物だったが、今ではいつでもスーパーで販売されている

Ⓘ高知は、知る人ぞ知るアイス王国！久保田は、ローカルアイスクリームメーカー。ミルクからフルーツなどさまざまなアイスを販売

おすすめ
ローカル
スーパー

SUNNY MART

●さにーまーと

高知県と愛媛県の松山市で店舗を展開。都市部にも店舗があるが、大型店は郊外に多い。

店舗検索はこちら！

URL www.sunnymart.co.jp

おもしろアイテムが次々と！

高知の超ローカル 市場&コンビニに潜入せよ！

四国のなかでも、特に高知は個性が強い！ 地元土佐っ子も大好きな、市場とコンビニに潜入調査。そこは、ユニークなアイテムの宝庫でした！

MISSION 01

ウワサの日曜市で"土佐っぽ"を探せ

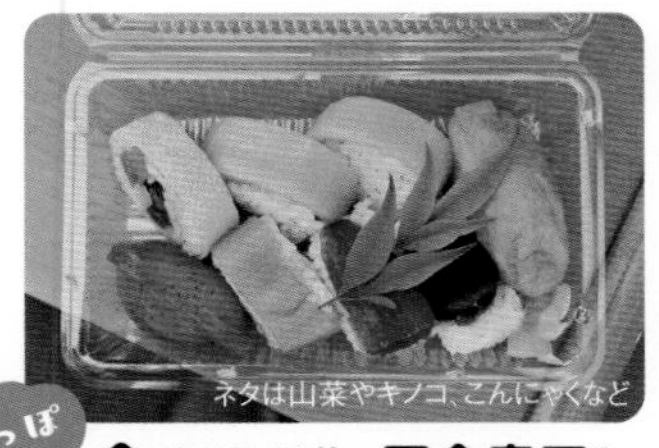
ネタは山菜やキノコ、こんにゃくなど

っぽ

食べてみいや、田舎寿司！

寿司！と思って見ると、あれ？と気がつく。シャリの上にはなんと野菜が。高知の山間地帯に伝わる、「おきゃく」に欠かせない宴会料理。

っぽ

南国土佐といえばアイスやき

県民に愛されるアイスクリン。見た目はアイスクリームだけれど、実はちょっと違う。さわやかな甘味とサクサクした食感が◎。

かつては県内あちこちにあったアイスクリン屋台

どこか懐かしい味わいがクセになる

これぞまさに、箸休め

っぽ

小腹がすいたら、はしまきちや

はしまきとは、割り箸に巻いたお好み焼きのこと。高知でも定番の味。箸付きだから手軽に食べられて、小腹を満たすのにぴったり！

っぽ

名物いも天、うまいぞね♪

さっくりふわふわとした食感

高知産サツマイモを揚げた大平商店のいも天は、30年以上前から続く日曜市名物！屋台で次から次へと揚げており、何とも食欲をそそる。

いつも大行列の人気屋台

さわやかな酸味を感じる一杯

っぽ

忘れちゃいかんで、ゆずドリンク

高知名物のゆずを使ったドリンクでのどを潤そう。野菜や飲食店などいくつかの屋台で見かける。店によって微妙に味も違う。

いくつかの店舗で提供している

っぽ

知っちゅう？土佐といえば刃物ながよ

日曜市の高知城付近には、刃物を扱う屋台や店舗が点在。五丁目南に店のある土佐雅では、何ともかわいらしいクジラナイフを発見！

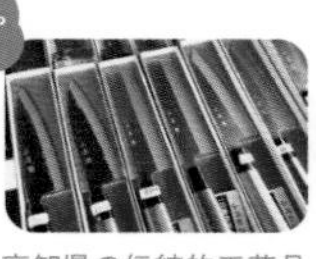
高知県の伝統的工芸品に指定されている土佐打刃物

マッコウやナガスなど全6種類

日曜朝のお楽しみ！

日曜市

●にちようかいち

MAP 別冊P.49-C2

毎週日曜に行われる野外マーケット。場所は高知城の追手門前から東に延びる高知市追手筋。一～七丁目まで約1kmの区間が歩行者天国となり、約300の屋台が並ぶ。

住高知県高知市追手筋 TEL088-823-9375（商業振興・外商支援課 街路市担当）開日曜6:00～15:00 休月～土曜 交電停堀詰、大橋通、高知城前から徒歩約5分 Pなし

ローカル色豊かな店舗が多い

世界でここにしかない！“OKABA”スイーツを食せ

Round 1 まずは序の口！マヨプリン登場

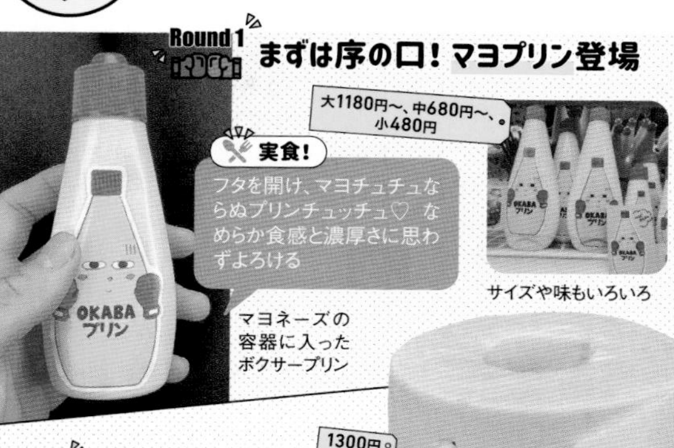

大1180円～、中680円～、小480円

実食！
フタを開け、マヨチュチュならぬプリンチュッチュ♡ なめらか食感と濃厚さに思わずよろける

マヨネーズの容器に入ったボクサープリン

サイズや味もいろいろ

コンビニでボクシング!?

コンビニ店主の岡林さんは、大のボクシングファン！店頭にはサンドバッグが置かれ、店内には愛するボクシンググッズがそこかしこに。思わずびっくりのお宝も！

名チャンピオンたちのグッズが並ぶコーナー。世界に3つしかない井上尚弥の金の拳は必見！

Round 2 のけぞるビジュアルケーキ見参

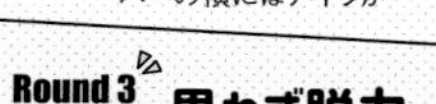

1300円

商品名はそのまま、まるでトイレットペーパーケーキ。ペーパーの横にはアイツが

実食！
圧倒されながら恐る恐る口へ。生クリームを使った王道ケーキ。そしてアイツはチョコケーキでした

Round 3 思わず脱力、美乳なクッキー

500円

白い柔肌にピンクのぽっち。おちちちゃん

実食！
口に入れた瞬間、ふわっととろける食感が絶品！ 憧れの美乳クッキーは、とってもおいしいメレンゲ菓子

Round 4 真骨頂！うんこなクッキーがキター！

280円

実食！
ここまで来たら抵抗なし。うんちくんは甘いメレンゲ菓子、生チョコサンドはうんちチョコが濃厚でした♪

うんちで生チョコをサンドしたうんちの生チョコサンド

500円

ネーミングもそのまま、うんちくん。取り扱い注意！

完全オリジナルの便器プリン。味はプレーンとチョコの2種類

864円

Round 5 目が点！ラスボス便器プリン降臨

実食！
これぞ“OKABA”スイーツの真骨頂！ 見た目とは裏腹、濃厚&なめらか食感でダブルパンチでKO！

オリジナルスイーツコンビニ

コンビニエンスおかばやし

こんびにえんすおかばやし

MAP 別冊P.10-B3

香美市に店舗のあるコンビニ。200種類ものオリジナルスイーツのほか、日用品や総菜も扱う。イートインコーナーでは便器の容器入りの料理が食べられる。

住 高知県香美市香北町美良布1347-1 TEL 0887-57-1441 営 7:00～18:00 休 なし 交 高知自動車道南国ICから車で約25分。JR高知駅からは車で約40分 P 8台

普通のスイーツもあるのでご安心を

これを買っておけば
間違いなし！

四国4県のテッパンみやげ

1位は絶対王者の讃岐うどん。麺のほかだしや醤油とセットで買う人も多い。国内発祥のオリーブ製品も根強い人気。

香川といえば
やっぱりコレ

1位 讃岐うどん

香川みやげといえばやっぱり讃岐うどん。有名製麺所が手がけた生麺タイプが定番だが、最近ではより日持ちのする乾麺タイプも見かけるようになった。

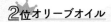

2位オリーブオイル

香川県の小豆島は、日本におけるオリーブ栽培発祥の地。島産のオリーブを使ったオイルは、日本のトップブランドだ。オリーブを使った製品もいろいろ。

3位 銘菓かまど

「かまど～♪」のテレビCMでおなじみ、坂出市の銘菓かまど。文字どおりかまどをイメージした皮の中に、手亡豆（てぼうまめ）と香川県産の卵で作る黄身あんがイン！

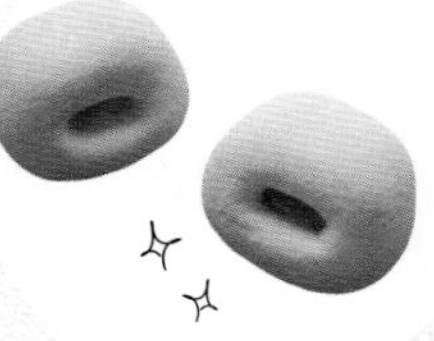

ここを掘り下げ！

\オイルだけじゃないんです！/

オリーブ製品、七変化

小豆島産のオリーブオイルを使ったアイテムをピックアップ！食品のほかコスメなどもある。

どんなソースにも合います

453円

OLIVE PASTA

オリーブオイルを練り込んだ、もちもち食感のパスタ。麺肌に凸凹が付いており、ゆで時間が短くソースとよく絡む。

2052円

がありっく油

小豆島の醤油メーカー、金両のガーリックオイル。ガーリックトーストのほか、醤油と混ぜてドレッシングにも。

サラダにもパスタにも

972円

小豆島ドレッシング

こちらも金両のもの。自社のだし醤油とガーリックオイルを合わせたドレッシング。そのままパスタソースにも使える。

929円

小豆島 食べるオリーブオイル

焙煎ちりめんや揚げニンニク、タマネギなど11種類の具材をオリーブオイルにつけた「食べるオイル」。ご飯のお供に。

594円

伊吹島 カタクチイワシのオイルサーディン

瀬戸内海に浮かぶ伊吹島のカタクチイワシを使ったオイルサーディン。パスタにしたりそのまま食べたりいろいろ使える。

770円

オリーブハンドクリーム

オリーブオイル配合の無香料ハンドクリーム。クリームが皮脂となじみなめらかさと潤いをプラス。さらっとした使い心地。

買うならココ！

かがわ物産館「栗林庵」
● かがわぶっさんかん「りつりんあん」

MAP 別冊P.28-A3
栗林公園にある、香川県のアンテナショップ。オリーブ加工品のほか、工芸品までいろいろ揃う。

●DATAは（→P.123）

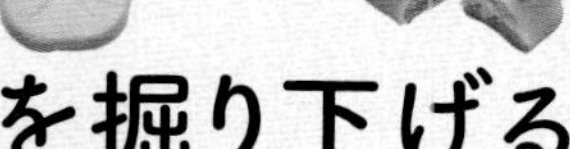

を掘り下げる

自分用にもバラマキにもぴったりなテッパンみやげをご紹介！「普通に紹介するだけじゃつまらない」ということで、気になるアイテムをちょっぴり深掘り。お気に入りが見つかるかな？

徳島県
定番みやげ
BEST 3 はコレ！

なると金時や和三盆糖を使った和洋菓子は、徳島ならではのおみやげ。伝統工芸品なら阿波藍染めがおすすめ。

上品な
甘さです

2位 阿波藍染め

おもに吉野川流域の市町で作られる阿波の伝統工芸である藍染め製品。ハンカチからストール、Tシャツなどおみやげに買いやすい価格のものも多数。

1位 なると金時＆和三盆糖

徳島県産のサツマイモ、なると金時や高級砂糖の代名詞、和三盆糖は、徳島の名産だ。県内にはこれらを原材料とした和菓子や銘菓がたくさんある。

ざ すだち

3位 すだち製品

徳島はすだちの国内生産ダントツNo.1。ドリンクやポン酢などすだちを使ったアイテムはおみやげにぴったり。8～9月なら生の実も買って帰れる。

ここを
掘り下げ！

実は、スイーツ天国！

徳島銘菓コレクション

徳島には、県を代表するような銘菓がたくさん！ 和三盆やなると金時を使ったお菓子も多い。

こんなところで買える！

おもに空港や道の駅などの物産店で購入できる。なお、半ごろしのみは地元那賀町でないと購入は難しい。

ゴールデンコンビです

鳴門のきんとき

焼いて裏ごししたなると金時に、阿波和三盆糖を加えて作ったひと口菓子。上品な甘さで、お茶請けにぴったり。

なると金時スイートポテト

なると金時を贅沢に使った洋風菓子。食べるとサツマイモの味をしっかりと感じられ、甘過ぎず後味もさわやか。

シンプルな阿波ういろ

和三盆ういろ

和三盆糖を使った「阿波ういろ」は、名古屋、山口と並ぶ日本三大ういろうのひとつ。あんのほか抹茶や栗など種類豊富。

マンマローザ

徳島の菓子メーカー、イルローザのマンマローザ。サクッとした生地にミルクあんがたっぷり！ どこか懐かしさを感じる。

金長まんじゅう

チョコ味の生地で手亡豆の白あんを包んだ洋風まんじゅう。茶色と白でたぬきの体を表している。白は金長ゴールド。

雲井

創業100年の老舗・福屋の名物。眉山に見立てたお菓子で、求肥餅で山並みを、きなこで雲を表現。

ぶどう饅頭

紫色の団子が串に刺さる様子は、まさにブドウ。甘さ控えめのミルクあんと、ほのかに感じるブドウの風味がおいしい。

名前は
怖いけど

半ごろし

那賀町の伝統菓子で、もち米とうるち米のご飯であんを包み、きなこをまぶしたおはぎ。米を半分つぶすのが由来とされる。

半ごろしの出典：農林水産省Webサイト（https://www.maff.go.jp/j/keikaku/syokubunka/k_ryouri/search_menu/menu/44_8_tokushima.html）

愛媛県
定番みやげ
BEST 3 はコレ!

松山式タルトやじゃこ天などほかでは見られない個性的なみやげが多い。全国区のブランド、今治タオルもお忘れなく。

愛媛のタルトは渦巻き型

2位 じゃこ天

宇和島など南予地方の郷土料理で、魚のすり身を揚げたかまぼこ。現在では県内各地のメーカーが製造している。炙って醤油をかけて食べるのがおすすめ。

1位 一六タルト

松山藩の時代にポルトガルから伝わったとされるタルト。ゆず風味のカステラ生地であんを巻いたもので、老舗「一六本舗」の一六タルトがもっとも有名。

3位 今治タオル

今治市で製造されるブランドタオル。吸水性が高く肌触りもいい。市内にはいくつものタオルメーカーがあり、ファクトリーショップを併設するところも。

ここを掘り下げ!

実はバリエーション豊富!

6大メーカーのタルト食べ比べ

一六本舗以外にも、さまざまな菓子メーカーがタルトを製造。なかでも人気のものはこちら！

こんなところで買える！
空港や道の駅などの物産店で。伊予鉄松山市駅直結の髙島屋地下には地元菓子メーカーが顔を揃える。

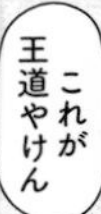
これが王道やけん

一六本舗
＜一六タルト＞

愛媛みやげの大定番、一六タルト。ゆずの風味が強く、しっとり。抹茶や季節限定など味もさまざま。

ふわふわ ☆☆☆☆★☆ しっとり
甘さ ★★★

畑田本舗
＜御栗タルト＞

栗を使った栗タルトで有名な畑田本舗。御栗タルトは、大粒の栗をそのまま使った贅沢な品。

ふわふわ ☆☆☆★☆☆ しっとり
甘さ ★★★★★

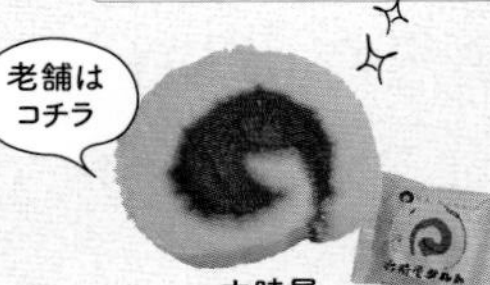
老舗はコチラ

六時屋
＜六時屋タルト＞

ふわりとした食感が人気の六時屋のタルト。添加物を加えないため、賞味期間がほかより短い。

ふわふわ ★☆☆☆☆☆ しっとり
甘さ ★★★★

うつぼ屋
＜姫タルト＞

坊っちゃん団子で有名なうつぼ屋のタルト。小さめで棒状のタルトは、切り分けて食べる。

ふわふわ ☆★☆☆☆☆ しっとり
甘さ ★★

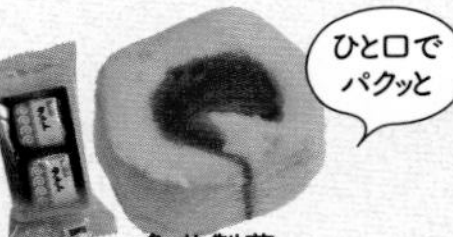
ひと口でパクッと

亀井製菓
＜ひとくちタルト＞

松山に本社のある亀井製菓では、ひと口サイズのミニタルトが人気。いよかんタルトもぜひ。

ふわふわ ☆☆☆★☆☆ しっとり
甘さ ★★

あわしま堂
＜タルト（小豆こしあん）＞

南予、八幡浜の菓子メーカー。おみやげよりは地元向けで、スーパーなどで販売されている。

ふわふわ ☆☆☆☆★☆ しっとり
甘さ ★

高知のゆずは、自分用にも友達へのおみやげとしても大人気！ バラマキならみんなで食べられるミレーやかんざしをぜひ。

全国一の名産地♪

2位 ミレー

昔ながらのビスケット。シンプルだが飽きのこない味で県民はもちろんおみやげにも高い支持を誇る。プレーンのほかイチゴや抹茶などバリエーション豊富。

1位 ゆず製品

高知県は、全国シェア5割を占めるゆずの産地。おもな生産地は馬路村や北川村。果実や皮を使ったアイテムが展開され、定番のおみやげとなっている。

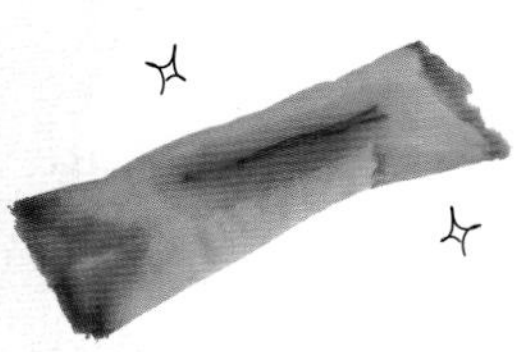

3位 かんざし

はりまや橋そばに店を構える「菓舗浜幸」のかんざし。高知よさこい節にもうたわれる銘菓で、ゆずの香りの白あんとふっくらしたバター生地がベストマッチ。

ここを掘り下げ！

日本遺産登録

高知といったらゆずちや！

果実は搾ってジュースや酢に、皮は薬味にして食べる。高知のゆずを余すところなく味わって！

ぽん酢しょうゆ ゆずの村

高知のみならず四国のスーパーならどこでも買える定番ポン酢。馬路村のゆずを使用している。ゆずの風味がさわやか。

さわやかな酸味だよ

ゆずしぼり

ゆず果汁100%のゆずしぼり。焼き魚やサラダにかけたり、隠し味にしたり、お菓子作りに作ったりと用途は無限大！

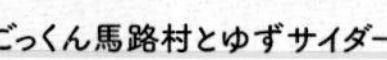

ごっくん馬路村とゆずサイダー

県民大好き！ゆずとハチミツ、水だけで作るゆずドリンクがごっくん馬路村。炭酸入りのゆずサイダーもおすすめ。

馬路ずしの素

ゆずの産地・馬路村では、ゆずをたっぷり効かせたちらし寿司が定番。その地元ならではの味を簡単に作れちゃう。

うどんやそばに

ゆずドリンクをお手軽に

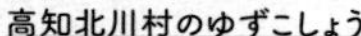

高知北川村のゆずこしょう

青いゆずの皮をメインに、青唐辛子を加えて作ったゆずこしょう。香り高く、口に入れるとピリリとした辛味が広がる。

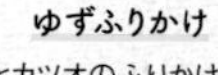

ゆずふりかけ

ゆずとカツオのふりかけ。ゆず皮の苦みとカツオの風味がベストマッチ。ご飯にかけるとゆずの香りが立ちこめる。

土佐の高知の北川村 ゆず茶

北川村で取れたゆずの皮と果汁にハチミツを加えたゆず茶。お湯で割って飲むのが定番。ヨーグルトに加えてもおいしい。

こんなところで買える！

空港や道の駅などの物産店で。馬路村や北川村にある直売所には、ゆず製品がずらり並ぶ。

四国のイベント&伝統の祭り

1月

十日ゑびすまつり（愛媛県大洲市）
1月9～11日
大洲神社新年恒例の祭り。10日には、鯛の字が記された巨大な餅を拾った人に、本物の鯛が当たる恒例の「大鯛撒き」が行われる

とうどおくり（愛媛県新居浜市）
1月上旬
新居大島で300年以上続く新年の伝統行事。正月飾りや門松などで作られた、高さ約10mの「とうど」を燃やし無病息災を願う。「火祭り」とも呼ばれる

大山寺の力餅（徳島県上板町）
1月中旬
巨大な鏡餅を持ち運びながら歩いた距離を競う大会。幼児や小学生、大人など全5部門に分かれ、コースをどれだけ歩けるか競う

椿まつり（愛媛県松山市）
1月下旬
伊豫豆比古命神社で、春を呼ぶ祭りとして昼夜問わず3日間開催される。露店も多く出店し、参詣者でにぎわう

2月

秋葉まつり（高知県仁淀川町）
2月11日
土佐三大祭りのひとつ。火事装束や武者装束をまとった約200人の行列が、防火の神様・秋葉神社の神輿を担ぎながら集落を練り歩く。県保護無形民俗文化財に指定されている

ビッグひな祭り（徳島県勝浦町）
2月下旬～3月下旬
家庭で不要になった雛人形を集めて供養し、展示する。場内に飾られる雛人形は約3万体で、なかでも高さ約8mの「百段のひな壇」は必見

総本山善通寺大会陽（香川県善通寺市）
2月下旬
2日にわたって総本山善通寺で執り行われる行事。五重塔から稲穂を投げる「稲穂投げ」で五穀豊穣を願う

3月

鹿島神社大祭（高知県黒潮町）
3月上旬
海上安全や大漁を祈願し、3月の第1日曜日に執り行われる。漁船の海上パレードや神輿渡御、子供たちによる「鼓踊り」などイベントが目白押し

道後温泉まつり（愛媛県松山市）
3月中旬
道後温泉に春を告げるお祭りで、4月に行われる「お城まつり」と合わせて「松山春祭り」と呼ばれる。湯祈祷を皮切りに、長寿餅つきや郷土芸能大会などが行われる

4月

お城まつり（愛媛県松山市）
4月上旬
松山城小天守再建を祝って始まった祭り。絢爛豪華な衣装を纏い練り歩く大名・武者行列が名物。また野球拳全国大会も開催され、全国の企業や民間グループがじゃんけんの勝ち負けを争う

金刀比羅宮桜花祭（香川県琴平町）
4月10日
桜の名所としても有名な金刀比羅宮で執り行われる神事。神職と、桜の枝を手に持った巫女の行列が大門から御本宮まで参進する

砥部焼まつり（愛媛県砥部町）
4月中旬
砥部焼の窯元の作品約10万点が一堂に集まる。即売会も開かれ、食器や花器など個性豊かな器がお得な値段で購入できる

土佐赤岡どろめ祭り（高知県香南市）
4月下旬
地引きで取れたドロメ（イワシの稚魚）を味わう祭り。メインイベントは、地酒を一気に飲み干す「大杯飲み干し大会」。男性は一升（1.8L）、女性は5合（0.9L）を飲み、タイムと飲みっぷりを競い合う

5月

丸亀お城まつり（香川県丸亀市）
5月上旬
GW中に開催される丸亀市最大の祭り。丸亀城周辺が会場となり、コンサートや物産展などが開催される

北条鹿島まつり（愛媛県松山市）
5月3・4日
その昔、瀬戸内海で海上戦力を保有していた河野水軍の戦勝祈願と祝勝奉賛が由来とされる北条地区伝統の祭り。海上を練り進む「櫂練り」と、夫婦岩の大注連縄の張替えは必見

二之丸薪能（愛媛県松山市）
5月中旬
藩主の庇護によって松山で盛んに行われていた能楽を公演。松山城の二之丸史跡庭園内に能舞台が特設され、篝火が焚かれた幽玄な雰囲気のなか鑑賞できる

かつお祭（高知県中土佐町）
5月中旬～下旬
久礼新港で開催される食のイベント。カツオのタタキをメインに、カツオ丼、カツオ飯といったカツオづくしの料理や久礼の地酒を楽しめる

大西町春の大祭（愛媛県今治市）
5月下旬
期間中は、大西地区に鎮座する各神社で継獅子が披露される。人の上に人が立ち、最上部の人が獅子頭をかぶって獅子舞を舞う様子は圧巻。なかでも龍神社の継獅子は船上で行われ見応えがある

6月

はるのあじさいまつり（高知県高知市）
6月上旬
高知市春野町内に色とりどりのあじさいの花、約2万本が咲く。期間中は、あじさいを鑑賞しながら歩くウォーキングイベントや、グルメイベント「味彩まつり」が開催される

大山祇神社御田植祭［一人角力］（愛媛県今治市）
6月下旬
大山祇神社で豊作を祈念し執り行われる。島内から選ばれた16名の早乙女が、斎田で稲を植える「御田植祭」と、目に見えない稲の精霊と力士が相撲をとる「一人角力」がハイライト

五九郎まつり（徳島県吉野川市）
6月下旬
吉野川市出身で、明治時代から昭和にかけて東京・浅草で活躍した喜劇俳優、曽我廼家五九郎をしのび始まった祭り。パレードや和太鼓の演奏などが行われる

カレンダー

四国には春夏秋冬問わずイベントや祭りが開催される。
事前に予習してぜひ参加してみよう。熱気や伝統が感じられるはず。

7月

まんが甲子園（高知県高知市）
8月上旬
全国の高校生を対象に、出題テーマに沿った「1枚まんが」で勝負する競技大会。高知市で行われる本戦大会では、時間内にパネルに漫画を描きその出来を競う

金太郎夜市（高知県四万十町）
7月中旬～8月上旬
高知県内でもっとも古い歴史を持つ夜市。7月中旬～8月上旬の金曜日、計3回夜市が開かれ、露天なども出店する

日和佐うみがめまつり（徳島県美波町）
7月中旬
ウミガメと緑の深い美波町で開催される。ウミガメの上陸・産卵を祈願する感謝祭や、ウミガメの放流などが行われ、フィナーレには打上花火が夜空を彩る

土佐赤岡絵金祭り（高知県香南市）
7月中旬→P.387

善通寺まつり（香川県善通寺市）
7月下旬
総本山善通寺を中心に、地域一帯がにぎわう夏の風物詩。盆踊り大会やお笑いライブ、ものまねショー、花火大会など、盛り上がるイベントがめじろ押し

水軍レース大会（愛媛県今治市）
7月下旬
約400年前、瀬戸内海で活躍した村上水軍の小早船。県内外から集まったチームが、復元された小早船に乗り、そのスピードを競う競技。その様子はまるで海上戦国絵巻さながら

8月

松山野球拳おどり（愛媛県松山市）
8月中旬
野球拳のフレーズを使って踊る「野球拳おどり」。企業や民間のチームが野球をイメージした衣装で、独創的な演舞を魅せる

よさこい祭り（高知県高知市）
8月9～12日
→P.100

阿波おどり（徳島県徳島市）
8月12～15日
→P.100

精霊供養灯ろう流し（徳島県徳島市）
8月16日
阿波おどりが閉幕した翌16日に、先祖の霊を送るために灯籠流しが行われる。新町川や親水公園沿いの水路に六角形の灯籠が浮かべられ、幻想的な景色が広がる

土佐市大綱まつり（高知県土佐市）
8月中旬
江戸時代初期に始まった伝統の祭り。長さ約80m、重さ約1トンにも及ぶ土佐和紙製の大綱を、500人もの引き手たちが雄叫びを上げながら激しく引き合う

志那祢祭（高知県高知市）
8月24・25日
土佐三大祭りのひとつ。「志那祢様」として親しまれる土佐神社で行われ、神楽や和太鼓の演奏が奉納される。社殿の前に灯された篝火に松の板をかざして焦がし、持ち帰ると御利益があると伝わる

9月

しゃんしゃん踊り（愛媛県伊方町）
9月1日
その昔、大久沖で亡くなった女性の霊を鎮めるために始まったとされる。会場の大久西海岸では、大太鼓の音色とともに踊り子が風流踊りを舞う

ひょうげ祭り（香川県高松市）
9月上旬
水の恵みに感謝し、五穀豊穣を祈願する奇祭。神輿渡御では舞い踊る獅子を先頭に、顔に独特の化粧を施した担ぎ手たちが約2kmを進む。クライマックスには、池に神輿が飛び込む様子が見られる

宍喰八幡神社祭り（徳島県海陽町）
9月下旬
豊漁と海上安全を祈願する宍喰八幡神社の秋祭り。重さ15トンの山車「関船」を先頭に、3台のだんじりが氏子たちに引かれ町内を練り歩く

久礼八幡宮大祭（高知県中土佐町）
9月下旬
土佐三大祭りのひとつ。深夜、大松明を先頭に町内を練り歩く「御神穀祭」がこの祭りのハイライト。大松明は長さ約5m、重さ約1トンで、40人ほどが交代で担ぎながら進む

10月

金刀比羅宮 例大祭（香川県琴平町）
10月9～11日
金刀比羅宮で執り行われる祭りのなかで最も厳粛な祭事。10日の21:00からは「御神幸」と呼ばれる神事が行われ、神職や巫女、舞人など総勢500名もの神輿行列が境内で繰り広げられる

西条まつり（愛媛県西条市）
10月上旬～中旬
江戸時代から300年以上続く、歴史ある祭り。市内に鎮座する4ヵ所の神社から屋台（神輿やだんじり）が繰り出す。クライマックスには「川入り」が行われ、水しぶきを上げながら屋台が加茂川に入る光景はインパクト抜群

湊柱神社奉納［赤ちゃんの土俵入り］（徳島県海陽町）
10月中旬
湊柱神社に古くから伝わる奉納行事。その1年間に生まれた赤ちゃんが、行司に抱かれて土俵入りし、力士のようにたくましく育つよう祈願する

新居浜太鼓祭り（愛媛県新居浜市）
10月16～18日
→P.100

菊間祭り（愛媛県今治市）
10月中旬
賀茂神社の例大祭。3～15歳の少年が騎手となって祭りの鞍をつけた馬に乗り、約300mの参道を一気に駆け抜ける。愛媛県の無形民俗文化財に指定されている

由岐伊勢エビまつり（徳島県美波町）
10月下旬
伊勢エビやそのほかの魚介類の特売会、「伊勢エビ長寿汁」の振る舞い、伊勢エビのセリなど、伊勢エビづくしのイベント。伊勢エビが当たる抽選会にも参加できる

11月

吉田秋祭（愛媛県宇和島市）
11月3日
1664（寛文4）年に始まった八幡神社の神幸祭。町に繰り出す人形屋台（練車）の巡業は、まるで300年前にタイムスリップしたかのよう

大川村 謝肉祭（高知県大川村）
11月3日
年間約50頭しか生産されない大川黒牛や、土佐はちきん地鶏が炭火焼きのBBQで楽しめる食のイベント。地酒の「桂月」も飲み放題となる

三原村どぶろく農林文化祭（高知県三原村）
11月3日
三原村の特産品、どぶろくにあやかったイベント。どぶろくのふるまいブース、特産品販売ブースなどが開かれにぎわう。どぶろく早飲み競争も開催

12月

おみかん焼（香川県東かがわ市）
12月上旬
白鳥神社境内で執り行われる、お札やお守りなどを焚き上げる火の中に、串に刺したみかんを入れて焼く行事。焼いたみかんを食べれば無病息災がかなうと伝わる

大塚国際美術館イルミネーション（徳島県鳴門市）
12月上旬～1月下旬
正面玄関前にLEDライトを使用したイルミネーションが点灯される。館内には巨大なクリスマスツリーも飾られ、名画鑑賞とともに煌びやかなクリスマスの雰囲気を楽しむことができる

マイントピア別子イルミネーション（愛媛県新居浜市）
12月上旬～1月下旬
約12万球の電飾が鉱山鉄道をモチーフにしたイルミネーションを彩る。園内には22:00まで営業しているレストランもあるので、イルミネーションを見たあともゆったり休める

クリスマスマーケット（高知県高知市）
12月中旬～下旬
高知市中央公園に、本場ドイツのクリスマスマーケットさながらの木造ヒュッテが再現され、グルメや雑貨の販売が行われる

国営讃岐まんのう公園ウィンターファンタジー（香川県まんのう町）
11月下旬～1月上旬
約3万2000m^{2}の広大な丘陵地を活かし、幻想的なグランドイルミネーションが光る。高さ約10mの「シンボルツリー」や落差約9mの人工滝「昇竜の滝」もライトアップされるなど見どころはたくさん

四国

見るものすべてを圧倒する

三大祭りを見に行こう

全国的に知名度の高い四国の祭り「阿波おどり」「新居浜太鼓祭り」「よさこい祭り」。
これらを四国三大祭りという！ 絢爛豪華・勇猛果敢な熱き祭りを四国で見てみよう。

徳島

8月12〜15日

ヤットサー!
同じ阿呆なら踊らにゃソンソン

三味線や太鼓、笛などからなるぞめき(伴奏)とともに、踊り手たちが舞う

阿波おどり

「連」と呼ばれるグループがおそろいの衣装をまとって、伴奏とともに前進しながら踊る阿波おどり。お盆期間中に開催され、県内外から観客が集まる。足袋を履いてダイナミックに舞う「男踊り」、編笠を被って優雅に進む「女踊り」、ソロで踊り観客を圧倒させる「看板踊り」など、それぞれの連ごとにアピールポイントが異なり、どの連からも目が離せない。

TEL 088-678-5181（阿波おどり未来へつなぐ実行委員会事務局）

2拍子のリズムとともに、手先を優雅に揺り動かす

由来

起源には諸説ある。徳島城が築城された際に町民が踊ったことから始まる「築城起源説」や盆踊りを起源とする「盆踊り起源説」など。少なくとも16世紀頃にはすでに盛んに行われていたという

愛媛

10月16〜18日

男同士の熱き戦い

ソーリャ ソーリャ!

各地区ごとに計50台以上の太鼓台が繰り出す。太鼓台が集合する「統一寄せ」は迫力抜群

新居浜太鼓祭り

太鼓台と呼ばれる、いわゆる山車を担いで新居浜市内を練り歩く行事。太鼓台は高さ約5m、長さ約12m、重さ約2.5トン。これを「かき夫」と呼ばれる担ぎ手約150人が担ぎ上げる。台内部には太鼓が収められており、その豪快な音とともに進む姿は勇壮活発そのもの。祭りのハイライトは「かきくらべ」で、太鼓台を高く持ち上げ腕力とチームワークを競う。

TEL 0897-65-1261（新居浜市役所観光物産課）

指揮者や重係、太鼓係、かき夫などが協力し太鼓台を動かす

由来

起源について、詳細な記録は残っていない。地域の伝承によれば、太鼓台は元々豊作の秋に感謝して氏神に奉納されていたとされ、そのルーツは平安〜鎌倉時代まで遡ると伝わる

高知

8月9〜12日

それぞれのチームが趣向を凝らした衣装を制作し身にまとう

よさこい祭り

高知市内に設けられた競演場や演舞場で、約200チーム、約2万人の踊り子たちがそれぞれ一丸となって踊る。踊りのルールは、鳴子を手に持って踊ること、伴奏のどこかによさこい鳴子踊りのフレーズを盛り込むこと、など。衣装や化粧は自由で、それぞれのチームが個性豊かなデザインをほどこす。また伴奏のアレンジも、ロック調、サンバ調などさまざま。

TEL 088-875-1178（よさこい祭振興会）

鳴らすとカシャッと音がする。もとは農業の鳥よけの道具だった

由来

1954（昭和29）年に、戦後の不景気に悩む市民を活気づけようと始まった。現在では日本各地にとどまらず、ガーナ共和国やインドネシア共和国でもよさこいが開催されている

四国の交通

レトロ車両から次世代型車両まで

ローカル鉄道旅のススメ

今、四国のローカル鉄道が注目を浴びている。新型路面電車や海が見える絶景車窓、世界で初めて本格営業運行が開始されたDMVなど、記憶に残る鉄旅を四国でかなえよう。

交通系ICカード
全線利用可
1日フリーきっぷ
あり

車内はこんな感じ
琴平線の1100形の車内。ロングシートでノスタルジックな雰囲気

車窓からの眺め
志度線の前面展望。塩屋駅～原駅間は海沿いを走る

香川県 レトロ車両で人気を博す

ことでん（琴電）

●ことでん（ことでん）

高松市と琴平町、さぬき市を結ぶ路線を運営。高松城の最寄り、高松築港駅から金刀比羅宮の最寄りの琴電琴平駅までを結ぶ琴平線をメインとし、長尾線、志度線の計3路線をもつ。

路線 **琴平線（駅数23）** 琴電琴平駅～滝宮駅～一宮駅～栗林公園駅～瓦町駅～高松築港駅 **長尾線（駅数18）** 長尾駅～井戸駅～水田駅～花園駅～瓦町駅～高松築港駅 **志度線（駅数16）** 琴電志度駅～大町駅～琴電屋島駅～沖松島駅～瓦町駅
TEL 087-863-7300

オフィシャルグッズ
各1500円
ことことふわふわぱすけーす
ことでんのイメージキャラクター、ことちゃんのパスケース

おもな駅

1.1997（平成9）年に運用開始された琴平線1100形 2.金刀比羅宮の玄関口でもある琴平線 琴電琴平駅 3.菅原道真を祀る滝宮天満宮の最寄り駅、琴平線 滝宮駅。1926（大正15）年の開業時から使用されている駅舎は近代化産業遺産に認定されている

徳島県～高知県
世界初！道路と線路を走る「DMV」

阿佐海岸鉄道

●あさかいがんてつどう

交通系ICカード
全線利用不可
1日フリーきっぷ
なし

道路と線路どちらも走行可能な乗り物として注目されるDMVを運行。途中の阿波海南駅と甲浦駅で、バスモードと鉄道モードを切り替えるモードチェンジを行う。乗車予約はウェブサイトから。

路線 **平日便（駅数7）** 阿波海南文化村～→バス区間→～阿波海南駅～→鉄道区間→～甲浦駅～→バス区間→～道の駅 宍喰温泉 **土日祝日便（駅数11）** 阿波海南文化村～→バス区間→～阿波海南駅～→鉄道区間→～甲浦駅～→バス区間→～海の駅 とろむ
TEL 0884-76-3701

車窓からの眺め
宍喰駅～海部駅間の車窓。雄大な黒潮の景色が広がる

車内はこんな感じ
マイクロバスに似た車内で、最大21名が乗車できる

オフィシャルグッズ
600円
モードチェンジ御守
バスモードと鉄道モードの両方が描かれた開運招福のお守り

おもな駅

1.平日は徳島県海陽町～高知県東洋町まで、土日祝は高知県室戸市まで走行 2.道の駅 宍喰温泉に停車するバスモードのDMV 3.阿波海南駅からレール走行開始。モードチェンジは約15秒で完了

INFO ことでんのことちゃんパスケースは高松築港駅、片原町駅、瓦町駅、琴電琴平駅、または公式オンラインショップで。阿佐海岸鉄道のモードチェンジ御守は宍喰駅で購入可能。

愛媛県

幅広く愛媛の交通を担う

伊予鉄道

●いよてつどう

路線は大きく松山市内線と郊外線に分かれる。市内線は市内電車（路面電車）で、坊っちゃん列車や新型LRTも走行している。郊外線は、松山市駅を起点に高浜線、郡中線、横河原線の3路線が運行。

路線 **市内電車 環状線**→P.264
郊外線 高浜・横河原線（駅数24） 高浜駅～松山市駅～横河原駅
郡中線（駅数12） 松山市駅～郡中港駅
TEL 089-948-3323

交通系ICカード
専用カードのみ全線利用可
1日フリーきっぷ
あり

車窓からの眺め
高浜線の梅津寺駅の車窓からは水平線が見える

おもな駅

1.松山市内を走る次世代型路面電車の新型LRT　2.電停道後温泉の坊っちゃん列車。電停松山市駅～電停道後温泉、電停古町～電停JR松山駅前～電停道後温泉の2系統で運行　3.1991（平成3）年のドラマ『東京ラブストーリー』最終回ロケ地、高浜線の梅津寺駅。主人公がハンカチを結んだ柵が残る

車内はこんな感じ
2017（平成29）年に導入の新型LRTの車内。広々としていて定員は60人

オフィシャルグッズ

ふりふりみきゃんと坊っちゃん列車
440円
坊っちゃん列車にみきゃんが乗ったキーホルダー

車窓からの眺め
四万十くろしおラインの土佐白浜駅から見える景色。海が広がる

交通系ICカード
全線利用不可
1日フリーきっぷ
あり

おもな駅

1.中村・宿毛線用の気動車8000形。8両のみが製造されたレアな車両だ　2.四万十くろしおライン終点の窪川駅。JR四国の気動車も乗り入れる　3.中村線と宿毛線の境界駅になっている中村駅。四万十市を代表する駅でもある

車内はこんな感じ
8000形。赤いクロスシートと赤いカーテンがレトロかわいい
※車両により異なる

高知県

高知県の11市町村にまたがる路線

土佐くろしお鉄道

●とさくろしおてつどう

中村・宿毛線（愛称は四万十くろしおライン）と、ごめん・なはり線を運行し、路線総延長は109.3km。特にごめん・なはり線は、2002（平成14）年に開業した日本最後（最新）のローカル線として話題に。

路線 **中村・宿毛線（駅数22）** 宿毛駅～中村駅～土佐白浜駅～窪川駅
ごめん・なはり線（駅数21） 奈半利駅～安芸駅～のいち駅～後免駅
TEL 0880-35-4961（中村・宿毛線）
0887-34-8800（ごめん・なはり線）

オフィシャルグッズ

あきナースちゃんボールペン
各350円
ごめん・なはり線のキャラクターをモチーフにしたボールペン

INFO 伊予鉄道のみきゃんのキーホルダーは道後温泉駅のチケットカウンターや公式オンラインショップなどで、土佐くろしお鉄道のボールペンは中村駅、奈半利駅や公式オンラインショップなどで購入可能。

一風変わった駅がたくさん

JR四国のおもしろ駅探訪

JR四国の路線には、個性豊かな駅がいっぱい。営業日が年2日しかない駅や、橋梁上の秘境駅など、鉄道マニアにも愛されるおもしろ駅に行って、ひと味違う鉄旅を楽しんで！

この駅に降りられるのはわずか年2日のみ！

JR つしまのみや 津島ノ宮 Tsushimanomiya たくま Takuma かいがんじ Kaiganji

普段の津島ノ宮駅。年2日しか降りられないことから「幻の駅」とも呼ばれる

祭りの日には

例年8月4日と5日には、多くの参拝客でホームが埋め尽くされる

香川・予讃線

年2回しか営業しない駅

津島ノ宮駅

●つしまのみやえき MAP 別冊P.12-B2

JR四国、予讃線の臨時駅。海岸寺駅と詫間駅の間に位置し、普段はどの列車もこの駅を通過するが、近くに鎮座する津嶋神社の夏季例大祭が執り行われる8月4～5日のみ駅が開かれにぎわう。

津島ノ宮駅
住香川県三豊市三野町大見 TEL0570-00-4592（JR四国）
津嶋神社
住香川県三豊市三野町大見7463 TEL0875-72-5463

1.津嶋神社の本殿がある津島までは、人道橋を渡って行く　2.例大祭に合わせて足元の板が敷かれ、参拝客が橋を渡れるようになる　3.津島に鎮座する津嶋神社は、小児守護の神として古くから崇敬されてきた

レトロかわいい！哀愁漂う駅舎

香川・土讃線

1.善通寺駅のある善通寺市は弘法大師・空海生誕の地。付近には第75番札所善通寺がある　2.建築当時のまま残るホーム天井の木組み

国内最古級の駅舎

善通寺駅

●ぜんつうじえき MAP 別冊P.32-B2

1889（明治22）年に開業した駅。切妻造りと寄棟造りが混在した和風モダンの駅舎は、現役駅舎としてはJR四国内で最古。国の登録有形文化財に指定されている。

善通寺駅
住香川県善通寺市文京町1-7
TEL0570-00-4592（JR四国）

橋梁の上に立つポツンと秘境駅

高知・土讃線

1.トラス橋に内包されたプラットホーム。駅の開業は1960（昭和35）年で、橋梁は1985（昭和60）年に完成した　2.橋梁の下には穴内川が流れる

鉄橋内にある無人駅

土佐北川駅

●とさきたがわえき MAP 別冊P.10-B2

橋梁の上に設置された駅。列車は1日10本しか停車せず、また鉄橋上にある駅が全国で数ヵ所しかないというレアリティも相まって、鉄道マニアから支持を得ている。

土佐北川駅
住高知県大豊町小川
TEL0570-00-4592（JR四国）

そのネーミングでバツグンの人気を誇る

高知・土讃線

1.県内では、JR高知駅に次いで2番目に利用者数が多い　2.JR四国だけでなく土佐くろしお鉄道（→P.103）も乗り入れている

思わず謝りたくなる

後免駅

●ごめんえき MAP 別冊P.47-D1

謝っているかのような名前で人気を博す駅。名称の由来は、合併前にあった旧後免町。江戸時代、開拓をする人手集めの目的で人々の租税を免除したことからこの名前がついた。

後免駅
住高知県南国市駅前町2-4
TEL0570-00-4592（JR四国）

地域の魅力を乗せて走る 観光列車に乗って移動も旅に!

車窓を流れる景色を楽しみながら、粋なインテリア空間で会話や食事を楽しめる観光列車。JR四国で運用されている12の列車のなかから5本をピックアップ。

松山駅～伊予大洲駅／八幡浜駅

レトロモダンな鉄道旅
伊予灘ものがたり
●いよなだものがたり

愛媛県の伊予灘沿いを走る観光列車。大洲に向かう「大洲編」、松山に向かう「双海(ふたみ)編」、八幡浜に向かう「八幡浜編」、松山に向かう「道後編」の、1日4便が運行している。全列車が"日本でいちばん海に近い駅"とうたわれた下灘駅（→P.283）に停車する。

TEL0570-00-4592（JR四国）路線**大洲編（下り、駅数3）**松山駅～下灘駅～伊予大洲駅、**双海編（上り、駅数4）**伊予大洲駅～下灘駅～松山駅、**八幡浜編（下り、駅数4）**松山駅～下灘駅～八幡浜駅、**道後編（上り、駅数5）**八幡浜駅～下灘駅～松山駅 料**運賃**松山駅～伊予大洲駅は3980円、松山駅～八幡浜駅は4330円（号車によって異なる）**食事**3000円～（要事前予約）運行日土・日曜・祝日（運休日あり）

1.おしゃれな車体で3両編成。道後ビールや坊っちゃん団子など車内販売も充実　2.愛媛県内に店舗を構えるシェフが厳選した、こだわりの食事（別料金、要予約）　3.写真は太陽や柑橘をイメージした2号車"黄金の章"

ここがPoint!
車内には、松山おなじみの俳句ポストが設置されている

多度津駅～大歩危駅

美が詰まった大人の空間
四国まんなか千年ものがたり
●しこくまんなかせんねんものがたり

香川県の多度津駅と徳島県の大歩危駅を結ぶ"大人の遊山"がテーマの観光列車。車窓からはのどかな里山の風景や、吉野川のジオアートなどが眺められる。また地酒の飲み比べやギャラリー鑑賞など、車内での楽しみ方も豊富。

TEL0570-00-4592（JR四国）路線**そらの郷紀行（下り、駅数4）**多度津駅～善通寺駅～琴平駅～大歩危駅、**しあわせの郷紀行（上り、駅数4）**大歩危駅～琴平駅～善通寺駅～多度津駅 料**運賃**多度津駅～大歩危駅は4330円～、善通寺駅・琴平駅～大歩危駅は4140円～（時季によって異なる）**食事**5600円（要事前予約）運行日土・日曜・祝日（特別企画での運転日あり）

ここがPoint!
人間国宝の作家が制作した香川漆器で地酒の飲み比べができる

ほかにもある！観光列車

吉野川の風を感じて
藍よしのがわトロッコ
●あいよしのがわとろっこ

吉野川沿いを走るトロッコ列車。地元の歴史や文化の解説が聞ける沿線ガイドが同乗し、解説を聞きながら吉野川周辺ののどかな景色を楽しめる。

徳島駅～阿波池田駅

吉野川流域の特産、阿波藍をイメージした藍色の車体

志士たちに思いをはせて
志国土佐 時代の夜明けのものがたり
●しこくとさ ときのよあけのものがたり

土佐流のおもてなしが楽しめる観光列車。"文明開化ロマンティシズム"がテーマのしゃれたインテリアデザインは必見。

高知駅～窪川駅／奈半利駅

蒸気船がモチーフの1号車の「KUROFUNE」

アンパンマンたちと瀬戸大橋を渡る
瀬戸大橋 アンパンマントロッコ
●せとおおはしあんぱんまんとろっこ

瀬戸大橋を通る、アンパンマンたちがデザインされたトロッコ列車。トロッコの1号車、一般客室の2号車の2両編成。

岡山駅～高松駅／琴平駅

車内には、アンパンマンの仲間たちがたくさん描かれている

四国の交通スーパーガイド

車

▶高速道路

四国4県の総面積は約1万8800km²で、東京都の面積の約8.5倍。したがって効率よく旅をするなら、スケジュールや天候を考えて交通手段を取捨選択することが大切だ。最も便利な移動手段はレンタカーやマイカーなどの車。四国内には高速道路が10本以上通っており、スムーズに各都市へアクセス可能。特に主要路線の高松自動車道、徳島自動車道、松山自動車道、高知自動車道はすべて愛媛県四国中央市で合流するので、都市を中心に周遊する際は高速道路を使うのがおすすめ。注意したいのは出入り方向に制限のあるハーフICや、ETC専用のスマートIC。また松山自動車道の宇和島方面には、約68kmにわたってサービスエリアやパーキングエリアが設置されていない箇所もある。

ハーフICについて

通常のインターチェンジ（IC）ならば、上りの入口・出口、下りの入口・出口と4方向にアクセスができるが、このうち2方向にしかアクセスすることができない進行方向に制限のある「ハーフIC」。四国の高速道路にもいくつか存在するので、どこのICがハーフICなのか、事前に確認しておこう。

スマートICについて

スマートICとは、ETC専用のICのこと。サービスエリアやパーキングエリアに設置された接続型と、高速道路にそのままアクセスできる本線直結型の2種類がある。通行の際、現金やクレジットカードは使用できないので注意。

▶高速道路を利用した場合の移動時間

高松中央IC～徳島IC	約45分
高松中央IC～松山IC	約2時間10分
高松中央IC~高知中央IC	約1時間25分
徳島IC～松山IC	約2時間15分
徳島IC～高知中央IC	約1時間55分
高知中央IC～松山IC	約2時間

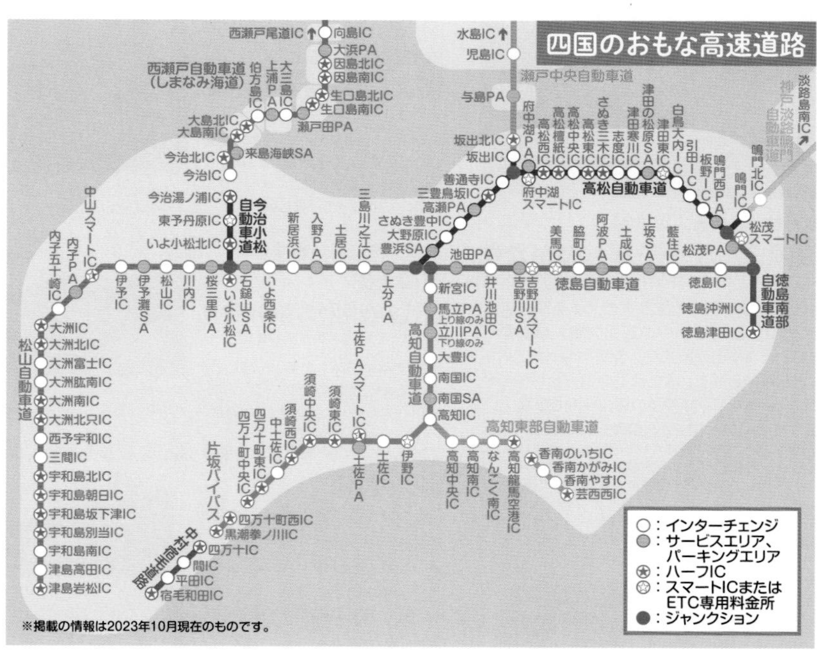

▶一般道路

四国内を一般道路で巡るメリットは、通行料金がかからない、高速道路の通っていない都市にもアクセスできる、休みたい時に休める、など。特に四国の高速道路は縦横に整備されているので、外周を巡りたい人は一般道路を使うのがおすすめ。またそれぞれの県内には、剣山スーパー林道（→P.229）や別子ライン（→P.316）といったドライブにぴったりの道も整備されているので、ぜひ活用したい。総じて気をつけたいのは、険しい山道だ。特に四国山地沿いにはUピンカーブが連続する箇所や、道幅の狭い道路がある。夜間や雨天時は慎重に運転しよう。また冬季の路面凍結にも注意が必要。スタッドレスタイヤまたはタイヤチェーンを装着して走行するように。本誌に掲載されている、冬季通行止めとなる道路は四国カルスト公園縦断線（→P.40）、石鎚スカイライン（→P.290）、UFOライン（町道瓶ヶ森線）（→P.370）など。

積雪や路面凍結が予想される時は、道路が通行不可になることも

"酷"道439号

四国山地に沿って徳島市と四万十市をつなぐ国道439号は、別名「酷道439（ヨサク）」の愛称で親しまれている。特に、徳島県と高知県の県境に位置する京柱峠は、道中でいちばんの難所。木々に囲まれた薄暗い山道、1台分しかない道幅、舗装の剥がれたコンクリートと、通行するには相応の運転技術が必要だ。崖側にガードレールが設置されていないことも多いので、通行する際は細心の注意を払おう。

対向車が来ていないか、カーブミラーでしっかり確認して

▶町の距離と移動時間の目安

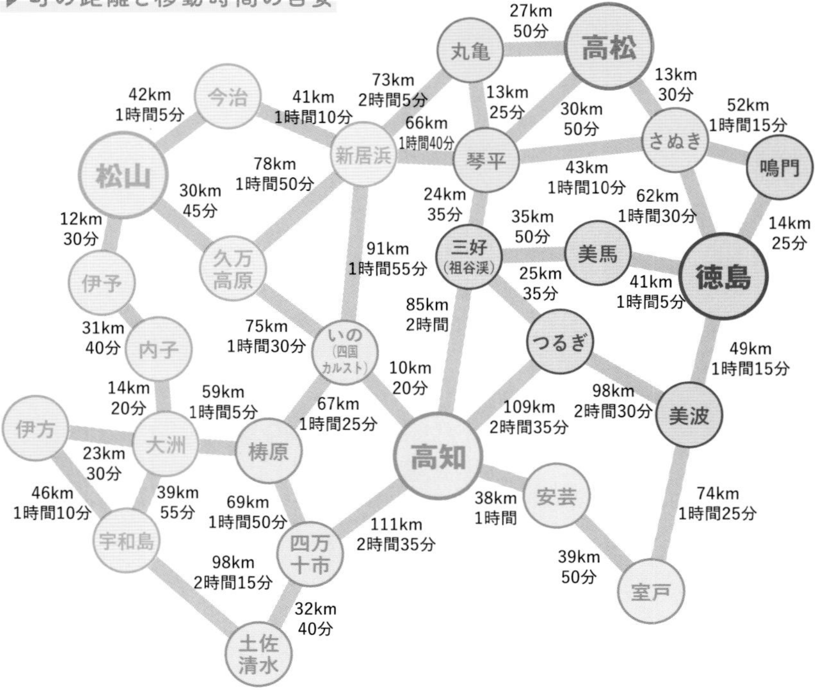

- 丸亀–高松　27km 50分
- 高松–さぬき　13km 30分
- さぬき–鳴門　52km 1時間15分
- 今治–松山　42km 1時間5分
- 今治–新居浜　41km 1時間10分
- 新居浜–丸亀　73km 2時間5分
- 丸亀–琴平　13km 25分
- 高松–琴平　30km 50分
- 新居浜–琴平　66km 1時間40分
- 琴平–さぬき　43km 1時間10分
- さぬき–徳島　62km 1時間30分
- 新居浜–久万高原　78km 1時間50分
- 松山–久万高原　30km 45分
- 松山–伊予　12km 30分
- 琴平–三好（祖谷渓）　24km 35分
- 三好–美馬　35km 50分
- 美馬–徳島　41km 1時間5分
- 鳴門–徳島　14km 25分
- 新居浜–いの（四国カルスト）　91km 1時間55分
- 三好–つるぎ　25km 35分
- 三好–高知　85km 2時間
- 伊予–内子　31km 40分
- 久万高原–いの　75km 1時間30分
- 徳島–美波　49km 1時間15分
- 内子–大洲　14km 20分
- いの–高知　10km 20分
- つるぎ–美波　98km 2時間30分
- つるぎ–高知　109km 2時間35分
- 大洲–梼原　59km 1時間5分
- いの–梼原　67km 1時間25分
- 伊方–大洲　23km 30分
- 伊方–宇和島　46km 1時間10分
- 大洲–宇和島　39km 55分
- 梼原–四万十市　69km 1時間50分
- 高知–四万十市　111km 2時間35分
- 高知–安芸　38km 1時間
- 美波–室戸　74km 1時間25分
- 安芸–室戸　39km 50分
- 宇和島–土佐清水　98km 2時間15分
- 四万十市–土佐清水　32km 40分

注1）この地図に書かれている「距離と時間」は国道利用を優先としたおおよその目安です。
注2）図中の道路はおもなもので、四国内のすべての道路を表したものではありません。

鉄道

▶JR四国の路線

JR四国内には、主要地点を結ぶ幹線が4本、地方の交通を支える地方交通線が5本整備されている。幹線は、愛媛県と香川県を結ぶ「予讃線」、香川県と徳島県を結ぶ「高徳線」、高知県と香川県を結ぶ「土讃線」、岡山県と香川県を結ぶ「本四備讃線（瀬戸大橋線）」の4本。地方交通線は、愛媛県大洲市と内子町を結ぶ「内子線」、高知県四万十町と愛媛県宇和島市を結ぶ「予土線」、徳島県鳴門市内を走る「鳴門線」、徳島県内を走る「徳島線」「牟岐線」の5本。

▶おもな都市間の所要時間

出発駅	到着駅	路線名	所要時間
高松駅	善通寺駅	予讃線＋土讃線	約50分
善通寺駅	琴平駅	土讃線	約5分
高松駅	引田駅	高徳線	約1時間40分
徳島駅	鳴門駅	鳴門線	約35分
徳島駅	阿波池田駅	徳島線	約2時間
阿波池田駅	大歩危駅	土讃線	約30分

出発駅	到着駅	路線名	所要時間
松山駅	内子駅	予讃線	約1時間
松山駅	伊予大洲駅	予讃線	約1時間30分
伊予大洲駅	八幡浜駅	予讃線	約20分
八幡浜駅	宇和島駅	予讃線	約1時間
高知駅	須崎駅	土讃線	約1時間25分
高知駅	土佐久礼駅	土讃線	約1時間45分
高知駅	窪川駅	土讃線	約2時間

特急列車に乗ろう

都市を中心に観光したい人におすすめなのが特急列車。四国では、主要都市をつなぐ特急列車が随時運行している。目的地までの距離が長ければ長いほど、バスやレンタカーよりも移動時間が短縮されるので、効率よく観光するためにはぜひ利用したい。席は、各列車ともに自由席、指定席から選択が可能。またグリーン車がある列車もある。利用にはグリーン券が必要だ。お得なフリーきっぷ「四国グリーン紀行」（→P.112）を使えば、グリーン車が乗り放題になるのでぜひ活用を。

JR徳島線を走る特急「剣山」

▶特急列車の所要時間と本数

出発駅〜到着駅	特急名	所要時間	本数
高松駅〜徳島駅	うずしお	約1時間10分	約14往復
高松駅〜高知駅・中村駅	しまんと	高松駅〜高知駅 約2時間25分、高松駅〜中村駅 約4時間	約4往復
高松駅〜松山駅	いしづち	約2時間35分	約16往復
宇多津駅〜松山駅	しおかぜ	約2時間5分	14往復

出発駅〜到着駅	特急名	所要時間	本数
宇多津駅〜高知駅	南風	約2時間	14往復
徳島駅〜阿波池田駅	剣山	約1時間20分	約5往復
松山駅〜宇和島駅	宇和海	約1時間20分	16往復
高知駅〜中村駅・宿毛駅	あしずり	高知駅〜中村駅 約1時間40分、高知駅〜宿毛駅 約2時間10分	約8往復

有人駅と無人駅

有人駅よりも、むしろ無人駅のほうが多い四国の鉄道。もし有人駅であったとしても、自動改札機がないこともしばしば。乗り方や降り方、きっぷの扱い方を事前に予習して、四国の列車を乗りこなそう。

・有人駅から乗る
駅の自動券売機または窓口で乗車券を購入。改札口で自動改札機に乗車券を通すか、駅員に乗車券を見せて乗車する。

・有人駅で降りる
乗車券を持っている場合は、降車した駅の改札口で駅員に乗車券を渡す。無人駅から乗車し、整理券のみ所持していた場合は、降車駅で駅員に運賃を支払う。

・無人駅から乗る
駅に自動券売機がある場合は、そこで乗車券を購入する。券売機がないが乗った列車内に車掌がいる場合は、巡回してきた車掌から乗車券を購入。券売機がなく列車がワンマン運転の場合、後ろのドアから乗車し、バスに乗る時と同じ要領で整理券を取る。

・無人駅で降りる
乗車券を降車口の回収箱に入れるか、駅の改札口に置いてある回収箱に入れる。整理券のみ所持していた場合は、電車を降りる際、降車口に設置された運賃箱に整理券と運賃を入れる。

都市に近い駅でも、無人駅の場合がある

INFO 新幹線の通っていない地域、四国。基本計画こそ1969（昭和44）年に発表されたが、建築コストや、人口の少なさにより採算が見込まれないことから、いまだに実現していない。

▶JR四国以外の鉄道

香川県

「ことでん（高松琴平電気鉄道）」が県内を走る。広域をカバーするJR四国に対し、ことでんは地域密着型のローカル線。運賃の支払いに、ことでんが独自に発行する交通系ICカード「IruCa」や「Suica」「Pasmo」などの全国交通系ICカード（10カード）が全線で使用できる。

徳島県

県内を通る主要路線はすべてJR四国が運営している。一方、民間企業と行政が協力して運営する第三セクター鉄道として、「阿佐海岸鉄道」も県内で運行する。線路と道路の両方を走行可能な次世代型路面電車、DMVが最大の見どころ。乗車には事前の予約が推奨される。

愛媛県

「伊予鉄道」が松山市内を走る路面電車（市内線）と、松山市と郊外をつなぐ郊外線を運行する。特に市内を走る路面電車は観光名所を巡るのに便利。松山市には、JR予讃線の「松山駅」と伊予鉄道 郊外線の「松山市駅」があるので間違えないよう注意して。

高知県

第三セクター鉄道として「土佐くろしお鉄道」が県の東部と西部を走る。特にJR四国が通っていない奈半利駅や宿毛駅まで路線が延びているので、地域住民の生活の足にもなっている。

JR四国のチケットアプリ

アプリ「しこくスマートえきちゃん」は、キャッシュレスでJR四国のきっぷが買えるアプリ。詳しくは→P.480

のどかなトロッコ旅

一部区間で四万十川沿いを走るJR予土線。しまんとグリーンラインの愛称でも親しまれるほど、緑に囲まれた路線だ。そんな予土線では、宇和島駅～窪川駅間で「しまんトロッコ」が運行している。沿線の大自然や、四万十川の風を感じるのにぴったりの観光列車だ。
→P.395

バス

▶バスで都市を巡る

各市町村を走る路線バスや、都市間を移動するのに便利な高速バス、地方都市で地域の足として活躍するコミュニティバスなど、四国内にはさまざまなバスが運行されている。電車ではなかなかアクセスの難しい場所も、バスを使えば簡単に移動できることも。

JR松山駅前の高速バス乗り場

バスで県内を移動する

JR高松駅、JR徳島駅、JR松山駅、伊予鉄松山市駅、JR高知駅など、旅の拠点になる駅には基本的に駅前にバスターミナルが設置されており、そこから路線バスが多数発着している。路線は複雑なことがほとんどなので、事前に目的地や運賃をチェックしておくこと。また、地方と地方を結ぶ路線バスもある。ただし便数が極端に少ない路線もあるので、事前に時刻や運賃を調べて計画を立てることが必須。こうした地方都市では、市営や町営のコミュニティバスを活用するのもおすすめ。運賃は500円以下のところがほとんどだ。丸亀市が運営する広島コミュニティバスでは、毎月20日は運賃が誰でも無料になるキャンペーンを実施している。

▶県内を結ぶ便利なバス

出発地	経由地	到着地	所要時間	料金	運行会社
高松駅	瓦町、白鳥神社など	引田	約1時間35分	1100円	大川バス
高松空港	こんぴらさん入口、JR琴平駅など	大麻町	約55分	2000円	琴空バス
高松空港	綾川駅、高速丸亀バス停など	高速観音寺バス停	約55分	2000円	西讃観光バス
徳島駅前	徳島大学前、アオアヲナルトリゾート前など	鳴門公園	約1時間10分	720円	徳島バス
かずら橋夢舞台	三好、脇町、道の駅いたのなど	アオアヲナルトリゾート前	約2時間45分	3200円	四国交通
井川	三好、脇町、道の駅いたのなど	大塚国際美術館前	約1時間40分	2000円	
松山空港	内子インター口、JR大洲駅など	JR八幡浜駅	約1時間35分	2000円	肱南交通
松山市駅	公園北口子規記念館前、今治駅前など	宮浦港(大三島)	約2時間20分	1700円	せとうちバス
宇和島駅前	伊予市、松山市駅前など	道後出張所	約2時間15分	2200円	宇和島バス
はりまや橋	JA高知病院、後免町など	安芸駅	約1時間35分	1240円	高知東部交通
安芸営業所	安芸駅、大山岬など	奈半利駅	約30分	800円	
中村駅	以布利、足摺国際ホテル前など	足摺岬	約1時間45分	1900円	高知西南交通

高速バスで県外へ移動する

四国のおもな都市を結ぶ高速バス。リーズナブルで快適な旅がかなうので、近年需要が高まっている。事前に予約が必要なバスは、電話やウェブサイトでなるべく早めの予約を。夏季などのハイシーズン時は早々に満席になってしまうことがある。バス車内は基本的には4列シートで、トイレが設置されている。バスによっては、コンセントやUSBポートなどの電源設備や、フリーWi-Fiが整備された車両も。

バス会社 問い合わせ先

伊予鉄バス
TEL089-948-3172

宇和島バス
TEL0895-22-2200

大川バス
TEL0879-52-2524

琴空バス
TEL0877-75-2920

高知西南交通
TEL0880-34-1266

高知東部交通
TEL0887-35-3148

肱南交通
TEL0893-24-0040

四国高速バス
TEL087-881-8822

四国交通
TEL0883-72-1231

西讃観光バス
TEL0875-25-1200

せとうちバス
TEL0898-52-9900

徳島バス
TEL088-622-1811

とさでん交通
TEL088-833-7171

各都市の主要な高速バス乗り場

香川県

高松駅高速BT
住香川県高松市浜ノ町1

高松中央インターBT
住香川県高松市林町2014-1

徳島県

徳島駅前
住徳島県徳島市寺島本町東3

八百屋町バス停
住徳島県徳島市八百屋町3

愛媛県

伊予鉄松山市駅
住愛媛県松山市湊町5-1-1

JR松山駅
住愛媛県松山市宮田町10-1

高知県

高知駅BT
住高知県高知市栄田町2-2

はりまや橋観光BT
住高知県高知市はりまや町1-14-12

▶四国の都市を結ぶ高速バス

出発地	到着地	バス名	所要時間	料金	運行会社
高松駅高速BT	徳島駅前	高徳エクスプレス	約1時間30分	2300円	四国高速バスほか
	鳴門西BS		約1時間5分		
徳島駅前	JR松山駅	徳島－松山線	約3時間30分	4800円	徳島バスほか
	大街道		約3時間20分		
JR松山駅	高松駅高速BT	坊っちゃんエクスプレス	約2時間50分	4400円	伊予鉄バスほか
	はりまや橋（高知市）	ホエールエクスプレス	約2時間45分	4000円	
高知駅BT	高松駅高速BT	黒潮エクスプレス	約2時間20分	3900円	とさでん交通ほか
	徳島駅前	高知徳島エクスプレス	約2時間50分	4000円	

定期観光バス

レンタカーがないと行くのが難しい場所も、各バス会社が運行している定期観光バスを利用すれば気軽に行くことができる。基本的に市街地のホテル前やJRの駅前が乗車場所になり、1日かけて目的地付近を周遊する。ガイドの案内を聞きながら観光ができるのも定期観光バスの楽しみだ。

おもな定期観光バス

大歩危・祖谷 秘境の旅

JR阿波池田駅から出発し、平家屋敷や祖谷のかずら橋、大歩危峡観光遊覧船への乗船など、大歩危と祖谷を周遊し、再びJR阿波池田駅に戻ってくるコース。昼食込み。

四国交通株式会社
催4～11月の土・日曜・祝日（5、10～11月は毎日運行）
休12～3月
料9200円
URL yonkoh.co.jp/teikan

ぐるっと足摺1日コース

JR中村駅を出発し、足摺岬を巡るコース。ジョン万次郎資料館や柏島、宿毛歴史館などを周り、再びJR中村駅に戻ってくる。

高知西南交通株式会社
催土・日曜・祝日およびGW、夏休み、春休み期間の毎日
休12～2月　料3800円
URL www.kochi-seinan.co.jp/tour

足摺岬（→P.414）では、地元の観光ガイドから足摺七不思議にまつわる説明が聞ける

フェリー

▶フェリーを活用する

高松と小豆島を結ぶ国際両備フェリー

四国本土と離島を結ぶフェリーから、市営の渡し船までさまざまなフェリーが運航している。香川県の高松市から小豆島や直島に向かうフェリーについては→P.130、しまなみ海道から大島や伯方島などに行くフェリーについては→P.298を参照。

▶▶ 四国交通 column ◀◀

達人と巡るうどんタクシー旅

コトバスMXが運行する「うどんタクシー」。その名のとおり、香川県のうどん店をタクシーで巡る特別なツアー。名店からガイドブックに載っていない穴場の店まで、専門知識豊富なドライバーが案内してくれる。しかも、このうどんタクシー専任ドライバーは、うどんに関しての筆記試験、実地試験、さらには讃岐うどんの手打ち試験をくぐり抜けてきた猛者ばかり。うどん好きによるうどん好きのためのツアーに、ぜひ参加してみてはいかが？ 乗降場所は、高松市内または琴平町の各駅、宿泊施設、観光地など各地から。申し込めば迎えに来てくれる。車内ではうどんの食べ方や注文のシステムに関する案内のほかに、道中の観光案内も。

地元住民も足しげく通うツウな店にもご案内

最終試験、讃岐うどんの手打ちに合格すると晴れて専任ドライバーになれる

うどんタクシー

琴平または高松発着で、行きたいうどん店に寄り、再び出発地に琴平または高松に戻ってくるコース。
TEL050-3537-5678（コトバスツアー予約センター）
料90分コース（目安1～2店舗程度）1台8100円、120分コース（目安2～3店舗程度）1万800円

INFO コトバスMXはうどんタクシーのほかにも、酒蔵を巡る「酒タクシー」、お遍路体験ができ、白衣、輪袈裟、金剛杖のレンタルも可能な「遍路笠タクシー」などを運行している。

四国旅行に便利! おトクなチケット

車

四国周遊ドライブパス

NEXCO西日本が管理する四国の高速道路が、ETC限定で乗り放題になるパス。GWやお盆、年末年始の交通混雑期には使用できない。

料**2日間** 軽自動車など5000円、普通車6300円、**3日間** 軽自動車など5800円、普通車7200円

四国まるごとドライブパス

関西、中国、九州などの発着エリアから四国までの往復料金と、四国の高速道路の乗り放題がセットになったETC限定のパス。実施期間は夏季～秋季のみで、そのうちお盆期間は使用できない。

料**兵庫・岡山発着プラン2日間** 軽自動車など5100円～、普通車6400円～、**3日間** 軽自動車など5900円～、普通車7300円～、**4日間** 軽自動車など6700円～、普通車8200円～

特急列車でも使えるJR四国の周遊きっぷ

四国グリーン紀行

JR四国全線と土佐くろしお鉄道全線の、特急列車・普通列車が連続4日、何度でも乗り降り自由になるきっぷ。事前の座席指定で、グリーン車または普通車指定席が利用可。

有効期間:4日間

料2万3000円

バースデイきっぷ

JR四国全線と土佐くろしお鉄道全線の特急列車が、誕生月の連続3日、乗り降り自由になるきっぷ。

有効期間:3日間

料普通車自由席用 1万2000円、グリーン車用 1万5000円

四国フリーきっぷ

JR四国全線の特急列車と普通列車の自由席、土佐くろしお鉄道（窪川～若井間）の普通列車自由席が、連続3日、何度でも乗り降り自由になるきっぷ。

有効期間:3日間

料1万8000円

週末乗り放題きっぷ

土・日曜・祝日と年末年始の1日間、JR四国全線の特急列車と普通列車の自由席、また土佐くろしお鉄道（窪川～若井間）の普通列車自由席が乗り降り自由になるきっぷ。

有効期間:1日間

料1万2000円

鉄道

ことでん（琴電）

1日フリーきっぷ

ことでんの電車全線が1日乗り放題になるきっぷ。

料1400円

ことでんおんせん乗車入浴券

仏生山駅から360円区間の乗り放題きっぷと、仏生山温泉の入浴料、オリジナルタオルがセットになったうちわ型のきっぷ。

料1300円

土佐くろしお鉄道

土佐くろおでかけきっぷ

土・日曜・祝日に限り、土佐くろしお鉄道中村・宿毛線全線の普通列車が1日乗り放題になるきっぷ。

料500円

ごめん・なはり線観光1日フリーきっぷ

土佐くろしお鉄道ごめん・なはり線全線で、快速と普通列車が1日乗り放題になるきっぷ。（沿線施設の特典付き）

料1670円

伊予鉄道

市内電車1Day・2Day・3Day・4Dayチケット

坊っちゃん列車を除く路面電車全線が乗り放題になるきっぷ。みきゃんアプリで決済すると100円引きで購入できる。

料1Dayチケット800円、2Dayチケット1100円、3Dayチケット1400円、4Dayチケット1700円

合格祈願きっぷ

福音寺駅から梅津寺駅の片道乗車券（「福」が「梅＝倍」になることから）と、すべり止めの砂をセットにしたきっぷ。すべり止めの砂は、落ち葉で電車が滑るのを防止するためレール上にまく砂という縁起物。

料500円

阿佐海岸鉄道

四国みぎした55フリーきっぷ

国道55号に沿った徳島～室戸岬～高知区間の、JRと阿佐海岸鉄道、土佐くろしお鉄道（ごめん・なはり線）と高知東部交通の路線バスが3日間乗り降り自由になるきっぷ。

料5800円

香川県

香川県の基本情報

❖ 県章

香川（カガワ）県の頭文字である「カ」をモチーフにしたデザインが採用されている。形や色により県内の特徴ある山容と、平和のシンボルでもあるオリーブの葉を表現している。香川県の恵まれた風土と向上発展のシンボルとなっている。県章が制定されたのは1977（昭和52）年10月1日。

❖ 県旗

オリーブカラーの地色に、白抜きにした県章を旗の中央部分にあしらっている。旗の構図の縦横比は2：3。

❖ 香川県民の歌

香川県民としての誇り、勤労と郷土愛を奮い立たせることを願い、1954（昭和29）年1月30日に制定された。歌詞は128編の公募作品から小川楠一さんのものが県の特色と郷土愛にあふれ、誰でも親しみを込めて歌うことができるとして選ばれた。作曲は県内の音楽家である田口寛さんが担当。

❖ 県の花と木…オリーブ

県花と木はどちらもオリーブ。香川県は日本におけるオリーブ栽培発祥の地となっている。モクセイ科の常緑樹で、初夏に小さくて白い花をつける。ヨーロッパでは平和と充実の象徴としても使われている。県木としては県民からの公募により1966（昭和41）年9月10日に選定された。

❖ 県の鳥…ホトトギス

夏の渡り鳥で、香川県内でよく繁殖し広く生息している。「目に青葉 山ほととぎす 初鰹」や「鳴かぬなら～」など古くから歌や詩にもよく詠まれている。短くて甲高い声で鳴き、昔の人は「テッペンカケタカ」と聞きなした。

❖ 県の獣…シカ

小豆島に生息する貴重なホンシュウジカ。島内をドライブ中に姿を見かけることもある。

❖ 県の魚…ハマチ

ハマチは、香川県が昭和初期に日本で初めて養殖技術が開発された魚。モジャコ、ツバス、ハマチと大きさにより呼び名が変わる出生魚。現在ではオリーブハマチなどブランド魚となっており居酒屋などでさまざまなメニューで味わうことができる。1995（平成7）年11月7日に指定された。

❖ 県庁所在地

高松市番町

❖ 香川県の面積

1876.87㎢（島しょ部を含む）→日本で最も小さい
※日本の面積
　37万7974.85㎢
※国土交通省国土地理院
※2023（令和5）年7月時点

❖ 香川県の人口

総数：92万6009人
女…47万8160人
男…44万7849人
※住民基本台帳
※2023（令和5）年9月1日時点

❖ 日本の人口

1億2445万人
※総務省統計局
※2023（令和5）年9月1日時点

❖ 香川県知事

池田豊人（第20代）
※2023（令和5）年9月現在。知事の任期は4年で、香川県全域からひとりを選出するための香川県知事選挙が行われ、香川県民の投票によって決まる。

❖ 香川県の予算

2023（令和5）年度の一般会計当初予算の規模は、4883億2000万円。前年度に比べて69億6000万円、1.4%の減額となっている。特別会計の予算は2685億2047万3000円。
※香川県ウェブサイトより

おもな都市からの移動時間

❖ 飛行機
東京（羽田空港）　約1時間20分
東京（成田空港）　約1時間40分
沖縄（沖縄空港）　約1時間50分

❖ 高速バス
JR大阪駅　約3時間50分
広島BC　約3時間55分

❖ 鉄道（特急）
JR東京駅
約9時間40分
JR岡山駅
約55分

❖ フェリー
神戸三宮FT～高松東港　約4時間45分

▶ 四国への道
→P.470

香川県の気候

瀬戸内海に面する香川は、他県に比べ温暖で降水量が少ないのが特徴。晴れの日が多く、年間の平均日照時間は2046.5時間と東京よりも120時間以上長い。夏には、四国山地を越えた下降気流により生じるフェーン現象が発生し、真夏日になる日が多い。旅行する際は、体調管理に十分気をつけて。1～2月には雪が降ることもあるが、多くは積もらない。

▶ 四国の気候
→P.464

安全とトラブル

香川の治安は一般的に良好だが、高松市の繁華街や土・日曜の金刀比羅宮の参道など人が集まるところではトラブルに巻き込まれることがないよう注意しよう。

また、台風や豪雨などにより公共交通機関の計画運休が実施されることがあるので気象情報をチェックしよう。地震が発生したときの行動や避難場所も自治体の防災情報などで確認を。

●香川県警
TEL 087-833-0110
URL www.pref.kagawa.lg.jp/police

▶ 旅の安全情報とトラブル対策→P.482

その他

▶ 旅のお役立ち情報
→P.480

❖ 移動は車がベストだが鉄道も
47都道府県のなかで最も面積が小さい香川県は、高松からならどこへ行くにも車で1時間くらい。見どころもコンパクトにまとまっているので、車を利用して1泊2日あれば大部分を回ることができる。四国のなかでは最も鉄道路線が発達しているので、ことでんやJRを利用して回ることも可能。ただし人気のうどん店は駅から離れている場合も多いので、うどん店巡りが目的なら車がベスト。レンタカーは高松空港のほか市内にもオフィスがあるので簡単に借りることができる。

❖ 運転の際に注意しておきたいこと
高速道路のインターチェンジには乗り降りの方向が限定されているハーフインターチェンジやETC搭載車のみが利用できるスマートインターチェンジがあるので、気をつけること。また山岳部を運転する場合はカーブがきつい箇所も多い。地方ではガソリンスタンドの数も少なく、日曜・祝日はやっていなかったり平日でも夜間はクローズしてしまう。早めの給油を心がけること。

❖ 離島へのフェリーについて
離島へのフェリーは大抵の場合予約ができない。港に着いてからチケットを購入する必要があるので、出港の30分前には港に着くようにしたい。車でフェリーに乗る場合は係員の指示に従い、正しい場所に車を停めること。

❖ お遍路など参拝の際のマナー
お遍路の札所（寺院）や金刀比羅宮などの神社を参拝する場合、境内で騒いだり走り回るなどの行為はしないこと。なお、お遍路においては［十善戒］という10の行動規範を守るよう心がけよう。十善戒は①不殺生（ふせっしょう）むやみに生き物を傷つけない②不偸盗（ふちゅうとう）ものを盗まない③不邪婬（ふじゃいん）男女の道を乱さない④不妄語（ふもうご）うそをつかない⑤不綺語（ふきご）無意味なおしゃべりをしない⑥不悪口（ふあっく）乱暴な言葉を使わない⑦不両舌（ふりょうぜつ）筋の通らないことを言わない⑧不慳貪（ふけんどん）欲深いことをしない⑨不瞋恚（ふしんに）耐え忍んで怒らない⑩不邪見（ふじゃけん）間違った考え方をしない。

AREA INFO

香川県 エリアインフォメーション

日本で最も面積が小さい香川県。市が8、町が9つの計17市町に分かれている(村はない)。四国本土のほか、島しょ部にも小豆島町、土庄町、直島町がある。本土は高松市を境に東を東讃、西を西讃と分けられる。

AREA 1 香川県の中心都市

高松市エリア (→P.118)

県庁所在地のある香川の中心。小豆島や直島へのフェリーが出る高松港やJR高松駅の南に繁華街が広がり、アーケードの商店街から脇道まで店がずらりと並ぶ。歴史スポットから近代建築、デザインまで見どころも多彩。

高層ビルが並ぶJR高松駅の周辺

このエリアの市町村	高松市

おもな見どころ

- 栗林公園(→P.122)
- 香川県庁舎東館(→P.124)
- 史跡高松城跡 玉藻公園(→P.126)
- 高松市美術館(→P.127)
- 四国村ミウゼアム(→P.128)

宇多津町
坂出市
多度津町
丸亀市
善通寺市
琴平町
三豊市
まんのう町
観音寺市

AREA 4 県を代表するスポットがめじろ押し

西讃エリア (→P.154)

香川を代表する観光スポットが詰まったエリア。歴史的な見どころから金刀比羅宮、総本山善通寺などの聖地巡り、また臨海地区には最新の水族館や日本のウユニ塩湖こと父母ヶ浜まであり周遊が楽しい。なお、狭義では坂出市、宇多津町、丸亀市、綾川町、まんのう町、琴平町、善通寺市、多度津町を中讃エリアと呼ぶ。

このエリアの市町村

坂出市/丸亀市/宇多津町/善通寺市/多度津町/琴平町/まんのう町/綾川町/三豊市/観音寺市

おもな見どころ

- 瀬戸大橋記念公園(→P.155)
- 丸亀城(→P.158)
- 丸亀市猪熊弦一郎現代美術館(→P.162)
- 四国水族館(→P.78・165)
- 総本山善通寺(→P.24・167)
- 金刀比羅宮(→P.30)
- 国営讃岐まんのう公園(→P.175)
- 父母ヶ浜(→P.178)
- 高屋神社(→P.183)

785段の石段を上った先に御本宮のある金刀比羅宮

AREA 2
瀬戸内海に浮かぶ島への旅
高松から行く離島（→P.130）

島ならではの風情と絶景が広がる人気の小豆島は、南半分が小豆島町、北側が土庄町と分かれている。現代アートの聖地として知られる直島や豊島があるのもこのエリア。3年に1度開かれる瀬戸内国際芸術祭のメイン会場となる。

小豆島の道の駅 小豆島オリーブ公園

このエリアの市町村
小豆島町／土庄町／直島町

おもな見どころ
- 道の駅 小豆島オリーブ公園（→P.133）
- エンジェルロード（→P.137）
- 寒霞渓（→P.137）
- ベネッセハウス ミュージアム（→P.140）
- 豊島美術館（→P.143）

読める? 香川県の難読地名
- 栗林（りつりん） 見どころ 高松市の地名
- 仏生山（ぶっしょうざん） 高松市の地名
- 亀水町（たるみちょう） 高松市の地名
- 土庄（とのしょう） 町名 小豆島の港名
- 寒霞渓（かんかけい） 小豆島の見どころ
- 水主（みずし） 東かがわ市の地名
- 塩飽（しわく） 諸島名 丸亀市の地名
- 唐櫃（からと） 土庄町の地名 豊島の港名
- 飯山町（はんざんちょう） 丸亀市の地名
- 仁尾（にお） 三豊市の地名
- 十郷（そごう） まんのう町の地名

AREA 3 旧高松藩の領地だった
東讃エリア（→P.146）

高松市より東にある3市町が属する。西讃に比べると観光客は少ないが、その分落ち着いた雰囲気。お遍路第88番札所である大窪寺はさぬき市にある。動物たちがのびのびと暮らすしろとり動物園など見逃せない見どころも。

四国お遍路、第88番、結願の寺として知られる大窪寺

このエリアの市町村
さぬき市／三木町／東かがわ市

おもな見どころ
- 平賀源内記念館（→P.147）
- 大窪寺（→P.149）
- 引田の町並み（→P.152）
- 東かがわ手袋ギャラリー（→P.152）
- しろとり動物園（→P.153）

日本一面積が小さい県の県庁所在地

高松市 たかまつし

人口 41万1546人　面積 375.54㎢

エリアの拠点

インターチェンジ

高松自動車道高松中央IC

鉄道駅

JR高松駅、ことでん高松築港駅

バス停

JR高松駅

フェリー

高松港

交通INFO

空港から市内へ

高松空港からは、ことでんバスの高松空港リムジンバス、または路線バスの44番が運行している。どちらも栗林公園や瓦町、ことでん高松築港駅、JR高松駅などに停車する。JR高松駅まで空港リムジンバスは1000円、路線バスだと860円。

観光案内所

香川・高松ツーリストインフォメーション

MAP 別冊P.29-C1
住 香川県高松市浜ノ町1-20(JR高松駅1階コンコース)
TEL 087-826-0170
開 9:00～20:00
休 なし

JR高松駅1階コンコースにあるコンパクトな観光案内所。英語、中国語、韓国語に対応するスタッフが常駐する。高松市および香川県の観光パンフレットが揃うほか、無料の検索用タブレットも設置されている。

にっこり笑顔のJR高松駅構内にある

高松港にある『Liminal Air -core-』は、2010年(平成22年)の瀬戸内国際芸術祭で大巻伸嗣(おおまきしんじ)が手がけた作品。左は直島行きのフェリー

香川県の中部に位置する県庁所在地。人口も面積もダントツの県下最大都市であり、中核市に指定されている。四国地方においては、愛媛県の松山市に続いて第2位の人口規模を誇る。高松藩の城下町として栄えた都市で、明治以降に市が発足してからは合併を繰り返し、2006年（平成18年）に現在の市域になった。北は瀬戸内海、南は徳島県に面しており、海や島、山など豊かな自然環境と、都市部の利便性を兼ね備えているのが魅力だ。市街地は市の北部で、見どころもこのエリアに多い。「栗林公園」（→P.122）や「史跡高松城跡 玉藻公園」（→P.126）など、都市の中心部にも緑あふれるスポットがある。

新緑がまぶしい初夏の「栗林公園」

空港からのアクセス

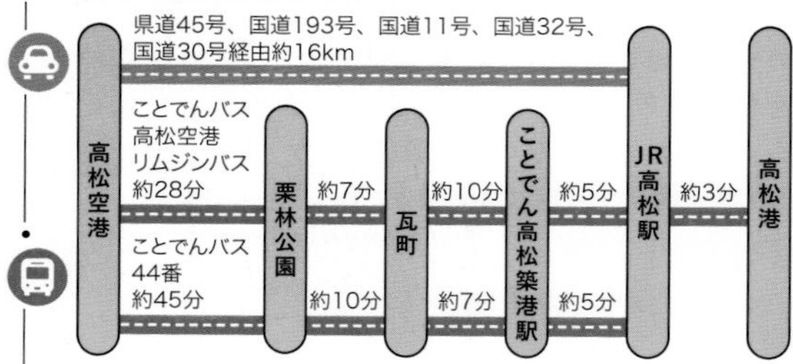

INFO 高松空港の2階には、うどんだしの出る蛇口がある。蛇口横にコップが設置され、無料で飲むことが可能。ただし、容器に入れての持ち帰りや、うどんの持ち込みは禁止されている。

高松市の歩き方

JR高松駅や高松港を中心とした中心部

四国の玄関口となるJR高松駅や高松港、移動の起点のひとつとなることでん高松築港駅が徒歩約7分以内の範囲にあるので、乗り継ぎもたいへん便利。高松空港からのアクセスもひとくくりで考えて問題ないので簡単だ。3つの起点から徒歩圏内には、「高松シンボルタワー」を擁するサンポート高松エリアや、「史跡高松城跡 玉藻公園」、「高松中央商店街」(→P.126) など、観光からショッピングまで多様な施設が揃う。「栗林公園」へはJR、ことでん、路線バスのいずれを使ってもよい。

ことでん高松築港駅からすぐの「史跡高松城跡 玉藻公園」西門

周辺部は鉄道やバス、車を利用しよう

中心部から離れたエリアへも、鉄道やバスの路線が充実している。中心部から少し東にある、源平合戦の地として知られる屋島 (→P.128) へは、JR高松駅からJR高徳線に乗り約15分で着く。ことでんや路線バスでのアクセスも可能。南部の塩江（しおのえ）温泉郷までは電車はないので、バスもしくは車で行こう。また、高松市に所属する女木島や男木島へは高松港からフェリーで向かう。詳細は(→P.144、145)をチェック。

夕景、夜景の美しさにも定評がある屋島山上からの眺め

おさんぽプラン

- JR高松駅
- ↓ 約4分
- 史跡高松城跡 玉藻公園 (→P.126)
- ↓ 約1分
- 香川県立ミュージアム (→P.127)
- ↓ 約7分
- 高松中央商店街 (→P.126)
- ↓ 約5分
- 高松市美術館 (→P.127)
- ↓ 約15分
- 香川県庁舎東館 (→P.124)
- ↓ 約15分
- 栗林公園 (→P.122)

高松市にある お遍路札所

- ◆国分寺 (第80番札所)
- ◆根香寺 (第82番札所)
- ◆一宮寺 (第83番札所)
- ◆屋島寺 (第84番札所)
- ◆八栗寺 (第85番札所)

こちらもCHECK!

高松市のデザインマンホール

高松市の下水道マンホール蓋には、源平合戦のひとつ「屋島の戦い」の「扇の的」をモチーフにしたものがある。源氏側の武士、那須与一（なすのよいち）が、平氏側の船上に掲げられた扇の的を射落とした場面が描かれている。散策途中にふと立ち止まって、足元を探してみてはいかがだろうか。

フルカラーバージョンは高松中央商店街付近に多い

INFO 屋島の東にある庵治半島（あじはんとう）の「竹居観音岬」は、四国最北端の地。一帯は「竹居観音寺（MAP 別冊P.27-D1）」の境内となっており、本堂から岬の先端へと海沿いに眺めのよい道が続く。

高松市内の交通

ことでん

TEL 087-863-7300（鉄道）
TEL 087-821-3033（ことでんバス）
URL www.kotoden.co.jp

鉄道（ことでん）

運【琴平線】
高松築港駅発6:00～23:00
琴電琴平駅発5:43～21:42
【長尾線】
高松築港駅発6:11～23:04
長尾駅発5:57～22:43
【志度線】
瓦町駅発6:04～23:08
琴電志度駅発5:34～22:38
料200円～。距離により料金が異なり、高松築港駅から栗林公園駅間は200円。高松築港駅から琴電琴平駅までは730円、1日フリーきっぷ1400円

駅も車両もレトロでかわいい

交通系ICカードについて

ことでん、ことでんバスとも、香川の交通系ICカードであるIruCaのほか、PASMOやSuica、ICOCAなど全国交通系ICカード（10カード）が利用できる。

高松市には愛媛県の松山市や高知県の土佐市のような路面電車はなく、ことでんグループの運行する鉄道、路線バス、循環バスがおもな交通手段。小豆島や直島などのフェリーは高松港から出発。離島行きフェリーの詳細は（→P.130）。

鉄道

高松市内にはJRとことでん（琴電）のふたつの鉄道が走っている。市内の移動でよく利用するのはことでん。琴平線、長尾線、志度線という3つの路線があり、琴平線、長尾線は高松築港駅が始発、志度線は高松築港駅のふたつ南の瓦町駅から東へ向かう。利用頻度が高いのが、琴平線と長尾線。どちらも高松港そばの高松築港から南へ行き、繁華街である片原町駅、瓦町駅に停車。ここからふたてに分かれる。栗林公園や琴平町へは琴平線しか行かないので、乗り間違えには注意すること。

ことでんの乗り方

1 券売機で切符を購入

駅に着いたら改札へ。行き先の駅までの料金を確認し券売機にお金を入れ切符を購入。

2 切符を購入して構内へ

改札を抜け（駅員がいる場合は切符を提示、いなければ素通り）、ホームへ移動。

3 行き先を確認して乗車

行き先を確認し、電車が来たら乗車。なお、電車は進行方向すべての駅に停車する。

4 降りて改札を出る

目的駅に到着後電車を降り改札へ。駅員がいる場合は切符を渡す。いなければ回収箱へ。

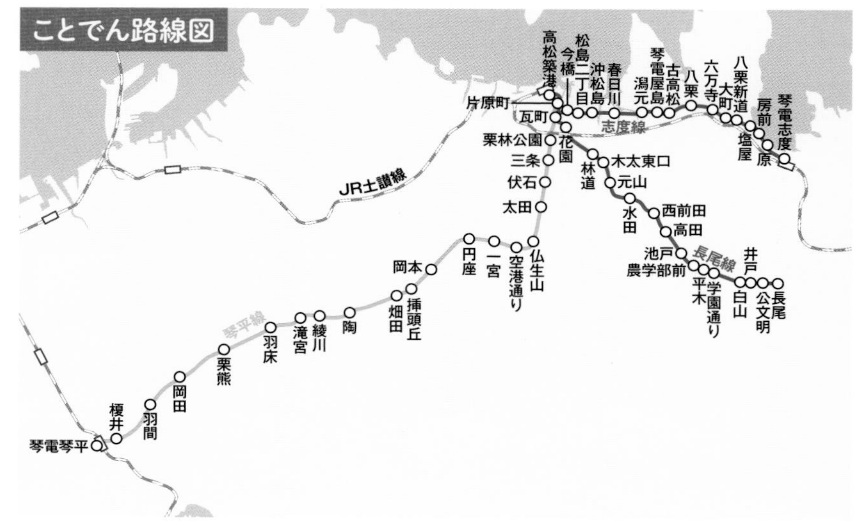

INFO 毎年8月12日から14日に行われる「さぬき高松まつり」。13日にはJR高松駅前のサンポート高松で花火大会が開催され、高松の夏の夜空を彩る。

路線バス

ことでんのグループ会社、ことでんバスが路線バスを含め空港リムジンバス、レインボー循環バスなど市内各所へバスを運行している。路線バスは市内の主要なエリアを網羅している。ただし路線は多く、観光客が乗りこなすのは難しい。高松はことでんとJRの駅のそばにほとんどの見どころがあるので、観光でバスを利用することはあまりないだろう。多くのバスがJR高松駅から出る。まちなかループバスという市内中心部を回る循環バスもあるが、観光で使うことはあまりない。

イルカ柄のキュートなバスもある

レインボー循環バス

JR高松駅を起点に、市内の主要ポイントを回る循環型のバス。東回りと西回りがあり、いくつか見どころのそばにも停留所があるので、観光にも便利。高松市内最大の見どころのひとつである栗林公園へは、公園の入口そばに停留所があるこのバスが便利。JR高松駅から栗林公園前まで西回り路線で約19分。料金は200円。

高松空港リムジンバス

飛行機の発着に合わせて運行している、停留場の少ない直通バス。高松空港から栗林公園前（28分）、瓦町（35分）、ことでん高松築港駅（45分）、JR高松駅（50分）、フェリー乗り場（高松港）（52分）などの主要なスポット13ヵ所に停車する。

大きな荷物も預かってもらえる

タクシー／観光タクシー

高松市は南北に広いが、観光ポイントは北部に集中している。タクシーも多いので、うまく使って効率よく回るのもおすすめ。初乗りは590円〜。観光タクシーもあるので、詳しくは問い合わせを。

JR高松駅には多くのタクシーが停まっている

路線バスの料金

距離により値段が変わる。最低料金は200円〜。乗車時に整理券を取ることを忘れずに。

シェアサイクル

高松市にはハローサイクルというシェアサイクルがある。利用者はスマートフォンでアプリをダウンロードして、会員登録（無料）。その後利用時間を決める。一時利用は24時間以内1回200円。市内にはJR高松駅前、ことでん片原町駅、ことでん瓦町駅、ことでん栗林公園駅など7ヵ所にポート（停留所）がある。詳しくは（URL www.hellocycling.jp/station/kagawa/高松市）で確認を。

JR高松駅の地下に大規模なポートがある

高松空港リムジンバス

料 高松空港→栗林公園前、瓦町900円
高松空港→ことでん高松築港駅、JR高松駅、高校港1000円

屋島山上シャトルバス

観光ポイントの多い屋島へは、麓から山頂へ行くシャトルバスを利用するのが便利。詳細は（→P.128欄外）。

おもなタクシー会社

日新タクシー
TEL 087-882-2424
URL nissin-taxi.co.jp
東讃交通
TEL 087-851-4949
URL www.tousan-koutsu.co.jp

INFO 「うみまち商店街（MAP 別冊P.26-B2）」は、JR高松駅から西へ車で約5分の注目スポット。高松市中央卸売市場の関連商品売場棟、加工水産物棟にあり、食堂やスイーツなど個性豊かなショップが勢揃い。

国内外から多くの人が訪れる

特別名勝栗林公園をご案内

高松市の中心部にある、江戸時代初期の作庭様式が残る緑豊かな大名庭園。広い園内には見どころもたくさん。ポイントをおさえて巡れば、より楽しめること間違いなし。

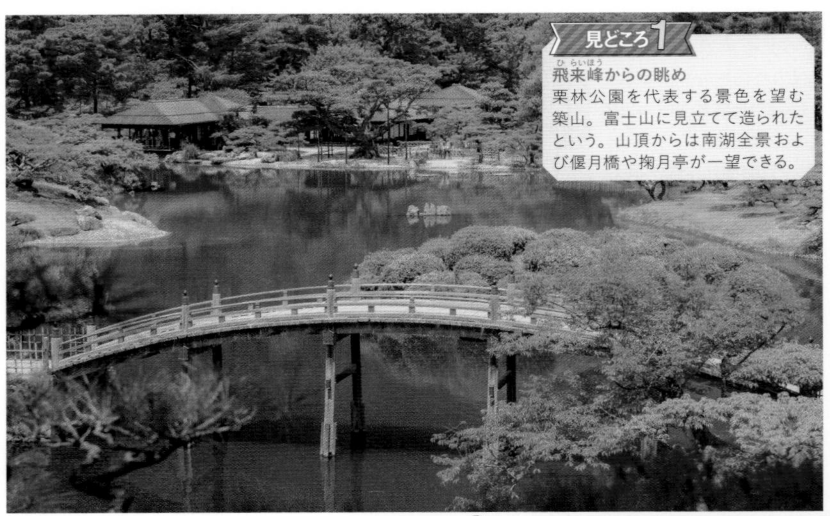

見どころ1

飛来峰からの眺め

栗林公園を代表する景色を望む築山。富士山に見立てて造られたという。山頂からは南湖全景および偃月橋や掬月亭が一望できる。

四国唯一の特別名勝

栗林公園

MAP 別冊P.28-A3

りつりんこうえん

特別名勝のなかで最大の広さをもつ回遊式大名庭園。背景となっている紫雲山を含め約75haに及ぶ園内には、6つの池と13の築山が巧妙に配置されている。移り変わる景観の美しさは「一歩一景」とたたえられる。

住香川県高松市栗林町1-20-16　TEL087-833-7411
開7:00～17:00(時期により変動)　休なし　料410円
交ことでん栗林公園駅から徒歩約7分(東門まで)。JR栗林公園北口駅から徒歩約3分(北門まで)　P有料62台

見どころ2

偃月橋

南湖に架かる園内で最も大きな木造橋。アーチが美しく、湖面に映る姿が半月(偃月)に似ていることから名づけられた。

知っ得!column

栗林公園の成り立ち

16世紀後半にあった地元豪族の佐藤家の小さな庭をもとに、1631(寛永8)年頃、高松藩4代藩主であった生駒高俊が庭園の基礎を築く。その後、高松藩松平家初代藩主の松平頼重ら歴代藩主が100年以上かけて造園整備を続け、1745(延享2)年、松平家5代藩主の頼恭の時代に完成した。

巡り方のポイント

園内は南庭と北庭で構成され、すべてを見るには2時間ほどかかる。上記の見どころを効率よく回るなら、東門から入り南庭を1時間ほどで回遊するコースがおすすめだ。

定時ガイドを活用

日曜のみ実施されるガイド。見どころに関するエピソードや、歴史などの解説を聞きながら園内を巡る。所要は約1時間。予約は不要で、東門券売所前に集合する。催毎週日曜10:30　料無料

杜鵑嶼(恋ツツジ)

南湖に浮かぶ島には「恋ツツジ」と呼ばれるハート形のサツキツツジがある。剪定時に偶然この形になったそう。偃月橋から眺めるのがいち押し。

見どころ3

芙蓉峰(ふようほう)からの眺め

北湖の東に築山された、ビュースポットのひとつ。紫雲山を背景に北湖を望む開放的な風景のなかに、紅の梅林橋が映える。

POINT

栗林公園は1年中楽しめる!

春夏秋冬、木や花々の移りゆくさまも美しい。春と秋のみ夜間ライトアップされ、春は北湖、秋は南湖の和船夜間特別運航がある。

春約300本のソメイヨシノが咲く。4月後半にはハナミズキ、5月頃にはツツジも咲き始める。夏5月下旬から6月中旬、ハナショウブが見頃に。スイレンやアジサイ、ハスなども順次開花。秋キンモクセイが匂い立つ。11月中旬から12月上旬には紅葉が色鮮やかに園内を彩る。冬めったに見られない雪化粧の栗林公園。モノクロの世界にマンリョウや梅などが紅をさす。

見どころ4

箱松(はこまつ)

その名のとおり、箱の形をした松。連続する造形美は300年以上にわたる手入れの賜物。栗林公園でしか見られない樹形だ。

見どころ5

鶴亀松(つるかめまつ)

約110個の石組みで表現した亀の背に、鶴が舞うかのような黒松を配置。園内で最も美景といわれるだけあり、風格が感じられる。

見どころ6

お手植松(てうえまつ)

皇族の方が来園された際に植えられた松が並ぶ。昭和天皇をはじめ、イギリス国王エドワード8世が皇太子時代に植えた松もある。

体験するならココ!

大名気分で園内を見渡す

南湖周遊和船

なんこしゅうゆうわせん MAP 別冊P.28-A3

定員6名の和船に乗り、散策するのとは違った角度から園内を観賞できる。船遊びならではの見どころ解説を聞きながら、約30分かけて風光明媚な南湖を一周する。

TEL 087-833-7413(和船予約専用)
運 9:00〜(15〜30分間隔で運航。時期により最終運航時間は異なる)
休 なし(悪天候などにより運休あり)
料 620円(乗船日の前月1日から前日まで事前予約可能。当日券は8:30より乗船券売場で販売。乗船可能人数に達し次第販売終了)

南湖に浮かぶ島々も間近に見られる

ひと息つくならココ!

お座敷で優雅に抹茶を味わう

掬月亭

きくげつてい MAP 別冊P.28-A3

17世紀後半に建てられた数寄屋造りの茶室。「大茶屋」とも呼ばれ、歴代藩主に愛されたという。抹茶や煎茶を季節のお菓子とともに味わえ、散策の休憩にもぴったり。

TEL 0120-85-7170(料亭二蝶)
開 9:00〜16:30(最終受付16:00)
休 なし 料 700円(抹茶、お菓子付き)、500円(煎茶、お菓子付き)

和菓子付きの抹茶。煎茶も選べる

南湖に面した茶室。さわやかな風が心地よい

おみやげを買うならココ!

香川県産品のアンテナショップ

かがわ物産館「栗林庵」

かがわぶっさんかん「りつりんあん」

MAP 別冊P.28-A3

栗林公園の東門横にある、香川の魅力が詰まった物産館。讃岐うどんや地元銘菓などの定番みやげのほか、県産の伝統的工芸品や雑貨など、えりすぐりの逸品が揃う。

TEL 087-812-3155
開 10:00〜18:00(時期により変動)
休 なし

❶入園料のかからない場所にあるため、誰でも気軽にショッピングが楽しめる ❷香川みやげの大本命。オリジナル讃岐うどん3食入り(つゆ付き)563円 ❸手作りの栗まんじゅう、献上栗6個入り1700円 ❹丸亀うちわは種類豊富に揃う。770円〜

モダニズムと伝統の融合

香川県庁舎東館で建築ウオッチ

県民以外はあまり訪れることがない県庁だが、香川県庁は歴史的価値が評価された、建物好きには見逃せない貴重な建築物。高松を訪れたらぜひチェックしておきたい。

香川県庁舎東館は、世界的建築家である丹下健三(たんげけんぞう)の代表作のひとつ。当時の金子正則知事が「戦後の香川の象徴となる県庁舎を」と依頼し、1958（昭和33）年に竣工した。意匠を凝らした庁舎は、鉄筋コンクリート造りながらも木造建築のような柱や梁、庇といった日本伝統建築様式を見事に表現。「県民に開かれた庁舎」をコンセプトに、階高の高いピロティや1階ロビーなど、開放的な空間が作り上げられている。1階ロビーの壁画『和敬清寂』を香川県出身の画家、猪熊弦一郎(いのくまげんいちろう)が手がけているほか、著名な芸術家やデザイナーなどが携わっているのも注目だ。

❶建物を囲むバルコニーは、外観の美しさだけでなく直射日光を防ぐ機能性も備える ❷南庭には地元産の石で造られた3つの石灯籠や太鼓橋がある ❸約7mもの高さがあるピロティ。円形の石灯籠は丹下らがデザインした ❹受付カウンターは、香川県産の巨大な庵治石（あじいし）を加工したもの ❺受付横の木製のクロークは丹下研究室で設計し、地元の桜製作所が製作 ❻1階ロビーで異彩を放つ巨大な陶板壁画『和敬清寂』

戦後日本の民主主義を象徴する建築

香川県庁舎東館

かがわけんちょうしゃひがしかん

MAP 別冊P.29-C3

2022年に、戦後の庁舎建築として全国で初めて国の重要文化財に指定。1階ロビーやピロティ、南庭などの公共スペースは開庁時間内なら見学自由。貴重な写真や史料の展示もある。

住香川県高松市番町4-1-10 TEL087-832-3075(香川県財産経営課) 開8:30～17:15 休土・日曜・祝日 料無料 交ことでん瓦町駅から徒歩約12分 Pあり(1時間までは無料)

 ※写真提供：香川県

まだある！
高松市の注目建築

高松市には有名建築家が手がけた建築物が多数残る。老朽化が進んでいるものもあるので、形あるうちに見ておきたいところ。建築王国香川が誇る、名建築を訪ねよう。

白い壁と水色の柱のコントラスト
旧御殿水源地（高松市水道資料館）
きゅうごてんすいげんち（たかまつしすいどうしりょうかん）

MAP 別冊P.26-B2

高松市に近代水道を整備するために建設された浄水場。1986（昭和61）年まで使われていた事務所や喞筒場など、6つの建造物が当時の姿のまま残っており、国の登録有形文化財になっている。

住香川県高松市鶴市町1360 TEL087-839-2711（高松ブロック統括センター総務課） 開10:00～17:00 休なし 料無料 交JR香西駅から御殿橋経由で徒歩約30分 Pあり

イギリス積みのれんがが壁に囲まれた喞筒場内の地下室には、低揚ポンプがある

Build 1918（大正7）年（喞筒場） Designer 不明

ポンプ場として活躍していた喞筒場。建物はT字型になっている

落ち着いた緑色の屋根が印象的。香川県庁の目と鼻の先にある

Build 1966（昭和41）年 Designer 大江宏

こぢんまりとたたずむ名作
香川県文化会館 かがわけんぶんかかいかん

MAP 別冊P.29-C2・3

香川県庁舎東館を手がけた丹下健三のよきライバルでもあった建築家の大江宏が設計。「混在併存」をポリシーに造られ、コンクリートと木が混在するように配置されている。

住香川県高松市番町1-10-39 TEL087-831-1806 開9:00～17:00 休なし 料見学無料 交ことでん瓦町駅から徒歩約12分 Pなし

現存する数少ないナンバーバンク
百十四銀行本店 ひゃくじゅうしぎんこうほんてん

MAP 別冊P.29-C・D3

1878（明治11）年創業の地方銀行。国立銀行条例に基づき、全国で114番目に出願許可されたことが銀行名の由来だ。本店の内装には、世界的彫刻家の流政之が携わっている。

Build 1966（昭和41）年 Designer 日建設計

住香川県高松市亀井町5-1 TEL087-831-0114 開9:00～15:00（外観は見学自由） 休土・日曜・祝日 料見学無料 交ことでん瓦町駅から徒歩約7分 Pあり

正面の外壁は緑青のブロンズ板、側面はガラス張り

有名芸術家がコラボした名喫茶店
喫茶 城の眼 きっさしろのめ

MAP 別冊P.29-D2

香川県出身の建築家、山本忠司が設計した喫茶店。彫刻家の空充秋や音楽評論家の秋山邦晴らが作り出したアートの合作ともいえる唯一無二の空間で、コーヒーやランチを味わおう。

住香川県高松市紺屋町2-4 TEL087-851-8447 営9:00～18:00 休日曜・祝日 交ことでん片原町駅から徒歩約8分 Pなし

Build 1962（昭和37）年 Designer 山本忠司

外観も個性的。店内にはニューヨーク万博「日本館」の外壁試作も残る

CHECK!
丹下健三が手がけた体育館
地元では「船の体育館」と親しまれた。老朽化、耐震性の問題から閉鎖されており、改修の目途も立たないことなどから、解体の方針が決定している。

旧香川県立体育館
きゅうかがわけんりつたいいくかん

MAP 別冊P.28-B2

住香川県高松市福岡町2-18-26 交ことでん片原町駅から徒歩約13分

Build 1964（昭和39）年 Designer 丹下健三

保存活動も行われていたが解体の方針が決定。時期は未定

おもな見どころ

日本三大水城のひとつ　MAP 別冊P.29-D1

史跡高松城跡 玉藻公園

しせきたかまつじょうあと たまもこうえん

初代の生駒親正をはじめ、生駒家4代、松平家11代の歴代藩主が居城とした高松城。その跡地に整備された公園で、天守は現存していないが、国の重要文化財指定の艮櫓や月見櫓、披雲閣などがある。名勝の披雲閣庭園も美しい。堀には瀬戸内海から海水が引き込まれており、内堀は鯛が泳いでいる。鯛の餌やりや城舟体験も人気だ。

艮櫓と大手門（東門）。艮櫓はもともと東の丸にあったものを移築

四国で最も高い建築物　MAP 別冊P.29-C1

高松シンボルタワー

たかまつしんぼるたわー

JR高松駅前の「サンポート高松」にある超高層ビル。大規模複合施設になっており、ホール棟に商業施設や飲食店、タワー棟にオフィスが入る。ホール棟にはおみやげ選びにぴったりな「四国ショップ88」や、人気のうどん店「うどん匠郷屋敷」などが揃う。また、タワー棟29階の「展望スペース」からの眺望はすばらしい。

30階建てのタワーの最高点は約151.3mで、四国No.1の高さ

史跡高松城跡 玉藻公園

住香川県高松市玉藻町2-1 TEL087-851-1521（玉藻公園管理事務所） 開東門は4～9月7:00～18:00、10～3月8:30～17:00、西門は日の出～日没 休なし 料200円（鯛の餌やり体験100円、城舟体験500円） 交JR高松駅から徒歩約3分。ことでん高松築港駅から徒歩約1分（西門まで） P57台

高松シンボルタワー

住香川県高松市サンポート2-1 TEL087-811-2111（マリタイムプラザ高松） 開10:00～22:00（施設により異なる） 休料施設により異なる 交JR高松駅から徒歩約3分 P有料あり

こちらもCHECK!

北浜alley

海辺の倉庫群をリノベーションした複合施設。個性豊かなショップやカフェなど21店が集まる。

MAP別冊P.28-B1

住香川県高松市北浜町4-14 TEL087-834-4335 開休店舗により異なる 交JR高松駅から徒歩約13分。ことでん片原町駅から徒歩約10分 Pあり

無骨な倉庫やレトロな雰囲気をそのまま活用しているのもおしゃれ

▶▶ 讃岐っこcolumn ◀◀

日本一の高松中央商店街アーケード

高松市中心部には8つの商店街があり、総称して「高松中央商店街」と呼ばれている。大半はアーケードで覆われており、アーケードの長さが総延長約2.7kmと日本で最も長いといわれている。商店街には約1000軒もの店が連なり、JRやことでんの各駅から近いこともあり、利便性も抜群。そんな商店街の中心となるのが「高松丸亀町商店街」。南端にある複合施設「丸亀町グリーン」をはじめ、多くの人でにぎわう。

注目は北端にある「高松丸亀町壱番街前ドーム広場」。直径26m、高さ32.2mと、アーケードドームとして高さ日本一を誇る。

高松丸亀町商店街のドーム広場。ドーム周辺はハイブランドショップが多い

高松丸亀町商店街

MAP別冊P.29-D2

住香川県高松市丸亀町 TEL087-823-0001（高松丸亀町商店街振興組合） 営休店舗により異なる 交JR高松駅から徒歩約11分。ことでん片原町駅から徒歩約4分（高松丸亀町壱番街前ドーム広場まで） P契約駐車場あり

INFO 玉藻公園の鯛の餌やり体験は、「大願成就」とかけて「鯛願城就」という。餌はガチャガチャで販売されている。当たりが出れば、景品がもらえるのもうれしい。ぜひ運試ししてみては？

歴史博物館と美術館が融合する　MAP 別冊P.29-D1

香川県立ミュージアム

かがわけんりつみゅーじあむ

香川県歴史博物館に、香川県文化会館（→P.125）の美術部門を統合し2008（平成20）年にリニューアル。県の歴史や弘法大師・空海の事績を紹介するほか、イサム・ノグチなど香川ゆかりの作家の美術品も展示する。

史跡高松城跡 玉藻公園から見た香川県立ミュージアム。すぐ東側に立つ

香川県立ミュージアム

住香川県高松市玉藻町5-5
TEL087-822-0002
開9:00～17:00（最終入館16:30）
休月曜（祝日の場合は翌日）
料410円（特別展は別料金）
交JR高松駅から徒歩約13分。ことでん片原町駅から徒歩約7分
P有料50台

日本屈指の現代美術コレクション　MAP 別冊P.29-D2

高松市美術館

たかまつしびじゅつかん

市内中心部、高松丸亀町商店街を横断する美術館通りにある。「戦後日本の現代美術」、「20世紀以降の世界の美術（版画）」、「香川の美術（工芸）」の3テーマの美術作品、およそ1700点を所蔵。

前身の高松美術館は、1949（昭和24）年に栗林公園（→P.122）内に開館

高松市美術館

住香川県高松市紺屋町10-4
TEL087-823-1711　開9:30～17:00（展示室の最終入室16:30。特別展期間中の金・土曜は～19:00、最終入室18:30）　休月曜（祝日の場合は翌平日）　料200円（特別展は別料金）　交JR高松駅から徒歩約12分。ことでん片原町駅から徒歩約8分　P有料144台

郷土の偉大な文化人の功績を知る　MAP 別冊P.28-A2

菊池寛記念館

きくちかんきねんかん

『父帰る』などの作品が有名な高松市出身の作家、菊池寛の生涯とその功績を紹介する。直筆の原稿をはじめ、数多くの遺品を展示。菊池が創設したことで知られる、芥川賞、直木賞作家の資料なども並ぶ。

東京、雑司が谷の菊池宅にあった書斎を一部再現

菊池寛記念館

住香川県高松市昭和町1-2-20サンクリスタル高松3階　TEL087-861-4502　開9:00～17:00（最終入館16:30）　休月曜（祝日の場合は翌平日）　料200円
交JR昭和町駅から徒歩約4分
Pあり（最初の1時間は無料）

菊池寛の胸像や肖像画が迎えるエントランス

▶▶ 讃岐っこcolumn ◀◀

昔ながらの門前町、仏生山（ぶっしょうざん）

高松市の中部にある仏生山町は、歴史を感じる門前町。なかでも、ことでん仏生山駅から東へ5分ほど歩いた所で交差する県道166号は「お成り街道」とも呼ばれ、江戸時代から明治時代頃の商家や町家が点在する。毎年10月に行われる「仏生山大名行列」では、市民らが藩主や侍などに扮して通りを練り歩き、「法然寺」に参拝する際の大名行列を再現する。

高松藩松平家の菩提寺である「法然寺」。五重塔は2011（平成23）年の建立

仏生山

MAP別冊P.27-C3
住香川県高松市仏生山町　開散策自由（施設により異なる）　交ことでん仏生山駅周辺。法然寺まではことでん仏生山駅から徒歩約20分

INFO ことでん瓦町駅から香川県庁へいたる約0.7kmの道路は、かつて菊池寛の生家が道沿いにあったことにちなみ「菊池寛通り（MAP別冊P.29-C3）」と呼ばれる。通りには『父帰る』像ほか、ゆかりの碑がある。

交通INFO

屋島山上シャトルバス
屋島の麓と山上を結ぶシャトルバス。JR屋島駅から約18分、ことでん琴電屋島駅から約10分で山上に到着する。運行は金・土曜、祝前日のみ。料金は一律200円で、交通系ICカードの利用も可能。
TEL087-821-3033(ことでんバス)

新屋島水族館
住香川県高松市屋島東町1785-1 TEL087-841-2678 開9:00～17:00 休なし 料1500円 交ことでん琴電屋島駅から屋島山上シャトルバスで約10分の屋島山上下車、徒歩約7分。JR屋島駅から車で約10分 P有料390台(屋島山上駐車場を利用)

四国村ミウゼアム
住香川県高松市屋島中町91 TEL087-843-3111 開9:30～17:00(最終入場16:30) 休火曜(祝日の場合は翌平日) 料1600円 交ことでん琴電屋島駅から徒歩約7分 P200台

徳島県にある祖谷のかずら橋(→P.241)を再現。3年に1度架け替えられる

標高約292mの屋島山上にある MAP 別冊P.27-D1

新屋島水族館
しんやしますいぞくかん

日本では珍しいアメリカマナティから、バンドウイルカやフンボルトペンギンなど水族館の人気者まで、約200種類の生き物たちに出合える。生き物たちとの距離が近く、ペンギンなどに餌をやる体験も人気。イルカやアザラシのライブが毎日開催されるほか、土・日曜・祝日限定で劇仕立てのイルカライブも開催している。水族館特集は（→P.78）へ。

水族館の人気者、マナティに合いに行こう！

屋島の麓に広大な敷地をもつ野外博物館 MAP 別冊P.27-D2

四国村ミウゼアム
しこくむらみうぜあむ

四国各所にあった江戸時代から大正時代の建物33棟を移築し復元。民家をはじめ、芝居小屋や醤油蔵など、どれも実際に使われていた建物で、一部は重要文化財に指定されている。そのほか、建築家の安藤忠雄が設計した「四国村ギャラリー」、古民家を改装した店内で食べる、たらいに入ったうどんが名物の「わら家」などもある。

島歌舞伎の舞台であった「小豆島農村歌舞伎舞台」

▶▶ 讃岐っこcolumn ◀◀

源平合戦「屋島の戦い」

源氏と平氏が各地で合戦を繰り広げた平安時代末期。都を追われた平氏が流れ着いた屋島が、合戦の名場面「扇の的」の舞台となった。屋島三大展望台のひとつ「談古嶺(だんこれい)」からは古戦場を見渡せるほか、源氏が勝利を祈願をしたと伝わる「屋島寺」の境内には、平家供養の鐘といわれる梵鐘、勝利した源氏が血のついた刀を洗った「血の池」など、ゆかりのスポットが点在する。また、「獅子の霊巌(れいがん)展望台」では、源氏が陣笠を投げて勝どきを上げた逸話が由来の「かわらけ投げ」が有名。小さい皿状の素焼きのかわらけを海に向かって投げ、開運や厄除けを祈願する。

「獅子の霊巌展望台」からの眺め。かわらけ投げは6枚入り200円

獅子の霊巌展望台
MAP 別冊P.27-D1
住香川県高松市屋島東町 TEL087-841-9443(屋島山上観光協会) 開散策自由 交ことでん琴電屋島駅から屋島山上シャトルバスで約10分の屋島山上下車、徒歩約9分。JR屋島駅から車で約12分 P有料390台(屋島山上駐車場を利用)

INFO 屋島山上へ車で向かう際に通る「屋島スカイウェイ」には、上り坂なのにもかかわらず、目の錯覚で下り坂に見えるという不思議なゾーンがある。「ミステリーゾーン」と書かれた看板が目印。

5色の峰が連なる小高い山　MAP 別冊P.26-A1

五色台
ごしきだい

高松市と坂出市にまたがる山は、空海が開いた「真言密教」の五大色になぞらえた青黄紅黒白の5つの峰があることから、「五色台」と呼ばれる。市境に沿い南北に走るスカイラインは、格好のドライブルート。

メサ（卓状台地）という台形状の山地。瀬戸内海の多島美を楽しもう

瀬戸内海の自然と調和する石積みの建物　MAP 別冊P.26-A1

瀬戸内海歴史民俗資料館
せとないかいれきしみんぞくしりょうかん

香川県立ミュージアム（→P.127）の分館となる資料館。木造船や漁業用具など、県境を越えて瀬戸内地方の歴史や文化に関する資料を収集、展示する。所蔵資料のうち約6000点は国の重要有形民俗文化財。

建物は、建築家の山本忠司が設計。日本建築学会賞を受賞している

自然環境を生かした里山の公園　MAP 別冊P.13-D2

公渕森林公園
きんぶちしんりんこうえん

高松市南部から三木町にまたがる四季の自然が豊かな公園。高松市中心部から南へ車で約40分の所にある。桜並木やチビッコ広場が人気の公渕エリアと、展望台やアスレチック広場のある二子山エリアからなる。

公園の総面積は約93ヘクタール。ふたつのエリアで構成される

「ホタルの里美術館」として親しまれる　MAP 別冊P.13-D2

高松市塩江美術館
たかまつししおのえびじゅつかん

塩江温泉郷にある「ホタルと文化の里公園」に立つ。塩江町出身の画家、熊野俊一（くまのとしかず）の作品をはじめ、香川ゆかりの作家の作品を展示。屋外にも多くの彫刻作品が点在し、自然を満喫しながら鑑賞することができる。

自然光が穏やかに満ちる常設展示室

五色台
住 香川県高松市・坂出市　TEL 0877-45-1122（坂出市観光案内所）　開 散策自由　交 JR高松駅から車で約30分。高松自動車道高松檀紙ICから車で約34分（五色台展望台まで）　P あり

当初は観光有料道路であった「五色台スカイライン」。現在は県道281号に

瀬戸内海歴史民俗資料館
住 香川県高松市亀水町1412-2（五色台山上）　TEL 087-881-4707　開 9:00～17:00（最終入館16:30）　休 月曜（祝日の場合は翌日）　料 無料　交 JR高松駅から車で約30分。高松自動車道高松檀紙ICから車で約30分　P 30台

公渕森林公園
住 香川県高松市東植田町寺峰1210-3　TEL 087-849-0402　開 散策自由（各施設は9:00～17:00）　休 なし（公渕憩の家は火曜）　料 無料　交 高松自動車道高松中央ICから車で約18分　P あり

約130本の桜並木が見事な園内のメインストリート

高松市塩江美術館
住 香川県高松市塩江町安原上602　TEL 087-893-1800　開 9:00～17:00（最終入館16:30）　休 月曜（祝日の場合は翌日）　料 300円　交 JR高松駅からことでんバス塩江行きで約1時間10分、バス停塩江下車、徒歩約8分　P 49台

6月上旬頃にはホタルが飛び交う、自然豊かな場所にたたずむ

INFO 温泉郷として知られる塩江には、「屈曲多シ」と書かれた日本最古とうわさされる道路標識がある。1922（大正11）年頃に設置されたのではという看板は錆び付き、針金で電柱に固定されている。

瀬戸内海に浮かぶ島々への船の旅

高松から離島への交通案内

高松港

MAP 別冊P.29-D1
交 JR高松駅、ことでん高松築港駅から徒歩約7分
P 周辺有料駐車場利用

フェリー乗り場について

乗り場は3つの桟橋に分かれており、南から豊島行きのフェリーが出る第二浮桟橋、小豆島および直島行きの高速艇と女木島・男木島行きのフェリーが出る第一浮桟橋、小豆島、直島行きのフェリー乗り場となっている。それぞれ徒歩3分ほどで行き来できる。

チケットの購入方法

チケットは港にあるチケット販売窓口にて。乗船する乗り場のすぐ横に待合所兼チケット売り場がある。なお、小豆島の土庄港行きと直島行きはフェリーと高速艇で窓口が違うので注意。小豆島の土庄港と池田港行きフェリーは自動券売機もある。基本的に予約は受け付けておらず先着順だが、小豆島フェリーの土庄港行きはウェブでのみ予約可能。夏休みやGWに車で渡る場合は予約しておいたほうが安心。チケットは出発の30分前には購入しておくこと。

切符売り場は2ヵ所にあるので注意して

土庄港

MAP 別冊P.30-B2

池田港

MAP 別冊P.31-C2

坂手港

MAP 別冊P.31-D2

海路

離島行きのフェリーが発着する高松港

小豆島や直島をはじめとする瀬戸内海に浮かぶ島々へは、高松からフェリーでアクセスすることになる。フェリーのほとんどはJR高松駅、ことでん高松築港駅から徒歩圏内の高松港から発着（小豆島の坂手港のみ高松東港から）。港にはフェリー乗り場、チケット売り場があり、いつも多くの人でにぎわっている。

小豆島へ行く

小豆島には5つの港があり、うち南部にある3つの港（土庄（とのしょう）港、池田港、坂手（さかて）港）に高松からのフェリーが到着する。最も便が多いのは土庄港（車輌を載せられるフェリーと高速艇合わせて1日31便）で、小豆島フェリーが運航。港にはみやげ物店なども併設されており便利。周囲にはレンタカーの会社などもある。池田港へは国際両備フェリーが1日11便。坂手港へはジャンボフェリーが1日2〜3便。なお坂手港行きだけは、高松の出発場所が高松東港という高松港の東約4kmほどにある港となるので注意。フェリーの出発時間に合わせて高松港からシャトルバスが運行されている。

❶高松港〜土庄港

高速艇（車輌不可）

高松港発	土庄港着	高松港発	土庄港着
7:40	8:15	14:20	14:55
8:20	8:55	15:10	15:45
9:10	9:45	15:50	16:25
10:00	10:35	16:30	17:05
10:40	11:15	17:10	17:45
11:20	11:55	17:50	18:25
13:00	13:35	18:30	19:05
13:40	14:15	21:30	22:05

フェリー（車輌可）

高松港発	土庄港着	高松港発	土庄港着
△6:25	7:25	13:40	14:40
△7:20	8:20	※15:10	16:10
8:02	9:02	16:10	17:10
9:00	10:00	17:20	18:20
10:00	11:00	17:50	18:50
10:40	11:40	18:50	19:50
11:35	12:35	20:20	21:20
12:45	13:45		

△…予約不可、※…土・日曜・祝日のみ乗船可能

運航：小豆島フェリー
TEL 087-851-8171　URL www.shikokuferry.com
料 高速艇片道1190円（21:30発は1580円）
フェリー片道700円、車3630円（3m未満）、5030円（4m未満）、6330円（5m未満）

❷高松港〜池田港

高松港発	池田港着	高松港発	池田港着
5:30	6:30	13:40	14:40
7:10	8:10	15:30	16:30
8:10	9:10	16:25	17:25
9:50	10:50	18:00	19:00
11:00	12:00	19:00	20:00
13:00	14:00		

運航：国際両備フェリー
URL ryobi-shodoshima.jp
料 片道700円、車5030円（4m未満）、6330円（5m未満）

❸高松東港〜坂手港

平日ダイヤ / 土・休日ダイヤ

高松東港発	坂手港着	高松東港発	坂手港着
6:15	7:30	6:00	7:15
14:00	15:15	14:00	15:15
19:15	20:30	16:30	17:45
坂手港発	**高松東港着**	**坂手港発**	**高松東港着**
9:20	10:45	11:40	13:10
16:50	18:15	14:40	16:05
		22:40	0:05

運航：ジャンボフェリー
TEL 087-811-6688　URL ferry.co.jp
料 片道700円、普通車6330円、軽自動車5030円

■ー往路（高松港から各島へ）　■ー復路（各島から高松港へ。便数が少ない場合のみ掲載）

高松から離島へのフェリー

直島へ行く

高松から直島へのフェリーは四国汽船が運航。高速艇と車を載せられるフェリーのふたつがあり、高速艇が1日3便、フェリーは1日5便。到着する港は宮浦港。港には草間彌生の『赤かぼちゃ』などのアートが置かれているほかショップやレストランも併設。直島からは岡山県の宇野港へ渡るフェリーがあり、ふたつの県を周遊する旅も人気がある。

❹高松港～宮浦港

高速艇（車輌不可）

高松港発	宮浦港着	宮浦港発	高松港着
7:20	7:50	6:45	7:15
9:20	9:50	8:40	9:10
20:30	21:00	19:45	20:15

フェリー（車輌可）

高松港発	宮浦港着	宮浦港発	高松港着
8:12	9:02	7:00	8:00
10:14	11:04	9:07	10:07
12:40	13:30	11:30	12:30
15:35	16:25	14:20	15:20
18:05	18:55	17:00	18:00

運航：四国汽船
TEL 087-821-5100
URL www.shikokukisen.com　料 高速艇片道1220円
フェリー片道520円、車3290円(3m未満)、4400円(4m未満)、5500円(5m未満)

女木島・男木島へ行く

雌雄島海運が女木島を経由して男木島まで行くフェリー「めおん」を1日6便運航。

❺高松港～女木島～男木島

高松港発	女木島着/発	男木島着	男木島発	女木島着/発	高松港着
8:00	8:20	8:40	7:00	7:20	7:40
10:00	10:20	10:40	9:00	9:20	9:40
12:00	12:20	12:40	11:00	11:20	11:40
14:00	14:20	14:40	13:00	13:20	13:40
16:00	16:20	16:40	15:00	15:20	15:40
18:10	18:30	18:50	17:00	17:20	17:40

※夏の繁忙期（8/1～20）は増便あり

運航：雌雄島海運
TEL 087-821-7912
URL meon.co.jp
料 高松港～女木島片道370円、高松港～男木島 片道510円、女木島～男木島 往復240円

宮浦港

MAP 別冊P.33-C1

豊島へ行く

高松港から豊島への定期便を運航しているのは豊島フェリーのみ。スケジュールは時期と曜日により異なり、3月20日～11月30日は1日5便(火曜のみ3便)運航。12月1日～3月19日は火・水・木・金曜が1日3便、月・土・日曜・祝日は1日4便。豊島の到着場所は家浦港(いえうらこう)。うち1～2便程度が直島港にも寄る。所要約35分(直島経由は約50分)。ほか小豆島の土庄港から豊島の唐櫃港(からとこう)、家浦港、岡山県の宇野港を結ぶ小豆島豊島フェリーと、直島の宮浦港から豊島の家浦港、犬島を結ぶ四国汽船も便がある。詳細は(→P.142欄外)。

家浦港

MAP 別冊P.30-A2

唐櫃港

MAP 別冊P.30-A2

豊島フェリー

TEL 087-851-4491
URL www.t-ferry.com
料 高松港～家浦港 片道1350円
車は不可。

小豆島豊島フェリー

TEL 0879-62-1348　URL www.shodoshima-ferry.co.jp

瀬戸内海で2番目に大きい島

MAP 別冊P.31

小豆島 しょうどしま

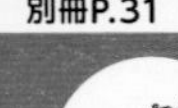

行き方

高松港からフェリーが運航。詳細は（→P.130）。

交通INFO

島内を巡る路線バス

各港やエンジェルロード、小豆島オリーブ公園、寒霞渓などの観光地を結ぶ小豆島オリーブバスの路線バスがある。路線は全部で8つ。利用するなら事前にウェブサイトで時刻表や乗り継ぎをチェックしておくこと。バス運賃の上限は300円。瀬戸内国際芸術祭の開催期間は増便や臨時便も。バスで島内を巡るなら路線バス全線乗り放題のフリー乗車券がお得。島内の各港や一部の宿泊施設で購入可。フェリー下船時に港で購入を。

小豆島オリーブバス

TEL 0879-62-0171
URL www.shodoshima-olive-bus.com
料 1日券1000円、2日券1500円

こちらもCHECK!

小豆島オリーブ園

園内に約2000本のオリーブを栽培する観光農園。おみやげが買えるショップのほか、レストランやイサム・ノグチの遊具彫刻や間接照明を展示したギャラリーも。春はミモザの散策路が見どころ。

MAP 別冊P.31-C2
住 香川県小豆島町西村甲2171
TEL 0879-82-4260
開 8:30～17:00　休 なし
交 池田港から車で約10分。バス停オリーブヶ丘から徒歩約1分
P 50台

オリーブ小道の散策も楽しい

人口 1万3033人(小豆島町)
面積 153.3㎢(小豆島)、95.59㎢(小豆島町)

※土庄町の人口、面積は豊島（→P.142）を参照

小豆島を代表するオリーブの向こうに、池田地区の町並みと瀬戸内海を見下ろす

約2000万年前から始まった瀬戸内海地域の地殻変動と火山活動の活発化が成り立ちといわれる小豆島。小豆島町と土庄町の2町からなる。島の主要な産業の醤油とそうめんの製造は約400年前から始まった。日本初のオリーブ栽培成功の地としても知られ、生産量は全国シェアの約9割を誇る。人気の観光地である寒霞渓は日本三大渓谷美のひとつで、瀬戸内海国立公園に指定される。海や山が近く風光明媚な景色が広がり、映画のロケ地としてもよく利用されるフォトジェニックな島だ。宿泊施設や飲食店もいろいろある。

小豆島の歩き方

島は車で外周を回って2～3時間ほど。おもな観光地は島の南側に集まるが、北側にもいくつかあり、海沿いのドライブも楽しい。バスを利用する際は、便数が少ない場所もあるので、時刻表を調べて計画的に。効率よくたくさんの場所を回りたいなら車がおすすめだ。島内でレンタカーを利用する場合は事前に要予約。自家用車ならフェリーに載せることもできる。島内は起伏がある場所や舗装されていない場所もあるので、スニーカー持参が望ましい。スーパーやコンビニ、主要な観光地ではクレジットカードに対応しているが、個人店は現金のみの場合もあるので注意を。温暖な瀬戸内とはいえ、真冬の1～3月は寒いので暖かい服装を心がけよう。

大部港周辺を見下ろすドライブロードからの眺め

INFO 小豆島のブランド農産物とオリーブ牛が有名。魚介類では「島鱧」と、2022年から養殖が始まった「小豆島天領真牡蠣」があり。どちらも島のレストランなどで味わえる。

おもな見どころ

醤油の香り漂う醤油蔵通り　MAP 別冊P.31-D2

醤の郷
ひしおのさと

小豆島は約400年の醤油造りの歴史があり、馬木〜苗羽地区の周辺は醤の郷と呼ばれ醤油工場が多いエリア。歩くと工場から香ばしい醤油の香りが漂ってくる。焼杉の壁や、麹菌で黒くなった瓦屋根の古い民家が連なる町並みが楽しめる。なかには日本に約1%しかない木桶仕込みの醤油造りを続けている蔵元もある。事前の予約で見学できる醤油蔵もあるのでぜひ見学を。

苗羽地区にあるマルキン醤油の醤油蔵通り。ゆっくり歩いてみよう

瀬戸内海とオリーブに囲まれた景色　MAP 別冊P.31-C2

道の駅 小豆島オリーブ公園
みちのえき しょうどしまおりーぶこうえん

瀬戸内海を見下ろす小高い丘にある白いギリシャ風車がシンボル。小豆島のオリーブ栽培の歴史がわかる資料館や、ショップ、レストランが備わる。ハーブガーデンではハーブやオリーブの苗木の購入も可。実写版映画『魔女の宅急便』のロケセットを移築した雑貨「コリコ」は愛らしいたたずまいだ。遊び疲れたらサン・オリーブの日帰り温泉で疲れを癒やそう。

小豆島といえば……この場所。園内には写真が撮りたくなる仕掛けがたくさん

こちらもCHECK!

道の駅・海の駅 小豆島ふるさと村

カヤック体験やファミリープール、そうめん工場見学などを楽しめる総合レジャー施設。キャンプ場やロッジなど宿泊施設やおみやげ処、喫茶店もある。すももソフトが人気。

MAP 別冊P.31-C2
住 香川県小豆島町室生2084-1
TEL 0879-75-2266
営 8:30〜17:00　休 なし
交 池田港から車で約6分。バス停小豆島ふるさと村から徒歩約1分
P 42台

アクティビティが盛りだくさん

醤の郷

住 香川県小豆島町馬木〜苗羽
TEL 0879-82-1775（小豆島観光協会）　開 散策自由　交 坂手港から車で約5分。最寄りのバス停は馬木、苗羽、丸金前など　P なし

道の駅 小豆島オリーブ公園

住 香川県小豆島町西村甲1941-1
TEL 0879-82-2200
開 8:30〜17:00　休 なし
交 池田港から車で約8分。バス停サン・オリーブから徒歩約1分、またはオリーブ公園口から徒歩約5分　P 201台

▶▶ 讃岐っこcolumn ◀◀

小豆島88ヵ所巡り

香川県善通寺市で誕生したとされる弘法大師・空海は、四国の自然のなかで修行に励み、そこから88ヵ所の寺院などを選んで「四国88ヵ所」を開創したといわれている。この弘法大師ゆかりの修行地と伝えられる八十八ヵ所霊場を巡礼することを「遍路」と呼ぶ。遍路は歩きでも、車やバスでも巡り方に決まりはない。昔は修行として覚悟をもって歩く人が多くいたが、今では観光で歩く人も多いという。海沿いを歩いたり、山岳霊場を目指したり、島の景色を楽しみながら歩けることが島遍路の醍醐味だ。行く先々での島民との触れ合いも楽しい。

小豆島最古の寺といわれる小豆島八十八ヶ所霊場第42番札所西之瀧。山伏修験の行場とされていた山岳霊場だ

小豆島八十八ヶ所霊場第42番札所 西之瀧
MAP 別冊P.31-C2　住 香川県小豆島町池田
開 参拝自由　交 池田港から車で約12分

INFO 島内のオリーブ収穫は9月頃から始まり、10月上旬にはオリーブ新漬けが解禁、12月頃からはオリーブオイルが出回る。オリーブ公園では毎年10月下旬から11月下旬にオリーブ収穫祭を開催。

島の原風景が広がる懐かしい景色

MAP 別冊P.31-C1

中山千枚田
なかやませんまいだ

標高約200mの中山間地域に広がる約800枚の棚田。5月は水を張った田んぼ、7月は青々とした絨毯のように、9月は黄金に輝く稲穂と美しく移り変わっていく。7月初旬には映画『八日目の蝉』でも撮影された伝統行事「虫送り」が行われる。火手と呼ばれる松明の列が水田に光をともしていくさまは幻想的だ。10月上旬には中山農村歌舞伎を奉納し米の収穫を祝う。

湯船山から見た棚田。水が流れる音とカエルの鳴き声が心地よく響く。一部散策も楽しめる

中山千枚田

住 香川県小豆島町中山
TEL 0879-82-1775
開 一部散策自由
交 池田港から車で約13分。バス停春日神社前から徒歩約1分
P あり

SUPやキャンプ、アクティビティを満喫！

MAP 別冊P.31-D1

シマアソビ
しまあそび

SUP体験や海水浴、釣り、キャンプ、テントサウナなどさまざまな体験ができるSUPベースキャンプ場。SUPでこぼれ美島に行ったり、4〜9月はサンセットSUPを楽しんだり。数人乗りのBIGSUPもあり、親子や愛犬との海上散歩が楽しめる。インストラクターがいるので初心者でも安心。テントサウナで汗をかいたら、水風呂代わりに海へ飛び込むなんてことも。

充実したアクティビティで島の自然を思いっきり満喫（写真提供：シマアソビ）

シマアソビ

住 香川県土庄町小部303-3
TEL 0879-67-3040
営 11:00〜17:00
休 不定休
交 土庄港から車で約30分。バス停小部から徒歩約3分
P 30台

こちらもCHECK!

オートビレッジ YOSHIDA

自然に囲まれたオートキャンプ場。コインシャワーや、コインランドリー、日帰り温泉もあり快適にキャンプを楽しめる。

MAP 別冊P.31-D1
住 香川県小豆島町吉田甲302-1
TEL 0879-61-7007
料 フリーキャンプ2200円〜、オートキャンプ3300円〜
交 土庄港から車で約40分。バス停吉田から徒歩約8分
P 12台（温泉利用者専用）

テントのレンタルもあり

▶▶ 讃岐っこcolumn ◀◀

小豆島の手延べそうめん作り

日本三大そうめんのひとつで約400年の歴史がある小豆島手延べそうめん。島民が三輪（みわ）（奈良県）に立ち寄った際に、そうめんの製造技術を学び持ち帰ったのが始まりといわれる。島は小麦栽培に適した気候や、瀬戸内海の塩、ごま油の製造地があることなど、そうめん作りに最適だった。ごま油は酸化しにくい特徴から、麺の表面の乾燥を防ぐために薄く塗るのに使用する。生地を作り箸分けで伸ばした麺は、冬の寒風にさらして天日干しし、カットしたら完成。小豆島内にはこのそうめん箸分けの体験ができる場所がいくつかある。そのひとつが「なかぶ庵」。

なかぶ庵ではそうめんの工場を見学したり、製造工程を聞いたりしながら、箸分け体験ができる。要予約

なかぶ庵

MAP 別冊P.31-D2
住 香川県小豆島町安田甲1385
TEL 0879-82-3669 営 直売所9:00〜17:00
休 水・木曜 料 箸分け体験 大人1200円（材料費込み）、所要約45分（要予約）
交 坂手港から車で約10分。バス停安田上から徒歩約5分 P 14台

INFO 毎年10月11日から16日にかけて、小豆島の各地で秋祭り太鼓台奉納が行われる。葺田（ふきた）八幡神社では獅子舞を舞うなど、地域ごとの特色がある。

小豆島最南端の穴場スポット MAP 別冊P.31-C3

釈迦ヶ鼻園地
しゃかがはなえんち

小豆島最南端の公園。海岸沿いから貨物船が行き交う様子が見える。春は桜も咲いて風情がある。駐車場やトイレ、ベンチがあるのでドライブ途中の休憩にも。公園から浜辺までは徒歩1分ほど。

行き交う貨物船を眺めながら公園でゆっくりしよう

350年以上続く伝統行事 MAP 別冊P.31-C1

肥土山農村歌舞伎舞台
ひとやまのうそんかぶきぶたい

五穀豊穣を願い毎年5月3日に島民による奉納歌舞伎が上演される。花道、廻り舞台、奈落、葡萄棚など歌舞伎舞台の模式的な装置が揃う。近くの棚田へと続く道を散策するのも気持ちがいい。

2022年に茅葺き屋根が新しく葺き替えられた

目の前でくつろぐ猿が愛らしい MAP 別冊P.31-C1

銚子渓おさるの国
ちょうしけいおさるのくに

約300匹の野生サルが棲む。寒さのあまり集団で体を寄せ合う「猿団子」は冬の風物詩だ。園地を奥に進み山頂まで登ってたどり着くのは「仙多公峰展望台」。360度のパノラマで瀬戸内海を望む隠れた名所。

マイペースに過ごすサルたち

海辺の木造校舎で昭和にタイムスリップ MAP 別冊P.31-C·D-2

二十四の瞳映画村
にじゅうしのひとみえいがむら

映画『二十四の瞳』のロケセットを改築したテーマパーク。海岸沿いに昭和初期の木造校舎や村が再現され、タイムスリップしたよう。ブックカフェや海洋堂のフィギュアギャラリー、懐かしい給食も楽しめる。

春は菜の花、夏はヒマワリ、秋はコスモスが咲く

釈迦ヶ鼻園地
住香川県小豆島町蒲野
TEL0879-82-1775
(小豆島観光協会)
開散策自由
交池田港から車で約22分
P8台

肥土山農村歌舞伎舞台
住香川県土庄町肥土山
TEL0879-82-1775
(小豆島観光協会)
開散策自由
交土庄港から車で約15分。バス停肥土山から徒歩約7分
Pあり

銚子渓おさるの国
住香川県土庄町肥土山蛙子3387-10
TEL0879-62-0768
開8:20～17:00(最終入場16:30)
休水曜　料450円
交土庄港から車で約20分
P50台

二十四の瞳映画村
住香川県小豆島町田浦
TEL0879-82-2455
開9:00～17:00
休なし　料890円
交坂手港から車で約13分。バス停二十四の瞳映画村から徒歩約1分　Pあり

名物グルメ

古民家カフェの棚田米おにぎり

千枚田を目前に棚田米おにぎり定食を。島で取れた魚のフライや、野菜を使った総菜などボリューム満点。

こまめ食堂
MAP 別冊P.31-C1　住香川県小豆島町中山1512-2
TEL080-2984-9391
営11:00～15:00(LO14:00)
休火・木曜
交池田港から車で約13分。バス停春日神社前から徒歩約1分　Pあり

島の日常がたっぷり詰まった定食1800円

島内は席数の少ない飲食店が多いので、事前に予約するのが望ましい。営業日や営業時間も限られていたり、変動したりすることがあるため、事前に必ずチェックを。

海も山も目一杯楽しみたい！

小豆島一周絶景ドライブ

瀬戸内ならではの凪いだ海を眺めたり、独特の奇岩の渓谷を楽しんだり、島の自然をたっぷり堪能。ドライブだけでなく、エンジェルロードや重岩では散策も楽しもう！

島をアクティブに楽しむ！
ドライブに繰り出せっ☆

HIGHLIGHT 01

エンジェルロード

海から砂の道が現れ始める頃、消えかける頃が特に幻想的。季節により朝日、夕日も眺められる。干潮時間の前後3時間が狙い目。

HIGHLIGHT 02

寒霞渓

日本三大渓谷美のひとつで、瀬戸内海国立公園に指定される寒霞渓。春は新緑、秋は紅葉など四季折々の眺望を楽しめる。

HIGHLIGHT 03

重岩

山頂で重なり合う大きな岩。自然現象か、人の手で施されたのか今も謎のまま。山頂からの眺望は一面に瀬戸内海が広がる。

ゆっくり回って丸1日 小豆島の絶景をぐるり

島ならではの海岸沿いや高台からの瀬戸内海の景色を楽しむドライブコース。急ぎ足であれば半日、ゆっくり回るなら1日は見ておこう。道中で飲食店に立ち寄ったり、春秋はテイクアウトして眺めのいい場所で食べたりするのもおすすめ。徒歩で移動する場所もあるので、スニーカーが必須。エンジェルロードは事前に干潮時間のチェックをしておこう。

INFO 日本三大渓谷美、ほかのふたつは大分県の耶馬渓と群馬県の妙義山。

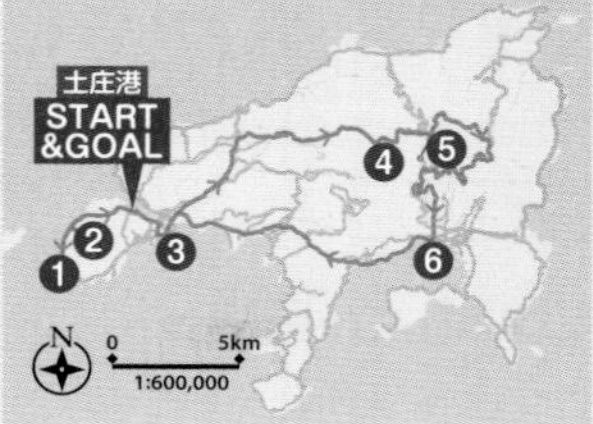

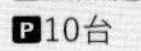

校庭の前に広がるのは砂浜

①旧戸形小学校

きゅうとがたしょうがっこう

MAP 別冊P.30-B2

海沿いに立つ廃校の小学校。映画『八日目の蝉』や『魔女の宅急便』など、数々の名作のロケ地として使われた。4月上旬から5月初旬までは海の上に鯉のぼりが泳ぐ。

校庭でゲートボールをしたり、野球をしたりする島民の姿も

住香川県土庄町甲3417
TEL0879-82-1775(小豆島観光協会)　開散策自由
交土庄港から車で約8分
P10台

謎の岩が重なる神秘的な場所

②重岩

かさねいわ

MAP 別冊P.30-B2

小瀬石鎚神社のご神体として祀られる重岩。細い山道を抜け駐車場へ。車を停めたら徒歩で10分ほど階段を上る。山頂からは小豊島、豊島、男木島、女木島の眺めが。夕日も格別。

柔らかい地層が風化し、固い重岩の部分だけが残ったという説もある

住香川県土庄町小瀬
TEL0879-82-1775(小豆島観光協会)　開散策自由　Pあり

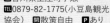

引き潮で現れる砂の道を歩く

③エンジェルロード

えんじぇるろーど

MAP 別冊P.30-B2

1日2回干潮時に海の中から現れる砂の道は弁天島と中余島、小余島、大余島を結ぶ。弁天島を登って展望台から眺めるのもいい。砂の道の散策にかかるのは15分程度。

1日2回だけ海から砂の道が現れる神秘的なスポット

住香川県土庄町甲24-92
TEL0879-62-2801
(エンジェルロード売店)
開散策自由
P108台

島の町並みと内海湾を見下ろす

④四方指展望台

しほうさしてんぼうだい

MAP 別冊P.31-C1

標高777mの高台、美し野原高原にある展望台。眼下に広がるのは、内海湾に面した島の町並み。瀬戸大橋、大鳴門橋も一望できる。夕日や初日の出スポットとしても知られる。

晴れた日に訪れたい見渡しのいい場所

住香川県小豆島町神懸嶮岨山乙1117
TEL0879-82-1775
(小豆島観光協会)
開散策自由
P25台

ロープウエイで空中散歩

⑤寒霞渓

かんかけい

MAP 別冊P.31-D1

ロープウエイに乗って迫力ある渓谷の景色を堪能

地殻変動によりできた奇岩が独特な渓谷美を造る。山頂まで車で行けるほかトレッキングも楽しめる(所要約1時間)。ロープウエイから一望するのもおすすめ。

住香川県小豆島町神懸通　TEL0879-82-2171(寒霞渓ロープウェイ)　運ロープウエイ3月21日～10月20日8:30～17:00、10月21日～11月30日8:00～、12月21日～3月20日8:30～16:30　休無休(荒天時やメンテナンス運休あり)　料見学無料(ロープウエイ往復2160～2700円、時期により変動)　P200台

GOAL!

ジェラートで島の旬を味わう

⑥MINORI GELATO

みのりじぇらーと

MAP 別冊P.31-D2

小豆島の醤油やオリーブ、旬の野菜、果物を使ったジェラート店。素材のよさを生かす製法にこだわり、食材の自然な色や味わいを楽しめる。ジェラートだけでなく焼き菓子もおいしい。

ダブルで素材のマリアージュを楽しんで

住香川県小豆島町草壁本町1055-2
TEL0879-62-8181
営12:00～18:00(LO17:45)
休水・木曜
P9台

瀬戸内海に浮かぶアートの島

MAP 別冊P.33

直島 なおしま

人口 3001人(直島町) 面積 7.80㎢(直島)、14.21㎢(直島町)

行き方

高松港から四国汽船が1日8便運航。高速艇が所要約30分、フェリーは所要約50分。詳細は(→P.131)。

観光案内所

直島町観光協会
MAP 別冊P.33-C1
住 香川県直島町2249-40
TEL 087-892-2299
開 9:00〜18:00 休 なし
宮浦港フェリーターミナル、海の駅なおしま内にある。

切符売り場のほか観光案内所や特産品のショップ、レストランが入る宮浦港ターミナル

交通INFO

車・バイク・自転車
島内はそれほど広くないが、車やバイク、自転車があると便利。最も人気があるのが電動自転車。車、バイク、自転車とも高松港発のフェリーに載せられるが、港の周辺にレンタルできる店もあるので、利用するといい。GWや夏休みなど繁忙期は要事前予約。タクシーもあるが台数は少ない。

おうぎやレンタサイクル
住 香川県直島町宮浦2249-40
TEL 090-3189-0471
営 9:00〜18:00 休 なし
料 電動自転車1日1200円、電動バイク1日1800円、レンタカー1日6500円(ガソリン+保険料800円別途)

町内バス
宮浦港から本村地区、ベネッセアートサイト直島の東ゲートそばのつつじ荘まで行く町営バスがある。宮浦港発は7:03〜20:45の1時間に2便程度運行。宮浦港から直島港までが所要約6分、つつじ荘までは約10分。料金は1回の乗車につき100円。ベネッセアートサイト直島敷地内にはシャトルバスが運行(→P.141)。

宮浦港にある草間彌生『赤かぼちゃ』。ところどころに穴が開いており、中に入ることもできる(上に乗るのは禁止)/草間彌生「赤かぼちゃ」2006年 直島・宮浦港緑地

大小27の島々で構成される直島町の中心となる島。江戸時代には幕府の天領(直轄地)となり、瀬戸内海における交通の要衝として栄えた。大正時代になると三菱鉱業の直島精錬所が設立され、企業城下町として発展。精錬所は現在も残り、島の北半分は三菱マテリアルとその関連会社が占めている。転機は1992(平成4)年。ベネッセホールディングスがベネッセハウス ミュージアムをオープンしたこと。以来次々と新しい美術館がオープンし、「アートの島」として生まれ変わった。

直島の歩き方

島内の観光スポットは大きく3つのエリアに分けられる。まずは、高松や宇野(岡山県)からのフェリーが到着する港がある宮ノ浦地区、ANDO MUSEUMや直島港(本村港)のある本村地区、そして島南部のベネッセハウスエリア。車ならぐるりと一周しても30分程度だが、島内は起伏があるので徒歩だけで回るのは厳しい。車やバイク、自転車を利用するか、町営バスを利用しよう。なお、島内にあるアート関連施設は、一部の施設を除き月曜は休館になるので注意。飲食店は宮ノ浦地区、本村地区に集中しており、食堂や居酒屋、うどん店のほかおしゃれなカフェなども増えてきている。

古い家々が並ぶ本村地区。家プロジェクトの舞台ともなっている

INFO 江戸時代に天領であった直島では、歌舞伎や人形浄瑠璃などが盛んだった。なかでも人気だったのが女性だけで演じる女文楽。「直島女文楽」として、祭事やイベント時などに上演されている。

おもな見どころ

入浴のできるアート施設　MAP 別冊P.33-C1

直島銭湯「I♥湯」

なおしませんとう「あいらぶゆ」

芸術家・大竹伸朗作のアート作品。実際に入浴もできる銭湯で、モザイクタイルの外観や浴槽、壁の上には巨大なゾウと、大竹伸朗の世界観を反映した空間が広がる。オリジナルグッズを販売するショップも好評。

大竹伸朗　直島銭湯「I♥湯」(2009)／写真：渡邉修

地中に埋もれたアート空間　MAP 別冊P.33-D2

地中美術館

ちちゅうびじゅつかん

「自然と人間を考える」がテーマの美術館。建物の設計は安藤忠雄で、建物のほとんどが地中に埋設されている。印象派の巨匠・モネの睡蓮シリーズ5点やウォルター・デ・マリアのアートスペースなどが見どころ。

地中美術館／写真：藤塚光政

安藤忠雄建築で見る李禹煥の作品　MAP 別冊P.33-D2

李禹煥美術館

り・うふぁんびじゅつかん

アーティスト・李禹煥の個人美術館。安藤忠雄が設計した半地下の建物には李禹煥の作品が随所に配されている。石と金属板を組み合わせた野外彫刻作品をはじめ、自然と作品、建物が融合した不思議な空間が広がる。

李禹煥美術館／写真：山本糾

木造民家と安藤建築のコラボ　MAP 別冊P.33-D1

ANDO MUSEUM

あんどう みゅーじあむ

本村地区にある築100年以上の建物を利用。外観は昔ながらの日本家屋だが、内部はコンクリート打ちっぱなしのモダンな空間。安藤忠雄の活動や直島の歴史写真やデザインスケッチなどの貴重な展示物も見られる。

ANDO MUSEUM／写真：山本糾

交通INFO

宮浦港から各見どころまでの距離
宮浦港→ベネッセハウスミュージアム 約3km
→草間彌生『南瓜』約4km
→直島銭湯「I♥湯」約150m
→本村地区 約2.3km
→李禹煥美術館 約2.6km
→地中美術館 約2km

直島銭湯「I♥湯」

住 香川県直島町2252-2
TEL 087-892-2626(直島町観光協会)
開 13:00～21:00(最終受付20:30)
休 月曜(祝日の場合は翌日)、メンテナンス休館あり
料 660円

地中美術館

住 香川県直島町3449-1
TEL 087-892-3755
開 3～9月10:00～18:00、10～2月10:00～17:00(最終入館1時間前)
休 月曜(祝日の場合は翌日)
料 2100円
15分ごとの予約制となっている。予約はウェブサイト(URL e-tix.jp/chichu)から。

李禹煥美術館

住 香川県直島町倉浦1390
TEL 087-892-3754(福武財団)
開 3～9月10:00～18:00、10～2月10:00～17:00(最終入館30分前)
休 月曜(祝日の場合は翌日)
料 1050円

ANDO MUSEUM

住 香川県直島町736-2
TEL 087-892-3754(福武財団)
開 10:00～13:00、14:00～16:30(最終入館16:00)
休 月曜(祝日の場合は翌日)
料 520円

こちらもCHECK!

島内にはほかにも、古民家をアーティストが作品化した家プロジェクト（本村地区）や季節ごとに異なるテーマの展示を展開する瀬戸内「　　」資料館（宮浦ギャラリー六区）（宮ノ浦地区）などもある。

INFO　島内には各所に町営の駐車場や駐車スペースがある。宮ノ浦地区の町営駐車場のみ有料。

美術館スタッフがご案内！

ベネッセハウス ミュージアム

スタッフさんの案内で美術館を見学。自然とアートを通して「ベネッセ＝よく生きる」について考えてもらうことを目指すベネッセの取り組みを学べば、アート鑑賞がもっと楽しく！

杉本博司「タイム・エクスポーズド」(1980-97年)
島の海をバックに、世界中で撮影した水平線の写真を展示

案内人
ステンランド由加里
ベネッセアートサイト直島広報。アートと自然の島に憧れ、直島に移住。アートの島の魅力を世界中に発信している。

サイトスペシフィック・ワークのひとつ。着物や木材を包んだ鉛の作品を積み重ねている

ヤニス・クネリス「無題」(1996年)

自然・建築・アートの共生

美術館の建築を手がけたのは、安藤忠雄。ステンランドさんと一緒に歩くと「自然・建築・アートの共生」というテーマがよくわかる。例えば、エントランス。美術館とは思えないほど小さく、建物は木々とトラバーチンの壁に隠されているよう。スロープを上り壁伝いに360度回るとようやく、入口のドアが見える。入口直前には視界が開け、右側に海が現れる。美しい島の風景に改めて感動する瞬間だ。

建物中央にある円形ホール

サイトスペシフィックなアート作品が随所に

館内では国内外の作品を展示しているが、多くはサイトスペシフィック・ワークという手法のアートだという。「サイトスペシフィック・ワークとは、アーティストを直島に招き、その場で制作した作品のこと。なので、各作品には土地の特性が生かされているんです」。こう教えられると、作品自体が島の魅力を表しているのだと感じ、鑑賞にもより深みが出てくる。

「瀬戸内海の流木の円」(1997年)
リチャード・ロング"瀬戸内海の流木の円"/"瀬戸内海のエイヴォン川の泥の環"／写真：山本糾

「雑草」(2002年) 須田悦弘
2階部分にある展示。ひっそりとあるので見落とさないように
須田悦弘"雑草"／写真：山本糾

『アートの島』直島の象徴

ベネッセハウス ミュージアム

べねっせはうす みゅーじあむ MAP 別冊P.33-D2

1992年オープン。「自然・建築・アートの共生」を目指し造られ、建物は半分が地中に埋められている。美術館やホテル、屋外展示作品を合わせた「ベネッセアートサイト直島」の中核となる施設。

住 香川県直島町琴弾地
TEL 087-892-3223 開 8:00～21:00（最終入館20:00） 休 なし 料 1300円 交 宮浦港からベネッセハウスの東ゲートまで町営バスで約11分、バス停つつじ荘下車。バス停から東ゲートまでは徒歩約1分。ゲートからミュージアムまでは徒歩約10分。シャトルバスも利用できる。 P あり

展示室は地下1階～2階。ホテルやミュージアムカフェ、ショップを併設

INFO ベネッセハウス ミュージアムがあるベネッセアートサイト直島は東と北にゲートがある。町営バスが停まるつつじ荘側は東ゲート。

ミュージアム周辺の見どころ案内

ベネッセハウス ミュージアムの周辺には屋外展示や美術館が点在している。敷地は広いので、1日時間をかけて回ってみよう。

©YAYOI KUSAMA

屋外展示

海辺の遊歩道に、屋外アート作品が点在。あの草間彌生の『南瓜』があるのはここ。楽しげなアート作品が設置された芝生の広場もある。

開散策自由

草間彌生
「南瓜」(2022年)
桟橋にたたずむ

カレル・アペル
「かえると猫」(1990年)

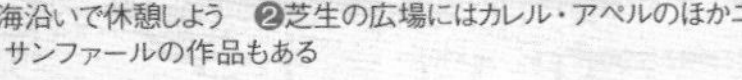

❶海沿いで休憩しよう ❷芝生の広場にはカレル・アペルのほかニキ・ド・サンファールの作品もある

シーサイドギャラリー

海を望む段状の広場に設けられた屋外ギャラリー。展示作品は3つで、下記に加えウォルター・デ・マリアの『見えて/見えず 知って/知れず』がある。

開散策自由

ジョージ・リッキー

「三枚の正方形」(1972-82年)
3枚の金属板が自然の風で揺れる

写真：表 恒匡

片瀬和夫
「茶のめ」(1987-94年)
訪問客へのもてなしの意味が込められた作品

ヴァレーギャラリー

祠をイメージしたギャラリー。山の谷間の歩道を歩くと、草間彌生の作品がある小さな建物の内部へ。建物内の展示は数年ごとに入れ替えの予定。

開9:30～16:00(最終入館15:30) 休なし 料ベネッセハウス ミュージアム鑑賞料金に含む

草間彌生
「ナルシスの庭」(1966/2022年)
ミラーボールを敷き詰めた作品。屋外にも同作品がある

杉本博司ギャラリー 時の回廊

2022年、ベネッセハウス パーク内にオープンした新しいギャラリー。「硝子の茶室『聞鳥庵』」や『苔の観念』など現代美術作家・杉本博司の作品が展示されている。

開11:00～15:00(最終入館14:00) 休なし 料1500円(お茶とお菓子付き)

鑑賞環境の最適化のためオンライン予約制

ベネッセハウスの歩き方

場内は広く、徒歩やシャトルバスを利用して各施設間を移動する。徒歩の場合の所要は下記。なお、自転車も進入禁止

つつじ荘 ▶約2分 草間彌生「南瓜」 ▶約4分 杉本博司ギャラリー 時の回廊 ▶約5分 シーサイドギャラリー ▶約5分 ベネッセハウス ミュージアム ▶約10分 ヴァレーギャラリー／李禹煥美術館 ▶約10分 地中美術館

場内シャトル つつじ荘から杉本博司ギャラリー 時の回廊、ベネッセハウス ミュージアム、ヴァレーギャラリー／李禹煥美術館、地中美術館を回る無料のシャトルバスがある。運行は1時間に1～2便程度（月曜は運休)。

自然と漁場に囲まれた「豊かな島」

MAP 別冊P.30

豊島 てしま

人口 1万2102人（土庄町）

面積 14.4㎢（豊島）、74.34㎢（土庄町）

行き方

高松港から家浦港まで豊島フェリーが1日3～5便運航、所要35～50分（詳細は→P.131欄外）。小豆島の土庄港からは唐櫃港、家浦港を経由して岡山県の宇野港まで行く小豆島豊島フェリーが利用できる。車は不可の旅客船が1日4便、車も可能なフェリーが1日3便運航。土庄港から唐櫃港まで旅客船が約20分、フェリーは約30分。家浦港へはプラス15～20分。唐櫃港までの料金は片道490円、車は3m未満2630円～、4m未満3630円～、5m未満4620円～。また、四国汽船は直島の宮浦港から豊島の家浦港、犬島を結ぶ。1日3便、所要約22分。豊島美術館と犬島精錬所美術館が休館の場合は運休となる。

観光案内所

豊島観光協会
MAP 別冊P.30-A2
住 香川県土庄町豊島家浦3841-21 TEL 0879-68-3135 開 9:00～17:00(時期により異なる)
休 火曜(祝日の場合は翌日、月曜が祝日の場合は水曜)
家浦港フェリーターミナルのすぐそばにある。レンタサイクル（電動4時間1000円 1時間ごとに+100円）や荷物預け（1個300円～）も可能。

交通INFO

車・バイク・自転車
島内は徒歩でも回れるが、自転車など交通手段があると便利。家浦港、唐櫃港の周辺にレンタルを扱う店がある。GWや夏休みなど繁忙期は要事前予約。

からと港レンタサイクル
住 香川県土庄町豊島唐櫃2556
TEL 090-1000-0065
料 電動自転車1日1500円（4時間以内1000円）、普通自転車1時間100円、電動バイク1日3000円（4時間以内2000円）

町内バス
4つの地区を結ぶ町営バス。家浦港～唐櫃港間は1日7便運行。料金は1回の乗車につき200円。

復元された棚田はおもに唐櫃地区にある

小豆島の西約3.7km、直島との間に位置する島。行政区分では小豆島の西約3分の1と周辺の島々からなる土庄町に属する。島の中央には標高約330mの壇山がそびえ、山のもたらす清涼な湧き水を利用した棚田が広がる。2010（平成22）年には瀬戸内の島々で開催される瀬戸内国際芸術祭の会場となり、同年10月17日には豊島美術館もオープン。以来、2022年までに5回開催され、島内にはそのつどアート作品が作られ、現在では直島と並ぶ「アートの島」として国内外から多くの観光客をひきつけている。

豊島の歩き方

島内には家浦、硯、唐櫃、甲生の4つの地区がある。美術館やアート作品など見どころが集中しているのが、家浦と唐櫃。それぞれフェリーの到着する港もあるので、どちらかの地区から観光をスタートすることになる。カーフェリーで来た場合は車で、そうでない場合は徒歩や自転車などで回ることになる。島内はそれほど広くなく、家浦から唐櫃まで電動自転車で約40分ほどなので、1日あれば十分観光できる。日帰りで訪れるという人が多いが、島内には民宿やプチリゾートなど個性的な宿もたくさん。1泊してのどかな島の風情に触れてみるのもおすすめだ。飲食店は各地区に点在している。

小豆島や高松港からのフェリーが発着する唐櫃港

瀬戸内国際芸術祭2010の時にオープンした「島キッチン」（MAP 別冊P.30-A2）は、建築家・阿部良が設計した飲食施設。「食とアート」をテーマに、島の食材を使ったランチメニューなどを提供している。

おもな見どころ

豊島アートの中心地 MAP 別冊P.30-A2

豊島美術館
てしまびじゅつかん

唐櫃地区にある美術館で、手がけたのはアーティストの内藤礼と建築家・西沢立衛。かつて唐櫃周辺に広がっていた棚田を再生させ、その一角に建てられた水滴のような建物。柱のない40×60mの空間は自然の光や音、風を取り込み時間や季節により印象が変わる有機的な美術館。館内にはカフェやミュージアムショップもある。周囲の棚田も美しいので、ゆっくりと時間をとって散策したい。

豊島美術館／写真:森川昇

心音を聞かせる美術館 MAP 別冊P.30-A2

心臓音のアーカイブ
しんぞうおんのあーかいぶ

フランスの現代アーティスト・クリスチャン・ボルタンスキーのアート作品。世界中の人々の心臓音を集め、人々が生きた証として恒久的に保存、聴くことができる。自分の心臓音を採録もできる（登録料1570円）。

クリスチャン・ボルタンスキ ー「心臓音のアーカイブ」写真:久家靖秀

古い家屋を改修した美術館 MAP 別冊P.30-A2

豊島横尾館
てしまよこおかん

家浦地区の古い民家を改装した美術館。内部には横尾忠則の平面作品やインスタレーションを展示している。設計を手がけたのは永山祐子で、色ガラスを用い美術館のテーマである「生と死」を表現している。

豊島横尾館／写真：山本糾

おさんぽプラン

- 唐櫃港
  - ↓自転車 約4分
- 心臓音のアーカイブ
  - ↓自転車 約10分
- 豊島美術館
  - ↓自転車 約20分
- 豊島横尾館
  - ↓自転車 約1分
- 家浦港

豊島美術館
住香川県土庄町豊島唐櫃607
TEL0879-68-3555
開3～9月10:00～17:00、10～2月10:00～16:00（最終入館30分前）
休3～11月の火曜、12～2月の火～木曜（祝日の場合は翌日、月曜が祝日の場合火曜開館、翌日休）
料1570円
交唐櫃港から徒歩約15分
15分ごとの予約制となっている。予約はウェブサイト（URLe-tix.jp/teshima）から。

心臓音のアーカイブ
住香川県土庄町豊島唐櫃2801-1
TEL0879-68-3555（豊島美術館）
開3～9月10:00～17:00、10～2月10:00～16:00（最終入館30分前）　休豊島美術館と同じ
料520円
交唐櫃港から徒歩約15分

豊島横尾館
住香川県土庄町豊島家浦2359
TEL0879-68-3555（豊島美術館）
開休心臓音のアーカイブと同じ
料520円
交家浦港から徒歩約5分

こちらもCHECK!
島内にはほかにも、古いメリヤス針の製造工場跡地を利用した大竹伸朗の「針工場」（家浦地区）、約400個の風鈴がたなびく「ささやきの森」（唐櫃地区）、カラフルな映像を投影するピピロッティ・リストの作品（唐櫃地区）などのアート施設がある。

INFO 自作の映像機と楽器で独自のパフォーマンスを繰り広げるユニット「ウサギニンゲン」。ドイツで活動を開始、2016年から豊島に拠点を移し「豊島ウサギニンゲン劇場」をオープン。土・日・月曜13:00から公演。

行き方

高松市の高松港からフェリー「めおん」が1日6便運行（夏の繁忙期は増便）、所要約40分。詳細は（→P.131）。

こちらもCHECK!

男木島 路地壁画プロジェクト wallalley

島で集めた廃材に風景のシルエットを描き、民家の外壁に設置した作品。島を歩くと、あちこちで見つけることができる。

カラフルな外壁が島を彩る
眞壁陸二「男木島 路地壁画プロジェクト wallalley」

高松市男木交流館
住香川県高松市男木町1896
TEL087-873-0006　開6:30～17:00
休なし　交男木港から徒歩約1分

歩く方舟
住香川県高松市男木町　TEL087-873-0006　開見学自由　交男木港から徒歩約10分

男木島灯台
住香川県高松市男木町1062-3
TEL087-821-7012（高松海上保安部）　開見学自由　交男木港から徒歩約40分

名物グルメ

民宿さくらのたこ飯

島民が営む女性専用の民宿さくら。夕食には漁師である宿主が漁で取ったたこを用いた、ほんのり桜色のたこ飯が人気。800円～でお弁当の販売も。

民宿さくら
MAP別冊P.30-A3
住香川県高松市男木町1
TEL087-873-0515　料1泊2食付き8000円～　室3室
交男木港から徒歩約5分

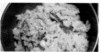

みょうがや生姜も混ぜ込んで

小道の散策が楽しい島

男木島 おぎじま

MAP 別冊P.30

人口 147人　面積 1.34㎢

フェリーが男木港に着く頃に見える眺め。南西部の斜面に階段上に集落が並ぶ

平坦地が少なく細くて急勾配の坂道が多いことで、独特の風情がある島。「おんば」と呼ばれる乳母車を押すお年寄りの姿をよく見かける。近年は私設図書館や美容院、カフェを始める若者の姿も。移動はおもに徒歩。島には現代アートも点在している。

おもな見どころ

島を代表する現代アート　MAP 別冊P.30-A3

高松市男木交流館
たかまつしおぎこうりゅうかん

瀬戸内国際芸術祭で製作されたアート作品「男木島の魂」。作家はスペインのジャウメ・プレンサ。屋根に配された文字が影となって地面に映る様子が美しい。男木港のフェリー切符売り場でもある。

ジャウメ・プレンサ「男木島の魂（男木島交流館）」

素朴な島の景色に不思議となじむ現代アート作品

海辺にあるアート作品　MAP 別冊P.30-A3

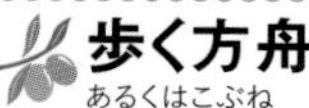

歩く方舟
あるくはこぶね

堤防に展示された山口啓介による立体作品。旧約聖書のノアの方舟から着想し、4つの山をもつ方舟が海を渡ろうと歩くさまを表現している。刻一刻と変化する海の景色とのコントラストを楽しんで。

山口啓介「歩く方舟」

静かな海岸にたたずむアート。そばで見ると人の背丈より高い

香川の石で造った灯台　MAP 別冊P.30-A2

男木島灯台
おぎしまとうだい

全国的に珍しい無塗装、香川県産庵治（あじ）石（いし）造りの美しい灯台。併設された「男木島灯台資料館」は昔、灯台守がいた時の宿舎だ。今は男木島灯台や男木島の歴史に関する資料が展示されている。

1895（明治28）年に造成。庵治石の模様が美しい灯台

INFO 男木島灯台には隣接したキャンプ場がある。男木港から灯台までは荷物運搬が困難なため、男木島観光協会や島の有志で荷物運搬やテント設置、火起こし補助、食材準備などのサービスを提供している。

桃太郎伝説が残る鬼ヶ島

MAP 別冊P.30

女木島 めぎじま

人口 125人　面積 2.62㎢

高松市の北約4kmに浮かぶ女木島。巨大洞窟があり、昔鬼が住んでいたとの言い伝えから「鬼ヶ島」と呼ばれる。洞窟へはレンタサイクルでも行けるが、起伏が激しいため電動自転車かバスがおすすめ。春は島に約3000本の桜が咲く。

海岸沿いの松原の中にある豊玉依姫神社。鳥居越しに見える海の眺めが美しい

おもな見どころ

鬼ヶ島の伝説が残る　MAP 別冊P.30-A3

鬼ヶ島大洞窟
おにがしまだいどうくつ

1914（大正3）年に鷲ヶ峰中腹に洞窟が発見され、1931（昭和6）年に公開。洞窟が造られたのは紀元前100年頃といわれている。奥行き約400m、広さ約4000㎡。洞窟の出口には国の天然記念物「玄武岩柱状節理」が。

その昔、海賊が住処にしていたといわれている

島随一の展望スポット　MAP 別冊P.30-A3

鷲ヶ峰展望台
わしがみねてんぼうだい

南に屋島や五色台、高松港、北に男木島、直島、小豆島と360度パノラマで瀬戸内海の景色が眺望できる。春は桜の名所に。鬼ヶ島洞窟に訪れたら併せて楽しみたい場所。ベンチやトイレもある。

標高188mから眺める瀬戸内海の景色。桜の季節も訪れたい

港に面してカモメがずらり　MAP 別冊P.30-A3

カモメの駐車場
かもめのちゅうしゃじょう

女木港の防波堤と防潮堤に約300羽のカモメがずらりと並ぶアート作品。風が吹くと風車のように向きを変える。冬の女木島は風が強く、「オトシ」という突風が吹く日があり、一部撤去される場合も。

木村崇人「カモメの駐車場」

女木港の防波堤に並ぶ愛らしいカモメの行列

行き方

高松市の高松港からフェリー「めおん」が1日6便運航（夏の繁忙期は増便）、所要約20分。詳細は（→P.131）。

観光案内所

鬼ヶ島おにの館

女木港の待合所であり、フェリーや洞窟行きバスの切符販売のほか、食堂、レンタサイクルの受付、コインロッカーなどがあり島の観光案内所を担う。

女木島に着いたらまずここへ

鬼ヶ島大洞窟

住香川県高松市女木町235
TEL087-840-9055　開8:30〜17:00
休なし　交女木港から連絡バスで約10分、バス停洞窟前下車、徒歩約1分

鷲ヶ峰展望台

住香川県高松市女木町　TEL087-840-9055（鬼ヶ島観光協会）
開散策自由　交女木港から連絡バスで約10分、バス停洞窟前下車、徒歩約10分

カモメの駐車場

住香川県高松市女木町　TEL087-840-9055（鬼ヶ島観光協会）
開散策自由　交女木港から徒歩約1分

こちらもCHECK!

瀬戸内海を眺めそうめんをすする

1936（昭和11）年建築の風情ある邸宅を利用したそうめん屋。香川ならではの、もっちり弾力の強いそうめんが食べられる。

お休み処 龍潜荘

MAP 別冊P.30-A3
住香川県高松市女木町496-2
TELなし　営夏季の11:00〜15:00
休期間中月〜金曜　予650円〜
交女木港から徒歩約10分

海が見える窓辺でゆっくり

INFO 民家を囲う石垣「オーテ」が女木島の独特の景観をつくる。オーテは冬の島の厳しい風と潮から民家を守るために造られた。南の海岸線沿いに見られ、海に面した家では高さ4mほどの巨大なもの。

江戸時代の才人、平賀源内の出身地

さぬき市 さぬきし

人口 4万4879人 面積 158.62㎢

行き方

JR高松駅から中心部まで国道11号などで約14km、約30分。高速道路を利用する場合は、アクセスする場所によって高松自動車道志度IC、津田寒川IC、津田東ICを使い分けるとよい。

JRとことでんの2路線が運行している。JR高松駅からJR志度駅までJR高徳線で約30分。JR志度駅からJR讃岐津田駅まで約20分、JR鶴羽駅までは30分前後。JR特急うずしおも通っているが停車駅が限られるので注意が必要。ことでんの場合は、ことでん瓦町駅から琴電志度駅まで40分前後。

交通INFO

さぬき市コミュニティバス
さぬき市役所から大窪寺までを結ぶ路線をはじめ、全7路線のコミュニティバスが運行されている。料金は200円（土・日曜・祝日は500円）。支払いは現金か回数乗車券で。平日のみ運行の路線もあるので、事前に最新の時刻表を確認しておくと安心だ。

観光案内所

さぬき市観光協会
MAP 別冊P.4-A1
住 香川県さぬき市志度5385-8
TEL 087-894-1601
開 8:30~17:00
休 土・日曜・祝日
さぬき市役所内にある。

ドライブプラン

- 志度IC
- ↓ 車 約6分
- 平賀源内記念館
- ↓ 徒歩 約7分
- 平賀源内旧邸
- ↓ 車 約16分
- 大串自然公園（→P.148）
- ↓ 車 約20分
- 津田の松原（琴林公園）

老松が立ち並ぶ津田の松原。県下最大の海水浴場としても人気がある

香川県東部に位置するさぬき市は、2002（平成14）年に津田町、大川町、志度町、寒川町、長尾町が合併して発足。海と山の豊かな自然に恵まれ、農業や漁業が盛んだ。讃岐山脈の麓には里山らしい田園風景が広がり、白砂が美しい津田の松原、瀬戸内海に突き出た大串半島の景観などの絶景スポットも散在する。江戸時代に名をはせた発明家、平賀源内生誕の地でもあり、ゆかりの品を展示した記念館や生家も残る。また、四国遍路の終着地となる3つの札所を有する「結願（けちがん）の町」としても知られ、歴史と文化が息づく。

さぬき市の歩き方

高松市と東かがわ市の間に位置するさぬき市。中心部の志度は、JR志度駅やことでん琴電志度駅を起点に散策しよう。徒歩圏内の讃岐街道（源内通り）沿いには、平賀源内にまつわる施設や歴史ある寺院が点在する。市内の移動にはJR高徳線を利用できるが、1時間に1～3本の運行ペースなので時刻表を確認して移動の計画を。さぬき市役所から出ているコミュニティバスを活用してもよい。なお、ことでんはさぬき市の東側、琴電志度駅か長尾駅が終点となるので、市内の移動には適さない。観光スポットは広範囲にわたるので、車での移動がよりスムーズに回れる。風光明媚な大串半島を一周するドライブも楽しい。

大串自然公園からの眺め。瀬戸内海のパノラマに息をのむ

おもな見どころ

奇才の生涯を紹介するミュージアム MAP 別冊P.4-A1

平賀源内記念館
ひらがげんないきねんかん

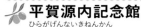

平賀源内に関する書籍や絵画などを展示。源内が過ごしたことがある地名ごとに足跡をたどることができる。源内の代表作「エレキテル」の現物が保存されているのにも注目。「エレキテル」が体験できるコーナーも。

館内のミュージアムショップでは、オリジナルグッズも手に入る

平賀源内の生家が今も残る MAP 別冊P.4-A1

平賀源内旧邸
ひらがげんないきゅうてい

平賀源内記念館の別館として約550m離れた場所にある源内の生家。源内が江戸へ移る前、妹の婿養子に託したという。邸内には源内ゆかりの薬草園や、銅像もある。源内考案の茶を再現した「源内健康茶」も販売。

有形文化財に登録されており、日本家屋の魅力も感じられる

至近距離でイルカと触れ合う非日常を！ MAP 別冊P.4-A1

日本ドルフィンセンター
にほんどるふぃんせんたー

穏やかな瀬戸内海を生かした飼育環境で、のんびりと暮らすイルカたちと触れ合える施設。餌やり体験（予約不可・先着順）やトレーナー体験（予約優先）などが楽しめる。そのほか、イベントも多数開催されている。

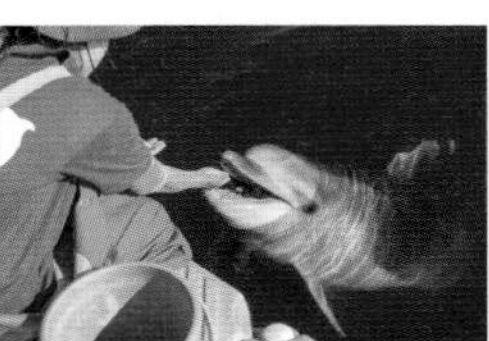
愛らしいイルカのしぐさにメロメロ

松の巨木が林立する白砂青松の景勝地 MAP 別冊P.4-A1

津田の松原（琴林公園）
つだのまつばら（きんりんこうえん）

緩やかに弧を描く白い砂浜に、真っ青な海、緑の松のコントラストが美しいビーチ。樹齢600年を超える風格ある松のほか、3000本の黒松が1kmにわたって立ち並ぶ。海の向こうには小豆島を望む。

日本の渚百選にも選ばれており、夏には県下最大の海水浴場となる

さぬき市にある

お遍路札所

- ◆志度寺（第86番札所）
- ◆長尾寺（第87番札所）
- ◆大窪寺（第88番札所）

平賀源内記念館
住香川県さぬき市志度587-1 TEL087-894-1684 開9:00〜17:00 休月曜（祝日の場合は翌日） 料500円 交JR志度駅から徒歩約5分。高松自動車道志度ICから車で約6分 P13台

平賀源内旧邸
住香川県さぬき市志度46-1 TEL087-894-5513 開10:00〜16:00 休月曜（祝日の場合は翌日） 料無料 交JR志度駅から徒歩約7分。高松自動車道志度ICから車で約7分 P2台

日本ドルフィンセンター
住香川県さぬき市津田町鶴羽1520-130 TEL0879-23-7623 開4〜9月10:00〜17:00、10〜3月10:00〜16:30 休10〜3月の水曜 料500円（餌やり体験600円、トレーナー体験2000円） 交JR鶴羽駅から徒歩約20分。高松自動車道津田東ICから車で約6分 P15台

津田の松原（琴林公園）
住香川県さぬき市津田町津田 TEL087-894-1114（さぬき市商工観光課） 開散策自由 交JR讃岐津田駅から徒歩約11分。高松自動車道津田寒川ICから車で約6分 P100台

こちらもCHECK!

願い橋・叶え橋
津田の松原の浜辺に行く際に通る朱色の橋にはふたつの名がある。砂浜へ向かう「願い橋」、戻りは「叶え橋」。渡るときに心の中で願い事を唱え、戻るときに「かないますように」と念じれば願いがかなうといわれている。

パワースポットとしても注目

INFO 志度寺の敷地内「自性院常楽寺」には、平賀源内の墓がある。源内は1780（安永9）年に江戸で獄中死。東京都台東区に墓所があるが、平賀家の菩提寺のある故郷にも墓が建てられた。

大串半島の先端にある公園

MAP 別冊P.4-A1

大串自然公園
おおくししぜんこうえん

瀬戸内海を一望できる総面積約100haの広大な公園。園内にはさまざまな文化行事を行うさぬき市野外音楽広場「テアトロン」をはじめ、さぬきワイナリー、オートキャンプ場、物産センターなど多彩な施設が揃う。

古代ギリシャの円形競技場をモチーフにしたテアトロン

大串自然公園
住香川県さぬき市小田・鴨庄・大串
TEL087-894-1114
(さぬき市商工観光課)
開散策自由(ワイナリーは9:00～16:00、物産センターは9:00～17:00)
休ワイナリー、物産センター、オートキャンプ場は火曜(オートキャンプ場は12月末～2月末は休業、7～8月は7月第1・2火曜以外は営業)
料無料(一部有料施設あり)
交高松自動車道志度ICから車で約16分
Pあり(コンサート開催時は規制あり)

四国初のワイン工場、さぬきワイナリー

国の史跡にも指定される巨大古墳

MAP 別冊P.4-A2

富田茶臼山古墳
とみだちゃうすやまこふん

5世紀初頭に造られた四国最大の前方後円墳。全長は139mで、3段になった墳丘や周濠からは円筒埴輪などが発見されている。事前に予約をすれば、ガイド付きで古墳と「さぬき市歴史民俗資料館」の見学が可能。

四国の有力者の墓と考えられている

富田茶臼山古墳
住香川県さぬき市大川町富田中
TEL0879-43-6401(さぬき市歴史民俗資料館)
開散策自由(ガイドは要予約)
交JR讃岐津田駅から車で約7分。高松自動車道津田寒川ICから車で約8分
Pあり

自然とアートが融合する

MAP 別冊P.4-A2

門入の郷
もんにゅうのさと

1999年完成の門入ダム周辺を整備したエリア。「オープンエアミュージアム」をテーマに、展望広場や記念公園、モニュメントなどがある。なかでも、赤い橋桁が特徴的な門入ブリッジはひときわ目を引く。

香川県出身の建築家・多田善昭がデザインを手がけた門入ブリッジ

門入の郷
住香川県さぬき市寒川町石田東門入　TEL087-894-1114(さぬき市商工観光課)
開散策自由　交JR神前駅から車で約10分。高松自動車道津田寒川ICから車で約14分
P260台

▶▶ 讃岐っこcolumn ◀◀

古代サウナを体験しよう！「塚原のから風呂」

1300年前、奈良時代の高僧・行基(ぎょうき)が讃岐を訪れた際、人々を癒やすために造ったと伝わる「から風呂」。狭い石室内で直接薪に火をつけて熱するため、中の壁はかなりの高温に。直接触れないように長袖、長ズボン、布草履、頭巾を着用し、毛布をかぶって入浴するのが基本。浴室はふたつあり「あついほう」と「ぬるいほう」が選べるが、「ぬるいほう」でも一般的なサウナより熱い。

石室の中で1時間ほど薪をたく。その後、ぬらしたむしろや布を重ねて塩水をかけ、さらに1時間ほど蒸らす

塚原のから風呂　MAP別冊P.4-A2　住香川県さぬき市昭和1050-4　TEL0879-52-1202　開12:00～21:00　休月～水曜　料500円　交ことでん長尾駅から車で約6分。志度ICから車で約13分　Pあり

INFO 門入の郷の門入ブリッジそばには、有料施設の温泉やキャンプ場もある。テントなどのレンタルも充実。

お遍路の締めくくり、かつ新たな始まり

第88番札所大窪寺に注目！

弘法大師・空海の足跡をたどり、四国88ヵ所の霊場を巡礼する四国遍路。最後の札所となるのが、大窪寺だ。長い旅の先にある88番目の札所とはどんなところなのだろうか。

注目ポイント1 紅葉

願いが成就する
札所88番、結願の寺

イチョウやモミジが鮮やかに色付く秋。11月上旬から下旬が見頃

徳島に始まり、高知、愛媛と続いた約1400kmに及ぶ四国遍路のラストを飾る香川の寺。大窪寺までいたることで願いを結ぶことができる、といわれ「結願（けちがん）の寺」とも呼ばれる。境内へと続く石段の脇には「八十八番結願所」の石碑が立つ。終わりを指しているようで、実はそうではない。四国の札所はすべてが通過点であり、円としてつながっていることを表す。境内には本堂や大師堂などがあり、大師堂地下では88ヵ所の「お砂踏み」ができる。お遍路の必需品であり弘法大師の化身ともいわれる金剛杖（こんごうづえ）が奉納される「寶（ほう）杖堂（じょうどう）」があるのも結願の寺ならでは。

注目ポイント2 本堂

礼堂と中殿、多宝塔の奥殿からなる。奥殿にご本尊の薬師如来を祀る

注目ポイント3 弘法大師像

西の山門側に立つ、四国霊場最大級の空海像がお遍路さんを見守る

注目ポイント4 寶杖堂

役割を終えた金剛杖が奉納される

行基や空海ゆかりの寺

大窪寺

おおくぼじ

MAP 別冊P.4-A2

女体山の麓に立つ。古くから女性の参拝が許されていたので「女人高野」ともいわれる。うるう年に始めるとよい「逆打ち」では起点となる。秋になると紅葉がきれいなことでも有名。

住 香川県さぬき市多和兼割96　TEL 0879-56-2278　開 参拝自由（大師堂地下内陣は8:00～16:00）　料 大師堂地下内陣500円
交 JR造田駅からさぬき市コミュニテイバスで約1時間。高松自動車道志度ICから車で約35分　P あり

注目ポイント5 大師堂

地下内陣では88ヵ所遍路参拝と同じ御利益が得られるとされる「お砂踏み」が可能

打ち込みうどん

コレ食べたい！

打ちたてのうどんをそのまま鍋で煮込む、「うどん県」らしい郷土料理。味噌ベースのだしに野菜や豚肉などを入れて煮込むので、栄養もばっちり。

結願の地にちなみ「打ち止め」が由来の打ち込みうどん（900円）

八十八庵 やそばあん

MAP 別冊P.4-A2

大窪寺の向かいに店を構える。大窪寺裏山の霊水と県産小麦「さぬきの夢」で作る麺はモチモチ食感で、自家製味噌仕立てのだしとも好相性。

住 香川県さぬき市多和兼割93-1
TEL 0879-56-2160
営 8:00～16:30（LO16:00）
休 なし　P 60台

行き方

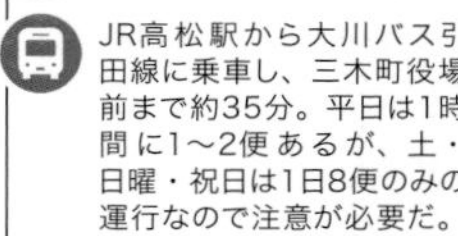

JR高松駅から中心部まで国道11号などで約16.5km、約32分。高速道路の場合は、高松自動車道の高松中央ICから入って高松東ICまで1区間なので、特に利用する必要はない。

ことでん高松築港駅から学園通り駅まで約36分。

JR高松駅から大川バス引田線に乗車し、三木町役場前まで約35分。平日は1時間に1〜2便あるが、土・日曜・祝日は1日8便のみの運行なので注意が必要だ。

イベントをCHECK!

獅子たちに会いに行こう!
獅子たちの里 三木まんで願。

「まんでがん」とは香川県の方言で「全部」を意味する言葉。その名にちなんだ三木町の魅力が満載のイベントが、毎年10月下旬頃に行われる。注目は三木町だけで50以上ある獅子連。地域ごとに趣向を凝らした獅子と日本最大級となる4頭の大獅子が勢揃いして乱舞する姿は圧巻だ。また住民自ら企画するイベントも多数開催され、多くの人でにぎわう。
住ショッピングセンターベルシティ駐車場、三木町文化交流プラザ一帯
TEL087-891-3320(三木町地域活性課内「獅子たちの里 三木まんで願。」実行委員会)
催10月下旬頃

三木まんで願鏡
住香川県三木町鹿伏245-1
TEL087-891-3320(三木町地域活性課 商工観光係) 開見学自由(点灯時間は6:00〜22:00)
交ことでん学園通り駅から徒歩約2分。高松自動車道高松東ICから車で約10分 Pなし

白山
住香川県三木町下高岡
TEL087-891-3308(三木町農林課農林係) 開散策自由
交ことでん白山駅から徒歩約1分。高松自動車道高松東ICから車で約12分(麓まで) Pあり

太古の森
住香川県三木町上高岡 TEL087-891-3314(三木町生涯学習課スポーツ振興係) 開散策自由 交ことでん学園通り駅から車で約10分。高松自動車道高松東ICから車で約18分 Pあり(月曜は利用不可)

香川県内トップのイチゴ生産地 MAP 別冊P.13・27

三木町 みきちょう

人口 2万6299人 面積 75.78㎢

香川県東部に位置する自然豊かな町。公募によって制定された町名は町内にある3本の大木、「三大樹」に由来。高松市に隣接し交通の利便性がよく移住先としても注目されている。香川大学医学部、農学部があり学生も多い。イチゴの町としても有名で、「女峰」は全国一、「さぬきひめ」は県内トップクラスの生産量を誇る。訪れるなら車か、高松の中心部から約30分のことでんが便利。

白山の麓にある白山神社は三木町の桜の名所としても知られる

おもな見どころ

巨大な万華鏡を見上げて幻想風景を体感 MAP 別冊P.27-D3

三木まんで願鏡
みきまんでがんきょう

パステルカラーがかわいい三木町のランドマーク

高さ8mある万華鏡モニュメント。ステップから内部を見上げると、コンピューターグラフィックによる幾何学模様が映し出され、神秘的な空間が広がる。運がよければ「幸」と「福」2頭の獅子が現れる。

住民に親しまれる三木町のシンボル MAP 別冊P.27-D3

白山
しらやま

三木町が見渡せる山頂の展望台。登山コースが整備されている

香川県にある讃岐七富士のひとつで、別名を東讃富士という。標高203mの山は町のほぼ中心部に位置し、散歩や花見に住民が訪れる。雨乞いの山としてあがめられ、山頂に竜王神社、麓に白山神社がある。

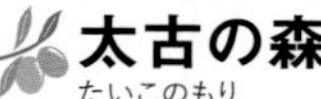

悠久の自然のなかで癒やされる MAP 別冊P.13-D2

太古の森
たいこのもり

三木町出身の植物学者、三木茂博士が化石を発見し命名したメタセコイアが生い茂る

2700本のメタセコイアを植樹した憩いの場。メタセコイアは生きた化石植物とも呼ばれ、恐竜と同時期に生育していたといわれることから、付近には恐竜の遊具が設置されている。

三木町の特産、イチゴはふるさと納税の返礼品にもなっている。香川県オリジナル品種「さぬきひめ」は甘くて香り豊かな大ぶりの果実が特徴。期間限定でイチゴ狩りが楽しめる農園もある。

日本一の「手袋の町」

東かがわ市 ひがしかがわし

MAP 別冊P.4

人口 2万6597人　面積 152.86㎢

往時の面影を色濃く残す引田の町並み

2003（平成15）年に引田町、白鳥町、大内町が合併して市となった。香川県の東端に位置し、徳島県に隣接。南には阿讃山脈が連なり、北は瀬戸内海播磨灘に臨む。馬宿川や小海川をはじめとする瀬戸内海に注ぐ川の流域に平野部が拓け、緑豊かな田園地帯と市街地が広がっている。瀬戸内海特有の穏やかな気候だが、県内では降水量の多い地域として知られる。また、手袋の国内生産シェアがダントツ第1位なのをはじめ、伝統産業の讃岐和三盆糖や、全国で初めて養殖に成功したハマチなど、特産品が多数。地場産業が好調な一方で、過疎化による人口減少が進行している。

東かがわ市の歩き方

電車移動の場合は、高松駅からJR高徳線に乗り徳島方面へ。東かがわ市の各駅で下車して散策しよう。JR引田駅から昔懐かしい町並みエリアまでは徒歩10分圏内。観光の拠点にもなる「讃州井筒屋敷」をはじめ、「東かがわ手袋ギャラリー」などの見どころが集まっている。東かがわの伝統産業の体験に参加してみるのも記念になる。レトロな引田の町並みをのんびりと散策したあとは、レンタカーを借りるのもおすすめ。市内を東西に横断する国道11号を軸にしながら近隣スポットを巡るプランを練るといい。珍しいホワイトタイガーに合える動物園や、人形劇のテーマパークが点在し、子供から大人まで楽しめる。

「しろとり動物園」のホワイトタイガー。凛々しい姿を拝みたい

行き方

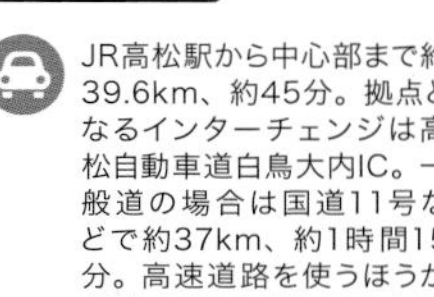

JR高松駅から中心部まで約39.6km、約45分。拠点となるインターチェンジは高松自動車道白鳥大内IC。一般道の場合は国道11号などで約37km、約1時間15分。高速道路を使うほうが早く、所要時間も安定する。

JR高松駅からJR引田駅までJR高徳線特急うずしおで約40分。普通列車だと約1時間30分。JR讃岐白鳥駅はJR引田駅のひとつ手前の駅。

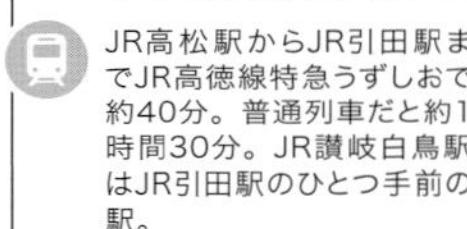

JR高松駅発の大川バス引田線に乗車し、終点の引田停留所まで約1時間25分。平日は1時間に1～2便の運行、土・日曜・祝日は1日8便のみ。

ドライブプラン

引田IC
↓ 約6分
讃州井筒屋敷（→P.152）
↓ 約1分
引田の町並み（→P.152）
↓ 約10分
しろとり動物園（→P.153）
↓ 約15分
とらまるパペットランド（→P.153）

日本で唯一の人形劇のテーマパーク「とらまるパペットランド」は親子三世代で楽しめる仕掛けが盛りだくさん！

INFO 江戸時代の伝統製法を守る讃岐和三盆糖。そのおもな産地は東かがわ市だ。砂糖は塩や綿と並び、かつて「讃岐三白」のひとつであった。

おもな見どころ

昔ながらの町並みをのんびり歩く　MAP 別冊P.4-B2

引田の町並み
ひけたのまちなみ

引田は船の「風待ちの港」として栄えた港町。赤い欄干の御幸橋を渡ると、江戸時代の商家や醤油醸造所などが建ち並ぶ。江戸時代から「むしろ麹法」を貫く老舗の醤油蔵「かめびし屋」にも立ち寄りたい。

赤壁が目を引く「かめびし屋」。茶屋やショップも併設する

江戸時代の商家を活用した複合施設　MAP 別冊P.4-B2

讃州井筒屋敷
さんしゅういづつやしき

江戸時代から醤油醸造と酒造業を営んでいた旧佐野家住宅（井筒屋）をリノベーション。母屋の庭園や座敷が見学できる。和三盆の型抜き体験や手袋作り体験など、地元伝統産業のワークショップも楽しい。

「引田御三家」のひとつ。建ち並ぶ蔵はショップや食事処になっている

地場産業の手袋をアート作品に　MAP 別冊P.4-B2

東かがわ手袋ギャラリー
ひがしかがわてぶくろぎゃらりー

1998年頃まで手袋工場として稼働していた建物をギャラリーとして改装。手袋の全国シェア90%以上を占める東かがわ市ならではの手袋アートや、昭和初期のミシンなどレトロな道具が展示されている。

かつての手袋工場を再利用。現在は土・日曜、祝日のみ開館

東かがわ市にまつわる貴重な資料を保管　MAP 別冊P.4-B2

東かがわ市歴史民俗資料館
ひがしかがわしれきしみんぞくしりょうかん

東かがわ市の歴史や民俗、産業や特産品などに関する資料を展示する。製糖業や手袋製造の道具、古墳のレプリカなどを紹介するほか、図書コーナーには東かがわ市の郷土図書や自治体史などの書物が揃う。

常設展示されている、砂糖や醤油造りの道具

引田の町並み
住 香川県東かがわ市引田
TEL 0879-26-1276（東かがわ市地域創生課）　開 散策自由
交 JR引田駅から徒歩約8分。高松自動車道引田ICから車で約6分（御幸橋まで）
P あり（エリア内の各施設）

讃州井筒屋敷
住 香川県東かがわ市引田2163
TEL 0879-23-8550　開 10:00～16:00（施設により異なる）
休 水曜（祝日の場合は開館）
料 無料（母屋入館300円、体験は別料金）　交 JR引田駅から徒歩約7分。高松自動車道引田ICから車で約6分　P あり

東かがわ手袋ギャラリー
住 香川県東かがわ市引田2161-2
TEL 0879-33-5055
開 10:00～16:00　休 月～金曜（祝日の場合は開館）　料 無料
交 JR引田駅から徒歩約6分。高松自動車道引田ICから車で約6分
P 7台

東かがわ市歴史民俗資料館
住 香川県東かがわ市引田1000-4
TEL 0879-33-2030
開 9:00～17:00（最終入館16:30）
休 火曜（祝日の場合は翌日）
料 無料　交 JR引田駅から徒歩約14分。高松自動車道引田ICから車で約4分　P 20台

展示室入口にある、実物大の川北一号墳レプリカ

こちらもCHECK!

体験学習館マーレリッコ
ハマチ養殖の発祥の地、安戸池に設立された漁業学習施設。ハマチの餌やり体験や、釣ったタイが1匹もらえるタイ釣りなどが楽しめる。
MAP 別冊P.4-B2
住 香川県東かがわ市引田4373
TEL 0879-33-2929　開 9:00～17:00（最終入館16:00）　休 火曜
料 100円（ハマチの餌やり体験200円、タイ釣り700円）　交 高松自動車道引田ICから車で約7分
P 50台

INFO　2月下旬から3月3日の約1週間、「引田ひなまつり」が開催される。引田の町並み一帯のおよそ60軒に「引田飾り」と呼ばれる独特の飾り付けをした雛人形が並び、町を華やかに演出する。

触れ合え過ぎ!? とにかく自由な動物園 MAP 別冊P.4-B2

しろとり動物園
しろとりどうぶつえん

ホワイトタイガー、ゾウ、放し飼いにされたウサギなど約70種類の動物に出合える。触れ合い体験が充実しており、餌やりや動物との握手会をはじめ、雨天でも屋内施設にて32種類の動物と触れ合うことが可能。

時期によってはキュートな赤ちゃんタイガーと写真が撮れるかも

日本で唯一の人形劇のテーマパーク MAP 別冊P.4-A2

とらまるパペットランド
とらまるぱぺっとらんど

プロの人形劇を公演する「人形劇場とらまる座」、人形を操って人形劇体験ができる「とらまる人形劇ミュージアム」、中世ヨーロッパの町並みを2分の1サイズで再現した「ミニチュア児遊館」の3館からなる。

「人形劇場とらまる座」では年間100公演以上のプロの人形劇が開催される

パワースポットとしても知られる MAP 別冊P.4-A2

水主三山（虎丸山・本宮山・那智山）
みずしさんざん（とらまるやま・ほんぐうさん・なちさん）

地元では信仰の山として支持される。かつて山城があった虎丸山、願いをかなえるという巨岩「くじら石」が鎮座する本宮山、瀬戸内海が遠望できる那智山。ハイキングや登山にも最適。歩きやすい装備で登ろう。

三山のなかで最も高い虎丸山は標高417m。登山口から山頂まで約1時間

手袋愛が詰まった資料館 MAP 別冊P.4-B2

香川のてぶくろ資料館
かがわのてぶくろしりょうかん

手袋シェア日本一の東かがわ市で130年以上続く手袋産業の歴史がわかる。手袋に関連した貴重な資料が展示されるなか、トップアスリートが実際に使用したグローブも並ぶ。手袋のアウトレット店も併設する。

手袋が香川県を代表する産業となった軌跡を写真や当時の品々で振り返る

しろとり動物園
住香川県東かがわ市松原2111
TEL0879-25-0998
開9:30～17:00（最終入園16:00、時期により変動）
休水曜（月2回） 料1500円
交JR讃岐白鳥駅から車で約5分。高松自動車道引田ICから車で約8分 P150台

とらまるパペットランド
住香川県東かがわ市西村1155
TEL0879-25-0055
開人形劇場とらまる座は公演スケジュールにより変動あり、とらまる人形劇ミュージアム10:00～17:00（最終入館16:00）、ミニチュア児遊館9:00～17:00
休月曜（祝日の場合は翌日）、不定休（おもに第2・4火曜）
料人形劇場とらまる座650円、とらまる人形劇ミュージアム650円、ミニチュア児遊館300円（料金改訂の可能性あり） 交JR三木駅から車で約8分。高松自動車道白鳥大内ICから車で約6分 P200台

水主三山（虎丸山・本宮山・那智山）
住香川県東かがわ市水主
TEL0879-26-1276（東かがわ市観光協会） 開散策自由
交高松自動車道白鳥大内ICから車で約9分（那智山麓まで）
Pなし

那智山にはふたつの赤い鳥居がある。ふたつ目の鳥居は展望がいい

香川のてぶくろ資料館
住香川県東かがわ市湊1810-1
TEL0879-25-3208（日本手袋工業組合） 開10:00～17:00（最終入館16:30、手袋のアウトレット店は～18:00） 休11月23日 料無料
交JR讃岐白鳥駅から徒歩約10分。高松自動車道白鳥大内ICまたは引田ICから車で約6分 P200台

日本を代表するスポーツ選手が使った、東かがわ産の手袋がずらり

INFO 春になるとJR讃岐白鳥駅から車で約5分の山の斜面に出現する、富士山をかたどったシバザクラの花畑「芝桜富士」。なんと個人の手で造られている私設公園で、年々進化している。見頃は例年4月中旬～下旬。

瀬戸大橋が架かる四国の玄関口

MAP 別冊P.12-13・15・26

坂出市 さかいでし

人口 4万8864人 面積 92.49㎢

本州と四国をつなぐ瀬戸大橋には高速道路と鉄道が通る

高松市の西に隣接し、香川県の中央部に位置する。古くから塩作りが行われ、かつては塩の町として名をはせていた。江戸時代から埋め立てや干拓が進んだ海岸沿いには大々的に塩田が広がっていたが、昭和40年代に塩田は廃止。一帯は番の州工業地帯や林田工業地帯が造成され、県内最大級のコンビナート地帯となる。1988（昭和63）年に岡山県倉敷市とつながる瀬戸大橋が開通し、本州と四国を結ぶ交通と鉄道の要所に。塩飽（しわく）諸島の一部も同市に所属し、与島（よしま）や櫃石島（ひついしじま）など瀬戸大橋でつながる島もある。

坂出市の歩き方

坂出市は絶景スポットの宝庫。山頂展望台や海沿いのエリアには、車を使うとスムーズにアクセスできる。瀬戸大橋の迫力を間近に感じたいなら、瀬戸大橋記念公園や与島パーキングエリアへ行ってみよう。JR坂出駅から徒歩圏内には、地場産業の資料館や博物館など、ミュージアムが豊富。醤油画資料館など、ほかではなかなか見られないユニークな資料館にもぜひ立ち寄りたい。詳細は（→P.163）へ。また、埋立地のためフラットな地形の坂出市中心部はサイクリングにもうってつけ。レンタサイクルでゆるりと回るのもいい。市内を約45分で一周する循環バス（1回乗車200～300円）も活用しよう。

瀬戸大橋のほぼ中央に位置する与島パーキングエリア

行き方

（車）JR高松駅から中心部まで、さぬき浜街道経由で約21.4km、約37分。高速道路でアクセスする場合は高松自動車道坂出ICを利用。高速道路を使うほうが遠回りになり、基本的に一般道で移動したほうが早い。

（電車）JR高松駅からJR坂出駅までJR予讃線快速で15分前後。快速マリンライナーは1時間に2本、快速サンポート南風リレー号は1時間に1本運行。各駅停車の場合は約30分、1時間に2～3本運行する。

観光案内所

坂出市観光案内所
MAP 別冊P.15-D2
住 香川県坂出市元町1-1-1（JR坂出駅構内）
TEL 0877-45-1122
開 9:00～17:30 休 なし
レンタサイクルもある。普通自転車は200円。500円で電動自転車やスポーツバイクも選べる。

ドライブプラン

- 坂出IC
  - ↓ 車 約15分
- 瀬戸大橋記念公園
  - ↓ 徒歩 約3分
- 香川県立東山魁夷せとうち美術館（→P.163）
  - ↓ 車 約14分
- 鎌田共済会郷土博物館（→P.156）
  - ↓ 車 約20分
- 城山展望台

坂出市にある お遍路札所

- 天皇寺（第79番札所）
- 白峯寺（第81番札所）

INFO 瀬戸大橋記念公園の西側にあった沙弥島（しゃみじま）は、かつて坂出の沖約4kmに浮かぶ塩飽諸島のひとつであったが、1967（昭和42）年に番の州工業地帯の埋め立てで地続きとなった。

おもな見どころ

瀬戸大橋のたもとの好ロケーション MAP 別冊P.12-B1

瀬戸大橋記念公園
せとおおはしきねんこうえん

1988（昭和63）年に開催された瀬戸大橋架橋記念博覧会の香川会場跡地を整備した海浜公園。水と緑に囲まれた10.2haの広い園内には「芝生広場」や「瀬戸大橋記念館」など、さまざまな施設を有する。「こども広場」には遊具があり、家族連れも多い。また、公園に隣接する回転式展望タワーの「瀬戸大橋タワー」も人気。地上108mの高さから瀬戸大橋や瀬戸内海を360度の大パノラマが楽しめる。隣接地には「香川県立東山魁夷せとうち美術館」（→P.163）もあるので、あわせて訪れたい。

市民の憩いの場にもなっている。広場以外に、天然芝の球技場などスポーツ施設もある

敷地内にそびえる「瀬戸大橋タワー」。ドーナツ型の展望室は100人乗りで、ゆっくりと5回転する

朝鮮式山城の遺構が点在する山 MAP 別冊P.13-C1

城山展望台
きやまてんぼうだい

国指定の史跡となっている、古代山城の遺跡が残る標高462mの山。山頂の展望台からは、瀬戸内海や讃岐平野を見渡せる。車で乗り入れ可能だが、滝や渓流などの自然を満喫しながらトレッキングするのもいい。

山頂にある展望台にはシンボルツリーの1本エノキも

瀬戸大橋記念公園
住香川県坂出市番の州緑町6-13 TEL0877-45-2344 開散策自由（瀬戸大橋記念館は9:00～17:00、最終入館16:30、瀬戸大橋タワーは9:00～17:00、最終入場16:20） 休なし（瀬戸大橋記念館、瀬戸大橋タワーは月曜、祝日の場合は翌日） 料無料（瀬戸大橋タワーは800円） 交JR坂手駅から琴参バス瀬居線で約20分、バス停沙弥島万葉会館下車、徒歩約5分。高松自動車道坂出ICから車で約15分 P430台

城山展望台
住香川県坂出市府中町 TEL0877-44-5103（坂出市産業観光課） 開散策自由 交JR坂手駅から車で約20分。高松自動車道坂出ICから車で約16分 Pあり

こちらもCHECK!

与島パーキングエリア
瀬戸大橋が架かる島のなかで、唯一車で降りることができる。フードコートやみやげコーナーなどが揃うほか、敷地内には遊歩道も整備されていてビューポイントも多数。
MAP 別冊P.12-B1
住香川県坂出市与島町西方587
TEL0877-43-0226 開フードコート、売店8:00～21:00（土・日曜・祝日は7:30～21:30）、インフォメーション9:00～17:00 休なし 交瀬戸中央自動車道坂出ICから車で約12分 P338台

瀬戸内海に沈む夕日が美しいことでも知られる

▶▶ 讃岐っこcolumn ◀◀

瀬戸大橋スカイツアー

普段は立ち入ることができない、瀬戸大橋の橋台内を歩くアクティビティ。所要は約2時間30分、管理用通路や主塔などをガイドとともに見学する。タイミングが合えば、橋を駆け抜ける電車が真横に見られることも。ツアーのクライマックスは、海面から175mの高さにある塔頂へ。めったに見ることのできない光景に、感動必至。ただし高所恐怖症の人にはおすすめできない……。

塔頂175mからの眺望は、さながら鳥の視点のようだ

瀬戸大橋スカイツアー
MAP 別冊P.12-B1
住香川県坂出市与島町587（瀬戸中央自動車道与島PA内スカイツアー事務局）
催春と秋の木～日曜、祝日（1日2回、開催日は時期により変動）※詳細はウェブサイト（www.jb-honshi.co.jp/skytour）を参照
料平日5000円、休日6000円（指定ウェブサイトより要事前予約）

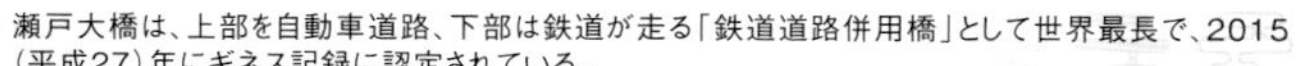
INFO 瀬戸大橋は、上部を自動車道路、下部は鉄道が走る「鉄道道路併用橋」として世界最長で、2015（平成27）年にギネス記録に認定されている。

歌碑と石灯籠が導く　MAP 別冊P.26-A2

西行法師の道
さいぎょうほうしのみち

流刑地の讃岐で崩御した崇徳天皇を慕って御陵を訪れた僧侶、西行。参拝の際に通ったといわれる青海神社から白峯御陵までの約1.34kmの参道には、石燈籠93基や西行法師と崇徳天皇の歌碑88基が並ぶ。

当時は舗装もなく険しい道だったと伝えられる。道中には830段もの石段も

西行法師の道
住香川県坂出市青海町
TEL0877-44-5103(坂出市産業観光課)
開散策自由
交JR坂出駅から車で約17分。高松自動車道府中湖スマートICから車で約20分
Pあり

坂出市の塩作りの歴史を学ぶ　MAP 別冊P.13-C1

坂出市塩業資料館
さかいでしえんぎょうしりょうかん

塩業が盛んだった坂出市の塩作りの歴史を紹介。館内には3つのゾーンがあり、入浜式塩田を中心に当時使われていた道具や資料がリアルな模型とともに展示される。館内にある巨大な岩塩の地球儀にも注目。

生活のなかで幅広く使われる塩について新たな発見が得られるかも

坂出市塩業資料館
住香川県坂出市大屋冨町1777-12
TEL0877-47-4040
開9:00～17:00(最終入館16:30)
休月曜(祝日の場合は翌日)、祝日の翌日
料200円
交JR坂出駅から車で約13分。高松自動車道坂出ICから車で約17分
P10台

実業家の鎌田勝太郎が設立した博物館　MAP 別冊P.15-D2

鎌田共済会郷土博物館
かまだきょうさいかいきょうどはくぶつかん

1925（大正14）年に開館し、図書館として70年間使用された後博物館になった。約6万点もの資料を収蔵、展示する。坂出塩田の父と称される久米通賢（くめみちかた）の資料も多く、「星眼鏡」などの重要文化財も所蔵。

天文学や測量の分野でも活躍した久米通賢の自作と伝わる天体望遠鏡「星眼鏡」

鎌田共済会郷土博物館
住香川県坂出市本町1-1-24
TEL0877-46-2275
開9:30～16:30(最終入館16:00)
休月曜・祝日
料無料
交JR坂出駅から徒歩約8分。高松自動車道坂出ICから車で約5分
P15台

▶▶ 讃岐っこcolumn ◀◀

銘菓、名物かまど

塩業で栄えた坂出市の銘菓といえば、地元では「か～ま～ど～♪」のテレビCMでおなじみの和菓子「名物かまど」が有名。その名のとおり、塩を炊くかまどを模したころっとしたフォルムが印象的で、中には大手亡豆（白いんげん豆）と県産卵の卵黄で炊き上げた黄身あんがたっぷり。昔ながらの素朴な甘さが特徴だ。新茶や栗あんなど季節限定のフレーバーも登場する。

3個パック272円から60個6000円まで、サイズも豊富に展開

名物かまど総本店
MAP 別冊P.13-C1
住香川県坂出市江尻町1247
TEL0877-46-6600
営9:00～19:00　休なし
交JR八十場駅から徒歩約15分。高松自動車道坂出ICから車で約10分
P32台

坂出の老舗醤油メーカー「鎌田醤油」は教育文化事業にも取り組んでおり、鎌田共済会郷土博物館ほか、小沢剛 讃岐醤油画資料館、四谷シモン人形館 淡翁荘(→P.163)などを支援する。

うちわや骨付鳥で名をはせる

丸亀市 まるがめし

MAP 別冊P.12-13・15

人口 10万8096人　面積 111.83㎢

手前は丸亀城の大手二の門と一の門。奥の石垣の上には天守が立つ

香川県中西部にある県内第2の都市。町の中心にそびえ立つ丸亀城の城下町として、また金刀比羅宮の参拝口の港町としてにぎわった。瀬戸内海に浮かぶ塩飽(しわく)諸島のうち本島(ほんじま)など5つの有人島も丸亀市に属する。2005（平成17）年の平成の大合併で綾歌町、飯山町と合併し、現在の市域に。中心部を南北に土器川が流れ、讃岐平野の一部である平野部は田園風景も広がる。東の飯野山、南の堤山はいずれも讃岐七富士をなす。江戸時代に発案された伝統工芸品「丸亀うちわ」の製造が盛んで、うちわの生産は全国の9割を占める。

丸亀市の歩き方

JR丸亀駅から丸亀城周辺が町の中心部。駅から丸亀城までは徒歩で約15分とコンパクトに回れるので、ご当地グルメを味わいつつ町歩きを楽しむのもいい。駅を出るとレンタサイクル店や観光タクシー、コミュニティバスの発着所がある。駐車場完備の施設が多いので、車での移動も選択肢のひとつ。丸亀城には事前予約でうちわ作り体験（→P.49）ができる施設もある。産地ならではの製作体験は、思い出づくりにぴったりだ。中心部から離れると田畑が広がり、おもな移動は車になる。バスの便数は少ないので注意が必要。塩飽諸島へは丸亀港からフェリーもしくは旅客船で向かう。詳細は（→P.160）へ。

丸亀城からは「讃岐富士」の愛称で知られる飯野山や市街が見渡せる

行き方

JR高松駅から中心部まで、さぬき浜街道を通って約28.2km、約1時間。高松自動車道を利用する場合は坂出ICで降り、約32.8km、約1時間。

JR高松駅からJR丸亀駅までJR予讃線で約35～44分。快速の場合は約24～28分。

観光案内所

丸亀市観光案内所
MAP 別冊P.15-C3
住 香川県丸亀市新町6-2（JR丸亀駅構内）
TEL 0877-22-0331
開 9:00～17:30　休 なし
観光案内所はJR丸亀駅改札口を出てすぐのほか、丸亀城内にもある。

ドライブプラン

- 坂出IC
  ↓ 車 約13分
- 丸亀城（→P.158）
  ↓ 徒歩 約3分
- 丸亀市立資料館（→P.158）
  ↓ 車 約11分
- 中津万象園（→P.158）
  ↓ 車 約7分
- 丸亀市猪熊弦一郎現代美術館（→P.162）

JR丸亀駅から徒歩約5分の所にある「太助灯籠」

INFO 丸亀港にある大きな灯籠は、江戸時代に船で来るこんぴら参りの参拝客を迎えていた港のシンボル。製作に際して最高額を寄付した「塩原太助」の名にちなみ「太助灯籠」と呼ばれる。

400年の歴史をもつ石垣の名城

MAP 別冊P.15-C3

丸亀城
まるがめじょう

讃岐国領主、生駒親正（いこまちかまさ）が亀山に築城した歴史ある名城。1597（慶長2）年から5年の年月をかけて完成した。4層に重なり約60mある石垣が日本一の高さを誇ることから、「石の城」とも呼ばれる。現存する12の木造天守のなかで最も小さい天守は重要文化財に指定されており、最上階からは丸亀市街や瀬戸内海が一望できる。二の丸には日本一深い井戸があり、城内に3つの日本一が揃う。そのほか、大手一の門から太鼓をたたいて周囲に時刻を知らせていたという江戸時代の風習、時太鼓の打ち鳴らし体験も見逃せない。

高さ15m、3層3階の丸亀城天守

4層に重なる日本随一の石垣。扇の勾配と呼ばれる反り立つ曲線が美しい

丸亀の歴史と伝統を知る

MAP 別冊P.15-C3

丸亀市立資料館
まるがめしりつしりょうかん

丸亀に関する歴史や美術工芸品、民俗資料などを展示。丸亀藩京極家初代藩主の京極高和（きょうごくたかかず）像や讃岐国絵図など貴重な文化財が保管されているほか、伝統工芸品の丸亀うちわについても知ることができる。

丸亀城内にあるので、丸亀城とあわせて訪れたい

森羅万象に由来する名をもつ大名庭園

MAP 別冊P.15-C3

中津万象園
なかづばんしょうえん

1688（貞享5）年、丸亀藩京極家2代目藩主の高豊（たかとよ）が、京極家先祖の地、近江八景になぞらえて築いた回遊式庭園。樹齢600年以上という大傘松や、現存日本最古の煎茶室「観潮楼」などがある。

美しい景観の庭園で、結婚式や前撮りする人も多い

丸亀城

住 香川県丸亀市一番丁
TEL 0877-25-3881（丸亀城内観光案内所） 開 散策自由（天守は9:00～16:30、最終入城16:00）
休 なし 料 無料（天守200円）
交 JR丸亀駅から徒歩約15分。高松自動車道坂出ICから車で約13分
P 50台

大手門の間の石垣にある「幸運のハート石」。触ると良縁に恵まれるという

丸亀市立資料館

住 香川県丸亀市一番丁（丸亀城内）
TEL 0877-22-5366
開 9:30～16:30 休 月曜
料 無料（企画展は有料の場合あり）
交 JR丸亀駅から徒歩約14分。高松自動車道坂出ICから車で約14分
P 50台（丸亀城と共通）

中津万象園

住 香川県丸亀市中津町25-1
TEL 0877-23-6326
開 9:30～17:00（最終入園16:30）
休 水曜（祝日の場合は開園）
料 700円 交 JR丸亀駅から車で約8分。高松自動車道善通寺ICから車で約13分 P 100台

その名のとおり、傘を広げたような形の大傘松。直径は約15m

こちらもCHECK!

丸亀うちわミュージアム

2023年、中津万象園内に移転したうちわの博物館。江戸時代からこんぴら参りの定番みやげだった丸亀うちわの歴史や文献を展示する。職人によるうちわ製作の実演や製作体験（前日までの予約制）もある。
MAP 別冊P.15-C3
住 香川県丸亀市中津町25-1（中津万象園北側）
TEL 0877-24-7055
開 9:30～17:00（最終入館16:30）
休 水曜（祝日の場合は翌日）
料 無料（製作体験1000円）

INFO 丸亀城には、吉本興業に所属のお笑い芸人が俥夫を務める「丸亀城お笑い人力車」（1000円、要予約）がある。城の知識が豊富なうえ、軽快なトークも楽しめる。

1日中楽しめる！ 四国随一のテーマパーク MAP 別冊P.13-C2

レオマリゾート
れおまりぞーと

約20種のアトラクションがあり、夏には中四国最大級のプールが登場する。日本一長いエスカレーターを上がった先にある「オリエンタルトリップ」にはアジアの遺跡や建物が忠実に再現され、春と秋の「大バラまつり」など季節の花々も咲き誇る。また、夜の3Dプロジェクションマッピングが好評。併設のホテル「レオマの森」のバイキングや温泉もおすすめだ。

人気キャラクターが総出演の「ファンタスティックシャイニングパレード」も見逃せない

レオマリゾート
住香川県丸亀市綾歌町栗熊西40-1
TEL0877-86-1071
開10:00～16:00（曜日や時期により変動）
休火曜（祝日、繁忙期を除く）
料2000円（フリーパス4300円、夏期プール利用は別料金）
交ことでん岡田駅から車で約6分（無料シャトルバスあり）。高松自動車道坂出ICから車で約22分
P4100台

おむすびのような円錐型の「讃岐富士」 MAP 別冊P.15-D3

飯野山
いいのやま

讃岐七富士のひとつで、丸亀市と坂出市の境にまたがる。標高約422m、登山初心者でも気軽に登れる山として知られ、1時間程度で登頂が可能。広葉樹を中心とした森が広がり、標高100m以上は瀬戸内海国立公園、風景林に指定されている。飯野山を作ったとされる大男「おじょも」の伝説があり、山頂展望台にはその足跡が残る。

おもな登山道は、北側の坂出ルート、南側の飯山町ルート、西側の飯野町ルートの3つ

飯野山
住香川県丸亀市・坂出市
TEL0877-25-3881（丸亀城内観光案内所） 開散策自由
交JR丸亀駅から琴参バス丸亀東線で約25分、バス停飯野山登山口下車。高松自動車道坂出ICから車で約10分（飯野町登山口まで） Pあり（飯山町ルート、飯野町ルートに）

名物グルメ

骨付鳥

鶏の骨付きモモ肉を、1本まるごと豪快に焼いた丸亀市のソウルフード。「一鶴（いっかく）」がその発祥とされ、今では市内の多くの店でメニュー化されている。

一鶴 丸亀本店
MAP 別冊P.15-C3
住香川県丸亀市浜町317
TEL0877-22-9111
営11:00～14:00、17:00～22:00（土・日曜、祝日は11:00～22:00） 休火曜（祝日の場合は営業） Pなし

▶▶ 讃岐っこcolumn ◀◀

丸亀おいり

西讃地方に伝わる伝統の嫁入り餅菓子。もち米をついたものを乾燥させ、炒って作ることが「おいり」の名の由来という。初代丸亀藩主の生駒親正の姫がお輿入れする際に献上されたことが始まりとされる。地元では結婚式の引き出物や、嫁入り先の近所へのあいさつ回りで配ることも多い。直径1cmほどのかわいらしい球状の「おいり」は、口に入れるとふわりと溶ける軽い食感が特徴。淡いピンクや黄、緑などカラフルで華やかな色合いも相まって人気があり、おみやげにもおすすめ。近年、さまざまなスイーツのトッピングにも使われている。

フォルムもカラーも愛らしい縁起物のお菓子

御菓子司 寳月堂（ほうげつどう）
MAP 別冊P.15-C3 住香川県丸亀市米屋町16
TEL0877-23-0300 営9:00～17:30（水曜は～17:00） 休なし 交JR丸亀駅から徒歩約7分。高松自動車道坂出ICから車で約14分 Pあり

INFO 丸亀市の公式観光キャラクター「とり奉行骨付じゅうじゅう」は、骨付鳥をPRするために考案された。汗と思われるものは「肉汁」らしい。

塩飽水軍の歴史と島文化に触れる

塩飽諸島ってどんなとこ？

古くから海上交通の要衝にあった塩飽諸島。戦国時代に活躍した「塩飽水軍」の本拠地としても知られる。そんな塩飽諸島のなかから、丸亀市に所属する5つの有人島をご紹介。

塩飽諸島とは？

備讃瀬戸（びさんせと）にある大小28の島々で構成。周囲は潮流が速く、潮が湧くかのように見えるため「しわく」と呼ぶという説もある。島の船乗りは激しい潮流のなか操船する技術に優れ、戦国時代には「塩飽水軍」として天下人にも評価されていた。

塩飽5島へのアクセス

各島へは丸亀港からフェリーか旅客船で渡る。丸亀港へはJR丸亀駅から徒歩約6分、坂出ICから車で約17分。本島、牛島へは丸亀港から「本島汽船」で。広島、小手島、手島へは「備讃フェリー」を利用。いずれも便数は少なく、1日1便しか運航のない島も。車両も移動できるフェリーの数はさらに減り、フェリー運航のない島もあるので、車での移動は推奨しない。曜日や期間限定で運行スケジュールは異なるので事前に確認しておこう。

丸亀港
MAP 別冊P.15-C3
本島汽船
TEL 0877-22-2782

備讃フェリー
TEL 0877-22-3318

1

島DATA

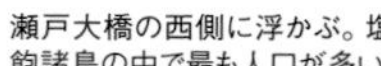
面積 6.75km² 周囲 16.4km

Quick! 島内の歩き方

レンタサイクルでの移動がおすすめ。本島の港すぐ、本島汽船待合所で自転車を貸し出している(1日500円～)。車の乗り入れもできるが、フェリー本数は少ないので注意。

瀬戸大橋の西側に浮かぶ。塩飽諸島の中で最も人口が多い

貴重な文化財が残る塩飽諸島の中心島

本島

ほんじま

MAP 別冊P.12-B1

かつて塩飽水軍の本拠地であった島。腕利きの船乗りを多く輩出し、戦国時代から江戸時代にかけて栄華を極めた。島内には塩飽諸島すべての政務を担った「塩飽勤番所」や、塩飽大工の技が光る町家が現存する「笠島まち並保存地区」などがあり、往時の繁栄ぶりをしのばせる。

住 香川県丸亀市本島　交 丸亀港から本島汽船のフェリーで約35分、1日4便。旅客船で約20分、1日4便。大人片道560円

❶重要伝統的建造物群保存地区に選ばれている「笠島まち並保存地区」❷島ならではののどかな風景も堪能したい ❸「塩飽勤番所」は歴史資料館となっている。信長、秀吉、家康らの朱印状は必見 ❹長徳寺の境内にたたずむ、樹齢450年を超えるモッコクの大樹 ❺本島港から徒歩約5分の「泊海水浴場」。瀬戸大橋を真横から望める ❻島の西部にある「ゆるぎ岩観音」。観音像の上にある岩が動いたことが由来

2

3

4

5

6

夏は葦（よし）で覆われ、秋になると姿を現わす「池神社湿原」

時間が止まったかのような風景が広がる

牛島 うしじま

MAP 別冊P.12-B1

里浦と小浦のふたつの集落からなる小島。水源に恵まれ、田畑にため池が点在し、秋には湿原も現れる。江戸時代には「内海の海上王」と呼ばれた豪商、丸尾五左衛門が屋敷を構えていた。

住香川県丸亀市牛島 交丸亀港から本島汽船の旅客船で約15分、往路は1日1便のみ（復路は1日2便）。大人片道490円

島DATA

面積 0.84km² 周囲 4.2km

塩飽諸島で4番目に小さな島。現在の島民は8人

Quick! 島内の歩き方

フェリーの運航はないため、車での乗り入れはできない。すべて徒歩での移動になる。

青木石で造られた4.5mもの石垣の上に立つ「尾上邸」

採石が盛んな塩飽諸島最大の有人島

広島 ひろしま

MAP 別冊P.12-B1

徳川幕府が大坂城を築城した際に使ったという「青木石」の産地として有名。青木石の石垣が見事な「尾上邸」をはじめ、観光には自転車が便利だ。コミュニティバス（200円）も利用しよう。

住香川県丸亀市広島 交丸亀港から備讃フェリーのフェリーで約45分、1日3〜4便。旅客船で約21分、1日5〜6便。大人片道580円

島DATA

面積 11.72km² 周囲 18.6km

その名の示すとおり、塩飽諸島で最も広い島

Quick! 島内の歩き方

江の浦港待合所でレンタサイクルが借りられる（1日500円〜）。コミュニティバスも運行。

島民の手作りアートが出迎える

小手島 おてしま

MAP 別冊P.12-A1

島おこしの一環として、島民オリジナルアートが島のあちこちで見られる。イカナゴやタコ、カニなど漁業が盛んで、活魚料理は絶品。3月下旬から4月上旬には「源平桃」が見頃を迎える。

住香川県丸亀市広島町小手島 交丸亀港から備讃フェリーのフェリーで約1時間26分、1日1〜2便。旅客船で約42分、1日1〜3便。大人片道710円

島DATA

面積 0.53km² 周囲 3.8km

塩飽諸島で最小の島。江戸時代に入植するまで無人島だった

Quick! 島内の歩き方

徒歩での移動が基本になる。島内はかなり坂道が多いので、歩きやすい靴で訪れよう。

1本の木に紅白の花が咲く「源平桃」。春は島が紅白に色付く

平家の落人が移り住んだと伝わる

手島 てしま

MAP 別冊P.12-B1

豊かな漁場があり釣り客に人気。一度は幻となった唐辛子「香川本鷹」を復活させ、今や島の特産品になっている。飛行機の木製プロペラが奉納されている「八幡神社」は見どころのひとつ。

住香川県丸亀市手島 交丸亀港から備讃フェリーのフェリーで約1時間45分、1日2〜3便。旅客船で約52分、1日1〜3便。大人片道780円

島DATA

面積 3.41km² 周囲 10.9km

丸亀港から北西へ21kmに位置。ヒマワリや紅葉など、四季の彩りが豊か

Quick! 島内の歩き方

島内は徒歩移動になる。フェリー運航もあるが本数は少なく、車で島へ行くのは難しい。

「八幡神社」のプロペラは手が届く高さにあり、実際に回すことが可能

「アート県香川」ならではのスポットを紹介！

丸亀市&坂出市の個性派ミュージアム

香川県には特色あるミュージアムがたくさんある。なかでも、芸術性だけでなく独創性もほかとは一線を画す丸亀・坂出エリアのミュージアムは粒揃いで、どれも見応えあり。

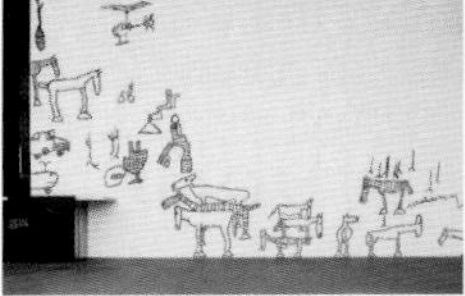

❷

❸

❹

❶

❶モダンな外観は駅前のシンボル。閉館後、ライトアップされる姿も美しい　❷猪熊の巨大壁画『創造の広場』やオブジェが出迎えるゲートプラザ　❸自然光が降りそそぐ1階エントランスホール　❹2階の展示室。猪熊本人が寄贈した作品を堪能しよう　❺3階にある「カフェMIMOCA」では地産品の物販も行う
※いずれも撮影：増田好郎

丸亀

駅前美術館で現代アートに親しむ

丸亀市猪熊弦一郎現代美術館

MAP 別冊P.15-C3

まるがめしいのくまげんいちろうげんだいびじゅつかん

1991（平成3）年、JR丸亀駅前に開館。香川県出身の画家、猪熊弦一郎の作品を約2万点所蔵する。世界的建築家の谷口吉生（たにぐちよしお）が設計。アーティストと建築家の理念が緻密に表現されている。常設展示のほか、年に数回企画展もある。

住香川県丸亀市浜町80-1
TEL0877-24-7755　開10:00～18:00（最終入館17:30）　休月曜（祝日の場合は翌平日）、臨時休館あり
料300円（企画展は別料金）
交JR丸亀駅から徒歩約1分。高松自動車道坂出ICから車で約15分
Pあり（JR丸亀駅前地下駐車場を利用）

❺

1

2

丸亀

大名庭園の中にたたずむ美術館

丸亀美術館

MAP 別冊P.15-C3

まるがめびじゅつかん

池泉回遊式の大名庭園、中津万象園（→P.158）の中に立つ。バルビゾン派の絵画を鑑賞できる「絵画館」と、中東で出土した陶器や土器、ガラス器を展示する「陶器館」がある。

住香川県丸亀市中津町25-1
TEL0877-23-6326　開9:30～17:00（最終入館16:30）
休水曜（祝日の場合は開館）
料庭園と陶器館700円、絵画館500円（特別展は別料金）　交JR讃岐塩屋駅から徒歩約13分。坂出ICから車で約22分　P100台

3

❶ミレーやルソーらの絵画が集まる絵画館。ただし、特別展期間はバルビゾン派の作品は展示されない　❷絵画館には、バルビゾン七星の絵画ほか日本画もある　❸庭園の景観の一部としてなじむ、平屋建て数奇屋風の建物

❶東山の代表作『道』を彷彿させるアプローチ　❷ラウンジからは、瀬戸内海や東山が配色を提案したライトグレーの瀬戸大橋が大パノラマで望める　❸1階展示室の様子。展示内容は展覧会によって異なる　❹ミュージアムショップには収蔵品をモチーフにしたオリジナルグッズが並ぶ

坂出

瀬戸内の絶景と建築、コレクションを堪能

香川県立東山魁夷せとうち美術館

MAP 別冊P.12-B1

かがわけんりつひがしやまかいいせとうちびじゅつかん

香川県ゆかりの日本画家、東山魁夷の版画作品を中心に所蔵し、多様なテーマで展示する。瀬戸大橋記念公園（→P.155）に隣接し、美術館の目の前が瀬戸内海という抜群のロケーションも魅力。

住香川県坂出市沙弥島南通224-13　TEL0877-44-1333　開9:00～17:00（最終入館16:30）　休月曜（祝日の場合は翌日）、展示替えなどによる臨時休館あり　料310円（特別展は別料金）　交JR坂出駅から琴参バス瀬居線で約20分、バス停東山魁夷せとうち美術館下車、徒歩約1分。高松自動車道坂出ICから車で約16分　P約300台（瀬戸大橋記念公園西駐車場）

坂出

醤油画の始まりは弘法大師!?

小沢剛 讃岐醤油画資料館

MAP 別冊P.15-D2

おざわつよし さぬきしょうゆがしりょうかん

美術家の小沢剛による醤油画作品を展示。坂出の老舗、鎌田醤油の前社長が小沢の作品と出合ったことに端を発する。小沢が美術史上の名作を醤油で描いた、どこかユーモラスな作品は必見。

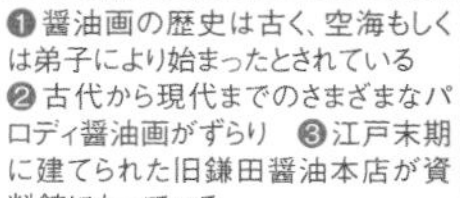

❶醤油画の歴史は古く、空海もしくは弟子により始まったとされている　❷古代から現代までのさまざまなパロディ醤油画がずらり　❸江戸末期に建てられた旧鎌田醤油本店が資料館になっている

住香川県坂出市本町1-6-35　TEL0877-45-1111　開10:00～16:00　休月～木曜　料200円　交JR坂出駅から徒歩約6分。坂出ICから車で約7分　Pあり

❶迎賓館として使われていた建物の2階大広間に展示された『少年』と『少女』　❷小沢剛 讃岐醤油画資料館と同敷地内にある洋館

坂出

ミステリアスな人形たちが住まう洋館

四谷シモン人形館 淡翁荘

MAP 別冊P.15-D2

よつやしもんにんぎょうかん たんおうそう

俳優で人形作家の四谷シモンの人形23体に出合える。館内のあらゆる場所に展示された人形のなかには、1970（昭和45）年開催の日本万国博覧会（大阪万博）で展示された作品も。

住香川県坂出市本町1-6-35　TEL0877-45-1111　開10:00～16:00　休月～木曜　料500円　交JR坂出駅から徒歩約6分。高松自動車道坂出ICから車で約7分　Pあり

かつて塩業で繁栄した海沿いの町

宇多津町 うたづちょう

人口 1万8751人　面積 8.1㎢

行き方

JR高松駅から中心部までさぬき浜街道を通って約25km、約50分。高速道路を利用する場合は、高松自動車道の坂出ICで降りる。ただし、所要時間は一般道を通るのとほぼ変わらない。

JR高松駅からJR宇多津駅までJR予讃線で30〜40分。快速なら約20分。各駅停車は1時間に平均2本、快速は1時間に1本は運行している。

四国水遊館がある宇多津臨海公園内に復元された入浜式塩田（→別冊P.33）

瀬戸内海に面した宇多津町は、日本有数の塩の産地として栄えていた。海岸線に沿って大規模な入浜式塩田地帯となっていたが、製塩技術の発達により1972（昭和47）年に製塩事業は完全停止。広大な塩田跡地は瀬戸大橋の開通にともなって再開発され、近代的な都市へと変貌していく。その一方、歴史的建築物が点在する古街エリアは風情ある景観を残す。新旧の魅力が共存する臨海都市として独自の進化を続け、香川県内最小の町ながら、人口密度と人口増加率は県内トップを誇る。

おさんぽプラン

- JR宇多津駅
  - ↓ 約15分
- 四国水族館
  - ↓ 約1分
- 天空のアクアリウム ソラキン（ゴールドタワー）
  - ↓ 約30分
- 宇多津古街

古街の道路脇は燻しれんがが敷かれている。「古街」の刻印があるものも

宇多津町の歩き方

JR宇多津駅が移動の起点となる。沿岸部の四国水族館やゴールドタワー、内陸部の古街エリア、いずれも駅から徒歩20分以内と好立地。駅南口すぐの「ホテルアネシス瀬戸大橋」では1日1000円（半日500円）で電動レンタサイクルの貸し出しをしている。台数が少ないので、利用するなら事前予約が確実だ。大きな施設は駐車場完備なので車での移動も安心。古街を散策するなら、駅前にコインパーキングが充実しているので、駅付近に駐車するのがおすすめ。町の中心部を少し離れると、車でアクセスできる青ノ山山頂展望台などの絶景スポットも。山頂までの道は少し幅が狭いので、対向車に注意して走ろう。

宇多津町にある お遍路札所

◆郷照寺（第78番札所）

725（神亀2）年に行基が開基した郷照寺。「厄除けうたづ大師」として親しまれる

ハーフミラー張りで黄金に輝くゴールドタワー。四国水族館が隣接する

INFO 宇多津町の香川短期大学前交差点には、香川県内初の環状交差点（ラウンドアバウト）がある。信号はなく、車は道路標識に従って時計回りに走行し、目的の方向に出ていく円形平面交差点。

おもな見どころ

四国を旅したくなる水族館へ行こう　MAP 別冊P.15-C2

四国水族館
しこくすいぞくかん

2020年に開館。「四国水景」をテーマに四国の海や清流、ため池などの自然環境を70の水景として表現。約400種、1万4000点の生物を展示する。時間経過によって変化する音や照明も必見。詳細は（→P.78）へ。

瀬戸内海をバックにしたモダンな建物

無数の金魚と光のコラボレーション　MAP 別冊P.15-C2

天空のアクアリウム ソラキン（ゴールドタワー）
てんくうのあくありうむ そらきん（ごーるどたわー）

高さ158mのゴールドタワーの展望塔が2020年にリニューアルしたアクアリウム施設。各階コンセプトの異なる展示で魅せる。瀬戸大橋を背に、金魚が空を舞っているかのような景観はここでしか見られない。

天気や時間帯により光の入り方が違うので、何回行っても楽しめる

古きよき港町の面影を残す　MAP 別冊P.15-D2

宇多津古街
うたづこまち

宇多津町役場の南側にある、鎌倉時代から室町時代にかけて基礎が整えられた町並み。「郷照寺」や「宇夫階（うぶしな）神社」をはじめとした神社仏閣や、「倉（くら）の館（やかた） 三（さん）角邸（かくてい）」などの歴史的建築物ほか、町家も数多く残る。

和風建築の隣に、印象的な三角屋根の洋館が立つ「倉の館 三角邸」

宇多津市街と瀬戸内海を望む　MAP 別冊P.15-D2

青ノ山山頂展望台
あおのやまさんちょうてんぼうだい

標高224mの青ノ山山頂にある展望台。昼は瀬戸大橋や瀬戸内海の多島美が、夜は眼下に広がる夜景が目を和ませる。遊歩道が整備され、遊具もあるので家族連れも多い。春はお花見スポットとしても人気が高い。

山からせり出すように設置された展望台。ベンチもある

四国水族館
住 香川県宇多津町浜一番丁4
TEL 0877-49-4590　開 9:00～18:00（最終入館17:30、時期により変動）　休 なし（冬期メンテナンス休館あり）　料 2400円
交 JR宇多津駅から徒歩約12分。高松自動車道坂出ICから車で約10分　P 有料223台

天空のアクアリウム ソラキン（ゴールドタワー）
住 香川県宇多津町浜一番丁8-1
TEL 0877-49-7070
開 10:00～18:00（最終入館17:30、土・日曜・祝日は～22:00、最終入館21:30）　休 なし　料 1500円
交 JR宇多津駅から徒歩約12分。高松自動車道坂出ICから車で約11分　P 300台

宇多津古街
住 香川県宇多津町（宇多津町役場南側周辺）　TEL 0877-49-8009（宇多津町まちづくり課）
開 散策自由　交 JR宇多津駅から徒歩約15分。高松自動車道坂出ICから車で約10分　P なし

青ノ山山頂展望台
住 香川県宇多津町青ノ山
TEL 0877-49-8009（宇多津町まちづくり課）　開 散策自由
交 JR宇多津駅から車で約10分。高松自動車道坂出ICから車で約12分（駐車場まで）。山頂へは駐車場から徒歩約5分　P 30台

こちらもCHECK!

聖通寺山展望台
標高約120mの聖通寺山（しょうつうじやま）山頂にある結婚式場「サン・アンジェリーナ」と一体化した展望台。「恋人の聖地」にも認定されている。
MAP 別冊P.15-D2
住 香川県宇多津町平山2719-1
TEL 0877-46-2000（サン・アンジェリーナ）　開 10:00～18:00（土・日曜・祝日は～19:00）
休 水曜（祝日の場合は開場）
料 無料　P あり

純白のブランコが「恋人の聖地」の雰囲気を盛り上げる

INFO
青ノ山は、飯野山（→P.159）と兄弟にたとえられる。兄の飯野山と背の高さで喧嘩になり、兄に頭を切られたことで弟の青ノ山の頂上が平らになった、というびっくり伝説がある。

弘法大師・空海の故郷

MAP 別冊P.32

善通寺市 ぜんつうじし

人口 3万426人 面積 39.93㎢

行き方

JR高松駅から中心部まで丸亀街道（県道33号）などで約30.4km、約1時間。さぬき浜街道と国道11号を経由するなら約38km、約1時間10分。高速道路の場合は約35.8km、所要約50分。高松自動車道の善通寺ICが最寄り。

JR高松駅からJR善通寺駅までJR予讃線とJR土讃線で約1時間。直通列車は1時間に1〜2本の運行。快速や特急などを乗り継げば45分前後で到着できる。

観光案内所

まんでがん おしゃべり広場
MAP 別冊P.32-B2
住 香川県善通寺市上吉田町2-1-9 TEL 0877-64-0012
開 9:00〜17:30（売店は〜17:00）
休 なし
JR善通寺駅から西へ徒歩約6分、アンテナショップと観光案内所を兼ね備える施設。

善通寺市観光交流センター
MAP 別冊P.32-A3
住 香川県善通寺市善通寺町2-8-23 TEL 0877-64-1250
開 9:00〜19:00 休 火曜
総本山善通寺から徒歩約3分。足湯があるのもうれしい。

おさんぽプラン

- JR善通寺駅
  ↓ 約17分
- 総本山善通寺
  ↓ 約11分
- 旧陸軍第11師団兵器庫（陸上自衛隊善通寺駐屯地倉庫）（→P.168）
  ↓ 約2分
- 乃木館（陸上自衛隊善通寺駐屯地資料館）（→P.168）
  ↓ 約15分
- 旧善通寺偕行社 （→P.168）

善通寺市のシンボル、五重塔のある総本山善通寺

香川県の北西部にある、西讃エリアの人口約3万の市。弘法大師、空海の生誕地として知られ、市内には5つの札所がある。特に有名なのが、言わずもがな総本山善通寺。2023年は空海生誕1250年のメモリアルイヤーで、さまざまな行事が行われた。明治時代には大日本帝国陸軍師団のひとつ、第11師団が本拠をおき、四国最大の軍都として発展。その一部は現在、陸上自衛隊善通寺駐屯地となっている。最近では観賞用の四角いスイカが有名。善通寺市が栽培に関する特許を取得している特産品だ。

善通寺市の歩き方

JR善通寺駅の西側が町の中心部。歩ける範囲に見どころが多い。確実におさえたいのは、やはり総本山善通寺。境内は広いので、十分に時間を確保しよう。総本山善通寺の南大門から陸上自衛隊善通寺駐屯地へと南下する通りは「ゆうゆうロード」と名づけられ、秋にはイチョウ並木の黄葉が美しい。周辺には旧陸軍第11師団に関わる建物がいくつも残されており、レトロな風景を眺めながら散策するのにうってつけ。駅から総本山善通寺への道中にある「まんでがん おしゃべり広場」でレンタサイクル（200円〜）を借りておけば、さらに移動も楽になる。また、市内そのほかの四国88ヵ所札所や、うどん店などを巡る場合は車が必須。

しっかりと幅のある歩道が整備された「ゆうゆうロード」

INFO JR善通寺駅の南東にある二頭出水（ふたがしらですい）。ふたつの場所から水が湧き出し、古くは農業用水として使われた。干ばつの際は水争いがあったが、現在はコイが泳ぐ憩いの場に。

おもな見どころ

真言宗善通寺派の総本山　MAP 別冊P.32-A3

総本山善通寺
そうほんざんぜんつうじ

東院の「金堂」は善通寺の本堂。1699（元禄12）年に再建

京都の東寺、和歌山の高野山と並ぶ、弘法大師三大霊跡のひとつ。807（大同2）年の創建から6年かけて建立され、後に西行法師や法然上人も訪れた。明治時代に善通寺と誕生院がひとつの寺となり、境内は約4万5000m²に及ぶ。創建時からの寺域で「伽藍」と称される東院には、金堂や五重塔などが立つ。「誕生院」と称される西院は、空海が誕生した佐伯家の邸宅があった場所。跡地に建てられた御影堂の地下では、暗闇のなかを進み自分を見つめ直す修行「戒壇めぐり」ができる。また、宝物館には空海の遺品など国宝も収蔵されている。

国内の木造塔としては3番目の高さの「五重塔」。国の重要文化財に指定

88体の石仏を巡るミニ遍路　MAP 別冊P.32-A3

香色山ミニ八十八ヵ所
こうしきざんみにはちじゅうはちかしょ

香色山をぐるりと一周する、約1.6kmの山道。1798（寛政10）年につくられた。起点となる五智院本堂を第1番札所とし、参拝しながら山を巡ることで四国お遍路88ヵ所巡礼と同じ功徳が得られるという。

一寺一仏、88体の石仏が配置されている

善通寺市にある お遍路札所

- 曼荼羅寺（第72番札所）
- 出釈迦寺（第73番札所）
- 甲山寺（第74番札所）
- 総本山善通寺（第75番札所）
- 金倉寺（第76番札所）

総本山善通寺
住 香川県善通寺市善通寺町3-3-1 TEL 0877-62-0111（代表） 開 参拝自由（金堂は7:00～17:00、戒壇めぐりと宝物館は8:00～17:00、最終受付16:30） 休 なし 料 無料（戒壇めぐりと宝物館500円） 交 JR善通寺駅から徒歩約17分。高松自動車道善通寺ICから車で約9分 P 有料350台

西院にある「御影堂」。現在の建物は、1831（天保2）年に建立

香色山ミニ八十八ヵ所
住 香川県善通寺市善通寺町1050-7（五智院） TEL 0877-63-6328（善通寺市生涯学習課） 開 散策自由 交 JR善通寺駅から徒歩約20分。高松自動車道善通寺ICから車で約12分（五智院まで） P 有料350台（総本山善通寺駐車場を利用）

▶▶ 讃岐っこcolumn ◀◀

まちなか黒板アート

県内唯一の黒板メーカーがある善通寺市。2019年から、黒板を使ったアートを町おこしにつなげる事業に取り組んでいる。「善通寺市」をテーマに描かれた作品を市内のいたるところに展示。空海や五重塔など、設置場所になぞらえたものも多い。

JR善通寺駅前にある黒板アート。右は『讃岐国善通寺名所の景』

総本山善通寺、観智院前の弘法大師像大像横にあるアート『大師立像』

まちなか黒板アート　MAP 別冊P.32-B2
住 香川県善通寺市内各所（JR善通寺駅前、総本山善通寺など） 開 散策自由

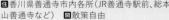

INFO 市街地から南西に位置する王墓山古墳（おうはかやまこふん）（MAP 別冊P.12-B2）は、6世紀前半に造られた全長46mの前方後円墳。横穴式石室があり、中からは装飾品や鉄刀が出土した。

1階は現役の陸上自衛隊員が使う　MAP 別冊P.32-B3

乃木館(陸上自衛隊善通寺駐屯地資料館)

のぎかん(りくじょうじえいたいぜんつうじちゅうとんちしりょうかん)

1898（明治31）年に旧陸軍第11師団司令部として建設された。「乃木館」は初代師団長の乃木希典(のぎまれすけ)にちなんだ通称。一般公開は2階部分のみ。執務室や、旧陸軍および自衛隊に関する資料を見学できる。

机や椅子が残る執務室。質素倹約を貫いた乃木将軍らしさを垣間見る

端正な造りの明治時代の社交場　MAP 別冊P.32-B3

旧善通寺偕行社

きゅうぜんつうじかいこうしゃ

1903（明治36）年に建てられた、陸軍将校の社交場。戦後はアメリカ軍が進駐、その後は善通寺市役所としても使われてきた歴史ある建物で、現在は内部見学が可能なほか、結婚式や会合などにも利用できる。

ルネッサンス様式を基調にした建物。国の重要文化財に指定されている

乃木館(陸上自衛隊善通寺駐屯地資料館)

住香川県善通寺市南町2-1-1
TEL0877-62-2311(陸上自衛隊 善通寺駐屯地広報班)　開9:00～12:00、13:00～16:00　休水曜
料無料　交JR善通寺駅から車で約7分。高松自動車道善通寺ICから車で約10分　P10台

旧善通寺偕行社

住香川県善通寺市文京町2-1-1
TEL0877-63-6362　開10:00～16:00
休なし　料無料　交JR善通寺駅から徒歩約4分。高松自動車道善通寺ICから車で約8分　Pあり(善通寺市役所駐車場)

こちらもCHECK!

レターポスト

善通寺郵便局にある昔懐かしい丸ポストは、通常「POST」と表示される部分が、「LETTER」となっている。

なんと国内に3つしかないレアポストのひとつ

▶▶ 讃岐っこcolumn ◀◀

旧陸軍第11師団の建造物を回る

善通寺市には、旧陸軍第11師団関連の建造物が点在する。陸上自衛隊善通寺駐屯地倉庫は、かつての兵器庫。長さ60m以上の建物が3棟あり、存在感抜群だ。騎兵隊の旧兵舎は、四国学院大学2号館校舎として使われている。4本の石柱が支える玄関ポーチが印象的。

旧陸軍第11師団兵器庫(陸上自衛隊善通寺駐屯地倉庫)

MAP 別冊P.32-A3
住香川県善通寺市南町2-1-1(陸上自衛隊善通寺駐屯地)
TEL0877-62-2311(陸上自衛隊 善通寺駐屯地広報班)
開敷地外からのみ見学可能
交JR善通寺駅から徒歩約20分。高松自動車道善通寺ICから車で約10分　Pなし

赤れんが倉庫が目を引く「旧陸軍第11師団兵器庫」

旧陸軍第11師団騎兵隊兵舎(四国学院大学2号館)

MAP 別冊P.32-B3
住香川県善通寺市文京町3-2-1(四国学院大学敷地内)
TEL0875-63-6315(善通寺市商工観光課)
開見学自由(見学する場合は大学の守衛室に申告を)
交JR善通寺駅から徒歩約8分。高松自動車道善通寺ICから車で約9分　Pなし

木造2階建ての「旧陸軍第11師団騎兵隊兵舎」

INFO　総本山善通寺を縦断する道にある「熊岡菓子店(MAP 別冊P.32-A3)」が作る、驚きの堅さの「堅パン」は売り切れ必至の人気菓子。旧陸軍第11師団の駐屯地があった明治時代、軍用食として考案された。

四国の鉄道と少林寺拳法発祥の地

多度津町 たどつちょう

MAP 別冊P.12

人口 2万1367人 面積 24.39㎢

桃陵公園から望む多度津町

香川県中部の西寄りにある海沿いの町。高見島(たかみしま)や佐柳島(さなぎしま)など塩飽諸島のうち4島も同町に所属する。江戸時代に多度津藩が陣屋を構え、北前船の寄港地でありこんぴら参りの玄関口を担っていた多度津港を中心に発展。明治時代にはJR四国のルーツとなる四国初の鉄道が開通し、海上、陸上ともに交通の要所として栄えた。昭和になると沿岸部が埋め立てられ、50社もの企業誘致によって工業都市へと変貌した。香川県屈指のお花見スポットでもある桃陵公園からは、武家屋敷が残る町並みや、瀬戸内海が一望できる。

行き方

JR高松駅から中心部までさぬき浜街道を通って約32.2km、約1時間。高速道路の場合は高松自動車道の善通寺ICで降りる。所要時間は約50分。

JR高松駅からJR多度津駅までJR予讃線で41～48分。快速の場合は30～33分。各駅停車は1時間に2本ほど、快速は基本1時間に1本運行している。

おさんぽプラン

JR多度津駅
↓ 約7分
多度津町立資料館 (→P.170)
↓ 約13分
桃陵公園 (→P.170)
↓ 約9分
旧合田家住宅（島屋）(→P.170)

多度津町の歩き方

往時の名残がある町並みを堪能するなら、JR多度津駅が起点になる。狭い道も多いので、徒歩移動が望ましい。かつて金刀比羅宮に向かう参拝客を見守った金毘羅燈籠や遺構があったり、趣ある町家を利用したレトロな店があったり、そぞろ歩きが楽しい。車の場合は、1日200～300円で駐車できるJR多度津駅の日極駐車場を利用するのがおすすめ。癒やしを求めるなら多度津港からフェリーに乗って島を巡る旅へ。のどかな時間が流れる島を、日帰りで体感できる手軽さもうれしい。また、電車移動する場合はJR海岸駅から三豊市のJR津島ノ宮駅間に注目。電車が海沿いを走り、車窓には瀬戸内海の絶景が広がる。

JR多度津駅の北側には昭和の時代に四国を走った8620形蒸気機関車が展示されている

藩主御殿と武家屋敷を分けた水堀があった「旧多度津陣屋蓮堀跡」

多度津町にある

お遍路札所

◆道隆寺（第77番札所）

INFO 日本における少林寺拳法は1947（昭和22）年、宗道臣（そうどうしん）が多度津で創始。金剛禅総本山少林寺（こんごうぜんそうほんざんしょうりんじ）の行事の際には、全国から門下生が集まる。

おもな見どころ

こちらもCHECK!

四国鉄道発祥の地

四国に鉄道が開通したのは1889（明治22）年。多度津を起点にして丸亀から琴平までの15.5kmを走った。JR多度津駅には、発祥の地のシンボルとしてSLの動輪が飾られている。

JR多度津駅前にある8620形蒸気機関車の動輪

多度津町立資料館

住香川県多度津町家中1-6
TEL0877-33-3343
開9:00～17:00（最終入館16:30）
休月曜（祝日の場合は翌日）、祝日の翌日　料無料
交JR多度津駅から徒歩約7分。高松自動車道善通寺ICから車で約12分　Pあり

桃陵公園

住香川県多度津町桃山
TEL0877-33-1116（多度津町政策観光課）　開散策自由　交JR多度津駅から徒歩約17分。高松自動車道善通寺ICから車で約14分
Pあり

旧合田家住宅（島屋）

住香川県多度津町本通1-5-2
TEL0877-33-1116（多度津町政策観光課）　開外観のみ見学自由（保全工事中のため内部見学は中止）　交JR多度津駅から徒歩約11分。高松自動車道善通寺ICから車で約12分　Pなし

多度津の歴史を知るならココ　MAP 別冊P.12-B1

多度津町立資料館
たどつちょうりつしりょうかん

多度津町制施行100周年を記念して、旧多度津藩士の浅見邸跡に建てられた資料館。かつて北前船の寄港地として繁栄した多度津の歴史や文化を紹介する。「高見八幡宮奉納模型和船」など貴重な資料も公開。

塀や庭園には武家屋敷らしい面影が残り、歴史を感じる

多度津町や瀬戸内海が見晴らせる　MAP 別冊P.12-B1

桃陵公園
とうりょうこうえん

約1500本のソメイヨシノが咲く桜の名所で、四季折々の自然や展望台からの景色が堪能できる。大小12個のベルをもつメロディ時計「カリヨン」が、季節ごとの童謡を奏でて時を告げるのも楽しい。

桜の時期は特に多くの人でにぎわう

多度津の豪商、合田氏の邸宅　MAP 別冊P.12-B1

旧合田家住宅（島屋）
きゅうごうだけじゅうたく（しまや）

四国の近代化に尽力した合田氏の邸宅で、「合田邸」の愛称で親しまれる。約700坪の敷地に、母屋のほか洋館や離れなど18棟の建物がある。かつては北原白秋ら文化人や、政治家なども集ったという。

和洋並列の建物が現存する。保全工事中のため、内部見学はできない

▶▶ 讃岐っこcolumn ◀◀

多度津藩の武家屋敷

多度津町の家中周辺は江戸時代、多度津藩第4代藩主の京極高賢（たかかた）が陣屋を構えた所で、今も武家屋敷が残る。そのひとつ、家中舎（かちゅうしゃ）では茶懐石を味わえ、宿泊も可能。家中から車で約12分の所には多度津藩家老であった林求馬（はやしもとめ）邸があり、貴重な文化財の展示のほか、復元された寺小屋、弘濱書院を公開。江戸時代を生きた人々の息吹を感じることができる。

約200年前の武家屋敷をリノベーションした「家中舎」

家中舎　MAP別冊P.12-B1　住香川県多度津町家中4-25　TEL0877-35-8765　営11:00～22:00　休不定休　交JR多度津駅から徒歩約10分。善通寺ICから車で約14分　P10台

林求馬邸　MAP別冊P.12-B2　住香川県多度津町奥白方698　TEL0877-33-3884（多度津文化財保存会）　開毎月第1日曜の9:00～15:00　料300円　交善通寺ICから車で約16分　P10台

INFO　桃陵公園にある「一太郎やぁい像」は、日露戦争の際に多度津港から出征した岡田梶太郎（通称：一太郎）を見送りに来た母親が大声で呼びかけた様子を再現している。

瀬戸内海のほぼ中央に浮かぶ石垣の島　MAP 別冊P.12-B1

高見島
たかみしま

昭和の中頃は除虫菊の生産が盛んだった高見島。開花時期には島全体を白に染めたという

多度津港から北西7.4kmにある、細長い円錐型の島。中央には龍王山がそびえる。島の大半は山で、浦集落では山の斜面に沿って階段状に石垣を築いた町並みを見ることができる。港から浦集落へ歩いて10分ほどの所にある大聖寺は、映画『男はつらいよ』や『瀬戸内少年野球団』のロケ地にもなった場所。石段や境内から望む瀬戸内海はすばらしい。島内は急峻な坂道や階段が多く、移動は徒歩のみなので歩きやすい靴で訪れよう。

斜面に並ぶ家々の間をぬって、急な階段や坂道が続く

人よりもたくさんの猫に出合える島　MAP 別冊P.12-A1

佐柳島
さなぎしま

塩飽諸島のひとつである佐柳島。幕末には勝海舟らの乗る咸臨丸の乗組員として活躍した島民もいた

多度津港から北西14.8kmに位置する小島で、近年は「猫の島」として有名に。南部に本浦、北部に長崎とふたつの集落があり、海岸沿いに続く1本の道でつながっている。両墓制の風習が残っており、長崎集落の埋め墓は現存する両墓制で日本最大規模といわれる。また、天狗様がなくし物を見つけてくれると伝わる大天狗神社もぜひ訪れたい。367段の石段を上る参道は勾配が急なところもあるが、振り返って見る景色は抜群だ。

堤防の間をジャンプする姿を目当てに来る猫好きも多い

交通INFO

たどつ汽船
島へは、多度津港から「たどつ汽船」のフェリーで向かう。多度津港から高見島までは約25分（500円）。佐柳島は南部と北部の集落それぞれに港があり、多度津港から南部の本浦までは約50分（690円）、北部の長崎までは約55分（790円）。1日5便（本浦行き3便、長崎行き2便）の運航。
TEL 0877-32-2528

高見島を経由して佐柳島へ渡る

高見島
住 香川県多度津町高見
交 多度津港からフェリーで約25分。多度津港までは高松自動車道善通寺ICから車で約15分

高見島の高台から見た風景

佐柳島
住 香川県多度津町佐柳
交 多度津港からフェリーで50〜55分。多度津港までは高松自動車道善通寺ICから車で約15分

こちらもCHECK!

両墓制とは?
日本古来の墓制のひとつで、遺体を埋葬した「埋め墓」と霊を祀る「参り墓」のふたつに分けて弔う習俗。高見島、佐柳島ともに両墓制の風景が残っている。

両墓制は、塩飽諸島ほか三豊市など一部地域に偏在する

こんぴらさんのお膝元として発展した門前町

MAP 別冊P.32

琴平町 ことひらちょう

人口 7944人　面積 8.47㎢

行き方

JR高松駅から中心部まで国道32号などを経由して約30.9km、約1時間。高速道路の場合は、高松自動車道の善通寺ICが最寄り。混雑状況にもよるが、一般道と高速道路で所要時間にあまり差はない。

JRとことでんの2路線が利用できる。JR高松駅からJR琴平駅まで各駅停車で約1時間。直通は基本1時間に1本(ラッシュ時は1時間に2本)。坂出や多度津などを経由し、乗り継いで行くこともできる。ことでんの場合は、高松築港駅から琴電琴平駅まで約1時間。30分に1本の間隔で運行している。

交通INFO

こんぴら参拝登山シャトル
事前の予約で、JR琴平駅などから石段365段目の大門までバスで送迎してくれる。こんぴら参りの心強いサポートに。
TEL050-3537-5678
(コトバス予約センター)
料片道700円(要予約)

観光案内所

かがわ・こんぴら観光案内所
MAP別冊P.32-B1
住香川県琴平町811
TEL0877-75-3500
開10:00～17:00　休不定休
表参道にある観光案内所。琴平の情報だけでなく、香川県全体の観光案内資料も取り揃える。

おさんぽプラン

- JR琴平駅
  - ↓ 約3分
- 高燈籠
  - ↓ 約1時間
- 金刀比羅宮　御本宮(→P.30)
  - ↓ 約20分
- 旧金毘羅大芝居(金丸座)
  - ↓ 約5分
- 門前町(表参道)

金刀比羅宮の785段目にある御本宮。改築を重ねながら1000年以上鎮座する

香川県の中央から少し西寄りに位置する内陸の町で、1958(昭和33)年に現在の町域となり、現在もそのまま存続している。象頭山(ぞうずさん)の中腹にある金刀比羅宮(→P.30)の門前町として栄え、江戸中期には「一生に一度はこんぴらさん参り」といわれた、庶民の憧れの地。現在では年間400万人以上が訪れる。参道にはみやげ物店や飲食店が軒を連ねるのをはじめ、町内には金刀比羅宮のほか旧金毘羅大芝居(金丸座)など由緒ある建造物が点在し、観光がおもな産業だ。

琴平町の歩き方

琴平町の見どころの大半はJR琴平駅か、ことでん琴電琴平駅を起点に徒歩圏内にまとまっている。こんぴら参りをベースに、周辺のスポットを回る計画を立てるのがおすすめだ。長い石段の続く金刀比羅宮をはじめ、歩いて散策するのが基本となるので、歩きやすい靴が欠かせない。金刀比羅宮の門前町(表参道)は、ホッとひと息つけるスイーツやおみやげ探しにうってつけ。こんぴらみやげの定番「灸まん」「船々せんべい」をはじめ、気になるアイテムがめじろ押し。詳細は(→P.32)をチェックしよう。ただし、石段はなるべく軽装備で上りたいので、おみやげを購入するのは参拝後がベター。

みやげ物店や飲食店がずらりと並ぶ表参道

INFO 金刀比羅宮の石段500段目には境内唯一の「カフェ&レストラン神椿」(MAP別冊P.32-A2)がある。ご当地食材をふんだんに使った「神椿パフェ」が人気。車でも行くことができる。

おもな見どころ

木造灯籠として日本一の高さを誇る MAP 別冊P.32-B1

高燈籠

たかとうろう

1860（万延元）年に完成した、高さ27.6mの木造灯籠。瀬戸内海を行き交う船の指標として建てられ、その光は丸亀沖まで届いたという。非公開だが、内部の壁には江戸時代の落書きが残されている。

内部は3階建て。石の基壇上に木製の灯台がある。重要有形民俗文化財に指定

琴平町の景色をぐるりと見渡す MAP 別冊P.32-B2

琴平公園

ことひらこうえん

金刀比羅宮表参道の南側、金山寺山一帯に桜をはじめとした四季の風景を楽しめる遊歩道や広場、展望台が整備されている。公園の一角には、瀬戸大橋架橋を提唱した大久保諶之丞（じんのじょう）の銅像が立つ。

山頂の展望台からは、金刀比羅宮や瀬戸内海などが見渡せる

海と船がテーマの博物館 MAP 別冊P.32-B1

琴平海洋博物館（海の科学館）

ことひらかいようはくぶつかん（うみのかがくかん）

金刀比羅宮への参拝客を運んだ「こんぴら船」や大型船舶の模型ほか、エンジンやプロペラの展示、海運の歴史に関する映像シアターなどがある。操船シミュレーターや、本物の舵輪を回す体験もおもしろい。

館内だけでなく屋外にも大型展示物がある

現存日本最古の芝居小屋 MAP 別冊P.32-B2

旧金毘羅大芝居（金丸座）

きゅうこんぴらおおしばい（かなまるざ）

1835（天保6）年建築の芝居小屋。一時衰退、廃館したが、1976（昭和51）年に現在の場所に移築復原された。毎年春には「四国こんぴら歌舞伎大芝居」が開催され、町全体が盛り上がる。

江戸時代から変わらない臨場感が味わえる劇場

高燈籠

住香川県琴平町361
TEL0877-75-2121（金刀比羅宮社務所）
開外観のみ見学自由
交JR琴平駅から徒歩約3分。高松自動車道善通寺ICから車で約13分　Pなし

琴平公園

住香川県琴平町川西977-2
TEL0877-75-6710（琴平町観光商工課）
開散策自由
交JR琴平駅から徒歩約20分。高松自動車道善通寺ICから車で約18分　P6台

琴平公園から眺める金刀比羅宮。春には花々が彩りを添える

琴平海洋博物館（海の科学館）

住香川県琴平町953
TEL0877-73-3748
開9:00～17:00（最終入館16:30）
休なし
料450円（体験は一部有料）
交JR琴平駅から徒歩約12分。高松自動車道善通寺ICから車で約17分　Pあり

世界的にも珍しい、オールアルミ合金船として建造された「あらかぜ」

旧金毘羅大芝居（金丸座）

住香川県琴平町1241
TEL0877-73-3846
開9:00～17:00（最終入館16:30）
休なし（公演開催時は休館の場合あり）　料500円（公演は別料金）　交JR琴平駅から徒歩約15分。高松自動車道善通寺ICから車で約20分　Pなし

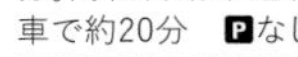

歴史的、文化的価値から重要文化財に指定されている

INFO 金刀比羅宮の表参道にはユニークなご当地ソフトクリームがいっぱい！　うどんをイメージした「かまたまソフト」や伝統菓子のおいり（→P.159）をトッピングした「おいりソフト」など、ぜひ味わってみて。

行き方

JR高松駅から中心部まで県道32号を経由して約52分、29.6km。高松自動車道の場合は、府中湖スマートICか善通寺ICを利用。ただし、一般道のみを通った場合より距離は長く、所要時間はあまり変わらない。

ことでん高松築港駅からことでん羽間駅まで約55分、琴平町のことでん榎井駅まで約58分。町役場のある町の中心部には榎井駅のほうが近い。JRの場合はJR高松駅からJR塩入駅まで所要1時間10分～。直通列車はなく、途中1回は乗り換える必要がある。

日本最大級のため池がある

MAP 別冊P.12-13

まんのう町 まんのうちょう

人口 1万6502人　面積 194.45㎢

香川県南部、徳島県との県境の町。2006（平成18）年に琴南町、仲南町、満濃町が合併して誕生。町の中央には町名の由来になった日本最大級のため池、満濃池がある。緑あふれる町には、自然が満喫できる公園やアウトドア施設も多い。国営讃岐まんのう公園をはじめ、季節ごとの草花を楽しめるスポットにも注目。町の北部にはことでん、西部にはJR土讃線が通っているが、町の中央部から東部に鉄道路線はなく、移動は車をチョイスするのが無難だ。

国営讃岐まんのう公園の昇竜の滝。1時間おきに一気に水が流れ出る「瀑布」は見もの

おもな見どころ

日本の航空機の父、二宮忠八を知る

MAP 別冊P.12-B2

二宮忠八飛行館
にのみやちゅうはちひこうかん

二宮忠八が考案した「カラス型飛行器」や「玉虫型飛行器」の模型のほか、航空機の歴史パネルなどを展示する。二宮忠八は1887（明治20）年に現在のまんのう町にある樅（もみ）の木峠でカラスの滑空を見て、飛行原理を着想した人物。それはライト兄弟による世界初の有人飛行より10年以上早く、「飛行機の真の発明者」とも称される。

国道32号沿いにある道の駅「空の夢もみの木パーク」に隣接する

池と森に囲まれて野鳥の声を聞く

MAP 別冊P.13-C2

香川県満濃池森林公園
かがわけんまんのういけしんりんこうえん

満濃池の南西側に広がる公園。約64haの園内には、広々とした「芝生広場」や「運動広場」、遊具で遊べる「ファミリー広場」などがある。車椅子やベビーカーで周遊できるコースも整備されているので、幅広い世代の憩いの場として人気が高い。満濃池に訪れる野鳥が見られる「野鳥の森」があり、バードウオッチングにも最適。

四季折々の花木が訪れる人を楽しませる。桜や紅葉の時期もおすすめ

二宮忠八飛行館

住 香川県まんのう町追上358-1
TEL 0877-75-2000
開 10:00～16:00
休 水・木曜
料 200円
交 JR塩入駅から車で約6分。高松自動車道善通寺ICから車で約24分
P あり

こちらもCHECK!

二宮飛行神社
飛行館に隣接する道の駅を進んだ先に「二宮飛行神社」がある。二宮忠八が晩年に、相次ぐ飛行機事故による犠牲者を弔うため、京都府の自宅に建立した「飛行神社」の分社だ。お守りや御朱印は、飛行館で授与している。

境内にはひときわ目立つ二宮忠八の銅像が立つ

香川県満濃池森林公園

住 香川県まんのう町七箇三田4109-24
TEL 0877-78-3364
開 4～8月7:00～19:00、9～3月7:30～17:30
休 なし
料 無料
交 JR塩入駅から徒歩約20分。高松自動車道善通寺ICから車で約23分　P 324台

INFO まんのう町には、大川念仏踊（だいせんねんぶつおどり）という雨乞いの踊りが伝わる。現在は、旧暦の6月14日に近い日曜に大川神社などで奉納されている。

四季の花々を愛でる♪

まんのう町フラワースポットへ！

まんのう町には、季節ごとに美しい花が観賞できるスポットが点在。開花シーズンと合わせてチェックしよう。華美なフラワーワールドへご案内。

❶春に一面を青に染めるネモフィラ。和名はルリカラクサ ❷「花竜の道」にて32品種、約4万本が花開くチューリップ ❸セイヨウアジサイ、ヤマアジサイなど40品種、約2万本の開花リレーは必見 ❹コキアの紅葉が見頃になる秋。7月中旬～8月下旬は緑葉が見頃 ❺園内に色とりどりのイルミネーションが輝く「ウィンターファンタジー」

四国唯一の国営公園を遊び尽くす

国営讃岐まんのう公園 こくえいさぬきまんのうこうえん

MAP 別冊P.13-C2

満濃池の北東側に広がる国営公園。年間を通じて、さまざまな花、草木が訪れる人を出迎える。花々が美しいのはもちろん、芝生広場や大型遊具などが設置されていて子供の遊び場も充実。冬のイルミネーションも人気が高い。四国最大級のオートキャンプ場（要予約）やドッグランも備えているので、家族で1日中楽しめる。

住香川県まんのう町吉野4243-12 TEL0877-79-1700 開9:30～17:00（時期により変動） 休火曜（祝日の場合は翌日、祝前日の場合は営業、時期により無休）、1月第4水～金曜 料450円（オートキャンプ場は別料金） 交JR塩入駅から車で約6分。高松自動車道善通寺ICから車で約23分 P有料約1200台

Season
6月下旬～7月中旬
ヒマワリ

❶中山ひまわり団地の様子。青い空に黄色い花が映える
❷畑の中の遊歩道を歩いて観賞しよう

100万本のヒマワリに囲まれる

ひまわりの里まんのう

ひまわりのさとまんのう

MAP 別冊P.13-C2

毎年、見頃を迎えたヒマワリ畑には町の人口以上の観光客が訪れる。なかでも帆山と中山の団地では、合わせて6～8haものエリア一面が黄色の花で埋め尽くされ、まさに絶景。

住香川県まんのう町帆山 TEL0877-73-0122（まんのう町地域振興課） 開散策自由 交JR塩入駅から徒歩約5分。高松自動車道善通寺ICから車で約24分（帆山ひまわり団地まで） Pあり

行き方

JR高松駅から中心部まで一般道で行くのがおすすめ。国道11号、32号などを通って約18.3km、約40分。なお、高速道路を利用する場合は高松自動車道高松西ICか府中湖スマートICが最寄りになる。

ことでん高松築港駅からことでん綾川駅まで約39分。町役場に近いことでん滝宮駅までは約42分。

ことでん滝宮駅は、近代化産業遺産に認定されている

こちらもCHECK!

ひだまり公園あやがわ（ヤドン公園）
ポケットモンスターのキャラクター「ヤドン」をモチーフにした公園が2023年4月にオープンした。一部遊具には四国初のインクルーシブ遊具が導入され、障害の有無にかかわらず遊ぶことができる。
MAP別冊P.26-A3
住香川県綾川町萱原253-7
TEL087-876-5280（綾川町役場建設課） 開7:00～20:00 休なし
料無料 交ことでん綾川駅から徒歩約5分。府中湖スマートICから車で約10分 P18台

高山航空公園
住香川県綾川町東分乙390-17
TEL087-876-5282（綾川町役場経済課） 開4～9月9:00～20:00、10～3月9:00～18:00 休なし
料無料（持ち込みテント敷設料は1泊1000円） 交府中湖スマートICから車で約24分 P40台

滝宮公園
住香川県綾川町滝宮1565-1
TEL087-876-5282（綾川町役場経済課） 開散策自由 交ことでん滝宮駅から徒歩約7分。府中湖スマートICから車で約10分 P15台

綾菊酒造
住香川県綾川町山田下3393-1
TEL087-878-2222
開10:00～17:00（酒造見学は10:00～16:00、要予約）
休土・日曜、祝日 料見学無料
交ことでん綾川駅から車で約8分。府中湖スマートICから車で約14分 Pあり

讃岐うどん発祥の町

綾川町 あやがわちょう

MAP 別冊P.13・26

人口 2万2082人　面積 109.75㎢

菅原道真ゆかりの滝宮天満宮。雨乞いの神事「滝宮の念仏踊」が有名だ

2006（平成18）年に綾上町と綾南町が合併して発足した、香川県のほぼ中央にある町。町名の由来になっている綾川が流れ、讃岐七富士のうち堤山（羽床富士）、高鉢山（綾上富士）のふたつを擁する。平安時代には、讃岐守として菅原道真が赴任していた歴史をもつ。町の北部にはことでんが走るので電車移動も可能だが、南部は車移動が基本となる。

おもな見どころ

全国屈指の飛行機ビュースポット　MAP 別冊P.13-C2

高山航空公園
たかやまこうくうこうえん

本物のジェット機やヘリコプターの展示も必見

高松空港開港1周年を記念して造られた公園。園内の展望台からは讃岐平野や海を望む。眼下には高松空港の滑走路が見え、頭上を通過する飛行機の姿を楽しめる。遊具も整備されている。

府中湖上流にある桜の名所でのんびり過ごす　MAP 別冊P.13-C2

滝宮公園
たきのみやこうえん

桜が満開の時期に歩きたい桜並木も

「さぬき百景」「香川新50景」にも選ばれた桜の名所。絶好のヘラブナ釣りスポットとしても有名で、釣り目的で訪れる人も多い。近くには、産直市やうどんが人気の道の駅滝宮がある。

地元の米と水を使った伝統の酒造り　MAP 別冊P.13-C2

綾菊酒造
あやきくしゅぞう

往時の姿をとどめる酒蔵は、県の有形文化財に登録されている

1790（寛政2）年創業の老舗酒造。香川県産米のオオセトを使った酒造りを継承する。事前予約で酒蔵の見学が可能。蔵や工場を見学したあとは、試飲や買い物も楽しめる。県内限定の酒もあるのでぜひ手に入れたい。

INFO 諸説あるが、綾川町は讃岐うどん発祥の町とされる。唐からうどんの原型の製法を学んで帰ったのは空海。それを教わった甥で弟子でもある智泉が、滝宮で両親に振る舞ったのが始まりという。

浦島太郎伝説の残る風光明媚な地域

三豊市 みとよし

MAP 別冊P.12

人口 5万9111人　面積 222.7km²

ベストなタイミングを狙って、父母ヶ浜でフォトジェニックな写真を撮ろう

香川県西部に位置する、県内で3番目に人口の多い市。2006（平成18）年に仁尾町や詫間(たくま)町など7町が合併して成立した。北は瀬戸内海、南は徳島県に接している。北西部には、瀬戸内海に突き出すように荘内半島があり、南に向かって美しい砂浜の海岸線が続く。塩飽(しわく)諸島の一部、粟島(あわしま)と志々島(ししじま)も同市に所属する。中央部には三豊平野が広がり、豊かな田園地帯を形成。みかんをはじめとした果物や高瀬茶などの農業がおもな産業だ。近年、北西部沿岸にある父母ヶ浜がSNSで話題を集め、全国から訪れる人が増加している。

三豊市の歩き方

南北に広範な三豊市は、県内で2番目に面積が広い。JR予讃線が市の北西部を南北に通り抜けているが、見どころは沿岸部に多いため、移動は断然車が便利。絶景の父母ヶ浜や、浦島太郎伝説の舞台とされる荘内(しょうない)半島はぜひ訪れたい。電車の場合はJR詫間駅で下車し、三豊市コミュニティバスや観光周遊バス（ハーツシャトルバス、1日1500円）などを利用するといい。島に行くならそれぞれ船の出港場所が異なるうえ、運行便数も限られるので事前にしっかり確認しておこう。島内は徒歩での移動となるので、歩きやすい靴で行くのがおすすめ。飲み物の持参も忘れずに。島の詳細は（→P.179）をチェック。

荘内半島にある紫雲出山は、世界も認める桜の名所

行き方

JR高松駅から中心部まで、さぬき浜街道を経由して約44km、約1時 間10分。高速道路の場合は約45.8km、約50分。高松自動車道の三豊鳥坂ICか、さぬき豊中ICを利用しよう。

JR高松駅からJR詫間駅までJR予讃線快速で約40〜56分。JR高瀬駅までは約47分〜1時間11分。

交通INFO

三豊市コミュニティバス

JR詫間駅や三豊市役所を中心に、市内に12路線を運行する。運賃は一律100円。バス停によっては、乗継乗車券を利用して別路線のバスに乗り継ぐことも可能。一部路線を除き、ほとんどの路線が日曜・祝日は運休となる。

観光案内所

三豊市観光交流局

MAP 別冊P.12-B2
住 香川県三豊市詫間町松崎1642-2
TEL 0875-56-5880
開 8:30〜17:15
休 火曜
JR詫間駅横にある観光案内所。レンタサイクルの貸し出しのほか、手荷物預かり（9:00〜17:00、1日1個550円）もある。

ドライブプラン

JR詫間駅
↓ 約30分
紫雲出山（→P.178）
↓ 約16分
フラワーパーク浦島（→P.178）
↓ 約20分
父母ヶ浜（→P.178）

INFO 父母ヶ浜のある仁尾町は、西讃の小京都ともいわれ海運業や塩業で栄えた港町。町なかの細く曲がりくねった道を歩けば、白壁やなまこ壁、瓦屋根の家々が昔ながらの風情を感じさせる。

三豊市にある

お遍路札所

◆**大興寺**（第67番札所）
◆**本山寺**（第70番札所）
◆**弥谷寺**（第71番札所）

父母ヶ浜

住香川県三豊市仁尾町仁尾乙203-3　TEL0875-56-5880（三豊市観光交流局）　開散策自由　交JR詫間駅から三豊市コミュニティバスの三豊総合病院行きで約24分、父母ヶ浜で下車（日曜、祝日は運休）。高松自動車道三豊鳥坂ICから車で約20分　P400台

紫雲出山

住香川県三豊市詫間町大浜乙451-1　TEL0875-84-7896（紫雲出山遺跡館）　開散策自由（桜の開花時期は交通規制あり）　交高松自動車道三豊鳥坂ICから車で約40分（紫雲出山山頂第1駐車場まで）　P60台

紫雲出山には、弥生時代の高地性集落の遺跡もある

こちらもCHECK!

浦島太郎伝説の里

古くは「浦島」と呼ばれていた荘内半島とその周辺地域には、紫雲出山のほかにも浦島伝説にまつわる地名や遺跡が複数残っている。浦島太郎が生まれたという「生里（なまり）」、玉手箱を開けたとされる「箱」、竜宮城から宝物を積んで帰ってきた場所は「積（つむ）」など、ゆかりのスポットは10ヵ所以上。伝説に思いをはせながら巡ってみてはいかがだろうか。

フラワーパーク浦島

住香川県三豊市詫間町積528-1　TEL0875-83-3639（花と浦島イベント実行委員会）　開散策自由（マーガレット開花時期の4月下旬～5月中旬頃は要事前予約）　交JR詫間駅から車で約18分。高松自動車道三豊鳥坂ICから車で約28分　P約20台

おもな見どころ

幻想的な光景を生み出す「天空の鏡」　MAP 別冊P.12-A2

父母ヶ浜
ちちぶがはま

いくつも潮だまりができる、遠浅の砂浜

夏になると多くの海水浴客でにぎわう、約1kmのビーチ。海からの漂着ごみが多く、かつて浜を埋め立てる案もあったが、地域住民の清掃活動によって美しさが保たれている。近年、干潮時に現れる潮だまりの水面が鏡のように反射する風景が、まるでボリビアのウユニ塩湖のようだと話題となり、一躍有名に。おすすめは、風がなぎやすい夕暮れ時。干潮と夕暮れが重なるタイミングは時期により異なるので、事前に確認して訪れよう。

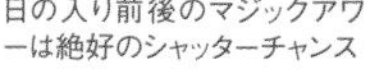

日の入り前後のマジックアワーは絶好のシャッターチャンス

浦島太郎の伝説が由来　MAP 別冊P.12-A2

紫雲出山
しうでやま

荘内半島にある標高352mの山。浦島太郎が玉手箱を開けた際、煙が紫色の雲になって山にたなびいたという伝説からその名がついた。山頂展望台からは瀬戸内海を見渡せる。桜やアジサイの名所でもある。

6月中旬～7月中旬に見頃となるアジサイ。瀬戸内の多島美とあわせて楽しもう

春だけの海辺の花畑　MAP 別冊P.12-A2

フラワーパーク浦島
ふらわーぱーくうらしま

荘内半島にある広大な農地に、可憐なマーガレットが揺れる。例年、4月下旬から5月中旬頃には、花畑一面が真っ白に染まる。開花シーズンは多くの人々が訪れるので、入園はオンラインでの事前予約が必要。

マーガレットの生産は三豊市が日本一。市の花にも選ばれている

父母ヶ浜から南へ車で3分ほど、海沿いから1本内側の県道271号を走っていると、突然謎のタイヤのオブジェが現れる。「みかんロボ」と名づけられた、仁尾町の交通安全隊長だそう。

3つの島が砂州でつながってできた島　MAP 別冊P.12-A1

粟島
あわしま

荘内半島の東に浮かぶ。塩飽（しわく）諸島のひとつで、かつては北前船の寄港地として栄えた。1897（明治30）年に日本で最初の海員養成学校が開校。現在は「粟島海洋記念館」としてその姿を残す。また、瀬戸内国際芸術祭がきっかけで誕生した「漂流郵便局」は、届け先不明の手紙がたどり着く不思議な郵便局。全国からたくさんの思いが届く。

鮮やかなティファニーブルーが印象的な「粟島海洋記念館」。現在は外観のみ見学可

島の守り神「大楠」がたたずむ　MAP 別冊P.12-B1

志々島
しじじま

塩飽諸島に所属する、周囲3.4kmの小さな島。北部にある「大楠」は樹齢1200年以上という、志々島のシンボル。大楠の西側には島民手作りの「楠の倉展望台」があり、瀬戸内海が一望できる。その昔「花の島」と呼ばれた風景を復活させるべくつくられた「天空の花畑」では、ナデシコやキンセンカなど季節の花が咲き島に彩りを添える。

「大楠」はパワースポットとしても人気。港から坂道を約20分歩いて行く

交通INFO

粟島汽船
三豊市の塩飽2島へは、須田港もしくは宮ノ下港から「粟島汽船」のフェリーで向かう。粟島の粟島港へは須田港から約15分（330円）、1日8便。宮ノ下港からは志々島を経由して約50分（710円）、1日3便。志々島へは宮ノ下港から約20分（350円）、1日3便。須田港からは粟島を経由して45分〜1時間5分（630円）、1日3便。
TEL 0875-83-3204

粟島
住 香川県三豊市詫間町粟島
TEL 0875-56-5880（三豊市観光交流局）　開 散策自由（漂流郵便局は土曜13:00〜16:00、不定休）
料 無料（漂流郵便局300円）
交 須田港からフェリーで約15分。須田港までは高松自動車道三豊鳥坂ICから車で約21分

「漂流郵便局」は毎週土曜のみ開局（不定休）。本物の郵便局ではないので注意

志々島
住 香川県三豊市詫間町志々島
TEL 0875-56-5880（三豊市観光交流局）　交 宮ノ下港からフェリーで約20分。宮ノ下港までは高松自動車道三豊鳥坂ICから車で約14分

▶▶ 讃岐っこcolumn ◀◀

三豊市の無人島・蔦島へ

三豊市には、自然豊かな無人島がいくつかある。なかでも海水浴やキャンプ、釣りなどを気軽に楽しめて、観光客にも人気なのが父母ヶ浜から見える蔦島（つたじま）だ。大蔦島（おおつたじま）と小蔦島（こつたじま）の2島をあわせて蔦島と呼ぶが、4月から10月の期間限定で仁尾港と大蔦島の間を「つたじま渡船」が運航。所要わずか7分で、無人島ならではの非日常的な雰囲気と開放感に浸れるのが魅力だ。海水浴シーズンは例年7月上旬から8月下旬まで。真っ白な砂浜広がるビーチには更衣室、シャワー、トイレ、有料の桟敷があるほか、近くにキャンプ場もある（キャンプは要予約）。また、シーズン中にはカップ麺や飲料水を販売する売店も営業するが、島内の散策などのんびりと島時間を過ごすなら飲食物は持参するといいだろう。

定期便のほか臨時運航もある

無人島のビーチで夏の思い出作り

蔦島
MAP 別冊P.12-A2
住 香川県三豊市仁尾町蔦島
TEL 蔦島海水浴場0875-82-9003（仁尾マリーナ）　開 散策自由（蔦島へ渡れるのは4〜10月のみ、往復400円。火曜運休、7〜8月は無休。渡船についての問い合わせはTEL 0875-82-2102つたじま渡船事務所へ）
交 仁尾港から渡船で約7分。仁尾港までは高松自動車道三豊鳥坂ICから車で約20分　P 50台（仁尾港）

INFO 三豊市北部沖の小島にある「津嶋神社」は、8月4、5日の夏季大祭の2日間のみ対岸から橋を渡って参拝できる。JR津島ノ宮駅（→P.104）も同2日間のみ稼働。日本一営業日の少ない幻の駅だ。

巨大な銭形砂絵「寛永通宝」が有名

MAP 別冊P.12·15

観音寺市 かんおんじし

人口 5万5409人 面積 117.83㎢

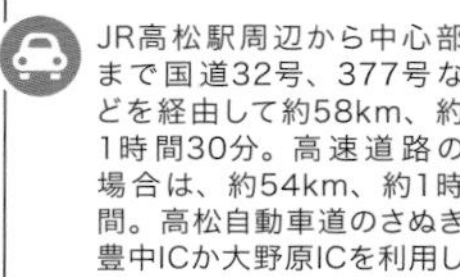

行き方

JR高松駅周辺から中心部まで国道32号、377号などを経由して約58km、約1時間30分。高速道路の場合は、約54km、約1時間。高松自動車道のさぬき豊中ICか大野原ICを利用しよう。

JR高松駅からJR観音寺駅までJR予讃線快速でおよそ1時間15分前後。特急の場合は50分弱。快速、特急ともに1時間に1本程度運行している。

観光案内所

大正橋プラザ（観光案内所）
MAP 別冊P.15-D2
住 香川県観音寺市観音寺町甲1234-4
TEL 0875-25-3839
開 9:00〜12:00、13:00〜17:00
休 なし
JR観音寺駅から徒歩約2分、駅前の大正橋を渡った先にある。レンタサイクル（200円〜）も扱っている。

ドライブプラン

- JR観音寺駅
  ↓ 約5分
- 観音寺
  ↓ 約5分
- 琴弾公園（→P.183）
  ↓ 約3分
- 有明浜海水浴場（→P.182）
  ↓ 20分
- 高屋神社（→P.183）

観音寺市にある お遍路札所

◆神恵院（第68番札所）
◆観音寺（第69番札所）

江戸時代にひと晩で造られたという説もある銭形砂絵は、観音寺市きっての名所

香川県の西端にあり、徳島県と愛媛県に隣接する。2005（平成17）年の大合併により観音寺市、大野原町、豊浜町が合併して発足。市内にある古刹「観音寺（かんのんじ）」がその名の由来となっている。北西部の河口周辺に市街地が形成され、三豊平野が広がる市の中央部はため池が点在する田園地帯に。レタスやネギなどの生産が盛んだ。また、瀬戸内海に臨み漁場にも恵まれた同市はイワシの水揚げ量が多く、特に伊吹島（いぶきじま）産の「伊吹いりこ」は高品質のブランド煮干しとして名高い。そのほか、絶景スポットが多いことでも注目を集める。

観音寺市の歩き方

JR観音寺駅周辺が町の中心部。駅から車で5〜10分ほど北上すると、銭形砂絵のある「琴禅公園」、「観音寺」などが集まる観光の中心エリアへ。駅から歩くには遠いが、有明町を中心としたエリア内にある見どころ間の移動は徒歩でも問題ない。JR観音寺駅近くの観光案内所でレンタサイクルを借りて移動するのもよい。JR予讃線が市内の海側を南北に縦断しているが、観光には不向き。そのほかのエリアへの移動は車がメインとなる。市街地を離れると、絶景が望める場所も多い。なかでも話題なのが、「高屋神社」をはじめ市内各所にある天空スポット。詳細は（→P.183）へ。

高屋神社の天空の鳥居から見下ろす観音寺市

おもな見どころ

市名の由来になった名刹　MAP 別冊P.15-D1

観音寺
かんのんじ

703（大宝3）年、琴弾山の中腹に日証上人が創建した「神宮寺」が起源。807（大同2）年に弘法大師が彫造した観音像を安置し、7つの宝を埋めて地鎮したことから「七宝山観音寺」に改めたという。1868（明治元）年の神仏分離により、境内に69番札所の観音寺と68番札所の神恵院が揃い、四国お遍路唯一の1寺2霊場となった。

金堂とも呼ばれる本堂。室町時代に再建された建物で、国の重要文化財に指定されている

日本最古の俳跡「一夜庵」のある寺　MAP 別冊P.15-D1

興昌寺
こうしょうじ

弘法大師が開いた臨済宗東福寺派の寺院。境内には、1528（享禄元）年に俳諧の祖、山崎宗鑑（やまざきそうかん）が建てた「一夜庵（いちやあん）」がある。数奇屋造りの庵には江戸時代以降多くの俳人が訪れ、句を詠んでいる。そのほか、お釈迦様の足裏の模様が刻まれた「仏足石」や、境内の背後の山一帯を1周およそ1時間で回れるミニ霊場88ヵ所めぐりコースがある。

宗鑑が来客の滞在を一夜以上認めなかったことに由来し「一夜庵」と名づけられた

世界中の珍しいコインがずらり　MAP 別冊P.15-D1

世界のコイン館
せかいのこいんかん

琴弾公園（→P.183）にある銭形砂絵「寛永通宝」にちなみ、1988（昭和63）年に有志の人々によって作られた博物館。125ヵ国のコインおよそ2000点が展示されている。世界最大級の金貨や銀貨、江戸時代の大判小判、ヤップ島の世界一大きい石のお金など、さまざまな貨幣が勢揃い。お金の歴史を通じてその大切さを学ぼう。

建物の2階には観音寺市出身の元総理大臣、大平正芳の記念館がある

観音寺
住 香川県観音寺市八幡町1-2-7
TEL 0875-25-3871
開 7:00～17:00　休 なし
交 JR観音寺駅から車で約5分。高松自動車道さぬき豊中ICから車で約14分　P 20台

山門（仁王門）にはふたつの寺号が記されている

興昌寺
住 香川県観音寺市八幡町2-7-2
TEL 0875-25-2672　開 参拝自由（一夜庵の内部見学は要予約）
交 JR観音寺駅から車で約6分。高松自動車道さぬき豊中ICから車で約15分　P 20台

世界のコイン館
住 香川県観音寺市有明町3-36
TEL 0875-23-0055　開 9:00～17:00（最終入館16:30）　休 なし
料 300円　交 JR観音寺駅から車で約6分。高松自動車道さぬき豊中ICから車で約16分
P あり（琴弾公園内）

こちらもCHECK!

伊吹島
観音寺港から約10kmの沖合に浮かぶ。良質ないりこの産地として知られ、地域ブランド「伊吹いりこ」が名物。いりこは讃岐うどんのだしを取るのに欠かせない存在で、伊吹島産のいりこを使ううどん店も多い。言葉にも特徴があり、日本で唯一平安時代の京都のアクセントが残っているんだぞう。
MAP 別冊P.12-A2
住 香川県観音寺市伊吹町伊吹島
TEL 0875-24-2150（観音寺市観光協会）　交 観音寺港から定期船で約25分（片道600円）。観音寺港までは高松自動車道さぬき豊中ICから車で約17分

「伊吹いりこ」は、漁獲から加工まで一貫して伊吹島で生産されている

INFO 観音寺から徒歩約5分の所にある「根上がり松（MAP 別冊P.15-D1）」は、根が想像以上に地面から浮き上がりつつも生き続けている貴重な黒松。「根上がり＝値上がり」とかけ、金運スポットになっている。

豊稔池堰堤

住香川県観音寺市大野原町田野々1050 TEL0875-24-2150(観音寺市観光協会) 開散策自由 交JR観音寺駅から車で約18分。高松自動車道大野原ICから車で約14分 Pあり

有明浜海水浴場

住香川県観音寺市有明町7 TEL0875-24-2150(観音寺市観光協会) 開散策自由 交JR観音寺駅から車で約7分。高松自動車道さぬき豊中ICから車で約17分 Pあり

有明浜ホースパーク

住香川県観音寺市室本町有明1310-12 TEL080-3162-0073 営10:00～17:00(夏期の営業時間は要問い合わせ) 休月曜 料体験乗馬レッスン4400円(平日3850円)、ファミリー体験乗馬(30分)6600円など 交JR観音寺駅から車で約8分。高松自動車道さぬき豊中ICから車で約18分 Pあり

馬の背に乗って眺める海辺の夕景は壮観

こちらもCHECK!

さぬき豊浜ちょうさ祭

10月第2金曜から3日間にわたって行われる祭りで、五穀豊穣や豊漁を祈願する。「ちょうさ（太鼓台)」と呼ばれる大きな山車を揃いの法被姿で担ぎ、太鼓を打ち鳴らして各地区を練り歩く。フィナーレを飾る全23台の太鼓台の担ぎくらべは圧巻。

住香川県観音寺市豊浜町（和田お祭り広場、一の宮公園グラウンドなど） TEL0875-23-3933（さぬき豊浜ちょうさ祭実行委員会）
催10月第2日曜を含む金・土・日曜

一の宮公園グラウンドで行われるちょうさかきくらべの様子

日本最古の5連マルチプルアーチ式ダム MAP 別冊P.12-B3

豊稔池堰堤

ほうねんいけえんてい

柞田川（くにたがわ）上流に1929（昭和4）年に完成した、堤長145.5m、堤高30.4mの溜池堰堤。中央部に5個のアーチが連なるマルチプルアーチ式かつ6個の扶壁があるバットレス式、それぞれの特長を兼ね備えた構造形式が高く評価されている。毎年夏になると不定期で行われる「ゆる抜き」と呼ばれる放水は豪快で、見応えも迫力も満点。

見事な景観を楽しめるよう公園としても整備されており散策も可能だ

東洋一といわれた白い砂浜 MAP 別冊P.15-C1

有明浜海水浴場

ありあけはまかいすいよくじょう

美しい砂浜が2kmにわたって続く遠浅の海岸。海水浴場のすぐ近くに巨大な銭形砂絵「寛永通宝」がある。「日本の渚100選」などに選ばれる抜群のロケーションで、映画のロケ地などにもなっている。夏の海水浴はもちろん、春は潮干狩りスポットとしても人気。貴重な海浜植物が生息し、アサギマダラ蝶が飛来することでも知られる。

ベンチに座って、ゆったりと瀬戸内海を眺める贅沢な時間を過ごそう

絶景の海辺で最高の乗馬体験を MAP 別冊P.15-C1

有明浜ホースパーク

ありあけはまほーすぱーく

琴禅公園の横にある有明浜に面した場所にあり、瀬戸内海を眺めながら乗馬ができる。3歳の子供から参加可能なファミリーでの乗馬体験ができたり、有明浜の浜辺や琴弾公園内を馬に乗って散歩したり、乗馬経験に合わせて豊富なメニューをラインアップ。事前予約が必要だが、空きがあれば当日でも受け付けてくれる。動きやすい服装で行こう。

広い砂浜を馬に乗って颯爽と歩く。めったにできない貴重な体験

INFO JR豊浜駅から徒歩約13分の「一の宮公園(MAP 別冊P.12-A3)」には、彫刻家のイサム・ノグチが手がけた遊具彫刻や、鐘を鳴らすと幸せになるという「一の宮ドリームタワー」がある。

まるで空から望んでいるような絶景！

観音寺市の天空スポット巡り

観音寺市には、空を飛んでいるかのような景色が堪能できる場所がある。ぜひ一度は見てみたい、抜群のロケーションを誇るフォトジェニックな名所をピックアップ。

BEST VIEW!
春は満開の桜が境内を彩り、桜の宮とも呼ばれる。瀬戸内海に沈む夕日も見ものだ。

観音寺市や瀬戸内海を一望。よく晴れた日には石鎚山まで望む

鳥居越しに見る瀬戸内海に感動

高屋神社 たかやじんじゃ

鳥居

MAP 別冊P.12-A2

標高404mの稲積山（いなづみやま）の山頂にある。本宮の鳥居は「天空の鳥居」として知られ、四国八十八景にも選出。下宮から本宮までは徒歩で約50分。山道と270段の石段を上って行く。

住香川県観音寺市高屋町2800　TEL0875-24-2150（観音寺市観光協会）　開参拝自由
交高松自動車道さぬき豊中ICから車で約22分（土・日曜・祝日や連休期間は一般車両の入山禁止。山頂行きシャトルバスを利用。往復1500円）　Pあり

巨大な銭形のランドマーク

琴弾公園 ことひきこうえん

砂絵

MAP 別冊P.15-C1

国の名勝に指定される園内には、白砂青松の有明浜のほか神社仏閣や史跡などが点在。銭形の砂絵「寛永通宝」は特に有名で、見れば健康で長生きし、お金に不自由しないと伝わる。

住香川県観音寺市有明町
TEL0875-24-2150（観音寺市観光協会）
開散策自由
交JR観音寺駅から車で約7分。高松自動車道さぬき豊中ICから車で約16分　Pあり

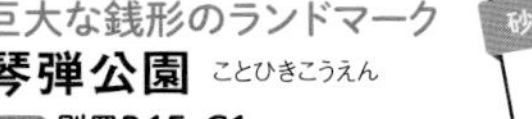

BEST VIEW!
東西122m、南北90m、周囲345mもある砂絵。琴弾山山頂展望台から眺めるのがおすすめ。

桜やツツジなどの名所としても知られる

BEST VIEW!
公園の端にある木製のブランコ。天気がよければ、瀬戸大橋や岡山県も見える。

大空へ漕ぎ出そう！

雲辺寺山頂公園 うんぺんじさんちょうこうえん

ブランコ

MAP 別冊P.12-B3

日本最大級の「雲辺寺ロープウェイ」に乗って、標高927mの雲辺寺山の山頂付近にある公園へ。讃岐平野や瀬戸内海を眼下に漕ぐ「天空のブランコ」で、大空へ飛び出す爽快感とスリルを味わおう。近くにはフォトジェニックな「天空のフォトフレーム」もある。

住香川県観音寺市大野原町丸井1974-57　TEL0875-54-4968（雲辺寺ロープウェイ）　運7:20～17:20（下り最終便）　休なし　料2200円（ロープウエイ往復運賃）　交高松自動車道大野原ICから車で約15分の雲辺寺ロープウェイ山麓駅でロープウエイに乗り継いで約7分
P約400台（雲辺寺ロープウェイ山麓駅）

全長2594mのロープウエイ

＼高松市内の人気店はココ！／

ことでんに乗ってうどん巡り

高松市内にある無数のうどん店から話題の人気店をチョイス。ことでんを利用すれば車がなくても気軽に行くことができる。

早朝5時から営業の老舗店

味庄 ●あじしょう

高松築港駅から徒歩3分／高松駅から徒歩1分

MAP 別冊P.29-C1 セルフ おみやげ

2022年に、86歳まで店に立っていた大将の後を弟さんが継いだ。麺、だし、早朝の開店時間まで1988（昭和63）年の創業当時から同じ。地元に長く愛されている。

●注文の流れ うどん注文→天ぷらなど→会計

住香川県高松市西の丸町5-15 TEL087-851-6387 営5:00～13:30頃（売り切れ次第終了）休土・日曜・祝日 Pなし

だし、ネギのトッピングはしてくれる

駅から近いので気軽に寄ってくださいね

窓が広くて明るい店内

創業35年、今の場所は15年以上だそう

きつねうどん小 350円
女将さんのやさしい味付けが人気のいなり揚げ。かけうどんは小250円

かけ小 280円
わかめ 120円 かきあげ 120円
かけうどんに、鳴門のワカメと人気のかきあげをオン！

▶かけ小。
温かいかけうどんは各自デボ（ざる）で5秒ほど温める

セルフスタイルで好みのうどんを見つけてください

オリジナルのだしタンクは蛇口が4カ所にある

こしがあってつるつるの麺にファンが多い

創業60年超の熟練の味

さか枝うどん本店 ●さかえだうどんほんてん

瓦町駅から徒歩5分

MAP 別冊P.29-C3 セルフ おみやげ

香川県庁の近くにあり、地元で働く人の台所のような存在。昔ながらの完全セルフスタイルで、種類豊富な天ぷら類がすべて120円と手頃な値段も魅力。

●注文の流れ うどん＋天ぷらなどの数→会計→天ぷらなど→だしを注ぐ

住香川県高松市番町5-2-23 TEL087-834-6291 営7:00～15:00 休土・日曜、祝日不定休 P7台

種類豊富な天ぷら類

香川産小麦100％の完全手打ち麺

うどん職人 さぬき麺之介 ●うどんしょくにん さぬきめんのすけ

瓦町駅からすぐ

MAP 別冊P.29-D3 セルフ

店の横をことでんが走る立地。全行程を手作業で仕上げる麺は、こしはもちろん、つるんとした食感が絶妙。利尻昆布、地元の醤油と厳選素材のだしとも好相性。

●注文の流れ うどん注文→天ぷらなど→会計

住香川県高松市瓦町1-7-3 TEL087-802-2696 営9:00～14:00、17:00～翌2:00頃 休無休 Pなし

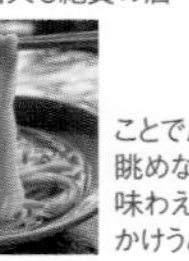

夜も営業している希少な店

本当においしい讃岐うどんを味わってください

麺を打つ大将の奥村さん。多くの著名人も絶賛の店

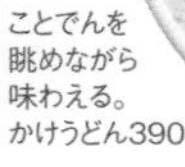

ことでんを眺めながら味わえる。かけうどん390円

ぶっかけうどん 590円
美しく盛りつけられて登場。やや濃いめのだしが麺に合う

セルフ …セルフの店 おみやげ …店のおみやげうどんあり

肉と温玉が太麺とマリアージュ

手打ちうどん植田

●てうちうどんうえた　片原町駅から徒歩5分

MAP 別冊P.29-D2　セルフ

弾力やこし、手打ち感を引き出した麺にファンが多い人気店。うどんそのものを味わう「冷かけ」もいいが、肉と麺の味が調和する「肉ぶっかけ」がおすすめ。

●注文の流れ　天ぷらなど → うどん注文 → 会計

住 香川県高松市内町1-8 TEL 087-822-1335 営 9:38～14:30 休 日曜 P なし

オフィス街にありランチ時は特に混み合う

広くてきれいな店内

温玉肉ぶっかけ 640円
甘辛く煮た牛肉とだし、こしの強い太麺とのバランスが見事

温泉卵やダイコンおろしをよくかき混ぜて味わおう

温玉のない肉ぶっかけは小540円

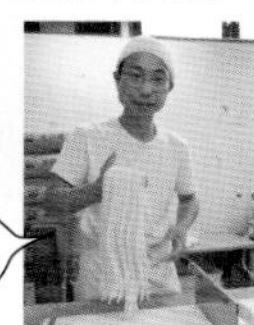
うどん愛の強い店主の植田さん

釜バター小 530円（生卵付き）
あっという間にバターが溶けるほどあつあつ

自慢の
「釜バター」をぜひ
味わってください！

力を入れて生地をのばす。麺は太めで食べ応えあり

熱いうちによくかき混ぜて食べるのがポイント

うどんの新境地を切り開く

手打十段うどんバカ一代

●てうちじゅうだんうどんばかいちだい　瓦町駅から徒歩7分

MAP 別冊P.28-B2　セルフ　おみやげ

茹でたて麺に生卵とバターをのせて、黒コショウをかけた釜バターが大人気。よく混ぜて食べるとまるでカルボナーラのようなまろやかさ。1玉約280gと食べ応えも満点。

●注文の流れ　うどん注文 → 天ぷらなど → 会計

住 香川県高松市多賀町1-6-7 TEL 087-862-4705 営 6:00～18:00 休 なし P 45台

町なかなのに駐車場があり利用しやすい

店内は有名人のサインがいっぱい

中太のもちっとした麺は随一

手打ちうどん大蔵

●てうちうどんおおくら　三条駅から徒歩10分

MAP 別冊P.28-A3　おみやげ

うどんを食べ歩いて研究を重ねたという店主がたどりついた味。1杯で満腹になってほしいと麺量は多めだが、麺とだしとの相性が抜群で一気に食べられる。

●注文の流れ　タブレットでオーダー → 食後に会計

住 香川県高松市花ノ宮町3-4-12 K&A花ノ宮1F TEL 087-899-7887 営 10:30～14:30(売り切れ次第終了) 休 木曜 P 8台

入口のガチャに店主の遊び心が感じられる

注文が入ってから
ゆでるので
お待ちください
ね

うどん一筋の若き店主、大平さん

香り高いだしと長くてつるつるの麺が絶品！

かしわ天ざる 990円
麺は1人前300g以上と多めだがミニサイズも。鶏むね肉の天ぷら、かしわはふんわりやわらか

左側におでんコーナーも。注文はタブレットで

＼ひと足延ばしてでも行きたい！／

郊外の行列ができる人気店

うどんの名店 →P.83〜85もCheck!

香川のうどん店は中心部から離れた場所にも広く散らばっている。麺を買いに地元の人が通う、地域に根付いた人気店はわざわざ足を運ぶ価値あり！

製麺所と食料品店を併設

須崎食料品店

●すざきしょくりょうひんてん

三豊市 MAP別冊P.12-B2 セルフ

製麺所入口でうどん小か大、冷か温を注文し、卵、薬味、醤油をかけたら食料品店内へ。天ぷらを選んでレジで会計するユニークなシステム。唯一無二の力強い麺を求めて行列が絶えない。

●注文の流れ
うどん注文→薬味など→天ぷらなど→会計

住香川県三豊市高瀬町上麻3778 TEL0875-74-6245 営9:00〜11:30 休水曜 交JR、ことでん琴平駅から車で約15分。高松自動車道三豊鳥坂ICから車で約11分 P35台

▶うどんのチョイスは小（1玉）か大（2玉）のみ。だし醤油をかけて食べる

製麺所でゆでたてを提供

太くてこしがありもちもちの麺

右がうどん店、左が商店

会計は商店のレジで

うどん小 280円
温泉玉子 70円 とり天 120円
人気のコンビ。天ぷらも良心的な価格。揚げたてを店舗で購入する

特製醤油をひとまわしかけてからよく混ぜて味わう

冬の名物、しっぽくうどん小400円を通年提供

元祖しょうゆうどん 小 470円
先に出てくる大きなダイコンをすりおろしながらうどんが来るのを待つ

ダイコンをおろし特製醤油で

元祖しょうゆうどん 小縣家

●がんそしょうゆうどん おがたや

まんのう町 MAP別冊P.13-C2 おみやげ

もともとは製麺所で、醤油うどんの元祖といわれる店。自分ですりおろすダイコンと、ぴかぴかつるっとした麺にオリジナル生醤油をかけ、よく混ぜてどうぞ。おでんも人気。

●注文の流れ テーブルでオーダー→食後に会計

住香川県まんのう町吉野1298-2 TEL0877-79-2262 営9:30〜14:30 休月・火曜 交JR琴平駅から車で約10分。高松自動車道府中湖スマートICから車で約20分 P40台

大きな店構え。昭和の家電などを展示したコーナーも

元祖ぶっかけうどんの店

山下うどん

●やましたうどん

善通寺市 MAP別冊P.12-B2 おみやげ

1981（昭和56）年創業。角のあるこしの強い麺に、濃いめのだしをかけた「ぶっかけ」の老舗だ。麺とだしは冷・ひやあつ・温をお好みで。レモンを搾り、つるつる感を堪能しよう。

●注文の流れ うどん注文→天ぷらなど→会計

住香川県善通寺市与北町284-1 TEL0877-62-6882 営9:30〜16:00 休火曜（祝日の場合は翌日）交JR善通寺駅から車で約10分。高松自動車道善通寺ICから車で約10分 P50台

約70席ある広い店内

ぶっかけうどん 小300円
ちくわ天 130円
シンプルなぶっかけは天ぷらが合う。薬味やレモンは付いてくる

昔から変わらない製法でこしの強い麺を生み出す

おでんも人気。厚揚げ120円、すじ肉160円。味噌だれをつけて

サイドコーナーの定番Best⑤

セルフ店にはサイドメニューのコーナーがあり、天ぷらをはじめとする揚げ物、練り物などがずらり。うどんと一緒にどうぞ!

えび天

瀬戸内海で取れたじゃこ(小エビ)練り込んだ讃岐名物の練り物/さか枝うどん本店→P.184

ちくわ天

人気の高い定番中の定番。衣に青のりが混ぜてあるなど店により工夫がある/手打ちうどん植田→P.185

いなりあげ

だしに砂糖や醤油を加えて煮込んだいなりあげも人気の定番/手打十段うどんバカ一代→P.185

コロッケ

コロッケの中身は各店違うので食べ比べもいい。揚げたてでカリッとしている/須崎食料品店→P.186

ゲソ天

長いイカの足にたっぷりの衣をつけてふわふわ感のある天ぷらに/純手打ちうどん よしや→P.187

すべて手作業のもちつる麺

純手打うどん よしや

●じゅんてうちうどん よしや

丸亀市 MAP別冊P.13-C2 セルフ おみやげ

伝統を守りつつも、おいしさの追求に熱心な店主。朝4時から仕込みを始め、完全手作業で仕上げる麺やだしは、もち豚や種類豊富な天ぷら類ともよく合う。

●注文の流れ
食券機で購入→天ぷらなど→うどん受け取り

住香川県丸亀市飯野町東二343-1 TEL0877-21-7523 営7:00～14:50(売り切れ次第終了) 休火曜 交JR丸亀駅から車で約15分。高松自動車道坂出ICから車で約10分 P20台

飯野山の麓にある。屋根の曲線が特徴的

天ぷらや揚げ物の種類が豊富

讃岐もち豚の肉うどん600円
一番人気のうどん。麺は「温」と「ぬるい」から選べる

長くてつるっと美しい麺

うどん文化の発展に力を注ぐ店主の山下さん

伝統を守りつつおいしさを追求しています

小麦の香りが立つつめたいかけは醤油が合う

製麺所ならではのできたて麺を味わってください

1930(昭和5)年創業の製麺所を引き継ぐ3代目の三好さん

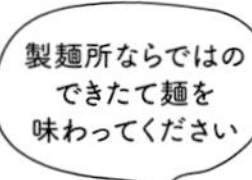

店の営業時間に合わせて麺をゆで上げる

ぬるい小120円(ぶっかけだし)
麺は「あつい・つめたい・ぬるい」か「釜玉」から。テーブルのぶっかけだし、冷・温かけだし、醤油をお好みで

1時間のみ営業の製麺所うどん

日の出製麺所

●ひのでせいめんしょ

坂出市 MAP別冊P.15-D2 おみやげ

学食や社食を中心にうどんを卸す製麺所。最初の100食は香川県産小麦を使った麺、その後はオリジナルブレンドのゆでたて麺を提供。良心的な価格に驚きだ。

●注文の流れ うどん注文→天ぷら+だし→食後に会計

住 香川県坂出市富士見町1-8-5 TEL0877-46-3882 営11:30～12:30(みやげ販売9:00～16:00) 休不定休 交JR坂出駅から徒歩約10分。高松自動車道坂出ICから車で約5分 P20台

さまざまなおみやげ用の麺を販売

オープン前から長い行列ができる

＼名物＆地元食材を食べるなら！／

高松市内の名店をおさえる

昼間は市外で観光、夜は高松に戻るという人、かなりいるのでは？ イタリアンから和食店、居酒屋まで、絶対外れなしの名店をバリエーション豊富にセレクト。

厳選食材の炭火焼きイタリアン

Osteria enne

●おすてりあ えんね

市街中心部 MAP別冊P.29-D2

国内外の星付きレストランで修業したのち、地元香川にイタリアンの店をオープン。旬の食材を使ったコースのほか、アラカルトも豊富。

住香川県高松市古馬場町1-11（北島ビル1F） TEL087-821-5433 営18:00～22:00（21:00LO） 休月曜、不定休 予コース3800円～ 交ことでん片原町駅から徒歩約7分 Pなし

カウンター6席とテーブル2卓がある

オリーブ食材がたくさん！

香川では、豚や牛、鶏に採油後のオリーブの実を与えたブランド食材がある。肉質がよく、うま味も増すという。

オリーブ豚

さっぱりとした脂身と赤身のバランスが◎

オリーブ牛

黒毛和牛の「讃岐牛」が最高級肉質に！

オリーブ地鶏

うま味がたっぷり詰まったブランド鶏肉

オリーブハマチ

オリーブの葉を粉末にして与えている

メインの魚料理。ある日のメニューは瀬戸内海産天然真鯛とアサリのアクアパッツァ

香川食材×イタリアン

オリーブ牛や香川県産の野菜、魚を使ったイタリア料理。

ルッソコース 9500円

前菜、パン、パスタ、肉・魚料理にチーズ、ドルチェが付くコース。旬の食材を使うためメニューは変わる

CHECK!

オリーブ地鶏

さぬきのめざめ

CHECK!

◀パスタの一例。オリーブ地鶏と香川のアスパラ「さぬきのめざめ」を使ったタリオリーニ

▼夏の前菜。香川県産マスカットとハモンセラーノ、水牛のモッツァレラのカプレーゼ

肉や魚は炭火焼きでうま味を閉じ込める！

1952(昭和27)年創業

骨付鳥 一鶴 高松店

●ほねつきどり いっかく たかまつてん

市街中心部 MAP別冊P.29-D2

骨付鳥の専門店。ふっくら香ばしく焼き上げた骨付鳥は、濃厚なうま味と歯応えが思わずやみつきに。スパイシーな味付けはビールにぴったり!

住香川県高松市鍛冶屋町4-11 TEL087-823-3711 営17:00〜23:00(土・日曜・祝日は11:00〜)(LO22:30) 休火曜 予2500円〜 交ことでん片原町駅から徒歩約11分 Pなし

骨付鳥と相性がいいとりめし534円(スープ付き)。とりのうま味が凝縮した醤油味の炊き込みご飯

骨付鳥

スパイシーに味付けした骨付きの鶏もも肉を特注オーブンでじっくり焼いたご当地グルメ。

広々とした店内でゆっくり過ごせる

骨付鳥
おやどり 1129円 ひなどり 1001円

うま味のあるおやどり、ジューシーなひなどりの2種類がある。豪快に手づかみでどうぞ

べぇすけ

瀬戸内海で取れる大きて太いアナゴのこと。普通のアナゴよりも脂が多く、ふわりとした食感。

べぇすけのすき焼き鍋
3630円(1人分)

季節の野菜に肉厚のべぇすけがたっぷり! すき焼きスープでいただく、天勝のオリジナルメニュー

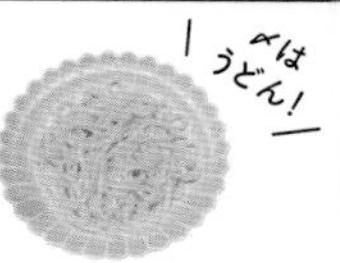

生けすを見ながら新鮮魚介を

天勝 本店

●てんかつ ほんてん

高松駅周辺 MAP別冊P.29-C2

店内でまず目に飛び込んでくるのは、巨大な生けす! 刺身は生けすから出してさばく。名物は、べぇすけという巨大アナゴのすき焼き鍋。

住香川県高松市兵庫町7-8 TEL087-821-5380 営11:00〜14:00、17:00〜22:00(土・日曜・祝日は11:00〜15:00、17:00〜21:00) 休なし 予3000円〜 交JR高松駅から徒歩約7分 Pなし

(左)店内の中央に巨大な生けすがある
(右)カウンターや座敷、テーブル席がある

香川の食材を居酒屋メニューで

酒と料理のなつ

●さけとりょうりのなつ

市街中心部 MAP別冊P.29-D3

地元食材をリーズナブルに味わえる店。オリーブハマチや豚料理のほか、骨付鶏に鍋まで香川の名物グルメが見事に揃う。〆にはバリッとした餃子を!

住香川県高松市瓦町1-4-10 TEL087-851-2020 営17:00〜24:00(日曜・祝日は〜23:00) 休なし 予2500円〜 交ことでん瓦町駅から徒歩約5分 Pなし

かつて銀行だった建物

奥には金庫を使用した個室もある

ハマチの胡麻まみれ 1300円
オリーブ豚のトンテキ 1500円
瓦町餃子 420円

名物のハマチ胡麻まみれは、季節によりオリーブハマチを使用。手作りする瓦町餃子もテッパン!

香川食材×居酒屋

居酒屋には、お酒にぴったりの香川県食材メニューがずらり。

四国4県を比べてみたら……①
マスコットキャラクター大集合！

香川県

ことちゃん

休日は家族でうどん屋巡りをしている

ことでんのマスコットキャラクター。ことでんの大人の事情により誕生し、初のイルカ駅員として勤務。うどんの釜玉が大好物で、そのせいかおなかがぽっこりしている。2011（平成23）年には恋人のことみちゃんと金刀比羅宮で挙式を執り行った。2015（平成27）年には娘のことのちゃんが誕生している。

誕生日：8月8日　性別：オス
身長：180cm　体重：120kg
座右の銘：安全輸送

りんちゃん

園内のイベント情報の発信などで活躍する

高松市にある栗林公園のイメージキャラクター。明るく元気で優しい女の子。栗林公園のガイドをしている。5人家族で、お母さんは園内にあるお茶屋のおかみさん、お父さんは庭師として働いている。

性別：女の子
家族：りりこさん（お母さん）、松太郎さん（お父さん）、りっちゃん（お姉ちゃん）、くりりん（弟）

徳島県

すだちくん

万第23-89号

笑顔で元気の源ビタミンを振りまく

徳島県のマスコットキャラクター。その名のとおり、徳島県が出荷量日本一を誇るすだちをモチーフにしている。特徴はその愛くるしい笑顔。時にはしぼられたり、すりおろされたり、輪切りにされることもあるが、常に笑顔を絶やさず、徳島県のイメージアップのために奔走している。

誕生のきっかけとなったのは、1993（平成5）年に開催された東四国国体。大会のイメージキャラクターを公募したところ、選ばれたのが当時小学生だった女の子が考案したすだちくんだった。その後、デザイナーの手によってより親しみやすいデザインに整えられ、公式マスコットとしてデビュー。2023年には誕生してから30周年を迎えるが、今でも根強い人気を誇る。

誕生日：?　性別：中性
口癖：〜じょ、キュッ　趣味：ダンス、コスプレ
夢：徳島県のイメージアップ

愛媛県

いまばりバリィさん

© Daiichi Printing

のんびりとしたゆるい性格

愛媛の伊予観光大使・今治地方観光大使として活躍する、今治生まれ、今治育ちのトリ。頭には来島海峡大橋をイメージした冠をかぶり、おなかにはタオル生地でできた腹巻きを巻いている。また常に造船で有名な今治ならではの、船の形をした特注の財布を持っている。

誕生日：8月3日　身長：150cm
体重：150kg　胴回り：150cm
趣味：食べ歩き、腹巻きのコレクション

愛媛県イメージアップキャラクター みきゃん

許諾番号：510005

明るくて好奇心旺盛なみきゃん

愛媛県のイメージアップキャラクターとして活躍する。モチーフはみかんと犬で、耳のみかんの葉やしっぽのみかんの花がチャームポイント。名前の由来は愛媛県の特産品のみかんや、犬の鳴き声「きゃん」、英語の「can」（できる）というところから。

誕生日：11月11日
役職：愛顔（えがお）PR特命副知事
好きな食べ物：愛媛県産のもの、特にみかん
欲しいもの：一緒に愛媛をPRしてくれる友達

高知県

しんじょう君

©須崎市2013 1720

テレビ番組やテレビCMにも多く出演する

ニホンカワウソをモチーフにした、高知県須崎市のマスコットキャラクター。ニホンカワウソはもともとは日本全国に分布していた在来種。だが、1979（昭和54）年に須崎市の新荘川（しんじょうがわ）で目撃されて以降、生きた姿は確認されていない。2012（平成24）年には、絶滅種に指定されている。しんじょう君は絶滅してしまったカワウソの仲間を探しつつ、須崎市のPRを行っている。チャームポイントは、市の名物である鍋焼きラーメンをイメージした帽子。2023年には誕生から10周年を迎え、クラウドファンディングで集められた資金をもとに銅像が造られた。

誕生日：4月28日　年齢：5歳くらい
特技：ダンス、水泳
趣味：おしゃれ、アニメ鑑賞など

徳島県

ジェネラル インフォメーション

徳島県の基本情報

❖ 県章

徳島（とくしま）県の「とく」を図案化し、空を飛ぶ鳥としたもの。融和、団結、雄飛、発展の県勢を表している。一般からの公募により1966（昭和41）年に制定された。色は徳島県の色である藍色。

❖ 県旗

特に制定されていないが、一般的に藍色の地に黄色の県章を中央に配置したものが使われている。

❖ 徳島県民の歌

1971（昭和46）年7月に制定された徳島県民の歌。作詞は現三好市出身の作家・富士正晴で、作曲は徳島市出身の作曲家・三木稔。徳島県のウェブサイトではより歌に親しみやすくなるよう、演奏・歌唱を収録した楽曲データを公開している。

❖ 県の花…すだちの花

徳島県の特産で、日本のシェアほぼ100%を占める徳島のすだち。木はみかん科に属しており、毎年5月中旬頃に小さな白い花を咲かせる。花は柑橘類らしいさわやかな香り。実がなるのは8月下旬～9月上旬頃で、この時期に徳島に行けばスーパーなどでも地元産のすだちを買うことができる。

❖ 県の木…ヤマモモ

かつて徳島藩時代から「御禁木」として保護されてきたヤマモモ。やせた土地でも育つため肥料林として山林に植えられたこともある。実は6月下旬～7月上旬にかけてなり、収穫時期が短く日持ちしないため「幻の果実」と呼ばれることも。実の生産量は徳島県が1位で、高知県が2位。

❖ 県の鳥…シラサギ

湿地や水辺のある森林などに生息する、羽毛が白いサギ。徳島県内に広く生息しており、純白で凜とした立ち姿は平和の象徴として親しまれている。

❖ 県の色…藍色

徳島県のおもに吉野川沿いの地域で生産される阿波藍染め。原料となる天然染料の蒅（すくも）の生産量は全国1位を誇り、世界にも知られる「ジャパンブルー」の代名詞的存在となっている。

❖ 県庁所在地

徳島市万代町

❖ 徳島県の面積

4146.99㎢
※日本の面積
　37万7974.85㎢
※国土交通省国土地理院
※2023（令和5）年7月時点

❖ 徳島県の人口

総数：69万5450人
女…36万2884人
男…33万2566人
※住民基本台帳
※2023（令和5）年9月1日時点

❖ 日本の人口

1億2445万人
※総務省統計局
※2023（令和5）年9月1日時点

❖ 徳島県知事

後藤田正純（第21代）
※2023（令和5）年9月現在。知事の任期は4年で、徳島県全域からひとりを選出するための徳島県知事選挙が行われ、徳島県民の投票によって決まる。

❖ 徳島県の予算

2023（令和5）年度の一般会計当初予算の規模は、5027億8100万円。前年度に比べて211億9900万円、4%の減額となっている。特別会計の予算は17億1278万4000円。
※徳島県ウェブサイトより

おもな都市からの移動時間

❖ 飛行機
東京（羽田空港）　約1時間10分
福岡（福岡空港）　約1時間
札幌（新千歳空港）　約2時間、8月のみ運航

❖ 高速バス
JR大阪駅　約2時間40分
広島BC　約4時間25分

❖ 鉄道（特急）
JR岡山駅
約2時間

❖ フェリー
東京港～徳島港　約18時間
和歌山港～徳島港　2時間15分
新門司港～徳島港　約14時間

▶四国への道
→P.470

徳島県の気候

剣山を境に、徳島市や鳴門市のある北部、美波町や海陽町のある南部で気候が大幅に変わる。北部の徳島市は、年間降水量の平均値が1619.9mmと少雨で温暖。一方、南部の海陽町は3195.9mmと、1年を通して降水量が多い。台風や梅雨の時季は注意が必要だ。また県面積の8割を占める山間部では気温の変動が激しい。冬には大雪による雪害が発生することもしばしばある。

▶四国の気候
→P.464

安全とトラブル

徳島の治安は一般的に良好だが、徳島市の繁華街など人が集まるところではトラブルに巻き込まれることがないよう注意しよう。阿波おどりは1年に1度、全国から人が集まってくる。トラブルや駐車場、宿泊ホテルの不足などもあるので、気をつけること。

また、台風や豪雨などにより公共交通機関の計画運休が実施されることがあるので気象情報をチェックしよう。地震が発生したときの行動や避難場所も自治体の防災情報などで確認を。

●徳島県警
TEL 088-622-3101
URL www.police.pref.tokushima.jp

▶旅の安全情報とトラブル対策→P.482

その他

▶旅のお役立ち情報
→P.480

❖ 移動は車がベスト
JRは高徳線、徳島線、鳴門線、牟岐線と4本の路線があるが、見どころは駅から離れている場合が多いので、車を利用するのがベスト。路線は県の周囲を走るので、内陸部へは車を利用しなければ行けないところがほとんど。レンタカーは徳島阿波おどり空港のほか市内にもオフィスがあるので簡単に借りることができる。祖谷渓など人気の観光地へ行きたいが車の運転に自信がないという人は、定期観光バス（→P.111）を利用するのも手。

❖ 運転の際に注意しておきたいこと
高速道路のインターチェンジには乗り降りの方向が限定されているハーフインターチェンジやETC搭載車のみが利用できるスマートインターチェンジがあるので、気をつけること。なお高速道路は県の北部を横断していて。中部～南部へは一般道を走る。山道も多く道も限られているので、思った以上に時間がかかることが多い。山岳部を運転する場合はカーブがきつい箇所も多いのでくれぐれも気をつけて。地方ではガソリンスタンドの数も少なく、日曜・祝日はやっていなかったり平日でも夜間はクローズしてしまう。早めの給油を心がけること。

❖ お遍路など参拝の際のマナー
お遍路の札所（寺院）や神社を参拝する場合、境内で騒いだり走り回るなどの行為はしないこと。なお、お遍路においては［十善戒］という10の行動規範を守るよう心がけよう。

十善戒は①不殺生（ふせっしょう）むやみに生き物を傷つけない②不偸盗（ふちゅうとう）ものを盗まない③不邪婬（ふじゃいん）男女の道を乱さない④不妄語（ふもうご）うそをつかない⑤不綺語（ふきご）無意味なおしゃべりをしない⑥不悪口（ふあっく）乱暴な言葉を使わない⑦不両舌（ふりょうぜつ）筋の通らないことを言わない⑧不慳貪（ふけんどん）欲深いことをしない⑨不瞋恚（ふしんに）耐え忍んで怒らない⑩不邪見（ふじゃけん）間違った考え方をしない。

AREA INFO 徳島県 エリアインフォメーション

海沿いから山間部までさまざまな地形に恵まれる徳島県には24市町村がある。北部には吉野川が流れ、西に行くに従い険しい山々が増えてくる。香川や愛媛のように地域ごと特定の呼び名はないが、本書では大きく4つのエリアに分けて紹介している。

川沿いに続く渓谷美が見られる大歩危峡

AREA 3 緑豊かな秘境の地

西部エリア (→P.230)

徳島県の最高峰（1955m）である剣山の北裾に広がる。北には吉野川が流れ、大きな町はその周辺に集中。日本三大秘境として名高い祖谷渓のほか、美馬市にある伝統的建造物群保存地区、通称「うだつの町並み」がハイライト。

このエリアの市町村

美馬市／つるぎ町／東みよし町／三好市

おもな見どころ

- うだつの町並み(→P.232)
- 剣山(→P.238)
- 大歩危峡観光遊覧船(→P.241)
- 祖谷のかずら橋(→P.241)
- 落合集落展望所(→P.243)

美しいビーチが続く阿南市の海岸線

AREA 4 荒々しい海岸線に続く市町村

南部エリア (→P.244)

太平洋に面した海岸線が続くエリア。阿南市から美波町、牟岐町、海陽町と続く阿南海岸を走り抜けるドライブルートが有名で、ウミガメの産卵地ともなっている。海辺から山へと入れば景色は一変。緑の森がどこまでも続く。

このエリアの市町村

阿南市／美波町／海陽町／牟岐町／那賀町

おもな見どころ

- 阿南市科学センター(→P.245)
- 蒲生田岬(→P.247)
- 日和佐うみがめ博物館カレッタ(→P.81･247)
- 恵比須洞(→P.247)
- 出羽島(→P.249)

激しい潮流により発生する鳴門の渦潮

AREA 2 吉野川沿いから鳴門海峡へ

東部エリア（→P.208）

鳴門の渦潮や大塚国際美術館を擁し、徳島県で最も観光客が訪れるエリア。お遍路のスタートとなる第1番札所の霊山寺も鳴門市にある。藍住町や上板町は藍染めの町としても有名で、工房では藍染めの体験ができるところも。

このエリアの市町村

鳴門市／藍住町／板野町／松茂町／北島町／上板町／石井町／吉野川市／阿波市／小松島市／勝浦町／佐那河内村／神山町／上勝町

おもな見どころ

- 鳴門の渦潮（→P.212）
- 大塚国際美術館（→P.214）
- 霊山寺（→P.22）
- 藍住町歴史館 藍の館（→P.217）
- 徳島県立あすたむらんど（→P.219）

Q. 読める? 徳島県の難読地名

- 雑賀町（さいかちょう） 徳島市の地名
- 安宅（あたけ） 徳島市の地名
- 撫養（むや） 鳴門市の地名
- 撫佐（むさ） 鳴門市の地名
- 郡（こおり） 板野町の地名
- 祖谷（いや） 三好市の地名
- 大歩危（おおぼけ） 三好市の渓谷
- 蒲生田（がもだ） 阿南市の地名
- 十八女（さかり） 阿南市の地名

8月のお盆時期に行われる阿波おどりの会場となる

AREA 1 100を超える河川が流れる水の都

徳島市エリア（→P.196）

吉野川の流域、紀伊水道に面する徳島県の県庁所在地。町の中央には眉山がそびえ、市内を一望することができる。見どころは広範囲に散らばっており、車やバスで回るのがおすすめ。8月の阿波おどりの会場ともなる。

このエリアの市町村 徳島市

おもな見どころ

- とくしまマルシェ（→P.200）
- 徳島県立博物館（→P.201）
- 徳島県立阿波十郎兵衛屋敷（→P.202）
- 眉山（→P.204）
- 阿波おどり会館（→P.205）

眉山に抱かれた水の都

徳島市 とくしまし

人口 24万7633人 面積 191.52㎢

エリアの拠点

インターチェンジ
徳島自動車道徳島IC

鉄道駅
JR徳島駅

バス停
JR徳島駅前

フェリー
徳島港

交通INFO

徳島阿波おどり空港から市内へ
徳島阿波おどり空港からは、飛行機の到着便に合わせてリムジンバスが運行している。おもな行き先は徳島大学前（所要約26分、600円）、徳島駅前（所要約28分、600円）など9ヵ所。路線バスも運行しているが、徳島駅前に向かう便数は少なく、所要時間もかかるのでリムジンバスのほうがおすすめ。

観光案内所

トクシマウェルカムセンター
MAP 別冊P.35-C2
住 徳島県徳島市元町1-24 アミコビル東館1階
TEL 088-635-9002
開 10:00～19:00
休 アミコビル休館日
徳島駅前の商業施設、アミコビルの1階にある。観光情報の提供のほか手荷物の預かりサービスも行っている。

旅に欠かせない無料配布のパンフレットも充実。英語対応可能なスタッフも常駐している

町全体が熱狂の渦に包まれる夏の風物詩、阿波おどり。8月12～15日の開催期間中、100万人を超える観光客が訪れる。誰もが「踊る阿呆に見る阿呆」になる瞬間だ

東は紀伊水道に面し、市内には134もの河川が流れる水都・徳島市。新町（しんまち）川と助任（すけとう）川に囲まれた三角州が中心部となっており、万葉集にも詠われた「眉山」（→P.204）がそびえる風光明媚な景色が広がっている。新町川沿いには遊歩道が整備されており、そこを歩きながら観光するのも趣深い。また、400年を超える歴史をもつ阿波おどり、吉野川流域の風土を生かして繁栄した阿波藍、徳島藩の奨励を受けて発展してきた阿波人形浄瑠璃など、紡がれてきた伝統文化にフォーカスして観光するのもおすすめ。

県庁前にあるヨットハーバー「ケンチョピア」。空とヨットのコントラストが映える水都・徳島ならではの光景

空港からのアクセス

徳島阿波おどり空港 → JR徳島駅
- 車：国道11号、一般道経由約14km
- リムジンバス 約28分
- 路線バス 徳島バス鳴門線 約40分

INFO 徳島という名称は、初代藩主の蜂須賀家政が1585（天正13）年の入国時に命名した。吉野川河口の三角州（島）に町を開いたことから、縁起のよい徳の字を上につけ、「徳島」としたと伝わる。

徳島市の歩き方

三角州の周りをぐるっと観光

見どころのほとんどは、三角州の通称「ひょうたん島」周辺に集まっている。ひょうたん島中心部にJR徳島駅があり、駅前にはバスロータリーやアミコビルといった商業施設が立つ。駅ビルのクレメントプラザには、地下1階にみやげ店やロッカーなどがあるので、駅を拠点に観光するのがおすすめ。飲食店も駅そばのアーケード街や一番町界隈に集中しているので便利だ。ひょうたん島周辺をメインに観光するのであれば、この界隈に宿を取るのが望ましい。

にぎわうJR徳島駅前。阿波おどり会館に向かって一直線にヤシの木が植えられている

観光は徒歩メイン。レンタサイクルやバスも

おもな見どころはひょうたん島周辺に集まっているので、徒歩もしくはレンタサイクルを活用して巡りたい。駅前の地下自転車駐車場で借りられるほか、宿泊施設でもサービスを行っているところがある。市内をくまなく回るなら、バスの利用を。駅前ロータリーからバスが運行している。阿波おどり会館や阿波十郎兵衛屋敷など、上演時刻が決まっている見どころへは、時間を計算しながら旅の計画に組み込むとよい。

JR徳島駅前の地下自転車駐車場では、長距離を走るのに便利な電動自転車が借りられる

おさんぽプラン

JR徳島駅
↓ 約13分
阿波おどり会館 (→P.205)
↓ ロープウエイ約6分
眉山 (→P.204)
↓ ロープウエイ約6分
↓ 約6分
しんまちボードウォーク (→P.206)
↓ 約15分
徳島市立徳島城博物館 (→P.205)
↓ 約15分
徳島駅バル (→P.207)

徳島市にある お遍路札所

- 大日寺 (第13番札所)
- 常楽寺 (第14番札所)
- 國分寺 (第15番札所)
- 観音寺 (第16番札所)
- 井戸寺 (第17番札所)

こちらもCHECK!

阿波おどりのモニュメント

徳島市内には、阿波おどりをモチーフにしたモニュメントがいたるところにある。歩道のタイル絵、提灯を模した街灯など、そのデザインはさまざま。町歩きがてらぜひ探してみて。

徳島駅前にあるポストには踊り子の小さな銅像がのっている

レンタサイクル

徳島駅前地下自転車駐車場

MAP 別冊P.35-D2
住 徳島県徳島市寺島本町東3-4-3
TEL 088-652-6661
開 6:00～22:00　休 なし
料 5時間まで270円、5時間以上450円、別途保証金3000円（自転車返却時に返金）
交 JR徳島駅から徒歩約5分

INFO JR徳島駅があるひょうたん島。北には助任川が、南には新町川が流れている周囲約6kmの三角州だ。空から見ると、ひょうたんの形に似ていることからこの名がついた。

徳島市内の交通

徳島市内をくまなく観光するには、路線バスや鉄道、タクシーの利用がおすすめ。中心部を回るだけなら徒歩やレンタサイクル（→P.197欄外）を活用するなど、選択肢は複数あるので旅の予定に合わせて上手に交通手段を選択しよう。

路線バス

市内中心部を巡るなら路線バスを活用しよう。路線バスは徳島市バスと徳島バスが運行している。JR徳島駅前のバスロータリーは、1番から7番までが中心部を巡るのに便利な徳島市バスの乗り場。12番から16番までが周辺の見どころや鳴門市、藍住町などに向かうのに便利な徳島バスの乗り場だ。中央循環線や南部循環線など、市内の見どころのほとんどが網羅された区間は210円均一で乗ることができる。運賃の支払いは現金のみで、交通系ICカードは全路線で使用不可。

JR徳島駅前にあるバスロータリー

路線バスの乗り方

1 後方ドアから乗車し整理券を取る

ただし均一運賃区間内や、始終点から乗る際は券が出ない場合もある。

2 降車ボタンを押す

降りるバス停がアナウンスされたら、降車ボタンを押して運転手に知らせる。

3 降車前に運賃を用意する

運賃表示機で自分が持っている整理券番号を探し、表示されている運賃を用意。

4 前方ドアから降車

バス前方の運賃箱に、整理券と運賃ぴったりのお金を入れ降車する。

便利なバス路線とおもな経由地（徳島バス）

●川内循環線左回り（平日6:50〜21:36、土日祝8:00〜20:36）
徳島駅前→鈴江→十郎兵衛屋敷→富吉団地→米津団地前→工業団地前→加賀須野→前野→川内支所前→四国大学前→徳島駅前

●中央循環線右回り（平日6:50〜19:30、土日祝6:55〜19:20）
徳島駅前→県立中央病院・徳島大学病院前→田宮4丁目→市民病院前→徳島大学前→徳島中央公園・裁判所北→中央郵便局前・徳島市役所北→徳島駅前

●市原線秋田町経由（平日6:45〜21:43、土日祝7:00〜21:43）
島田石橋→田宮4丁目→市民病院前→徳島大学前→徳島中央公園・裁判所北→中央郵便局前・徳島市役所北→徳島駅前→ロープウェイ前→眉山登山口→市原→文化の森

路線バス

徳島市バス
TEL 088-623-2154
URL www.city.tokushima.tokushima.jp/bus

徳島バス
TEL 088-622-1811
URL www.tokubus.co.jp

運賃の両替方法

運賃ぴったりの持ち合わせがないという場合は両替機を使おう。両替機はバス前方、運賃箱の下に設置されている。紙幣は1000円札のみ使用可能。

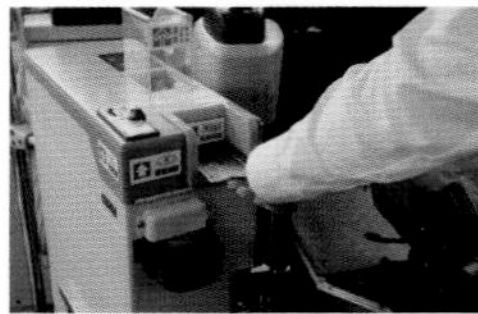
運賃を支払う際にお釣りは出ない。ぴったりの金額を用意していくか、両替機を使用しよう

バスのお得な乗車券

一日乗車券
終日、徳島バスや徳島市バスが乗り放題になる一日乗車券。紙のスクラッチ式とスマホの画面提示式の2種類があり、料金はどちらも変わらない。紙スクラッチ式一日乗車券の場合、購入はJR徳島駅前の路線バス14番乗り場付近にある案内所などで。スマホ一日乗車券の場合は、購入サイトにアクセスし購入を。アプリのダウンロードは不要だ。
料 紙スクラッチ式一日乗車券、スマホ一日乗車券ともに、徳島市内210円均一区間内 500円、徳島市バスと徳島バス全区間 1000円
TEL 088-622-1811（徳島バス）
URL sp.tokushima-bus-ticket.jp/tabs/home/merchandises（スマホ一日乗車券）

徳島市内210円均一区間で運行する中央循環線

INFO 徳島バスの鳴門線では水素燃料を用いて走る、2台の燃料電池バスが毎日運行している。水素タンクに充填された水素と空気中の酸素から電気を作って走るので、二酸化炭素の排出量はゼロ！

鉄道

JR徳島駅を中心に、香川県の高松方面に向かう高徳線、吉野川沿いに西へ行く徳島線、紀伊水道と太平洋のシーサイドを南へ走る牟岐線の3路線が走っている。有人駅の場合は、自動券売機もしくは窓口で切符を購入。無人駅でかつ自動券売機がない場合は、後方ドアより乗車して整理券を取り、前方ドアより降車する際に運賃箱に整理券と運賃を入れて降車する。

徳島市内にも無人駅がある

空港リムジンバス

飛行機の出発便と到着便の時刻に合わせて運行している。座席予約は不要。徳島大学前（所要約26分）、徳島駅前（所要約28分）など9ヵ所に停車する。乗車券を事前購入する場合は、空港内またはJR徳島駅前の徳島バス2番乗り場付近にある券売機で買う。事前購入しない場合は、バス降車時に現金で支払う。交通系ICカードは使えないので注意。

空港では1番乗り場から発車する

タクシー

JR徳島駅前にタクシー乗り場がある。初乗りは570円～。観光に特化した徳島県おもてなしタクシーも運行しており、認定を受けたタクシー会社に連絡し、配車を希望すれば乗ることができる。コースは、所要約2時間で阿波おどり会館やひょうたん島クルーズを含む徳島駅周辺観光コース、所要約6時間で鳴門まで足を延ばすアート鑑賞・体験コースなど。フリープランもある。乗車料金の目安は4～5人乗りの貸切で、2時間9600円（変動あり）～。

市内ならば町なかでもつかまえやすい

鉄道

TEL 0570-00-4592（JR四国電話案内センター）

有人駅、無人駅での電車の乗り方（→P.108）

交通系ICカードについて

全路線で、SuicaやICOCAなどの交通系ICカードは使えない。キャッシュレス決済の場合、JR四国が提供しているアプリ「しこくスマートえきちゃん」（→P.480）の利用が便利。アプリをダウンロード後、クレジットカードで切符を購入し、乗車時や降車時にアプリの画面を提示する。

空港リムジンバス

料 徳島阿波おどり空港→徳島大学前600円
徳島阿波おどり空港→徳島駅前600円

おもなタクシー会社

阿波交通株式会社
TEL 088-625-7666
URL awa-kotsu.co.jp

NTSグループ
TEL 088-66-33-888
URL novil-taxi.com

徳島第一交通株式会社
TEL 088-654-8811
URL tokushima.0152.jp/index.php

吉野川タクシー
TEL 0120-65-2051
URL yoshinogawataxi.com

▶▶ 阿波っこcolumn ◀◀

徳島には“電車”が走っていない？！

徳島県民と話すとき、列車のことを「電車」と言うと、高確率で「汽車」と訂正される。それもそのはず、実は徳島県は日本で唯一電車が通っていない県。列車はすべて、電気を動力として自走する「電車」ではなく、ディーゼルエンジンで動く「気動車」（汽車）なのだ。確かに徳島の列車を観察してみると、屋根にひし形のパンタグラフ（集電装置）が付いていない。県内を走る列車は、搭載したディーゼルエンジンで発電をし、その電気でモーターを動かして走行するのだ。ちなみに県内で現在運用されているのは、長年親しまれてきた国鉄型のキハ40、47形だが、こちらは2030年度までに廃止予定。2025年度以降には、脱炭素の次世代型ディーゼル車を導入する計画だ。またバイオ燃料などの、自然に優しい燃料の導入も検討されている。

市民を乗せて走る国鉄型キハ47形

INFO 徳島阿波おどり空港発の空港リムジンバスは、到着便の飛行機が遅延してもその到着を待って出発するので安心。

地産地消グルメから掘り出し物まで

徳島市の日曜はマーケットDay!

青果や特産品にとどまらず、思わず「こんなものも!」と口にしてしまうような骨董品まで。徳島市内の日曜市で自分だけのお気に入りを見つけよう。

マーケットDATA
場所:しんまちボードウォーク周辺
時間:毎月最終日曜の9:00~14:00
店舗数:約70店舗

❶阿波市内にある武澤農園で取れたレタスやナスを直売 ❷県内ではイチゴの栽培が盛ん。12~4月が出荷最盛期 ❸生産者の声を聞きながら買い物できるのも魅力のひとつ ❹徳島産の高級煮干し・いりこ。佃煮や出汁にしてどうぞ ❺直売所価格で買えるのがうれしい

県内最大級の産直市

とくしまマルシェ

とくしままるしぇ

MAP 別冊P.35-C2

地元でも人気の産直市。毎月の最終日曜に新町川沿いで開催される。会場内は、青果を扱う生鮮ゾーン、味噌やジャムなどを扱う加工品ゾーンなど6つのゾーンに分けられている。

住徳島県徳島市東船場町1 TEL088-678-2117 交JR徳島駅から徒歩約8分 Pなし

ここにもあるじょ!

徳島市内の日曜市

日曜市の活気を味わうならなるべく早めの時間帯を狙って。午後になると、商品数が減り人も少なくなる。

鮮魚に野菜に骨董品も

徳島びっくり日曜市

とくしまびっくりにちようういち

マーケットDATA
場所:徳島繊維卸団地
時間:毎週日曜の早朝~14:00
店舗数:約300店舗

MAP 別冊P.34-B2

毎週日曜の夜明けとともに始まる産直市。農産物に限らず、衣類や骨董品がお手頃価格で手に入る。飲食が楽しめる屋台も出ている。

住徳島県徳島市問屋町60
TEL088-653-1161
交JR徳島駅から徳島バス渋野線丈六寺南行きで約11分、バス停冷田橋下車、徒歩約5分
Pあり

1997(平成9)年6月から毎週開催されている歴史ある日曜市。雨天時も決行する

学生スタッフが企画運営

SunSunマーケット

さんさんまーけっと

マーケットDATA
場所:新町川・阿波製紙水際公園
時間:毎月第3日曜の10:00~15:00
店舗数:約25店舗

MAP 別冊P.35-C2

毎月第3日曜に開催されるマーケット。食品や雑貨などを扱う店舗が出店するほか、音楽ライブも行われ、新町川沿いが盛り上がる。

住徳島県徳島市南内町2
TEL090-2894-8309
交JR徳島駅から徒歩約8分
Pなし

県産の古代米「めがみ米」を使ったグラノーラやおにぎりなど、珍しい商品も並ぶ

恐竜研究のヒントがたくさん

恐竜ワールド徳島にフォーカス！

1994年と2016年に勝浦町で恐竜化石が発見されたことをきっかけに、本格的に県内で始まった恐竜研究。発見された化石を実際に見て、太古の時代に思いをはせよう。

地球と生命の歴史コーナーには、ティラノサウルスやメガテリウムなど、全身骨格の複製がたくさん展示されている

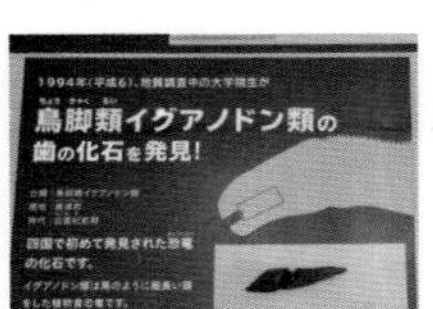

ヤベオオツノジカとナウマンゾウもお出迎え

四国で初めて恐竜化石を発見

ことの始まりは1994（平成6）年。地質学を研究する大学院生が勝浦町の沢で、イグアノドン類の歯の化石を発見したことだった。2016（平成28）年には同じ勝浦町から、今度はティタノサウルス形類の歯の化石が見つかった。これを機に徳島県立博物館が中心となり、福井県立恐竜博物館や化石愛好家らとともに研究チームを結成。そして2018（平成30年）年4月には、恐竜の骨化石を含む地層、いわゆる「ボーンベッド」が発見された。そもそも太平洋側で恐竜化石が見つかること自体が珍しく、また、このボーンベッドが約1億3000万年前にできた国内最古級のものであることから、徳島の恐竜化石は日本の恐竜を知る上で学術的に重要な位置を占めるといえる。

徳島と恐竜の年表

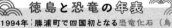

1994年	勝浦町で四国初となる恐竜化石（鳥脚類イグアノドン類の歯）を発見
2016年	勝浦町で化石愛好家の親子が恐竜化石（竜脚類ティタノサウルス形類の歯）を発見
2018年	勝浦町で恐竜化石含有層（ボーンベッド）を発見
2021年	徳島県立博物館の常設展がリニューアル。徳島で発掘された恐竜化石を展示

徳島で発掘！

1994年、地質学を研究する大学院生が、白亜紀前期の地層より抜け落ちた岩石からイグアノドン類の歯の化石を発見！

イグアノドン類とは?

ジュラ紀～白亜紀にかけて生息していた植物食性の恐竜。徳島恐竜コレクションでは白亜紀前期に中国にいたイグアノドン類の全身骨格が見られる。

徳島で発掘！

2016年、化石愛好家の親子が竜脚類ティタノサウルス形類の歯の化石を発見。長さは4cm、幅は1.2cmの大きさ。

ティタノサウルス形類とは?

ジュラ紀～白亜紀後期にかけて生息していた植物食性の大型恐竜。アフリカ・マラウィ産のティタノサウルス形類の全身骨格が展示されている。

徳島の自然や歴史をテーマに学ぶ

徳島県立博物館

MAP 別冊P.34-A3

とくしまけんりつはくぶつかん

文化の森総合公園内にある博物館。常設展示は「地質時代の徳島」や「先史・古代の徳島」「徳島のまつりと芸能」など、時代や文化に沿った13のテーマで分類されている。特に「徳島恐竜コレクション」では、徳島にまつわる恐竜化石や全身骨格が展示されている。年に3回ほど企画展も開催。

住 徳島県徳島市八万町向寺山 徳島県文化の森総合公園内　TEL 088-668-3636　開 9:30～17:00　休 月曜（祝日の場合は翌日）　料 400円　交 JR徳島駅から徳島バス市原線文化の森行きで約20分、バス停文化の森下車、徒歩約1分　P 430台

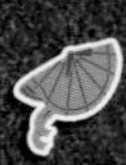

三業一体の人形芝居

阿波人形浄瑠璃の世界へ

徳島が誇る伝統文化のひとつ、阿波人形浄瑠璃。約400年前から続く歴史ある芸能だ。実際に見て学んで、昔から庶民に愛されてきた理由を探ろう。

阿波十郎兵衛屋敷で定期公演されている『傾城阿波の鳴門』「順礼歌の段」の一幕

阿波人形浄瑠璃とは

義太夫節に人形芝居が合わさり成立したとされる人形浄瑠璃。人形と、それを操る人形遣い、語り手の太夫、三味線の演奏とともに物語が進行する、日本の伝統芸能だ。人形遣いの発祥といわれる淡路島では、藩主の蜂須賀家が人形浄瑠璃を保護奨励したことをきっかけに、全国各地で人形座が興行をするようになった。 その影響で、阿波でも18世紀には人形浄瑠璃が盛んに上演されるように。神社境内に建てられた「農村舞台」での公演は、当時の庶民にとって最大の娯楽だった。「阿波人形浄瑠璃」とは、この県内各地の農村舞台で上演された人形浄瑠璃のことを指している。

阿波人形浄瑠璃は1999(平成11)年に国の重要無形民俗文

舞台の上に字幕モニターがあるので、初めて人形浄瑠璃に触れ

阿波人形浄瑠璃を毎日上演 MAP 別冊P.34-B2

徳島県立阿波十郎兵衛屋敷

とくしまけんりつあわじゅうろうべえやしき

阿波人形浄瑠璃について総合的に学べる施設。屋内舞台があり、全国で唯一、阿波人形浄瑠璃を毎日上演している。建物は人形浄瑠璃の演目のモデルとなった江戸時代の庄屋、板東十郎兵衛の屋敷跡に立つ。

住徳島県徳島市川内町宮島本浦184
TEL088-665-2202　開7～8月9:30～18:00、9～6月9:30～17:00　休なし　料410円　交JR徳島駅から徳島バス川内循環線左回りで約20分、バス停十郎兵衛屋敷下車、徒歩約1分。徳島自動車道徳

POINT

1 舞台について

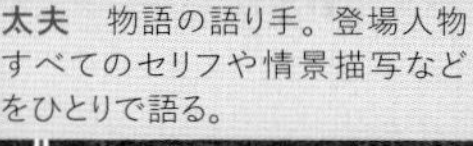

太夫　物語の語り手。登場人物すべてのセリフや情景描写などをひとりで語る。

太夫の語りと三味線の音色、人形の動きの三業が一体となって物語を進行させる。屋内の劇場だけでなく、県内各地の神社境内に設置された屋外の農村舞台でも上演されている。

三味線　音の強弱や高低、音色を弾き分け、人形の動きや情景を表現する。

POINT

2 代表的な演目

『傾城阿波の鳴門』

『傾城阿波の鳴門』は、阿波の人物が登場することから県内で多く演じられる演目のひとつ。主君の刀を探すため、阿波から大阪に移り住んだ夫妻のもとに、阿波に置いてきた娘が訪ねてくるところから始まる、親子の情愛を描いた作品。物語は順礼歌の段と十郎兵衛内の段で構成されており、順礼歌の段は阿波十郎兵衛屋敷の定期公演で毎日見ることができる。十郎兵衛内の段は特別公演でのみ上演。

順礼歌の段

十郎兵衛内の段

POINT

3 人形について

黒衣を着た人形遣いが人形を操る。頭部と右手を操る主遣い、左手を操る左遣い、足を動かす足遣いと3人で役割分担していて、息を合わせて人形を動かさなければならない。

1体を3人の人形遣いで操ります

一人前の人形遣いになるには長い修練が必要

人形のかしら

白塗りは善人、丸目は悪人など、役によって色合いや造作が作り分けられている。舞台で使う道具でもあるので、壊れにくさや修理のしやすさも重要。

屋外でも見やすいよう大きめの作りになっている

カラクリ

人形のかしらには眉や目、口を動かすカラクリが仕掛けられている。人形遣いが糸を引くことによってこれらの部位が動作する。

MORE INFO

動画で予習

阿波人形浄瑠璃を動画で見て予習しよう。右のQRコードから上演の様子を見ることができる。

農村舞台へ

江戸時代から明治時代にかけて頻繁に上演されていた農村舞台での人形浄瑠璃を今でも見ることができる。

明智光秀を描く時代物『絵本太功記』

犬飼農村舞台では毎年11月3日に公演が行われている

犬飼農村舞台

MAP 別冊P.34-A3
住 徳島県徳島市八多町八屋67-3（五王神社境内）　TEL 088-621-5417（徳島市教育委員会）
交 JR徳島駅から徳島バス五滝線で約45分、バス停五滝下車、徒歩約10分。徳島自動車道徳島ICから車で約40分　P あり

人形について学ぶ

人形について詳しく学ぶなら、阿波十郎兵衛屋敷の近くにある阿波木偶人形会館へ。

阿波木偶人形会館

MAP 別冊P.34-B2
住 徳島県徳島市川内町宮島本浦226-1　TEL 088-665-5600
開 9:00～17:00　休 日曜、第1・3月曜、臨時休館あり　料 500円　交 JR徳島駅から徳島バス川内循環線左回りで約20分、バス停十郎兵衛屋敷下車、徒歩約1分　P 30台

1.人形師が制作過程を解説してくれる　2.約100体の人形が展示されている

おもな見どころ

徳島市のシンボル　MAP 別冊P.34-A2

眉山
びざん

阿波おどり会館の5階にロープウエイ乗り場がある

標高約290mの眉山。どこから見ても、なだらかな眉の形に見えることからこの名がついた。万葉集でも「眉のごと 雲居に見ゆる阿波の山 懸けて漕ぐ舟 泊り知らずも」とその稜線の美しさが詠まれている。山頂展望台までは、阿波おどり会館（→P.205）5階にある山麓駅からロープウエイでアクセスできるほか、車や登山でも行ける。登山の場合は、麓の天神社が登山口となっており、片道約1時間ほどのコース。山頂にはカフェやLEDのモニュメントもある。

山頂の展望台からは市街はもちろん、淡路島まで一望できる日もある。夜景スポットとしても有名

眉山
住 徳島県徳島市眉山町茂助ケ原
TEL 088-652-3617（あわぎん眉山ロープウエイ）
開 散策自由
交 JR徳島駅から徒歩約10分のあわぎん眉山ロープウエイ山麓駅からロープウエイで約6分
P 124台（山頂）

あわぎん眉山ロープウエイ
MAP 別冊P.35-C2
運 4～10月9:00～21:00、11～3月9:00～17:30
休 なし
料 往復1030円

眉山名物「滝の焼き餅」は必食。阿波おどり会館1階の和田乃屋で食べることができる。3個400円

市民の憩いの場　MAP 別冊P.34-A3

徳島県文化の森総合公園
とくしまけんぶんかのもりそうごうこうえん

美術館や博物館などをつなぐ21世紀館

約40haの広大な敷地内に、6つの県立施設が集まる公園。イベントホールなどがある21世紀館を中心に、ピカソやクレーの作品を展示する近代美術館や、徳島の自然と歴史を紹介する徳島県立博物館（→P.201）、徳島出身の人類学者・鳥居龍蔵の生涯と業績を顕彰する記念博物館がある。これら4施設のそばには図書館が、公園東部には文書館も立っている。各施設の周りにはテーマに合わせた森林が広がっており、遊歩道を歩いて散策することができる。また公園内で夜間に展示されている、LEDを使用したデジタルアートも話題に。

公園内の木々が色とりどりにライトアップされ光り輝く

徳島県文化の森総合公園
住 徳島県徳島市八万町向寺山
TEL 088-668-1111
開 公園は散策自由、園内施設は9:30～17:00（図書館のみ平日は～19:00）
休 園内施設は月曜（祝日の場合は翌日、図書館・文書館は第3木曜も休館）
料 公園・図書館・文書館・21世紀館は無料、博物館は一般400円、鳥居龍蔵記念博物館・近代美術館は一般200円（企画展・特別展は別料金）
交 JR徳島駅から徳島バス市原線文化の森行きで約20分、バス停文化の森下車、徒歩約1分
P 430台

園内にある円形劇場、すだちくん森のシアター。伝統芸能やコンサートなどのイベントが開催される

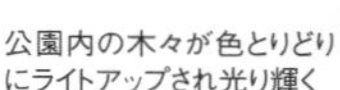
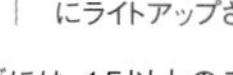

INFO　眉山のそばには、15以上の寺院が集まる寺町がある。なかでも東光寺（MAP 別冊P.35-C2）は江戸時代の浮世絵画家、東洲斎写楽（とうしゅうさいしゃらく）の墓があると伝わり、墓参もできる。

徳島藩の歴史がわかる MAP 別冊P.35-D2

徳島市立徳島城博物館

とくしましりつとくしまじょうはくぶつかん

徳島城跡地の中央公園内にある博物館で、徳島藩と藩主の蜂須賀氏に関する資料が収蔵されている。展示では、蜂須賀氏の阿波入国から廃藩置県までの286年間に起こったできごとを解説するほか、廃城令により取り壊され、現在は遺構だけが残されている徳島城の復元模型なども展示。隣接する庭園は桃山式の幽玄な回遊式庭園で、散策することができる。

参勤交代の際、徳島藩主が使用していた船「千山丸」。重要文化財に指定されている

徳島市立徳島城博物館
住 徳島県徳島市徳島町城内1-8
TEL 088-656-2525
開 9:30～17:00(最終入館16:30)
休 月曜(祝日の場合は翌日)、祝日の翌日(土・日曜・祝日の場合は開館) 料 300円(旧徳島城表御殿庭園拝観料含む)
交 JR徳島駅から徒歩約10分
P 207台

古田織部の門弟、上田宗箇(そうこ)によって1600年頃作庭されたと伝わる

徳島のアイデンティティを学ぶ MAP 別冊P.35-C2

阿波おどり会館

あわおどりかいかん

1階に特産品ショップ、2階に阿波おどり公演を毎日行うホール、3階に阿波おどりの歴史を伝えるミュージアムを併設する。5階は眉山（→P.204）のロープウエイ乗り場になっている。阿波おどり公演は、昼の部が1日4回、会館専属の連「阿波の風」が行い、夜の部は1日1回のみ、特に卓越した技術をもつ有名連が舞う。各連の踊りを見比べてみるのもおすすめ。

「ヤットサー!」と活気ある掛け声がホール内に響き渡る。振り付けが学べるレクチャータイムもある

阿波おどり会館
住 徳島県徳島市新町橋2-20
TEL 088-611-1611
開 9:00～21:00(施設により異なる) 阿波おどり公演は11:00～、14:00～、15:00～、16:00～、20:00～、所要40～50分
休 2・6・9・12月の第2水曜(祝日の場合は翌日)
料 入館無料(阿波おどりミュージアムは300円、阿波おどり公演の観覧は800円～)
交 JR徳島駅から徒歩約10分
P 26台

阿波おどりミュージアムでは迫力ある人形たちが迎えてくれる

文学や書道に関する資料を展示 MAP 別冊P.35-D1

徳島県立文学書道館

とくしまけんりつぶんがくしょどうかん

徳島ゆかりの文学や書道の作品を展示する。瀬戸内寂聴記念室では、徳島市出身の作家・瀬戸内寂聴の生涯や著書、原稿などを公開。文学常設展示室では、SF小説の先駆者である海野十三、ポルトガルの文人モラエス、ハンセン病を患いながら数々の名作を残した北條民雄らを紹介。書道美術常設展示室では、小坂奇石や中林梧竹らの書を公開している。

瀬戸内寂聴が京都の嵯峨野に開いた寺院「寂庵」の書斎を再現している

徳島県立文学書道館
住 徳島県徳島市中前川町2-22-1
TEL 088-625-7485
開 9:30～17:00
休 月曜(祝日の場合は翌日)
料 310円
交 JR徳島駅から徒歩約15分
P 43台

文学館と書道美術館が一体となった施設

INFO 阿波おどりの「連」とは、踊り手の「グループ」のこと。それぞれの連に特徴があり、豪快な振り付けや華やかな演出が得意な連もあれば、スローテンポで瀟洒な踊りを見せる連も。

全長約350mのウッドデッキでおさんぽ

MAP 別冊P.35-C2

しんまちボードウォーク

しんまちぼーどうぉーく

新町川の河岸に整備された板張りの遊歩道。道沿いにはこだわりの地ビールを提供するブルワリーや、オープンテラスのカフェもある。日没から24:00にかけて、LEDを使用したライトアップを見ることができる。

休日にはマルシェやライブなどのイベントが開催され多くの人が訪れる

しんまちボードウォーク

住徳島県徳島市東船場町1～2
TEL088-621-5295(市公園緑地課)
開散策自由
交JR徳島駅から徒歩約10分
Pなし

船上から町並みを眺める

MAP 別冊P.35-C2

ひょうたん島クルーズ

ひょうたんじまくるーず

ひょうたん島の周囲約6kmをぐるりと周遊する、約30分間のクルージング。新町川水際公園近くの浮桟橋から出航する。途中で見られる、護岸に使用されている徳島産阿波青石や、人柱伝説が残る橋は必見。

新町川、助任川に架かる19本の橋の下をくぐって進む

ひょうたん島クルーズ

住徳島県徳島市南内町2-4(新町川水際公園内)
TEL090-3783-2084
運11:00～15:40の40分ごとに出航(7～8月は17:00～19:40も運航、時期により変動)
休荒天時
料400円
交JR徳島駅から徒歩約10分
Pなし

タイミングがよければボート上から橋梁を通る牟岐線の列車を見ることも

▶▶ 阿波っこcolumn ◀◀

徳島が盛り上がる「マチ★アソビ」

“徳島をアソビ尽くす”をテーマに、年2回市内で開催されるアニメ・ゲームの総合イベント「マチ★アソビ」。期間中は、阿波おどり会館やしんまちボードウォークといった市内各所にイベントステージが設置され、声優や制作スタッフによるトークショーや、グッズの販売、コスプレの撮影会などが行われる。町がエンターテインメント一色になり、多くのアニメ・ゲームファンでにぎわいを見せる特別な瞬間だ。

イベント開催のきっかけとなったのは、アニメ『鬼滅の刃』『Fate』シリーズなどを手がける映像プロダクション「ufotable」。社長の近藤光氏が徳島市出身で、地元の町おこしのために何かできないかと行った活動の一環が、このマチ★アソビだったのだ。

イベント自体は、制作会社の枠を超えた複合型イベントとなっており、2023年5月の開催時には46社が参加し、来場者数は延べ4万3000人、累計では132万4000人を記録している。マチ★アソビは、2009（平成21）年に初開催されて以降、県の観光業を支える一大イベントとなった。県外からの来場者は全体の約50%に及び、地域振興の掛け橋となっている。今、まさに徳島がエンターテインメントの聖地となりつつあるのだ。

新町橋東公園のステージ。新町川をバックにライブなどが開催され、ファンが集う

マチ★アソビ

TEL088-621-2309(県庁商工労働観光部にぎわいづくり課)　催年2回(要問い合わせ)

INFO 徳島銘菓「阿波ういろ」。名古屋ういろうや山口ういろうと並び、日本三大ういろうのひとつに挙げられる。現在も、旧暦3月3日の節句の日には阿波ういろを食べる習慣がある。

駅ビル地下のおしゃれ空間 MAP 別冊P.35-D2

徳島駅バル

とくしまえきばる

JR徳島駅の駅ビル「クレメントプラザ」の地下1階にある飲食店街。地鶏の阿波尾鶏を使用した焼き鳥や、鳴門鯛の握り寿司、阿波牛の焼肉などを提供する店が9店舗集まる。ランチタイムも営業している。

JR駅の地下にあるバルとしては四国初、2018(平成30)年に誕生した

古代の徳島にタイムスリップ MAP 別冊P.34-A2

阿波史跡公園

あわしせきこうえん

徳島でも有数の古墳群がある地帯に造られた歴史公園。周辺には100基以上もの古墳が点在するという。園内には、竪穴住居や高床倉庫が復元され、発掘された埋蔵文化財を展示する考古資料館もある。

市内にある矢野遺跡の発掘調査などを基に復元された竪穴住居

四国最大級の動物園 MAP 別冊P.34-A3

とくしま動物園 STELLA PRESCHOOL ANIMAL KINGDOM

とくしまどうぶつえん すてら ぷりすくーる あにまる きんぐだむ

各気候帯に合わせて動物を飼育する4エリアと、こども動物園の計5エリアからなる。平日にはカピバラへの餌やり体験、休日にはコツメカワウソの「すいすいタイム」が開催されるなど、注目のイベントがめじろ押し。

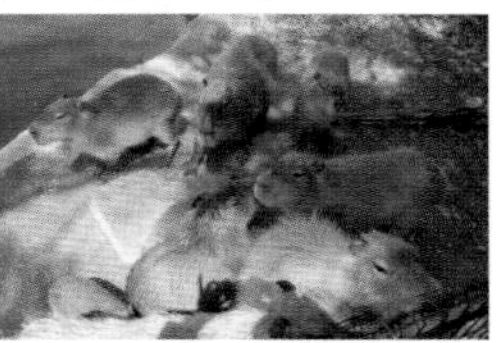

カピバラの飼育頭数は日本一。約90匹の大家族が迎えてくれる

体験学習や講座も開催 MAP 別冊P.34-A3

とくしま植物園

とくしましょくぶつえん

とくしま動物園に隣接する植物園。徳島の風土と気候に合った植物を、1年を通して楽しむことができる。園内にある緑の相談所では、専門の相談員が植物に関する疑問や相談に答えてくれる。

植物園の中央に位置する「シンボル花壇」。四季折々の花が咲き誇る

徳島駅バル

住 徳島県徳島市寺島本町西1-61(徳島駅クレメントプラザ 地下1階)
TEL 088-656-3211
営 11:00〜22:00
休 徳島駅クレメントプラザの休館日に準ずる
交 JR徳島駅直結
P 560台

阿波史跡公園

住 徳島県徳島市国府町西矢野
TEL 088-621-5295(市公園緑地課)
開 散策自由
交 JR徳島駅から徳島バス天の原西線刑務所前行きで約25分、バス停八倉比売口下車、徒歩約15分
P 36台

とくしま動物園 STELLA PRESCHOOL ANIMAL KINGDOM

住 徳島県徳島市渋野町入道22-1
TEL 088-636-3215
開 9:30〜16:30(最終入園16:00)
休 月曜 料 600円
交 JR徳島駅から徳島バス渋野線丈六寺南行きで約25分、バス停とくしま動物園下車、徒歩約1分
P 約600台

とくしま植物園

住 徳島県徳島市渋野町入道45-1
TEL 088-636-3131
開 9:30〜16:00(緑の相談所)
休 なし、緑の相談所は月曜(祝日の場合は翌日) 料 無料
交 JR徳島駅から徳島バス渋野線丈六寺南行きで約25分、バス停とくしま動物園下車、徒歩約10分
P 60台

こちらもCHECK!

吉野川の名物漁

ホタルの光が浮かんでいるような幻想的な風景。吉野川河口で毎年12月中旬から4月中旬まで見られる、シラスウナギ漁の様子だ。ウナギの稚魚、シラスウナギは光に集まる習性がある。それを利用して明かりをたきながら漁が行われる光景は、その美しさから「とくしま市民遺産」に認定されている。

大潮前後の干潮から満潮の時間帯に見られる。徳島の冬の風物詩

INFO 吉野川河口近くには、市内唯一の海水浴場「小松海岸」(MAP 別冊P.34-B2)がある。市内中心部から車で約20分とアクセスもよく、7〜8月のシーズン中は多くの海水浴客が訪れる。

四国観光の代表格、鳴門海峡の渦潮が有名

MAP 別冊P.34・36

鳴門市 なるとし

人口 5万2479人 面積 135.66㎢

行き方

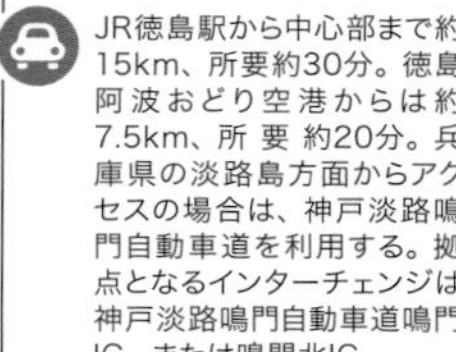

JR徳島駅から中心部まで約15km、所要約30分。徳島阿波おどり空港からは約7.5km、所要約20分。兵庫県の淡路島方面からアクセスの場合は、神戸淡路鳴門自動車道を利用する。拠点となるインターチェンジは神戸淡路鳴門自動車道鳴門IC、または鳴門北IC。

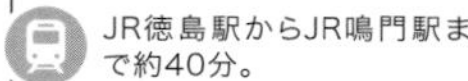

JR徳島駅からJR鳴門駅まで約40分。

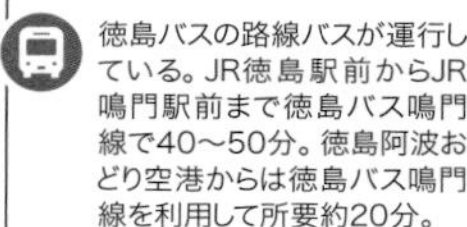

徳島バスの路線バスが運行している。JR徳島駅前からJR鳴門駅前まで徳島バス鳴門線で40〜50分。徳島阿波おどり空港からは徳島バス鳴門線を利用して所要約20分。

世界三大潮流のひとつ、鳴門海峡の渦潮。大きいものだと直径20mになるものもある。渦は右巻きにも左巻きにもなり、できる場所やその数もさまざま

徳島県の北東部に位置する鳴門市。人口は約5万2500人で、県内では徳島市に次ぐ第2の都市だ。東部は大毛島、島田島などの島しょ部になっていて、大毛島に架かる全長1629mの大鳴門橋は兵庫県の淡路島につながっている。瀬戸内海と紀伊水道の干満によって生じる鳴門海峡の渦潮（→P.212）は、全国的に有名なのでぜひ見ておきたい。間近に観察できる観潮船も運航している。また、沿岸部ならではの海産物も要チェック。速い潮流にもまれ身が引き締まった鯛やハマチ、生産量全国トップクラスの養殖ワカメは必食だ。

観光案内所

鳴門駅前観光案内所

MAP 別冊P.36-A3

住 徳島県鳴門市撫養町小桑島前浜309（JR鳴門駅内）

TEL 088-660-5119

開 9:00〜17:00　休 月曜

交通INFO

市営の渡し船が運航

四国本土と大毛島、高島、島田島をつなぐ3航路で運航している。利用料は無料で、自転車やバイクも乗せられる。運航時刻は市のウェブサイト（URL www.city.naruto.tokushima.jp/kurashi/sumai/kotsu/tosen）をチェック。

鳴門市の歩き方

JR鳴門駅が町の中心部となっており、飲食店やホテルが建ち並ぶ。駅から南に進むと、阿波五街道のひとつ、旧撫養街道沿いに商店街がある。夏には納涼市が開催されるスポットだ。鳴門海峡を望むなら、中心部から小鳴門橋を渡った先の大毛島へ。大毛島には淡路島へつながる大鳴門橋が架かり、有名な鳴門公園や大塚国際美術館もここにある。大毛島の隣、高島には海を望む飲食店が点在している。いずれにせよ、見どころがそれぞれ離れた場所にあるので、効率よく巡るなら車やバスを利用しての観光がおすすめ。

名画を陶板で再現した大塚国際美術館（→P.214）

ドライブプラン

鳴門IC
↓ 約15分
NFT鳴門美術館（→P.211）
↓ 約20分
鳴門スカイライン
↓ 約10分
鳴門公園（→P.213）
↓ 約2分
大塚国際美術館（→P.214）
↓ 約15分
鳴門ウチノ海総合公園

INFO 1947（昭和22）年3月、4町村が合併し「鳴南市」が誕生した。鳴門海峡の南に市が位置することから名づけられたが、市民に不評だったため、2ヵ月後の5月に現在の「鳴門市」に改称された。

おもな見どころ

穏やかな海を望むスポット MAP 別冊P.36-A2

鳴門ウチノ海総合公園
なるとうちのうみそうごうこうえん

芝生が広がるはらっぱゾーン。海を眺めながらアクティビティを楽しんで

大毛島、高島、島田島、四国本土の4つの陸地に囲まれた内海「ウチノ海」を望む公園。園内には、県内最大級の芝生広場が広がるほか、BBQができるデイキャンプ場、ビーチバレーコートなどが整備されている。特に海辺に整備された遊歩道「海辺のプロムナード」は、内海特有の穏やかな波を眺めながら散歩できるスポット。また園内東にある花畑では四季折々の花を観賞することができ、夏にはヒマワリが、秋にはコスモスが花開く。

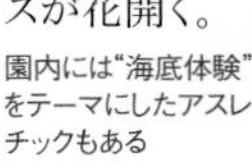

園内には"海底体験"をテーマにしたアスレチックもある

眺望抜群のドライブコース MAP 別冊P.36-A2

鳴門スカイライン
なるとすかいらいん

四国本土と、島田島を経由して大毛島をつなぐ総延長約8kmのドライブルート。市内屈指の絶景を誇るコースだ。島田島の中央部には四方見展望台（よもみてんぼうだい）があり、ウチノ海の雄大な景色を眺めることができる。

山あり海ありの、雄大な鳴門の景色を満喫できる絶景コース

鳴門市にある お遍路札所

◆霊山寺（第1番札所）
◆極楽寺（第2番札所）

鳴門ウチノ海総合公園
住 徳島県鳴門市鳴門町高島北679
TEL 088-687-3175
開 正門6:00～20:00（東門は～22:00） 休 なし 料 入園無料
交 JR鳴門駅から徳島バス鳴門線鳴門教育大学・ウチノ海総合公園行きで約20分、バス停ウチノ海総合公園下車、徒歩約1分。神戸淡路鳴門自動車道鳴門ICから車で約10分 P 423台

夏にはヒマワリ畑が登場する

鳴門スカイライン
住 徳島県鳴門市鳴門町土佐泊浦～北灘町櫛木
TEL 088-684-1157（鳴門市観光振興課）
開 通行自由
交 神戸淡路鳴門自動車道鳴門北ICから車で約5分
P なし

四方見展望台（MAP 別冊P.36-A2）からの眺め。穏やかなウチノ海には多くの釣りイカダが浮かぶ

▶▶ 阿波っこcolumn ◀◀

鳴門市にもある阿波おどり

阿波おどりは、夏になると県内の各地で開催される。そのなかでも毎年8月9～11日に、他市町村よりもいち早く開催されるのが鳴門市阿波おどり。JR鳴門駅周辺に演舞場が特設されるほか、開幕前の9日午前には鳴門公園で恒例の「初おどり」が披露される。誰でも参加できる「にわか連」も連日実施され、観光客も踊り手に交じって踊ることができる。

JR鳴門駅前に長さ約80mの桟敷席が設置される

INFO 1998（平成10）年に全線開通した神戸淡路鳴門自動車道。この道は、徳島産の生鮮食品を近畿圏などの大消費地に運搬する大動脈。このことから徳島は「関西の台所」と呼ばれている。

鳴門市ドイツ館

住 徳島県鳴門市大麻町桧東山田55-2
TEL 088-689-0099
開 9:30～16:30
休 第4月曜（祝日の場合は翌日）
料 400円
交 JR板東駅から徒歩約20分。神戸淡路鳴門自動車道鳴門ICから車で約25分
P 100台

鳴門市ドイツ館から徒歩15分の場所にあるドイツ村公園（MAP 別冊P.34-A1）

大谷焼の里

住 徳島県鳴門市大麻町大谷
TEL 088-689-0204（大麻町商工会内 大谷焼陶業協会）
交 JR阿波大谷駅から徒歩約10分。神戸淡路鳴門自動車道鳴門ICから車で約15分

おもな窯元

大西陶器
MAP 別冊P.34-B1
住 徳島県鳴門市大麻町大谷東山谷17-2
TEL 088-689-0414

田村陶芸
MAP 別冊P.34-B1
住 徳島県鳴門市大麻町大谷中通3-1
TEL 088-689-4039

陶業会館 梅里窯
MAP 別冊P.34-B1
住 徳島県鳴門市大麻町大谷道の上30-1
TEL 088-689-0048

窯元 森陶器
MAP 別冊P.34-B1
住 徳島県鳴門市大麻町大谷井利の肩24
TEL 088-689-0022

矢野陶苑
MAP 別冊P.34-B1
住 徳島県鳴門市大麻町大谷久原71
TEL 088-689-0006

佳実窯
MAP 別冊P.34-B1
住 徳島県鳴門市大麻町大谷東山谷45
TEL 088-689-0172

ベートーヴェン作曲『第九』の日本初演の地 MAP 別冊P.34-A1

鳴門市ドイツ館
なるとしどいつかん

中世ドイツをイメージした外観。外壁に花崗岩を使用し重厚感ある造りに

第1次世界大戦で日本軍の捕虜となったドイツ人兵士たちと、地域住民たちとの交流を伝える資料館。この地域にはかつて捕虜の収容所があり、1917（大正6）年から1920（大正9）年までの約3年間、ドイツ人兵士が収容されていた。内部での生活は比較的自由で、地域住民との交流も活発に行われていた。ドイツ館周辺には収容所跡地に整備されたドイツ村公園があり、ベートーヴェン作曲の『第九』が捕虜たちによってアジアで初めて演奏されたことを記念するモニュメントや、慰霊碑も立つ。

第九シアターでは等身大の人形が『第九』を演奏してくれる

徳島を代表する伝統的な焼き物 MAP 別冊P.34-B1

大谷焼の里
おおたにやきのさと

山の斜面を利用して築かれた登り窯。窯内を一定の温度に保てる

約240年の歴史をもつといわれる大谷焼の発祥地。現在、6軒の窯元がこの里に集まる。大谷焼は鉄分を多く含んだ粘土を使用して作られ、ざらつきのある風合いと金属的な質感が特徴。大きなかめや鉢などを制作する際に、寝転んでろくろを回す工程「寝ろくろ」は、全国でも類を見ない伝統技法だ。またそのかめを焼いていた「登り窯」は日本最大級の大きさといわれる。現在は食器やインテリア製品なども多く製作されており、一部の窯元では実際に陶芸体験が可能。初心者でも気軽にチャレンジできるので、旅の思い出づくりにぜひ作陶してみては。

日常使いしたいおしゃれな食器も。使うにつれ深まる風合いを楽しめる

INFO 鳴門市の砂地では、サツマイモ「なると金時」の栽培が盛ん。温暖で降雨量の少ない気候と、ミネラル豊富な砂地の成分が作用し、ホクホクした食感になる。なると金時を使ったお菓子も多い。

阿波国の一宮 MAP 別冊P.34-A1

大麻比古神社

おおあさひこじんじゃ

大麻山の麓にある神社。阿波の国を開拓した忌部氏の祖先に当たる大麻比古大神と、猿田彦大神の二柱を御祭神として祀っている。境内には、ドイツ兵捕虜たちが造ったとされる石橋が残されている。

地元住民からは「おおあさささん」や「おおあさはん」と呼ばれ、親しまれている

日本初のNFT美術館 MAP 別冊P.36-A3

NFT鳴門美術館

えぬえふてぃーなるとびじゅつかん

それまで複製が可能だったデジタルアートに、ブロックチェーン技術を用いて唯一性を確立させたことで知られるNFTアート。この美術館ではNFTアートの展示を行い、普及と発展に取り組んでいる。

リアルだけでなくメタバース空間でもイベントを開催。NFTアートの周知を目指す

大麻比古神社

住 徳島県鳴門市大麻町板東広塚13
TEL 088-689-1212
開 3～11月6:00～17:00、12～2月6:30～16:30（神符守札授与7:30～16:30）
休 なし
料 参拝無料
交 JR板東駅から徒歩で約5分のバス停板東駅東から徳島バス鳴門大麻線板野駅南行きで約5分、バス停ドイツ館下車、徒歩約20分。高松自動車道板野ICから車で約10分
P 1000台

NFT鳴門美術館

住 徳島県鳴門市撫養町林崎北殿町149
TEL 088-684-4445
開 10:00～16:30
休 木曜
料 800円
交 JR鳴門駅から徒歩約20分。神戸淡路鳴門自動車道鳴門ICから車で約15分
P あり

▶▶ 阿波っこcolumn ◀◀

職人技が光る阿波和三盆糖

その柔らかな口溶けと、上品な甘味が人気の和三盆糖。実は、徳島県や香川県の一部でしか栽培されていない、竹糖という種類のサトウキビから作られている。なかでも徳島県で生産されたものを「阿波和三盆糖」と呼び、その製造工程はほとんどが手作業。まず冬に竹糖を収穫する。それを搾汁し、灰汁取りをしながら煮詰め、冷ましたあとに待ち受けているのが「研ぎ」という作業。熟練した職人の手によって、何日間もかけながらさらに灰汁と蜜を抜き、まろやかな味に仕上げていく最重要工程だ。

製造された和三盆糖はおもに和菓子の原料として使われる。鳴門市に製造所をおく「和庵 鳳月坊」は、サツマイモ「なると金時」と和三盆を練り合わせた菓子「鳴門っ娘」で有名。なると金時と和三盆が生み出す、深みのある味わいが人気の秘密だ。また鳳月坊は大塚国際美術館（→P.214）とコラボし、名画『ムンクの叫び』をイメージした干菓子を作り出した。そのまま食べるもよし、コーヒーや紅茶に入れるもよし、卓越した職人技に思いをはせながら味わってみて。「ムンク阿波和三盆糖」は美術館のミュージアムショップで購入することができる。

鳳月坊を代表する菓子「なると金時 鳴門っ娘」

色合いがかわらしい「ムンク阿波和三盆糖」

和庵 鳳月坊 MAP 別冊P.36-A3

住 徳島県鳴門市撫養町小桑島前浜84
TEL 088-685-6101 営 9:30～夕方（土曜は～15:00、祝日は～12:00） 休 日曜
交 JR鳴門駅から徒歩約5分。神戸淡路鳴門自動車道鳴門ICから車で約10分 P 3台
※「ムンク阿波和三盆糖」は大塚国際美術館のミュージアムショップでのみ販売

INFO 和三盆の原料、竹糖は背丈が低く細いのが特徴。3mの高さにもなるほかのサトウキビと比べるとかなり小さい。そこから取れる砂糖の量も必然的に少なく、希少価値が高い。

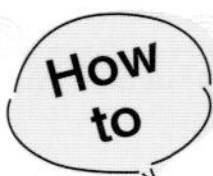

世界三大潮流にも挙げられる

鳴門の渦潮ウオッチング

世界最大級の大きさを誇る鳴門海峡の渦潮は、徳島に来たならぜひ見たいもの。ここでは、鳴門公園から見られる渦潮の観察スポットや鳴門公園内の見どころをご紹介。

How to 01

観潮船で渦潮に接近！

渦潮を見るならまずは船の上から。クルーズ船は2社が運航しており、大型船、小型船など大きさから選ぶことができる。迫力ある渦潮の姿を間近で観察してみよう。

1

2

3

❶春と秋は、潮の干満差が大きく潮流も早くなる渦潮の旬。大潮の日には直径20mを超えるビッグサイズの渦潮が見られることも ❷白波を立てて大きく渦を巻く ❸船上から見る渦潮は迫力満点

クルーズ船は2社が運航！

うずしおを最前線で観察

うずしお汽船 うずしおきせん

MAP 別冊P.36-B2・3

小回りの利く小型船で運航している。渦の巻く時間帯のみ出航しているので、潮見表リーフレットかウェブサイトで出航時間を事前に確認しよう。

住徳島県鳴門市鳴門町土佐泊浦福池65-63
TEL088-687-0613 交バス停亀浦口から徒歩約1分。神戸淡路鳴門自動車道鳴門北ICから車で約5分 P50台

高速観潮船うずしお号
運渦潮発生の時刻に合わせて30分ごとに出航
休荒天時
料1600円

2種類の船が運航

うずしお観潮船 うずしおかんちょうせん

MAP 別冊P.36-A2

大型船「わんだーなると」と水中展望室を備える小型船「アクアエディ」を運航。大型船は揺れが少なくゆったり渦潮を観察できる。船室からの眺望も自慢。

住徳島県鳴門市鳴門町土佐泊浦大毛264-1
TEL088-687-0101
休荒天時 交バス停鳴門観光港から徒歩約1分。神戸淡路鳴門自動車道鳴門北ICから車で約5分 P150台

大型観潮船 わんだーなると
運9:00～16:20の40分ごとに出航 料1800円

小型水中観潮船
アクアエディ
運9:15～16:15の30分ごとに出航 料2400円（要予約）

渦潮とは?

瀬戸内海と紀伊水道の干満差によって生じる渦潮。満潮と干潮の前後1時間30分ほどに見ることができるとされ、それ以外の時間には見られない。事前にウェブサイトなどで発生時刻の確認を。

園内を1日で巡る

鳴門公園周辺を周遊するのであれば、バスを利用するのが便利。特に鳴門山周辺は勾配が急なので、積極的にバスを活用しよう。

園内のおもなバス停

大塚国際美術館前(大塚国際美術館) ▶ 鳴門観光港(うずしお観潮船) ▶ 亀浦口(うずしお汽船) ▶ 鳴門公園(大鳴門橋架橋記念館EDDY、大鳴門橋遊歩道 渦の道)

How to 02

鳴門公園の見どころ巡り

鳴門公園は眺望自慢の展望台や、渦潮について学べるミュージアムなど見どころがたくさん。お気に入りの場所を探索してみよう。

4つの展望台を回る

鳴門公園

なるとこうえん

MAP 別冊P.36-B2

大毛島北部にある公園で、瀬戸内海国立公園の一部。園内には4つの展望台があるほか、飲食店やホテル、大塚国際美術館などもある。

住徳島県鳴門市鳴門町土佐泊浦福池 TEL088-684-1157(鳴門市観光振興課) 開散策自由 交バス停鳴門公園から徒歩約5分。神戸淡路鳴門自動車道鳴門北ICから車で約10分 P200台

❶千畳敷展望台は真正面に大鳴門橋を望むロケーション ❷お茶園展望台は沖合に浮かぶ飛島や船を眺めることができる ❸園内北端にある孫崎展望台。渦潮が間近に見られる穴場スポット ❹標高98.7mから鳴門海峡を望む鳴門山展望台。歩いても登ることができる

エスカヒル・鳴門

えすかひる・なると

MAP 別冊P.36-B2

開9:00〜17:00
休不定休
料往復400円

全長68mのエスカレーターを使えば鳴門山展望台まで直通で行ける

真上から渦潮を眺める

大鳴門橋遊歩道 渦の道

おおなるときょうゆうほどう うずのみち

MAP 別冊P.36-B2

兵庫県の淡路島につながる大鳴門橋の橋桁内にある遊歩道。全長450mの遊歩道の先に展望室があり、海面45mの高さから渦潮を観察することができる。

TEL088-683-6262
開3〜9月9:00〜18:00、10〜2月9:00〜17:00(GWと夏休み期間は8:00〜19:00) 休3・6・9・12月の第2水曜 料510円

❶風圧を軽減するためにフェンスで囲まれた遊歩道。海風や波音がすぐそばに感じられる ❷展望室にはガラス床が設置され、真下に渦潮を望むことができる

渦と橋の仕組みを学ぶ

大鳴門橋架橋記念館EDDY

おおなるときょうかきょうきねんかん えでぃ

MAP 別冊P.36-B2

渦潮の発生するメカニズムや、大鳴門橋の架橋技術などを学べる体験型ミュージアム。デジタルを駆使したVRやアート空間、4Kシアターもおもしろい。

TEL088-687-1330 開9:00〜17:00
休臨時休館あり 料620円

大鳴門橋の仕組みを実物大模型を使い解説

INFO 世界三大潮流とは、鳴門のほかイタリアのメッシーナ海峡、カナダのセイモア海峡を指す。

陶板で名画を原寸大に再現する

大塚国際美術館のここがスゴイ！

陶器の板で絵画を再現した「陶板名画」を展示する大塚国際美術館。
古代壁画から現代絵画まで、世界中の名画を鳴門で鑑賞しよう。

ここがスゴイ!! 01

別視点で絵画を見られる

地下3階に展示されているシスティーナ・ホールには、現地ヴァティカンの礼拝堂にはないバルコニー（地下2階）が併設されている。ミケランジェロの天井画と壁画『最後の審判』をこの視点から見られるのは世界でも大塚国際美術館だけ！

バルコニーから見ると天井画をより身近に感じることができる

ここがスゴイ!! 02

修復前と修復後の絵画を見比べられる！

Before

1498年に完成した『最後の晩餐』。修復前は劣化や汚れが激しい状態

After

修復後の絵画には、人物の表情や食卓の様子が鮮明に現れている

1979年から20年の歳月をかけて大規模修復が行われたレオナルド・ダ・ヴィンチの『最後の晩餐』。大塚国際美術館ではその修復前と修復後を再現。

ここがスゴイ!! 03

絵画に触れてもOK！

ゴッホの幻の『ヒマワリ』。触れると絵の具の凹凸を感じられる

大塚国際美術館では、展示されている名画を間近で鑑賞できる。陶板は色褪せや劣化に強いからだ。そっと指先で触れて、忠実に再現された筆のタッチを味わってみて。

あの名画を鳴門で鑑賞

大塚国際美術館 おおつかこくさいびじゅつかん

MAP 別冊P.36-B3

大塚グループが1998年に開館。世界の名画を1090点、すべて原寸大の陶板で再現し展示する。

常設展示スペースは日本最大級

住徳島県鳴門市鳴門町土佐泊浦福池65-1（鳴門公園内） TEL088-687-3737 開9:30～17:00（入館券販売は～16:00） 休月曜（祝日の場合は翌日）、特別休館あり（8月は無休） 料3300円 交JR鳴門駅から徳島バス鳴門線鳴門公園行きで約20分、バス停大塚国際美術館前下車、徒歩約1分。神戸淡路鳴門自動車道鳴門北ICから車で約3分 P450台

ここがスゴイ!! 04

世界の名画が集結!

現代・テーマ展示 1F・2F

シャガールやダリなどの現代画家によって描かれた作品のほか、"だまし絵"や"食卓の情景"といったテーマに沿った絵画を展示するテーマ展示を行う。

だまし絵（テーマ展示）
見る者を引き込んでしまいそうなだまし絵が15点展示されている

レンブラントの自画像（テーマ展示）
オランダの画家、レンブラントが描いた自画像が一堂に会する

運命の女（テーマ展示）
クリムトの『ユディト』など運命に翻弄された女性を描く絵画が集まる

まだある!
こんな作品
ゲルニカ（ピカソ）、ナルキッソスの変貌（ダリ）、無原罪の御宿り（エル・グレコ）、エマオの晩餐（カラヴァッジョ）、ジャガイモを食べる人々（ゴッホ）など

B1 バロック・近代

ゴヤの絵画から始まり、バロックと近代の様式を踏襲した画家の作品を展示。モネやルノワールなど、19世紀後半にフランスで始まった印象派の絵画も充実している。ムンクの『叫び』もここで鑑賞できる。

7つのヒワマリ（ゴッホ）
世界各地の美術館にある花瓶の『ヒマワリ』全7点が集結。焼失した幻の『ヒマワリ』も再現し展示

ムーラン・ド・ラ・ギャレット（ルノワール）
ラ・ジャポネーズ（モネ）
印象派ならではの優しい色使いや点描を観察できる

接吻（クリムト）
アデーレ・ブロッホ=バウアーの肖像 I（クリムト）
琳派（りんぱ）などのジャポニズムに影響を受けたクリムトの作品

まだある!
こんな作品
笛を吹く少年（マネ）、落ち穂拾い（ミレー）、オフィーリア（ミレイ）、ダンス教室（ドガ）、光輪のある自画像（ゴーギャン）、星月夜（ムンク）など

B2 ルネサンス・バロック

15世紀から16世紀半ばにかけて最盛期を迎えたルネサンスや、バロックなどの絵画が集結。同フロア屋外にはモネが晩年に集大成として描いた『大睡蓮』が展示されている。

真珠の耳飾りの少女（フェルメール）
フェルメール作品は他にも『牛乳を注ぐ女』など計10作品が展示されている

モナ・リザ
（レオナルド・ダ・ヴィンチ）
一度は間近で見てみたい『モナ・リザ』のアルカイック・スマイル

夜警（レンブラント）
光と影を描く天才と言われるレンブラントの作品。自警団が題材

まだある!
こんな作品
最後の晩餐（レオナルド・ダ・ヴィンチ）、アテネの学堂（ラファエッロ）、聖ペテロの磔刑（カラヴァッジョ）、東方三博士の礼拝（ベラスケス）など

B3 環境展示・古代・中世

B3から鑑賞スタート!

ヴァティカンの「システィーナ・ホール」やポンペイ遺跡の「秘儀の間」、紀元前520年頃に作られたとされる「鳥占い師の墓」などを再現した、古代・中世時代の展示がメイン。陶板について学べるコーナーもある。

スクロヴェーニ礼拝堂
イタリア　パドヴァにある礼拝堂。ジョットが描いた壁画が一面に広がる神聖な空間

まだある!
こんな作品
三位一体（エル・グレコ）、貝殻のヴィーナス、聖マルタン聖堂、聖テオドール聖堂、アクサンダーモザイクなど

陶板名画の作り方

陶板名画を作るには10以上もの工程を経る。まず原画を撮影し色分解を行う。それを転写紙に印刷。陶板に転写紙を貼りつけ焼成後、職人の手作業で仕上げを行い、ようやく完成する。

転写紙と技術者のレタッチにより、原画の色を再現（写真提供：大塚オーミ陶業株式会社）

※写真は大塚国際美術館の展示作品を撮影したもの

藍染めの伝統が息づく町

MAP 別冊P.34

藍住町 あいずみちょう

人口 3万5260人 面積 16.27㎢

行き方

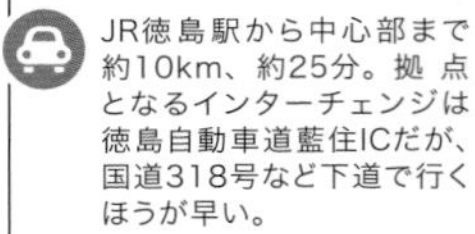
JR徳島駅から中心部まで約10km、約25分。拠点となるインターチェンジは徳島自動車道藍住ICだが、国道318号など下道で行くほうが早い。

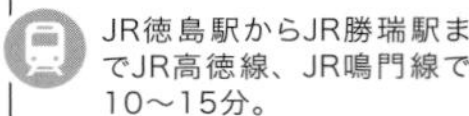
JR徳島駅からJR勝瑞駅までJR高徳線、JR鳴門線で10〜15分。

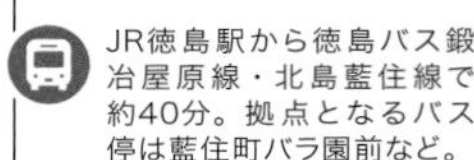
JR徳島駅から徳島バス鍛冶屋原線・北島藍住線で約40分。拠点となるバス停は藍住町バラ園前など。

ドライブプラン

- 藍住IC
  ↓ 約3分
- 藍住町歴史館 藍の館
  ↓ 約7分
- 藍住町バラ園
  ↓ 約7分
- 勝瑞城館跡

藍住町を象徴する大藍商の家を利用した、藍住町歴史館 藍の館

徳島県北東部、吉野川の下流北岸に位置する藍住町。江戸時代中期から明治期にかけて藍の栽培、藍染めの染料「蒅(すくも)」の産地として繁栄し、蒅を用いて作られた製品は「阿波藍染め」と呼ばれ広く流通した。町には江戸時代の大藍商人の屋敷が残り、藍産業の歴史を学べる「藍住町歴史館 藍の館」として公開されている。町の特産は藍染め製品のほか、肥沃な土壌と豊かな水を生かした春ニンジンの栽培も有名で、生産量はトップクラス。徳島市と鳴門市のベッドタウンとして発展し、人口の流入も続く。

藍住町の歩き方

旧吉野川と吉野川に囲まれたデルタ地帯。吉野川の土砂などが堆積したことによってできた平坦で山がない珍しい町でもある。見どころは点在していて、町の南側を東西に貫いて走る徳島自動車道の藍住インターチェンジを降りれば藍住町歴史館 藍の館はすぐ。ここから藍住町バラ園、勝瑞城館跡まで車利用だと8km圏内と移動しやすい距離だ。町の東端にはJR勝瑞駅があり、勝瑞城館跡まで徒歩8分、駅周辺から徳島バス鍛冶屋原線・北島藍住線を利用して藍住町バラ園へ行くこともできるが便数は限られているので、周遊には適さない。

徳島市の眉山から望む藍住町。1955(昭和30)年に藍園町と住吉村が合併して誕生した

INFO 徳島県産の藍は阿波藍と呼ばれる。明治期にドイツから化学染料が輸入されたため衰退したが、現在では天然染料の風合いや品質のよさが見直され、人気となっている。

おもな見どころ

大藍商の屋敷見学と藍染体験 MAP 別冊P.34-A2

藍住町歴史館 藍の館

あいずみちょうれきしかん あいのやかた

藍染体験は所要約40分、予約不要

江戸時代に大藍商として名をはせた奥村家の旧屋敷13棟と資料館からなる阿波藍の博物館。旧屋敷は1808（文化5）年建築の母屋に寝床、奉公人部屋が立ち、買い付け客の応接室や商談部屋をおく贅を尽くした西屋敷、藍栽培農工具の展示など、さまざまな角度から阿波藍の隆盛をしのぶことができる。東寝床では伝統技法「灰汁発酵建て」による藍染め体験も随時開催していて、ハンカチなど好みの製品と染めたい模様を選んで、オリジナルの藍染めを作ることができる。

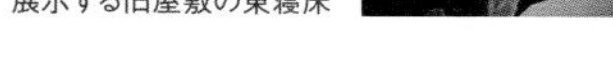
阿波藍栽培加工用具を展示する旧屋敷の東寝床

藍住町歴史館 藍の館

住 徳島県藍住町徳命前須西172
TEL 088-692-6317
開 9:00～17:00（藍染め体験の受付は9:00～15:30）
休 火曜（祝日は開館）
料 300円（藍染め体験別途1000円～）
交 JR勝端駅から車で約15分。徳島自動車道藍住ICから車で約5分
P 70台

資料館では藍染め作品や奥村家の歴史、調度品を見られる

県内随一の規模を誇るバラの名所 MAP 別冊P.34-A1

藍住町バラ園

あいずみちょうばらえん

正法寺川沿いに位置する1979（昭和54）年開園のバラ園。大輪、中輪、つるバラ、ミニバラなど約320種、約1100株が植えられ、その種類・株数は徳島県一。見頃は春（5月中旬～6月上旬）と秋（11月上旬～下旬）で、バラまつりも開かれる。

バラの見頃は例年1～2週間ほど

藍住町バラ園
住 徳島県藍住町矢上原263-88
TEL 088-637-3120（藍住町建設産業課）
開 散策自由
交 JR勝端駅から車で約10分。徳島自動車道藍住ICから車で約7分
P 20台

阿波を支配した戦国大名の居館跡 MAP 別冊P.34-A1

勝瑞城館跡

しょうずいじょうかんあと

阿波守護細川氏と戦国大名・三好氏の勝瑞館跡(屋敷跡)、城跡で、2001(平成13)年に国史跡に指定された。史跡公園として整備され、枯山水庭園跡や建物跡などを見ることができ、発掘調査で出土した遺物の展示室も備わる。

勝瑞館跡の枯山水庭園跡前に立つ、復元会所

勝瑞城館跡
住 徳島県藍住町勝瑞東勝地267-1（勝瑞館跡側）
TEL 088-641-3466（藍住町教育委員会守護町勝瑞遺跡調査事務所）
開 散策自由（展示室は9:00～17:00）
休 なし　料 無料
交 JR勝端駅から徒歩約8分。徳島自動車道藍住ICから車で約25分
P 20台

勝瑞は100年以上にわたり、阿波国の中心地として栄えた

INFO 勝瑞城館跡は日本城郭協会による「続日本100名城」に選定されている。続100名城のスタンプラリーも実施していて、スタンプは展示室に設置されている。

子供に人気の施設が充実

MAP 別冊P.4・34

板野町 いたのちょう

人口 1万2633人 面積 36.22㎢

行き方

JR徳島駅から中心部まで約15km、約30分。拠点となるインターチェンジは徳島自動車道藍住ICだが、町内には鳴門市から愛媛県四国中央市まで続く高松自動車道の板野ICもある。

JR徳島駅からJR板野駅までJR高徳線特急うずしおで約15分。普通列車だと約26分。

徳島バスの路線バスが運行している。JR徳島駅から徳島バス鍛冶屋原線で約1時間。拠点となるバス停は板野駅南。

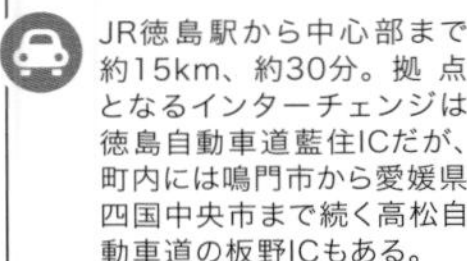

板野町にある

お遍路札所

◆金泉寺（第3番札所）
◆大日寺（第4番札所）
◆地蔵寺（第5番札所）

ドライブプラン

藍住IC
↓ 約7分
板野町歴史文化公園
↓ 約5分
徳島県立あすたむらんど
↓ すぐ

徳島木のおもちゃ美術館

観光案内所

地域情報コーナー
MAP 別冊P.4-B2
住 徳島県板野町川端中手崎39-5（道の駅いたの内）
TEL 088-612-8817
開 8:30〜18:00
休 なし
道の駅いたの内にある。板野町をはじめ、地域の観光情報を発信。高速バスの乗車券も販売。

「徳島県立あすたむらんど」にある、春にネモフィラが花開く風車の丘

東を鳴門市と藍住町、西を上板町、香川県東かがわ市に接する板野町は、1955（昭和30）年に3つの町村が合併して誕生した。古くから阿波と讃岐を結ぶ交通の要所であり、源義経率いる源氏軍が県境の大坂峠を越えて屋島にいたったとされ、江戸時代には阿波五街道のひとつ、讃岐街道の道中にもあった。町の見どころは、自然と科学を遊びながら学べる「徳島県立あすたむらんど」や架空の恐竜“イタノザウルス”が話題の「板野町歴史文化公園」。四国お遍路88ヵ所のうち、3寺もあり、町を歩いているとお遍路さんに出会うこともしばしば。

板野町の歩き方

南に吉野川平野、北に阿讃山脈が連なり、JR高徳線が東から北へ延びている。駅は3つあり、中心となるのは旧吉野川からほど近いJR板野駅。見どころは駅から離れているが、徳島バス鍛冶屋原線を利用して板野町歴史文化公園や徳島県立あすたむらんどに行くことができる。車の場合は、町を東西に貫いてふたつの高速道路が走っていて、徳島自動車道なら藍住インターチェンジから県道1号を北へ進めばいい。途中、「道の駅いたの」もあるので立ち寄るのもおすすめ。高松自動車道なら板野インターチェンジから県道12号を西へ進む。

県道1号近くにある「道の駅いたの」。足湯やドッグランを併設

INFO 町の東端には阿波国地域最大級の前方後円墳「板野の愛宕山古墳」（MAP 別冊P.34-A1）がある。全長約63.8m、後円部には約6mの竪穴式石室も見られ、徳島県の史跡に指定されている。

好奇心をくすぐる体験型公園 MAP 別冊P.4-B2

徳島県立あすたむらんど

とくしまけんりつあすたむらんど

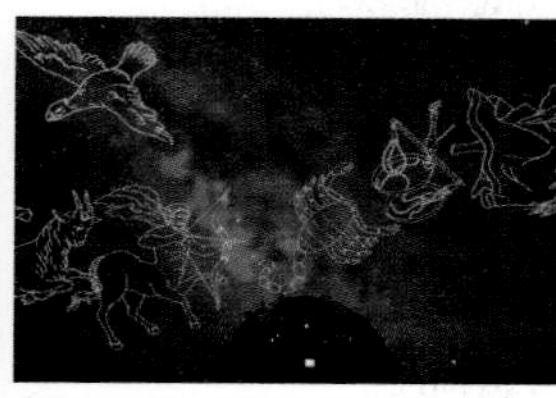
直径20mのドームに映し出すプラネタリウム

遊びや体験を通じて科学を学ぶ、自然活用・体験型の大型公園。甲子園球場6個分、約24haの敷地は6つのゾーンに分かれていて、中核となる子ども科学ゾーンでは約3万8000個の星を映し出す「プラネタリウム」、雷実験と月の重力体験ができる「子ども科学館」、吉野川めぐりゾーンには全長600mの川を小舟に乗って移動するウオーターライドなど、大人の好奇心も刺激する施設が点在。

冒険の国ゾーンにある大型遊具のわんぱく砦

徳島県立あすたむらんど

住徳島県板野町那東キビガ谷45-22
TEL088-672-7111
開9:30～17:00
休水曜(祝日の場合は翌日)
料入園無料(有料施設あり)
交JR板野駅から車で約5分。高松自動車道板野ICから車で約5分
P約1300台

森林資源と木の魅力を体感 MAP 別冊P.4-B2

徳島木のおもちゃ美術館

とくしまきのおもちゃびじゅつかん

「徳島県立あすたむらんど」内にある、木の伝統や文化を知る体験型美術館。徳島すぎを中心に県産材でデザインされた館内には、里山をイメージした遊び場、巨木の滑り台など、小さな子供から大人まで楽しめる集いの空間となっている。

徳島すぎを使った巨木が印象的

徳島木のおもちゃ美術館

住徳島県板野町那東キビガ谷45-22(徳島県立あすたむらんど内)
TEL088-672-1122
開7～8月9:30～17:30、9～6月9:30～16:30
休水曜(祝日の場合は翌日)
料800円
交JR板野駅から車で約5分。高松自動車道板野ICから車で約5分
P約1300台(徳島県立あむたすらんど)

木製キノコの収穫体験が楽しめるユニークな展示

板野町の歴史と文化の発信基地 MAP 別冊P.4-B2

板野町歴史文化公園

いたのちょうれきしぶんかこうえん

丘陵地を利用した自然公園。祭の広場にある、架空の恐竜"イタノザウルス"の骨格型遊具が人気で、自由に登って遊べる。このほか、メリーゴーラウンドなどの乗り物、図書館やホールを設置する「文化の館」もある。

イタノザウルスは体重約1.5トンの草食恐竜

板野町歴史文化公園

住徳島県板野町犬伏東谷13-1
TEL088-672-5888(板野町文化の館)
開散策自由(文化の館は9:00～18:00)
休なし(文化の館は月曜)
料無料
交JR板野駅から車で約3分。徳島自動車道藍住ICから車で約7分
P230台

INFO 「徳島県立あすたむらんど」内にある「子ども科学館」には常設展示が約120種類もあり、そのほとんどが可動装置や実験装置などを用いた参加型となっている。

松茂町への行き方

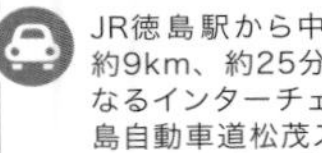

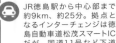

JR徳島駅から中心部まで約9km、約25分。拠点となるインターチェンジは徳島自動車道松茂スマートICだが、国道11号など下道で行くほうが早い。

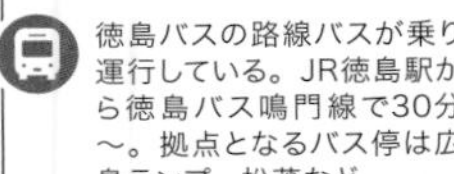

徳島バスの路線バスが乗り運行している。JR徳島駅から徳島バス鳴門線で30分〜。拠点となるバス停は広島ランプ、松茂など。

交通INFO

松茂町地域コミュニティバス
町の主要スポットを網羅する無料のコミュニティバスを運行。ルートは全部で4つあり、徳島阿波おどり空港にも停車する。

松茂町歴史民俗資料館・人形浄瑠璃芝居資料館
住徳島県松茂町広島四番越4-11-1
TEL088-699-5995　開9:00〜17:00
休月曜(祝日の場合は翌日)、第3火曜(祝日の場合は開館)　料無料
P60台

こちらもCHECK!

月見ヶ丘海浜公園
鎌倉時代から月見の名所として知られ、お月見スポットを設置する海辺の公園。展望デッキから離発着する飛行機も見られる。
MAP別冊P.34-B1
住徳島県松茂町豊岡山ノ手42
TEL088-699-6697
開8:30〜22:00　休なし
料無料　P370台

北島町への行き方

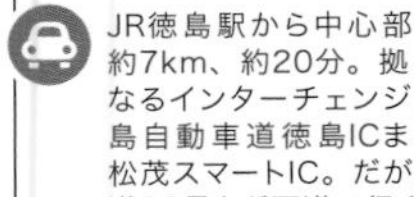

JR徳島駅から中心部まで約7km、約20分。拠点となるインターチェンジは徳島自動車道徳島ICまたは松茂スマートIC。だが、県道30号など下道で行くほうが早い。

JR徳島駅からJR勝瑞駅までJR高徳線で10〜15分。

徳島バスの路線バスが運行している。JR徳島駅から徳島バス立道線、鳴門線などで約25分。バス停は中村、老門など。

北島チューリップ公園
住徳島県北島町中村日開野
TEL088-698-9806
開開花時期の9:00〜17:00
料無料　P150台

空の玄関口、空港を擁する

松茂町 まつしげちょう

MAP 別冊P.34

人口 1万4233人　面積 14.34㎢

徳島市と鳴門市の中間、「徳島阿波おどり空港」を擁する町。吉野川河口の三角州で、干拓によって新田開発が進められた。「なると金時」の生産地で、松茂町産のものは「松茂美人」のブランドで出荷される。

徳島阿波おどり空港滑走路南側に広がる月見ヶ丘海浜公園

おもな見どころ

町の歴史と伝統芸能がテーマ　MAP 別冊P.34-B1

松茂町歴史民俗資料館・人形浄瑠璃芝居資料館
まつしげちょうれきしみんぞくしりょうかん・にんぎょうじょうるりしばいしりょうかん

水害と戦いながら新田を開発した松茂町の歴史を古文書や動画などで紹介する。かつて阿波徳島の民衆がこよなく愛した人形浄瑠璃芝居に関する、人形や浄瑠璃本など多数展示する。

移築・復元された農村型民家は必見

川に囲まれたひょうたん形の町

北島町 きたじまちょう

MAP 別冊P.34

人口 2万3137人　面積 8.74㎢

県内で最も面積が小さく、四国地方では最も人口密度が高い。毎年夏に開催する北島ひょうたん夏祭りは、ひょうたんの形をした町の地形に由来している。特産品はレンコン、かんしょ（サツマイモ）。

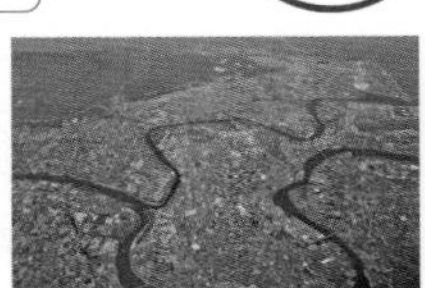

旧吉野川河口の三角州のほぼ中央に位置する

おもな見どころ

春限定、色とりどりのチューリップ　MAP 別冊P.34-B1

北島チューリップ公園
きたじまちゅーりっぷこうえん

北島町の中央に位置する公園。約60品種、約5万本の露地植えのチューリップが毎年4月上旬から中旬にかけて色鮮やかに咲き誇る。品種は毎年変わるので新しいチューリップに出合える楽しみも。

町民のボランティアで球根の植え付けが行われる

INFO 北島チューリップ公園には、オランダのチューリップ畑を思わせる高さ9mの風車や、ログハウスをリノベしたジェラート店「ミンナノテラス MIO」もある。

徳島県 東部エリア

藍の生産と藍染めの町　MAP 別冊P.4

上板町　かみいたちょう

人口 1万926人　面積 34.58㎢

南は吉野川、北は阿讃山脈に接する町。藍の生産が盛んで、藍染めの染料となる蒅(すくも)の製造・出荷量日本一を誇る。古くから伝わる藍染めの伝統工芸を今に伝える体験施設、「技の館」が見どころ。

藍染めの原料となる蓼藍(たであい)畑。3～4月に種をまく

おもな見どころ

伝統工芸の藍染めを体験　MAP 別冊P.4-B2

技の館
わざのやかた

上板町の伝統産業のひとつ、藍染め体験施設。ハンカチ、Tシャツなど好みの生地に蒅(すくも)を使用した染料で藍染めができる。館内では周年栽培試験を実施する藍のLED植物工場、水耕温室の見学も可能。

藍染め体験は30分～1時間。体験受付は15:30まで

自然豊かなベッドタウン　MAP 別冊P.4

石井町　いしいちょう

人口 2万4136人　面積 28.85㎢

四国山地と吉野川の間に開けた町で、徳島市のベッドタウンとして発展してきた。商業施設が多い一方、町の南は野鳥が生息する豊かな自然が保たれている。毎年春には地福寺をメイン会場とする藤まつりが開催。

地福寺の大きな藤棚に咲く紫藤。藤の花は石井町の町花

おもな見どころ

身近な鳥獣生息地の保護区　MAP 別冊P.4-B3

徳島県野鳥の森
とくしまけんやちょうのもり

気延山西麓、野鳥が生息する21haの広大な森。夏鳥、冬鳥、留鳥合わせて33種類、さらにフクロウの繁殖なども確認されている。敷地内には2kmの観察路がありバードウオッチングが楽しめる。

留鳥はメジロやホオジロ。キビタキなどの繁殖も

上板町への行き方

JR徳島駅から中心部まで約19km、約30分。拠点となるインターチェンジは徳島自動車道藍住ICや土成IC、高松自動車板野ICだが、吉野川沿いを走る県道137号など下道を使ったほうが早い。

上板町にある お遍路札所

◆安楽寺（第6番札所）

技の館

住 徳島県上板町泉谷原東32-4
TEL 088-637-6555
開 9:00～17:00
休 月曜（祝日の場合は翌日）
料 無料（藍染め体験は1000円～）
P 100台

石井町への行き方

JR徳島駅から中心部まで約12km、約30分。町内にインターチェンジはなく、最寄りは徳島自動車道の藍住IC。

JR徳島駅からJR石井駅までJR徳島線で約20分。

こちらもCHECK!

地福寺
藤の名所として知られる阿波六地蔵霊場の寺。境内には樹齢200年を超える紫藤、100年ほどの白藤があり、藤棚いっぱいに可憐な花が咲く。開花時期は4月中旬から4月下旬。
MAP 別冊P.4-B3
住 徳島県石井町石井石井321
TEL 088-674-3509
開 参拝自由
P 10台

徳島県野鳥の森

住 徳島県石井町石井石井
TEL 088-621-2687
開 9:00～17:00
休 散策自由
料 無料
P 3台

INFO 石井町の徳蔵寺（MAP 別冊P.4-B3）と童学寺（MAP 別冊P.4-B3）も藤の名所。3つの寺は徒歩圏内なので、藤巡りもおすすめ。

吉野川の南岸に広がる梅の里

MAP 別冊P.4

吉野川市 よしのがわし

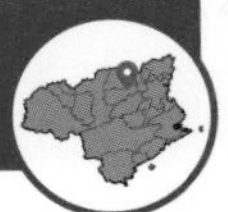

人口 3万6852人 面積 144.14㎢

300年前に築かれた高開の石積み。12月にはライトアップされる

平成の大合併によって誕生した吉野川市は、徳島県北部のほぼ中央、吉野川南岸に位置する。徳島市、阿南市、鳴門市に次ぐ4番目に人口が多く、川を挟んだ北部の阿波市とは5本の橋と2本の沈下橋で結ばれている。市内は4つのエリアに大きく分かれていて、東部の鴨島は市の中心、中央の川島は山城が残る城下町、西側の山川町は自然豊かなエリアで、南部の美郷はホタル生息地。特産品のなかでも梅が有名で、美郷は梅の産地としても知られ、3月上旬頃には開花に合わせて「美郷梅の花まつり」を開催する。

行き方

JR徳島駅から吉野川市中心部まで約20km、約40分。拠点となるインターチェンジは徳島自動車道土成IC、脇町IC。

JR徳島駅からJR阿波山川駅までJR徳島線特急剣山で約35分。普通列車だと約1時間。

JR徳島駅から徳島バス徳島線で約1時間。拠点となるバス停は山川駅。

交通INFO

吉野川市代替バス
JR阿波山川駅発着の美郷地区を走る循環バス。1日7便と便数は少ないが、観光名所も巡る。

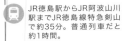

吉野川市にある お遍路札所

◆**藤井寺**（第11番札所）

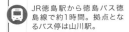

こちらもCHECK!

美郷の梅酒
美郷地区は古くから梅の産地で、全国初の梅酒特区にも認定されている。地区内の酒造では品種や熟成期間など、こだわりの製法で梅酒を造っている。

大畠酒造
MAP 別冊P.4-A3
住 徳島県吉野川市美郷峠422
TEL 0883-43-2275
営 9:00〜17:00 休 なし
交 JR阿波山川駅から車で約10分。徳島自動車道脇町ICから車で約20分 P 20台

昔ながらの製造方法で梅酒を造る

吉野川市の歩き方

吉野川市は東西に長く、北部を国道192号が東西に貫いている。鴨島、川島、美郷、山川のエリアに分かれていて、観光名所も各エリアに点在しているため、見どころを絞って回るなら美郷と山川エリアへ。国道193号を進み、山川町瀬詰交差点を南下すれば美郷ほたる館、国道から細い道の先には高開の石積み。船窪つつじ公園までは、山川地区と高越山を結ぶ県道248号（奥野井阿波山川停車場線）を走る。途中、道幅が狭くなるので、運転には注意を。徳島市内から鴨島や川島地区に向かうなら、徳島自動車道を使うより、国道318号を利用したほうが早い。

お遍路札所の藤井寺は鴨島地区にある

INFO 美郷地区全体は“美郷のホタルおよびその発生地”、山川地区の「船窪つつじ公園」は“船窪のオンツツジ群落”として国の天然記念物に指定されている。

おもな見どころ

樹齢300年、オンツツジの大群生地　MAP 別冊P.4-A3

船窪つつじ公園
ふなくぼつつじこうえん

標高1133mの高越山（こうつざん）から奥野々山に通じる尾根には、オンツツジという西日本の山地に自生するツツジの自然群生地が公園として整備されている。開花は5月中旬から下旬で、朱赤色の花が目にも鮮やか。

3ヘクタールの窪地に約1200株が群生

国内有数のホタルの生息地で生態を学ぶ　MAP 別冊P.4-A3

美郷ほたる館
みさとほたるかん

ホタルの資料展示、環境教育・学習も行う体験型施設。地下1階には研究室や生態観察ができる人工河川も。目の前を流れる川田川では5月下旬から6月下旬頃にかけて自然発生するホタルを観賞できる。

川田川に飛び交う天然のホタル

300年以上続く石積みの集落　MAP 別冊P.4-A3

高開の石積み
たかがいのいしづみ

標高約360m、急傾斜地に広がる高開集落は、約300年前に築かれた民家や段々畑を守る石積みが山肌一面に連なり、その趣はまるで城塞のよう。「にほんの里100選」選出、文化的重要地域にも指定されている。

急斜面に約30段の石垣が積み上げられた里山の風景

阿波和紙の伝統を今に伝える　MAP 別冊P.4-A3

阿波和紙伝統産業会館
あわわしでんとうさんぎょうかいかん

約1300年前に麻植（現在の吉野川市）で始まったと伝わる阿波和紙。その伝統を伝える施設で、職人による紙漉きを見学できる。紙漉き体験ができる実習スペースや和紙アーティストの作品展示もあり。

紙漉き体験ははがき3枚800円など。予約もできる

ドライブプラン

脇町IC
↓ 約20分
美郷ほたる館
↓ 約10分
高開の石積み
↓ 約20分
阿波和紙伝統産業会館
↓ 約40分
船窪つつじ公園

船窪つつじ公園
住 徳島県吉野川市山川町奥野井
TEL 0883-22-2226（吉野川市商工観光課）
開 散策自由
交 JR阿波山川駅から車で約40分。徳島自動車道脇町ICから車で約50分　P 60台

美郷ほたる館
住 徳島県吉野川市美郷宗田82-1
TEL 0883-43-2888
開 9:00～16:30
休 火曜　料 200円
交 JR阿波山川駅から車で約10分。徳島自動車道脇町ICから車で約20分　P 200台

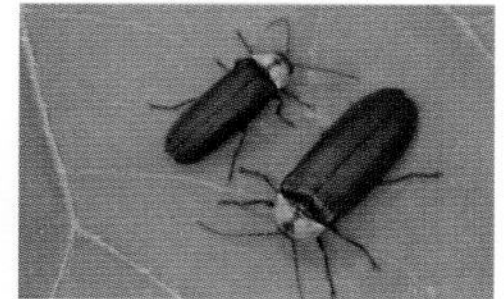
ゲンジボタルを中心に5種類のホタルが確認されている

高開の石積み
住 徳島県吉野川市美郷大神
TEL 0883-43-2888（美郷ほたる館）
開 散策自由
交 JR阿波山川駅から車で約20分。徳島自動車道脇町ICから車で約30分　P 2台

阿波和紙伝統産業会館
住 徳島県吉野川市山川町川東141
TEL 0883-42-6120
開 9:00～17:00
休 月曜（祝日の場合は翌日）
料 300円　交 JR阿波山川駅から徒歩約15分。徳島自動車道脇町ICから車で約12分　P 10台

INFO 阿波和紙の原料は楮（こうぞ）、雁皮（がんぴ）、三椏（みつまた）といった植物の外皮にある柔らかい部分。ていねいに手漉きで仕上げた和紙は、優しい手触りで丈夫なのが特徴。

行き方

JR徳島駅から中心部まで約35km、約40分。拠点となるインターチェンジは徳島自動車道土成IC、または脇町IC。

阿波市にある お遍路札所

- ◆**十楽寺**（第7番札所）
- ◆**熊谷寺**（第8番札所）
- ◆**法輪寺**（第9番札所）
- ◆**切幡寺**（第10番札所）

自然の造形美を有する農業地帯 MAP 別冊P.4

阿波市 あわし

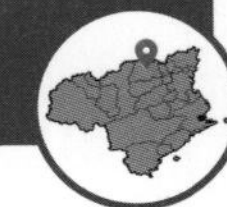

人口 3万2945人　面積 191.11㎢

2005（平成17）年に4つの町が合讃して誕生した阿波市は、北に阿波山脈、南に吉野川が流れる自然豊かな地。肥沃な土壌を生かしてさまざまな農産物を生産する、徳島県下一の農業地帯でもある。最大の見どころは、世界三大土柱のひとつ、浸食地形の「阿波の土柱」で、その一部は国の天然記念物に指定されている。徳島県が生んだ唯ひとりの首相、第66代内閣総理大臣・三木武夫が生まれ育ったのも阿波市だ。

早春の熊谷寺に咲くハクモクレン

おもな見どころ

世界的にも珍しい土柱の奇勝　MAP 別冊P.4-A3

阿波の土柱
あわのどちゅう

およそ100万年前の地層が隆起し、雨風によって削られ、長い年月を経て現在見られる形状となった浸食地形。高さ13mもの土柱が連なるその姿は、日本随一の奇勝と呼ばれ、自然の驚異そのもの。波濤嶽（はとうがだけ）、橘嶽、筵嶽（むしろだけ）、不老嶽、燈篭嶽の5嶽からなり、一番大きな波濤嶽は南北約90m、東西約50mの範囲に土の柱が林立する。展望台やハイキングコースから見ることができる。

ロッキー山脈、チロル地方と合わせて世界三大柱といわれる

阿波の土柱
住 徳島県阿波市阿波町北山・桜ノ岡
TEL 0883-35-4211（阿波市観光協会）
開 散策自由
交 徳島自動車道脇町ICから車で約15分
P 40台

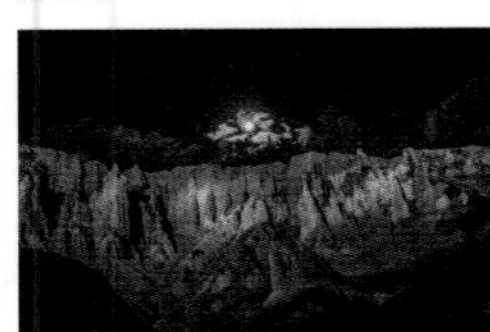
日没後はライトアップされる（夏期～22:00、冬期～21:00）

▶▶ 阿波っこcolumn ◀◀

イチゴとブドウの里

年間を通じて雨が少なく、温暖な気候と肥沃な土壌に恵まれた阿波市は、食料自給率136%（平成24年データ）、農業生産量は徳島県内でトップクラスを誇る。土成町の御所地区を走る国道318号沿いとその周辺は、収穫時期になるとイチゴとブドウ農家が直売所をオープンすることから通称「フルーツロード」と呼ばれる。イチゴは「さちのか」、「紅ほっぺ」、徳島県の新品種の「阿波ほうべ」になどを栽培していて、朝取りの新鮮なイチゴを求めて県内外から多くの人が訪れる。夏から秋はブドウの季節。10軒以上の農家の直売所が、合わせて15種類以上の品種を販売するほか、ブドウ狩りを体験できる農園も。

栽培農家が開くイチゴ直売所

たわわに実る大粒の巨峰

フルーツロード　MAP 別冊P.4-B2
TEL 0883-35-4211（阿波市観光協会）
開 イチゴ（4～6月頃）、ブドウ（7～9月頃）
※直売所の営業時間は農園により異なる

INFO 阿波の土柱は、「土柱ボランティアガイドの会」による案内も実施。展望台で土柱の成り立ちを解説する約40分のコース、所要1時間のハイキングコースなど。詳細は阿波市観光協会へ。

源義経ゆかりの港湾都市

MAP 別冊P.34

小松島市 こまつしまし

人口 3万4561人　面積 45.37㎢

徳島県東部の沿岸に位置する小松島市は、江戸時代に藍産業で発展し、明治期以降は四国と関西を結ぶ海上交通の拠点として、小松島港を中心に躍進。近年では大型クルーズ船も寄港する。天然の良港として知られ、特産品は海産物だと鱧や車エビ、ちりめん、農産物では菌床シイタケなど。阿波に上陸した源義経率いる源氏軍ゆかりの史跡や伝説が残り、それらを巡るルートがある。

古くから「四国の東門」と呼ばれた港湾町

行き方

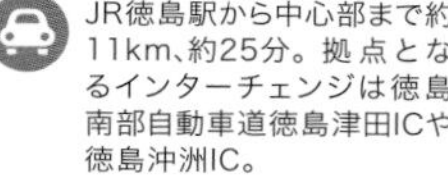

JR徳島駅から中心部まで約11km、約25分。拠点となるインターチェンジは徳島南部自動車道徳島津田ICや徳島沖洲IC。

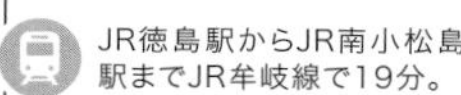

JR徳島駅からJR南小松島駅までJR牟岐線で19分。

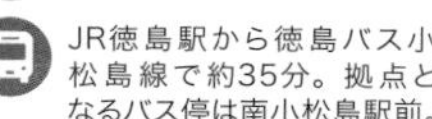

JR徳島駅から徳島バス小松島線で約35分。拠点となるバス停は南小松島駅前。

小松島市にある

お遍路札所

◆恩山寺（第18番札所）
◆立江寺（第19番札所）

おもな見どころ

旧国鉄跡地を整備した憩いの場　MAP 別冊P.34-B3

小松島ステーションパーク
こまつしますてーしょんぱーく

旧国鉄小松島線の小松島駅跡地を利用した、3つの広場と図書館からなる公園。駅舎とC12形蒸気機関車を展示保存するSL記念広場、世界一大きいたぬきの銅像「金長たぬき希望の滝」のたぬき広場が見どころ。

民話に登場するたぬきの銅像。人工滝に水が流れる仕組みも

小松島ステーションパーク
住徳島県小松島市小松島町網渕1-13
TEL0885-32-2118(小松島市都市整備課)
開散策自由
交JR南小松島駅から徒歩約10分。徳島南部自動車道徳島沖洲ICから車で約20分
Pなし
※2024年初頭に大型インクルーシブ遊具が完成予定

源氏の白旗を掲げた小さな山　MAP 別冊P.34-B3

旗山の源義経騎馬像
はたやまのみなもとのよしつねきばぞう

平家討伐のため、屋島へ向かう義経軍が上陸したと伝わる勝浦尼子ヶ浦(現在の小松島市)。標高20mの旗山に義経は源氏の旗印である白旗を掲げ、士気を高めた。山頂には日本で最も高い6.7mの源義経騎馬像が立つ。

大坂から出航し、1185(元暦2)年にたどり着いた

旗山の源義経騎馬像
住徳島県小松島市芝生町宮ノ前
TEL0885-32-3809(小松島市商工観光課)
開散策自由
交JR南小松島駅から車で約5分。徳島南部自動車道徳島沖洲ICから車で約30分
Pなし

登山もドライブもできる展望地　MAP 別冊P.34-B3

日峰山
ひのみねさん

小松島市と徳島市の境にそびえる標高191.6mの低山。中津峰、津乃峰とともに阿波三峰のひとつで、小松島湾や紀伊の山々、晴天時には和歌山方面も眺められるビュースポット。山頂には桜の名所でもある日峰神社が鎮座する。

日峯観光道路を使って山頂まで車でアクセスも可能

日峰山
住徳島県小松島市中田町
TEL0885-32-3809(小松島市商工観光課)
開散策自由
交JR南小松島駅から車で約11分。徳島南部自動車道徳島沖洲ICから車で約25分
P約30台

INFO 源義経が軍船を集めた勢合(田野町合)を起点に、平氏軍を急襲した中王子(田浦町中西)までの約10kmは案内板や道標などが立てられた「義経ドリームロード」と呼ばれる観光ルートになっている。

勝浦町への行き方

JR徳島駅から中心部まで約22km、約40分。国道55号、県道16号など下道で行く。

JR徳島駅から徳島バス勝浦線で約1時間10分、バス停横瀬西などで下車。

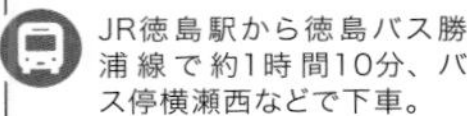

勝浦町にある お遍路札所

◆鶴林寺（第20番札所）

こちらもCHECK!

勝浦フライトパーク

中津峰山頂上付近に位置するパラグライダーとハンググライダーのフライト基地。事前の予約で体験できる。オートキャンプ場もあり。

MAP 別冊P.7-C1

TEL 088-652-3073（徳島スカイスポーツクラブ）

料 ビジター1日500円　P あり

広さはフライト基地3000㎡

恐竜の町として注目が集まる　MAP 別冊P.6-7

勝浦町 かつうらちょう

人口 4522人　面積 69.83㎢

四方を山々に囲まれた勝浦の川流域に広がる勝浦町は、全国に先駆けて始まった「ビッグひな祭り」の元祖。1994（平成6）年には四国初となる恐竜の化石が発見され、その後も続々と見つかっている。

約3万体を飾る「阿波勝浦ビックひな祭り」

おもな見どころ

徳島の恐竜はここからはじまった　MAP 別冊P.6-B1

恐竜の里

きょうりゅうのさと

迫力あるステゴザウルスのオブジェ

勝浦町は四国で初めてジュラ紀の恐竜・イグアノドンの歯の化石が発見された。これを記念してイグアノドンをはじめ、恐竜のオブジェを展示。恐龍大権現と呼ばれる神社も建立した。

住 徳島県勝浦町棚野　TEL 0885-42-2552（勝浦町企画交流課）

佐那河内村への行き方

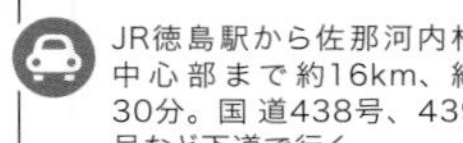

JR徳島駅から佐那河内村中心部まで約16km、約30分。国道438号、439号など下道で行く。

JR徳島駅から徳島バス佐那河内線で約40分、バス停佐那河内役場前、中辺などで下車。

こちらもCHECK!

山神果樹薬草園

和柑橘農園と研究・製造施設。ショップとカフェでは自家発酵蒸留したゆずのリキュールなどを販売、軽食やドリンクも楽しめる。

MAP 別冊P.34-A3

住 徳島県佐那河内村下山神43-2

TEL 088-679-2277 開 10:00～16:00

休 日曜・祝日（カフェは日～水曜、祝日休み）　P あり

テラス席でゆずジュースを味わおう

里山風景が残る徳島県唯一の村　MAP 別冊P.4・6・34

佐那河内村 さなごうちそん

人口 1947人　面積 42.28㎢

開村1000年以上の歴史をもつ農村。山あいを開墾し棚田が作られ、江戸時代は徳島藩への献上米も栽培していた。村内は園（その）瀬川（せがわ）に沿って国道438号が東西に走り、徳島市内から車で約30分とアクセスもいい。

日本最古といわれる棚田の風景

名物グルメ

村産素材の冷んやりスイーツ

村特産のさくらももいちごやゆずなどを使った手作りジェラート。冬期は休業。

佐那河内ジェラート

MAP 別冊P.4-B3

住 徳島県佐那河内村上宮前84-2　TEL 090-3003-0042

営 11:00～17:00

休 月～金曜

P 20台

おもな見どころ

大川原高原

おおかわらこうげん　MAP 別冊P.6-B1

標高1019mの旭ヶ丸に広がる高原。4月下旬～5月中旬にはツツジ、7月上旬～下旬にはアジサイが咲き誇る。

住 徳島県佐那河内村大川原

TEL 088-679-2973（佐那河内村企画政策課）

約3万本のアジサイが咲く

INFO 「佐那河内ジェラート」は徳島市の洋菓子店「クリスティーヌ」の姉妹店。常時9種類あり、カップとコーンどちらもシングル410円。季節によってフレーバーが変わる。

豊かな自然と地方創生のロールモデル MAP 別冊P.4・6

神山町 かみやまちょう

人口 4335人 面積 173.3㎢

1000m級の山々に囲まれた、徳島県中部の町。全面積の約80%が山林というのどかな町だが、町全域に光ファイバーが整備され、ベンチャー企業がサテライトオフィスを相次いで開設。移住者も増えたことから、地方創生の聖地とも呼ばれる。

四季折々の表情を見せるのどかな風景。町内にはおしゃれなショップやカフェも点在

行き方

JR徳島駅から中心部まで約27km、約45分。国道438号の下道で行く。

JR徳島駅から徳島バス神山線で約1時間5分。バス停神山役場前などで下車。

神山町にある お遍路札所

◆焼山寺（第12番札所）

おもな見どころ

自然に囲まれた体験施設 MAP 別冊P.4-B3

徳島県立神山森林公園 イルローザの森

とくしまけんりつかみやましんりんこうえん いるろーざのもり

神山町東端、西龍王山の南側に広がる森林公園。自然林を利用した約281haの広大な敷地には、フィールドアスレチックや森林学習館、野鳥観察施設などがあり、無料で利用できるBBQスペースも用意。

ローラー滑り台や遊具を設けたマンマローザ広場

徳島を代表する名瀑 MAP 別冊P.6-B1

雨乞の滝

あまごいのたき

日本の滝100選のひとつ。落差45m、3段になって落ちる雌滝と直落する27mの雄滝のふたつの流れをもつ。駐車場から滝までの遊歩道には、うぐいす滝、不動滝、もみじ滝、観音滝が見られる。

左が雌滝、右が雌滝。その昔、踊りを奉納して雨乞いをしたと伝わる

人気のフィンランドサウナでととのう MAP 別冊P.4-B3

NATURE HEALING KAMIYAMA

ねいちゃー ひーりんぐ かみやま

キャンプ場併設のフィンランド式サウナ施設。厚さ300㎜の土壁を利用した蔵サウナは薪が熱源で、温度70～90℃、燻したスモークの香りに癒やされる。汗をかいたあとは、水風呂、夏場は目の前を流れる鮎喰川へ。

薪を使うことで、息苦しさが軽減。サウナ初心者にもおすすめ

こちらもCHECK!

梅とすだち

神山町の二大名産品。梅は、シソと塩で漬けた、塩分濃度が高い、昔ながらのしょっぱさが魅力の梅干しとして販売。生産量全国一のすだちは、ポン酢やソーダなど加工品としても人気。

徳島県立神山森林公園 イルローザの森

住 徳島県神山町阿野大地459-1
TEL 088-678-0114
開 散策自由
交 JR徳島駅から車で約40分
P 250台

雨乞の滝

住 徳島県神山町神領石堂
TEL 088-676-1118（神山町産業観光課）
開 散策自由
交 JR徳島駅から車で約40分
P 20台

NATURE HEALING KAMIYAMA

住 徳島県神山町神領大埜地355
TEL 080-4226-2714
営 9:30～19:00（4部制）
休 火曜
料 2時間3000円（要予約）
交 JR徳島駅から車で約45分
P 25台

キャンプサイトは全15区画あり

INFO 「NATURE HEALING KAMIYAMA」は屋外型テントサウナ（2時間1500円）もある。蔵スモークサウナ同様、男女混浴。サウナ用品のレンタルあり。

ゼロ・ウェイストに取り組む小さな町

上勝町 かみかつちょう

行き方

JR徳島駅から中心部まで約40km、約1時間。国道55号、県道16号など下道で行く。

交通INFO

町営バス
八重地上～横瀬西線、大北線の2路線。フリー乗降制。

上勝町有償ボランティアタクシー
町民が自家用車をタクシーとして運転。料金など詳細は要問い合わせ。
TEL 090-7627-4455
(一般社団法人 ひだまり)

ドライブプラン

- **JR徳島駅**
  - ↓ 約1時間10分
- **山犬嶽**
  - ↓ 約15分
- **剣山スーパー林道 東コース 上勝町出入口**
  - ↓ 約1時間40分
- **剣山スーパー林道 西コース 西側出入口**

こちらもCHECK!

樫原の棚田
200年以上ほぼ変わらない姿を残す、標高500～700mの急斜面に開かれた棚田。畦の緩やかな曲線や段が美しく、「日本の棚田百選」「国の重要文化的景観」にも選定された。2004（平成16）年以降、保全のためオーナー制度に取り組んでいる。
MAP 別冊P.6-B1
住 徳島県上勝町生実白鶴23
TEL 0885-46-0111(上勝町産業課)

上勝町を象徴する施設、上勝町ゼロ・ウェイストセンター

勝浦川の上流に位置し、西側には雲早山（くもさやま）や高丸山（たかまるやま）といった連山がそびえる上勝町。日本最長の林道である「剣山スーパー林道」の起点でもあり、日本の棚田百選に認定された「樫原の棚田」や、苔の名所の「山犬嶽」など、自然と調和した里山の原風景が今もなお残る。町としては四国で最も人口が少ないが、2003（平成15）年に日本初となる廃棄物ゼロを目標にした「ゼロ・ウェイスト宣言」を掲げ、世界的に注目を集めた。森林を有効活用するバイオマス事業、モミジや南天など、日本料理のつまものを地場産業にした“葉っぱビジネス”で高齢者の雇用、地域活性化への取り組みも続けている。

上勝町の歩き方

上勝町役場の手前を北へ1kmほど向かうと、剣山スーパー林道の起点、東コース上勝町出入口。神山町境の標高1200m、旭丸峠まで約19km、そこから那賀町の西コース東側出入口までは約8.5km。林道は道幅が狭く、勾配のきついところが多いので運転には気をつけよう。また、携帯電話の電波が届かないエリアがほとんどなので、こちらも注意が必要。山犬嶽の登山口は東コース上勝町出入口近くにあるが、駐車場はないので登山口から2km手前、樫原谷川近くの専用駐車場を利用する。登山口へ向かう道沿いには樫原の棚田があるので、棚田の風景を眺めながら歩ける。

「国の重要文化的景観」にも選定された樫原の棚田。町内には多くの棚田がある

INFO 上勝町ゼロ・ウェイストセンターでは、毎日16:30～17:00に一般来場者向けの施設案内ツアーを開催している（要予約）。

おもな見どころ

日本一の長さを誇る林道　MAP 別冊P.6-A1

剣山スーパー林道
つるぎさんすーぱーりんどう

上勝町生実(起点)から那賀町木頭北川(終点)を結ぶ、全長87.7kmの日本で最も長い林道。標高600～1000m、最高地点は1525mまで達し、その多くが未舗装路となっているため、オフローダーの聖地ともいわれる。自然の景観も魅力的で、春夏は植物の緑、秋は紅葉を愛でながら走行できる。毎年12月から3月は全面通行止めに。

日本屈指のロングダート。安全運転を心がけよう

剣山スーパー林道
住徳島県上勝町福原
TEL0885-46-0111(上勝町産業課)
開通行自由
交JR徳島駅から車で約1時間
※道路状況により通行止め・通行規制になることも。最新情報はウェブサイト「とくしま林道ナビURLrindonavi.com」で確認を。

起点となる上勝町出入口から9km先に広がる殿川内渓谷

苔むした岩石の神秘的な風景　MAP 別冊P.6-B1

山犬嶽
やまいぬだけ

標高997.6m、かつて山犬の口を開いたような岩石が山頂にあったことから、山犬嶽と呼ばれる。登山口から山道を登ること約40分で苔の群生地に着く。苔の見頃は梅雨の時期から10月で、雨上がりや朝露によって濡れた姿は特に美しい。ここから山頂まではおよそ30分。途中には大杉に囲まれた東光寺があり、周辺には小さな四国お遍路88ヵ所の石仏も置かれている。

苔の群生地を周遊する散策路も備わる

山犬嶽
住徳島県上勝町生実
TEL0885-46-0111(上勝町産業課)
開散策自由
交JR徳島駅から車で約1時間10分、駐車場から登山口まで徒歩約40分

88ヵ所の石仏

▶▶ 阿波っこcolumn ◀◀

ゼロ・ウェイスト活動

かつての上勝町では野焼きが行われていたが、法改正によって禁止に。焼却炉再導入のコストや環境への影響を考慮して、ごみ・無駄・浪費をなくす“ゼロ・ウェイスト”を2003(平成15)年に掲げた。町民はゴミステーション(現・上勝町ゼロ・ウェイストセンター)に持ち寄り、45種類以上に分別している。その結果、2020年にはリサイクル率81%を達成した。町内にはゼロ・ウェイストをコンセプトにしたクラフトビールを製造販売するブリュワリー「RISE & WIN Brewing Co.BBQ & General Store」もあり、観光客にも人気スポットになっている。

上勝町ゼロ・ウェイストセンター
MAP別冊P.6-B1
住徳島県上勝町福原下日浦7-2
開一部見学自由　休第1火曜

HOTEL WHY 詳細は(→P.65)

RISE & WIN Brewing Co.BBQ & General Store MAP別冊P.6-B1
住徳島県上勝町正木平間237-2
TEL0885-45-0688　営10:00～15:00(土・日曜は9:00～)　休月・火曜

ゼロ・ウェイストアクションホテル“HOTEL WHY”

個性豊かなクラフトビール。おみやげ用に瓶、現地ではできたてを味わおう

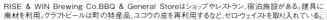

INFO RISE & WIN Brewing Co.BBQ & General Storeはショップやレストラン、宿泊施設がある。建具に廃材を利用。クラフトビールは町の特産品、ユコウの皮を再利用するなど、ゼロ・ウェイストを取り入れている。

藍で栄えたうだつの上がる町

美馬市 みまし

MAP 別冊P.4-5・11・13

人口 2万6510人 面積 367.14㎢

行き方

JR徳島駅から中心部の穴吹町まで約50km、約50分。拠点となるインターチェンジは徳島自動車道脇町IC。

JR徳島駅からJR穴吹駅までJR徳島線特急剣山で約40分。

美馬市観光交流センター
MAP 別冊P.4-B1
住 徳島県美馬市脇町脇町45-1
TEL 0883-53-3066
開 9:00～17:00
休 第2水曜

ドライブプラン

- 脇町IC
  - ↓ 約10分
- うだつの町並み（→P.232）
  - ↓ 約5分
- 旧長岡家住宅
  - ↓ 約20分
- 本楽寺

こちらもCHECK!

美馬の寺町
四国で最も早い奈良時代初期に本格的な寺院が建立されていた美馬市。寺町周辺には4つの寺が立つほか、県内最古といわれる寺院跡を見ることができる。
MAP 別冊P.13-D3
住 徳島県美馬市美馬町宮西
TEL 0883-53-8599（美馬観光ビューロー）

寺町にある安楽寺の山門。「アカモン寺」と呼ばれ地元の人に親しまれている

かつての藍商の商家が集まるうだつの町並み（→P.232）。夜には行灯型の街灯がつき、荘厳な雰囲気が生まれる。夏季には町並みを舞台とした阿波おどりも開催される

徳島県の北部に位置する。市のほぼ中央を横断する形で吉野川が流れ、南部には四国で2番目の高さを誇る名峰、剣山がそびえる。市内の多くが山地に含まれる自然豊かな美馬市だが、なかでも吉野川沿岸の脇町は脇城の城下町として栄えた歴史ある町。脇城とは蜂須賀家政が徳島藩の支城として利用していた阿波九城のうちのひとつだ。その後脇町は江戸時代から明治時代にかけて阿波藍の生産・流通の拠点として発展し、藍商たちが裕福さを競って建てた商家群は、現在「うだつの町並み」として保存されている。

美馬市の歩き方

拠点となるのは脇町IC。市内のおもな見どころは吉野川沿いに点在している。ハイライトはうだつの町並みがある脇町。全長約430mの通りに観光施設が集まっているので、徒歩で散策するのがおすすめ。また自然豊かな美馬だからこそ体験できるアクティビティにもぜひ挑戦を。川での渓流釣りやキャンプ、またパラグライダーやグラススキーなど、多くのレジャーが体験可能。脇町や寺町の散策だけなら日帰り、アクティビティも楽しむなら1泊2日がおすすめ。大滝山や剣山方面まで足を延ばすなら車の利用は不可欠。険しい山道が続くので運転には十分注意して。

大滝山に向かう道中の広棚地区では春になるとシバザクラが見頃を迎える

INFO 美馬市には郵便番号の最初の3桁が「777」の地域がある。2002（平成14）年に、平成7（1995）年7月7日生まれの全国の7歳児を町に招待するイベントが開催された。

おもな見どころ

国指定重要文化財の農村民家 MAP 別冊P.13-D3

旧長岡家住宅
きゅうながおかけじゅうたく

もとは市内の大滝山中腹に建てられていた民家を現在の場所に解体移築した。1735（享保20）年建造の横二間取りの造りで、建物内には土間やナカノマなどが遺されており、当時の日常生活を体感することができる。

土壁の外壁は、雨の少ないこの地域の民家の特徴のひとつ

不老長寿を願う庭園が有名 MAP 別冊P.13-D3

本楽寺
ほんらくじ

真言宗の寺院。懸造りの本堂と護摩堂を有し、作庭家 齋藤忠一による吉野川を借景とした枯山水「鶴亀ノ庭」が見どころ。茶室で一服も出来る。また予約をすれば精進料理や松花堂弁当もいただける。

全国で唯一、川を借景とする石庭。鶴と亀を模した石が配置されている

チューリップが咲く公園 MAP 別冊P.13-D3

デ・レイケ公園
で・れいけこうえん

大谷川の河岸にある。名称は、明治時代にオランダより招かれ、大谷川に砂防ダムを整備した技術者のヨハニス・デ・レイケに由来する。春には園内に1万本以上のチューリップが咲く。

園内にはオランダにちなんだ風車がある。毎年4月には「デ・レイケ公園チューリップまつり」が開催される

厄除けの総本宮 MAP 別冊P.13-D2

西照神社
にしてるじんじゃ

徳島県と香川県の県境にある大滝山の山頂に鎮座する。御祭神は月読尊（つくよみのみこと）と宗像三女神（むなかたさんにょしん）。境内には伝説の残る灯明杉など杉の大木が茂る。例年4月の第4日曜には太々神楽（だいだいかぐら）の祈願祭が執り行われる。

境内にはその昔母子を狼から救ったという狛犬の伝説が残る

旧長岡家住宅
住 徳島県美馬市脇町猪尻西上野34
TEL 0883-52-8011
開 9:00〜17:00
休 月曜
料 無料
交 JR穴吹駅から車で約10分。徳島自動車道脇町ICから車で約10分
P あり

本楽寺
住 徳島県美馬市穴吹町三島小島123
TEL 0883-52-2754
開 4〜11月9:00〜17:00、12〜3月9:00〜16:30
休 なし
料 500円
交 JR小島駅から徒歩約18分。徳島自動車道脇町ICから車で約20分
P あり

デ・レイケ公園
住 徳島県美馬市脇町脇町1391-2
TEL 0883-53-8599（美馬観光ビューロー）
開 散策自由
交 JR穴吹駅から車で約10分。徳島自動車道脇町ICから車で約7分
P あり

西照神社
住 徳島県美馬市脇町西大谷672
TEL 0883-52-4928
開 参拝自由
交 JR穴吹駅から車で約20分。徳島自動車道脇町ICから車で約40分
P あり

こちらもCHECK!

中尾山高原グラススキー
標高約1000mの中尾山高原にある日本スキー協会公認のグラススキー場。緑に囲まれたゲレンデを駆け抜ける、爽快感がたまらないスポーツを楽しみたい。
MAP 別冊P.11-D1
住 徳島県美馬市木屋平太合カケ445-1
TEL 0883-68-3422（中尾山高原平成荘）
開 10:00〜16:30
休 4〜10月の月〜金曜、11〜3月
料 2時間2060円（レンタル料込み）
P あり

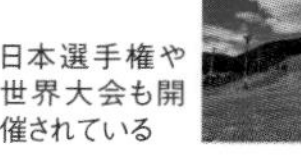

日本選手権や世界大会も開催されている

INFO 市内を流れる穴吹川（あなぶきがわ）は、剣山を源流として吉野川に注ぐ約41kmの河川だ。四国地方整備局の水質調査では「四国一きれいな川」であるとお墨付きを得ている。

城下町でレトロさんぽ
うだつの町並みを歩く

江戸時代中期から昭和初期にかけて建てられた商家が、全長約430mの通りに並ぶうだつの町並み。ノスタルジックな散歩を楽しんで。

JR穴吹駅から車で約10分。バスもあるが本数が少ない。車だと徳島自動車道脇町ICから約10分。

うだつの町並みとは？
商家などの伝統的建造物が計85棟並ぶ通り。商人たちが競って富の象徴である「うだつ」を上げた家を建てたことからこの名前に。

格子造り
細かい角木を組み合わせたもので、家の出入口や窓などに使われる建具

うだつ
隣家への延焼防止のために屋根に取り付けられた防火壁

蔀戸（しとみど）
日よけや雨風を防ぐのに使われた戸。現代のシャッターのようなもの

虫籠窓（むしこまど）
部屋の明かり取りや風通しのためなどに作られた窓。虫かごのように見えることからこの名に

商売の中心的な場所だった帳場。入口近くにある

10:30
藍商の商家を探索
吉田家住宅 よしだけじゅうたく

MAP 別冊P.4-B1

1792（寛政4）年に創業した藍商、吉田直兵衛の屋敷。約600坪の広大な敷地内に25部屋を有する主屋と2棟の蔵などが立つ。内部は実際に見学でき、当時の藍商の生活を体感することができる。

住徳島県美馬市脇町脇町53
TEL0883-53-0960　開9:00～17:00（最終入館16:30）
休なし　料510円

当時の藍商の繁盛ぶりを伝える重厚な外観

中蔵に美馬市出身の画家、藤島博文による『四神星宿之図』が展示されている

11:30
美馬和傘について学ぶ
美馬市伝統工芸体験館 美来工房
みましでんとうこうげいたいけんかん みらいこうぼう

MAP 別冊P.4-B1

脇町税務署跡に立つ。工房では伝統工芸品の竹人形や、最盛期には90万本近く作られていた美馬和傘などの展示が行われている。ミニ和傘や和傘ランプシェードの制作体験も実施。

明治時代に建てられていたかつての脇町税務署をモチーフにした外観

住徳島県美馬市脇町脇町92　TEL0883-53-8599
開9:00～17:00　休なし　料無料（ミニ和傘・和傘ランプシェード作り体験は6000円～）

美馬和傘を製作している職人から解説を聞くこともできる

徒歩3分

本日のピザ 2400円
この日は揚げナスとサルシッチャのトマトソース

12:00
窯焼きピザを蔵で
PIZZA PUNTA ぴっつぁ ぷんた

MAP 別冊P.4-B1

常時10種類以上のピザを揃えるピザ専門店。薪の石窯で焼き上げるナポリ風のピザはもっちりとした仕上がり。明治時代の蔵をリノベーションした店内でゆったり食事が楽しめる。

住徳島県美馬市脇町脇町39 TEL050-8884-1178 営12:00～19:00 休月曜（祝日の場合は翌日）

PRANZO SPECIAL1200円。石窯で焼くグリルとサラダ、ドリンクなどがセット

イタリア製の窯で焼き上げる♪

店長がデザインし、イタリアの工房が製作した石窯でじっくり焼く

徒歩2分

13:00
おみやげをゲット
藍蔵 あいぐら

みやげコーナーにはトートバッグ、ヘアピン、巾着などの藍製品が並ぶ

MAP 別冊P.4-B1

道の駅藍ランドうだつに併設する。1階には藍製品や美馬市の特産品を中心に扱うみやげコーナー、2階にはドリンクやケーキなどを提供するカフェコーナーがある。

住徳島県美馬市脇町脇町55
TEL0883-53-2333 営9:00～17:30（カフェは16:30LO） 休なし
P39台

徒歩3分

書店 Phil books。新刊、古本を問わず店主が選んだ新刊や古本、ZINEが並ぶ

凝ったデザインの雑貨や家具を販売する「WEEKEND TAKAHASHI STORE」

13:30
セレクトショップが集う
うだつ上がる うだつあがる

MAP 別冊P.5-C1

“みんなの複合文化市庭”がコンセプトの複合施設。築150年の古民家の中に、雑貨店や家具店、古着屋、喫茶店などさまざまなジャンルの店舗が入る。

住徳島県美馬市脇町脇町156
TEL050-3433-8218 営11:00～17:00 休火・水曜、不定休あり

開催されるイベントについてはInstagramやFacebookでチェックして

徒歩2分

映画監督、山田洋次郎の作品のロケ地となったことで注目を浴びた

GOAL!

14:30
モダンな劇場が今も残る
脇町劇場 オデオン座 わきまちげきじょう おでおんざ

MAP 別冊P.5-C1

1934(昭和9)年に開館。戦前は歌舞伎や浪曲の公演を、戦後は歌謡ショーや映画上映などに使用され、市民の憩いの場となっていた。1998(平成10)年には美馬市の有形文化財に指定された。

住徳島県美馬市脇町猪尻西分140-1
TEL0883-52-3807
開9:00～17:00（最終入館16:30） 休火曜
料200円

建設当時はまだ珍しかった西洋モダン風の外観

舞台や花道の床下空間「奈落」にも下りて見学が可能

伝統農業を継承する山あいの町

つるぎ町 つるぎちょう

MAP 別冊P.13

人口 6907人　面積 194.84㎢

行き方

JR徳島駅から中心部まで約63km、約1時間。拠点となるインターチェンジは徳島自動車道美馬IC。

JR徳島駅からJR貞光駅までJR徳島線特急剣山で約1時間。普通列車だと約1時間30分。

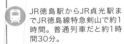

ドライブプラン

美馬IC
↓ 約7分
旧永井家庄屋屋敷
↓ 約7分
貞光二層うだつの町並み
↓ 約20分
土釜

名物グルメ

半田手延べそうめん

半田地区で作られるつるぎ町の特産品。200年の歴史があり、太さとコシの強さが特徴。

半田手延べそうめん協同組合
MAP 別冊P.13-D3
住 徳島県つるぎ町半田中藪398-1　TEL 0883-64-3467
営 夏季9:00～18:00(土曜は～12:00)、冬季8:30～17:00(土曜は9:00～12:00)
休 日曜、夏季の月曜　交 JR阿波半田駅から徒歩約6分

半田地区内には24の製麺所がある。写真は協同組合ブランドの「入魂」

猿飼集落のソバ畑。秋にはソバの花が咲き一般公開される

霊峰・剣山の麓、吉野川沿いに広がるつるぎ町は、2005（平成17）年に半田町、貞光町、一宇村がひとつになって誕生した。急峻な斜面が多い町の地形により、古くから傾斜地農耕が行われていて、雑穀から伝統野菜など多品目を栽培している。日本有数の巨木や巨樹が多い町でもあり、国の天然記念物である赤羽根大師のエノキ（2022年に3分の2ほど倒壊）をはじめ、約80本が存在する。見どころは二層うだつを備えた商家が残る貞光地区で、「貞光二層うだつの町並み」は町を代表する観光名所だ。

つるぎ町の歩き方

町の中心はJR貞光駅。駅の東にある松尾神社の交差点を右へ曲がると、約700mの道沿いに二層うだつの構造をもつ建物が15軒ほど残る、貞光二層うだつの町並みが広がる。歴史的建造物である商家・織本屋はこの道沿い、茅葺き屋根の旧永井家庄屋屋敷は道沿いにある看板を曲がるとすぐ。駅から歩いて10分程度の距離だ。土釜はこの通りからバスで約20分。車の場合はつるぎ町役場の無料駐車場に車を停め、貞光二層うだつの町並みを歩いて回り、車で土釜へ。美馬ICから約6分の吉野川近くには道の駅 貞光ゆうゆう館もあるので、立ち寄るのもいい。

全国的にも珍しい二層うだつ。商家ごとに異なる装飾を見て回りたい

INFO うだつとは切妻屋根の両端に取り付けた、隣家との延焼防止壁。貞光地区では、富の象徴として商家が競って二層構造、さらに鏝絵（こてえ）（漆喰細工）の装飾も施した。

おもな見どころ

家ごとに異なる二段式のうだつ　MAP 別冊P.13-D3

貞光二層うだつの町並み
さだみつにそううだつのまちなみ

江戸時代の中期以降、商業と交通の要衝として発展した貞光地区。貞光川の西側、北町から南町の街路には藍やたばこ葉で栄えた、二層のうだつを上げた商家が残る。そのひとつ、織本屋は1772（安永元）年に建てられ、明治初期に酒造商家として再建。平入の2階建て、屋根は切妻造本瓦葺。大棟端部に鯱（しゃちほこ）を載せているのが特徴。

軒飾りや鏝絵が施された、切妻型の二層うだつ

茅葺き屋根の庄屋屋敷　MAP 別冊P.13-D3

旧永井家庄屋屋敷
きゅうながいけしょうややしき

1791（寛政3）年建造の旧庄屋屋敷。築地塀に囲まれた約550坪の敷地内には、母屋、蔵、藍の葉を発酵させて、蒅を作る藍の寝床の建築群、京都の金地院を手本にした鶴亀蓬莱式の枯山水庭園、井戸を備える。1997（平成9）年に修復・再生、かつての藍の寝床はコワーキングスペースNEDOKOとして使われている。

茅葺屋根に本瓦葺の庇が付いた母屋。調度品の展示も行う

自然が造り出す岩と清流の景勝　MAP 別冊P.13-D3

土釜
どがま

国道438号のすぐそば。緑色片岩の岩層が貞光川の浸食作用で、長い年月をかけて削られてできたもので、甌穴（おうけつ）ともいわれる。幅2mほどに狭められた渓流は落差7m、3段の滝となって滝つぼに流れ落ちる。一の釜、二の釜、三の釜があり、浸食によってできた奇岩の造形美を楽しめる。駐車場のある鳴滝から歩いて約10分。

滝つぼが釜のような形になっている。遊歩道から見学できる

交通INFO

つるぎ町コミュニティバス
JR貞光駅を起点に2路線走るワゴン型のバス。貞光二層うだつの町並みから土釜まで1日5便。

貞光二層うだつの町並み
住 徳島県つるぎ町貞光北町～南町
TEL 0883-62-3114（つるぎ町交流促進課）
開 散策自由
交 JR貞光駅から徒歩約10分。徳島自動車道美馬ICから車で約3分
P 周辺駐車場を利用

織本屋
住 徳島県つるぎ町貞光町83-2
TEL 0883-62-2009
開 10:00～17:00　料 無料
休 第3水曜　P 5台

屋内見学も可能な織本屋。酒造業当時の資料を展示

旧永井家庄屋屋敷
住 徳島県つるぎ町貞光西浦37
TEL 0883-62-3114（つるぎ町交流促進課）
開 10:00～17:00
休 第3水曜
料 無料
交 JR貞光駅から徒歩約10分。徳島自動車道美馬ICから車で約7分
P 4台

コワーキングスペースNEDOKO
TEL 0883-62-2018
料 1日500円
開 10:00～17:00
休 第3水曜

土釜
住 徳島県つるぎ町一宇
TEL 0883-62-3111（つるぎ町商工観光課）
開 見学自由
交 JR貞光駅からコミュニティバスで約20分、バス停土釜下車、徒歩約1分。徳島自動車道美馬ICから車で約20分
P あり（鳴滝駐車場利用）

INFO 土釜と合わせて訪れたいのが、傾斜25度を超える急斜面の畑で野菜やソバなどを栽培する猿飼集落（MAP 別冊P.13-D3）。9月下旬～10月中旬はソバの白い花が畑一面を彩り、観光農園として開放する。

行き方

JR徳島駅から中心部まで約72km、約1時間10分。拠点となるインターチェンジは徳島自動車道吉野川スマートIC、または美馬IC。

JR徳島駅からJR阿波加茂駅までJR徳島線特急剣山で約1時間。普通列車だと約2時間。

交通INFO

町営バス
東みよし町役場前から三好市の阿波池田バスターミナルまで1日7便運行。おもな停留所は阿波加茂駅前、吉野川ハイウェイオアシス前など。

水と緑に恵まれた交流拠点

東みよし町 ひがしみよしちょう

MAP 別冊P.13

人口 1万2991人　面積 122.48㎢

枝張りが美しい樹高26m、樹齢約1000年の加茂の大クス。町のシンボル的存在

北は阿讃山脈、南は四国山地の山々に囲まれた東みよし町。町の中心には吉野川が西から東に流れ、川沿いを国道192号とJR徳島線が走っている。国の特別天然記念物に指定されている巨木「加茂の大クス」、吉野川の名勝「美濃田の淵」など自然の見どころも多く、スマートインターチェンジに併設した、地域交流拠点施設の吉野川ハイウェイオアシスにも立ち寄りたい。

おもな見どころ

絶景が望める展望公園　MAP 別冊P.13-C3

水の丸ふれあい公園
みずのまるふれあいこうえん

パラグライダーのアジア選手権大会も開催された

町の南部、標高約1000mの水の丸高原に広がる、「四国八十八景」に選定された自然豊かな公園。吉野川流域や阿讃山脈などの大パノラマが楽しめる。園内にはパラグライダーのフライトポイントも。

水の丸ふれあい公園
住 徳島県東みよし町中庄2970-5-13
TEL 0883-79-5345（東みよし町産業課）
開 散策自由
交 JR阿波加茂駅から車で約40分。徳島自動車道吉野川スマートICから車で約50分
P 20台

貴重な考古学資料を展示　MAP 別冊P.13-C3

東みよし町立歴史民俗資料館
ひがしみよしちょうりつれきしみんぞくしりょうかん

吉野川水系の加茂谷川周辺は、加茂谷川岩陰遺跡群と呼ばれる縄文期の土器や石器など数多く発見された遺跡群がある。これらの出土品を中心に、考古学資料約3500点、民俗資料を収蔵・展示する。

出土品のほか、民俗民具類なども見られる

東みよし町立歴史民俗資料館
住 徳島県東みよし町中庄1189
TEL 0883-82-3964
開 9:00〜12:00、13:00〜16:30
休 月・土曜・祝日
料 無料
交 JR三加茂駅から徒歩約1分。徳島自動車道吉野川スマートICから車で約10分
P 10台

ハイウエイ直結のレジャー施設　MAP 別冊P.13-C3

吉野川ハイウェイオアシス
よしのがわはいうぇいおあしす

吉野川の眺望がいい展望台も備わる

四国各地の物産品販売、カフェや食事処、キャンプ場、大型複合遊具を備えた公園、テレワークオフィスも併設する、便利な観光交流施設。露天風呂から美濃田の淵を眺められる日帰り温泉「美濃田の湯」もあり。

吉野川ハイウェイオアシス
住 徳島県東みよし町足代1650
TEL 0883-79-5858
営休 店舗により異なる
交 徳島自動車道吉野川スマートICに直結
P 約100台、高速パーキング100台

INFO 美濃田の淵（MAP 別冊P.13-C3）は、吉野川中流域の長さ2km、幅100mにわたる深い淵で、獅子岩や鯉釣岩といった奇岩が点在する徳島県の名勝で、天然記念物。

徳島県随一の秘境

三好市 みよしし

MAP 別冊P.11-13・37

人口	2万1762人	面積	721.42km²

剣山（→P.238）の山頂で行われる夏の大祭。白装束をまとった担ぎ手が安徳天皇の御神体を載せた神輿を担いで山を登る、夏の風物詩

四国のほぼ中央に位置する三好市。6町村で構成され、県内で唯一飛地を有する。可住地は約13%と少なく、ほとんどが山地。実際に北部と中部には山脈沿いに剣山国定公園が、香川県との県境には県立自然公園、高知県との県境には自然環境保全地域が指定されている。その山深さから秘境と称されることも多く、平家や妖怪にまつわる伝説が伝わる地域もある。産業では、日本酒や醤油、味噌造りなどが盛ん。また山間ならではの傾斜地を利用して、茶葉やゆずなども多く栽培されている。

三好市の歩き方

おもにエリアは3つに分けられる。北部エリアには弘法大師ゆかりの寺院やたばこ産業で栄えた町並みなど、歴史と文化が感じられるスポットが点在。一方、祖谷のかずら橋がある大歩危・祖谷エリアは自然の宝庫。ミシュラングリーンガイドでも2つ星を獲得し、外国人観光客にも人気のあるエリアだ。剣山のある奥祖谷エリアはまさしく秘境。国の重要伝統的建造物群保存地区にも指定されている落合集落はぜひ見ておきたい。各エリアを巡るには車が必須となる。国道32号と県道32号がメインの道路となるが、カーブが連続する山道も多く落石のリスクもあるので運転には注意。

吉野川の雄大な景色が広がる大歩危エリア（→P.240）

行き方

JR徳島駅から中心部の池田まで約83km、約1時間15分。拠点となるインターチェンジは徳島自動車道井川池田IC。

JR徳島駅からJR阿波池田駅までJR徳島線特急剣山で約1時間20分。JR大歩危駅も三好市の拠点のひとつとなり、JR阿波池田駅からJR大歩危駅まではJR土讃線で30〜40分。

観光案内所

三好市観光案内所
MAP 別冊P.12-B3
住 徳島県三好市池田町サラダ1810-18
TEL 0883-76-0877
開 9:00〜18:00
休 なし

三好市にあるお遍路札所

◆**雲辺寺**（第66番札所）

ドライブプラン

井川池田IC
↓ 約6分
箸蔵寺（→P.239）
↓ 約9分
阿波池田うだつの家／たばこ資料館（→P.239）
↓ 約40分
竜ヶ岳（→P.239）
↓ 約2時間
剣山観光登山リフト（→P.238）

INFO 現在三好市には4軒の酒造会社があり、吉野川の伏流水や県産の酒造好適米を使用して地酒を製造している。2013（平成25）年10月には市で「地酒による乾杯」を推奨する条例が施行された。

おもな見どころ

日本百名山に選ばれた高峰

MAP 別冊P.11-D1

剣山
つるぎさん

標高1955mの剣山。登山リフトを使用すれば、初心者でも挑戦できる山としても有名だ。名前の由来は諸説あり、麓に鎮座する劔神社の御神体が剣の形をしているからだとも、山頂の宝蔵石神社に祀られる巨石に安徳天皇の宝剣が納められていることからだともいわれる。周辺は国定公園となっており、剣山で発見されたツルギミツバツツジや日本原産のキレンゲショウマなど多くの植物が自生する。

登山コースは全部で4つある。麓の第1駐車場にある見ノ越駅から登山リフトが出ており、それを使えば所要15分で標高1750m地点の西島駅に着く。そこを起点に「遊歩道コース」は片道約80分のルート。傾斜は緩やかで登りやすい。途中で経由する二度見展望所は、剣山と隣の山の次郎笈（じろうぎゅう）が見られるパノラマスポットだ。「大剣道（おおつるぎどう）コース」は片道約60分の道のり。大剣神社が鎮座し、日本名水100選にも選ばれた御神水が湧き出る道を経由する。この御神水は病気が治る若返りの水といわれ、実際に飲むことができる。最短の「尾根道（おねみち）コース」は片道約30分。勾配が増すので体力に自信のある人向け。安徳天皇ゆかりの「刀掛けの松」がこのルートのハイライト。上級者向けの「行場（ぎょうば）コース」は片道約90分。岩場をくぐり抜けたり鎖を使用して下りる道などがあるので、万全の装備で臨むこと。

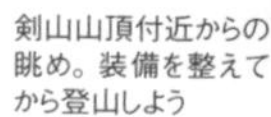

剣山山頂付近からの眺め。装備を整えてから登山しよう

剣山

住 徳島県三好市東祖谷菅生205-25（見ノ越第1駐車場）
TEL 0883-67-5277（剣山観光登山リフト）
開 4月中旬～11月下旬
交 JR大歩危駅から車で約1時間20分。徳島自動車道井川池田ICから車で約2時間15分
P 200台

剣山観光登山リフト

MAP 別冊P.11-D1
TEL 0883-67-5277
運 4月中旬～11月下旬の9:00～16:30（時期により変動）
休 荒天時
料 往復1900円、片道1050円

こちらもCHECK!

山奥のスイッチバック駅

急勾配を登るため整備された線路「スイッチバック」。JR土讃線坪尻駅は四国にふたつしかないスイッチバックの駅として有名だ。周囲に民家がない秘境駅だが、2017（平成29）年には近くに展望台が設けられた。

坪尻駅

MAP 別冊P.12-B3
住 徳島県三好市池田町西山立谷

1950（昭和25）年に開業した当時は、学生や行商人の利用客でにぎわっていた路線

観光リフトの長さは約830m。季節折々の花を観賞しながら約15分の空中散歩を楽しめる

8月上旬が見頃のキレンゲショウマ。行場コースに群生地があるほか登山リフトからも植えられたものを見られる

INFO キレンゲショウマは、NHK大河ドラマ『義経』や『篤姫』の原作者である宮尾登美子の小説『天涯の花』の作中で描かれ有名になった。

宝珠山中腹に位置する寺院　MAP 別冊P.13-C3

箸蔵寺
はしくらじ

828（天長5）年、弘法大師によって開基されたと伝わる。境内には国の重要文化財や有形文化財が10棟、県の重要文化財が1棟など多くの伽藍が立つ。アクセスするには麓からロープウエイを利用するのが便利。

1880（明治13）年に建立されたとされる参道入口の仁王門

刻みたばこの歴史を知る　MAP 別冊P.12-B3

阿波池田うだつの家／たばこ資料館
あわいけだうだつのいえ／たばこしりょうかん

幕末から明治にかけて、刻みたばこの製造で発展した池田町に立つ資料館。たばこ製造業で富を築いた業者の旧宅を利用し、内部ではたばこに関する当時の資料や機材などを展示している。

うだつの上がった外観は当時の繁栄ぶりを今に伝える

四国屈指の紅葉の名所　MAP 別冊P.37-D2

竜ヶ岳
りゅうがだけ

松尾川の中流部にある断崖で、剣山国定公園の一角にある。約2kmにわたって続き、なかでも金龍、昇龍、登り龍の三大断崖は必見。高さは約400mにもなり、東洋一の高さの絶壁と称されている。

秋になると色とりどりの紅葉で断崖が染まる。その様子はまるで屏風絵のよう

絶景雲海スポット　MAP 別冊P.37-C3

吾橋・雲海展望台
あわし・うんかいてんぼうだい

標高約599m地点にあるウッドデッキから、雲海を眺めることができる。3～4月と10～12月の、日の出から朝7:30頃までがよく観賞できるタイミングとされる。昼間には大歩危方面の景色を見渡せる。

地面近くの空気が冷え、空気中に蒸気が多い時に発生しやすい

箸蔵寺
住徳島県三好市池田町州津蔵谷1006　TEL0883-72-0812　開7:00～17:00　休なし　交JR箸蔵駅から徒歩約9分の箸蔵山ロープウエイ箸蔵寺登山口駅より約4分
P100台（箸蔵山ロープウエイ）
箸蔵山ロープウエイ
住徳島県三好市池田町州津藤ノ井559-14（箸蔵寺登山口駅）
TEL0883-72-0818　運4～11月8:00～17:15、12～3月9:00～17:15、15分ごとに出発　休なし
料往復1700円、片道900円
交JR箸蔵駅から徒歩約9分。徳島自動車道井川池田ICから車で約6分　P200台

阿波池田うだつの家／たばこ資料館
住徳島県三好市池田町マチ2465-1
TEL0883-72-3450　開9:00～17:00
休水曜　料たばこ資料館は320円、阿波池田うだつの家は見学無料　交JR阿波池田駅から徒歩約9分。徳島自動車道井川池田ICから車で約6分　Pなし

竜ヶ岳
住徳島県三好市池田町松尾黒川
TEL0883-76-0877（三好市観光案内所）　開散策自由　交JR大歩危駅から車で約45分。徳島自動車道井川池田ICから車で約45分　Pなし

吾橋・雲海展望台
住徳島県三好市西祖谷山村上吾橋237　TEL0883-76-0877（三好市観光案内所）　開散策自由
交JR大歩危駅から車で約15分。徳島自動車道井川池田ICから車で約45分　P3台

こちらもCHECK!

吉野川でラフティング
日本三大暴れ川のうちのひとつ、吉野川は世界でも有数のラフティングスポット。4kmのコースを最大1時間20分かけて下る。落差2mの激流を堪能しよう。
ビックスマイルラフティング
MAP 別冊P.37-C1
住徳島県三好市山城町大川持574
TEL0771-29-5370　営4月下旬～10月　休なし　料3980円～（時期により変動）　Pあり

力を合わせて激流を乗り越えよう

INFO　箸蔵寺は、弘法大師が金毘羅大権現に「箸を使うすべての人を救いなさい」とのお告げを受け建てられたといわれる。これにちなみ8月4日の箸の日には箸を供養するお焚き上げが行われる。

徳島の秘境を巡る

緑の森を走る祖谷渓(いやけい)ドライブ

壮大な吉野川の風景を望む大歩危(おおぼけ)・小歩危(こぼけ)から、古くからの平家伝説が語り継がれる祖谷渓を巡るドライブコース。大自然に囲まれた不思議の森に足を伸ばしてみよう。

HIGHLIGHT 01

祖谷のかずら橋

その昔、戦いに敗れた平家の落人が架けたという伝説の残る橋。長さは約45mで、祖谷川の水面から約14mの高さに架かる。

HIGHLIGHT 02

大歩危峡観光遊覧船

大歩危峡のV字谷を流れる吉野川をクルーズ。2億～1億年前に海底で形成され、隆起した奇岩は見応えがある。

吉野川沿いからぐるっと渓谷を回る

徳島自動車道の井川池田ICからドライブスタート。まず吉野川沿いに走る国道32号に入る。奇岩怪石が約5km続く渓谷、大歩危・小歩危のあるエリアだ。JR大歩危駅を過ぎたら県道45号に入り、その先の祖谷のかずら橋へ。道を戻って今度は北上、祖谷渓にポツンとたたずむ小便小僧を見て井川池田ICへと戻る、総距離約72kmのコース。

＼爽快ドライブへ Let's go！／

HIGHLIGHT 03

小便小僧

ひの字渓谷の断崖絶壁に立つ祖谷渓のシンボル。かつて、地元の子供や旅人たちがここで度胸試しをしたことをモチーフに製作された。

DRIVE ROUTE

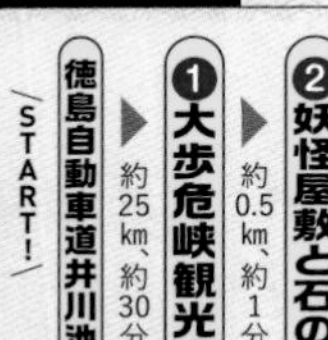

START! 徳島自動車道井川池田IC ▶ 約25km、約30分 ▶ ①大歩危峡観光遊覧船 ▶ 約0.5km、約1分 ▶ ②妖怪屋敷と石の博物館 ▶ 約1.3km、約2分 ▶ ③歩危マート ▶ 約3.6km、約5分 ▶ ④平家屋敷民俗資料館 ▶ 約7.7km、約11分 ▶ ⑤祖谷のかずら橋 ▶ 約9km、約16分 ▶ ⑥小便小僧 ▶ 約25km、約50分 ▶ 徳島自動車道井川池田IC GOAL!

START!

雄大な吉野川クルージング

①大歩危峡観光遊覧船

おおぼけきょうかんこうゆうらんせん MAP 別冊P.37-C2

大歩危渓谷のジオアートが広がる吉野川を、30分かけて往復する。河岸を彩る四季折々の情景や、鵜やコイなど水辺の生物も身近に見学できるチャンス。

地質学的に価値の高い両岸の結晶片岩

住 徳島県三好市山城町西宇1520 TEL0883-84-1211
運9:00～17:00(最終出航16:30) 休荒天時 料1500円
交徳島自動車道井川池田ICから車で約30分 Pあり

道の駅内にある博物館

②妖怪屋敷と石の博物館

ようかいやしきといしのはくぶつかん
MAP 別冊P.37-C2

周辺地域の妖怪伝説を紹介する妖怪屋敷と、貴石を展示する博物館を併設する。

住 徳島県三好市山城町上名1553-1
TEL0883-84-1489 開9:00～17:00(最終入館16:40)
休12～2月の火曜(祝日の場合は翌日)
料700円 Pあり

❶町には約60種の妖怪伝説が伝わる ❷県天然記念物の含礫片岩などを展示

平家ゆかりの地に立つ

④平家屋敷民俗資料館

へいけやしきみんぞくしりょうかん
MAP 別冊P.37-C2

安徳天皇の御典医として仕えた堀川内記を祖にもつ名家の屋敷。内部には子孫代々の宝物や民俗資料が展示されている。

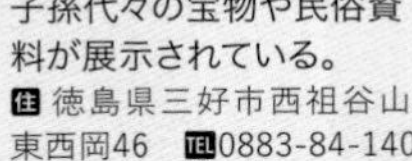

住 徳島県三好市西祖谷山村東西岡46 TEL0883-84-1408
開3～11月9:00～17:00、12～2月9:00～16:00
休臨時休館あり
料500円 P45台

❶1867(慶応3)年建造の母屋(三好市有形文化財) ❷敷地内には樹齢約800年の大木が生える

地元民に愛されるスーパー

③歩危マート

ぼけまーと MAP 別冊P.37-C2

❶祖谷・大歩危の野菜をお手頃価格で販売 ❷通常の4～5倍以上はある巨大ぼけあげ

JR大歩危駅前にある、地場食材を多く販売する地域密着型スーパー。名物は奥さんが考案した巨大なオリジナル油揚げ「ぼけあげ」。

住 徳島県三好市西祖谷山村徳善西7
TEL0883-84-1111
営8:00～18:30(日曜は～18:00)
休なし P20台

スリル満点のつり橋

⑤祖谷のかずら橋

いやのかずらばし MAP 別冊P.37-D2·3

シラクチカズラを編み上げて作った橋。もとは地域住民の生活道として架けられていた。

住徳島県三好市西祖谷山村善徳162-2 TEL0883-76-0877
開4～6月8:00～18:00、7～8月7:30～18:30、9～3月8:00～17:00
休なし 料550円 P300台

❶橋は3年に1度掛け替えられる
❷周辺にある琵琶の滝。平家の伝説からこの名がついた

あの彫刻が断崖に GOAL!

⑥小便小僧

しょうべんこぞう
MAP 別冊P.37-C2

❶祖谷の絶景を背景に立つ小便小僧 ❷約200m下の谷底には祖谷川が流れる

1968(昭和43)年に徳島県出身の彫刻家、河崎良行によって制作された。祖谷街道の難所、七曲の途中にあり、突き出した断崖から谷底に向かって用を足す姿で話題に。

住徳島県三好市池田町松尾～西祖谷山村
TELなし 開散策自由 Pなし

MORE！

祖谷渓グルメ＆アクティビティをCheck！

大自然に抱かれた祖谷には、古くから伝わる郷土料理や、川や森と遊ぶアクティビティがたくさん！

Gourmet

山に囲まれた祖谷は米の栽培が難しく、代わりにそばが主食とされていた。この地域に伝わる料理はそばを活用したものが多い。

A

祖谷そば 800円
祖谷地方のそばは太麺で短く、歯切れがよいのが特徴。いりことカツオのだしが香る。

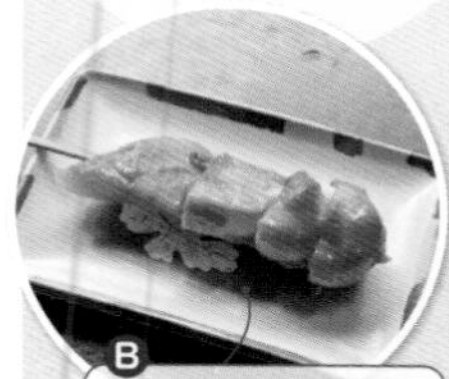

B

でこまわし 400円
じゃがいもと豆腐、こんにゃくの田楽焼き。阿波人形浄瑠璃の人形（でこ）に似ていることからこの名に。

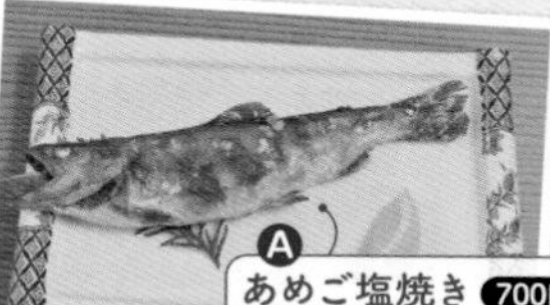

A

あめご塩焼き 700円
川で育ったアメゴ（通称アマゴ）を炭火でじっくり塩焼きに。臭みはなく食べやすい。

A **そば米雑炊** 900円
そばの実を野菜や肉とともに煮込んだ郷土料理。素朴な味わいながら栄養が豊富。

祖谷の伝統料理をいただく

A 祖谷美人

いやびじん

MAP 別冊P.37-D2

祖谷の湧き水を利用した自家製の手打ちそばが自慢。猪肉が乗ったししそば1700円、ぼけあげそば1100円が人気。

住徳島県三好市西祖谷山村善徳10-1　TEL0883-87-2940　営9:00〜16:00　休なし　交徳島自動車道井川池田ICから車で約45分　Pあり

かずら橋の麓にたたずむ

B いこい食堂

いこいしょくどう

MAP 別冊P.37-D2

手打ちの祖谷そばや、でこまわしなどの郷土料理を祖谷川を眺めながらいただける。アユの塩焼き600円は脂のり抜群。

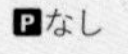

住徳島県三好市西祖谷山村善徳166　TEL0883-87-2840　営9:00〜17:00（時期により変動）　休不定休　交徳島自動車道井川池田ICから車で約50分　Pなし

Activity

祖谷には大自然を舞台にしたアクティビティがたくさん。景色を味わうジップトリップやスリル満点のクイックジャンプをレッツエンジョイ！

祖谷の森で遊ぶ

フォレストアドベンチャー・祖谷

ふぉれすとあどべんちゃー・いや

MAP 別冊P.37-C2

祖谷渓の傾斜地を舞台にするアクティビティパークで、長さ約360m、高低差約50mのジップスライドが名物。インストラクターによる安全講習があるので初心者でも安心して参加できる。

住徳島県三好市西祖谷山村尾井ノ内379 祖谷ふれあい公園内　TEL080-6284-2105　営9:00〜15:00（時期により変動）　休不定休　料アドベンチャーコース4100円〜、ジップトリップコース2500円〜　交徳島自動車道井川池田ICから車で約45分　Pあり

❶31種類のアクティビティが楽しめる本格的なアドベンチャーコース　❷祖谷川を望むジップトリップは国内トップクラスの長さ

❶予約なしでも楽しめる！お手軽ラフティング　❷木々の間を進むツリートレッキング　❸高さ15mからのフリーフォールが体験できるクイックジャンプはハラハラ度抜群

吉野川を爽快ラフティング

RiverStation West West

りばーすてーしょん うえすと うえすと　MAP 別冊P.37-C2

大歩危峡にある観光拠点施設。西日本最大級のツリートレッキングや、吉野川でのラフティング体験など、豊富なアクティビティが体験できる。レストランやギフトショップも併設する。

住徳島県三好市山城町西宇1468-1　TEL0883-84-1117　営4月下旬〜5月上旬と7月中旬〜11月上旬の10:00〜17:00（最終受付16:30）　休9月〜11月上旬の平日不定休※アクティビティのみ（他店舗は要問い合わせ）　料ツリートレッキング2800円〜、クイックジャンプ1回1000円、ラフトボート2200円　交徳島自動車道井川池田ICから車で約30分　P100台

日本の原風景に出合える場所

秘境・奥祖谷までGO!

奥祖谷地区は、祖谷渓のさらに上流にあたる幽谷。アクセスは難しいが、自然や山の暮らしを存分に感じられる、魅力あふれるネイチャースポットだ。

ACCESS

祖谷渓から奥祖谷へ

奥祖谷は、祖谷のかずら橋から東に県道32号を進み、国道439号を経由し約30km、車で約50分ほどの位置にある。JR大歩危駅から四国交通バスの久保行きに乗り、久保で三好市営バスの剣山行きに乗りかえても行ける。

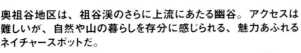

重要伝統的建造物群保存地区に指定されている落合集落

SPOT 01

集落の全景を望む　MAP 別冊P.11-C1

落合集落展望所

おちあいしゅうらくてんぼうしょ

標高差約390mの急斜面に立つ落合集落を正面に望む展望所。家屋や里道、耕作地が広がる様子はまさに日本の原風景そのもの。

住徳島県三好市東祖谷中上80　TEL0883-76-0877（三好市観光案内所）　開散策自由　交徳島自動車道井川池田ICから車で約1時間20分　Pあり

実際に集落へ行ってみた

集落中腹に立つ長岡家住宅。内部も見学可能

集落の頂上、標高約820m地点からの眺望

SPOT 02

祖谷のかずら橋同様、地域住民の生活道として利用されていた

2本のかずら橋が架かる　MAP 別冊P.11-D1

奥祖谷二重かずら橋 おくいやにじゅうかずらばし

平家一族が、剣山にある馬場へ訓練しに通うため架けたと伝わる。男橋、女橋の2本が架けられていることから夫婦橋とも呼ばれる。男橋は水面から12m、女橋は水面から4mの高さに架かる。

住徳島県三好市東祖谷菅生620
TEL0883-76-0877（三好市観光案内所）
開4～6月、9～11月9:00～17:00、7～8月8:00～18:00　休12～3月
料550円　交徳島自動車道井川池田ICから車で約1時間50分　Pあり

SPOT 03

人間と見間違うほど精巧に作られている。今では住民の人口よりもかかしのほうが多い

かかしがお出迎え　MAP 別冊P.11-D1

名頃かかしの里

なごろかかしのさと

住民が畑を守るためにかかしを作ったのをきっかけとし、今では300体以上のかかしが存在する村。1体1体に名前、性別、性格、人生などのプロフィールがある。

住徳島県三好市東祖谷菅生191　TELなし
開散策自由　交徳島自動車道井川池田ICから車で約1時間35分　Pなし

四国最東端の"光のまち"

阿南市 あなんし

MAP 別冊P.7

人口 6万6733人 面積 279.25㎢

行き方

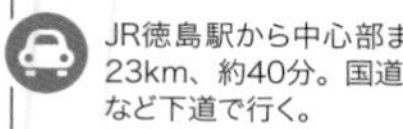

JR徳島駅から中心部まで約23km、約40分。国道55号など下道で行く。

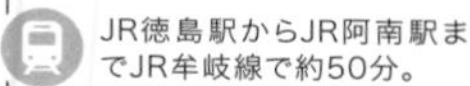

JR徳島駅からJR阿南駅までJR牟岐線で約50分。

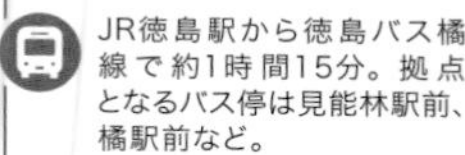

JR徳島駅から徳島バス橘線で約1時間15分。拠点となるバス停は見能林駅前、橘駅前など。

交通INFO

市内路線バス
徳島バスが市内全域を網羅している。JR阿南駅を起点とした循環バスもあり。

ドライブプラン

- JR阿南駅
  ↓ 約10分
- 阿南市科学センター
  ↓ 約10分
- 北の脇海水浴場
  ↓ 約12分
- 津峯公園
  ↓ 約30分
- お松大権現

こちらもCHECK!

旧遍路道「かも道」
阿南市加茂町の番外霊場、一宿寺から第21番札所・太龍寺にいたる約4.4kmの山道は、「かも道」という古い遍路道。南北朝時代の丁石が残り、竹林に囲まれた"青の道"、石灰岩の"白の道"といった異なる景観を楽しめる。
MAP 別冊P.7-C1

かも道と太龍寺への遍路道が合流する場所

夏は海水浴場客でにぎわう、白砂と緑の松の美しい風景が広がる北の脇海岸

徳島県東部の中央海岸線に位置する、県内人口2位の中核都市。城下町として栄えた富岡町と、阿波三港のひとつ、橘港を擁する橘町などを中心に形成されており、県内最長の那賀川が流れている。青色発光ダイオード（LED）の製品化で注目された日亜化学工業株式会社の本社がおかれ、市内の商店街や公園にLEDのイルミネーションを設置するなど、光のまちづくりに取り組んでいる。橘湾から室戸岬一帯は室戸阿南海岸国定公園として指定されており、その一部である蒲生田海岸ではアカウミガメの上陸も確認された。

阿南市の歩き方

海岸寄りには国道55号と、JR徳島駅から海陽町のJR阿波海南駅を結ぶJR牟岐線が南北に通っている。市内には9つの駅があり、町の中心はJR阿南駅周辺。阿南市科学センターや北の脇海水浴場、津峯公園は東側、那賀川沿いに鎮座するお松大権現は西側に位置しているが、どれも駅から離れた場所にある。路線バスは徳島バスが市全域をカバーしているが、便数は限られているため、効率的に移動するなら車が最適。標高284mの津峯山一帯に広がる津峯公園は、8合目まで続く全長3.7kmの津峯スカイラインを利用してアクセスできる。途中には、見晴らしのいい展望台もある。

猫好きも訪れる神社、お松大権現

INFO 津峯山の山頂にある津峯神社では、旧暦の8月15日に中秋の名月を楽しむ「観月祭」が行われる。神事の「浦安の舞」が奉納されるほか、琴の演奏や月見団子やお抹茶の接待も受けられる。

おもな見どころ

科学や宇宙の不思議を学習　MAP 別冊P.7-D1

阿南市科学センター
あなんしかがくせんたー

科学の原理を楽しく学べる体験学習施設。大型実験装置、化石展示、デジタルプラネタリウムなどを備えた「体験館」と、四国最大の大きさを誇る口径113cmの反射望遠鏡が備わる「天文館」がある。

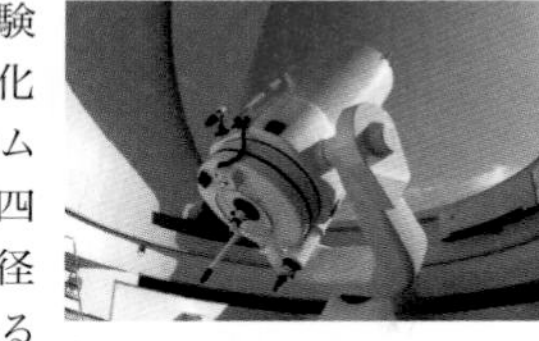
「天文館」の反射望遠鏡。土曜の夜は天体観望会を実施（有料・予約制）

津峯山一帯を整備した桜の名所　MAP 別冊P.7-C1

津峯公園
つのみねこうえん

津峯山一帯に広がる公園。山頂には724（神亀元）年に創建された津峯神社が鎮座し、"阿波の松島"と称される橘湾の美景も一望できる。ヨシノザクラやヤマザクラなど約2000本の桜が植栽されていて、桜の名所としても有名。

桜の見頃は4月上旬。「津峯公園桜まつり」も開催される

猫好きも訪れる勝負事の神さま　MAP 別冊P.7-C1

お松大権現
おまつだいごんげん

"猫神さん"として親しまれる、お松大権現社が鎮座。日本三大怪猫伝のひとつ、阿波怪猫伝の舞台で、猫に化けて仇討ちを成し遂げた伝説に由来し、合格・必勝祈願の参詣者が多く訪れる。境内には多数の招き猫が奉納されている。

奉納された招き猫は約1万体。鳥居横には高さ2mの巨大招き猫も

徳島県最大規模の海水浴場　MAP 別冊P.7-D1

北の脇海水浴場
きたのわきかいすいよくじょう

約2kmにわたる遠浅の砂浜が続く人気の海水浴場。ビーチの背後には約30haの松林が広がり、美しい自然景観も楽しめる。海開きは7月1日からで、期間中は脱衣所やシャワー、海の家も利用できる。

広々とした砂浜と穏やかな波が特徴。「日本の渚百選」にも選ばれた

阿南市にある お遍路札所
- ◆太竜寺（第21番札所）
- ◆平等寺（第22番札所）

阿南市科学センター
住 徳島県阿南市那賀川町上福井南川渕8-1
TEL 0884-42-1600
開 9:30～16:00
休 月曜（祝日の場合は翌日）
料 無料（一部有料）
交 JR阿南駅から車で約10分。JR徳島駅から車で約40分
P 60台

津峯公園
住 徳島県阿南市津乃峰町
TEL 0884-24-3141（阿南市観光協会）
開 散策自由
料 無料（山頂まで参詣リフトが運行。往復500円）
交 JR阿南駅から車で約15分。JR徳島駅から車で約50分
P 250台

お松大権現
住 徳島県阿南市加茂町不け63
TEL 0884-25-0556
開 9:00～18:00
休 なし
交 JR阿南駅から車で約20分。JR徳島駅から車で約40分
P 20台

北の脇海水浴場
住 徳島県阿南市中林町原23-1
TEL 0884-28-9933（うみてらす北の脇）　開 散策自由
交 JR阿南駅から車で約10分。JR徳島駅から車で約45分
P 200台

こちらもCHECK!

牛岐城趾公園
阿波国守護の細川氏の家臣、新開実重によって築城されたと伝わる城跡。LEDイルミネーションで輝き、恋人の聖地として認定されている。
MAP 別冊P.7-C1
住 徳島県阿南市富岡町トノ町24-21
TEL 0884-22-1687（牛岐城趾公園管理事務所）
開 散策自由　P 11台

INFO お松大権現には、狛犬ならぬ"狛猫"が置かれ、拝殿の裏には病魔退散のさすり猫、さらに、巨大な猫の大仏、猫の七福神、猫の不動明王と、さまざまな猫が祀られている。

太平洋を望むドライブルート

海絶景が続く阿南海岸ドライブ

四国最東端の蒲生田岬から竹ヶ島まで海沿いを中心に走る。注目は起伏に富んだ地形と太平洋を望む、延長17.1kmの観光道路、南阿波サンライン。絶景ドライブを楽しもう。

四国最東端の
海岸線を走り抜ける！

HIGHLIGHT 01

蒲生田岬

四国最東端に位置する。岬の先端には灯台が立ち、大鳴門橋や淡路島、紀伊半島まで眺められる。

HIGHLIGHT 02

恵比須洞

海沿いの岩山にある、波の浸食によって造られた幅32m、高さ31mの半円状の珍しい海蝕洞。遊歩道も備わる。

HIGHLIGHT 03

海中観光船ブルーマリン

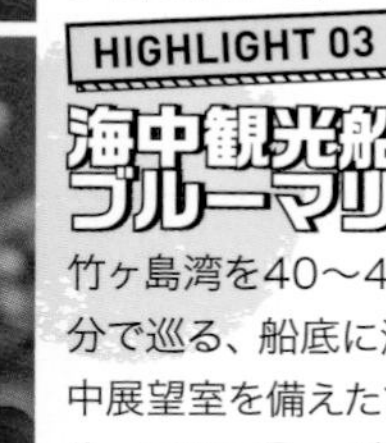

竹ヶ島湾を40～45分で巡る、船底に海中展望室を備えたブルーマリン号。ガラス窓から熱帯魚やサンゴを観察できる。

起伏に富んだ風光明媚な海沿いを走り抜ける

蒲生田岬から県道200から26号、国道55号で美波町へ。恵比須洞を散策道からのぞき、「道の駅 日和佐」で休憩したら海岸線の断崖に沿って延びる南阿波サンラインをドライブ。太平洋の雄大な景観を横目にワインディングロードを爽快に走り抜けよう。道沿いには大島や出羽島を眺められる展望台があるので立ち寄るのもいい。ここから国道55号を南下すると約30分で竹ヶ島に到着する。

DRIVE ROUTE

START! ①蒲生田岬 ▶ 約34km、約50分 ▶ ②日和佐うみがめ博物館カレッタ ▶ 約2km、約4分 ▶ ③恵比須洞 ▶ 約3km、約5分 ▶ ④道の駅 日和佐 ▶ 約37km、約45分 ▶ ⑤竹ヶ島 ▶ 徒歩約1分 ▶ ⑥海中観光船ブルーマリン GOAL!

START ① ② ③ ④ ⑤ ⑥ GOAL
牟岐線
南阿波サンライン
阿佐海岸鉄道DMV
N
0 10km
1:1,420,000

START!

灯台を備える四国最東端の岬

①蒲生田岬

かもだみさき

MAP 別冊P.7-D1

室戸阿南海岸国定公園内。岬に立つ白亜の灯台までは、駐車場から約300mの遊歩道で行ける。太平洋の大パノラマは必見。

遊歩道には波と風をモチーフにしたモニュメントがある

住徳島県阿南市椿町蒲生田　TEL0884-24-3141（阿南市観光協会）　交JR徳島駅から車で約52km、約1時間30分　P約20台

ウミガメの生態を学べる

②日和佐うみがめ博物館カレッタ

ひわさうみがめはくぶつかんかれった

MAP 別冊P.7-C2

大浜海岸近くにあるウミガメ専門の博物館。飼育展示のほか、保護活動や研究にも取り組む。

ウミガメに関する展示物の全面改修を行う工事中

住徳島県美波町日和佐浦370-4　TEL0884-77-1110　※リニューアルにともない2024年3月まで休館

徳島県最大の海蝕洞

③恵比須洞

えびすどう　MAP 別冊P.7-C2

標高52mの岩山にある、打ち寄せる荒波で岩が浸食されてできた海蝕洞。岩山の周辺には遊歩道も備わり、山上の展望台は太平洋が一望できるビュースポット。

遊歩道はアップダウンが多いので、歩きやすい靴で散策しよう

住徳島県美波町日和佐浦　TEL0884-77-3617（美波町産業振興課）　開散策自由　P5台

国道沿い&駅近の好立地

④道の駅 日和佐

みちのえき ひわさ

MAP 別冊P.7-C2

JR牟岐駅と国道55号沿い。牟岐町の特産品を取り揃えた物産館では、すだち風味ソフトクリームが人気。併設の観光案内所ではレンタサイクルも実施。

住徳島県美波町奥河内寺前493-6　TEL0884-77-2121　営9:00～17:30　休なし　P67台

❶産直館と物産館がある　❷美波の和サイダー各300円。阿波晩茶など和の風味を感じるご当地サイダー

沖合に浮かぶ小さな島

⑤竹ヶ島

たけがしま

MAP 別冊P.6-A3

海陽町の沖合に浮かぶ小さな島。周辺海域は透明度が高く、サンゴの大群集が生息することから海域公園に指定されている。波が穏やかなため、マリンアクティビティに最適。

❶穏やかな海でSUPやシーカヤックを体験　❷本土とは100mほどの橋でつながっている

住徳島県海陽町宍喰浦竹ケ島　TEL0884-76-3050（海陽町観光協会）　開散策自由　Pなし

GOAL!

船内から海の生き物を観察

⑥海中観光船ブルーマリン

かいちゅうかんこうせんぶるーまりん

MAP 別冊P.6-A3

県内屈指の透明度を誇る竹ヶ島海域を船底展望室の大きなガラス窓から海中観察。乗船券は島内の海洋自然博物館マリンジャムで、乗下船は竹ヶ島港。

住徳島県海陽町宍喰浦竹ヶ島28-45　TEL0884-76-3100　運1日6～8便　休火曜（祝日の場合は翌日）　料2000円　P68台

❶カラフルな熱帯魚やエダミドリイシのサンゴ群生が見られる　❷50人乗りの観光船

美波町への行き方

JR徳島駅から中心部まで約48km、約1時間10分。国道55号など下道で行く。

JR徳島駅からJR日和佐駅までJR牟岐線で約1時間30分。1日1便のみ特急むろとも運行。

美波町にある お遍路札所

◆**薬王寺**（第23番札所）

こちらもCHECK!

うみがめマリンクルーズ
地元の漁師による漁船クルーズ。ウミガメの産卵地・大浜海岸や千羽海崖を巡る。
MAP 別冊P.7-C2
住 徳島県美波町日和佐浦41-1
TEL 0884-77-1730(日和佐漁業者会)
開 10:00～15:00　休 不定休
料 2200円　交 JR日和佐駅から徒歩約12分。JR徳島駅から車で約1時間10分　P あり

所要約40分。クルーズ前後には漁師めしも味わえる(別途料金)

海陽町への行き方

JR徳島駅から中心部まで約75km、約2時間。国道55号など下道で行く。

JR徳島駅からJR阿波海南駅までJR牟岐線で約2時間10分。

交通INFO

町営バス
路線内ならバス停以外の場所でも乗降可能。全5ルートあり。
DMV
阿波海南文化村や阿佐東線の阿波海南駅、宍喰駅など走行する。
シェアサイクルPiPPA
町内に駐輪ポートが6ヵ所あり、30分、110円。

アカウミガメの産卵地
美波町 みなみちょう

MAP 別冊P.7

人口 5716人　面積 140.74km²

リアス海岸が続く風光明媚な海辺の町。国道55号の日佐和道路とJR牟岐線が並行に走り、町の中心のJR日和佐駅には道の駅が隣接。大浜海岸はアカウミガメの産卵地として国の天然記念物に指定されている。

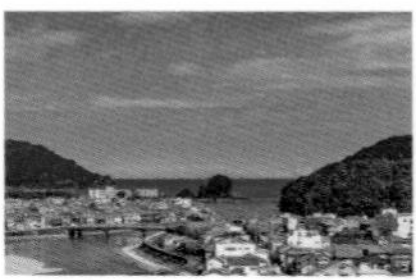
薬王寺から眺める日和佐湾と町の風景

おもな見どころ

高さ250m、断崖絶壁の景勝地　MAP 別冊P.7-C2

千羽海崖
せんばかいがい

室戸阿南海岸国定公園の特別保護地区に指定されている

日和佐港から南西へ続く海岸線にそそり立つ、波の浸食と断層によってできた垂直絶壁の海食崖。尾根伝いに遊歩道が整備され、数ヵ所ある休憩所から海崖を望める。
住 徳島県美波町日和佐浦　TEL 0884-77-3617(美波町産業振興課)

世界初、DMVが走る町
海陽町 かいようちょう

MAP 別冊P.6

人口 7819人　面積 327.67km²

太平洋に面する徳島県最南端の町。線路と道路を乗り換えなしで移動できる、世界初のDMV（デュアル・モード・ビークル）が走行を開始し、注目を集めている。SUPやシーカヤックなどマリンレジャーも盛ん。

海沿いを国道55号とJR牟岐線、阿佐海岸鉄道が走る

おもな見どころ

轟の滝
とどろきのたき　MAP 別冊P.6-A2

王余魚谷川（かれいたにがわ）にかかる落差58mの大滝。上流には大小さまざまな滝があり、総称して轟九十九滝と呼ぶ。
住 徳島県海陽町平井王余魚谷
TEL 0884-76-3050(海陽町観光協会)

岩壁の間から豪快に流れ落ちる主瀑

名物グルメ

海賊料理
新鮮な貝や伊勢エビなどをその場で焼いて食べる、豪快な料理。要予約
元祖海賊料理 海賊の家
MAP 別冊P.6-A3
住 徳島県海陽町宍喰浦古目84-4　TEL 0884-76-2707
営 12:00～17:00
休 不定休

海陽町の特産品のひとつ「寒茶」は山肌に自生する山茶の葉が原料。寒い時期に葉を摘み取ることで、糖分が蓄えられ甘くまろやかな味わい。全国的に珍しい冬のお茶をぜひとも味わいたい。

室戸阿南海岸国定公園の中央 MAP 別冊P.6

牟岐町 むぎちょう

人口 3382人　面積 56.62㎢

南は太平洋、北は山々が連なる徳島県南東部の町。沖合には漁村集落が残る出羽島などいくつもの島を有し、牟岐大島内湾には世界最大級といわれる巨大なコブハマサンゴが生息する。

モラスコむぎの前には四国八十八景の松ヶ磯がある

おもな見どころ

古きよき漁村集落が残る MAP 別冊P.6-B3

出羽島 てばじま

牟岐町の港から連絡船で約15分

牟岐港の沖合約3kmに浮かぶ周囲約4kmの小島。カツオ漁で繁栄した漁村集落で、江戸期から昭和初期までの伝統的な民家が今も残る、伝統的建造物群保存地区。

住徳島県牟岐町牟岐浦　TEL0884-72-3419（牟岐町産業課）

牟岐町への行き方

JR徳島駅から中心部まで約63km、約1時間20分。国道55号など下道で行く。

JR徳島駅からJR牟岐駅までJR牟岐線で約1時間50分。1日1便のみ特急むろとも運行。

交通INFO

路線バス

徳島バス南部が牟岐の高速バス乗降場から高知県東洋町の海の駅東洋町まで路線バスを9系統運行。

こちらもCHECK!

貝の資料館

コミュニティ複合施設のモラスコむぎ内。世界中から集めた貝や化石の標本を展示。

MAP 別冊P.6-B3
住徳島県牟岐町灘下浜辺198-1
TEL0884-72-2520
開9:00～17:00
休月曜（祝日の場合は翌日）
Pあり

清流と森に囲まれた山深い町 MAP 別冊P.7

那賀町 なかちょう

人口 6737人　面積 694.98㎢

徳島県南部に位置する山あいの町。町の真ん中を東西に国道195号、南北に国道193号が走り、境界には名峰、剣山がそびえる。清流の那賀川をはじめ紅葉で有名な高の瀬峡など、景勝地が点在。

紅葉に彩られた高の瀬峡。四国随一の美しさといわれる

おもな見どころ

西日本最長の交走式ロープウェイ MAP 別冊P.7-C1

太龍寺ロープウェイ たいりゅうじろーぷうぇい

ゴンドラは101人乗り。20分ごとに運転する

麓の鷲の里駅から那賀川を眼下に標高600mの山を越え、山頂の太龍寺駅まで結ぶ。全長2775m、最大高低差は508m。剣山山系をはじめ雄大な景観を楽しめる。

那賀町への行き方

JR徳島駅から中心部まで約37km、約1時間。国道55号、県道28号など下道で行く。

交通INFO

市内路線バス

徳島バス、徳島バス南部、町営バスがそれぞれ路線バスを運行している。

那賀町にある お遍路札所

◆太龍寺（第21番札所）

太龍寺ロープウェイ

住徳島県那賀町和食郷田野76
TEL0884-62-3100
運8:00～16:40（上り最終）
料往復2600円　Pあり

太龍寺駅から本堂までは階段を登る

INFO 牟岐町、大島（MAP P.6-B3）の内湾海底に生息するコブハマサンゴ。クリスマスツリーのような形で、高さ約9m、周囲約30m、年齢は1000年を超えると推定されることから"千年サンゴ"の愛称で呼ばれる。

＼スープ色別でわかりやすい／

徳島ラーメンを食べ比べ!

スープの色によって茶系、黄系、白系に分類される徳島グルメを代表する徳島ラーメン。それぞれ食べ比べて、自分だけのお気に入りの味を探してみて!

茶系

CHECK! 自家製麺

A 中肉生卵トッピング 850円
2階で製造した自家製麺を使用。こだわりの卵はスープにコクが生まれる

茶系とは?
豚骨スープに濃口な醤油だれを加えた、こげ茶色のスープが特徴。黒系とも呼ばれる。

C 中華そば 肉卵入り 大 950円
野菜や魚介など素材の味が際立つスープが歯切れのいい麺によく絡む

B 支那そば肉玉入り 並 870円
まろやかながらすっきりと飲みやすいスープ。豚バラ肉との相性は抜群

CHECK! アルギットヨード卵

CHECK! のどごし抜群の麺

CHECK! 干しエビ香るスープ

すだちで味変 
〆にはすだち果汁をスープにイン! 後味がすっきり爽快に。

CHECK! 王道の甘辛豚バラ肉

CHECK! 熟成させたスープ

A ザ・王道の徳島ラーメン
中華そば いのたに本店
●ちゅうかそば いのたにほんてん

徳島市中心 MAP 別冊P.35-C2

徳島ラーメンブームの火付け役。自家製麺はすすりやすいよう短めに作られており、魚介や野菜のうま味が詰まった豚骨醤油スープは味わい深い。

住 徳島県徳島市西大工町4-25-25
TEL 088-653-1482 営 10:30～17:00
休 月曜 予 700円～ 交 JR徳島駅から徒歩約10分 P 40台

眉山からほど近い場所に位置しアクセスしやすい

B 何度でも食べたくなる
支那そば 巽屋
●しなそば たつみや

徳島市周辺 MAP 別冊P.34-B2

濃い色合いのスープだが、見た目に反してあっさりな味わいが人気の秘密。豚バラ肉はご飯にのせて食べるのも◎。

住 徳島県徳島市住吉5-68-1
TEL 088-653-3839 営 10:30～15:00（土曜は～17:00、日曜は～19:00）
休 水曜 予 800円～ 交 JR徳島駅から車で約15分 P 30台

入ってすぐ横の機械で食券を購入しよう

C 地元民も足しげく通う
中華そば やまきょう
●ちゅうかそば やまきょう

徳島市周辺 MAP 別冊P.34-A2

タマネギや昆布、干しエビ、リンゴなどをじっくり12時間以上煮込んだ臭みのない豚骨醤油系スープ。麺は中細ストレートでスープとベストマッチ。

住 徳島県徳島市北矢三町3-7-11
TEL 088-633-9872 営 11:00～17:00
休 水曜 予 800円～ 交 JR徳島駅から車で約15分 P 14台

店内には時間を問わず続々と客が入る

黄系

黄系とは?
中華料理系の店に多い。スープはややあっさりめの味わいで、澄んだ薄茶色をしている。

プリプリのチャーシューを食べに来て♪

D 肉玉大
950円
野菜の甘味が凝縮された豚骨鶏ガラスープにチャーシューをオン

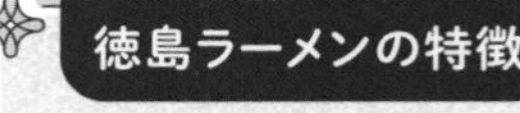

徳島ラーメンの特徴

戦後の小松島で振る舞われていた屋台の中華そばがルーツとされる徳島ラーメン。その魅力をご紹介。

スープ 茶、黄、白の3色で分類される。基本は豚骨ベースに醤油だれを加えた豚骨醤油。

麺 縮れのないストレートの中細麺が主流。固さは柔らかめで短くスープが絡みやすい。

肉 甘辛く煮付けた豚バラ肉が定番。ご飯にも合うのでラーメンと同時にご飯を注文する人もいる。

トッピング ほとんどの店で生卵トッピングを注文できる。ほかにはネギ、メンマ、モヤシなど。

卓上に追いだれ、唐辛子、コショウが置いてある店も多い。お好みで味変を楽しんで

白系

F 白 中
730円
弾力のある自家製麺にていねいに裏ごししたなめらかなスープが絡む

E 中華そば 肉味付玉子入 大
1120円
乳白色の豚骨醤油スープと秘伝のかえしでまろやかな仕上がり

白系とは?
豚骨スープに薄口醤油などを加えた白色のスープ。小松島市に多い。

D 伝統の味を受け継ぐ名店

中華そば かわい

● ちゅうかそば かわい

徳島市周辺 MAP 別冊P.34-B1

バイク好きの店主が先代の味を受け継ぐ。優しい味わいのスープと口の中でとろけるチャーシューのコンビは絶妙。

住 徳島県徳島市川内町加賀須野436-4 TEL 088-665-2162 営 11:00～15:00(売り切れ次第終了) 休 日曜 予 700円～ 交 JR徳島駅から車で約15分 P 8台

店内にはバイクのステッカーが貼られている

E 1951(昭和26)年創業の老舗

岡本中華

● おかもとちゅうか

小松島市 MAP 別冊P.34-B3

徳島ラーメンの歴史を語る上で外せない名店。コクあるスープと国産ポークばら・モモ2種のチャーシューは食べ応えあり。

住 徳島県小松島市中田町奥林60-1 TEL 0885-32-0653 営 11:00～18:00 休 木曜、第3水曜 予 680円～ 交 JR徳島駅から車で約20分 P 20台

壁には著名人のサイン色紙が多く飾られている

F 無限の可能性を感じる一杯

可成家

● かなりや

徳島市郊外 MAP 別冊P.34-A2

徳島大学の蔵本キャンパス近くにある。高火力で炊き上げる豚骨と鶏ガラがスープに厚みをもたせ、クリーミーで濃厚なテイストに仕上がっている。

住 徳島県徳島市南庄町1-27 TEL 088-631-4158 営 11:00～19:45LO 休 水曜、第1・第3火曜 予 700円～ 交 JR徳島駅から車で約10分 P 15台

木の温もりある店内

＼ 食べなきゃそんそん♪ ／

徳島市のベストはここ!

大自然に囲まれた徳島は美食の宝庫。山の幸、海の幸からご当地メニューまで、徳島市内で食べるべきベストなグルメがここに集合!

ハモの湯引き 1320円
目の澄んだ新鮮な生きハモを湯引きに。自家製梅肉ソースをつけてどうぞ

ぬくもりあふれる割烹料理を

割烹 四国三郎

●かっぽう しこくさぶろう

MAP 別冊P.35-D2

1929(昭和4)年創業。3代目となる主人が目利きした活魚料理や、徳島の名産を使った郷土料理などが並ぶ。ボリューミーなランチも好評。

住 徳島県徳島市南内町1-18-1 TEL 088-622-4844 営 11:30～13:30、17:00～23:00(ランチは平日のみ) 休 日曜(祝日は予約のみ営業) 予 3000円～ 交 JR徳島駅から徒歩約10分 P なし

徳島の旬を味わいに来てください!

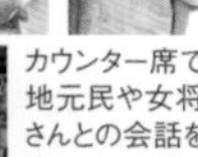

カウンター席で地元民や女将さんとの会話を楽しんで

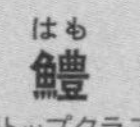

これがBEST

はも
鱧

全国トップクラスの鱧の産地である徳島県。旬は産卵期前の6～7月。

鯛のもろみ造り1320円。万葉集にもうたわれた食べ方を再現している

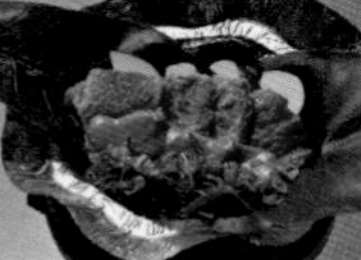

御膳味噌と徳島産牛肉のほう葉焼き1320円

カウンター席のほか半個室、個室もある

鳴門鯛を最高の調理法で

徳島魚問屋 とゝ喝

●とくしまうおどんや ととかつ

MAP 別冊P.35-C3

鳴門鯛のなかでもさらに質の高い「うず華鯛」を炊き上げた鯛めしが名物。旬の幸が堪能できるコースは6600円～。

住 徳島県徳島市紺屋町13-1 TEL 088-625-0110 営 17:00～22:00 休 日曜 予 7000円～ 交 JR徳島駅から徒歩約13分 P なし

繁華街のなかでも気品を感じる店構え

鯛めし(2合) 3000円
最高級の鳴門鯛をまるごと土鍋で炊いた至極の一品。注文は2合から

これがBEST

鯛めし

鳴門海峡でもまれた鳴門鯛。鯛めしにして炊き上げるのがとゝ喝流。

脂がのった鯛の身と白醤油、昆布の香りが漂う。土鍋ならではのおこげも

刺身や焼き、揚げ物など旬の魚介をベストな調理法で味わえる

＼これがBEST／

阿波尾鶏

県内で飼育されていたシャモを元にした地鶏。低脂肪で、うま味やコクが強い。

阿波尾鶏串5本盛り合わせ 1188円

ももやつくねといった、定番の串を盛り合わせに

阿波尾鶏をリーズナブルに

紺屋町 よしこの

●こんやまち よしこの

MAP 別冊P.35-C3

阿波尾鶏指定料理店。串や炙りタタキ、唐揚げなど、阿波尾鶏を味わい尽くすメニューが豊富。鶏だけでなく、阿波牛や阿波とん豚など徳島のご当地肉も味わえる。

住 徳島県徳島市紺屋町5-6（アクティ21 8F） TEL 088-654-1694 営 17:30～23:00（金・土曜・祝前日は～24:00、日曜は～22:00） 休 不定休 予 3000円～ 交 JR徳島駅から徒歩約15分 P なし

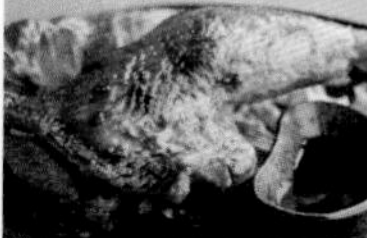

阿波尾鶏 骨付きもも 1518円。阿波尾鶏に特製たれをつけて焼き上げる

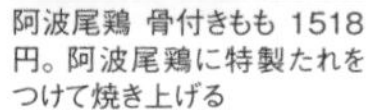

トリュフソースが香るA5阿波牛 本日の赤身肉カットステーキ 2178円

卸売市場と提携し、徳島のブランド食材を提供している

事前予約がベター

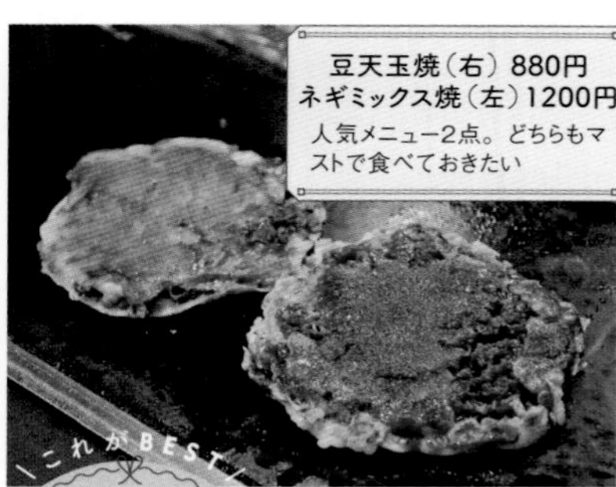

豆天玉焼（右）880円
ネギミックス焼（左）1200円

人気メニュー2点。どちらもマストで食べておきたい

＼これがBEST／

お好み焼き

甘い金時豆を入れるのが徳島風のお好み焼き。甘じょっぱさがクセになる。

大将が一枚ずつていねいに焼いてくれる

〆にお好み焼きはいかが

みその

●みその

MAP 別冊P.35-C2

俳優の大杉漣も通ったという名店。金時豆とえび天のハーモニーを楽しめる豆天玉焼は、飲んだあとの〆に食べるのがツウ。

住 徳島県徳島市富田町2-40 TEL 088-623-5456 営 18:00～翌1:00 休 日曜 予 1000円～ 交 JR徳島駅から徒歩約12分 P なし

常連さんも多い昔懐かしい雰囲気のお店です

モーニングB 990円

パンとサラダなどがセットのワンプレート。スープまたはドリンク付き

＼これがBEST／

モーニング

人口当たりのパン屋数が日本一の徳島では、モーニングも営業するカフェが多い。

オリジナルブレンドコーヒー500円

体に優しいベーカリーカフェ

O-ba'sh cafe.

●おーばっしゅ かふぇ

MAP 別冊P.35-C2

ベーカリー直営のカフェ。3種の天然酵母を使い分けて作るパンや、旬の県産野菜を使ったモーニングですてきな1日をスタートしてみて。

住 徳島県徳島市東船場町1-26 TEL 088-655-2337 営 7:30～17:00 休 月曜 予 1000円～ 交 JR徳島駅から徒歩約7分 P なし

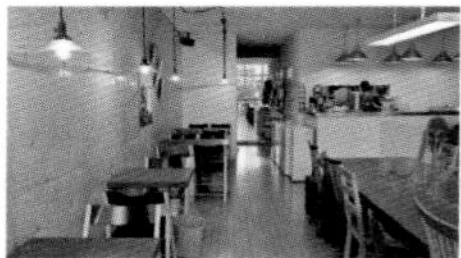

木を基調とした北欧風の店内

＼海産物の宝庫／

鳴門海峡の海の幸をいただきます!

瀬戸内海と太平洋に囲まれた鳴門は、多くの魚種が集まる海の交差点。栄養豊富で脂のりが抜群の新鮮魚介を味わえる店はこちら。

鯛の塩らぁ麺
700円
鳴門鯛香る塩ラーメン。トッピングは焼いてから揚げたパリもちの鯛の皮

オーシャンビューのラーメン店

堂の浦 鳴門本店

●どうのうら なるとほんてん

MAP 別冊P.36- A2

鳴門鯛を使った塩らぁ麺が名物。シンプルながら鯛のうま味とコクをしっかり感じられるとろとろスープは細麺との相性抜群。

住徳島県鳴門市鳴門町高島竹島194 TEL090-7620-3594 営11:00～13:30LO、18:00～19:30LO 休日曜 予1000円～ 交JR鳴門駅から車で約12分。神戸淡路鳴門自動車道鳴門北ICから車で約15分 Pあり

プラス300円でアジフライと十五穀米がセットのおじやランチにできる

目の前にウチノ海が広がるロケーション

住宅街にあるので近隣住民に迷惑をかけないよう心がけて

鯛ブリ刺身定食
1900円
身が引き締まった鳴門鯛と、北灘名物のすだちぶりを一度に味わえる

びっくり!!あなご天丼
2400円

煮アナゴ3匹を使ったビッグサイズの天丼です☆

定食や丼の種類が豊富

北灘漁協直送 とれたて食堂

●きたなだぎょきょうちょくそう とれたてしょくどう

MAP 別冊P.5-C2

漁協直送の新鮮魚介を味わうならここ。メニューが豊富で、定食以外にもすだちぶり刺身1500円、はも天1000円などがある。

住徳島県鳴門市北灘町宿毛谷相ケ谷23 TEL088-679-4137 営10:00～20:00(時期により変動) 休なし 予2000円～ 交JR鳴門駅から車で約20分。神戸淡路鳴門自動車道鳴門北ICから車で約15分 Pあり

魚市場に併設されている

鳴門の海鮮 完全ガイド

渦潮によって海底の栄養分が巻き上げられ、豊かな餌で満ちる鳴門海峡。名物魚介をここで予習しよう。

鳴門鯛

3～4月が旬。潮流にもまれ引き締まった身の弾力と適度な脂のりが特徴。

うず潮はまち

海峡の西側で養殖されている鳴門ブランドのハマチ。1年を通して美味。

すだちぶり

すだちの果皮を混ぜた餌を与え、育てた養殖のブリ。風味はさっぱりめ。

鳴門わかめ

鳴門は三陸に次ぐワカメの生産地。潮流がコシの強い味わいを生み出す。

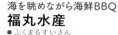

海鮮盛り（左）5000円
刺身盛り合わせ（右）1400円
店頭のケースに並んだ海鮮から好きなものをチョイスして焼くスタイル

海を眺めながら海鮮BBQ

福丸水産

●ふくまるすいさん

MAP 別冊P.36-A2

地場の海鮮や店主が養殖したカキなどを選んで焼くBBQスタイルの店。天ぷら定食1100円や、ゆずしめさば定食950円など定食メニューも充実している。

住 徳島県鳴門市瀬戸町明神楠谷1-1 TEL 088-624-8332 営 11:00～20:00LO（土・日曜は～20:30LO） 休 月曜、第3火曜 予 2500円～ 交 JR鳴門駅から車で約7分。神戸淡路鳴門自動車道鳴門ICから車で約10分 P あり

徳島県産カキのカンカン焼きが名物

ケース内には刺身や肉も並ぶ

店の外にも生けすがいっぱい

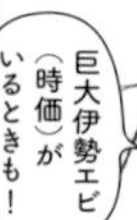

巨大伊勢エビ（時価）がいるときも！

鯛丼
1700円～
新鮮な鳴門鯛が乗ったいち押しの丼。吸い物、漬物、小鉢付き

鳴門鯛を豪快に丼で

鳴門公園 うづ乃家

●なるとこうえん うづのや

MAP 別冊P.36-B2

鳴門公園の千畳敷展望台近くにある、鯛丼が名物のレストラン。肉厚にカットされた鳴門鯛は鮮度バツグンで、甘めの特製ダレとの相性は◎。売店も併設。

住 徳島県鳴門市鳴門町鳴門公園千畳敷 TEL 088-687-0150
営 10:00～14:30LO（売店は夏季9:00～17:30、冬季9:00～17:00） 休 不定休
予 1000円～ 交 JR鳴門駅から車で約20分。神戸淡路鳴門自動車道鳴門北ICから車で約5分
P 鳴門公園駐車場利用

1.千畳敷展望台のすぐそばに位置する
2.1階には売店があり、なると金時や鳴門わかめなど特産品が並ぶ

四国4県を比べてみたら……②
うちの県はこれが日本一！

香川県

面積が日本一小さい
香川県の面積は1876.87㎢で、日本で最も小さい都道府県。かつては大阪府が日本1位だったが、1980年代に大阪湾を埋め立てた結果香川が逆転した。小さいだけあって県内どこに行くにも車で1時間程度と気軽に周遊できる。

日本一長いエスカレーター
丸亀市のレオマリゾートには「マジックストロー」という日本一長いエスカレーターがある。長さは96m、乗車時間はなんと3分14秒！夜にはライトアップされ、光のトンネルになる。

オリーブの生産量、日本一
香川県の小豆島は、日本で最初にオリーブの栽培に成功した場所。耕地面積、収穫量とも1位で、全国シェアのおよそ90%を占める（農林水産省、特産果樹生産動態等調査より）。なお、香川の県木、花はともにオリーブだ。

うどんの店舗数、消費量
「うどん県」を自負するだけあって、人口ひとり当たりに対するそば・うどん店の数は全国1位。総務省統計局の経済センサス（活動調査）によると、1万人当たり約5軒のうどん店がある計算となる（全国平均は約2店）。また、うどん、そばの支出金額は、購入（年間約5800円）、外食（年間約1万4000円）とこちらも全国1位（総務省統計局の家計調査より）。

徳島県

すだちの生産量、ダントツ日本一
ご当地キャラクターにも起用しているように、すだちは徳島を代表する農作物。全国シェアは90%を超えるが、近年生産量は減少。おもな産地は神山町、佐那河内村、阿南市、勝浦町。（参照：農林水産省の特産果樹生産動態等調査）

日本一低い山がある
徳島市方上町にある弁天山（べんてんやま）は、自然にできた山のなかでは日本一標高が低い。標高は6.1mで、標高にちなみ毎年6月1日には山開きも行われる。麓から山頂までは約30秒。

渦潮の大きさ、潮流の速さ
鳴門海峡に発生する渦潮は、大潮のときには直径20～30mにも達し日本最大。イタリアのメッシーナ海峡、カナダのセイモア海峡と並ぶ世界三大渦潮のひとつにもなっている。潮流の速さは最大時速20kmにもなり、こちらも日本一。

愛媛県

柑橘類の生産量、日本一
愛媛といえばみかん。ただし温州みかんの収穫量は和歌山県に次ぐ日本2位。いよかん、ポンカン、河内晩柑、せとか、清見、はるか、はれひめなど多くの品種で日本一となっており、「柑橘王国」と呼ばれている。（参照：農林水産省の特産果樹生産動態等調査）

魚類養殖生産量
水産統計によると、愛媛は魚類養殖生産量において40年以上も連続1位。特に真鯛とシマアジの養殖量が日本1位となっている。瀬戸内海や宇和海など入り組んだ群島やリアス海岸をもつ愛媛の海は、魚類の養殖に最適なのだ。

日本一長い半島
南予の八幡浜市から海に向かって突き出る佐田岬半島は、全長約40kmにもなる日本一長い半島。人気のドライブコースとなっており、週末には車のほかバイカー、サイクリストが集まる。

高知県

森林比率が日本一
林野庁発表の全国森林率によると、面積に対する森林の占める割合が日本で最も大きい。その比率はなんと84%。それだけ豊かな自然に囲まれているという証拠だ。

日本最古&最長の路面電車
高知市にあるとさでん交通の路面電車は、1904（明治37）年の開業。現存する路面電車のなかでは最も古い歴史を誇る。また軌道が高知市のほか近隣市町にまで延び、総距離は25.3kmとこれまた日本一の長さ。

カツオの消費量、日本一
高知市は、カツオの消費量が全国1位。2位の福島市の2倍以上、全国平均の5倍以上となっている（総務省統計局の品目別都道府県庁所在市及び政令指定都市ランキングより）。ちなみに、漁獲量は全国3位（1位は静岡県）。

文旦、ゆずの生産量、日本一
高知を代表する柑橘類といえば、文旦とゆず。どちらも日本一の収穫量で、文旦は全国シェアの約95%。なお、ゆずの収穫高は高知がダントツだが、2位が徳島、3位愛媛と四国勢が独占。（参照：農林水産省の特産果樹生産動態等調査）

愛媛県

愛媛県の基本情報

❖ 県旗・県章

愛媛県のシンボルとして利用されているのは県章ではなく県旗。県の花であるみかんの花を図案化したもの。緑と黄色のツートーンカラーに白いみかんの花を中央やや左寄りにあしらっている。白は質素と純潔、緑は平和と希望、黄色は幸福を表している。県章は風車のような形をしており1989(平成元)年に制定されたが、現在はほとんど使用されていない。

❖ 愛媛県民の歌

1973（昭和48）年2月20日、県政発足100年を記念して制定された。歌詞は一般公募で269作品が集まり、岩本義孝さんのものが選ばれた。作曲を担当したのは『ちいさい秋みつけた』や『めだかの学校』などで知られる作曲家・中田喜直。愛媛県のウェブサイトで県民参加により収録した音源を公開している。

❖ 県の花…みかんの花

愛媛県を代表する特産品であるみかんの花。小さくて白い花で、開花シーズンは4月下旬～5月中旬頃。この時期に地方のみかん畑などに行けば見ることができる。1952（昭和27）年5月5日制定。実であるみかん類の旬は冬で、最も早い極早生みかんは9月下旬頃から出回り始める。

❖ 県の木…松

世界には100種類以上の松があるが、愛媛県の県木となっているのは赤松、黒松、五葉松の3種類。県内にはいわれのある名木が多く、親しみが深い。制定されたのは1966（昭和41）年9月9日。

❖ 県の鳥…コマドリ

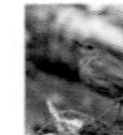

石鎚山系に多く生息するコマドリ。「ヒンカラカラ」と甲高い鳴き声を響かせ、ウグイスやオオルリと並ぶ鳴鳥と称される。体長は14cmほどで、体の上面は茶褐色、顔から胸にかけては赤褐色をしている。春に飛来する鳥で、見られるのは4～10月頃。

❖ 県の獣…ニホンカワウソ

かつて日本各地に生息していたニホンカワウソ。最後に捕獲・保護されたのが、1975（昭和50）年の宇和島市。1979年以来目撃例がないことから絶滅したと考えられている。砥部町の愛知県立とべ動物園では、かつて日本で唯一ニホンカワウソを飼育・展示していた。

❖ 県の魚…真鯛

宇和海から瀬戸内海まで、愛媛の沿岸で幅広く取れる真鯛。真鯛を使った鯛めしは愛媛の名物料理。炊き込みご飯の松山式、刺身をのせたご飯にだし汁をかけて食べる宇和島式の2種類がある。

❖ 県庁所在地

松山市一番町

❖ 愛媛県の面積

5675.92㎢
※日本の面積
　37万7974.85㎢
※国土交通省国土地理院
※2023（令和5）年7月時点

❖ 愛媛県の人口

総数：129万2324人→四国最多
女…67万8681人　男…61万3643人
※住民基本台帳
※2023（令和5）年9月1日時点

❖ 日本の人口

1億2445万人
※総務省統計局
※2023（令和5）年9月1日時点

❖ 愛媛県知事

中村時広（第58代）
※2023（令和5）年9月現在。知事の任期は4年で、愛媛県全域からひとりを選出するための愛媛県知事選挙が行われ、愛媛県民の投票によって決まる。

❖ 愛媛県の予算

2023（令和5）年度の一般会計当初予算の規模は、7069億3000万円。前年度に比べて36億5000万円、0.5%の増額となっている。特別会計の予算は2508億1999万円。
※愛媛県ウェブサイトより

おもな都市からの移動時間

❖ **飛行機**
東京（羽田空港） 約1時間25分
東京（成田空港） 約1時間50分
大阪（伊丹空港） 約50分
愛知（中部国際空港） 約1時間5分
福岡（福岡空港） 約45分
鹿児島（鹿児島空港） 約1時間
沖縄（那覇空港） 約1時間50分

❖ **高速バス**
JR大阪駅 約6時間
JR岡山駅西口 約3時間25分

❖ **鉄道（特急）**
JR岡山駅 約2時間50分

❖ **フェリー**
広島港～松山観光港 約2時間40分
小倉港～松山観光港 約7時間5分
柳井港～三津浜港 約2時間30分
神戸六甲港～新居浜東港 約7時間
大阪南港～東予港 約8時間
別府港～八幡浜港 約2時間50分
臼杵港～八幡浜港 約2時間20分
佐賀関港～三崎港 約1時間10分

▶ 四国への道 →P.470

愛媛県の気候

今治市や新居浜市のある東予は、瀬戸内海に面するので降水量が少なく穏やかな日が多い。春と秋に「やまじ風」と呼ばれる季節風が吹くのも東予ならでは。松山市や伊予市のある中予も瀬戸内気候に属するので、晴天が多く温暖。大洲市や宇和島市のある南予は太平洋側に面する気候区分となり、他地方と同じく温暖ではあるが、冬場は降水量が多くなる。

▶ 四国の気候 →P.464

安全とトラブル

愛媛の治安は一般的に良好だが、松山市の繁華街（大街道、銀天街）や道後温泉の温泉街など人が集まるところではトラブルに巻き込まれることがないよう注意しよう。

また、台風や豪雨などにより公共交通機関の計画運休が実施されることがあるので気象情報をチェックしよう。地震が発生したときの行動や避難場所も自治体の防災情報などで確認を。

●**愛媛県警**
℡089-934-0110
URL www.police.pref.ehime.jp

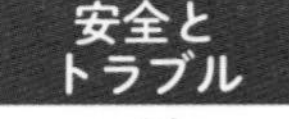

▶ 旅の安全情報とトラブル対策→P.482

その他

▶ 旅のお役立ち情報 →P.480

❖ **移動は車がベストだが鉄道の利用も**
JRの予讃線が香川から沿岸部を通り南予の宇和島まで走っているほか、高知からは予土線が結んでいる。ただし見どころは駅から離れている場合が多いので、車を利用するのがベスト。鉄道で注目は予讃線を走る「伊予灘ものがたり」(→P.105)。四国でも人気の観光列車で、繁忙期はチケットがとりずらいが、旅程に組み込むのもおすすめ。

❖ **運転の際に注意しておきたいこと**
高速道路のインターチェンジには乗り降りの方向が限定されているハーフインターチェンジやETC搭載車のみが利用できるスマートインターチェンジがあるので、気をつけること。なお高速道路は中部の山間部を除き主要都市間を結んでいるので、利用すればかなり時間を短縮できる。西条市や久万高原町、四国カルストのあたりは山道が多く、山岳部を運転する場合はカーブがきつい箇所も多い。地方ではガソリンスタンドの数も少なく、日曜・祝日はやっていなかったり平日でも夜間はクローズしてしまう。早めの給油を。

❖ **お遍路など参拝の際のマナー**
お遍路の札所（寺院）や神社を参拝する場合、境内で騒いだり走り回るなどの行為はしないこと。なお、お遍路においては［十善戒］という10の行動規範を守るよう心がけよう。十善戒は①不殺生（ふせっしょう）むやみに生き物を傷つけない②不偸盗（ふちゅうとう）ものを盗まない③不邪婬（ふじゃいん）男女の道を乱さない④不妄語（ふもうご）うそをつかない⑤不綺語（ふきご）無意味なおしゃべりをしない⑥不悪口（ふあっく）乱暴な言葉を使わない⑦不両舌（ふりょうぜつ）筋の通らないことを言わない⑧不慳貪（ふけんどん）欲深いことをしない⑨不瞋恚（ふしんに）耐え忍んで怒らない⑩不邪見（ふじゃけん）間違った考え方をしない。

愛媛県 AREA INFO エリアインフォメーション

江戸時代には最大8つの藩に分かれ、それだけに地域により個性が豊かなのが愛媛県。村はなく、20の市町がある。大きく東予、中予、南予と3つのエリア区分となる。各エリアは産業や伝統文化、景色もまったく異なる。

道後温泉の玄関口である電停道後温泉

AREA 1 文学と温泉で名高い文化都市

松山市エリア (→P.262)

愛媛県の県庁所在地。かの道後温泉や離島の忽那諸島も松山市に含まれる。かつては松山藩の城下町であり、松山城をはじめ歴史的な見どころが多数ある。港からは広島や九州行きのフェリーが出航、交通の要衝としての顔もある。

このエリアの市町村 松山市

おもな見どころ

- 松山城(→P.69・266)
- 坂の上の雲ミュージアム(→P.269)
- 萬翠荘(→P.269)
- 道後温泉本館(→P.55)
- 忽那諸島(→P.276)

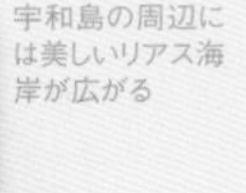
宇和島の周辺には美しいリアス海岸が広がる

大洲市
内子町
八幡浜市
伊方町
西予市
鬼北町
宇和島市
愛南町

AREA 4 旧宇和島藩の影響が強い

南予エリア (→P.320)

かつては宇和島県や神山県とよばれたエリアが主。美しいリアス海岸の宇和海から日本一長い半島である佐田岬半島、レトロな町並みが魅力の大洲市や内子町など見どころは多彩。釣り人の聖地としても名をはせる。

このエリアの市町村

宇和島市／大洲市／内子町／伊方町／八幡浜市／西予市／愛南町／鬼北町／松野町

おもな見どころ

- 宇和島城(→P.71・321)
- 名勝 天赦園(→P.322)
- 臥龍山荘(→P.327)
- 八日市・護国の町並み(→P.331)
- 佐田岬(→P.333)

Q. 読める? 愛媛県の難読地名

- 大街道(おおかいどう) 松山市の地名 商店街名
- 忽那(くつな) 松山市の諸島名
- 双海(ふたみ) 伊予市の地名
- 松前(まさき) 町名
- 面河(おもご) 久万高原の渓谷
- 馬刀潟(まてがた) 今治市の地名
- 大三島(おおみしま) しまなみ海道の島
- 土生(はぶ) 上島町の地名
- 東平(とうなる) 新居浜市の地名
- 大生院(おおじょういん) 新居浜市の地名

群島域にかかるしまなみ海道は愛媛を代表する見どころ

AREA 3

瀬戸内海沿いの工業都市

東予エリア (→P.294)

瀬戸内海に面した4つの工業都市と離島の上島町。今治市から広島県の尾道市までつながるしまなみ海道は、四国を代表する観光地。西条市には西日本最高峰の霊峰・石鎚山がそびえ、春～秋には多くの登山客が訪れる。

このエリアの市町村
今治市／上島町／西条市／新居浜市／四国中央市

おもな見どころ
- 今治城(→P.295)
- しまなみ海道(→P.300)
- 大山祇神社(→P.34・302)
- 別子銅山(マイントピア別子)(→P.318)
- 石鎚山(→P.38)

AREA 2

山深い内陸部から海岸線まで

中予エリア (→P.278)

海から高原地帯まで幅広い地形。海辺の伊予市は下灘駅で有名で、夕日のベストスポットでもある。東に行くに従い標高は上がり、久万高原町は平均標高800mを超える。北には面河渓や石鎚山、南は四国カルストが広がる。

海にもっとも近い駅として話題の下灘駅

このエリアの市町村
砥部町／伊予市／松前町／東温市／久万高原町

おもな見どころ
- 愛媛県立とべ動物園(→P.280)
- 砥部焼の窯元巡り(→P.281)
- 下灘駅(→P.283)
- 面河渓(→P.291)
- 久万高原天体観測館(→P.292)

文化の香り高い四国最大の都市

MAP 別冊P.38・40-41

松山市 まつやまし

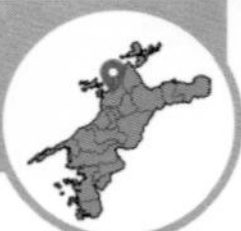

人口 50万2605人　面積 429.35㎢

エリアの拠点

インターチェンジ
松山IC

鉄道駅
JR松山駅、伊予鉄松山市駅

バス停
JR松山駅、伊予鉄松山市駅、松山一番町

フェリー
松山観光港、高浜港、三津浜港

春は桜、秋は紅葉など四季折々の美しい姿を見せてくれる松山城

愛媛県の県庁所在地にして、四国最大の人口を擁する大都市。1602（慶長7）年に伊予松山藩初代藩主・加藤嘉明(かとうよしあき)によって築城された松山城を中心として発展した城下町で、市内には日本三古湯のひとつである道後温泉がある。夏目漱石の小説『坊っちゃん』や司馬遼太郎の『坂の上の雲』の舞台となり、また正岡子規をはじめとした多くの俳人・作家を生み出すなど文学にもゆかりが深い文化都市として知られている。現存天守のある松山城や道後温泉、またお遍路の札所が8ヵ所あるなど見どころも豊富。

萬翠荘など歴史的な建物も多い

交通INFO

空港から市内へ
空港から市内へは、伊予鉄バスの路線バス(52、53番)、空港リムジンバスが運行。詳細は(→P.265)。

松山観光港から市内へ
広島県の広島市や呉市、福岡県北九州市小倉からのフェリーが発着する松山観光港から市内へは、フェリー到着時間に合わせてリムジンバスが運行。行き先はJR松山駅(所要約20分、890円)、伊予鉄松山市駅(所要約28分、990円)、道後温泉(所要約45分、1170円)など6ヵ所。

観光案内所

愛媛・松山観光インフォメーションセンター
MAP 別冊P.41-C・D2
住 愛媛県松山市一番町3-1-1 松山三越1階アトリウムコート
TEL 089-998-2205
開 10:00〜19:00　休 なし
松山三越の1階アトリウムコート内にある。観光案内のほか手荷物の一時預かりや外貨両替、宅配受付なども行っている。

特産品も販売している

空港からのアクセス

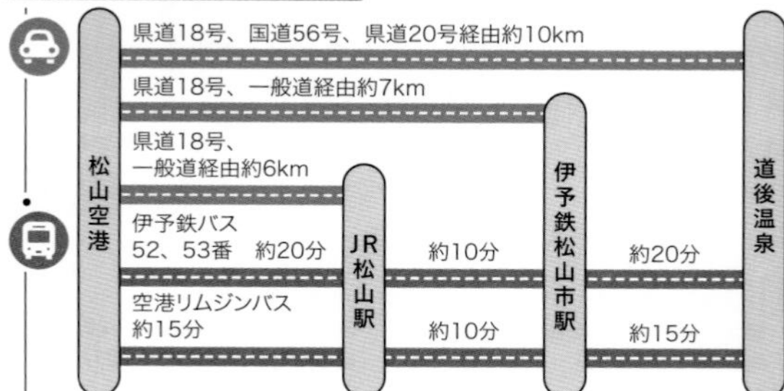

INFO 松山市には、サッカーの愛媛FC、野球の愛媛マンダリンパイレーツ、バスケットボールの愛媛オレンジバイキングスの3つのプロスポーツチームがある。

松山市の歩き方

松山城を中心とした中心部

松山観光の拠点となるのは、伊予鉄の松山市駅とJR松山駅。どちらも松山空港からバスが到着するが、便利なのは伊予鉄松山市駅。駅に隣接していよてつ髙島屋が立ち、東にはアーケード街の松山銀天街がある。銀天街の突き当たりを左に曲がると、同じアーケード街の大街道に出る。この周辺が松山最大の繁華街。デパートやショップ、レストランなどあらゆる店が並び、アーケード街から離れた場所にもさまざまな店がある。大街道を北に歩くと、やがて路面電車の走る大通りに出る。周辺には「坂の上の雲ミュージアム」や「萬翠荘」など松山を代表する見どころがあり、大通りを越えてさらに進めば、松山城行きのロープウエイ乗り場だ。このルートで、中心部はぐるりと回ったことになる。

松山一の繁華街、銀天街と大街道。個人から大型店まであらゆる店が集中している

周辺部には路面電車や鉄道を利用

松山市は広く、見どころも広範囲に散らばっている。道後温泉（→P.274）や忽那諸島（→P.276）も松山市内。効率よく回るなら、路面電車や鉄道をうまく利用しよう。路面電車は伊予鉄の運行で、松山城を中心に循環しJR松山駅、伊予鉄松山市駅、道後温泉などに電停がある。近年レトロな町並みで人気の三津浜地区や忽那諸島行きのフェリーが出る高浜港へは伊予鉄、北条鹿島へはJRを利用するといい。

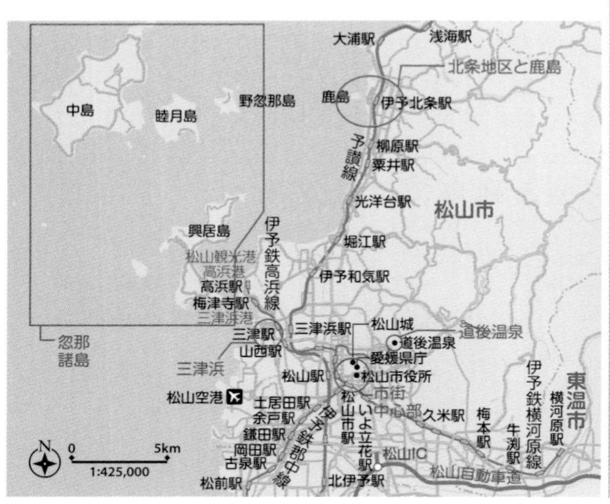

おさんぽプラン

伊予鉄松山市駅
↓ 約20分
大街道
↓ 約5分
坂の上の雲ミュージアム（→P.269）
↓ 約3分
萬翠荘（→P.269）
↓ 約12分
愛媛県美術館（→P.272）
↓ 約5分
松山城（→P.266）

松山市にある お遍路札所

- 浄瑠璃寺（第46番札所）
- 八坂寺（第47番札所）
- 西林寺（第48番札所）
- 浄土寺（第49番札所）
- 繁多寺（第50番札所）
- 石手寺（第51番札所）
- 太山寺（第52番札所）
- 圓明寺（第53番札所）

こちらもCHECK!

俳句ポストを見つけて投句！

1966（昭和41）年、俳人・正岡子規と柳原極堂、作家・夏目漱石の生誕百年を記念して設置された俳都松山俳句ポスト。市内の観光案内所や各見どころなど約80ヵ所に設置されており、誰でも詠んだ俳句を自由に投句できる。3ヵ月に1回開函され、著名俳人により選句の結果入選者には記念品が贈呈される。

観光客でも気軽に投句できる

INFO 松山市内を回る強い味方が伊予鉄。みきゃんアプリ（→P.481）という専用のキャッスレスアプリを利用すれば、乗車券が割引になるほか、県内加盟店や乗り物で使える特典もいろいろ。

松山市内の交通

伊予鉄
TEL 089-948-3323(鉄道関係)
TEL 089-941-3574(路線バス)
TEL 089-972-2511(リムジンバス)
URL www.iyotetsu.co.jp

松山市は広く、徒歩や自転車のみで回るのは難しい。市民の足となっているのは路面電車、路線バス、鉄道、タクシーの4つ。うまく乗りこなして、スムーズに観光しよう。なお、西にある忽那諸島の島々へは、フェリーが運航している。詳細は(→P.276)。

路面電車
運 6:30〜22:30頃(路線により異なる)
料 一律200円
1Dayチケット800円
2Dayチケット1100円
3Dayチケット1400円
4Dayチケット1700円
ほか伊予鉄の鉄道や路線バスも乗り放題となるチケットもある。購入は路面電車の運転士のほか松山市駅のいよてつチケットセンターや電停道後温泉のチケットカウンター、伊予鉄の各鉄道駅など。

内装もみかん一色の「みかん列車」

砥部焼イメージの車両もある

路面電車

松山市内を回るのに最も便利なのが伊予鉄道が運行している路面電車(市内電車)。松山市駅を起点に松山城の周りをぐるりと回る。観光客が利用する機会の多い電停は松山市駅のほかJR松山駅前、松山城ロープウェイ乗り場や坂の上の雲ミュージアムに近い大街道、道後温泉。系統は全部で5つあり、道後温泉に行くのは3・5番。料金はどこで乗ってどこで降りても一律200円。1日乗り放題のパスもある。

みかん色の車体が目印

路面電車の乗り方

1 電停で電車の到着を待つ

路面電車の駅は電停と呼ばれる。同じ電停でも行き先により場所が違うので注意。

2 後方ドアから乗車

路面電車は後ろ乗り前降りのワンマン。均一料金なので整理券などはない。

3 ボタンを押す

降りたい電停に近づいたら、柱などにある停車ボタンを押して運転士に知らせる。

4 前方ドアから下車

現金の場合は運賃箱に運賃を入れる。フリーチケットの場合は運転士に見せればOK。

▶▶ 伊予っこcolumn ◀◀

坊っちゃん列車で道後温泉へ

昔ながらの蒸気機関車型の観光用電車が、「坊っちゃん列車」。夏目漱石の小説『坊っちゃん』において、「マッチ箱のような汽車」と形容され登場したことからこの名に。松山市駅〜道後温泉間を1日3往復(所要約20分)、古町〜JR松山駅前〜道後温泉間を1日1往復(所要約30分)している。運行は土・日曜・祝日のみ。

レトロな汽車型の路面電車で道後温泉へ

坊っちゃん電車
運 **松山市駅→道後温泉** 土・日・祝10:04、14:04、15:44発
道後温泉→松山市駅 土・日・祝9:19、13:19、14:59発
JR松山駅前→道後温泉前 土・日・祝11:56発
道後温泉→JR松山駅 土・日・祝10:48発
料 片道1300円

※緊急点検などにより運休となる場合あり。詳しくは伊予鉄グループウェブサイト等で確認を。

INFO 松山市内では、みかん列車をはじめ、タルトや砥部焼、今治タオルなど地域の特産品をテーマに装飾したご当地市内電車が走っている。

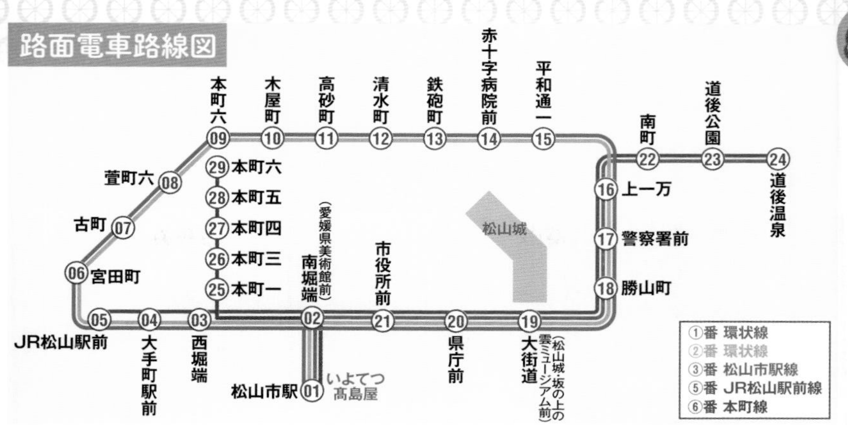

鉄道

松山市内を走る鉄道は、伊予鉄道とJR予讃線。伊予鉄道（郊外電車）は3路線あり、松山市駅を起点に松前町を通って伊予市の郡中港駅まで行く郡中線、高浜駅行きの高浜線、東温市の横河原駅行きの横河原線。特に海沿いを走る高浜線は、忽那諸島行きのフェリーが出る三津浜港、高浜港の近くに駅がある。香川県のJR高松駅からJR松山駅、JR宇和島駅までを結ぶのがJRの予讃線。市内よりは別の市町村へ行くときに利用する。

路線バス

路線バスは伊予鉄バスが運行。すべてのバスが伊予鉄松山市駅に発着する。松山市内のほか伊予市、砥部町、東温市、新居浜市など近隣の市町村へ行く路線もある。観光客がよく利用するのは、松山空港からJR松山駅、伊予鉄松山市駅を通り道後温泉まで行く52、53番の松山空港線。また、伊予市から大洲市を通り八幡浜市の八幡浜港や伊方町の三崎港へ行く長距離路線もある。

後方または中央のドアから乗車する

空港リムジンバス

飛行機の到着時間に合わせて運行する直通バス。松山空港からJR松山駅（所要約15分）、伊予鉄松山市駅（所要約25分）、大街道（所要約30分）、道後温泉（所要約40分）など6ヵ所に停車する。

タクシー／観光タクシー

四国最大の町ではあるものの、観光ポイントはコンパクトにまとまっているので、タクシーを利用するのもひとつの方法だ。初乗りは580円～。観光タクシーもあるので、ウェブサイトなどでチェックしてみて。

伊予鉄松山市駅、JR松山駅前に多く停車している

伊予鉄松山市駅とJR松山駅

松山市の中心には伊予鉄松山市駅とJR松山駅がある。繁華街に近いのは伊予鉄松山市駅で、いよてつ髙島屋とも直結している。両駅は離れているので、移動するときは間違えないように注意して。

交通系ICカードについて

伊予鉄道、JR予讃線とも、Suica、ICOCAなど他都市の交通系ICカードは使えない。ただし、伊予鉄道は市内電車や路線バスで使えるICい～カードという独自のICカードを発行している。

路線バスの料金について

路線バスの運賃は区間によって変わるので、乗車時に整理券を取るのを忘れずに。最低料金220円～。前方の運賃表示機に停留所番号と料金が表示される。運賃ぴったりの小銭がない場合も、料金箱で両替ができる。両替は停留所に到着する前に済ませておくのがスマート。

空港からの路線バス

料 松山空港→JR松山駅460円
松山空港→松山市駅550円
松山空港→道後温泉740円

空港リムジンバス

料 松山空港→JR松山駅前700円
松山空港→松山市駅790円
松山空港→大街道850円
松山空港→道後温泉950円

おもなタクシー会社

伊予鉄タクシー
TEL 089-921-3166
URL www.iyotetsu.co.jp
愛媛近鉄タクシー
TEL 089-924-6111
URL www.ehimekintetsu.co.jp

難攻不落を誇る

天下の名城・松山城を攻略せよ！

江戸時代初期に建造された松山城は、当時の防衛技術を駆使した城郭建築。堅牢さでうたわれる天守を攻略シミュレート！

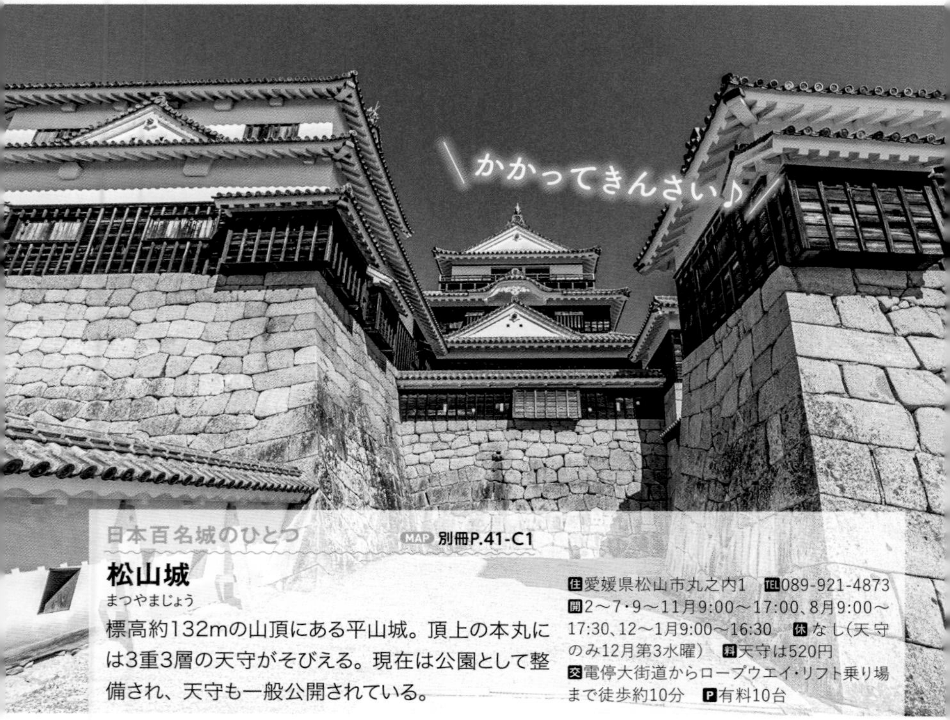

＼かかってきんさい♪／

日本百名城のひとつ　MAP 別冊P.41-C1

松山城
まつやまじょう

標高約132mの山頂にある平山城。頂上の本丸には3重3層の天守がそびえる。現在は公園として整備され、天守も一般公開されている。

住愛媛県松山市丸之内1　TEL089-921-4873　開2～7・9～11月9:00～17:00、8月9:00～17:30、12～1月9:00～16:30　休なし（天守のみ12月第3水曜）　料天守は520円　交電停大街道からロープウエイ・リフト乗り場まで徒歩約10分　P有料10台

松山城へのアクセス

山の上にある松山城へは、麓からロープウエイやリフト、徒歩で上れる。徒歩の場合はいずれも片道20分ほど。

①ロープウエイorリフトで上る

麓から山の8合目までロープウエイまたはリフトが運行。並行しており、どちらに乗っても料金は同じ。

運ロープウエイ：2～7・9～11月8:30～17:30、8月8:30～18:00、12～1月8:30～17:00　リフト：8:30～17:00　休なし　料往復520円、片道270円

②歩いて上る

東雲口登城道

ロープウエイ駅舎横、初代城主の加藤嘉明像からスタート。かつては荷物の運搬道として使われた。

黒門口登城道

スタートは二ノ丸史跡庭園。江戸時代には正規登城ルートだった。石畳の階段が連続しやや道が悪い。

県庁裏登城道

愛媛県庁西側からスタート。松山城の特徴である「登り石垣」が間近に見られるコース。

ここにも注目！

城の麓の庭園

二之丸史跡庭園
にのまるしせきていえん

MAP 別冊P.41-C2

住愛媛県松山市丸之内5　TEL089-921-2000　開2～7・9～11月9:00～17:00、8月9:00～17:30、12～1月9:00～16:30　休なし（12月の第3水曜のみ休）　料200円

門の直前、90度に曲がる石垣でスピードダウン

難関1

戸無門

東雲口登城道を上りきり、本丸へ侵入する最初の障害となる高麗門。門扉がないことが名前の由来となっている。

難関2

筒井門・隠門

戸無門を突破するも、すぐに次の門が出現。本丸防御の要となる櫓門で、頭上の狭間からの投石や鉄砲、矢に注意。

POINT!
門攻略の死角になんと隠された門(隠門)が

櫓や門の上部にはたくさんの狭間や石落が!

難関3

太鼓櫓

筒井門の次は、櫓や門の連なる一帯へ。太鼓櫓や巽櫓など20mもの防衛線を突破しなければならない。背後にある筒井門の櫓にも注意。

開けた場所だけに、天守から行動が筒抜け!

難関4

本丸広場

櫓からの一斉攻撃に耐え太鼓門を抜けると、ようやく本丸広場へ到着! 見渡しのよい広場ではひと休みできると思いきや敵からの視線を感じる……。

広場より高く、入口は上り坂になっている

難関5

本壇

いよいよ天守突入! 大手側から侵入、一ノ門を通り本壇へ。二ノ門の手前は枡形の小広場になっており四方にある櫓や塀からの攻撃あり。

天守に向かって右が筋金門、左が内門
攻め取ったり～♪

難関6

天守中庭

二ノ門も突破し、天守の真下にある広場へ。天守への入口は北側の仕切門と三ノ門の2ヵ所。上れば攻略も完了だ!

防御のための仕掛けいろいろ

石垣

石垣は初代城主の加藤嘉明によりほとんどが築かれている。特に本丸の高さ14mを超える屏風折の石垣は壮大。

狭間

城塀壁に開けられた開口部のこと。縦長のものは「矢狭間」、正方形をしたものは「鉄砲狭間」という。

石落

櫓や門、塀などに取り付けられた木戸。下に迫る敵兵を射撃したり、石を落としたりして侵入を防ぐ。

突揚戸

櫓に設置される窓で、木の棒で固定して開閉できる。明かり取りと狭間の機能を併せもっている。

近代国家への変貌を描いた大作

『坂の上の雲』ゆかりの地を巡る

松山出身の3人を主人公とした小説『坂の上の雲』。司馬遼太郎が10年にわたり執筆し、新聞に掲載された普及の名作だ。松山市に点在する、物語ゆかりの場所を回ってみよう。

勃興期の日本を描いた激動のストーリーをおさらい！

日本を代表する歴史小説家・司馬遼太郎の代表作が『坂の上の雲』。明治維新を経て日本が近代国家の体制づくりを整え、日清戦争、そして日露戦争に勝利するまでを追う。主人公は愛媛県松山市に生まれた3人で、彼らの人生をたどる形でストーリーが進行していく。前半は松山から東京へ出て行く3人の青春群像で、後半は日露戦争においてバルチック艦隊を打ち破るまでを描く。陸軍、海軍、文学とそれぞれ異なる分野において近代国家をつくり上げようと燃える若者たちの熱い思いや信念に胸が熱くなる。

小説はこちら

『坂の上の雲』
司馬遼太郎著
全6巻／文藝春秋

主人公はこの3人！

兄弟です

秋山好古（あきやまよしふる）
(1859〜1930年)
元大日本帝国陸軍将校。「日本騎兵の父」と呼ばれ、陸軍騎兵の基礎をつくり上げた。晩年は教育者として名をはせる。

秋山真之（あきやまさねゆき）
(1868〜1918年)
元大日本帝国海軍将校で、好古の実弟。日露戦争においてバルチック艦隊迎撃作戦を立案し、日本の勝利に貢献した。

正岡子規
(1867〜1902年)
俳句のほか短歌、小説など多方面で活躍。日本の文学界に革命を起こしたひとり。日清戦争に記者として従軍した。

ゆかりの地をおさんぽ!

のんびり午後からスタートして、『坂の上の雲』の主人公3人のゆかりの地を巡ろう。移動は徒歩で十分だ。

START!

10:00

松山市駅

おさんぽのスタートは伊予鉄の松山市駅から。路面電車も走っているのでアクセスも簡単。

子規が使っていたとされる勉強小屋を再現

10:05

正岡子規の家に潜入

子規堂

しきどう

MAP 別冊P.41-C3

正岡子規の菩提寺である正宗禅寺の境内にある記念堂。子規が17歳まで暮らした家の一部を復元してあり、直筆原稿や書などの遺品を展示している。堂の正面には坊っちゃん列車の客室もある。

敷地内にある子規の埋髪塔や子規と野球の碑なども見どころ

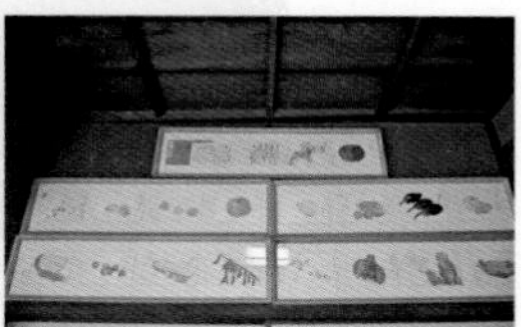

子規が描いた植物や野菜の絵。繊細な筆使いに驚かされる

住愛媛県松山市末広町16-3 TEL089-945-0400 開9:00〜17:00(最終入館16:40) 休なし 料50円 交伊予鉄松山市駅から徒歩約3分 Pあり

11:00

小説『坂の上の雲』について学ぶ

坂の上の雲ミュージアム さかのうえのくもみゅーじあむ

MAP 別冊P.41-C2

『坂の上の雲』の世界観に浸れる日本唯一の博物館。明治時代当時の日本の文化や歴史を主人公3人の歩みとともに学ぶことができる。年に1回企画展の展示替えが行われる。

住愛媛県松山市一番町3-20 TEL089-915-2600 開9:00～18:30(最終入館18:00) 休月曜(休日の場合は開館、その他臨時開館あり) 料400円 交電停大街道から徒歩約2分 Pなし

建物の設計は安藤忠雄が手がけている

最も負荷のかかる中間部分の支柱を省いた、珍しい構造の「空中階段」

徒歩3分

12:30

大正期の洋館建築にうっとり

萬翠荘 ばんすいそう

MAP 別冊P.41-C2

坂の上の雲ミュージアムのすぐそば。旧松山藩主の子孫に当たる久松定謨(ひさまつさだこと)の別邸で、1922(大正11)年の建造。フランス・ルネッサンス様式の建築で、当時は社交の場として各界の名士が集った。

住愛媛県松山市一番町3-3-7 TEL089-921-3711 開9:00～18:00(イベント等により変更あり) 休月曜(祝日の場合は開館) 料300円 交電停大街道から徒歩約5分 P20台

→ネオルネッサンス様式の優美な建物

❶館内にある一部のアンティーク椅子には座ることもでき、記念撮影に大人気 ❷各部屋に、デザインの異なる暖炉が設置されている ❸アールヌーボー風のステンドグラスは木内真太郎の手によるもの

徒歩8分

13:30

秋山兄弟のルーツを探る

秋山兄弟生誕地 あきやまきょうだいせいたんち

MAP 別冊P.41-D2

秋山兄弟は、現在のロープウエイ街の一角で生まれた。生家は空襲により焼失したが、当時の写真や子孫の話を元に復元。庭には好古の騎馬像と真之の胸像が建立されている。

住愛媛県松山市歩行町2-3-6 TEL089-943-2747 開10:00～17:00(最終入館16:40) 休月曜(祝日の場合は翌日) 料300円 交電停大街道から徒歩約5分 Pなし

❶好古の書なども展示されている ❷生家を復元 ❸裏には兄弟が産湯を使ったという井戸が残る

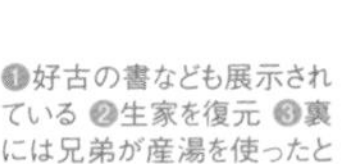

徒歩5分

GOAL! 14:00

松山のシンボルでフィニッシュ!

松山城 まつやまじょう

MAP 別冊P.41-C1

今も昔も変わらない松山市のシンボル的存在。2009～2011年まで放映されたNHKのドラマ『坂の上の雲』のロケ地ともなった。主人公3人も見上げた、壮麗な姿を目に焼き付けよう。

DATAは(→P.266)

艮門や大手門、二ノ丸などがロケ地となった

まだある! ゆかりの地

正岡子規の文学館

松山市立子規記念博物館 まつやましりつしききねんはくぶつかん

MAP 別冊P.39-D2

道後公園の一画にある文学系の博物館。正岡子規の一生や交友関係、業績などを数々の資料から紹介している。3階には子規と漱石が同居した愚陀佛庵が復元されている。

住愛媛県松山市道後公園1-30 TEL089-931-5566 開5～10月9:00～18:00、11～4月9:00～17:00(最終入館30分前) 休火曜(変動あり。詳しくは公式ウェブサイト<URL shiki-museum.com>を参照) 料400円 交電停道後温泉から徒歩約5分 P有料あり

港そばのレトロタウン
三津浜の町をぶらり散策

かつて漁業や海運の港町としてにぎわいを見せた三津浜地区。近年はおしゃれなカフェやショップが急増し、町歩きを楽しむ松山っ子でにぎわう。再注目されている三津浜を要チェック。

ACCESS

紹介している物件はすべて、伊予鉄三津駅から徒歩圏内。三津駅までは、伊予鉄松山市駅から約15分

TRY 01 EAT

三津浜焼きを食べる

三津浜地区の名物が三津浜焼き。具材にちくわなどを使ったお好み焼きで、そばまたはうどんが入る。大正時代から続く伝統の味だ。

線路沿いの老舗

日の出 ひので

MAP 別冊P.38-A1

伊予鉄の線路沿いにある三津浜焼き専門店。全席カウンターで、ご主人が軽快な手さばきで焼く様子を間近に見られる。お好み焼きは500円～で、トッピングにより値段が変わる。

オーダーすればご主人が焼いてくれる

一番人気のそば台付肉玉油(牛肉、卵、牛脂)800円～

テイクアウトもできます

三津浜焼きといえばここという常連客も多い

住愛媛県松山市三杉町11-8　TEL089-952-3676
営11:00～17:50　休水曜、臨時休業あり　予800円～
交伊予鉄三津駅から徒歩約6分　Pなし

TRY 02 TOURISM

旧濱田医院に潜入☆

古い建物が残る三津浜でも、特にユニークな建物。大正時代の洋風建築で、廃墟同然だったが複合施設として生まれ変わった！

❶ピンクの縁取りが可愛い元医院は、1970年ごろまで産婦人科だった ❷内部はほぼ当時のまま ❸建物は2階建てで、スイーツや古着、雑貨など7のテナントが入る

線路沿いの老舗

旧濱田医院 きゅうはまだいいん

MAP 別冊P.38-A1

医院として使用された建物。現在はカフェやショップが入った「古民家デパート」で、町歩きの立ち寄りにぴったり！ 地元情報の発信地ともなっている。

住愛媛県松山市住吉2-2-20　TEL080-4154-3696(管理者)　営休店舗により異なる　交伊予鉄三津駅から徒歩約6分　Pなし

TRY 03 TOURISM

「三津の渡し」で対岸へ

忽那諸島へのフェリーが出る三津浜港そばには、無料の渡し船が運航。起源は室町時代に遡り、おもに物資運搬に利用されていた。

❶「こぶかり丸」と「すさき丸」の2隻の船が運航している ❷対岸の港山地区にはかつて港山城もあった

地域住民に愛される

三津の渡し みつのわたし

MAP 別冊P.38-A2

三津浜地区と対岸の港山地区間の約80mを結ぶ渡し船。今も市民の生活の足として利用されている。

TEL089-951-2149(松山市空港港湾課松山港務所)
運7:00～19:00の随時　休荒天時
料無料　交伊予鉄三津駅から徒歩約15分
Pなし

TRY 04 EAT SHOPPING

商店街の名店をはしご

三津浜駅から延びるレトロな商店街で、人気のお店を回ろう。じゃこ天にパン、かき氷など個性豊かな名店揃い。

↑かつてはさびれていたが、近年注目の店が続々とオープンしている

地元フルーツのかき氷が名物
島のモノ 喫茶 田中戸 しまのものきっさ たなかど

MAP 別冊P.38-A1

怒和島出身の店主が作る、こだわりのかき氷は行列必至！ 島のフルーツなど地元の食材を使った手作りの蜜は季節により変わり、常時8種類ほどが揃う。人気は生いちごや柑橘類など。

住愛媛県松山市住吉2-8-1 TEL090-6280-3750 営11:00～夕暮れ 休水曜、不定休 予800円～ 交伊予鉄三津駅から徒歩約5分 P3台

テーブルのほかカウンター席もある

手作りの練乳がたっぷり！

自家製の練乳をかけた田中戸練乳900円。独特の風味があり、クセになる

細かく削られた氷は驚くほどふわっふわ！

かき氷のシーズンは4～10月頃まで

じゃこ天の行列店
練や 正雪 ねりや しょうせつ

MAP 別冊P.38-A1

松山でじゃこ天といえばここ！ という人も多い有名店。揚げたてのじゃこ天を求めて、開店前から地元客が列をなす。添加物不使用のじゃこ天は、素材のうま味を感じられる。

住愛媛県松山市住吉1-5-3 TEL089-994-5809 営10:00～17:30（木曜は～17:00、売り切れ次第終了） 休水・日曜 交伊予鉄三津駅から徒歩約2分 P3台

大きなじゃこ天ののぼりが目印

人気No.1! じゃこ天 1枚160円

外はカリッと、中はふんわり。かじるとじゅわっとうま味があふれる

こちらも人気! じゃこカツ 1枚180円

じゃこ天のペーストに野菜などを混ぜ、パン粉をつけて揚げたもの

商店街のおしゃれベーカリー
N's Kitchen & labo えぬず きっちん あんど らぼ

MAP 別冊P.38-A1

オーナーベイカーの小池夏美さんは、趣味が高じて自ら店を出してしまったという筋金入りのパン&お菓子好き。甘いものから食事にぴったりの総菜パンまで種類も豊富。

住愛媛県松山市住吉1-3-33 TEL090-8979-1520 営12:00～17:00 休日・月・木曜 交伊予鉄三津駅から徒歩約3分 P2台

お昼過ぎが狙い目です！

テイクアウトのほかイートインスペースもある

人気No.1! シナモンロール 300円

カリッとした食感とシナモンの風味が生きている

人気No.2! N'sかすてら（台湾カステラ）400円

ふんわり軽やかなカステラ500円。プレーンとショコラの2種類がある

人気No.3! 全粒粉入りチョコとクルミのザクザクSCONE 300円

ビスケットのようなスコーン。クルミの食感が◎

おもな見どころ

「みる・つくる・まなぶ」がテーマ　MAP 別冊P.40-B2

愛媛県美術館
えひめけんびじゅつかん

松山城を望む緑の中にある美術館。コローやモネといった巨匠の作品のほか、近代以降の日本美術や杉浦非水、畦地梅太郎、真鍋博など郷土出身作家の作品を収蔵している。展示室は本館と南館に分かれている。南館には利用者が自由に創作活動に使うことができる県民アトリエスペースもあり、県内のアート活動の拠点ともなっている。

宝石箱をイメージした展示室の形状を生かす外観

愛媛県美術館
住愛媛県松山市堀之内
TEL089-932-0010
開9:40〜18:00(最終入館17:30)
休月曜(祝日の場合は翌日、毎月第1月曜は開館、翌火曜休)
料330円
交電停南堀端(愛媛県美術館前)から徒歩約1分　Pなし

伊丹十三の生涯を知る　MAP 別冊P.38-B3

伊丹十三記念館
いたみじゅうぞうきねんかん

京都府で生まれ、高校時代を松山で過ごした伊丹十三に関する資料館。館内は13の展示コーナーに分かれ、映画監督や俳優、エッセイスト、テレビマン、商業デザイナーなどマルチな才能を発揮した伊丹十三の生涯を学ぶことができる。自筆の原稿・原画や映像資料、愛用品なども展示している。カフェやオリジナルグッズを販売するショップを併設。

ガレージには伊丹十三の愛車・ベントレー・コンチネンタルが屋外展示されている

伊丹十三記念館
住愛媛県松山市東石井1-6-10
TEL089-969-1313
開10:00〜18:00(最終入館17:30)
休火曜(祝日の場合は翌日)
料800円　交伊予鉄松山市駅から伊予鉄バス砥部方面行きで約20分、バス停天山橋下車、徒歩約2分　P20台

多彩な創造力に感嘆させられる

入館者専用カフェでは記念館の建物の形を模したチョコレートケーキや十三饅頭などがいただける

▶▶ 伊予っこcolumn ◀◀

北条地区と鹿島

松山市の北部にある北条地区。かつては北条市だったが、2005（平成17）年に松山市へと編入された。最大の見どころは、沖合に浮かぶ周囲約1.5kmの無人島・鹿島。その名のとおり、島内には40頭余りの鹿がおり、鹿園では触れ合うことができる。またハイキングコースや海水浴場、キャンプ場があり夏は多くの地元民でにぎわう。名物の鹿島周遊船「愛の航路」に乗るのもおすすめ。西の沖には夫婦岩と呼ばれる大注連縄でつながれたふたつの岩もあり、パワースポットとして信仰を集めている。鯛を丸々1匹炊き込む北条鯛めしの発祥でもある。食べるなら太田屋 鹿島店（→P.345）へ。

鹿島　MAP 別冊P.38-B1
交JR伊予北条駅から鹿島渡船乗り場まで徒歩約10分、渡船乗り場から島まで船で約3分
鹿島渡船
TEL089-992-1375(鹿島公園渡船待合所)
運7:00〜21:00(1時間に2〜3便、時期により変動)
料往復210円(駐車場代込みは520円)
鹿島周遊船「愛の航路」
TEL089-992-1375(鹿島公園渡船待合所)
運10:37〜日没(7月第2土曜〜8月末以外は前日17:00までに電話で要予約)　料370円
発着は鹿島桟橋の乗り場から。

渡船には鹿のオブジェが。船内アナウンスはお笑いタレントの友近

半日あれば十分に楽しめる

INFO 伊丹十三記念館では、5・8月を除く毎月13日の13:00から伊丹映画を1本ずつ上映している。

俳人・栗田樗堂の草庵 MAP 別冊P.40-A2

庚申庵史跡庭園

こうしんあんしせきていえん

松山城下に生まれ、酒造業を営んだ俳人・栗田樗堂(くりたちょどう)が俳諧と煎茶を楽しむため建てた草庵。建造は1800（寛政12）年で、現在は史跡として公開されている。煎茶席やミニコンサートなども開催している。

藤の花の時期がベストシーズン

庚申庵史跡庭園
住愛媛県松山市味酒町2-6-7
TEL089-915-2204
開10:00〜18:00
休水曜（祝日の場合は翌日）
料無料
交電停宮田町から徒歩約4分
Pなし

線路沿い、住宅街の真ん中にある

数多くの考古資料を展示 MAP 別冊P.38-A2

松山市考古館

まつやましこうこかん

松山総合公園内にある、松山市立埋蔵文化財センターの付属施設。松山平野一帯で出土した考古資料約600点を収蔵・展示している。海を媒介にした文化交流の中継点として発展した伊予独自の文化を学ぼう。

松山総合公園の端に位置している

松山市考古館
住愛媛県松山市南斎院町乙67-6
TEL089-923-8777
開9:00〜17:00（最終入館16:30）
休月曜（祝日の場合は開館）、祝日の翌日（日曜の場合を除く）
料100円
交伊予鉄松山市駅から伊予鉄バス10番線津田団地前行きで約20分、バス停丸山下車、徒歩約10分
P94台

松山市内からの出土品をおもに展示している

愛媛の野球史を学ぶ MAP 別冊P.38-B3

の・ボールミュージアム

の・ぼーるみゅーじあむ

坊っちゃんスタジアム併設の博物館。名前は正岡子規が名づけたという「野球（の・ぼうる）」から。創成期から現在まで、愛媛、松山の野球史を解説。「アマチュア」と「プロ」のふたつコーナーに分かれる。

「アマチュア」部門は愛媛県の高校野球がメインテーマ

の・ボールミュージアム
住愛媛県松山市市坪西町625-1（坊っちゃんスタジアム内）
TEL089-965-3000（公益財団法人松山市文化・スポーツ振興財団）
開9:00〜17:00（最終入館16:30）
休月〜金曜（祝日の場合は開館）
料無料 交JR市坪駅から徒歩約2分 Pあり

陶板画が満載のアート村 MAP 別冊P.38-B2

ミウラート・ヴィレッジ（三浦美術館）

みうらーと・ゔぃれっじ（みうらびじゅつかん）

ミウラグループの創業者・三浦保が晩年に造り上げた陶板画は、識者により「ミウラート」と名付けられ独自の世界を開拓。その陶板画作品を国内外の芸術家の作品とともに庭園に常設展示。企画展も随時開催される。

建築家 長谷川逸子設計の建物は一見の価値あり。春には桜が咲く

ミウラート・ヴィレッジ（三浦美術館）
住愛媛県松山市堀江町1165-1
TEL089-978-6838
開9:30〜17:00（最終入館16:45）
休月・火曜（祝日の場合は開館）、展示替え期間
料展覧会により異なる
交JR堀江駅から徒歩約15分
P30台（土・日曜・祝日は臨時駐車場約250台あり）

INFO 庚申庵史跡庭園は藤の花で有名。開花シーズン5月には藤の花祭りも開催される。

日本三大古湯のひとつ

MAP 別冊P.38・39

道後温泉 どうごおんせん

行き方

伊予鉄松山市駅、JR松山駅から路面電車でのアクセスが便利。最寄りの電停は道後温泉で、道後温泉本館までは徒歩約5分。空港からのアクセスは（→P.262）。

道後観光案内所
MAP別冊P.39-C2
住愛媛県松山市道後湯之町6-8
TEL089-921-3708
開8:30～17:00　休なし　Pなし
道後温泉をはじめ松山市や周辺都市の観光案内も行う。

おさんぽプラン

- 電停道後温泉
  ↓ 6分
- 空の散歩道
  ↓ 2分
- 道後温泉本館（→P.55）
  ↓ 3分
- 圓満寺
  ↓ 2分
- 伊佐爾波神社
  ↓ 4分
- 松山市立子規記念博物館（→P.269）
  ↓ 4分
- 道後公園

こちらもCHECK!

空の散歩道
道後温泉本館の南、冠山にある遊歩道。道後温泉本館を見下ろす無料の足湯がある。
MAP別冊P.39-D2
TEL089-921-5141（道後温泉事務所）　開散策自由（足湯は6:00～21:00）

足湯から道後温泉本館を望む

2023年10月現在、道後温泉本館の正面は工事中。入口は裏手にある

松山市に湧き出す道後温泉を中心とした温泉地の総称が道後温泉。3000年の歴史があるとされ、古くは万葉集にもうたわれた。兵庫県の有馬温泉、和歌山県の白浜温泉と並ぶ日本三大古湯のひとつとして知られている。「道後」という名は、645年の大化の改新で各国に国府がおかれた際に生まれた。当時の国府は現在の今治市あたりで、京から見て国府より近い場所を「道前」、遠い地域を「道後」と呼んだという。1894（明治27）年に現在の建物が建てられた道後温泉本館は夏目漱石の小説『坊っちゃん』にも登場した。周辺には温泉宿が建ち並ぶ。

道後温泉の歩き方

町歩きの起点となるのは、電停道後温泉。電停の目の前は放生園という広場になっており、8:00～22:00の1時間ごとに『坊っちゃん』の登場人物が登場する坊っちゃんカラクリ時計や足湯などがある。ここから道後温泉本館への道はみやげ物店や食事処がひしめくアーケード街の道後ハイカラ通り。ここでの遊び方は（→P.56）を参照。本館の裏手は小高い丘になっており、頂上にある伊佐爾波神社まで緩やかな坂道が続く。電停から真っすぐ東へ進んで伊佐爾波神社まで、ゆっくり歩いても30分くらい。周囲には買い物やグルメスポット、観光ポイントが盛りだくさんなので、1日遊ぶことができる。

電停道後温泉前にあるカラクリ時計。待ち合わせの場所としてもポピュラー

INFO 道後温泉を人力車で回ることもできる。出発は道後温泉本館からで、商店街や飛鳥の湯へ行くマドンナコース1500円などいくつかのコースがある。乗り場はカラクリ時計前と道後温泉本館前。

おもな見どころ

堀や土塁が残る市民公園 MAP 別冊P.39-D3

道後公園湯築城跡
どうごこうえんゆづきじょうあと

伊予国の守護・河野氏の居城であった湯築城の跡地を利用した公園。丘陵を中心に二重の堀と土塁を構えた縄張りが特徴の城。園内には当時の様子を伝える湯築城資料館がある。春の桜の名所としても有名。

堀や石垣が見られるほか、園内中央には展望台もある

道後公園湯築城跡
住 愛媛県松山市道後公園
TEL 089-941-1480（湯築城資料館）
開 散策自由
交 電停道後公園から徒歩約1分
P 有料34台
湯築城資料館
開 9:00〜17:00
休 月曜（祝日の場合は翌日）
料 無料

かつての武家の暮らしなどが学べる湯築城資料館

道後八幡とも呼ばれる由緒ある神社 MAP 別冊P.39-D2

伊佐爾波神社
いさにわじんじゃ

町を見下ろす丘の中腹にある神社。仲哀天皇（ちゅうあい）・神功皇后（じんぐう）が道後温泉を訪れた際の行宮跡に創建されたとされ、『延喜式』にも記載がある。社殿は全国に3ヵ所しかない整った八幡造で、国の重要文化財に指定されている。

朱塗りの鮮やかな本殿。ほか申殿、廊下、楼門、廻廊が重要文化財となっている

伊佐爾波神社
住 愛媛県松山市桜谷町173
TEL 089-947-7447　開 参拝自由
交 電停道後温泉から徒歩約10分
P 57台

130段余りの石段を上った先に社殿がある

縁結びに御利益がある MAP 別冊P.39-D2

圓満寺
えんまんじ

812（弘仁3）年建立の古刹。本堂手前に鎮座する高さ3.67mの地蔵尊は、1855（嘉永7）年に温泉のお湯が止まった際に祈願したところ再び湯が湧いたという言い伝えがある。恋愛成就のパワースポットとしても知られる。

参拝や授与品は地蔵尊のある建物で行う

圓満寺
住 愛媛県松山市道後湯月町4-49
TEL 089-946-1774
開 7:00〜18:00
休 なし、授与所は不定休
交 電停道後温泉から徒歩約7分
P なし

お結び玉祈願に願い事を書いて奉納する（300円）

奈良時代から続く古刹 MAP 別冊P.38-B2

石手寺
いしてじ

お遍路第51番札所で、道後温泉本館から徒歩15分ほど。回廊式の参道を抜けた先に境内があり、堂塔のほとんどが国宝や重要文化財に指定されている。参道にある五十一番食堂のやきもちは、石手寺の名物。

国宝の仁王門。両脇には重要文化財の金剛力士像が鎮座する

石手寺
住 愛媛県松山市石手2-9-21
TEL 089-977-0870
開 参拝自由
交 電停道後温泉から徒歩約16分
P 約50台

道後温泉にはセキ美術館（MAP 別冊P.38-B2）などの美術館もある。規模は小さいが、東山魁夷など日本画家の秀作を展示しており見応えあり。

松山市街の西に浮かぶ群島

MAP 別冊P.38

忽那諸島 くつなしょとう

行き方

高浜港または三津浜港から各島へフェリーが運航している（一部航路は松山観光港を経由）。中島汽船は釣島、中島、二神島、怒和島、津和地島へ行く西路線と、野忽那島、睦月島、中島へ行く東路線がある。興居島へはごごしまのフェリーを利用する。

フェリー会社

中島汽船
TEL 089-997-1221
URL www.nakajimakisen.co.jp
ごごしま
TEL 089-961-2034
URL gogoshima-ferry.com

高浜港

MAP 別冊P.38-A2
交 伊予鉄高浜駅から徒歩約1分

車ごとフェリーに乗せられる

三津浜港

MAP 別冊P.38-A1
交 伊予鉄三津駅から徒歩約15分

離島行きフェリーが発着する三津浜港

松山観光港

MAP 別冊P.38-A2
交 伊予鉄高浜駅から徒歩約12分

松山市に属する忽那諸島の島々

忽那諸島とは、松山市西に位置する群島域。瀬戸内海の安芸灘と伊予灘の間に9つの有人島（中島、睦月島、野忽那島、怒和島、津和地島、二神島、興居島、釣島、安居島）を含む30以上の無人島が属している。松山市北条の西に浮かぶ鹿島（→P.272）も含む。島ならではの風情が残り、今も息づく伝統の祭りや信仰、きれいなビーチに自然、島民の暮らしに触れる体験、新鮮な海の幸をメインとしたグルメなど楽しみ方は無限大。各島へは松山市の高浜、三津浜の両港からフェリーが運航しており、日帰りで気軽に行くことができる。

忽那諸島の歩き方

9つの有人島のうち、中心となるのは忽那諸島最大の島である中島と、高浜港からフェリーで約20分で到着する興居島。中島へは高浜港、三津浜港からのフェリーでアクセスが可能。中島行きのフェリーはほかにも釣島、二神島、怒和島、津和地島などを経由するが、日帰りでいくつもの島を周遊するのは難しい。中島は面積21.17km^2、興居島9.27km^{2}とどちらの島もそれなりに広いので、徒歩ではない交通手段を考えよう。一般的なのはレンタサイクルで、1日あれば十分に回れる。どちらの島にもいくつかの宿泊施設があるので、1泊して島の風情を感じてみるのもおすすめ。

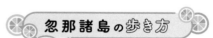

中島の大浦港。乗り場のすぐ横の建物でレンタサイクルできる

INFO 中島の姫ヶ浜海水浴場には「スプラッシュビーチ the 中島」という水上アスレチックがある。すぐそばには宿泊&キャンプなどレンタル施設の「ほしふるテラス姫ヶ浜」も。

おもな見どころ

忽那諸島最大の島 MAP 別冊P.38-A1

中島
なかじま

毎年8月下旬にはトライアスロン中島大会が開催される、忽那諸島最大の島。愛媛県でも有数の柑橘の産地として知られ、温州みかんをはじめいよかん、せとかなどさまざまな品種が栽培されている。島にはいくつかの集落があるが、最もにぎやかなのが島の東部にある中島大浦。島は広いが、見どころの多くは島の東部～南部に集中しており、おもなポイントを回るならレンタサイクルを利用するのがおすすめ。島内をくまなく回るなら、車を利用しよう（フェリーは車や自転車の積載可能）。循環バスもあるが便数が限られている。島にはアミアゲビーチ、姫ヶ浜海水浴場という2ヵ所にビーチがあり、透明度の高い海で海水浴が楽しめる。

入り組んだ海岸線が織りなす美しい景観

手軽に行ける離島の旅へ MAP 別冊P.38-A2

興居島
ごごしま

美しい稜線から「伊予小冨士」と呼ばれるように

高浜港の西沖約2km。松山市街に最も近い有人離島で、フェリーでわずか20分で行き来できる。入り組んだ海岸線が美しく、島内にある展望スポットからすばらしい眺めが楽しめる。島のシンボルは伊予小冨士。標高282mのこの山は、泊港のある集落の外れから登ることができる。ビーチも相子ヶ浜海水浴場と鷲ヶ巣海水浴場の2ヵ所あり、夏はマリンアクティビティも楽しめる。また、島内には寺社仏閣が多く、毎年4月の20、21日には「島四国」が行われる。参加者は沿岸を一周し、島内にある88ヵ所の札所を回る。フェリーの到着する港は北の由良港、南の泊港の2ヵ所。いずれの港にもレンタサイクルがある。

柑橘の森に覆われている

島の南部にある相子ヶ浜海水浴場

中島

交島にある港は大浦港、神浦港、西中港の3つだが、観光目的なら大浦港を利用するのがよい。三津浜港から中島の大浦港まで中島汽船のフェリー（東線）が1日5便運航、所要1時間～1時間20分。大人片道910円、自転車260円、車3310円～。うち3便は高浜港、2便は松山観光港にも寄る。また途中に睦月島、野忽那島も経由する。神浦港、西中港へは中島汽船のフェリー（西線）が1日2便、高速艇が1日4便運航。

レンタサイクル

中島汽船株式会社がレンタサイクルを実施。貸し出しは大浦港そばの中島港湾ビルにて。1日500円。台数が少ないので早めに。

興居島

交高浜港から由良港、泊港までそれぞれフェリーが1日14便と頻発している。所要時間はどちらも約20分。大人片道250円、自転車140円、車1230円～。

レンタサイクル

株式会社ごごしまがレンタサイクルも行う。普通自転車（1日700円）のほかクロスバイク（1日1000円）も。フェリー内にて申し込み可能。

忽那諸島のその他の島々

睦月島
明治から戦後まで行商の島として栄えた。集落には当時の名残である長屋門が並ぶ。

野忽那島
白砂のビーチが広がるヌカバ海水浴場が有名。標高約71mの皿山から絶景が望める。

怒和島
広島県に最も近い島。周辺の海は好漁場として知られ、釣り人にとってもパラダイス。

津和地島
忽那諸島の最北西。瀬戸内海航路の要衝で、かつて松山藩の御茶屋がおかれた。

二神島
『ナショナルジオグラフィック』誌で「日本古来の美しさが残る」と称された島。

釣島
高浜港の西約5km。「灯台の父」と呼ばれるイギリス人、リチャード・ヘンリー・ブラントン設計の釣島灯台が見どころ。

安居島
北条港の北西約13.5km。人口わずか10人ほどの島。島の中央には悲運の姫を祀る姫坂神社がある。

INFO 興居島には、近年おしゃれなカフェができている。「しまのテーブル」は、廃校をリノベしたカフェ。島の食材を使った創作料理が楽しめる。

伝統工芸・砥部焼の里

砥部町 とべちょう

MAP 別冊P.24-25・38

人口 2万140人　面積 101.59㎢

行き方

JR松山駅から中心部まで約13.5km、約30分。拠点となるインターチェンジは松山自動車道松山ICで、町の中心部まで約5.5km、約10分。

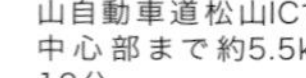

伊予鉄松山市駅や大街道から伊予鉄の路線バス砥部線が乗り入れている。伊予鉄松山市駅から砥部焼伝統産業会館までは約45分。

多くの工房ではギャラリーやショップを併設している。写真は「陶房 遊」

松山市の南にある町で、伝統工芸・砥部焼の里として知られる。市街地は松山市に隣接した北部にあり、南部は豊かな自然が広がる。山地は「伊予砥」と呼ばれる良質の陶石の産出地。江戸時代中期の1775（安永4）年、大洲藩主はこの陶石を用いた磁器器作りを命じ、九州より職人を呼び寄せたのが砥部焼の始まり。現在、町には40を超える窯元があり、窯元巡りが楽しい。ホッキョクグマのピースで知られるとべ動物園（→P.280）やえひめこどもの城などテーマパークもあり、多くの人が訪れる。

観光案内所

砥部町観光協会
MAP 別冊P.38-B3
住 愛媛県砥部町宮内1392
TEL 089-962-7288
開 8:15～17:15
休 土・日曜、祝日
ほかに砥部焼伝統産業会館などでも観光情報が得られる。

交通INFO

市内路線バス
伊予鉄が松山市を出発し砥部町へ行く路線バス砥部線を運行。停車場所はとべ動物園、えひめこどもの城、砥部焼伝統産業会館、衡上断層公園など。

ドライブプラン

- 松山IC
  - ↓ 約11分
- 愛媛県立とべ動物園（とべもり＋）
  - ↓ 約10分
- 砥部焼伝統産業会館
  - ↓ 約1分
- 陶板の道
  - ↓ 約2分
- 衡上断層公園

砥部町の歩き方

町は南北に細長く、中心を国道379号が南北に貫いている。観光スポットは国道379号沿いにあり、車なら1日で十分に回れる。久万高原町をはじめ高知県の四万十川エリアから松山市へ向かう場合は国道440号を利用するが、この440号も砥部町内で国道379号に合流するので、周遊旅でも立ち寄りやすい。砥部焼の窯元は町内に点在するが、特に集中しているのが五本松地区。窯元のほか砥部焼伝統産業会館、陶板の道などの見どころもある。住宅街のため道が細く入り組んでいるので、五本松地区の窯元を回るなら砥部焼伝統産業会館の駐車場を利用し歩いて回るのがおすすめ。

五本松地区にはたくさんの工房が点在。歩いて回れる

INFO 五本松地区のお散歩ルートの拠点となるのが砥部焼伝統産業会館。各観光パンフレットが手に入るほか、レンタサイクル（300円）も行っている。

おもな見どころ

砥部焼のすべてがわかる!　MAP 別冊P.24-A3

砥部焼伝統産業会館
とべやきでんとうさんぎょうかいかん

砥部焼の歴史や製造工程に関して学べる施設。1階はショップで、約80の窯元の作品を販売している。奥は資料館やギャラリー。必見は、国連欧州本部に寄贈された高さ160cmの巨大地球儀「生命の碧い星」の姉妹品。

各工房への道案内もしてもらえる

陶板を散りばめた散歩道　MAP 別冊P.24-A3

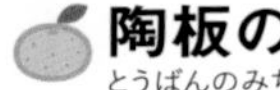

陶板の道
とうばんのみち

地元の窯元が制作した陶板約580枚が飾られた散策路。坂村真民記念館から砥部町陶芸創作館まで続き、途中には町を見下ろす展望スポットの陶祖ケ丘を通る。道は整備されて歩きやすいが、緩やかな坂道になっている。

高台へ続く眺めのいい散歩道

国の天然記念物に指定されている断層　MAP 別冊P.25-D3

衝上断層公園
つきあげだんそうこうえん

砥部川沿いにある公園。駐車場から橋を渡り滝まで歩ける。滝の横では約6500万年前の地層が約4000万年前の地層の上に乗り上げた「逆断層」が見られる。春には桜や藤の花が咲き、多くの花見客でにぎわう。

滝のそばに説明板も備え付けられている

ジップラインで2施設を回る　MAP 別冊P.38-B3

とべもり＋（とべワンダーフォレスト）
とべもりぷらす（とべわんだーふぉれすと）

松山市との境にあるとべ動物園、えひめこどもの城、愛媛県総合運動公園、えひめ森林公園という4施設の略称。2021年にはこどもの城と動物園間を往復する全長730mのとべもりジップラインが登場し話題に。

四国最大級のジップラインにチェレンジしてみよう

砥部焼伝統産業会館
住愛媛県砥部町大南335
TEL089-962-6600
開9:00～17:00
休月曜（祝日の場合は翌日）
料300円
交バス停砥部焼伝統産業会館から徒歩約1分、松山自動車道松山ICから車で約12分
P50台

陶板の道
住愛媛県砥部町大南874先
TEL089-962-7288（砥部町商工観光課）　開散策自由
交バス停砥部焼伝統産業会館から徒歩約3分。松山自動車道松山ICから車で約14分
Pあり（砥部焼伝統産業会館駐車場利用）

陶板には工房やアーティスト名が記されている

衝上断層公園
住愛媛県砥部町岩谷口450
TEL089-962-6010（砥部町役場建設課）
開散策自由
交松山自動車道松山ICから車で約13分
P約10台

えひめこどもの城
住愛媛県松山市西野町乙108-1
TEL089-963-3300
開9:00～17:00（夏休み期間は～18:00）
休月曜
料アトラクションにより異なる（入園は無料）
交松山自動車道松山ICから車で約11分
P有料395台

とべもりジップライン
TEL089-963-3300（えひめこどもの城）
開10:00～16:00（要予約）
休月曜
料えひめこどもの城スタート3000円（往復）
とべ動物園スタート2500円（動物園入園料別途、往復）

INFO 砥部焼伝統産業会館の周辺にはほかにも坂村真民記念館や砥部むかしのくらし館などの博物館（MAP 別冊P.24-A3）が点在し、通称「ミュージアム通り」と呼ばれる。

あの「しろくまピース」のふるさと

とべ動物園の人気者に会いたい！

西日本有数の動物園が、とべ動物園。みんなのアイドル、ホッキョクグマのしろくまピースをはじめさまざまな動物たちが来園者を楽しませてくれる。

ここに注目！
ピースは寝室と屋外放飼場を自由に行き来している。ウェブサイトでは「今日のピース」という動画を週に1回ほど公開

人気No.1 ホッキョクグマ（しろくまピース）

Profile
1999年生まれ。飼育員の手により育てられた。2022年で23歳を迎え、人工哺育による成長記録を更新中。

とべ動物園いちの人気者といえば、しろくまピース！ ふたつの屋外放飼場でピースと母親のバリーバの2頭を展示している。

母親ホッキョクグマのバリーバ

人気No.2 アフリカゾウ

ここに注目！
ゾウへの餌やり体験、ゾウ様のブランチ（先着20組、300円）

母と子供、計3頭のアフリカゾウを飼育。繁殖が難しいアフリカゾウのファミリーを見られるのは全国でもここだけ。

巨大なアフリカゾウが目の前に！

人気No.3 ペンギン

飼育員によるガイドトークも楽しみ

スケジュールはウェブでチェックできる

ガラス張りのプールから、空を飛ぶように泳ぐペンギンたちが見られる。陸上とは打って変わった素早い動きにびっくり！

ここに注目！
毎日、ペンギンへの餌やりが行われる

人気No.4 チンパンジー

チンパンジーの生息環境に合わせた飼育場。高さ9mの遊具で生きいきと遊ぶチンパンジーたちを観察しよう。

ここに注目！
2022年12月に赤ちゃんのスカイが誕生！

人気No.5 カバ

ここに注目！
土・日曜・祝日限定で行われる餌やりイベントのヒポヒポランチ（先着15組、300円）

屋内ではくつろぐ様子、屋外では巨体を揺らしながらプールで泳ぐ様子が見られる。

あ〜んと口を開けて待つ様子がとってもキュート!!

愛媛県唯一の動物園

愛媛県立とべ動物園

えひめけんりつとべどうぶつえん

MAP 別冊P.38-B3

2023年で35周年を迎えた県立の動物園。地域や動物ごと10のゾーンに分かれ、約150種640点の動物を飼育している。

愛媛県総合運動公園に併設している

住 愛媛県砥部町上原町240　TEL 089-962-6000　開 9:00～17:00（最終入園16:30）
休 月曜（祝日の場合は翌平日）　料 500円
交 松山自動車道松山ICから車で約11分
P 有料300台

※イベントなどの最新情報はとべ動物園ウェブサイトを確認

愛媛を代表する伝統工芸

砥部焼（とべやき）の窯元巡り

砥部町内の土を使い、手で作陶する砥部焼は江戸時代から続く伝統工芸。町内には40を超える窯元があり、作り手から直接購入する特別な体験ができる。

回り方アドバイス

工房は砥部焼伝統産業会館（→P.279）そばの五本松地区に集中。紹介した3軒は歩いて回ることができる。

ハギの葉シリーズの帽子鉢 2420円

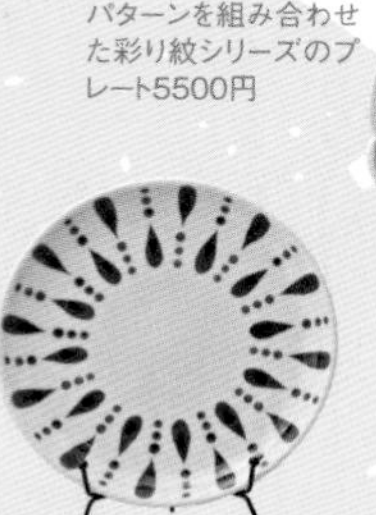

パターンを組み合わせた彩り紋シリーズのプレート5500円

したたる雨をイメージした雨ツブシリーズ。6寸皿2970円

作陶の様子も見学できます

北欧テイストの器が揃う

陶房 遊　とうぼう ゆう

MAP 別冊P.24-A3

夫婦で営む工房で、「自分たちが作りたいもの、使いたいものを作る」をモットーに作陶。伝統的な砥部焼にとらわれないパターンは、雨や植物など自然モチーフが多い。白磁以外の器も制作している。

住 愛媛県砥部町岩谷口237-3　TEL 089-962-2791　営 10:30～16:00　休 月曜、毎月第1火曜　交 砥部焼伝統産業会館から徒歩約8分　P 約5台

同じ敷地内に工房とショップ、カフェがある

工房カフェも人気

ショップに併設したカフェでは、すべて手作りのごはん膳やスイーツを提供。食器はすべて自分たちの工房のもの。窓からは田んぼが見られ、開放感満点。

Cafe stand tOt
カフェスタンドトット

営 11:00～15:00LO
休 月～木曜

メインに汁物、小鉢、ご飯が付くトットのごはん膳1150円

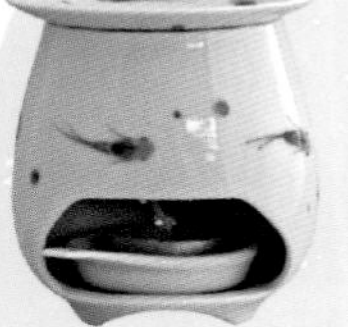

白磁を優雅に泳ぐ金魚パターン。茶香炉1万1000円

イネ科の植物をモチーフとした唐草。とり鉢1540円

水面に上がっていく泡をイメージ。湯呑み1320円

女性ふたりのユニット窯元

器屋ひより　うつわやひより

MAP 別冊P.24-A3

2015（平成27）年創業の窯元で、中西九美さんが作陶、矢部沙耶花さんが絵付けを担当。伝統を受け継ぎながらも自由な発想で生み出される器は、日常を華やかに彩る優しいデザイン。

住 愛媛県砥部町五本松34　TEL 089-954-3126　営 10:00～16:00頃　休 日曜・祝日・不定休　交 砥部焼伝統産業会館から徒歩約10分　P 2台

2階がギャラリーです

伝統柄からモダンパターンまで多彩

陶彩窯　とうさいがま

MAP 別冊P.24-A3

1948（昭和23）年に開窯し、現在3代目を数える。昔ながらの伝統柄からモダンなデザインまでさまざまな磁器を扱う。パターン、形とも豊富で、思わず目移りしてしまう。

住 愛媛県砥部町五本松196
TEL 089-962-2123　営 9:00～18:00
休 不定休　交 砥部焼伝統産業会館から徒歩約10分　P 5台

ゆっくりしていってください

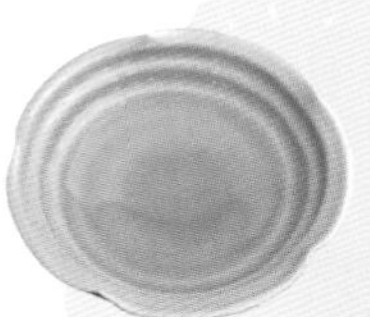

鮮やかなグラデーションが印象的な青白磁の皿2860円

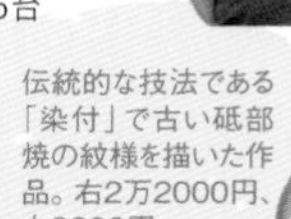

伝統的な技法である「染付」で古い砥部焼の紋様を描いた作品。右2万2000円、左3300円

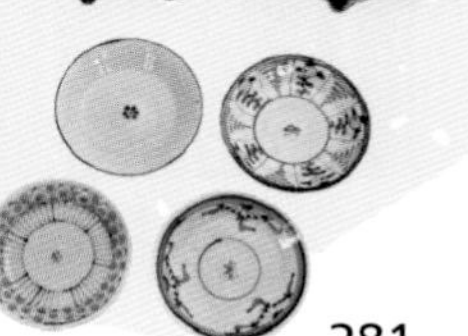

古砥部の紋様の豆皿。ひとつ1760円～

中予地方の中心都市

伊予市 いよし

MAP 別冊P.25・38

人口 3万4209人　面積 194.43㎢

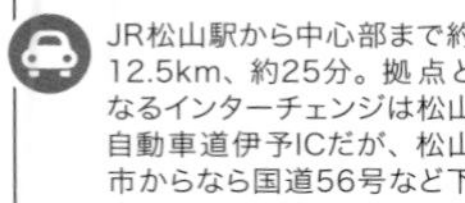

行き方

JR松山駅から中心部まで約12.5km、約25分。拠点となるインターチェンジは松山自動車道伊予ICだが、松山市からなら国道56号など下道で行くほうがよい。

JR、伊予鉄のふたつの路線が乗り入れている。JRの駅は全部で9つあり、中心となるのは伊予市駅。人気の下灘駅は伊予市駅のさらに4つ先。JR松山駅から伊予市駅までは約21分、伊予市駅から下灘駅までは約24分。JR伊予市駅は伊予鉄郡中港駅すぐそば。伊予鉄松山市駅から郡中港駅までは約24分。

ドライブプラン

伊予IC
↓ 約20分
えひめ森林公園・大谷池
(→P.284)
↓ 約25分
五色姫海浜公園
↓ 約15分
ふたみシーサイド公園「道の駅ふたみ」
↓ 約7分
下灘駅

イベントをCHECK!

伊予彩まつり
伊予市最大の夏祭り。伊予港を中心に出店が出て、商店街ではさまざまなイベントも実施。クライマックスは2日目の夜に行われる花火。約8000発の花火が海上に打ち上げられる。
TEL 089-994-5852(伊予彩まつり実行委員会事務局)
催 7月の最終土・日曜

水面に映り込む花火が美しい(写真提供：伊予市観光協会)

人気の下灘駅は伊予市の鉄道駅。休日は多くの人で混雑する

愛媛県のほぼ中央の海沿いにある伊予市。17世紀半ばには商人の町として整備され、海産物や陶器、醸造などさまざまな産業の中心として栄えた。市内にはヤマキとマルトモをはじめとする複数の削り節メーカーがあり、国内シェアの約50%を占める。1955（昭和30）年に4つの町村が合併して伊予市となり、その後1958（昭和33）年に中山町の一部、2005（平成17）年に中山町、双海町が合併し現在の伊予市となった。海に里山と見どころは豊富で、絶景ポイントとして有名な下灘駅もここ伊予市にある。

伊予市の歩き方

伊予市はJR伊予市駅や伊予鉄郡中港駅がある中心部と、海沿いの双海地区、山あいの中山地区の3つに大きく分けられる。観光ポイントが多いのは中心部と双海地区。見どころは広範囲にわたるので車があると効率的に回れるが、海岸線に沿って走るJR予讃線を利用する観光客も多い。ただし本数は少ないので時刻表を調べてから行くこと。伊予市街から海岸線を走り伊予長浜、八幡浜までつながる国道378号は、別名「夕やけこやけライン」と呼ばれる風光明媚なドライブルート。休日には車のほかバイク、サイクリストも多く訪れる。途中には「日本一海に近い駅」こと下灘駅を通る。

谷上山の展望台から伊予市街を望む

おもな見どころ

海を見下ろす駅舎で有名　MAP 別冊P.25-C3

下灘駅
しもなだえき

レトロな駅舎。周囲にはらぶらぶベンチなどのフォトスポットが多数

JR予讃線の無人駅。ホーム越しに伊予灘を望む景観がSNSなどで拡散され一躍有名に。鉄道で駅を訪れる場合、次の列車まで時間があることが多いので、事前に時刻表を確認しておくこと。待ち時間が10〜30分程度なら駅の撮影や目の前にある下灘珈琲で休憩を。1時間以上あるなら、周辺を散策してみるのもおすすめ。徒歩10分ほどの所には鱧カツバーガーやじゃこ天などで有名な夕焼けぴちぴち市などもある。

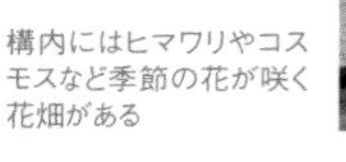
構内にはヒマワリやコスモスなど季節の花が咲く花畑がある

平家の姫の伝説が残る　MAP 別冊P.38-A3

五色姫海浜公園
ごしきひめかいひんこうえん

海水浴場を擁する海浜公園。名前の由来は、戦に敗れた平家の姫が海に身を投げ5色の石になったという伝説から。夏はビーチバレー大会、秋には夜空の下で名物の芋煮を味わういもたき会などのイベントも行われる。

ビーチ沿いにヤシの木が茂り、南国ムードが漂う

ロマンティックな海辺の公園　MAP 別冊P.25-C3

ふたみシーサイド公園「道の駅ふたみ」
ふたみしーさいどこうえん「みちのえきふたみ」

双海地区にある海浜公園。海水浴場や展望デッキ、屋上広場など見どころが多数。道の駅には、全面ガラス張りの「ふたみ渚のレストラン モンドブルー」や地元の特産品を販売する「海山産直あさひさん」などもある。

パラグライダーなどのアクティビティも行われている

下灘駅
住 愛媛県伊予市双海町大久保

下灘珈琲
MAP 別冊P.25-C3
TEL 089-992-1755
営 14:30〜日没まで（土・日曜は11:00〜）　休 不定休
交 松山自動車道伊予ICから車で約20分
P 20台

夕焼けぴちぴち市
MAP 別冊P.25-C3
住 愛媛県伊予市双海町串甲3670-8
TEL 089-987-0050
営 10:00〜16:00
休 月〜金曜　P 10台

人気の鱧カツバーガー550円

五色姫海浜公園
住 愛媛県伊予市尾崎地先
TEL 089-909-6360（伊予市役所都市整備課）　開 散策自由（海水浴は6月下旬〜8月）
交 JR伊予市駅、伊予鉄郡中港駅から徒歩約13分。松山自動車道伊予ICから車で約5分　P 150台

五色浜観月いもたき会
TEL 089-982-0360（五色浜いもたき会）　催 9月上旬〜10月中旬の17:00〜21:00
料 1900円〜

イベントをCHECK!

五色姫復活祭
八島の戦いで敗れた平家の姫5人が身を投げたという伝説にちなんだイベント。毎年3月の第4日曜に行われ、当日は選ばれた五色姫と女性神輿のパレードなどが行われる。会場は五色姫海浜公園と伊予市商店街。

ふたみシーサイド公園「道の駅ふたみ」
住 愛媛県伊予市双海町高岸甲2326　TEL 089-986-0522
開 散策自由（道の駅は8:30〜18:00、時期および店舗により異なる）　休 道の駅は第3火曜（7〜8月は無休）　交 JR伊予上灘駅から徒歩約5分。松山自動車道伊予ICから車で約15分　P 128台

INFO 下灘珈琲では、オリジナルの下灘ブレンドコーヒーのほかみかんジュース、焼き菓子なども販売している。

えひめ森林公園・大谷池

住愛媛県伊予市上三谷
TEL089-983-3069（公園管理事務所） 開9:00～17:00
休なし 料無料（2024年4月から一部施設有料） 交JR伊予市駅、伊予鉄郡中港駅から車で約12分。松山自動車道伊予ICから車で約11分 P約100台

デイキャンプのほか宿泊もできる

犬寄峠の黄色い丘

住愛媛県伊予市双海町上灘2058
TEL080-5664-2327 開散策自由
交JR伊予大平駅から車で約8分。松山自動車道中山スマートICから車で約5分 P50台

松前町への行き方

JR松山駅から中心部まで約8km、約16分。拠点となるインターチェンジは松山自動車道松山IC。ただし国道56号など下道で行くほうが近い。

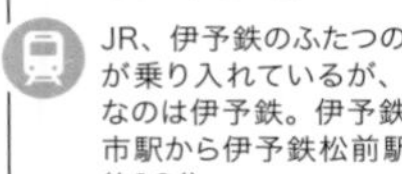
JR、伊予鉄のふたつの路線が乗り入れているが、便利なのは伊予鉄。伊予鉄松山市駅から伊予鉄松前駅まで約16分。

エミフルMASAKI

住愛媛県松前町筒井850
TEL089-984-2111
営専門店街10:00～21:00、レストラン街11:00～22:00（店舗により異なる） 休無休 P約5200台

こちらもCHECK!

恋泉畑
伊予鉄松前駅からエミフルMASAKIへ行く途中には恋泉畑という花畑がある。春は菜の花、夏はヒマワリなど四季折々の花が見られる。
MAP 別冊P.38-A3

春は菜の花が咲く

お手軽ハイキングコースもある MAP P.38-B3

えひめ森林公園・大谷池
えひめしんりんこうえん・おおたにいけ

自然公園内のアウトドアスポット。谷上山の山頂を目指すらくらくコース（20分）や大谷池の周りを一周する探鳥コース（1時間30分）など10のハイキングコースがある。アスレチックやキャンプ場も整備されている。

湖の周りを一周するハイキングコースは全長約4km

春の菜の花畑は必見 MAP P.25-D3

犬寄峠の黄色い丘
いぬよせとうげのきいろいおか

みかん畑を地元住民たちが整備した花畑。中山地区の犬寄峠にあり、春になると伊予市の花である菜の花が咲き乱れる。約1haの敷地には季節の花が植えられ、秋にはコスモスやフジバカマが見頃を迎える。

丘の斜面一面が黄色く染め上げられる

愛媛一のショッピングモールがある MAP 別冊P.38

松前町 まさきちょう

人口 2万9493人 面積 20.41㎢

松山市と伊予市に挟まれた海岸部にある町。面積20.41㎢と愛媛の市町村では最も小さく、県内では唯一山がない。町内を国道56号が南北に走り、人気の「エミフルMASAKI」も国道沿いにある。

周辺にも大型のチェーン店が集まっている

おもな見どころ

国道沿いの大型SC MAP 別冊P.38-A3

エミフルMASAKI
えみふるまさき

四国最大級のショッピングモール。ファッションから雑貨、グルメまで200以上のショップが入っている。グルメや映画館などアミューズメントも充実。

レストランやフードコート、スーパーも入っている

INFO えひめ森林公園・大谷池内の第二林間広場周辺には大型木製ブランコ「結のブランコ」がある。松山平野を望むビュースポットで写真撮影にもぴったり。

豊かな自然に囲まれた肥沃な大地

東温市 とうおんし

MAP 別冊P.16

人口 3万3605人　面積 211.3㎢

愛媛の銘菓・母恵夢の製造工場に隣接した母恵夢スイーツパーク

松山市の東に位置する東温市。市は2004（平成16）年に重信町と川内町が合併することで誕生したが、「東温」という名は「道後温泉の東」という意味で古くから使われてきた。愛媛県の市のなかでは唯一海に面していないが、そのぶん自然は濃く深い。南には皿ヶ嶺連峰県立自然公園が広がり、東には石鎚山系の山々が連なる。中央には重信川が流れ豊沃な大地を造り出している。上林森林公園や白猪の滝など自然スポットで知られるが、愛媛の銘菓である母恵夢やハタダの工場もあり、それぞれ工場見学もできる。

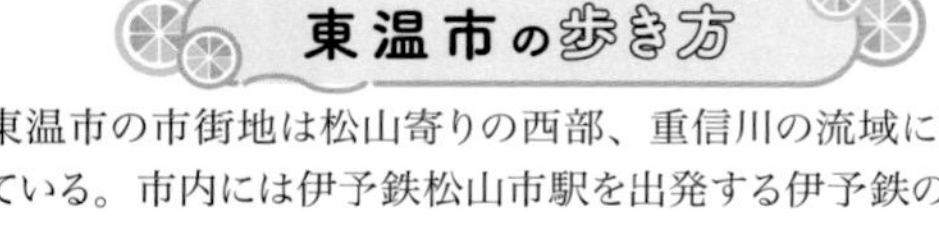

東温市の歩き方

東温市の市街地は松山寄りの西部、重信川の流域に広がっている。市内には伊予鉄松山市駅を出発する伊予鉄の駅が4つあるが、見どころのほとんどは郊外にあるため車がないと回るのは難しい。市を東西に貫いて高速の松山自動車道と国道11号が走っており、これを利用すれば移動は容易。母恵夢スイーツパークは国道11号沿いにあり、さらに東へ進み国道494号を南下すれば白猪の滝。皿ヶ嶺方面へ向かう県道209号を南に進めば上林森林公園。国道494号、県道209号はいずれも山道で急カーブが連続する場所もあるので、運転する場合はくれぐれも注意すること。

上林森林公園内の風が吹き出す風穴

行き方

JR松山駅から中心部まで約14.5km、約30分。拠点となるインターチェンジは松山自動車道川内ICだが、松山市からなら国道11号など下道で行くほうがよい。

伊予鉄松山市駅から伊予鉄見奈良駅（みならえき）まで伊予鉄横河原線で約25分。

伊予鉄松山市駅や大街道から路線バスが東温市の市街まで乗り入れている。

観光案内所

東温市観光物産協会

MAP 別冊P.16-A2

住 愛媛県東温市北方甲2098（東温市さくらの湯観光物産センター内）

TEL 089-993-8054

開 9:00～17:00

休 火曜、第4水曜

交通INFO

市内路線バス

伊予鉄が市内を回る路線バスを運行。松山市駅発の路線もあり、松山市内から東温市の市街地へ行ける。

ドライブプラン

- 川内IC
  - ↓ 約5分
- 坊っちゃん劇場（→P.286）
  - ↓ 約12分
- 母恵夢スイーツパーク（→P.286）
  - ↓ 約15分
- 白猪の滝（→P.286）
  - ↓ 約40分
- 上林森林公園（→P.286）

INFO 愛媛ではおなじみの菓子メーカーが「ハタダ」。タルトやどら焼き、ケーキにみかん大福までさまざまな菓子を製造・販売している。

おもな見どころ

自主制作のミュージカルを上演

坊っちゃん劇場
ぼっちゃんげきじょう

MAP 別冊P.16-A2

地域密着の常設劇場。愛媛をはじめ瀬戸内の歴史や文化、偉人などを題材にしたオリジナルのミュージカルを年間上演している。同じ敷地内に温泉や地元の特産品を販売するマルシェもあり、さまざまに楽しめる。

オリジナル舞台を上演している

愛媛県民なら誰でも知っているスイーツ　MAP 別冊P.16-A2

母恵夢スイーツパーク
ぽえむすいーつぱーく

「バニラの香り～♪」のCMでおなじみの母恵夢の工場併設のテーマパーク。窓から工場の見学ができるほか、できたて母恵夢や工場限定商品の販売も行っている。おもに週末を対象にオリジナル母恵夢作りなどの体験も開催。

県民に愛される母恵夢が目の前でできていく！

マイナスイオンでリフレッシュ！　MAP 別冊P.16-A2

白猪の滝
しらいのたき

市の南部に広がる皿ヶ嶺連峰県立自然公園にある高さ96mの滝。春の新緑に秋の紅葉など四季折々の美しさが楽しめるが、厳冬期の滝もおすすめ。しぶきが凍りつき氷の柱のような姿に。無料駐車場から滝までは徒歩約30分。

新緑時期の白猪の滝。岩肌を流れ落ちる

自然のクーラー「風穴」がある　MAP 別冊P.16-A2

上林森林公園
かんばやししんりんこうえん

皿ヶ嶺への登山口周辺に整備された公園。園内は水の森、光の森、風の森の3エリアに分かれており、なかでも風の森にある、風が吹き出す風穴が有名。夏には穴周辺に霧が発生し神秘的な光景が広がる。

風穴からは、1年を通して冷風が吹き出す

坊っちゃん劇場

住愛媛県東温市見奈良1125
TEL089-955-1174
開公演により異なる。詳しくは公式ウェブサイト（URLwww.botchan.co.jp）で確認
料前売り4200円、当日4500円（チケットは公式ウェブサイトや電話、劇場窓口で予約可能）
交伊予鉄見奈良駅から徒歩約10分。松山自動車道川内ICから車で約5分　P2300台
隣接する温泉施設の入浴・食事付きプランもある。

母恵夢スイーツパーク

住愛媛県東温市則之内甲2585-1
TEL089-955-8333
開9:00～18:00
休なし（工場メンテナンス時は休）
料無料（体験は別料金）
交伊予鉄横河原駅から伊予鉄バス白猪滝口行きで約18分、バス停滝の下下車、徒歩約1分。松山自動車道川内ICから車で約2分
P50台
※体験は時期により異なる。詳しくは公式ウェブサイト（URLwww.poeme.co.jp/sweetspark）を参照のこと。

パーク限定のパークシュー216円（1個）

白猪の滝

住愛媛県東温市河之内 白猪の滝農村公園
TEL089-964-4414（東温市役所地域活力創出課）
開散策自由　交伊予鉄横河原駅から伊予鉄バス白猪滝口行きで約23分、バス停白猪滝口下車、徒歩約10分。松山自動車道川内ICから車で約15分　Pあり
駐車場は2ヵ所にあり、滝まで徒歩約10分の駐車場は有料。下部の無料駐車場からは徒歩約30分。

上林森林公園

住愛媛県東温市上林乙896-24
TEL089-964-4414（東温市役所地域活力創出課）　開散策自由
交伊予鉄見奈良駅から車で約30分。松山自動車道川内ICから車で約25分　P50台

白猪の滝は夏目漱石や正岡子規も訪れた場所。彼らの呼んだ句を詠んだ石碑が残されている。

清流に育まれた高原の町

久万高原町 くまこうげんちょう

MAP 別冊P.16

人口 6632人　面積 583.69㎢

透き通るブルーの水が流れる面河渓谷。ハイキングのベストスポット

久万高原町は、愛媛県で最も広い面積をもつ町。平均標高800mの高原にあり、北の西条市との境には四国最高峰である霊山・石鎚山がそびえる。「久万」は室町時代から使われてきた言葉で、「奥まったところ」などという意味があるとされる。愛媛のなかでは冷涼な気候で、避暑地として知られるほか、高原野菜の栽培なども行われている。南は高知県の津野町に接し、県境一帯は四国カルスト（→P.40）という景勝地。清流、仁淀川の上流域に当たり、愛媛県内では面河川と呼ばれている。

久万高原町の歩き方

町は大きく、市街地のある久万エリア、石鎚山南麓の面河エリア、面河川と久万川の合流点付近の美川エリア、四国カルストのある柳谷エリアの4つに分かれる。見どころは各エリアに点在しており、車がないと回るのは難しい。市街地は走りやすいが、山岳部は峠道も多いため運転には気をつけて。面河渓谷から石鎚山へ行く石鎚スカイライン、さらに高知県いの町のUFOラインへとつながる道路は「天空のドライブルート（→P.290）」と呼ばれ、四国観光のハイライトとしても知られる。高原部では冬に雪が降ることがあり、道路凍結のおそれもあるので注意しよう。

石鎚山を望むスカイラインをドライブしよう

行き方

JR松山駅から中心部まで約32km、約50分。拠点となるインターチェンジは松山自動車道松山ICで、町の中心部までは約25km、約30分。

JR松山駅からJR四国バスの久万高原線が1日7～9便運行、所要約1時間10分。バス停は久万高原など。

観光案内所

久万高原町観光協会
MAP 別冊P.16-A2・3
住 愛媛県久万高原町入野1855-6（道の駅 天空の郷さんさん内）
TEL 0892-21-1192
開 9:00～17:00
休 なし

ドライブプラン

- 松山IC
- ↓ 約40分
- 久万青銅之廻廊（→P.289）
- ↓ 約7分
- 町立久万美術館（→P.288）
- ↓ 約15分
- 上黒岩岩陰遺跡（→P.288）
- ↓ 約25分
- 八釜の甌穴群（→P.289）

久万高原町にある お遍路札所

- 大寶寺（第44番札所）
- 岩屋寺（第45番札所）

INFO 久万高原町は、リンゴやブドウ、梨などフルーツの産地としても知られる。収穫シーズンになると各農園でフルーツ狩りも楽しめる。

おもな見どころ

花桃の里

住愛媛県久万高原町中津
TEL0892-21-1192(久万高原町観光協会)　開散策自由
交松山自動車道松山ICから車で約1時間15分　Pあり

里山を染めるピンクの花々　MAP 別冊P.16-B3

花桃の里
はなもものさと

2008（平成20）年、地元に住む“くーちゃんとしげしさん”夫妻が老後の楽しみに植えた40本の花桃が始まり。年々数を増やし現在では600本余りの花桃が植えられ、愛媛を代表する春の花の名所に。里山の風景の一画をピンクの花桃が染め上げる様子は圧巻。見頃は4月初旬～中旬頃。周囲には里を一望できる展望台が2ヵ所にあるほか、過去の写真を展示するギャラリーでは“くーちゃんとしげしさん”に会えることも。

山の斜面一面にピンクの花が咲き誇る

町立久万美術館

住愛媛県久万高原町菅生2番耕地1442-7　TEL0892-21-2881
開9:30～17:00
休月曜(祝日の場合は翌日)、祝日の翌日、展示替え期間中
料500円　交松山自動車道松山ICから車で約40分　P45台

萬鉄五郎作『T子像』

地元密着の美術館　MAP 別冊P.16-A2・3

町立久万美術館
ちょうりつくまびじゅつかん

緑豊かな森に囲まれた高原のアートスポット。美術館としては珍しい木造建築で、展示室にある4本の大黒柱には地元久万杉の磨き丸太が使われている。おもに大正時代に活躍した村山槐多や萬鉄五郎の油彩から日本書画、陶磁器まで約1200点を収蔵し、テーマを決めて常設展示している。美術館の学芸員によるギャラリートークやコンサートなどのイベントも随時開催。年に一度、企画展も実施しており見応えがある。

展覧会は年2～3回程度開催している

上黒岩岩陰遺跡(上黒岩遺跡考古館)

住愛媛県久万高原町上黒岩
TEL0892-56-0369(上黒岩考古館)
開10:00～17:00　休月曜
料100円　交松山自動車道松山ICから車で約50分　Pあり
遺跡のそばには茅葺き屋根の旧山中家住宅がある。国の重要文化財で、見学が可能。

縄文草創期の出土品が多数　MAP 別冊P.16-A3

上黒岩岩陰遺跡
かみくろいわいわかげいせき

久万川沿いの高さ約30mの石灰崖で発見された、約1万4500年前の縄文遺跡。縄文草創期から早期のものとされ、石偶や装身具、人骨などの出土品はすぐそばの上黒岩遺跡考古館で展示されている。なかでも貴重なのは、「女神石」と呼ばれる線刻像（石偶）。長い髪や大きな乳房が描かれた女性像で、日本での出土は上黒岩岩陰遺跡が初めてで、世界的にも貴重。そのほか投槍が刺さったままの人骨なども展示している。

発掘場所が見学できるようになっている

こちらもCHECK!

御三戸嶽
久万川と面河川の合流点にある石灰石の大岩。形が軍艦のように見えることから「軍艦岩」とも呼ばれる。
MAP 別冊P.16-A3
住愛媛県久万高原町仕出
TEL0892-21-1192(久万高原町観光協会)　開散策自由
Pスペースあり

ドライブ時の目印にもなる

INFO おしゃれでおいしいおみやげなら、四国高原ミヤゲニ堂の商品がおすすめ。カタボーというお菓子などオリジナルの商品を展開。販売は「道の駅 みかわ」、「道の駅 天空の郷さんさん(→別冊P.51)」などで。

ゴルフ場内の彫刻の森　MAP 別冊P.16-A2

久万青銅之廻廊
くませいどうのかいろう

久万カントリークラブ敷地内の彫刻美術館。緑の中に国内外のアーティストの作品が展示されている。入館料にはドリンクとクッキー代が込みなので、時間をとって訪れたい。「えひめ名建築」に選ばれた建物にも注目。

アートと自然に囲まれてリラックスタイムを過ごそう

久万青銅之廻廊
住愛媛県久万高原町東明神乙343-1
TEL0892-21-2221
開4～11月10:00～17:00（水～金曜の見学は3日前までに要予約）
休月・火曜、12～3月
料500円
交松山自動車道松山ICから車で約40分
Pあり

青銅のオブジェがいたるところにある

川沿いに広がる大小の甌穴　MAP 別冊P.16-A3

八釜の甌穴群
やかまのおうけつぐん

甌穴とは、川底を土砂や小石が削ることでできあがった穴のこと。ここは大小30余りの甌穴が連なる場所で、トンネル釜や獅子釜など8つの特徴的な甌穴があることからこの名に。駐車場から甌穴群までは20分ほど歩く。

渓谷に架かる橋の上から甌穴群を一望できる

八釜の甌穴群
住愛媛県久万高原町柳井川
TEL0892-21-1192（久万高原町観光協会）
開散策自由
交松山自動車道松山ICから車で約1時間10分
Pあり

▶▶ 伊予っこcolumn ◀◀

石鎚山登山と面河渓キャニオニング

石鎚山の山頂へは、西条市にある北斜面からのロープウエイが一般的だが、南から登る場合の登山口は久万高原町の土小屋。石鎚神社 土小屋遥拝殿の奥から登山道は始まり、山頂までは登り2時間30分、下り2時間ほど。駐車場は標高1500mほどの所にあり、登山道も比較的緩やか。ただし2ヵ所に鎖場があるなど険しい場所もあるので、自信のない人は無理をしないように。

面河渓では、キャニオニングをはじめとする川遊びが人気。GOOD RIVERが催行している面河ハーフDAYコースは、参加しやすい半日キャニオニングコース。川に沿って歩いたり、ときには飛び込んだりと日本一の清流で川遊びが楽しめる。ツアーは夏のみ催行され、午前と午後の2コースがある。

石鎚山登山口　MAP 別冊P.16-B2
登山については（→P.38）
GOOD RIVER　MAP 別冊P.16-B2
住愛媛県久万高原町若山21-1521
TEL0895-30-2250　交松山自動車道松山ICから車で約1時間20分　P50台
・面河ハーフDAYコース
催6月上旬～10月上旬、所要約3時間
料7000円～

登山道はしっかりと整備されているが、トレッキングシューズなどは用意して行くこと

面河渓にて。エメラルドグリーンの水はSNS映えも抜群！

山の上のドライブルート

 石鎚山周辺天空ドライブ 

西条市と久万高原町にまたがる「聖なる山」、石鎚山。周辺の高原地帯は、石鎚スカイライン、UFOラインという四国を代表するドライブルートとなっている。

標高1500mオーバー！
つづら折りの道を走り抜ける

HIGHLIGHT 01

UFOライン（町道瓶ヶ森線）

久万高原町から高知県いの町へ続く町道。未確認飛行物体の目撃情報が多く「UFOライン」と呼ばれる。

HIGHLIGHT 02

面河渓

石鎚山の麓にある渓谷で、川の両側にV字型の谷が形成されている。川の水は驚くほど澄んだブルー。

HIGHLIGHT 03

石鎚神社土小屋遥拝殿

石鎚山登山、土小屋ルートのスタート地点にある石鎚神社の遙拝所。石鎚山を仰ぎ見る絶景スポットだ。

石鎚山の周辺4つの市と町を回る

スタートは東温市の川内IC。最初は市街地を走るが、国道494号を右折ししばらくすると上り坂が続く。面河渓付近で標高は700m余り、ここから石鎚山登山口の土小屋（標高1492m）までは石鎚スカイラインを駆け上がる。その後は町道瓶ヶ森線へ。景色はよいが道は狭く、途中急カーブが続くところもあるので運転にはくれぐれも気をつけて。

INFO 石鎚スカイライン、町道瓶ヶ森線はいずれも冬季（12〜3月と11月下旬〜4月中旬）通行止め。また石鎚スカイラインは通行時間も決められている。

DRIVE ROUTE

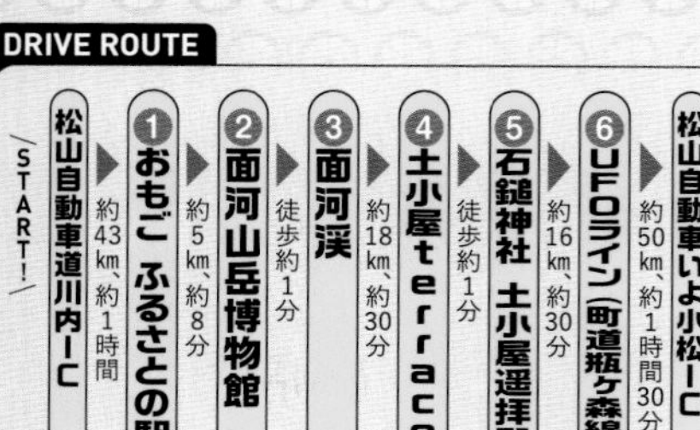

START!
松山自動車道川内IC
約43km、約1時間
1 おもご ふるさとの駅
約5km、約8分
2 面河山岳博物館
徒歩約1分
3 面河渓
約18km、約30分
4 土小屋terrace
徒歩約1分
5 石鎚神社 土小屋遥拝殿
約16km、約30分
6 UFOライン（町道瓶ヶ森線）
約50km、約1時間30分
松山自動車道いよ小松IC
GOAL!

START!

面河渓入口の立ち寄りスポット

①おもご ふるさとの駅

おもご ふるさとのえき

MAP 別冊P.16-B2

おみやげのほか休憩にぴったりのグルメが揃う。人気は、久万高原の食材を使ったジェラート。

住愛媛県久万高原町相の木26 TEL0892-58-2440 営開発センター9:00～15:30（土・日曜・祝日は～16:00）、店舗により異なる 休火曜（祝日の場合は翌日） P100台

1.物産品は開発センターで 2.おもごジェラート。シングル300円～

石鎚山系の自然を紹介

②面河山岳博物館

おもごさんがくはくぶつかん

MAP 別冊P.16-B2

面河渓の入口にある。石鎚山系の動植物や岩石などの自然や山岳信仰などを紹介。

住愛媛県久万高原町若山650-1 TEL0892-58-2130 開9:30～17:00（最終入館16:30） 休月曜（祝日の場合は翌日）、祝日の翌日、12～3月の土・日曜・祝日 料300円 P10台

1.渓谷のすぐそば 2.自然観察や昆虫教室などのイベントも開催

石鎚山麓の景勝地

③面河渓

おもごけい MAP 別冊P.16-B2

石鎚山の麓に広がる渓谷。川沿いに遊歩道があり、エメラルドグリーンに輝く川を見ながら歩くことができる。ハイライトは、相思渓や五色河原など。

住愛媛県久万高原町若山石鎚国定公園内 TEL0892-21-1192（久万高原町観光協会） 開散策自由 P50台

1.小さな滝なども流れている 2.紅葉の名所としても有名

登山口そばのカフェ&レストラン

④土小屋terrace

つちごやてらす

MAP 別冊P.16-B2

石鎚山登山口そばにある複合施設。登山道やドライブルートの情報が手に入るほか、アウトドアショップもある。カフェやレストランで食事もできる。

住愛媛県久万高原町若山21-1581 TEL0897-53-0006 営4月上旬～11月下旬の8:00～17:00（レストラン10:00～15:00） 休不定休 Pあり

1.石鎚山への登山届もここで提出する 2.人気の土小屋いのししカレー1000円

聖なる石鎚山を仰ぎ見る

⑤石鎚神社 土小屋遥拝殿

いしづちじんじゃ つちごやようはいでん

MAP 別冊P.16-B2

土小屋terraceの向かい。石鎚神社4社のひとつで、鳥居の先に本殿がある。登山の前に寄って参拝する人も多い。境内から天に向かって屹立する石鎚山が望める。

毎年10月23日にはもみじ祭りも行われる

住愛媛県久万高原町 石鎚スカイライン終点土小屋 TEL0897-53-0008 開参拝自由 Pあり

標高1300m超の絶景ドライブ

GOAL!

⑥UFOライン（町道瓶ヶ森線）

ゆーふぉーらいん（ちょうどうかめがもりせん）

MAP 別冊P.17-C2

土小屋を過ぎしばらくすると、高知県いの町に入る。この先が、山の上を走るドライブルートの町道瓶ヶ森線、通称「UFOライン」だ。右も左も視界が開け、どこを向いても絶景ばかり。

住高知県いの町寺川 TEL088-893-1211（いの町観光協会） 開通行自由（11月下旬～4月中旬は通行止め） Pスペースあり

1.秋には周辺の森が紅葉する 2.道の途中に展望スポットもある

小惑星発見が相次いだ！

高原の町で天体観測

四国の内陸、高原地帯にある久万高原町には、一般客でも利用できる「公開天文台」がある。プラネタリウムや天体観測で、宇宙の神秘に触れてみてはいかが。

久万高原の星がきれいなワケ

平均標高800mの高地にあり、自然が多く人工の光が少ない。高知との県境にある四国カルスト（→P.40）は、四国屈指の星空スポット。

観測会で天体を観測！

夏には美しい天の川も見られる

高原にある公開天文台で天体を観測できる

久万高原町の中心から車で15分。緑深い山道を進んだ所にひっそりと立つのが、久万高原天体観測館。1992（平成4）年に開設された公開天文台で、休館日以外は毎日プラネタリウム上映を行っている。

天文台ではかつて、小惑星の発見が相次ぎ、職員により発見された新小惑星は100を超える。観測館では曜日限定で天体観測会を実施しており、参加者は口径60cmの反射望遠鏡で夜空の星をのぞくことができる。はるかかなたの惑星や星雲を間近に見られる、ロマンティックな体験だ。観測会のあとは外に出て、満天の星空を思う存分眺めよう。

天体観測

催4～11月 木20:00～、土20:00～、21:00～ 12～3月 土19:00～(要予約) 料500円

プラネタリウム

開13:30～、15:00～（平日は13:30のみ） 料500円

お城型の観測館

久万高原天体観測館

MAP 別冊P.16-A2

くまこうげんてんたいかんそくかん

キャンプ場や体験施設を備えたふるさと旅行村の中にある公開天文台。敷地内にはプラネタリウムや資料館の入った星天城と天文台があり、さまざまな星空体験ができる。

住愛媛県久万高原町下畑野川乙488
TEL0892-41-0110
開10:00～17:00 休月・火曜
交松山自動車道松山ICから車で約1時間 P11台

プラネタリウム兼資料館となっている星天城

小惑星発見106個！
久万高原天体観測館の元スタッフにインタビュー

小惑星発見と命名について

「最初は、別の会社に就職したんですよ。でも久万高原に公開天文台がオープンすると知って、夢を諦めきれず職員に応募したんです」
と話し始めたのは、元久万高原天体観測館スタッフの中村さん。彼こそが、小惑星を100個以上も発見・命名した人物。小惑星発見や命名した理由について、いろいろと話してくれた。
「最初に小惑星発見を発表したのは1994年でした。小惑星には、明るいものから暗いものまでさまざまな明るさのものがあるのですが、発表までには多くのプロセスがあるんです」。
小惑星とは惑星や彗星、衛星を除いたものを指す。移動する星なので、発見にはかなりの時間がかかるそう。
「望遠鏡で写真を撮り、今までなかった場所に星が見つかったら、それが小惑星であることは間違いないのです。星を確認したらまず、位置を測って、その時間にその場所に見えていた星がすでに見つかっている小惑星であるのかどうかを調べます。リストになければ、未発見の小惑星ということになります。その後は星の軌道を調べます。軌道は星によって異なるので、発表まで十数年以上もかかったものもあります」
小惑星発見が公認されたら名前をつけることになる。命名の由来などを尋ねてみると……。
「小惑星の名前は比較的自由につけることができます。私は愛媛や故郷である山口県にゆかりのある名前が6割くらいを占めています。ほかには当時話題になったものや、ファンである広島東洋カープから拝借することもありました」

天体観測館に勤務時代の中村さん

おすすめ星空観測スポット

小学生から星にはまり、若い頃には職場のあった愛知から長野などに観測のためよく出かけていたという中村さん。四国でおすすめの星空観測スポットについて聞いてみた。
「街の光があると星空がよく見えなくなるので、なるべく自然の多いところがおすすめです。四国だとやはり四国カルストですね。山の上で周囲が開けているので、天体観測にはうってつけです。また四国カルストは南に街の明かりがないので、特に人気のある星が集中する南側の星が見えやすいというのもポイントです」
最後に、初心者でも楽しめるおすすめのシーズンについても尋ねてみた。
「星空は季節それぞれで変わるので、どの季節もそれぞれよさがあります。でも、強いて言えば夏ですね。7〜8月頃ならば南の空に天の川もはっきり見えるはずです」
四国カルストで、7〜8月。中村さんのアドバイスを参考に、星空観測に出かけてみてはいかが。

中村さんが発見・命名したおもな小惑星

発見年	命名
1994年	久万
1994年	道後温泉
1996年	子規
1996年	じゃこ天
1996年	カンチ
1997年	伊丹十三
1997年	しまなみ海道
1997年	愛媛
1998年	坊っちゃん
1999年	坂の上の雲
2000年	村上三島
2000年	肱川

Profile

中村彰正（なかむらあきまさ）

1961年生まれ。幼少期より星に憧れ、1992年に久万高原天体観測館オープンと同時に職員として勤める。1994年に最初の小惑星を発見。その後も次々と発見しその数は106個にも及ぶ。おもな著書に『夜空の星のとっておきの88話』など。

著書はこちら！

『夜空の星のとっておきの88話』
Kindle版 900円

しまなみ海道の拠点

MAP 別冊P.44

今治市 いまばりし

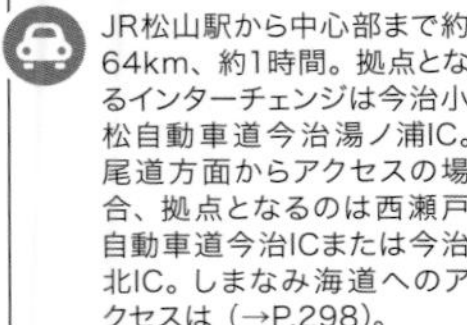

人口 14万5333人　面積 419.21㎢

行き方

JR松山駅から中心部まで約64km、約1時間。拠点となるインターチェンジは今治小松自動車道今治湯ノ浦IC。尾道方面からアクセスの場合、拠点となるのは西瀬戸自動車道今治ICまたは今治北IC。しまなみ海道へのアクセスは（→P.298）。

JR松山駅からJR今治駅までJR予讃線特急しおかぜ、いしづちで約36分。

松山市からせとうちバスの今治・大三島行き特急バスが1日9便運行。今治駅前バスターミナルまで所要約1時間12分。

観光案内所

今治駅前観光インフォメーションセンター MAP別冊P.44-A2
住愛媛県今治市北宝来町2-甲733-8（今治駅前サイクリングターミナル交流スペース内）
TEL0898-36-1118
開8:00〜19:00　休なし

交通INFO

市内路線バスについて
せとうちバスが路線バスを運行。陸地部と島しょ部にルートがある。JR今治駅前がターミナルで、すべてのバスが発着する。

ドライブプラン

- 今治湯ノ浦IC
  - ↓ 約12分
- 日本食研世界食文化博物館
  - ↓ 約10分
- 今治城
  - ↓ 約3分
- みなと交流センター「はーばりー」
  - ↓ 約5分
- 今治市河野美術館（→P.297）
  - ↓ 約15分
- 糸山公園（→P.296）
  - ↓ 約30分
- 今治市玉川近代美術館（→P.296）

糸山公園の展望台から来島海峡大橋を望む。橋を渡った先はしまなみ海道の大島

愛媛第2の都市で、瀬戸内に浮かぶしまなみ海道の島々（→P.304）をはじめとする島しょ部も含む。瀬戸内海における海上交通の要衝であり、平安時代までは伊予国の国府がおかれた。南北朝から戦国時代にかけては村上海賊の拠点として発展。江戸時代に今治藩となり、藩主の藤堂高虎のもと今治城が築かれ、城下町として繁栄した。四国を代表する工業都市でもあり、特に造船とタオル産業は全国的に有名。今治城や美術館、村上海賊のスポット巡りにしまなみ海道など見どころも数多い。

今治市の歩き方

町の中心は今治港の周辺。JR今治駅から港までは徒歩18分ほど。駅から港へ行く道は途中、商店街となっており、小さな商店や食堂、居酒屋などが点在する。港に面して立つ船を模したユニークな建物は、みなと交流センター「はーばりー」。今治港から出るフェリーのチケット売り場や待合所として利用されている。駅から今治城までは徒歩約20分、今治市河野美術館まで徒歩5分ほどだが、歩いて回れる観光スポットはこの2ヵ所くらい。ほかは広範囲に散らばっている。市内路線バスもあるが、実質的には車が頼り。JR今治駅からしまなみ海道の起点となる来島海峡第三大橋へは6kmほど。

近代的なJR今治駅。バスもここが拠点となる

INFO 今治式の焼き鳥は、鶏皮を使用し串に刺さずに鉄板で焼き、小さな板状の鉄の重しを乗せてプレスする。約50年前に考案され、市内にある焼き鳥店で味わえる。

おもな見どころ

日本三大水城のひとつ　MAP 別冊P.44-B2

今治城
いまばりじょう

江戸時代に藤堂高虎が築いた瀬戸内の名城。堀の水に海水を引き込んだ珍しい造りで、日本三大水城のひとつに数えられている（残りふたつは高松城と大分県の中津城）。天守は5層6階の再建天守。内部は資料館として公開され、城についての解説のほか武具や自然科学などの展示がされている。6階は展望台となっており、瀬戸内海を見渡す眺めがすばらしい。ほか城内にある3ヵ所の櫓が見学できる。夜には建物全体がライトアップされる。

天守の前には初代城主、藤堂高虎の像が立つ

堀や石垣は築城当時のままに残されている

今治港のシンボル的存在　MAP 別冊P.44-B2

みなと交流センター「はーばりー」
みなとこうりゅうせんたー「はーばりー」

海とともに発展した今治を象徴する船の形の複合施設。しまなみ海道の島々へのフェリーの発券機や待合室のほか、イベントスペースや展望台もある。建物前のコンコースでは、「せとうちみなとマルシェ」が開催される。

ガラス張りのモダンな建物

世界の食文化に触れる　MAP 別冊P.44-B2

日本食研世界食文化博物館
にほんしょっけんせかいしょくぶんかはくぶつかん

日本食研の工場併設の博物館で、ブレンド調味料製造ライン中世ヨーロッパの宮廷食文化を紹介している。世界食文化博物館では世界の食文化を学ぶことができる。工場見学は要事前予約。

オーストリア、ウィーンのヴェルヴェデーレ宮殿をモチーフにしたKO宮殿工場

今治市にある お遍路札所

- 延命寺（第54番札所）
- 南光坊（第55番札所）
- 泰山寺（第56番札所）
- 栄福寺（第57番札所）
- 仙遊寺（第58番札所）
- 国分寺（第59番札所）

今治城
住 愛媛県今治市通町3-1-3
TEL 0898-31-9233
開 9:00～17:00　休 なし
料 天守520円（敷地内は無料）
交 JR今治駅から徒歩約20分。今治小松自動車道今治湯ノ浦ICから車で約15分　P あり（有料）

みなと交流センター「はーばりー」
住 愛媛県今治市片原町1-100-3
TEL 0898-36-1545　開 6:00～20:00（店舗により異なる）　休 なし　交 JR今治駅から徒歩約20分。今治小松自動車道今治湯ノ浦ICから車で約15分　P 有料225台

イベントをCHECK!

せとうちみなとマルシェ
海沿いのコンコース600mに渡って約100店舗（キッチンカーや雑貨など）が勢揃い。新鮮魚介や野菜も満載で、おみやげ探しにもってこい。
催 毎月第2・4日曜の9:00～14:00（時期により変動）

ローカルフードを中心とした店が出る

日本食研世界食文化博物館
住 愛媛県今治市富田新港1-3
TEL 0898-47-2281（問い合わせは平日9:00～12:00、13:00～16:00）
開 工場見学は火・水・木曜の10:00～11:30、庭園見学は土・日曜・祝日の9:00～16:00
休 変動あり。詳細はウェブサイトで要確認　料 工場見学は1000円、庭園見学は無料
交 JR今治駅からせとうちバス新居浜駅行きで約13分、バス停喜田村下車、徒歩約15分。今治小松自動車道今治湯ノ浦ICから車で約20分　P 30台

INFO 「せとうちみなとマルシェ」では音楽などのイベントも随時開催されている。

しまなみ海道を一望できる　MAP 別冊P.44-A1

糸山公園
いとやまこうえん

四国本土と大島に架かる来島海峡大橋のたもとにある。園内2ヵ所に展望台があり、島々と橋を一望できる。来島海峡展望館には地元特産品を扱うショップもある。眼下に広がる来島海峡は日本三大急潮のひとつ。潮の干満と海底の複雑な地形により引き起こされる潮流は時速10ノット（時速約18km）になるという。大島にある「道の駅 よしうみ いきいき館」からは遊覧船（→P.304）も出ている。

来島海峡展望館前の展望台。もうひとつの展望台へはここから徒歩10分ほど

国内外の名作が揃う　MAP 別冊P.44-A2

今治市玉川近代美術館
いまばりしたまがわきんだいびじゅつかん

今治市（旧玉川町）出身の実業家、徳生忠常が収集した美術品を寄贈して創立された美術館。収蔵点数約420点と規模は小さいものの、黒田清輝や藤島武二など日本の近代美術史に残る画家からピカソ、ダリ、ゴーギャン、シャガールなど海外の巨匠まで幅広いコレクションを誇る。1934（昭和9）年に今治市楢原山の奈良原神社で発見された国宝「伊予国奈良原山経塚出土品」も収蔵している。

日本や世界の巨匠たちの作品が見られる

旧日本軍の要塞跡　MAP 別冊P.44-A1

芸予要塞小島
げいよようさいおしま

来島海峡に浮かぶ周囲約4kmの小島で、古くは村上海賊の拠点であった。島内には日清戦争当時、のちの日露戦争を想定し建造された要塞が当時のままに残されている。観光ポイントは探照灯跡や発電所跡、南部砲台跡、弾薬庫跡、中部砲台跡、北部砲台跡など。各見どころを回る約1.8kmの「椿の遊歩道」があり、ゆっくり2時間ほどで巡ることができる。島内には釣り人や海水浴客も訪れる。

かつての砲台の跡などがそのままに残されている

糸山公園

住愛媛県今治市小浦町2-5-2
TEL0898-36-1541（今治市観光課）
開散策自由　料無料
交JR今治駅からせとうちバス小浦経由大浜行きで約22分、バス停展望台入口下車、徒歩約5分。今治小松自動車道今治湯ノ浦ICから車で約30分　P90台

今治市玉川近代美術館

住愛媛県今治市玉川町大野甲86-4　TEL0898-55-2738
開9:00～17:00（最終入館16:30）
休月曜（祝日の場合は翌日）
料520円　交JR今治駅からせとうちバス特急松山市駅行きで約15分、バス停玉川支所前下車、徒歩約8分。今治小松自動車道今治湯ノ浦ICから車で約20分
Pなし

芸予要塞小島

住愛媛県今治市来島小島
TEL0898-36-1118（今治駅前観光インフォメーションセンター）
開散策自由

小島への行き方

小島へのフェリー（渡し船）は波止浜港（MAP別冊P.44-A1）から出航。船は波止浜港～来島～小島～馬島（一部のみ）と周遊し波止浜港へ戻ってくる。波止浜港発7:05～18:30の1日10便、所要約10分。
TEL0898-41-8425（くるしま）
料波止浜港～小島220円

名物グルメ

焼豚玉子飯

今治を代表するB級グルメが、焼豚玉子飯。ご飯の上に焼豚と目玉焼きをのせた料理で、甘辛いたれをかけて食べる。白楽天が発祥の店。

白楽天 今治本店
MAP別冊P.44-A・B2
住愛媛県今治市常盤町4-1-19　TEL0898-23-7292
営11:00～14:30LO、17:00～21:00LO　休火曜

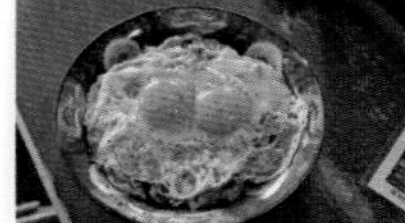
白楽天の焼豚玉子飯900円

INFO 今治市玉川近代美術館所蔵の国宝「伊予国奈良原山経塚出土品」の公開は期間限定。詳細は電話などで確認を。

日本古来の美術品を展示 MAP 別冊P.44-A・B2

今治市河野美術館

いまばりしこうのびじゅつかん

今治市の名誉市民・河野信一の寄贈により創立。平安時代から現代まで、俳人、画家、書家、茶人などさまざまな人物の絵巻物や屏風、掛け軸など約1万点を収蔵・展示。名だたる武将たちの書簡も興味深い。

建物の3・4階部分が展示スペースとなっている

今治市河野美術館
住 愛媛県今治市旭町1-4-8
TEL 0898-23-3810
開 9:00～17:00
休 月曜(祝日の場合は翌日)
料 310円
交 JR今治駅から徒歩約10分。今治小松自動車道今治湯ノ浦ICから車で約20分
P 36台

市を代表する自然&温泉スポット MAP 別冊P.44-A3

鈍川渓谷

にぶかわけいこく

木地川沿いに広がる渓谷。遊歩道があり、森と渓流を眺めながらハイキングが楽しめる。春は新緑、秋は紅葉と季節によりさまざまな美しさを見せてくれる。温泉地としても有名で、河畔に5軒の温泉宿が点在している。

渓谷沿いをハイキングしてみよう

鈍川渓谷
住 愛媛県今治市玉川町鈍川
TEL 0898-55-2211(今治市役所玉川支所 住民サービス課)
開 散策自由
交 JR今治駅から車で約30分。今治小松自動車道今治湯ノ浦ICから車で約25分
P 20台

▶▶ 伊予っこcolumn ◀◀

全国区のブランド、今治タオル

およそ130年前から、日本におけるタオル製造の中心として栄える今治市。現在、今治市には染色、織りなど200近くの工場が集まっている。今治産のタオルは「今治タオル」という名称のもとブランド化され、組合独自の品質基準を満たせばブランド商品として認定される。たとえば、今治タオル最大の特徴である吸水性。今治タオルブランドを名乗るためにはタオル片を水に浮かべて5秒以内に沈み始めるという基準を満たさなければならない。ブランド直営のショップ、今治タオル 本店に行けば、正真正銘の今治タオルブランド商品が購入できる。市内にはいくつものタオルメーカーがあり、なかにはファクトリーショップを併設しているところも。IKEUCHI ORGANICは、100%オーガニック素材のタオルを製造・販売する唯一無二のタオルメーカー。工場に併設してファクトリーストアがある（営業は月～金曜のみ）ので、ぜひ訪れてみて。

独自の基準をクリアしたものだけが「今治タオルブランド」を名乗れる

今治タオル 本店 MAP 別冊P.44-B2
住 愛媛県今治市東門町5-14-3
TEL 0898-34-3486
営 9:30～18:00
休 なし
交 JR今治駅から車で約10分。今治小松自動車道今治湯ノ浦ICから車で約15分
P 50台

今治タオル 本店ではさまざまなメーカーのタオルがずらり

IKEUCHI ORGANIC 今治ファクトリーストア
MAP 別冊P.44-A2
住 愛媛県今治市延喜甲762
TEL 0898-31-2255 営 9:00～17:00 休 土・日曜・祝日 交 JR今治駅から車で約10分。今治小松自動車道今治湯ノ浦ICから車で約20分 P あり

交通手段別に徹底解説!

しまなみ海道の交通案内

しまなみ海道の主要交通手段は、車、フェリー、バス、自転車の4つ。最も便利なのは車だが、フェリーや自転車で島々を回るのもおもしろい。

車

しまなみ海道観光で最も一般的な交通手段。島と島の間は一般道路は走っておらず、西瀬戸自動車道という自動車専用道路が島々の間を結んでいる。「しまなみ海道」とはこの自動車専用道路を指す。愛媛県と瀬戸内海を挟んだ向かい側の広島県を結び、南の終点は今治IC、北の終点は西瀬戸尾道ICだ。総距離は59.4km。途中には10のインターチェンジがある。現金利用の現金車、ETC利用のETC車のふたつの料金体系がある。ETC車の場合、平日と休日で料金が異なるので事前に確認しておこう。

しまなみ海道の通行料金(普通車)

今治IC発
～大島南IC
1940円、1050円、890円
～伯方島IC
2510円、1450円、1150円
～大三島IC
2830円、1690円、1340円
～生口島南IC
3560円、2040円、1680円
～因島南IC
3920円、2330円、1860円
～向島IC
4710円、2770円、2260円
～西瀬戸尾道IC
4920円、2950円、2310円
※料金は左から現金車、ETC車(平日)、ETC車(休日)

西瀬戸自動車道(しまなみ海道)のインターチェンジ

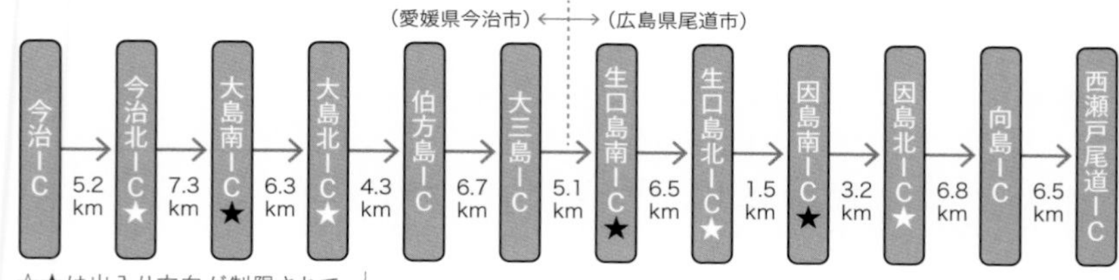

☆★は出入り方向が制限されているハーフIC。☆今治→尾道方面の場合、今治北、大島北、生口島北、因島北ICは入口専用。★大島南、生口島南、因島南ICは出口専用となっている。誤進入や通り過ぎにはくれぐれも注意。

フェリー

島には多くのフェリーや渡船が運航しているが、旅行者でも利用しやすいのは芸予汽船が運航する快速船と、今治港から大三島(宗方港)、さらに広島県大崎上島(木江港)を結ぶ大三島ブルーライン、同じく今治港～大三島(宗方港)～岡村島(岡村港)を結ぶ市営の今治市せきぜん渡船とびしま。

多くの船が発着する今治港

芸予汽船快速船のルート

今治(今治港) →約20分→ 大島(友浦港) →約15～20分→ 伯方島(木浦港) →約12分→ 岩城島(岩城港) →約7分→ 佐島(佐島港) →約6分→ 弓削島(弓削港) →約5分→ 生名島(生名港) →約5分→ 因島(土生港)

船会社

芸予汽船
TEL 0898-32-6712
URL geiyokisen.com
大三島ブルーライン
TEL 0898-32-6713
URL omishima-bl.net
今治市せきぜん渡船
TEL 0897-88-2111(関前支所住民サービス課)
URL www.city.imabari.ehime.jp/chiiki/tosen/sekizen.html

今治港

MAP 別冊P.44-B2

宗方港

MAP 別冊P.42-A2

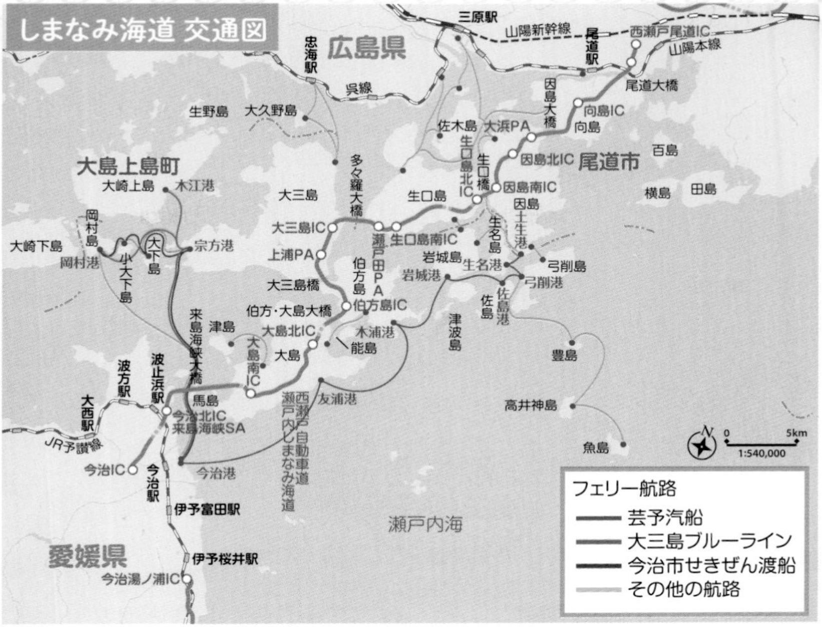

しまなみ海道 交通図

フェリー航路
- 芸予汽船
- 大三島ブルーライン
- 今治市せきぜん渡船
- その他の航路

バス

しまなみ海道を走るバスは、せとうちバスが運行。高速バスと路線バスの2種類があり、高速バスは「しまなみライナー」で、今治～広島県広島市を結ぶ路線と、今治から広島県福山市を結ぶ路線のふたつ。しまなみ海道の島々では乗車しかできないところがほとんどなので、島間の移動には不向き。島内の移動に使えるのはJR今治駅から市内を走りしまなみ海道の島々へと行く路線バス。馬島（1ヵ所）、大島（3ヵ所）、伯方島（1ヵ所）、大三島（5ヵ所）にバス停がある。一部のバスは松山市出発の特急バス。

せとうちバス
TEL 0898-23-3881
URL www.setouchibus.co.jp

馬島へ渡るには
四国本土と大島の間にある馬島には、高速のインターチェンジがない。自転車、徒歩、もしくは原付バイクならエレベーターを利用して島に降りることができる(→P.305)。なお、大島と伯方島の間にある見近島も同じ条件。

自転車

しまなみ海道は「サイクリストの聖地」と呼ばれることもあるほど、サイクリングが盛ん。橋を渡って島から島へと渡るサイクリングは、四国観光のハイライトだ。自転車道路は、高速のすぐ脇。つまり車と同じダイナミックな風景を、より臨場感たっぷりに楽しめるのだ。自転車は本格的サイクリストなら自分のロードバイクを持ってくるが、一般的なのはレンタサイクル。今治にはいくつかのレンタサイクルがあり、おすすめはしまなみレンタサイクル。しまなみ海道に10ヵ所のサイクルターミナルがあり、各所で貸し出し、返却ができる。例えば、今治で借りて大三島で返却、その後バスで今治に戻るという使い方もできるので、とっても便利。

自転車は必ず事前に予約しておくこと

サイクリング情報
URL shimanami-cycle.or.jp
レンタサイクルからルート立て、宿泊などしまなみ海道のサイクリングに関する情報を公開している。レンタサイクルショップは(→P.303)。

レンタサイクルは自転車の種類も豊富

INFO せとうちバスでは、自転車は輪行の場合のみ積載が可能だが、状況により断られてしまうこともある。

橋を渡って島から島へ！
しまなみ海道サイクリング

今治から広島県の尾道までつながるしまなみ海道は、サイクリスト憧れの場所！3つの橋を渡りふたつの島を巡るサイクリングに出発だ☆

レンタサイクルで気軽にチャレンジしてみよう

サイクリストの聖地
サイクリストたちをひきつけるしまなみ海道は、「サイクリストの聖地」として知られる。10月には「サイクリングしまなみ」という自転車の大会も開催される。

START!

カウンターで申し込みをする

9:00
❶ 来島海峡大橋のたもとでレンタサイクル！ 今治

まずは自転車を借りる。中央レンタサイクルターミナルで好きな自転車を選ぼう。今回は距離もあるので電動自転車をチョイス。

中央レンタサイクルターミナル
ちゅうおうれんたさいくるたーみなる
MAP 別冊P.44-A1
●DATAは（→P.303）

目の前には来島海峡を望むフォトスポットも

約3.5km 10分

9:10
❷ 全長約4.1km！来島海峡大橋を渡る 今治～大島

サイクリングロードのすぐ横が高速道路

出発したらいきなり、しまなみ海道最長の橋を渡る！ 距離も長く高低差もある最難所だ。橋の下には船が行き交い、途中には馬島へ降りるエレベーターも。橋塔は170mを超える巨大さで、迫力満点。

約2.8km 7分

9:20
❸ 道の駅に寄り道してさくっと腹ごしらえ 大島

来島海峡大橋を渡りきったら、大島へ到着。道の駅に立ち寄りして休憩を。外にある売店で人気のレモンソフトと鯛カツバーガーをぱくり。来島海峡の遊覧船もここから出るので、時間があればぜひ。

道の駅よしうみ いきいき館
みちのえき よしうみ いきいきかん
MAP 別冊P.42-B3
●DATAは（→P.304）

❶サイクルピットもある ❷瀬戸内レモンソフトクリーム（小）300円 ❸ランチや朝食にもぴったりな、はみ出し鯛カツバーガー650円

約5km 15分

ROUTE

今治 → 大島 → 大三島

START!
1 中央レンタサイクルターミナル ▶ 自転車 約10分
2 来島海峡大橋 ▶ 自転車 約7分
3 道の駅 よしうみ いきいき館 ▶ 自転車 約15分
4 Cafe Shozan ▶ 自転車 約25分
5 村上海賊ミュージアム ▶ 自転車 約42分
6 道の駅 多々羅しまなみ公園 ▶ 自転車 約9分
7 大三島 Limone ▶ 自転車 約30分
8 レストラン よし川 ▶ 自転車 約2分
9 大山祇神社 ▶ 自転車 約25分
10 ところミュージアム大三島 ▶ 自転車 約1分
11 今治市伊東豊雄 建築ミュージアム
GOAL!

10:00 大島

4 海の見えるカフェでスイーツ休憩♡

道の駅をあとにして、島内をチャリンコ散策。吉海地区の海辺にあるカフェでスイーツ休憩を。手作りケーキのお供には、自家焙煎のスペシャルティコーヒー。海を望むロケーションも最高！

Cafe Shozan

かふぇ しょーざん MAP 別冊P.42-B3

住愛媛県今治市吉海町福田119 TEL0897-72-8915 営10:00～16:00(15:00LO) 休火・水・木曜 交西瀬戸自動車道大島南ICから車で約7分 P4台

❶大きな窓から海と島々が一望できる ❷2種類のケーキとアイス、ドリンクがついたケーキセット950円。コーヒーは550円 ❸木造の外観もかわいい！

約6.7km 25分

11:00

5 大島をぐるり！村上海賊の博物館へ

大島

大島を横断し、かつて芸予諸島を中心に活躍した村上海賊について学べる博物館へ。14世紀から始まる歴史を解説。戦国時代の当主、村上武吉・景親親子が着用したという陣羽織も見られる。

大島北部に位置する

村上海賊ミュージアム

MAP 別冊P.42-B3

むらかみかいぞくみゅーじあむ

住愛媛県今治市宮窪町宮窪1285 TEL0897-74-1065 開9:00～17:00(最終入館16:30) 休月曜(祝日の場合は翌日) 料310円 交西瀬戸自動車道大島南ICから車で約13分 P50台

約14.1km 42分

12:15

6 橋を渡り大三島へ！道の駅でひと休み

大三島

全長1230mの伯方・大島大橋を渡って伯方島、さらに328mの大三島橋を渡り大三島へ到着。海沿いにある道の駅に立ち寄って、ドリンク休憩。目の前に多々羅大橋を望む眺めもグッド！

スカッシュジュース450円でのどを潤そう

道の駅 多々羅しまなみ公園

みちのえき たたら しまなみこうえん

MAP 別冊P.42-B2

●DATAは(→P.304)

多々羅大橋を望む「サイクリストの聖地の碑」で記念撮影

約3.3km 9分

12:45

7 島の特産品 レモンのお酒をおみやげに

大三島

無農薬栽培にこだわる柑橘農家の直営。自家栽培の柑橘を使ったアルコールやジュース、スイーツを販売している。自家製リモンチェッロやライムなど、四季ごとに味香の変わるリキュールが人気。

大三島 Limone

おおみしま りもーね MAP 別冊P.42-B2

住愛媛県今治市上浦町瀬戸2342 TEL0897-87-2131 営11:00～17:00 休火・金曜 交西瀬戸自動車道大三島ICから車で約6分 P5台

手書き看板！

❶人気の大三島リモンチェッロ2100円、オリジナル☆レモネード1280円など ❷住宅街の中にひっそりとたたずむ

約10.7km 30分

13:30

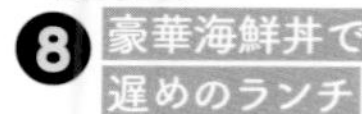

8 豪華海鮮丼で遅めのランチ

大三島

神社から参道を移動、一の鳥居そばの食堂でランチタイム。名物は、来島海峡で取れる新鮮な魚介を使った海鮮丼定食1500円。ウニやイクラたっぷりの三色丼もおすすめ。

レストラン よし川

MAP 別冊P.42-B2

れすとらん よしかわ

住愛媛県今治市大三島町宮浦5714-15
TEL0897-82-0392 営11:00〜14:30
休不定休 交西瀬戸自動車道大三島ICから車で約11分 P15台

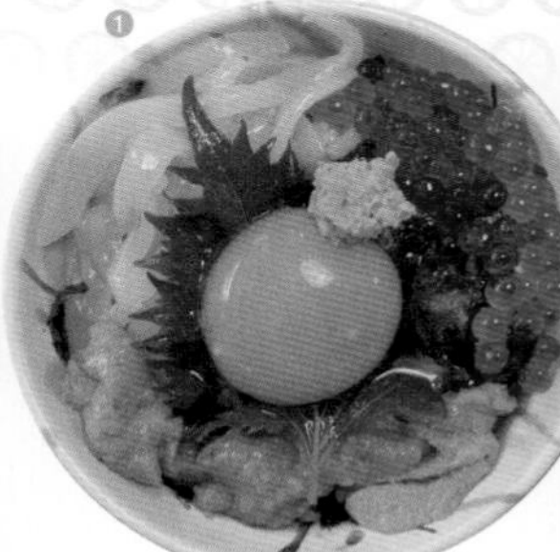

❶ウニ、イクラ、イカがたっぷりの三色丼定食2600円 ❷テーブルのほか小上がりもある ❸港のそばに店がある

約750m 2分

14:30

9 大三島を横断！島いちばんの聖地に参拝

大三島

❶大鳥居、総門をくぐった先に境内がある ❷国の重要文化財となっている拝殿 ❸天然記念物に指定されている大楠

アップダウンのある道を走り、島の反対側へ。594（推古天皇2）年創建、しまなみ海道でも最大の聖地である古社に参拝。境内を歩いたあとは、宝物館で甲冑などの国宝、重文の武具を見学したい。

大山祇神社

MAP 別冊P.42-B2

おおやまずみじんじゃ ●DATAは（→P.34）

約7.5km 25分

15:30

大三島

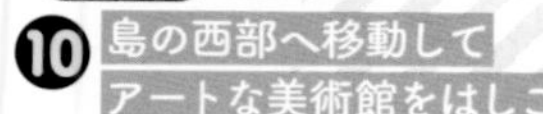

10 島の西部へ移動してアートな美術館をはしご

環状線を南下、海沿いに走り島の西部へ。海を見渡すロケーションにある現代アート美術館で、ノエ・カッツやジャコモ・マンズー、林範親（はやしのりちか）、深井隆など世界のアーティストの作品約30点を展示。

ところミュージアム大三島

ところみゅーじあむおおみしま

MAP 別冊P.42-A2

●DATAは（→P.306）

入口はノエ・カッツ作の『キッシング・ドア』

16:15

11 海を見下ろす建築博物館でフィニッシュ！

大三島

今治市伊東豊雄 建築ミュージアム

いまばりしいとうとよお けんちくみゅーじあむ

MAP 別冊P.42-A2 ●DATAは（→P.306）

旅の締めくくりは、日本の誇る現代建築家・伊東豊雄の建築博物館。敷地内には自身の作品を展示するスティールハット、大小7つのアーチ屋根があるシルバーハットというふたつの建物が立つ。

3つの展示室やテラスのあるシルバーハット

Check!

帰りはどうする？

自転車でそのまま戻るのもいいが、宗方港から出ている今治港行きのフェリーを利用するのもいい。今治市せきぜん渡船は1日4便あり、最終便は17:59。大三島ブルーラインは1日6便、最終は19:00。自転車の返却は今治駅前のサイクリングターミナルで。

大三島の宗方港

\ Check! /

しまなみ海道 サイクリングガイド

しまなみ海道のサイクリングに出かける前に、知っておきたい情報をひとまとめに！ レンタサイクルからルート立てまで参考にして。

自転車を借りる場所

自転車を借りられる場所は複数あるが、おすすめは「しまなみジャパン」直営のレンタサイクル。今治市内は来島海峡大橋のたもととJR今治駅前を含む5ヵ所。また今治〜尾道間に10のターミナルがあり、返却場所を自由に選択できる。

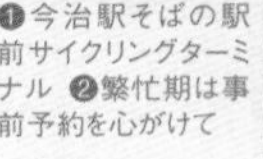

❶今治駅そばの駅前サイクリングターミナル ❷繁忙期は事前予約を心がけて

今治駅前サイクリングターミナル

MAP 別冊P.44-A2

いまばりえきまえさいくりんぐたーみなる

住愛媛県今治市北宝来町2-甲773-8 TEL0848-22-3911 営8:00〜20:00(12〜2月は8:00〜18:00、返却は終日可能) 休なし 交JR今治駅から徒歩約1分 Pなし

中央レンタサイクルターミナル

MAP 別冊P.44-A1

ちゅうおうれんたさいくるたーみなる

住愛媛県今治市砂場町2-8-1(サンライズ糸山隣り) TEL0848-22-3911 営8:00〜20:00(12〜2月は8:00〜18:00) 休なし 交JR今治駅から車で約20分 Pあり

自転車の種類

ヘルメットを必ず着用しよう！

一般的な自転車はこちらの3つ。ほかにキッズやチャイルドシート付き、2人乗りのタンデムバイク（中央ターミナルでのみ取扱い。乗り捨て不可）などもある。

シティサイクル

前にかごが付いた一般的なシティバイク。変速ギア付きで軽快に走れる。

料1日 3000円

クロスバイク

軽くスピードも速いスポーツ用のクロスバイク。1日たっぷり乗るならこれ。

料1日 3000円

電動アシスト付き おすすめ!

バッテリー＆モーターの力で進む。体力に自信のない人でもこれなら楽々。

料1日 4000円

ルートの立て方アドバイス

電動アシストなしの自転車の場合、初心者が1日に無理なく走行できる目安の距離は30〜40km程度。この距離を目安に、ルートを立てるといい。なお電動自転車なら坂道だって楽々。今治から尾道まで1日で走破することも可能だ。

❶広島県との国境にはこんな表示が ❷一般的なサイクリングルートにはブルーのラインが引いてある

休憩スポットについて

各島にある道の駅には必ずサイクルピットがあり、休憩に最適。トイレもあるので、見つけたら立ち寄るようにしたい。

駐輪場(サイクルピット)に自転車を停めよう

持っていくと便利なもの

汗を拭くタオル、運転途中に飲めるドリンクは必ず持っていくこと。サイクリングルートはほとんど日陰の場所がないので、日焼け止めも必携だ。

しまなみ海道の高低差と距離

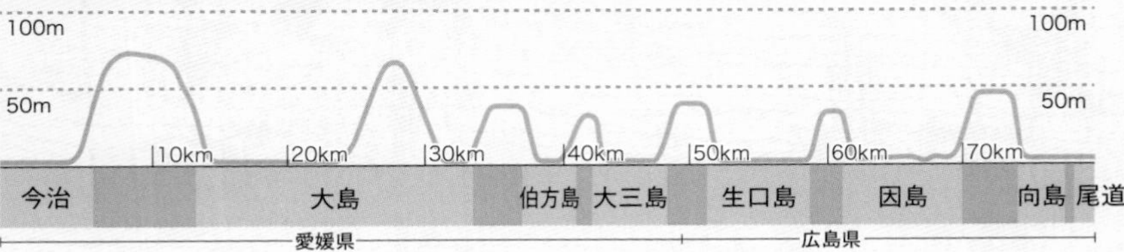

橋で結ばれた瀬戸内の群島域

しまなみ海道の島々

MAP 別冊P.42-44

行き方

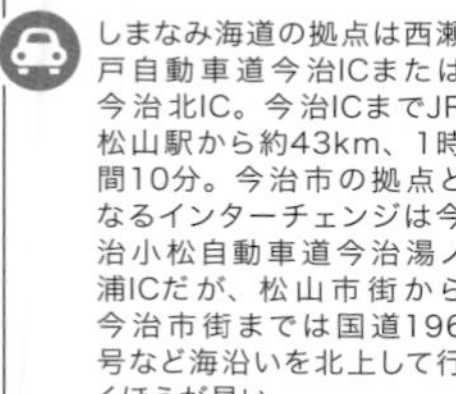

しまなみ海道の拠点は西瀬戸自動車道今治ICまたは今治北IC。今治ICまでJR松山駅から約43km、1時間10分。今治市の拠点となるインターチェンジは今治小松自動車道今治湯ノ浦ICだが、松山市街から今治市街までは国道196号など海沿いを北上して行くほうが早い。

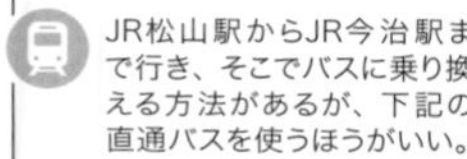

JR松山駅からJR今治駅まで行き、そこでバスに乗り換える方法があるが、下記の直通バスを使うほうがいい。

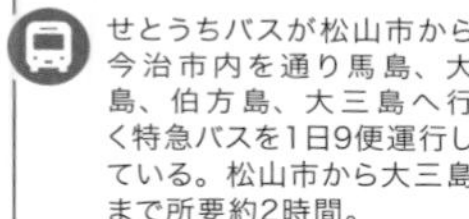

せとうちバスが松山市から今治市内を通り馬島、大島、伯方島、大三島へ行く特急バスを1日9便運行している。松山市から大三島まで所要約2時間。

観光案内所

各島にある道の駅で、観光情報を入手できる。

道の駅 よしうみ いきいき館
MAP 別冊P.42-B3
住 愛媛県今治市吉海町名4520-2
TEL 0897-84-3710　営 9:00～17:00
休 なし
来島海峡を渡ったたもと、国道317号にある。名物は、海を眺めながら食べる海鮮七輪BBQ。来島海峡の遊覧船も出る。

・来島海峡急流観潮船
MAP 別冊P.44-B1
TEL 0897-84-3710(道の駅 よしうみいきいき館)　運 9:00～16:00(2日前までに要予約)　料 1800円

道の駅 伯方S・Cパーク
MAP 別冊P.42-B2
住 愛媛県今治市伯方町叶浦甲1668-1　TEL 0897-72-3300
営 9:00～17:00　休 なし(1月上旬～3月中旬は木曜定休)
伯方島の国道317号沿い。海水浴場やテニスコートなどを併設。

道の駅 多々羅しまなみ公園
MAP 別冊P.42-B2
住 愛媛県今治市上浦町井口9180-2　TEL 0897-87-3866
営 9:00～17:00　休 なし(1月上旬～3月中旬は木曜定休)
大三島、多々羅大橋のたもと。産直市場やレストラン、フードコート、品揃え豊富な売店がある。

連なる島々が波のように見えることから、しまなみ海道と呼ばれるように

愛媛県今治市と広島県尾道市の間、瀬戸内海に浮かぶ島々を結ぶ道路が、しまなみ海道。正式名称は「西瀬戸自動車道」といい、高速道路で結ばれた7つの島々の総称として使われている。高速道路が全面開通したのは2006（平成18）年。以来本土と島々は11の橋でつながり、車のほか自転車でも行き来ができるようになった。7つの島々は芸予諸島に属し、中世以降は村上海賊（→P.452）の一大拠点として栄えた。美しい景色から村上海賊をはじめとする歴史・文化、アートにアクティビティまで、個性豊かな島々を巡るアイランドホッピングを楽しめる。

しまなみ海道の島々の歩き方

しまなみ海道を回るおもな交通手段としては車と路線バス、自転車だが、どれを選択するかで楽しみ方は大きく異なる。車ならいくつかの島を1日で回ることも可能だが、自転車だとひとつかふたつの島で精一杯となる。しまなみ海道は高速道路なので、車だと通行料金がかかり、インターチェンジで降りるたびに料金がかかるので、いくつかの島を周遊するならそれなりの金額が必要だ。自転車の場合は通行料金はかからない。自転車についての詳細は(→P.299・303)。バスは馬島、大島、伯方島、大三島にバス停があるが、便数が限られているので利用の際はあらかじめ時刻表を調べておくこと。

島と島を結ぶ橋を自転車で走ることができる

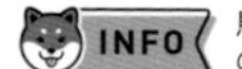

INFO 馬島にはグランピング施設の「GLAMPROOKしまなみ」があるほか、北端の来島洲ノ崎灯台、南端の馬島神社などが見どころ。

愛媛県側の島々

急流に囲まれた小さな島 MAP 別冊P.44-A1

馬島
うましま

来島海峡に浮かぶ小島。由来は、江戸時代に馬の放牧をしていたことから。面積0.5km²で、自転車で1時間あれば一周できる。目の前には来島海峡の急流が広がり、南側には「八幡潮」と呼ばれる渦潮が現れることも。

大部分が森に覆われているのどかな島

村上海賊の博物館がある MAP 別冊P.42-B3

大島
おおしま

来島海峡大橋を渡った先にある島。面積は41.89km²で、芸予諸島のなかでは大三島に次いで2番目に大きい。集落は吉海と宮窪の2ヵ所、また東部の友浦港には芸予汽船の港がある。最大の見どころは、宮窪地区にある村上海賊ミュージアム（→P.301）と来島海峡大橋の近くにある亀老山展望公園。村上海賊ミュージアムは、その名のとおり村上海賊についてのストーリーを学べる博物館。貴重な資料や出土品のほか、当時の船の模型なども展示している。館内は3階建てで、1階はライブラリーや講座室、2階が常設展示室、3階は展望室となっている。必見は常設展示室第5室の村上家記念室。修復された甲冑や村上武吉・景親親子が着用した陣羽織などが見られる。亀老山展望公園は島随一のビュースポットで、来島海峡や橋、晴れた日には遠く石鎚山まで一望のもと！ 吉海地区にはよしうみバラ公園があり、春と秋にはバラの花が満開に。5月にはバラ祭りが開催される。島内は、車なら2時間、自転車でも半日ほどあれば回れる。

来島海峡と行き交う船を一望できる亀老山展望公園

こちらもCHECK!

来島海峡SA
西瀬戸自動車道にあるサービスエリア。2019年にリニューアルし、伊東豊雄デザインの建物に生まれ変わった。
MAP 別冊P.44-A1
住 愛媛県今治市大浜町3-9-68
TEL 0898-25-2601
営 8:00～21:00（店舗により異なる） 休 なし

しまなみピンのオブジェは、人気のフォトスポット

馬島
住 愛媛県今治市馬島
TEL 0898-36-1541（今治市役所観光課） 交 インターチェンジはあるが、一般の車両は利用できない。自転車または原付でのみ上陸が可能。来島海峡大橋の第二と第三大橋の間にあるエレベーターで島へと下りる。

各島へのアクセス
大島、伯方島、大三島、生口島、因島、向島はそれぞれしまなみ海道のインターチェンジがある。詳細は（→P.298）。

大島

亀老山展望公園
住 愛媛県今治市吉海町南浦487-4
TEL 0897-84-2111（今治市役所吉海支所） 開 散策自由
交 西瀬戸自動車道大島南ICから車で約10分 P 18台

よしうみバラ公園
住 愛媛県今治市吉海町福田1292
TEL 0897-84-2111（今治市役所吉海支所） 開 4月1日～11月30日 9:00～16:00（最終入園15:45）
休 なし 交 西瀬戸自動車道大島南ICから車で約6分 P 100台

バラのシーズンには多くの観光客が訪れる

INFO 大島の亀老山展望台は、建築家・隈研吾のデザイン。自然景観を守るため、展望台を地中に配し木々で覆い尽くして、外からは見えないようになっている。

塩とイルカと絶景の島

MAP 別冊P.42-B2

伯方島
はかたじま

大島から伯方・大島大橋を渡った先。「伯方の塩」の発祥となる島で、かつては塩田による製塩業が盛んだった。見どころは、道の駅内のドルフィンファームしまなみや島の西にある展望スポットの開山公園など。

イルカと一緒に泳いでみよう！

芸予諸島最大の「聖なる島」

MAP 別冊P.42-B2

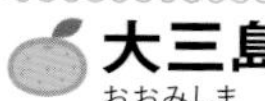

大三島
おおみしま

伯方島から、しまなみ海道の橋のなかでは唯一のアーチ橋となる大三島橋を渡った先。面積64.54km²、芸予諸島で最も大きな島だ。村上海賊が氏神としてあがめた大山祇神社（→P.34）があり「神の島」とも呼ばれる。島の中央には標高436mの鷲ヶ頭山（わしがとうさん）がそびえ、頂上からは芸予諸島の島々を一望できる。山頂へは車のほか安神山わくわくパークから大三島自然研究路を歩いていくこともできる（片道約2.5km、登り1時間30分）。なお車で通る道は細い林道でカーブも多いので注意。島の西、今治港からのフェリーが到着する宗方港のそばには、今治市伊東豊雄 建築ミュージアムとところミュージアム大三島（→P.302）がある。しまなみ海道のなかでは最もにぎやかな島で、見どころのほか食堂、おしゃれなカフェやショップも充実。

本殿のほか宝物館など見どころが詰まった大山祇神社

伯方島

ドルフィンファームしまなみ
住愛媛県今治市伯方町叶浦1673 TEL0897-72-8787 開9:00～17:00 休荒天時 料イルカ見学500円、ふれあい体験5500円、スイムコース9900円 交西瀬戸自動車道伯方島ICから車で約1分 P100台
イルカと触れ合うことのできる施設。ふれあい体験のほか、イルカと一緒に泳げるスイムコースもある。

開山公園
住愛媛県今治市伯方町伊方 TEL0897-72-1500（今治市役所伯方支所住民サービス課） 開散策自由 交西瀬戸自動車道伯方島ICから車で約8分 P150台

大三島

今治市伊東豊雄 建築ミュージアム
住愛媛県今治市大三島町浦戸2418 TEL0897-74-7220 開9:00～17:00 休月曜（祝日の場合は翌日） 料840円 交西瀬戸自動車道大三島ICから車で約25分 P7台

ところミュージアム大三島
住愛媛県今治市大三島町浦戸2362-3 TEL0897-83-0380 開9:00～17:00 休月曜（祝日の場合は翌日） 料310円 交西瀬戸自動車道大三島ICから車で約25分 P5台

▶▶ 伊予っこcolumn ◀◀

村上海賊ゆかりの島へ

大島と大三島からはそれぞれ村上海賊ゆかりの島へと渡ることができる。村上海賊三家のひとつである能島村上家は、大島の北西、鵜島の脇に浮かぶ能島を拠点としていた。島は最大時速18kmにもなる潮流が渦巻く天然の要塞。「瀬戸内しまなみリーディング」では土・日曜・祝日に能島に上陸するクルーズツアーを催行。上陸時間は約30分で、村上家の本拠地、能島城跡をガイドと一緒に回る。

また、大三島の東に浮かぶ古城島にある甘崎城跡は、671（天智天皇10）年頃に築かれたとされる日本最古の水軍城。戦国時代末期には来島村上家の重臣、村上善継の居城となった。島に渡る定期船やツアーはないが、4～7月の大潮の日の干潮時には潮が引いて陸地が現れる「海割れ」現象が起こり、海の道を通って島に上陸できる。

能島 MAP 別冊P.42-B3

能島上陸クルーズ
TEL0898-35-4886（瀬戸内しまなみリーディング） 催土・日曜・祝日の1日1～3便、所要約1時間15分 料2500円
ツアーは公式ウェブサイト（URL ehimesunsun.net/cn39/pg624.html）から要予約。

伯方・大島大橋から見下ろした能島

甘崎城跡
MAP 別冊P.42-B2
TEL0897-87-3000（今治市役所上浦支所住民サービス課） 開散策自由

「伯方の塩の工場」は、伯方島と大三島（MAP 別冊P.42-B2）の2ヵ所にある。大三島工場では製造工程の見学や塩つくり体験もできる。

広島県側の島々

地図片手にパブリックアートを回る

MAP 別冊P.43-C2

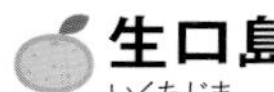

生口島
いくちじま

キャッチコピーは「レモンとアートの島」。多々羅大橋のたもとには「レモン谷」と呼ばれる一面のレモン畑が広がる。5月中旬にはレモンの花、12月頃には黄色く熟したレモンの実が見られる。また、島の西部にある瀬戸田地区を歩くと、いたるところでパブリックアートを見かける。これは「島ごと美術館」というプログラムで、現在17作品が展示されている。アートマップも配布している。

レモンの実る頃にはさわやかな香りに包まれるレモン谷

生口島

レモン谷

住 広島県尾道市瀬戸田町垂水
TEL 0845-27-0051(瀬戸田観光案内所)
開 散策自由
交 西瀬戸自動車道生口島南ICから車で約6分
P あり

因島村上家が拠点とした島

MAP 別冊P.43-C1

因島
いんのしま

村上海賊三家のうちのひとつ、因島村上氏が南北朝から戦国時代にかけて拠点とした島。観光ポイントも村上海賊関連が多く、最大の見どころは村上海賊の資料館でもある因島水軍城。もともとこの場所に城郭はないため、建物は後年に資料館として建造されたもの。本丸は水軍資料館で、因島村上氏の資料や文化財を展示している。そのほかの観光スポットとしては標高226mの白滝山にある五百羅漢など。

城の天守閣を再現した因島水軍城

因島

因島水軍城

住 広島県尾道市因島中庄町3228-2
TEL 0845-24-0936
開 9:30～17:00(最終入城16:30)
休 木曜(祝日の場合は翌日)
料 330円
交 西瀬戸自動車道因島南ICから車で約8分
P 50台

白滝山・五百羅漢

住 広島県尾道市因島重井町
TEL 0845-26-6212(因島しまおこし課)
開 参拝自由
交 西瀬戸自動車道因島南ICから車で約15分
P あり

橋を渡った先は尾道市街

MAP 別冊P.43-C1

向島
むかいしま

今治から来た場合、しまなみ海道の島々の最後を飾る島。北の尾道水道を隔てた先は本州の尾道だ。島の中央にある高見山展望台からは、しまなみ海道の島々が一望できる。また、映画『時をかける少女』など大林宣彦監督の尾道作品ロケ地も島内に点在。なお、尾道市街との間に架かる2橋のうち、新尾道大橋は自転車通行ができず、尾道大橋も道幅が狭いため、移動は渡船利用が推奨されている。

島内やしまなみ海道を眺めるなら、高見山展望台へ

向島

高見山展望台

住 広島県尾道市向島町
TEL 0848-38-9184(尾道市観光課)
開 散策自由
交 西瀬戸自動車道向島ICから車で約10分
P あり

INFO 生口島のレモン谷のそばには、レモンをテーマにしたオブジェが点在。記念撮影にもってこい。

ドライブでも、サイクリングでもOK！

ゆめしま海道を1DAY 満喫♪

上島町にある4つの島をつないだ橋の道・ゆめしま海道は、Nextしまなみ海道として今話題。1日ドライブで、島を走ろう。ルートはそれほど長くはないので、自転車でもOK。

ゆめしま海道とは？

弓削島、佐島、生名島、岩城島の4つの島を結ぶ3つの橋をつないだルートのこと。2022年3月に岩城橋が完成し、全線開通した。

岩城島
岩城橋
生名島
生名橋
弓削島
ゆめしま海道
弓削大橋
佐島

生名島にある生名橋記念公園から生名橋を見渡す

ゆめしま海道 ドライブ1日モデルコース

弓削島、佐島、生名島、岩城島へのフェリーは出発地、到着地もさまざま。まずは出発港とフェリーを決め、そのあとルートを考えるのが肝心だ。今回は弓削島からスタート！

START!

❶ フェリーに乗って因島から弓削島へ！ 弓削島

今回は因島発、弓削島着のカーフェリーを利用。到着は上弓削港。まずは弓削島探索に出発！

約2.8km 7分

フェリーは上弓削港に到着する

自転車道路、わかりやすい！

❷ 島の北へ移動して防波堤アートと絶景を見る 弓削島

景色のよい海沿いの道をひたすら走り、島の北へと移動。北の端っこには馬立の鼻という景勝地がある。馬立の鼻の少し手前にある防波堤アート「天の花」にも立ち寄って、記念撮影するのを忘れずに！

防波堤アート「天の花」 MAP 別冊P.43-C2
ぼうはていあーと「そらのはな」 開散策自由 Pスペースあり

馬立の鼻 うまだてのはな MAP 別冊P.43-C2
住愛媛県上島町弓削久司浦408 開散策自由 Pスペースあり

❶瀬戸内かみじまアートプロジェクト2019の一環として描かれた防波堤アート「天の花」❷弓削島の北の端にある馬立の鼻

約5.7km 11分

3 島の素材たっぷり！カフェランチを堪能 弓削島

レモンポークや摘み菜など、上島町の食材を使った料理が味わえるカフェでランチ。レモンポーク丼は、甘辛いたれが豚肉とベストマッチ！弓削島の海苔や塩なども販売。

しまでCafe

しまでかふぇ MAP 別冊P.43-C2
住愛媛県上島町弓削下弓削830-1 TEL0897-77-2232
営9:30～17:00(16:30LO)
休火曜 交下弓削港から徒歩約7分 Pあり

約2km 3分

❶人気のレモンポーク丼900円。島のレモンを食べさせた豚肉を使用 ❷下弓削地区の集落にある ❸弓削の塩など島の特産品も販売している

4 橋を渡って佐島上陸 弓削島ビューの展望台へ 佐島

弓削島から佐島へ渡ってすぐ。正面に弓削島を望むビューポイントで休憩。正面に久司山がそびえる弓削島の地形がよくわかる。

東屋やトイレもあり、休憩にぴったり

ゆめしま海道佐島展望所

ゆめしまかいどうさしまてんぼうしょ MAP 別冊P.43-C2
住愛媛県上島町弓削佐島31 開散策自由 Pあり

展望所から弓削島を一望！

約4.1km 7分

5 島の守り神である巨大な立石 生名島

次の橋を渡り、生名島へ。上陸して少し走った場所にあるパワースポットへ。ここは、小説『悪名』のモデルで男装の女傑・麻生イトが造った日本庭園。巨岩と小さな社がある。

背後にはハイキングトレイルがあり、立石山の山頂まで登れる

三秀園・メンヒル

MAP 別冊P.43-C2
さんしゅうえん・めんひる 住愛媛県上島町生名立石
TEL0897-77-2128(上島町教育委員会)
開散策自由 Pあり

約10.5km 30分

6 瀬戸内の島々を見渡す絶景スポット 岩城島

岩城島へ渡り、島いちばんのビュースポットへ。車で頂上付近まで行けるが自転車の場合はかなりきつい。麓からハイキングもでき、所要約1時間30分で山頂まで上れる。春の桜の名所としても知られる。

積善山

MAP 別冊P.43-C2
せきぜんざん 住愛媛県上島町岩城
開散策自由 P10台

❶桜のシーズンには車両の通行が制限される ❷頂上には眺めのいい展望台がある

約5.2km 22分

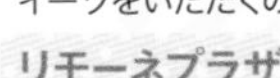

7 青いレモンの島のおみやげをゲット！ 岩城島

GOAL!

今治からのフェリーが到着する岩城港そばにあるみやげ物店。店内には、岩城島の特産である青いレモンを使ったおみやげがたくさん！併設のカフェでスイーツをいただくのも◎。

リモーネプラザ

りも一ねぷらざ MAP 別冊P.43-C2
住愛媛県上島町岩城1427-2
TEL0897-75-3277 営8:30～17:00
休地元祭礼日 交岩城港から徒歩約1分 P10台

❶カフェも併設 ❷島産のレモンをそのまま搾ったいわぎレモン果汁453円 ❸レモンカード(レモンバタージャム)777円 ❹レモンの酸味が効いたすっきりレモネード259円 ※価格は直売所小売価格

ルートについて

上記ルートは車だと合計2時間ほどで、1日あればほかのスポットを回ることもできる。自転車だと3～4時間ほど。アップダウンがあるので、体力に自信のない人は電動アシスト付き自転車を使おう。自転車は島でもレンタル可能（→P.311）。

大小25の離島からなる

上島町 かみじまちょう

MAP 別冊P.43

人口 6148人 面積 30.38㎢

行き方

上島町の島々へはフェリーでしか行くことができない。ルートは以下の6つ。

①今治～弓削島
今治港を出港、大島や伯方島を経由し岩城島、佐島、弓削島、生名島に寄港し因島まで行く(→P.298)。
運航:芸予汽船
TEL0898-32-6712 URLgeiyokisen.com
運1日7便、今治港から岩城島まで所要約50分 **車:**× **自転車:**○
料今治港～岩城島1360円～
※一部の便は自転車搭載不可

②因島(広島県)～生名島
因島の土生港と生名島の立石港を結ぶ。便数も多く値段も安い。
運航:生名フェリー
URLwww.town.kamijima.lg.jp/site/access/5639.html
運6:15～23:05の1時間に1～4便、所要約3分 **車:**○ **自転車:**○
料旅客70円、車320円～

③因島(広島県)～弓削島
因島の家老渡港と弓削島の上弓削港を結ぶ。便数も多く値段も安い。
運航:家老渡フェリー
TEL0845-22-4463 URLkarouto-ferry.com 運6:40～21:00の1時間に2～3便、所要約5分 **車:**○ **自転車:**○ 料旅客100円、車630円～

④生口島(広島県)～岩城島
生口島の洲江港と岩城島の小漕港を結ぶ。
運航:三光汽船
TEL0845-28-0035 URLsankohkisen.jp
運6:40～20:10の1時間に2～3便、所要約7分 **車:**○ **自転車:**○
料旅客150円、車850円～

⑤三原(広島県)～因島～生名島
広島県の三原港から因島の土生港などを経由し生名島の立石港まで行く。車搭載不可。
運航:土生商船
TEL0845-22-1337 URLhabushosen.jp
運1日11便、因島(土生港)から生名島まで所要約3分 **車:**× **自転車:**○ 料旅客210円(土生～生名)、1500円(三原～生名)

⑥因島～弓削島～豊島～高井神島～魚島
因島の土生港から弓削島の下弓削港、さらに豊島、高井神島、魚島を結ぶ唯一のフェリー。
運航:ニューうおしま
URLwww.town.kamijima.lg.jp/site/access/5640.html
運1日4便、弓削島まで所要約10分、豊島まで30分、高井神島まで50分、魚島まで約1時間 **車:**× **自転車:**○
料土生港～弓削島(250円)～豊島(590円)～高井神島(810円)～魚島(1010円)

岩城島の積善山からの眺め。桜のシーズンは3月下旬～4月上旬頃

しまなみ海道の東、瀬戸内海に浮かぶ7つの有人島と18の無人島からなる町。うち4つの島々(弓削島、生名島、岩城島、佐島)に架かる3本の橋を結ぶルートはゆめしま海道(→P.308)と呼ばれている。島ならではののどかな風情が残り、多島域ならではの景観は「日本で最も美しい村」連合にも選ばれている。町花は桜で、春には町内の各地で咲き誇る姿が見られる。特に有名なのは、岩城島の積善山の三千本桜。開花時には多くの観光客が押し寄せ、普段のどかな島もこの時ばかりはおおいににぎわう。

上島町の歩き方

7つの有人島のうち、弓削島、生名島、岩城島、佐島は橋でつながっているので、車や自転車で簡単に観光できる。各島内はそれほど広くないので、車なら1日あればくまなく回れる。自転車でも日帰り観光は可能だが、今治からは行くまでに時間がかかるので難しい。各島には民宿などの宿泊施設もあるので、1泊してゆっくりするのもおすすめ。その他フェリーで行ける3つの島(魚島、豊島、高井神島)もそれぞれ日帰りは可能だが、ゆめしま海道やしまなみ海道の島々などで1泊したほうがいい。魚島、高井神島にも1軒ずつ宿泊施設がある。

3つの橋で4つの島を行き来できる

INFO 町外から自転車を船に持ち込む場合、事前にサイクルフリー券をダウンロード(URLwww.kamijima.info/pdf/kamijima_cycle_free.pdf)しておけば、搭載料金が無料になる。

おもな見どころ

ゆめしま海道の中心　MAP 別冊P.43-C2

弓削島
ゆげじま

橋でつながるゆめしま海道の島々のなかで最も東にあり、周囲18km、面積8.61km²は上島町の有人島のなかで2番目に大きい。フェリーが到着する港は上弓削港、下弓削港の2ヵ所で、集落もこのふたつの港の周辺に広がっている。上弓削には古い町並みが残り、鎌倉時代には京都の東寺の荘園として塩を献上し「塩の荘園」と呼ばれていた。島は南北に細長く、くびれたあたりの下弓削地区の東海岸線に法王ヶ原という景勝地がある。数多くの青松が植えられた先は松原海水浴場が広がっている。ほかにも、島の北端にある防波堤アート「天の花」や久司山展望台などの観光スポットに、SUPなどのマリンアクティビティや昔ながらの藻塩づくりなどの体験まで楽しみは多彩。上島町のなかでは最もにぎやかで飲食店や宿泊施設も多いので、ランチや宿泊の際はこの島を拠点とするとよい。

松林の向こうに海が見える法王ヶ原

青いレモンと造船業の島　MAP 別冊P.43-C2

岩城島
いわぎじま

ゆめしま海道の島々の最も西に位置し、海を隔てて広島県の生口島と向かい合う。面積8.95km²、周囲13.8kmで、上島町の有人島のなかでは最も大きい。島の主要産業は造船業。また緑色のまま収穫されるレモンは島の名産で、通称「青いレモンの島」とも呼ばれている。岩城島のレモンは防腐剤やワックスを使用しないため皮のまま食べられ、収穫時期である11～5月頃には島のあちこちで見かけることができる。いわぎ物産センター直営の「リモーネプラザ」では、このレモンを使ったジャムやシロップなどを販売している。最大の見どころは、島の中央にある積善山。山の斜面を3000本もの桜が覆い、展望台からは「天女の羽衣」とも形容される風景が一望できる。島には西部海水浴場もあり、夏には海水浴客でにぎわう。飲食店や宿泊施設もあるので、1泊するのもおすすめ。

トイレやシャワーを備えた西部海水浴場

観光案内所

上島町観光協会（弓削島）
MAP 別冊P.43-C2
住 愛媛県上島町弓削下弓削1037-2　TEL 0897-72-9277
開 8:30～17:15　休 なし　P あり

サイクリングについて
尾道や今治でレンタサイクルして持ってくるのもいいが、島内にも港のそばにレンタサイクルのターミナルが4つある。

せとうち交流館（弓削島）
TEL 0897-72-9277
立石港務所（生名島）
TEL 0897-76-2224
岩城観光センター（岩城島）
TEL 0897-75-3277
魚島観光センター（魚島）
TEL 0897-78-0020

弓削島

交 今治港、因島からフェリーが運航。今治港からの芸予汽船と因島からのニューうおしまは下弓削港、因島からの家老渡フェリーは上弓削港に到着する。便数や料金は上島町の行き方を参照

上弓削地区にある高濱八幡神社

こちらもCHECK!

昔ながらの藻塩づくりを体験
弓削島周辺の海水やヒジキ、アマモなどの藻を平釜で炊き上げる、昔ながらの塩作りを行っている弓削の荘。島内のショップでおみやげ用の塩を販売しているほか、工房見学&体験もできる。

弓削の荘
MAP 別冊P.43-C2
TEL 0897-72-9200　営 10:30～12:00、13:30～16:00　休 不定休
・工房見学&体験
催 営業時間中随時、所要1時間～1時間30分 1週間前までに要予約。予約は0897-77-2232(しまでCafe)へ　料 1000円

岩城島

交 今治港、生名島からフェリーが運航。今治港からの芸予汽船のフェリーは島南部の岩城港、生口島からの三光汽船は島北部の小漕港に到着する。便数や料金は上島町の行き方を参照

INFO 上島町観光協会では、SUPやシーカヤック、ヨットセーリング、電動キックボードなどのアクティビティツアーを催行している。詳しくは公式ウェブサイト（URL kamijima.info／ecotour）で確認を。

のどかな風情が残る島

MAP 別冊P.43-C2

佐島

さしま

ゆめしま海道では東から2番目。面積2.67km²、周囲9.8km。集落は芸予汽船のフェリーが発着する佐島港の周辺。サイクリングロードのUターンブルーラインや極太眉毛の仁王像のある西方寺などの珍スポットが見どころとなっている。

古い民家を改装したカフェもある

ゆめしま海道の玄関口

MAP 別冊P.43-C2

生名島

いきなじま

ゆめしま海道の西から2番目にある島。面積3.67km²、周囲10kmの小さな島。佐島とつながる橋のたもとには生名橋記念公園があり、ゆめしま海道と書かれた石碑の前は写真スポットとして有名。集落は港の周辺にある。

生名島の立石港付近

アニメと漫画ファンがやってくる

MAP 別冊P.43-D2・3

高井神島

たかいかみしま

ゆめしま海道の島々のさらに南東。面積約1.34km²で、集落には人気の漫画やアニメの壁画が描かれており、写真を撮るために来島するファンも多い。島の北部にある関道神社からは豊島や弓削島が見渡せる。

有名漫画、アニメの壁画がずらり

村上水軍の財宝伝説が残る

MAP 別冊P.43-D3

魚島

うおしま

高井神島の東約3kmに浮かぶ島で、面積は約1.34km²。ヒラメの仲間であるデベラ漁で有名。国の重要文化財に指定されている篠塚広重の宝篋印塔(ほうきょういんとう)のある亀井八幡神社や村上水軍の財宝伝説のある篠塚公園などが見どころ。

漁港にはタコ漁で使う蛸壺が並んでいる

佐島

交 今治港からフェリーが運航。到着は佐島港。詳細は上島町の行き方を参照

西方寺

MAP 別冊P.43-C2

住 愛媛県上島町弓削佐島263

TEL 0897-77-3960　開 参拝自由

極太眉毛は檀家の総代が少しでも強く見えるようにと描いたのだそう

生名島

交 今治港、因島からフェリーが運航。今治港からの芸予汽船のフェリーは島南部の生名港、因島からの生名フェリー、土生商船のフェリーは北の立石港に到着する。詳細は上島町の行き方を参照

高井神島

交 因島からニューうおしまのフェリーが運航。便数や料金は上島町の行き方を参照

魚島

交 因島からニューうおしまのフェリーが運航。便数や料金は上島町の行き方を参照

こちらもCHECK!

現代アートの島

弓削島と高井神島の間に浮かぶ豊島（とよしま）。島内には期間限定で公開される現代美術館、THE TOYOSHIMA HOUSEがあり、ドイツの現代アーティスト、ゲルハルト・リヒターの『14枚のガラス／豊島』が展示されている。2023年の公開時期は9月2～30日の土・日曜・祝日。紹介は公式ウェブサイト（URL gendaiart.hp.peraichi.com）で。

豊島

MAP 別冊P.43-D2

交 因島からニューうおしまのフェリーが運航。便数や料金は上島町の行き方を参照

佐島の集落は、ゆめしま海道の島々のなかでも特に風情のある場所。素朴な雰囲気にひかれた移住者も多い。近年は古民家を改装したカフェやゲストハウスもできた。

霊山・石鎚山を抱く鉱業都市 MAP 別冊P.17

西条市 さいじょうし

人口 10万1298人 面積 510.04㎢

南は西日本最高峰の石鎚山（1982m）をはじめとする石鎚山系の山々がそびえ、北は瀬戸内海に面する。市街には「うちぬき」と呼ばれる地下水が湧き、日本の名水百選にも選ばれている。かつては鉱業が盛んで、市内にいくつも銅山を抱えていたがすべて廃鉱。現在では今治市と並ぶ愛媛随一の工業都市として知られている。

夕暮れ時の石鎚山。西条市のシンボル的存在だ

行き方

JR松山駅から中心部まで約54km、約1時間。拠点となるインターチェンジは松山自動車道いよ西条IC。

JR松山駅からJR伊予西条駅までJR予讃線特急しおかぜ、いしづちで約1時間。

西条市にある お遍路札所

- 横峰寺（第60番札所）
- 香園寺（第61番札所）
- 宝寿寺（第62番札所）
- 吉祥寺（第63番札所）
- 前神寺（第64番札所）

おもな見どころ

四国最大の鉄道博物館 MAP 別冊P.17-C1

鉄道歴史パーク in SAIJO
てつどうれきしぱーく いん さいじょう

JR伊予西条駅に隣接した施設。実物の鉄道車両やジオラマを展示する四国鉄道文化館（北館・南館）、「新幹線の生みの親」と呼ばれる十河信二を顕彰する十河信二記念館、観光交流センターの4つからなる。

初代0系新幹線やDF50形ディーゼル機関車1号機などの車両6両が見られる

鉄道歴史パーク in SAIJO
住愛媛県西条市大町798-1
TEL0897-47-3855
開9:00～17:00（最終入館16:30）
休水曜（祝日の場合は翌日）
料300円（四国鉄道文化館のみ）
交JR伊予西条駅から徒歩約1分。松山自動車道いよ西条ICから車で約15分
P50台

建築家・浦辺鎮太郎設計の博物館 MAP 別冊P.17-C1

愛媛民藝館
えひめみんげいかん

江戸時代の西条藩の旧陣屋跡、堀に囲まれた一角にある建物。四国唯一の民芸博物館で、丹波、信楽、伊万里などの陶磁器から木工品、竹細工まで地元四国を中心に日本各地の美しい民芸品を2000点余り収蔵。

向かって右が愛媛民藝館、左が西条郷土博物館

愛媛民藝館
住愛媛県西条市明屋敷238-8
TEL0897-56-2110
開9:00～17:00（最終入館16:30）
休月曜（祝日の場合は翌日休）、祝日の翌日
料無料
交JR伊予西条駅から徒歩約15分。松山自動車道いよ西条ICから車で約15分
P10台

民芸ファン必見の博物館

▶▶ 伊予っこcolumn ◀◀

西条市の名水巡り

西条市には3000本を超える自噴井がある。江戸時代中期から昭和にかけて、西条市では鉄の棒を地面に打ち込み、そこへ竹の筒を入れることで地下水を確保した。この工法で作られた井戸のことを「うちぬき」と呼ぶ。現在でも工業・生活用水として使われており、市内の各所で自由に水をくむことができる。水くみ場が特に集中しているのが、JR伊予西条駅の周辺。散策がてら名水をくんで回るのも楽しい。

西条市総合文化会館横の水くみ場

INFO 「愛媛民藝館」と同じ建物内には、西条藩にまつわる資料や生活道具などを展示する「郷土博物館」も入っている。

住友グループの企業城下町

MAP 別冊P.15・17

新居浜市 にいはまし

人口 11万2325人 面積 234.47㎢

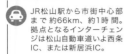

行き方

JR松山駅から市街中心部まで約66km、約1時間。拠点となるインターチェンジは松山自動車道いよ西条IC、または新居浜IC。

JR松山駅からJR新居浜駅までJR予讃線特急しおかぜ、いしづちで約1時間10分。

観光案内所

新居浜市観光物産協会
MAP 別冊P.17-C1
住 愛媛県新居浜市坂井町2-3-45
TEL 0897-32-4028
開 9:00〜17:00(土・日曜・祝日は10:00〜16:00)
休 なし

交通INFO

市内路線バス
せとうちバスが路線バスを運行。バスは新居浜市内のほか今治市、西条市、四国中央市にも路線がある。

ドライブプラン

- 新居浜IC
  ↓ 約13分
- あかがねミュージアム
  ↓ 約12分
- 日暮別邸記念館
  ↓ 約15分
- 愛媛県総合科学博物館
  ↓ 約12分
- 新居浜広瀬歴史記念館（→P.316）
  ↓ 約11分
- マイントピア別子（→P.318）
  ↓ 約3分
- 別子ライン（→P.316）
  ↓ 約40分
- 別子山ふるさと館（→P.316）

山あいに造られた別子銅山。ガイドツアーなどで構内を見学できる

瀬戸内を代表する工業都市。江戸時代、のちの住友財閥となる住友家により別子銅山が開発され、その後住友グループの企業城下町として発展を続けた。1973（昭和48）年に別子銅山は閉鉱したが、現在は一部が「マイントピア別子」（→P.318）という観光施設となっている。もうひとつの名物は、毎年10月16日から3日間にわたり開催される新居浜太鼓祭り（→P.100）。徳島の阿波おどり、高知のよさこい祭りと並ぶ四国三大祭りのひとつで、太鼓台と呼ばれる巨大な山車が市内を練り歩く。

新居浜市の歩き方

新居浜市は、市街地と郊外で大きく様子が変わる。市街地は瀬戸内海の臨海地区で、中心はJR新居浜駅。海のそばは工業地区で、住友グループとその協力企業の工場が並ぶ。南へと足を延ばすと一転、山深い緑の森が広がる。市街地から南へ下るのは県道47号で、市内最大の見どころであるマイントピア別子も通り沿いにある。マイントピア別子からさらに南に行くと、別子ラインというドライブルート。これより先は進むほどに険しい峠道になる。マイントピア別子から最奥にある別子山ふるさと館までは車で50分ほど。ここを過ぎると道路は県道6号となり、お隣の四国中央市へと続く。

瀬戸内海に面した工業都市。町の外には大自然が広がる

INFO マイントピア別子の南、「鹿森ダム（MAP 別冊P.17-C1）」の手前には360度のループ橋で知られる青龍橋がある。トンネルや急カーブが連続する狭い山道を解消するために建造された。

おもな見どころ

「創る・学ぶ・育む」がコンセプト　MAP 別冊P.17-C1

あかがねミュージアム
あかがねみゅーじあむ

JR新居浜駅前にある複合文化施設。外壁には銅版が張られており、銅山とともに発展した新居浜ならではの建築物となっている。中心となるのは新居浜市美術館。ほか新居浜太鼓祭りで使われる実物の太鼓台が見られる太鼓台ミュージアムや新居浜市の歴史や文化を解説するにいはまギャラリー、ミュージアムカフェ&ショップ、250人収容の多目的ホール、太鼓祭りのVR映像などを上映するシアター、野外ステージなどを備えている。

市民の文化発展の場として活用されている

あかがねミュージアム
住 愛媛県新居浜市坂井町2-8-1
TEL 0897-31-0305
開 9:30～17:00(新居浜市美術館、太鼓台ミュージアム、にいはまギャラリー)
休 月曜(祝日の場合は翌平日)
料 無料(企画展がある場合は別途入場料が必要。料金は展示によって変動)
交 JR新居浜駅から徒歩約1分。松山自動車道新居浜ICから車で約13分
P 有料59台(サービス券あり)

世界最大級のプラネタリウム　MAP 別冊P.17-C1

愛媛県総合科学博物館
えひめけんそうごうかがくはくぶつかん

全面ガラス張りの円錐形エントランスが特徴的。館内には世界最大級、直径30mのドームスクリーンを誇るプラネタリウムがあり、CGを駆使した大迫力の映像で宇宙空間を投影している。上映は1日3～5回で、所要約45分。プログラムは時期によって変わりウェブサイト（URL www.i-kahaku.jp）で確認できる。常設展は建物の3・4階で、自然館、科学技術館、産業館に大きく分かれる。展示のほか体験コーナーも多数ある。

大人から子供まで楽しめる展示や体験がたくさん!

愛媛県総合科学博物館
住 愛媛県新居浜市大生院2133-2
TEL 0897-40-4100
開 9:00～17:30(最終入館17:00)
休 月曜(祝日の場合は翌日、第1月曜は開館、翌火曜休)
料 540円
交 JR新居浜駅からせとうちバス西条済生会病院前(総合科学博物館経由)行きで約25分、バス停総合科学博物館下車、徒歩約1分。松山自動車道いよ西条ICから車で約5分
P 320台
プラネタリウム
料 540円

風格ある明治期の洋風建築物　MAP 別冊P.17-C1

日暮別邸記念館
ひぐらしべっていきねんかん

1906（明治39）年、住友家15代当主・住友吉左衛門友純が四阪島に築いた別邸。当時新居浜では、銅製錬の際に排出される亜硫酸ガスが煙害問題を引き起こしていた。それを解決するために製錬所を四阪島に移転。日暮別邸は、その製錬所が見渡せる場所に建築された。100年以上の時を経て新居浜市に移築・復元され、現在は煙害克服の歴史を伝える資料館として公開中。設計者は明治期を代表する建築家・野口孫市。

明治建築の風格を伝えるたたずまい

日暮別邸記念館
住 愛媛県新居浜市王子町1-11
TEL 0897-31-5017
開 9:00～16:30
休 月曜・祝日(祝日が日曜の場合は開館)
料 無料
交 JR新居浜駅から車で約15分。松山自動車道新居浜ICから車で約20分
P 50台

レトロモダンな雰囲気の館内

INFO 「あかがね」とは銅のこと。あかがねミュージアムの銅板は流線型の外観に合わせて美しくカーブした銅板が約2万2500枚(約42トン)も使われている。

銅山の近代化について知る　MAP 別冊P.17-C1

新居浜市広瀬歴史記念館
にいはましひろせれきしきねんかん

幕末から明治において、別子銅山の近代化を進めた広瀬宰平(ひろせさいへい)の業績をたたえる記念館。実物資料やパネル等で近代化の歴史を解説する展示館と、明治中期に建築され別子銅山の賓客を迎える迎賓館を兼ねた旧広瀬邸からなる。

旧広瀬邸の庭園は国の名勝に指定されている

新居浜市広瀬歴史記念館
住愛媛県新居浜市上原2-10-42
TEL0897-40-6333
開9:30～17:30（最終入館17:00）
休月曜、祝日の翌日　料550円
交JR新居浜駅から車で約20分。松山自動車道新居浜ICから車で約15分　P約50台

旧広瀬邸は国の重要文化財に指定されている

港に面したレジャー施設　MAP 別冊P.15-C・D3

みなとオアシスマリンパーク新居浜
みなとおあしすまりんぱーくにいはま

全長約300mの人工ビーチや四国最大級のマリーナのある海洋公園。BBQ&キャンプ場や多目的・イベント広場などを備えている。海水浴シーズンは7～8月で、この時期にはビーチに海の家も出てにぎわう。

ヤシの木が並び、南国ムードを盛り上げる

みなとオアシスマリンパーク新居浜
住愛媛県新居浜市垣生3丁目乙324
TEL0897-46-4100
開4～9月8:30～18:30、10～3月8:30～17:00
休火曜（祝日の場合は翌日）
料無料（施設利用は別料金）
交JR新居浜駅から車で約15分。松山自動車道新居浜ICから車で約20分
P150台

渓谷沿いのドライブルート　MAP 別冊P.17-C1

別子ライン
べっしらいん

国領川上流域の渓谷に沿う県道47号は、「別子ライン」と呼ばれるドライブルート。約10kmに及び、車窓から渓谷美を眺めながらの爽快ドライブが楽しめる。名前はドイツのライン川が由来。

渓谷沿いに延びるドライブルート

別子ライン
住愛媛県新居浜市立川地区
TEL0897-65-1261（新居浜市役所観光物産課）
開通行自由
交JR新居浜駅から車で約20分。松山自動車道新居浜ICから車で約15分
Pあり（マイントピア別子駐車場利用）

別子銅山の歴史を学ぶ　MAP 別冊P.17-D1

別子山ふるさと館
べっしやまふるさとかん

県道47号の最奥にある、旧別子山に関する資料館。かつて銅山で使われていた器具の展示や、別子山周辺にすむ動物の剥製なども展示してある。建物の裏には甌穴(おうけつ)群が見られる銅山川が流れており、散策が楽しい。

山奥の里山風景のなかにたたずむ

別子山ふるさと館
住愛媛県新居浜市別子山345-1
TEL0897-64-2305
開4～9月10:00～17:00、10～3月10:00～16:00
休火曜・祝日
料無料
交JR新居浜駅から車で約1時間。松山自動車道新居浜ICから車で約45分
P5台

周辺の自然や動物についての展示がある

日本一の紙生産を誇る町 MAP 別冊P.10・12

四国中央市 しこくちゅうおうし

人口 7万9570人　面積 421.24㎢

愛媛県の瀬戸内海沿いに広がる工業都市のひとつ。なかでも製紙産業が盛んで、2022年発表の統計によると生産高は17年連続全国1位と「紙の町」の名がふさわしい。平野部は瀬戸内海沿いの一部のみで、ほとんどが高原や山地となっている。また松山自動車道、高松自動車道、徳島自動車道、高知自動車道と4つの高速道路の結節地で、交通の要衝となっている。

具定展望台（MAP 別冊P.10-A1）からは日本夜景遺産に登録された夜景が見られる

行き方

JR松山駅から約96km、約1時間20分。拠点は松山自動車道三島川之江IC。

JR松山駅からJR伊予三島駅や川之江駅までJR予讃線特急しおかぜ、いしづちで約1時間30分。

四国中央市にある お遍路札所

◆三角寺（第65番札所）

おもな見どころ

春は菜の花、秋はコスモスの名所 MAP 別冊P.10-A1

翠波高原
すいはこうげん

翠波峰の南斜面にある高原地帯。四国中央市の市街から瀬戸内海、四国山脈までを一望できる。春は菜の花、夏から秋にかけてはコスモスが咲き誇り、それぞれイベントも開催されている。

菜の花と周囲の山々が織りなす風景が美しい

瀬戸内海の眺めがすばらしい MAP 別冊P.12-A3

川之江城
かわのえじょう

瀬戸内海を望む高台に築かれた平山城（ひらやまじろ）。伊予、讃岐、土佐の国境に近いため何度も戦の舞台となった。最初は仏閣であったとされ、別名「仏殿城」とも呼ばれる。城は一度廃城となったが、1984（昭和59）年に復元。

春の桜の名所としても知られる。天守閣上には海を見下ろす展望台も

紙の町のすべてがわかる MAP 別冊P.12-A3

紙のまち資料館
かみのまちしりょうかん

「紙の町」ならではの資料館。製紙産業を元に発展した町の歴史や紙の製造工程を紹介している。市内で作られた紙製品の展示もあるほか、体験コーナーではオリジナルの手漉き紙を作ることができる。

紙の細工品も展示している

翠波高原
住 愛媛県四国中央市金砂町平野山乙306-1
TEL 0896-28-6187（四国中央市役所 観光交通課）　開 散策自由
交 JR伊予三島駅から車で約25分。松山自動車道三島川之江ICから車で約30分　P 170台

川之江城
住 愛媛県四国中央市川之江町1087-4　TEL 0896-28-6267
開 9:00～16:00
休 月曜（祝日の場合は翌平日）
料 100円　交 JR川之江駅から徒歩約17分。松山自動車道三島川之江ICから車で約15分　P 10台

紙のまち資料館
住 愛媛県四国中央市川之江町4069-1　TEL 0896-28-6257
開 9:00～16:00
休 月曜、祝日の翌日　料 無料
交 JR川之江駅から徒歩約11分。松山自動車道三島川之江ICから車で約10分　P 7台

名物グルメ

霧の森大福

四国中央市の特産品といえば、農薬に頼らず栽培される新宮茶。霧の森菓子工房では、「香り高さ日本一」といわれる新宮茶の菓子を販売。看板商品は、霧の森大福1箱1296円。

霧の森菓子工房 新宮本店
MAP 別冊P.10-A1
住 愛媛県四国中央市新宮町馬立4491-1
TEL 0896-72-3111
営 10:00～17:00
休 月曜（祝日の場合は翌日）

大福の中にはクリーム、こしあんが入っている

INFO 霧の森菓子工房は、松山にも支店がある。霧の森大福をはじめ各種スイーツが購入できる。（MAP 別冊P.41-D2 住 愛媛県松山市大街道3-3-1 TEL 089-934-5567 営 9:30～17:30 休 第4月曜）

銅山についての歴史を学ぶ

産業遺産、別子銅山を探検

1691（元禄4）年から1973（昭和48）年まで、283年にわたって採掘が行われた別子銅山。現在、採鉱本部跡はマイントピア別子という観光施設となっている。

端出場ゾーン

1930（昭和5）年から閉山まで、鉱山本部がおかれた場所。マイントピア別子本館があり、周囲には坑道や発電所などの産業遺産が残る。

PIONT 01

旧端出水力発電所

銅山の近代化を支えた、1912（明治45）年建造の水力発電所。2023年3月から公開を開始。当時の機器を用いて発電の仕組みを解説する。

鉱山のテーマパーク MAP 別冊P.17-C1

マイントピア別子 端出場ゾーン

まいんとぴあべっし はでばぞーん

別子銅山の端出場跡地にある道の駅。建物の2階には端出場駅があり、ここから観光列車に乗って観光坑道の入口まで行ける。地元の特産品売り場やレストラン、温泉のほか、砂金採りなどの体験施設もある。

住愛媛県新居浜市立川町707-3　TEL0897-43-1801
開9:00～17:00　休なし(2月に臨時休館あり)　交JR新居浜駅からせとうちバスマイントピア別子行きで約20分、終点下車、徒歩約1分。松山自動車道新居浜ICから車で約7分　P400台

鉱山観光　開春休み～11月9:00～17:00、12月～春休み10:00～17:00(最終受付15:50)　休なし(2月に臨時休館あり)　料1300円

れんが造りの建物

PIONT 02

観光坑道

鉱山について学べる体験遊学ゾーン

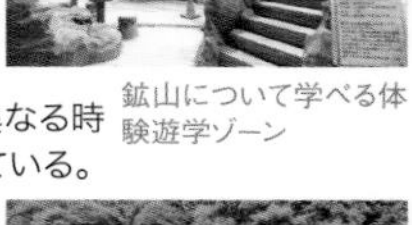

元火薬庫を利用した観光用の坑道。全長約333m内に、開坑当時と近代、異なる時代の鉱山の様子を再現している。

PIONT 03

坑道観光列車

途中には赤い鉄橋を渡る箇所も

端出場駅と観光坑道を結ぶ列車。乗車時間は約4分で、新居浜出身の声優・水樹奈々のガイドテープが聴ける。

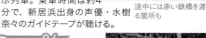

PIONT 04

第四通洞

内部には入ることができない

1915（大正4）年貫通の坑道。全長4596mで、探鉱通洞を合わせると全長約10km。運搬の中心となっていた。

・観光エリアはふたつ

鉱山は徐々に麓へと坑道を広げた。2番目に本部がおかれたのが東平、次が端出場。観光ポイントはこの2ヵ所。

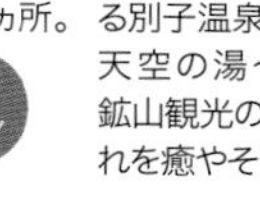

・その他の施設

端出場には道の駅マイントピア別子の本館が立つ。注目は4階にある別子温泉〜天空の湯〜。鉱山観光の疲れを癒やそう。

入浴料は600円

・東平へのバスツアー

東平には自家用車でも行けるが、道が狭くすれちがうのもひと苦労。自信のない人はバスツアーを利用しよう。

催11:00、13:00発、約2時間
料1500円

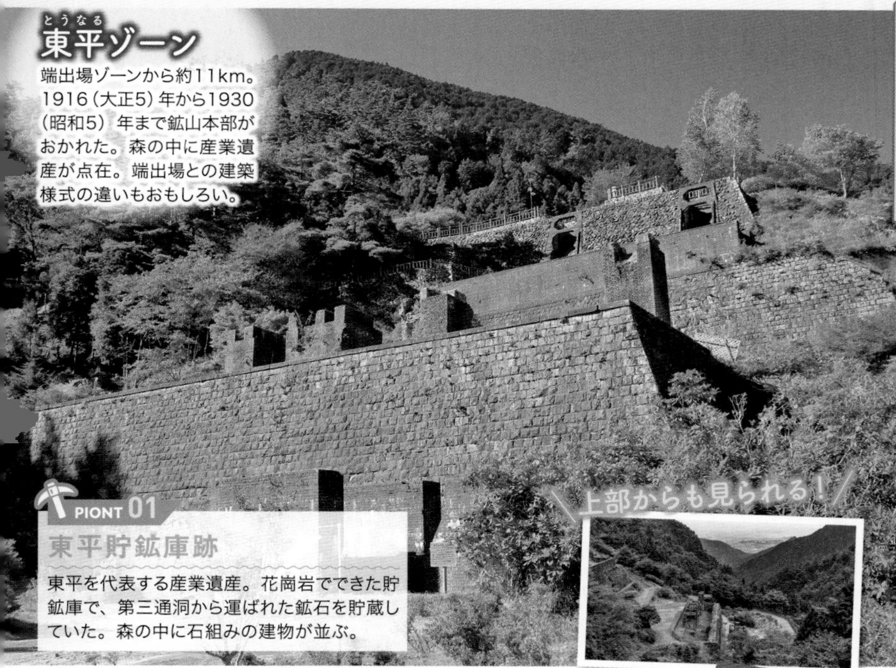

東平(とうなる)ゾーン

端出場ゾーンから約11km。1916(大正5)年から1930(昭和5)年まで鉱山本部がおかれた。森の中に産業遺産が点在。端出場との建築様式の違いもおもしろい。

PIONT 01

東平貯鉱庫跡

東平を代表する産業遺産。花崗岩でできた貯鉱庫で、第三通洞から運ばれた鉱石を貯蔵していた。森の中に石組みの建物が並ぶ。

上部からも見られる!

PIONT 02

旧東平第三変電所

第三通洞の中を走っていた坑道電車や住宅に電気を供給していた施設。1904(明治37)年に完成した。

赤レンガ造りの建物で、内部見学可

PIONT 03

東平歴史資料館

別子銅山の歴史や銅の採掘などを紹介している博物館。往事の東平の鉱山町を再現したジオラマも必見。

入館料は無料で見学できる

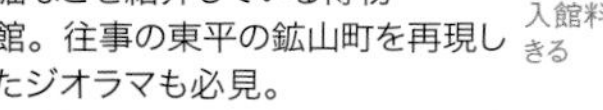

PIONT 04

小マンプ

かつてあった東平の電車乗り場から第三通洞へつながるふたつのトンネルのうち、短いほうを小マンプという。

実際に使われた運搬機器を展示

天空の鉱山跡地

3〜11月OPEN!

マイントピア別子 東平ゾーン

まいんとぴあべっし とうなるぞーん MAP 別冊P.17-C1

標高約750mにある産業遺産。森の中に石造りの建物が並ぶ様子から「東洋のマチュピチュ」と呼ばれる。かつては学校や神社まである鉱山の町として栄えた。敷地内には当時の生活様式を伝える資料館もある。

住愛媛県新居浜市立川町654-3 TEL0897-43-1801(マイントピア別子) 開3〜11月の10:00〜17:00 休資料館は月曜休館、12〜2月は閉山(冬季通行止めのため) 料無料 P65台

敷地内は徒歩で回る

リアス海岸をもつ南予の中心地

MAP 別冊P.20・22-23・45

宇和島市 うわじまし

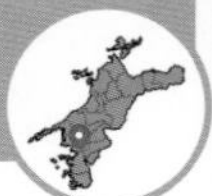

人口 6万6385人 面積 468.16㎢

行き方

JR松山駅から中心部まで約90km、約1時間30分。拠点となるインターチェンジは松山自動車道宇和島朝日IC。

JR松山駅からJR宇和島駅までJR予讃線特急宇和海で約1時間20分。

伊予鉄松山市駅前から宇和島自動車の宇和島バスで約2時間。

観光案内所

宇和島市観光情報センター
MAP 別冊P.45-D3
住 愛媛県宇和島市丸之内5-1-4
TEL 0895-49-5700
開 9:00～18:00
休 なし

交通INFO

市内路線バス
宇和島バスが路線バスを運行している。ルートは全部で8つで、市内線のほか大洲や八幡浜、鬼北など周辺の市町村へ行くバスもある。

ドライブプラン

- 宇和島朝日IC
  ↓ 約5分
- 宇和島城
  ↓ 約1分
- 宇和島市立伊達博物館
  ↓ 約1分
- 名勝 天赦園（→P.322）
  ↓ 約6分
- 宇和島市立歴史資料館（樺崎砲台跡）
  ↓ 約45分
- 遊子水荷浦の段畑（→P.323）
  ↓ 約45分
- 岩松の町並み（→P.322）
  ↓ 約5分
- 日本庭園 南楽園（→P.322）

リアス海岸の豊かな漁場に囲まれた宇和島市

愛媛県南部、南予地方の中心都市。江戸時代には宇和島伊達藩10万石の城下町として栄えた。その居城である宇和島城は、日本全国でも12しかない現存天守をもつ城として有名。市の大部分が山地となっていて、わずかな平地に住宅地が密集している。西は宇和海に面し、沿岸部は複雑なリアス海岸を形成している。穏やかな海では真珠貝や鯛の養殖が行われ、陸地では柑橘類の栽培が盛ん。宇和島城をはじめとする歴史・文化に、宇和海の離島巡りなどさまざまな楽しみが詰まっている。

宇和島市の歩き方

町の中心となるのはJR宇和島駅。市内を南北に走る国道56号に沿うように市街は広がっており、見どころの多くはこの周辺に点在している。宇和島城、宇和島市立伊達博物館、天赦園はいずれもJR宇和島駅から徒歩圏内にあるため、散歩がてら歩いて回ることも可能。鉄道やバスで到着したなら、午前中はこれら駅周辺の見どころを訪問し、その後郊外へと足を延ばすといい。路線バスも走ってはいるが便数は限られているため、くまなく回るなら車は必須となる。日振島など離島へ行くなら1日がかり。景色を眺めるだけなら盛運汽船の遊覧チケットを利用するのがいい。

JR宇和島駅の前にはSL車両が展示されている

INFO 宇和島市の高田には稲中（いなか）、三間町には土居中（どいなか）という地名がある。

おもな見どころ

現存天守を有する宇和島のシンボル　MAP 別冊P.45-D3

宇和島城
うわじまじょう

関ヶ原の戦いの翌年の1601（慶長6）年、築城の名手である藤堂高虎により築城された。藤堂高虎がその後今治へと転封となると入れ替わりに仙台藩主・伊達政宗の長男である秀宗が宇和島藩10万石の藩主として入城した。天守は1666（寛文6）年、宇和島伊達家2代宗利の時代に改修されたもの。独立式層塔型3重3階で、当時の姿を今もとどめる貴重な現存天守。城郭内は公園として整備され、天守も一般に公開されている。

甲冑レプリカの展示もある

堂々たる現存天守。周囲には桜の木などが植えられている

伊達家歴代の収蔵品を展示　MAP 別冊P.45-D3

宇和島市立伊達博物館
うわじましりつだてはくぶつかん

伊達政宗の長男・秀宗を藩祖とする宇和島伊達家の貴重な文化遺産の中から、武具甲冑、婚礼調度品、古文書類などを選定し年5回入れ替えて展示する。隣接する7代藩主・宗紀が築庭した国指定名勝の天赦園も見どころのひとつ。

伊達家歴代の収蔵品が見られる

擬洋風建築を利用した資料館　MAP 別冊P.45-C2

宇和島市立歴史資料館・樺崎砲台跡
うわじましりつれきししりょうかん・かばさきほうだいあと

1884（明治17）年建造の旧宇和島警察署の建物を利用した資料館。擬洋風建築で、隅(すみ)合掌(がっしょう)や蕪束(かぶらづか)など特徴的な工法が見られる。そばには江戸時代後期に外国艦隊迎撃のため建造された樺崎砲台跡がある。

建物自体も見どころとなっている

宇和島市にある
お遍路札所
◆龍光寺（第41番札所）
◆仏木寺（第42番札所）

宇和島城
住愛媛県宇和島市丸之内
TEL0895-22-2832
開3～10月6:00～18:30(天守は9:00～17:00)、11～2月6:00～17:00(天守は9:00～16:00)
休なし
料天守200円(城郭内は無料)
交JR宇和島駅から徒歩約10分。松山自動車道宇和島朝日ICから車で約4分　P有料46台

宇和島市立伊達博物館
住愛媛県宇和島市御殿町9-14
TEL0895-22-7776
開9:00～17:00(最終入館16:30)
休火曜(祝日の場合は翌日)
料500円
交JR宇和島駅から徒歩約20分。松山自動車道宇和島朝日ICから車で約5分　P15台

宇和島市立歴史資料館
住愛媛県宇和島市住吉町2-4-36
TEL0895-23-2400　開9:00～17:00
休火曜(祝日の場合は翌日)
料無料　交JR宇和島駅から徒歩約18分。松山自動車道宇和島朝日ICから車で約2分　P10台
樺崎砲台跡
住愛媛県宇和島市住吉町2
TEL0895-23-2400
開散策自由

名物グルメ
太刀魚巻焼き
宇和海の夏～秋は、タチウオのシーズン。脂ののった身を竹に巻き付けたれを付け焼き上げる太刀魚巻焼きは宇和島市吉田町の名物。
元祖 河合太刀魚巻店
MAP別冊P.23-C3
住愛媛県宇和島市吉田町魚棚28
TEL0895-52-0122
営10:00～売切れ　休不定休

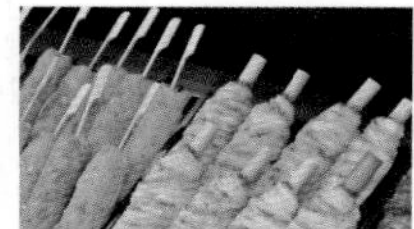
炭火で香ばしく焼き上げる。1本800円

竹・藤・菖蒲の名庭園　MAP 別冊P.45-C3

名勝 天赦園
めいしょう てんしゃえん

宇和島藩7代藩主・伊達宗紀の隠居後の住まいとして建造した庭園。池を中心に園路を巡らせる池泉回遊式庭園で、周辺には伊達家の家紋にちなんだ18種類の竹が植えられている。藤棚や花菖蒲など季節の花も見どころ。

池に面していくつかの建物が立っている

名勝 天赦園
住愛媛県宇和島市天赦公園
TEL0895-22-0056
開4～6月8:30～17:00、7～3月8:30～16:30
休12月第2月曜～2月の月曜（祝日の場合は翌日）　料500円
交JR 宇和島駅から徒歩約20分。松山自動車道宇和島朝日ICから車で約6分　P30台

藤の開花シーズンは4月頃

四国最大規模の日本庭園　MAP 別冊P.20-A1

日本庭園 南楽園
にほんていえん なんらくえん

ふたつの池を中心とした池泉廻遊式庭園。面積15万3322㎡の園内には季節の花々が植えられ、1年を通じて観賞できる。特に有名なのは、5月下旬～6月上旬が見頃の花菖蒲。幸迎橋などのパワースポットもある。

花菖蒲の時期には「南楽園花菖蒲まつり」が開催される

日本庭園 南楽園
住愛媛県宇和島市津島町近家甲1813
TEL0895-32-3344
開9:00～17:00
休なし
料310円
交JR宇和島駅から宇和島自動車バス福浦（掛網代）行きで約40分、バス停南楽園前下車、徒歩約1分。松山自動車道津島高田ICから車で約10分
P530台

古い町並みをそぞろ歩く　MAP 別冊P.20-A・B1

岩松の町並み
いわまつのまちなみ

宇和海へと注ぐ岩松川の河口付近に広がる岩松地区は、かつて山海の特産品を扱う港町として栄えた。明治から昭和にかけて建てられた古い町並みが見られる。昭和の文豪・獅子文六が作品のモデルにした。

ゆっくり1時間もあれば見て回れる

岩松の町並み
住愛媛県宇和島市津島町岩松
TEL0895-32-2721（宇和島市役所津島支所）
交JR宇和島駅から宇和島自動車バス岩松または福浦（掛網代）行きで約30分、バス停岩松下車、徒歩約3分。松山自動車道津島高田ICから車で約5分
Pあり

▶▶ 伊予っこcolumn ◀◀

宇和島の闘牛を見にいこう！

宇和島では昔から闘牛が盛んだった。最盛期は大正時代後半から昭和初期にかけてで、周辺の村々には必ずと言っていいほど小さな闘牛場があり、農閑期や祭事の際の娯楽として闘牛大会が開催されてきた。1975（昭和50）年にはドーム型の宇和島市営闘牛場が完成、現在でも年4回の闘牛大会が開催されている。

迫力満点の闘牛

宇和島市営闘牛場　MAP 別冊P.45-D2　住愛媛県宇和島市和霊町1-496-2　TEL0895-25-3511
催年4回（2023年は1/2、5/3、8/14、10/15）　料前売り2500円、当日3000円　交闘牛大会当日はJR宇和島駅から無料送迎バスが運行。松山自動車道宇和島朝日ICから車で約7分　P500台

耕して天に至る

MAP 別冊P.22-B3

遊子水荷浦の段畑

ゆすみずがうらのだんばた

宇和島の中心部からリアス海岸を走ること約40分、岬の斜面を埋め尽くす段々畑が見えてくる。麓から見ると巨大な石垣のよう。畑の合間の道を歩いて上部へ行けば、魚鱗のように連なる段々畑が一望できる。

おもにジャガイモが栽培されており、収穫期前の3月頃は緑が広がる

遊子水荷浦の段畑
住愛媛県宇和島市遊子水荷浦2323-3
TEL0895-62-0091(NPO法人段畑を守ろう会)
開散策自由
交JR宇和島駅から車で約40分。松山自動車道宇和島南ICから車で約30分
P20台
麓には「だんだん茶屋」という食事処と特産品売り場がある。(食事処は要予約)

水と岩が生んだ自然の芸術

MAP 別冊P.23-C3

薬師谷渓谷

やくしだにけいこく

山深い薬師谷川の渓流部にある薬師谷渓谷。遊歩道が設けられており、ハイキングができる。見どころは遊歩道の途中にある岩戸の滝、雪輪の滝やひょうたん型の滝つぼがある大ひょうたん、小ひょうたんなど。

落差7mほどの岩戸の滝。巨大な岩の中央を滝が流れている

薬師谷渓谷
住愛媛県宇和島市薬師谷
TEL0895-49-5700(宇和島市観光情報センター)
開散策自由
交JR宇和島駅から宇和島バス薬師谷渓谷行きで約30分、バス停薬師谷渓谷下車、徒歩約10分で遊歩道の入口。松山自動車道宇和島南ICから車で約10分
P25台

全国的に有名な磯釣り場

MAP 別冊P.22-A3

日振島

ひぶりじま

宇和島港の沖約28kmに浮かぶ人口約500人の有人島。面積約4km²ほどの小さな島だが、入り組んだ海岸線の景観が美しく、海蝕洞や岩礁群なども見られる。島内には喜路(きろ)、明海(あこ)、能登(のと)という3つの集落があり、それぞれの集落に宇和島港からのフェリーが寄港する。明海には設備の整った日崎海水浴場があり、また磯釣りや一本釣り目当てに訪れる釣り人も多い。宇和島から日帰りで訪れる人も多いが、各集落には数軒の民宿があるので宿泊してのんびりするのもおすすめ。平安時代に朝廷に反旗を翻した藤原純友の根城があったことでも知られ、反乱は同時期に平将門が関東で起こした乱と合わせて承平天慶の乱と呼ばれている。

夏にはたくさんの海水浴客でにぎわう

日振島
住愛媛県宇和島市日振島
TEL0895-49-5700(宇和島市観光情報センター)
交宇和島新内港(MAP 別冊P.45-C3)から盛運汽船の高速艇「しおかぜ」が1日3便運航、所要40分～、大人片道2080円。普通船「しらさぎ」が1日1便運航、所要2時間10分～2時間50分、大人片道1420円。

こちらもCHECK!

観光遊覧切符「ぐるりうわ海」
宇和海には日振島のほかにもいくつもの島が浮かぶ。有人島と半島部に盛運汽船の定期便が運航している。観光遊覧切符「ぐるりうわ海」は、定期便をクルーズ船として利用するお得な切符。ルートは日振島行き、蒋淵・戸島・嘉島行き、戸島・嘉島・日振島行きの3つから選択可能。島での途中下船はできないものの、船上から望むリアス海岸と沖に浮かぶ島々は一見の価値あり。
盛運汽船
TEL0895-22-4500　料2100円ほか

INFO 薬師谷渓谷では、夏の間駐車場のそばの店でそうめん流しが楽しめる。

持続可能な観光に取り組む

MAP 別冊P.23-24・45

大洲市 おおずし

人口 3万8403人　面積 432.12㎢

行き方

JR松山駅から中心部まで約55km、約1時間。拠点となるインターチェンジは松山自動車道大洲IC。城下町エリアへは松山自動車道大洲肱南ICが近い。

JR松山駅からJR伊予大洲駅までJR予讃線特急宇和海で約34分。普通列車だと約1時間10分。

伊予鉄松山市駅から宇和島自動車の宇和島バスで約1時間。

観光案内所

伊予大洲駅観光案内所
MAP 別冊P.23-C1
住 愛媛県大洲市中村119
TEL 0893-57-9161
開 9:00～18:30　休 なし
JR伊予大洲駅横にある観光案内所。レンタサイクルも行っている。

まちの駅あさもや
MAP 別冊P.45-D1
住 愛媛県大洲市大洲649-1
TEL 0893-24-7011　開 9:00～18:00
休 なし
観光案内所のほか特産品の販売も行っている。城下町を歩く際はここを拠点にするのがよい。

交通INFO

市内循環バスぐるりんおおず
大洲駅や大洲城、まちの駅あさもやなどを回る市内循環バス。右回りと左回りのふたつのルートがあるが、どちらでも駅から城下町エリアへ行ける。便数は1時間に1～2便程度。

おさんぽプラン

- JR伊予大洲駅
  - ↓ 約30分
- 大洲城
  - ↓ 約20分
- 大洲神社（→P.326）
  - ↓ 約2分
- 臥龍山荘（→P.327）
  - ↓ 約5分
- 盤泉荘（旧松井家住宅）

天守と連結している櫓は昔のまま保存されている

北を伊予市と内子町、南を西予市と八幡浜市に囲まれた大洲市は、街道の結節する交通の要衝として栄えた。市は東西に長く、中央を肱川（ひじかわ）が緩やかに蛇行して流れる。江戸時代には大洲藩の城下町として発展。近世になると養蚕や櫨（はぜ）という木から作る木蝋（もくろう）生産によりおおいににぎわった。2020年頃からは「歴史的資源を活用した観光まちづくり」の取り組みが官民一体となって進められ、古い街並みを残しながらの開発が行われている。こうした取り組みは国際認証機関にも認められ、2023年には「ザ グリーンディスティネーションズ ストーリーアワード」において世界一を受賞。国際的な注目も飛躍的に高まり、愛媛を代表する観光都市となりつつある。

大洲市の歩き方

町の中心はJR伊予大洲駅。観光スポットが集中するかつての城下町は肱川を挟んだ南に広がり、駅からは徒歩20分ほどとやや離れているので、駅にある観光案内所で自転車をレンタルするのもおすすめ。城下町は肱川に沿って広がり、西の端が大洲城、城から臥龍山荘や盤泉荘（旧松井家住宅）までは徒歩20分ほど。車の場合はまちの駅あさもやの無料駐車場に車を停め、歩いて回るのがおすすめ。肱川の河口にある伊予長浜へは、車で30分ほどかかる。

かつての城下町としての面影が残しながら改装されている

INFO 大洲市の銘菓といえば、小豆と米粉、餅粉を混ぜて蒸した「志ぐれ」。市内には志ぐれを扱う店がいくつもあり、それぞれ微妙に味が違う。

おもな見どころ

宿泊もできる天守閣　MAP 別冊P.45-C1

大洲城
おおずじょう

肱川を見下ろす高台に築かれた城郭。築城は1331（元弘1）年だが、1600年前後に藤堂高虎、脇坂安治らによって現在見られる姿に修築され、4重4階の天守が築かれる。1617（元和2）年以降は大洲藩加藤家13代が居城とした。天守は明治時代に一度解体されたが、江戸時代から残る天守の模型等の資料を基に2004（平成16）年に木造で復元された。全国的にも珍しい宿泊のできる天守としても有名。

天守の内部も見学できる。忠実に再現された工程なども学べる

贅を尽くした豪商の別荘　MAP 別冊P.45-D2

盤泉荘（旧松井家住宅）
ばんせんそう（きゅうまついけじゅうたく）

フィリピンで百貨店を経営し財をなした松井傳三郎（でんざぶろう）・國五郎兄弟が故郷である大洲に造った別荘。3階建ての木造建築で、1926（大正15）年に完成した。肱川や周囲の山々を望む高台の斜面に立ち、土台部分は見事な石垣となっている。当時の日本家屋としては珍しくバルコニーを備え、また木材に南洋材を用いるなど松井兄弟の国際感覚に優れた一面をうかがい知ることができる。

和風と洋風がミックスした不思議な建物

大洲城
住愛媛県大洲市大洲903
TEL0893-24-1146
開9:00～17:00（最終入城16:30）
休なし
料550円
交JR伊予大洲駅から市内循環バスぐるりんおおずで約10分、バス停大洲城前下車、徒歩約5分。まちの駅あさもやからは徒歩約12分。松山自動車道大洲肱南ICから車で約10分　P有料あり

こちらもCHECK!

大洲城キャッスルステイ
TEL0120-210-289（VMG総合窓口）
料1泊2名利用時1室110万円（2食付き）
日本初、天守に泊まれるプラン。宿泊者は入城に際して馬を用い、旗振りや鉄砲隊の盛大な歓迎を受けるなど殿様気分に浸れるさまざまなプログラムが行われる。雅楽鑑賞など伝統文化の再現も。夕食は城内でかつて城主が味わったであろうメニューが振る舞われ、朝食は臥龍山荘にて。

盤泉荘（旧松井家住宅）
住愛媛県大洲市柚木317
TEL0893-23-9156
開9:00～17:00　休なし
料550円　交まちの駅あさもやから徒歩約5分。松山自動車道大洲肱南ICから車で約5分　Pなし

建築当初から地域のランドマーク的存在だった

▶▶ 伊予っこcolumn ◀◀

大洲伝統の鵜飼に触れる

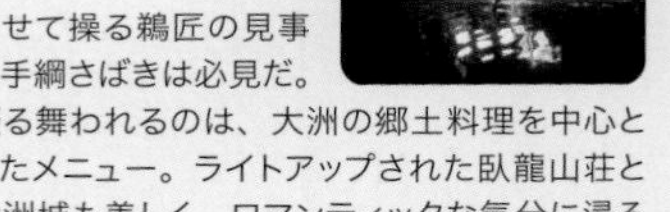
クルーズしながら、伝統の鵜飼を見学しよう

岐阜県長良川、大分県日田市三隈川と並ぶ日本三大鵜飼と呼ばれる大洲市肱川の鵜飼。6月～9月下旬のシーズン中には観光鵜飼が行われる。参加者は屋形船で鵜舟に並行して走り、鵜匠の操作のもと鵜が鮎を取る様子を眺めながら食事を楽しめる。鵜とうまく呼吸を合わせて操る鵜匠の見事な手綱さばきは必見だ。振る舞われるのは、大洲の郷土料理を中心としたメニュー。ライトアップされた臥龍山荘と大洲城も美しく、ロマンティックな気分に浸ることができる。

大洲のうかい
TEL0893-24-2664（大洲市観光協会）　催6月～9月20日18:30～20:30　休期間中無休（荒天時は中止）
料4000円（乗船のみ）、8000円（食事付き）

INFO　大洲城キャッスルステイでは、宿泊者限定でキャッスルラウンジという施設を利用できる。風呂などはそちらで。

あの名作ドラマのロケ地 MAP 別冊P.45-D2

大洲神社
おおずじんじゃ

1331（元弘元）年、下野国（栃木県）の二荒山神社より勧請し創建。階段を上った先の境内は、テレビドラマ『東京ラブストーリー』のロケ地で、手水で完治がハンカチをリカに貸したシーンなどに登場した。

主祭神は大国主命と事代主命。歴代藩主に崇敬されてきた

大洲神社
住愛媛県大洲市大洲神楽山417
TEL0893-24-3683　開参拝自由
交まちの駅あさもやから徒歩約5分。松山自動車道大洲肱南ICから車で約5分　P10台

こちらもCHECK!

別れの手紙を投函したポスト
大洲神社へ上る階段のそばには、『東京ラブストーリー』でリカが完治へ別れの手紙を投函したポストがある。

ロケ地であることを示す看板がある

ツツジの名所の山頂公園 MAP 別冊P.23-C1

冨士山公園
とみすやまこうえん

標高320mの冨士山の山頂にある公園。4月下旬から5月上旬には6万3000本ものツツジが咲き誇り、山頂付近をピンク色に染め上げる。森の中を歩く遊歩道も整備され、展望台からは大洲盆地と肱川を一望できる。

展望台からツツジの花と肱川、大洲の町を眺める

冨士山公園
住愛媛県大洲市柚木
TEL0893-24-2664（大洲市観光協会）　開8:30～18:30　休なし
料無料　交JR伊予大洲駅から車で約10分。松山自動車道大洲ICから車で約15分　P200台

▶▶ 伊予っこcolumn ◀◀

水族館の町・伊予長浜

高校生のガイドも楽しみ

　大洲市の市街の北西約15kmにあるのが、伊予長浜。町の名物は、日本で唯一の水族館部のある長浜高校だ。かつて長浜町には愛媛唯一の水族館があったが、1986（昭和61）年に閉館。水族館を復活させようという試みのもと誕生したのが、水族館部だ。最初はふたつの水槽しかなかった水族館部だが、現在では約150種2000点の生物を飼育するほどに。数年前までは過疎化により生徒数が減り分校化の危機に陥っていたが、生徒の全国募集により乗り切り、2023年度は全校生徒約130名、うち水族館部には約70名が所属している。部員たちは生物の飼育とともに、研究、繁殖も行う。

　2014（平成26）年には「カクレクマノミはイソギンチャクになぜ刺されないのか」の研究をまとめ、カクレクマノミを覆う粘液にマグネシウムイオンが含まれており、それを感知したイソギンチャクが刺胞を出さなくなるという結果を発表。日本学生科学賞の内閣総理大臣賞を受賞した。さらにその原理を応用しオリジナルのクラゲ予防クリーム「ジェリーズガード」を商品化した。水族館部は、毎月第3土曜に一般公開イベント「長高水族館」を開催しており、校舎内の水槽を見学できる。中庭には魚やヒトデに触れられるタッチプールやサメ水槽などがある。高校生たちの「魚愛」に満ちた解説や手作りのポップなど楽しみ満載！

　町では、冬になると「肱川あらし」が起こる。これは、冷たい強風が白い霧のようになって肱川の河口を覆い尽くすという自然現象。冬の初め、急激に冷え込んだ日の早朝に起こるという、年に数回しか見られないレアな現象だ。

伊予長浜　MAP 別冊P.24-B3
交JR伊予長浜駅から徒歩約1分。松山自動車道伊予大洲ICから車で約30分

長浜高校　MAP 別冊P.24-B3
住愛媛県大洲市長浜甲480-1　TEL0893-52-1251　交JR伊予長浜駅から徒歩約10分

長高水族館
開毎月第3土曜11:00～15:00
見学は事前予約制。長浜高校の公式ウェブサイト（URL ehm-nagahama-h.esnet.ed.jp）で公開日の1週間前から予約開始。

INFO 伊予長浜の駅には、長浜高校の生徒がイラストを描いた郵便ポストが設置されている。

リノベーションで生まれ変わった！

大洲の城下町を歩く

今、大洲が“アツい”！傾きかけた古い城下町は見事に再生され、古民家はカフェやショップとして利用。国際的な賞も獲得し、世界から目が向けられている。

TRY 01 TOURISM

日本の数奇屋の美しさに触れる

大洲城下町の外れには、失われつつあった伝統技術を駆使して造られた珠玉の建築物がある。数奇屋ならではの美しさを求めて、海外からわざわざ足を運ぶ人も多い。

ACCESS

町歩きの拠点はまちの駅あさもや。JR大洲駅からは市内循環バスぐるりんおおずで約10分。車なら松山自動車道大洲ICから車で約15分。

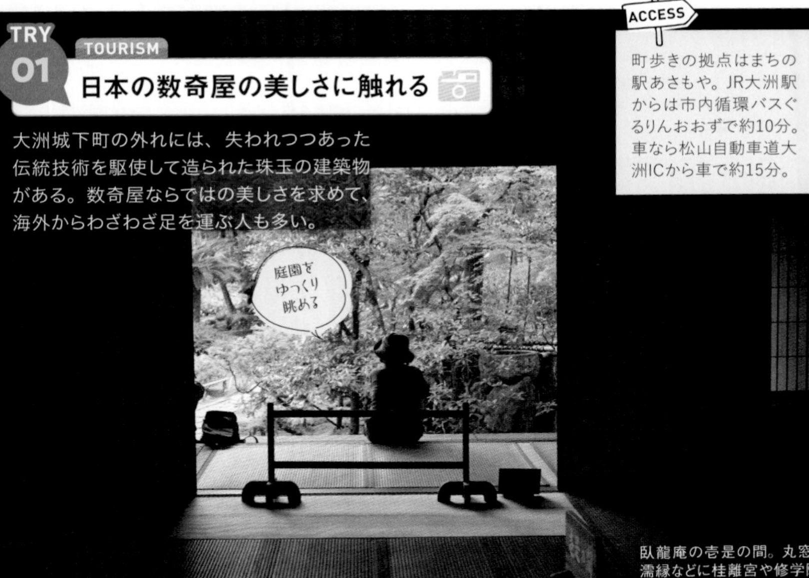

臥龍庵の壱是の間。丸窓、濡縁などに桂離宮や修学院離宮の様式が取り入れられている

数奇屋の“粋”がここに

臥龍山荘 がりゅうさんそう

MAP 別冊P.45-D2

肱川のほとりに立つ数寄屋造りの建物。木蝋貿易で富を得た河内寅次郎が、1897（明治30）年から10年の歳月をかけて完成させた別荘。京都の名工らの匠の技を結集させ、建材も選りすぐりのものを使用した名建築だ。

住 愛媛県大洲市大洲411-2
TEL 0893-24-3759　開 9:00～17:00（最終入場16:30）　休 なし　料 550円
交 まちの駅あさもやから徒歩約10分
P なし

❶肱川を見下ろす崖に建つ不老庵。清水寺の舞台と同じ懸造りになっている ❷不老庵は川に浮かぶ船に見立てて造られている ❸手水鉢を季節の花が彩る

1

2

3

細部にまでこだわりが！

飾り釘

臥龍院の縁側にある飾り釘。5ヵ所にだけ作者の刻印が記されている。

霞月の間

富士山の掛け軸の前にある棚を霞に、丸窓を月に見立てている。

清吹の間

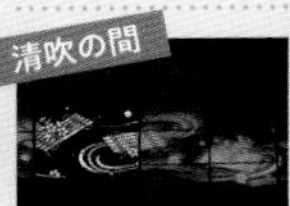

部屋の東西南北に春夏秋冬を表す装飾がある。写真は春を表現した花筏。

TRY 02 EAT

リノベカフェでリラックス

城下町に点在する古民家が、すてきなカフェにリノベーション！ 町歩きの途中に、甘～いスイーツでひと息入れよう。

とうまんがかわいいスイーツに！

古民家伊東邸とうまん屋

こみんかいとうていとうまんや MAP 別冊P.45-D1

南予地方の銘菓である、とっても堅いまんじゅう「とうまん」を使ったスイーツが人気。とうまんで生クリームとあんを挟んだとうまんサンド280円が名物。

住愛媛県大洲市大洲263 TEL080-4034-4461
営11:00～17:00 休水曜 交まちの駅あさもやから徒歩約5分 Pなし

❶オレンジピール、ラムレーズン、紫芋の3つのあんが選べるとうまんサンド ❷カラフルでかわいいおはなはんだんご1本250円 ❸おみやげ用とうまんも販売

❶旬のフルーツを使用するため、季節によりメニューが異なる ❷店先のかわいいカモメが目印になる ❸古い民家の1階部分が店舗となっている

愛媛産フルーツサンド

うみとカモメ山下別邸

うみとかもめやましたべってい MAP 別冊P.45-D1

伊予市に本店があるフルーツサンド専門店の大洲支店。本店は移動車販売だがこちらは店舗のためいつでも人気のフルーツサンドが購入できる。

データは（→P.342）

TRY 03 SHOPPING

ご当地おみやげをGet!

かつて木蝋や養蚕で栄えた大洲には、手仕事の文化が今も残る。そんな大洲の伝統を感じるハイセンスなショップをご紹介！

和洋折衷のハイカラな建物

おおず赤煉瓦館

おおずあかれんがかん

MAP 別冊P.45-D1

ひときわ目を引く赤れんがの建物は、1901（明治34）年建造の旧銀行。1階がセレクトショップで、伊予・大洲の伝統を継承するアイテムを販売。

住愛媛県大洲市大洲60 TEL0893-24-1281 営9:00～17:00 休なし 交まちの駅あさもやから徒歩約3分 P5台

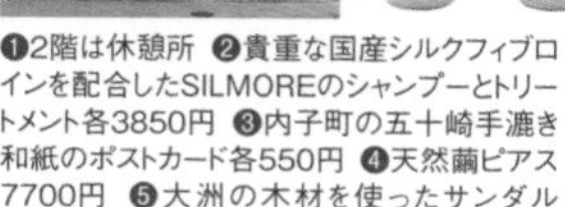

❶2階は休憩所 ❷貴重な国産シルクフィブロインを配合したSILMOREのシャンプーとトリートメント各3850円 ❸内子町の五十崎手漉き和紙のポストカード各550円 ❹天然繭ピアス7700円 ❺大洲の木材を使ったサンダル2980円

❶1874(明治7)年創業の老舗、梶田商店の醤油。巽 天然醸造 こいくち300ml 907円 ❷組子細工バッグチャーム1個3800円 ❸大洲城や志ぐれなど大洲の名物を刺繍したタオルハンカチ。各1155円 ❹大洲の養蚕農家が作るシルクパウダー入り繭せっけん2200円

城下町のサステナブルストア

OZU＋

おおずぷらす MAP 別冊P.45-D1

地元出身の店主が「大洲のよさをもっと知ってもらいたい」との思いから始めた店。メイド・イン・オオズにこだわった独自のセレクトが光る。

住愛媛県大洲市大洲393
TEL0893-24-6710
営10:00～17:00 休火・水曜 交まちの駅あさもやから徒歩約3分 Pなし

長屋の一角にある

TRY 04 EAT

とんくりまぶしでランチ

大洲市は栗の生産高が県内1位という名産地。その栗を使った名物料理を生み出そうと始まったのが、とんくりまぶし。

ひつまぶしのように食べます

❶大洲産の栗がごろっと入った名代とんくりまぶし1400円 ❷夜は居酒屋メニューになる

蔵を改装した食事処

大洲炉端 油屋

おおずろばた あぶらや

MAP 別冊P.45-C・D1

蔵を模した食事処で、南予の郷土料理が味わえる。おすすめは、新名物グルメのとんくりまぶし。とんは豚、くりは栗で、豚肉と栗をすき焼きだれで焼いた丼。最後はお茶漬けにして食べる。

住愛媛県大洲市大洲42 TEL0893-23-9860 営11:30～14:00LO、18:00～22:00LO 休月曜（祝日の場合は翌日） 予ランチ1000円～、ディナー2000円～ 交まちの駅あさもやから徒歩約3分 Pあり

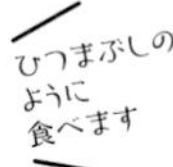

TRY 05 SHOPPING

名物志ぐれを食べ比べ

志ぐれとは、小豆ともち米で作る大洲市の伝統菓子。市内には志ぐれの販売店が10軒あり、それぞれこだわりの製法で作っている。

❶同じメーカーでもさまざまな味がある ❷明治時代創業、冨永松栄堂の志ぐれ。ひとつ160円～ ❸無料駐車場もあり町歩きの拠点となる複合施設

地元の特産品が揃う

まちの駅あさもや

まちのえきあさもや

MAP 別冊P.45-D1

大洲市の観光案内や物産店、テイクアウトフード店などが集まる複合施設。市内にある3店の志ぐれを扱っており、バラ売りもしているので食べ比べにもぴったり！

住愛媛県大洲市大洲649-1 TEL0893-24-7011 開9:00～18:00 休なし 交まちの駅あさもやからすぐ P約40台

TRY 06 STAY

リノベ宿でしっとりステイ

大洲では、空き家となっていた古民家をホテルとして再生させるプロジェクトが進行中。現在26棟の古民家が客室として稼働している。

❶城下町でも最も古い建物が集中するエリアにあるフロント棟 ❷外部は昔のままだが、内部はモダン ❸宿泊者はまずフロントでチェックインして、その後各所にある部屋へと移動

町がまるごと宿泊施設に

NIPPONIA HOTEL 大洲 城下町

にっぽにあ ほてる おおず じょうかまち

MAP 別冊P.45-D1

大洲の城下町にある古い邸宅や家屋を利用したホテル。客室は城下町のいたるところにあり、町ひとつがまるごとホテルになっている。

住愛媛県大洲市大洲378（ホテルフロント） TEL0120-210-289 料5万3900円～（2食付き） 室31室 IN15:00 OUT12:00 交まちの駅あさもやから徒歩3分 Pなし

部屋はすべて造りが異なる

伝統的な町並みが残る

内子町 うちこちょう

MAP 別冊P.23

人口 1万4379人　面積 299.43㎢

行き方

JR松山駅から中心部まで約45km、約50分。拠点となるインターチェンジは松山自動車道内子五十崎IC。

JR松山駅からJR内子駅までJR予讃線特急宇和海で約25分。普通列車だと約1時間。

観光案内所

内子町ビジターセンター
MAP 別冊P.23-C1
住 愛媛県内子町内子2020
TEL 0893-44-3790
開 9:00～16:30
休 木曜
内子座のそばにある観光案内所。JR内子駅の構内にも旅里庵という案内所があり、そちらは無休で開館している。

内子駅の前にはSL蒸気機関車（C12・231号）が保存展示されている

おさんぽプラン

- JR内子駅
  - ↓ 約10分
- 内子座
  - ↓ 約5分
- 商いと暮らし博物館
  - ↓ 約10分
- 木蝋資料館 上芳我邸

八日市・護国の町並み。のんびりと散歩するのにもってこい

松山と大洲を結ぶ大洲街道の宿場町として栄えた内子町。江戸時代後期から明治にかけては木蝋と和紙の生産が盛んで、櫨という木を材料とする木蝋は全国生産の3割を占めるほどだった。八日市・護国には当時財をなした豪商たちの商家が並び、愛媛県でも随一の観光スポットとしてにぎわっている。町内には小田川、中山川、麓川などの河川が流れ、豊かな水と肥沃な大地を生かした農業も盛ん。現在では当たり前となった産地直売にいち早く着目し、「道の駅 内子フレッシュパークからり」（→別冊P.51）を全国に先駆けて開設。2015（平成27）年には全国に6ヵ所しかない「モデル道の駅」に選ばれている。

内子町の歩き方

小田川、中山川、麓川の流域に集落が形成されている。中心部は小田川の西に広がり、八日市・護国の町並みや内子座もここにある。JR内子駅から内子座、八日市・護国の町並みまで歩いても30分程度と、のんびりと散歩するのにちょうどよい距離。町内を南北に走る国道56号を北に走れば伊予市、松山市、南に走れば大洲市、宇和島市、東西に走る国道379号を東へと進みさらに北上すれば砥部町、国道379号から国道380号へと入れば久万高原町と、周囲の観光地へのアクセスもよい。

八日市・護国の町並みの中心部はゆるやかな坂になっている

INFO 旅里庵、内子町ビジターセンターなどではレンタサイクルも行っている。普通自転車のほか電動のE-Bikeもある。料金は3時間以内で普通自転車500円、E-Bikeは1500円。

おもな見どころ

伝統的な町並みを散策しよう　MAP 別冊P.23-C1

八日市・護国の町並み
ようかいち・ごごくのまちなみ

どこか昔懐かしい雰囲気漂う景色

木蝋生産で栄えた内子の町を象徴するエリアで、600mほどの通り沿いに江戸後期から明治・大正にかけて建造された町家が並ぶ。淡い黄色をした漆喰の壁や「せだわ」と呼ばれる建物の間の路地が特徴で、1982（昭和57）年には四国初となる国の重要伝統的建造物群保存地区に選定された。通りに並ぶ町家は93軒を数え、うち3軒が国の重要文化財になっている。いくつかの博物館もあり、木蝋資料館 上芳我邸は、製蝋業者であった上芳我家の邸宅を利用して、かつて実際に使用されていた道具を展示している。木蝋製造の歴史や工程が学べるスポットだ。また近隣には、商いと暮らし博物館もある。1921（大正20）年頃の商家の暮らしを再現し、町の歴史や民俗についても学ぶことができる。通りには古民家を利用したレストランやカフェ、おみやげ店などがあり散策するのが楽しい。

今も現役の芝居小屋　MAP 別冊P.23-C1

内子座
うちこざ

1916（大正5）年に建てられた芝居小屋。木造、入母屋造りの建物で、内部には回り舞台があり、花道の舞台寄りにはすっぽんと呼ばれる小型のセリを備えている。舞台や奈落という花道地下の空間が見学できる。

狭い路地の奥に立つ、現役の芝居小屋

日本の棚田100選に選ばれた　MAP 別冊P.23-D1

泉谷の棚田
いずみだにのたなだ

緑濃い山奥に突如として現れる棚田。山の斜面に多くの棚田が連なり、夕景時に訪れるのが特におすすめ。ベストシーズンは、田に水が張られる5月頃。夕日を反射して赤く染め上がる棚田は、言葉にできないほどの美しさ。

現在も田んぼとして利用されているので、マナーを守って見学を

八日市・護国の町並み

住 愛媛県内子町内子
TEL 0893-44-5212（八日市・護国町並保存センター）
開 散策自由
交 JR内子駅から徒歩約15分。松山自動車道内子五十崎ICから車で約5分
P 有料80台

木蝋資料館 上芳我邸

住 愛媛県内子町内子2696
TEL 0893-44-2771
開 9:00～16:30
休 なし
料 500円（商いと暮らし博物館、内子座とのセットチケットは900円）

商いと暮らし博物館

住 愛媛県内子町内子1938
TEL 0893-44-5220
開 9:00～16:30
休 なし
料 200円（内子座、木蝋資料館 上芳我邸とのセットチケットは900円）

内子座

住 愛媛県内子町内子2102
TEL 0893-44-2840
開 9:00～16:30（公演中は見学不可）
休 なし
料 400円（商いと暮らし博物館、木蝋資料館 上芳我邸とのセットチケットあり900円）
交 JR内子駅から徒歩約10分。松山自動車道内子五十崎ICから車で約5分
P 8台

内部も創建当時の姿をとどめている

泉谷の棚田

住 愛媛県内子町北表
TEL 0893-44-3790（内子町ビジターセンター）
開 散策自由
交 JR内子駅から車で約25分。松山自動車道内子五十崎ICから車で約25分
P あり

INFO 内子座では、現在も芝居やコンサートなどの催し物が開催されている。スケジュールなど詳細は公式ウェブサイト（URL www.town.uchiko.ehime.jp/site/uchikoza）で。

四国の西の端へのドライブルート
伊予長浜から佐田岬へ

伊予長浜から海沿いを走り佐田岬の先端を目指すコースは、休日には多くのサイクリストやバイカーでにぎわう。もちろん、車でも大人気のドライブルートだ。

四国の最西端を目指して
日本一細長い半島を走る

HIGHLIGHT 01
佐田岬
四国最西端、九州に向けて延びる半島の先端にある岬。豊予海峡を隔てた大分県佐賀関半島までの距離はわずか16km。

HIGHLIGHT 02
せと風の丘パーク
岬に広がる丘陵には、強風を利用した風力発電機が並ぶ。展望公園から巨大な風車を間近に見られる。

HIGHLIGHT 03
夕やけこやけライン
伊予長浜から八幡浜へ行く国道378号は、海沿いのシーニックルート。夕日の名所としても有名。

海沿いを駆け抜ける爽快ドライブを楽しむ！
北の瀬戸内海、南の宇和海を隔てる佐田岬は、全長約40km、日本最長の岬として知られている。岬の先端に立つ灯台を目指して、海沿いの港町、伊予長浜を出発。ここから半島までは、海沿いを走る「夕やけこやけライン」。半島を貫く国道197号は内陸部を走るため海はあまり見えないが、ところどころに展望スポットもある。帰りは保内ICもいいが、夕日に向かうのに同じ道を戻るのもおすすめ。

DRIVE ROUTE

START

肱川河口の港町

1 伊予長浜

いよながはま

MAP 別冊P.24-B3

スタートは大洲市の伊予長浜。肱川に架かる開閉式の鉄橋、長浜大橋や日本唯一の水族館部がある長浜高校が有名。12月の早朝に見られる「肱川あらし」は、初冬の風物詩。

「赤橋」と呼ばれ親しまれている長浜大橋は、現役最古の可動橋

データは（→P.326）

伊予灘に浮かぶパワースポット

2 綱掛岩

つなかけいわ

MAP 別冊P.22-B1

頂上に赤い鳥居が立つ岩礁。740（天平12）年の藤原広嗣（ふじわらのひろつぐ）の乱において出陣した伊予の国主・越智玉澄が時化に遭い、岩に艫綱（ともづな）を投げ逗留したのが由来とされている。

住 愛媛県大洲市長浜町櫛生地先　TEL 0893-24-2664（大洲市観光協会）　開 見学自由　P スペースあり

周囲に広がるグラデーションの海も美しい

海を望むビュースポット

3 道の駅 伊方きらら館

みちのえき いかたきららかん

MAP 別冊P.22-A1

伊方町の特産品を扱う道の駅。館内に熱帯魚の泳ぐ水槽やバーチャル水族館があるほか、屋上には岬や伊予灘を一望する展望デッキも。サイクリストの休憩スペースもある。

住 愛媛県伊方町九町越3番耕地179-1　TEL 0894-39-0230　営 9:00～17:30　休 なし　P 56台

テイクアウトフードも充実

11月中旬～4月頃までは焼きいもの販売がある

宇和海と瀬戸内海を望む展望公園

4 せと風の丘パーク

せとかぜのおかぱーく

MAP 別冊P.22-A2

丘の上にある展望公園。ウッドデッキの展望台から宇和海と瀬戸内海を一望できる。展望台からの風景は絶景で、写真撮影にもおすすめのスポットになっている。

ベンチもあり、のんびりできる

住 愛媛県伊方町川之浜　TEL 0894-52-0111（伊方町役場 瀬戸支所）　開 散策自由　P 23台

名物しらす丼を堪能

5 しらす食堂はなはな

しらすしょくどうはなはな

MAP 別冊P.22-A1

大分へのフェリーが発着する三崎港併設の複合施設「佐田岬はなはな」2階の展望レストラン。宇和海で水揚げされる新鮮なシラスをはじめとした海鮮丼が味わえる。

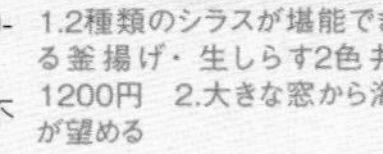

住 愛媛県伊方町三崎1700-11　TEL 0120-133-004　営 10:00～16:00LO　休 不定休　P 70台

1.2種類のシラスが堪能できる釜揚げ・生しらす2色丼1200円　2.大きな窓から海が望める

はるか九州までも遠望できる

6 佐田岬

さだみさき

MAP 別冊P.22-A1

GOAL!

半島の先端。岬には佐田岬灯台が立ち、駐車場から徒歩20分ほどで真下まで行ける。周辺には第1次世界大戦後に建造された豊予要塞（ほうよようさい）もある。

住 愛媛県伊方町正野　TEL 0894-54-2225（佐田岬観光公社）　開 散策自由　P 40台

1.豊予要塞の洞窟式砲台跡。内部を歩くことができる　2.灯台の対岸には椿山展望台がある

行き方

JR松山駅から中心部まで約74km、約1時間30分。拠点となるインターチェンジは松山自動車道大洲IC、または大洲・八幡浜自動車道保内IC。

交通INFO 市内路線バス

伊予鉄南予バスが八幡浜市から伊方町までのバスを運行しているが、三崎港までしか行かないため観光で利用するのは難しい。

三崎港
交松山自動車道大洲ICから車で約1時間
佐田岬はなはな
住愛媛県伊方町三崎1700-11
TEL0120-133-004
開9:00～18:00
休なし P70台

名取の石垣群
住愛媛県伊方町名取
TEL0894-54-1111(伊方町役場三崎支所) 開散策自由
交松山自動車道大洲ICから車で約1時間5分 Pあり

ムーンビーチ井野浦
住愛媛県伊方町井野浦
TEL0894-54-1111(伊方町三崎支所)
0894-54-0122(海水浴シーズン中)
開散策自由 交松山自動車道大洲ICから車で約1時間10分
P10台
海水浴のシーズンは海の日～8月下旬。キャンプは無料で利用できるが、海水浴シーズンのみ要事前予約。

名物グルメ

佐田岬のハチミツ

伊方町産の無添加自然ハチミツを製造・販売する岬の養蜂園。三崎港のそばに直売所があり、みかん・甘夏などの花々のハチミツや自家製のはちみつドリンクなどを販売している。

岬の養蜂園
MAP別冊P.22-A1
住愛媛県伊方町三崎1025
TEL0894-54-0039
営10:00～16:00
休月・水・金曜
(日曜は不定期)
Pあり

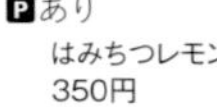

はみちつレモン
350円

四国の最西端の岬がある

伊方町 いかたちょう

MAP 別冊P.22

人口 7587人 面積 93.83㎢

山の尾根に風力発電機が並ぶ。伊方町を代表する風景

四国本土の西の端、佐田岬半島の町。半島の北側は瀬戸内海、南は宇和海に面し、漁業と電力発電が主要産業だ。半島は遮る山がないため風が強く、その風力を利用した風力発電が行われている。丘に並ぶ風力発電機は、町のシンボル。町内は国道197号が貫き、見どころも周辺に点在。国道378号から197号を走り佐田岬まで行くドライブルートが有名（→P.332）。

おもな見どころ

港の周囲に見どころが点在 MAP 別冊P.22-A1

三崎港 みさきこう

1階がショップ、2階がレストランになっている佐田岬はなはな

大分県の佐賀関へのフェリーが発着する港。すぐそばに「佐田岬はなはな」という観光交流施設があり、観光案内所や直売所、レストランなどが入る。レンタサイクルで周辺の見どころを回るのも楽しい。

個性的な石垣の町を歩く MAP 別冊P.22-A1

名取の石垣群 なとりのいしがきぐん

客神社や水くみ所などの見どころを回ろう

宇和海からせり上がる崖の斜面に広がる名取地区。集落は石垣の上に形成されている。石垣は石の種類が異なり、また野良積み、平積み、矢羽根積みなど積み方も多彩。道は細く入り組んでいるので歩いて回ろう。

海水浴やキャンプが楽しめる MAP 別冊P.22-A1

ムーンビーチ井野浦 むーんびーちいのうら

広い芝生でキャンプができる

美しい砂浜が広がる人造ビーチ。夏は管理人が常駐し、海水浴のほかキャンプもできる。内海のため波も穏やかで、ファミリーにも人気がある。シーズン中はトイレやシャワーも完備している。

INFO 伊方町のシンボルとなっている石垣。町にはほかにも正野野坂の石垣群（MAP別冊P.22-A1）もあり、高さ4m、長さ140mの巨大な石垣を見ることができる。

宇和海に面した交通の要衝 MAP 別冊P.22

八幡浜市 やわたはまし

人口 3万84人　面積 132.65㎢

佐田岬半島の付け根に広がる市。西四国の入口となる八幡浜港を有し、古くから交易の中心として栄えた。現在も大分県の別府・臼杵行きのフェリーが発着する。柑橘をはじめとした農業と漁業が主要産業で、港のそばには四国有数の魚市場もある。アニメ映画『風立ちぬ』のモデルとなった二宮忠八の生誕地であり、八幡神社をはじめとしたゆかりの地巡りも楽しい。

湾に沿って漁村、その上には柑橘の畑が広がる

行き方

JR松山駅から中心部まで約70km、約1時間15分。拠点となるインターチェンジは大洲・八幡浜自動車道八幡浜IC、または保内IC。

JR松山駅からJR八幡浜駅までJR予讃線特急宇和海で約50分。

交通INFO 市内路線バス

伊予鉄南予バスと宇和島バスが路線バスを運行。

おもな見どころ

漁業の町、八幡浜のシンボル MAP 別冊P.22-B1

八幡浜市水産物地方卸売市場
やわたはましすいさんちほうおろしうりいちば

八幡浜港のそばにある魚市場。早朝に行われるセリは一般人でも2階テラスからの見学が可能。道の駅に隣接し、鮮魚店が並ぶどーや市場で購入した魚をBBQで味わえるどーや食堂も人気。

セリの見学をするには事前申し込みが必要

石段の上に立つ古社 MAP 別冊P.22-B1

八幡神社
はちまんじんじゃ

奈良時代創建の古社。八幡様としては全国で4番目に古く、八幡浜という名の起源となった。主祭神は誉田天皇で、厄除けや勝ち運アップの御利益がある。二宮忠八の生家のすぐ近くにあり、生家跡には碑が立つ。

境内には県内最古の石鳥居や子持ち狛犬もある

平家の伝説が残る渓谷 MAP 別冊P.22-B1

平家谷公園
へいけだにこうえん

平家の落人伝説が残る渓谷で、公園として整備されている。夏に行われるそうめん流しが名物。周囲は平家谷自然林となっており、遊歩道を上った先には安徳天皇の石塔や平家の落人が住んだと伝わる洞窟が残る。

道路を挟んでふたつのエリアに分かれている

八幡浜市水産物地方卸売市場
住愛媛県八幡浜市沖新田1585-9
TEL0894-22-3111(八幡浜市水産港湾課)　開6:00～15:00　休土曜、不定休あり　料無料　交JR八幡浜駅から徒歩約20分。大洲・八幡浜自動車道八幡浜ICから車で約6分　Pあり(道の駅 みなとオアシス 八幡浜みなっと駐車場利用)

八幡神社
住愛媛県八幡浜市矢野神山510
TEL0894-22-0384　開参拝自由
交JR八幡浜駅から徒歩約12分。大洲・八幡浜自動車道八幡浜ICから車で約3分　Pあり

平家谷公園
住愛媛県八幡浜市保内町宮内8-265-1
TEL0894-22-3111(八幡浜市役所建設課)　開散策自由
交JR八幡浜駅から車で約30分。大洲・八幡浜自動車道保内ICから車で約17分　P30台
そうめん流しはGW～8月のみ。GWと7・8月以外は土・日曜のみ。

名物グルメ

塩パン

バターの風味と塩加減が絶妙な塩パンは八幡浜のパン・メゾンが発祥。定番の塩パンは95円。

パン・メゾン 八幡浜本店
MAP 別冊P.22-B1
住愛媛県八幡浜市北浜1-8-15
TEL0894-27-0348　営7:00～18:30　休火曜　P20台

バリエーションも豊富

INFO 八幡神社では、雅楽の体験も行っている。体験時間は13:00～16:00で、電話(090-4834-9924)で要事前予約。料金は1時間コース2000円～(装束の着付け体験は+1000円)。

標高差の生み出す多様な景観が広がる

MAP 別冊P.23

西予市 せいよし

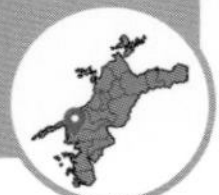

人口 3万3423人 面積 514.34㎢

行き方

JR松山駅から中心部の卯之町まで約78km、約1時間15分。拠点となるインターチェンジは松山自動車道西予宇和IC。

JR松山駅からJR卯之町駅までJR予讃線特急宇和海で約1時間10分。

伊予鉄松山市駅から宇和島自動車の宇和島バスで約1時間45分。

宇和文化の里休憩所
MAP 別冊P.23-C2
住 愛媛県西予市宇和町卯之町3-223 TEL 0894-62-3843
開 9:00～16:30 休 月曜（祝日の場合は翌日）

お遍路札所

◆明石寺（第43番札所）

おさんぽプラン

JR卯之町駅
↓ 約5分
卯之町の町並み
↓ 約25分
愛媛県歴史文化博物館
↓ 約35分
宇和米博物館

卯之町の町並み。老舗の旅館や造り酒屋、醤油屋などもある

南予地方宇和島市の北に位置する。市は東西に長く、西は宇和海に面したリアス海岸、東は四国カルスト（→P.40）に属し、標高差は1400mを超える。標高差が生み出す多様な地形はジオパーク認定を受けており、四国西予ジオパークと呼ばれている。面積は愛媛県第2の広さで、集落も海の町、里の町、山の町とめまぐるしく景観が変わる。博物館をはじめとした施設から幕末の町並みが残る卯之町、ジオパークや四国カルストの大自然まで、見どころや楽しみ方も多彩。

西予市の歩き方

市は東西に細長く、中心となるのは卯之町。伝統的な町並みの周辺に愛媛県歴史文化博物館や宇和米博物館などの観光ポイントが集中しているので、徒歩でも半日あれば十分に回ることができる。町なかには飲食店も多く、古い建物をリノベしたおしゃれなカフェも。市内を走る幹線道路は国道56号、441号、197号だが、いずれも市内を南北に走っており東西に貫く幹線道路はない。山奥に行くほど道は険しく、急カーブが連続する峠道も多い。四国カルストなど山岳部へ行く場合は運転にくれぐれも注意して。近年SNSなどで話題のカフェ「苔筵（こけむしろ）」は国道56号から少し入った所にある。

西予市を代表する人気カフェ「苔筵」

卯之町のなかでもひときわ目を引く開明学校。内部は教育資料館となっている

INFO 苔庭に囲まれたレトロなカフェが、「苔筵」。苔と森を眺めながらコーヒーやスイーツがいただける（MAP P.23-C2 住 愛媛県西予市宇和町信里2099 TEL 080-3928-9276 営 10:00～17:00 休 月曜（祝日の場合は翌日、12～3月は土・日曜・祝日のみ営業））

おもな見どころ

風情ある江戸時代の町並み　MAP 別冊P.23-C2

卯之町の町並み
うのまちのまちなみ

江戸時代に、宇和島藩の在郷町・宿場町として栄えた卯之町。江戸時代創業の酒蔵や町家、土蔵が連なる町並みは、伝統的建造物群保存地区に指定されている。白壁、うだつ、半蔀（はしとみ）、出格子など特徴的な様式を探してみて。

趣ある町並みをゆっくり散策しよう

卯之町の町並み
住愛媛県西予市宇和町卯之町
TEL0894-62-6700(宇和先哲記念館)
開散策自由
交JR卯之町駅から徒歩約5分。松山自動車道西予宇和ICから車で約5分　P約20台

こちらもCHECK!

開明学校
卯之町にある、1882（明治15）年建造の小学校。日本の伝統建築に洋風のアーチ窓を取り入れた擬洋風建築。袴（はかま）を着た先生から授業を受けられる「明治の授業体験」も人気。
MAP 別冊P.23-C2
住愛媛県西予市宇和町卯之町3-109　TEL0894-62-4292
開9:00～17:00(最終入館16:30)
休月曜(祝日の場合は翌日)
料700円(明治の授業体験は300円、3人～、1週間前までに要予約)　Pなし

歴史や民俗の体感式ミュージアム　MAP 別冊P.23-C2

愛媛県歴史文化博物館
えひめけんれきしぶんかはくぶつかん

卯之町を見下ろす高台に立つ。愛媛の歴史を時系列に紹介した歴史コーナーや伝統の祭りや暮らし、四国遍路について学べる民俗ゾーン、体験ゾーンの3つに分かれる。模型を多用したダイナミックな展示は見応え十分。

昭和の町並みを再現したゾーンもある

愛媛県歴史文化博物館
住愛媛県西予市宇和町卯之町4-11-2
TEL0894-62-6222
開9:00～17:30(最終入館17:00)
休月曜(祝日の場合は翌日。第1月曜は開館、翌火曜休)
料540円
交JR卯之町駅から車で約5分。松山自動車道西予宇和ICから車で約5分
P156台

四国で最も古い小学校跡　MAP 別冊P.23-C2

宇和米博物館
うわこめはくぶつかん

旧宇和町小学校を改装した博物館。昔の農機具などを展示し、米どころの宇和地方を紹介。「日本一長い木造校舎の廊下」が自慢で、109mの廊下をぞうきんがけするぞうきんがけレースの体験を実施している。

年に一度、ぞうきんがけのレース「Z-1」グランプリが開催される

宇和米博物館
住愛媛県西予市宇和町卯之町2-24
TEL0894-62-6517
開9:00～17:00(最終入館16:30)
休月曜(祝日の場合は翌日)
料無料(ぞうきんがけ体験は500円)
交JR卯之町駅から車で約10分。松山自動車道西予宇和ICから車で約6分
P50台

2022年4月にニューオープン！　MAP 別冊P.23-D2

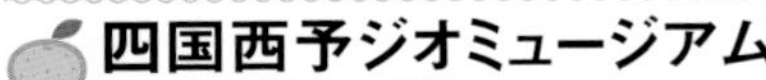

四国西予ジオミュージアム
しこくせいよじおみゅーじあむ

四国西予ジオパークについて学べる施設。常設展示室では、西予市を地形などで4つのエリアに分け、それぞれの自然の特徴を解説。臨場感を出すため迷路風の展示室にするなど、工夫を凝らした展示にも注目！

パネルや実物標本でジオパークを解説

四国西予ジオミュージアム
住愛媛県西予市城川町下相945
TEL0894-89-4028
開9:00～17:00
休火曜(祝日の場合は翌平日)
料500円
交JR卯之町駅から車で約40分。松山自動車道西予宇和ICから車で約35分
P34台

INFO
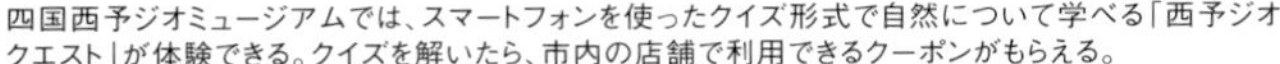
四国西予ジオミュージアムでは、スマートフォンを使ったクイズ形式で自然について学べる「西予ジオクエスト」が体験できる。クイズを解いたら、市内の店舗で利用できるクーポンがもらえる。

愛南町への行き方

JR松山駅から中心部まで約140km、約2時間15分。拠点となるインターチェンジは松山自動車道津島若松IC。

愛南町にある

お遍路札所

◆観自在寺（第40番札所）

石垣の里 外泊
住愛媛県愛南町外泊
TEL0895-82-0311（だんだん館）
開散策自由　交松山自動車道津島若松ICから車で約45分
P30台（だんだん館駐車場利用）

紫電改展示館
住愛媛県愛南町御荘平城5688
TEL0895-73-2151（南レク 南宇和管理事務所）
開9:00～17:00　休なし　料無料
交松山自動車道津島若松ICから車で約35分　Pあり

高茂岬
住愛媛県愛南町高茂
TEL0895-72-7315（愛南町商工観光課）　開散策自由
交松山自動車道津島若松ICから車で約55分　P20台

こちらもCHECK!

サンゴの海に潜る

愛南町の海は、サンゴの群生地としても知られる。西海観光船では、町の西に浮かぶ無人島、鹿島でのダイビングやスノーケリングのほか海底が見える船でのウオッチングツアーを催行。

西海観光船
MAP別冊P.20-A2
TEL0895-82-0280
・体験ダイビング
催通年（6月～10月中旬推奨）8:40～集合、所要約2時間30分
料1万5000円
・海底が見える船
催通年9:00～16:00の1時間ごとに出発、所要約40分
料2100円～

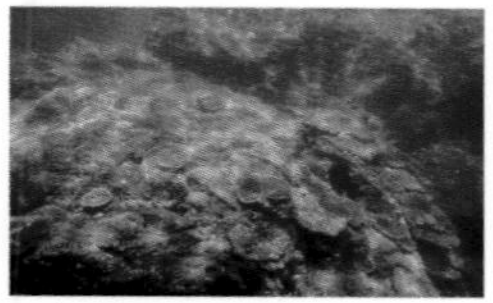

海底が見える船からの眺め

愛媛県の最南端の町

愛南町 あいなんちょう

MAP 別冊P.20

人口 1万8181人　面積 238.94㎢

宇和海の沖に浮かぶ3つの小島「三ツ畑田島」は、愛南町を代表する景観

宇和島市の南に隣接する町で、東は高知県の宿毛市と接する。町の名前のとおり、愛媛県の最南端に位置する町である。町最大の見どころといえば、南レク。宇和島市と合わせて7つの地区に公園や庭園、文化施設、巨大プールやスライダーなどが点在する総合レクリエーション施設で、南予で育った人なら一度は行ったことがあるほどの人気スポットだ。

おもな見どころ

城壁のような石垣の町並み　MAP 別冊P.20-A2

石垣の里 外泊
いしがきのさと そとどまり

石垣で囲まれた箱庭のようなスペースに家が立つ

湾に面した漁村で、海外線からせり上がる急斜面に家々が密集。積み重ねた石垣の上に家が造られ、下から見るとまるで巨大な石垣のよう。民家の間をぬうような道を上った先に案内所兼休憩所のだんだん館がある。

幻といわれた紫電改が目の前に！　MAP 別冊P.20-B2

紫電改展示館
しでんかいてんじかん

館内に飛行機がすっぽりと収まっている

南レク馬瀬山公園に、零戦に代わる新鋭機として開発された戦闘機「紫電改」の実物を展示。紫電改は1978（昭和53）年に地元の漁師が沖の海底から偶然発見したもの。日本で唯一現存している貴重な機体だ。

足がすくむほどの断崖が広がる　MAP 別冊P.20-A2

高茂岬
こうもみさき

愛媛県の最南端から大海原を一望

太平洋に突き出た半島の南にある岬で、ここが愛媛県の最南端。海から屹立する断崖は高さ100mを超える。先端にある展望スポットまで遊歩道で行ける。周囲は公園になっており、11月初旬～中旬には野路菊が咲く。

鬼モチーフのアートがたくさん！ MAP 別冊P.23

鬼北町 きほくちょう

人口 9069人 面積 241.88㎢

宇和島市に山頂がある鬼ヶ城山の北に位置するのが町名の由来。盆地と山地からなり、四万十川の上流である広見川や三間川に沿った集落に人口1万人弱が暮らす。町名にちなんだ町おこしを行っている。

予土線では1日2便、オリジナルラッピングの「鬼列車」が運行

おもな見どころ

清流沿いの遊歩道を歩く MAP 別冊P.23-C3

成川渓谷
なるかわけいこく

鬼ヶ城山系から流れる清流により形成された渓谷で、川沿いに散策路が整備されている。散策路の入口付近には日帰り入浴可能な高月温泉やキャンプ場も。

森林浴を楽しみながらハイキング

住愛媛県鬼北町奈良 TEL0895-45-2639（成川渓谷休養センター）

四万十の支流が流れる「森の国」 MAP 別冊P.23

松野町 まつのちょう

人口 3455人 面積 98.45㎢

四万十川の支流、広見川の中流域にある町で、面積の80%以上を森林が占める「森の国」。足摺宇和海国立公園の一部である滑床渓谷や広見川沿いのレジャースポット、虹の森公園などが見どころ。

日本の滝100選にも選ばれている雪輪の滝

おもな見どころ

清らかな川の渓谷美 MAP 別冊P.23-C3

滑床渓谷
なめとこけいこく

浸食により削り取られた花崗岩がなめらかな川底を造り出していることが名前の由来。渓谷沿いを歩くことができ、ハイライトは落差約80mの雪輪の滝。

キャニオニングなどウオーターアクティビティも人気

住愛媛県松野町目黒・宇和島市野川 TEL0895-49-1535（滑床アウトドアセンター万年荘）

鬼北町への行き方

JR松山駅から中心部まで約96km、約1時間30分。拠点となるインターチェンジは松山自動車道三間IC。

JR松山駅からの直通列車はないが、宇和島市と高知県の四万十市を結ぶJR予土線の駅がある。JR宇和島駅からJR近永駅までは約36分。

こちらもCHECK!

鬼のウオールアート

JR近永駅周辺などの町内数ヵ所に、町おこしとして描かれた鬼のウオールアートがある。また「道の駅 広見森の三角ぼうし」（MAP 別冊P.23-D3）には巨大な鬼のモニュメントが。

町名を生かした町づくりが行われている

松野町への行き方

JR松山駅から中心部まで約100km、約1時間30分。拠点となるインターチェンジは松山自動車道三間IC。

JR松山駅からの直通列車はないが、宇和島市と高知県の四万十市を結ぶJR予土線の駅がある。JR宇和島駅からJR松丸駅までは約45分。

こちらもCHECK!

虹の森公園

広見川の河畔に広がる緑地に、レストランや産直市場、ガラス工房などが並ぶ。最大の見どころは、愛媛唯一の淡水魚水族館であるおさかな館。

MAP 別冊P.23-D3
住愛媛県松野町延野々1510-1
TEL0895-20-5006

巨大なピラルクの泳ぐおさかな館

INFO 滑床渓谷は、夏になるとさまざまなウオーターアクティビティが行われる。人気はラフティングやキャニオニング。フォレストキャニオン（TEL0895-42-0063）など数社がツアーを催行している。

＼ 愛媛といえばこれ！ ／

フルーツ天国の絶品スイーツ

柑橘をはじめ、さまざまなフルーツが栽培される愛媛県。かき氷やパフェ、ジュースにサンドイッチまで、旬のフルーツを楽しめる絶品フルーツが大集合！

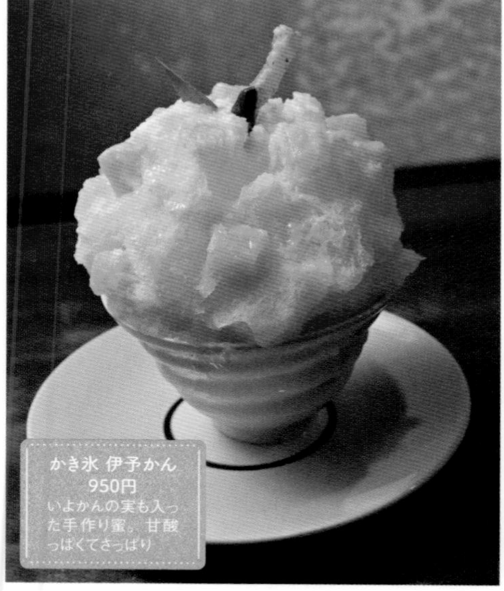

かき氷 伊予かん
950円
いよかんの実も入った手作り蜜。甘酸っぱくてさっぱり

夏のかき氷が名物

あんから庵 ●あんからあん

松山市中心 MAP 別冊P.41-D2

大街道の近くのビルの2階にある和風カフェ。毎年4～10月に提供されるかき氷には、愛媛県産のフルーツを使った手作り蜜がたっぷり！細かく削られた氷はやわらかくてふわふわ。

住愛媛県松山市二番町2-5-11
TEL089-935-8858　営11:00～19:00LO
休水～金曜　予1000円～
交電停大街道から徒歩約3分　Pなし

しっとり落ち着ける内装

旬のフルーツたっぷり♪

9～10月に登場するかき氷 いちじく1050円

果樹園直営のジューススタンド

noma-noma ●のま-のま

松山市中心 MAP 別冊P.41-D3

今治にあるのま果樹園直営の生ジュースバー。季節の柑橘を使った生ジュースやパフェが人気。時季により使う柑橘が変わり、12～4月なら8種類以上のなかから選ぶことができる。

住愛媛県松山市大街道1-4-20
TEL089-945-6111
営10:00～19:00　休なし
予300円～　交電停大街道から徒歩約4分　Pなし

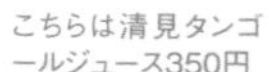

春イチオシの生ジュース

こちらは清見タンゴールジュース350円

生のフルーツをその場でカット

おみやげ用の柑橘も豊富

せとかパフェ
600円
濃厚な甘さが特徴のせとかがたっぷり。ソフトも美味

漱石ゆかりの喫茶店

漱石珈琲店 愛松亭

● そうせきこーひーてん あいしょうてい

松山市中心 MAP 別冊P.41-C2

萬翠荘の敷地内、夏目漱石の下宿跡地にあるカフェ。木々に囲まれた静かな空間でスイーツを味わえる。店内のほかテラス席もある。坊っちゃんとマドちゃん、2匹の看板ネコもとってもキュート♡

住 愛媛県松山市一番町3-3-7　TEL 089-993-7500
営 10:00～17:00　休 月曜・木曜　予 800円～
交 電停大街道から徒歩約5分　P あり（萬翠荘と共用）

愛媛県産フルーツパフェ 1300円
生のフルーツとアイスがマッチ。季節により種類は変わる

↑緑の小径を抜けた先にある ←窓から外の緑が眺められる

ピーチパフェ 1300円
6～9月頃まで味わえる愛媛県産桃のパフェ

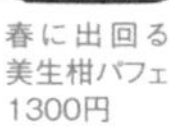
行列していることもしばしば

季節のフルーツが揃う

フルーツパーラーみしま

● ふるーつぱーらーみしま

松山市中心 MAP 別冊P.41-D2

大街道にあるフルーツ専門のパーラー。冬は柑橘やイチゴ、夏は桃やメロンなど厳選した旬のフルーツをパフェやフルーツサンドなどのアイデアメニューで提供している。

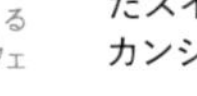
春に出回る美生柑パフェ 1300円

住 愛媛県松山市大街道2-5-5　TEL 089-921-8598
営 10:00～18:00　休 水曜　予 800円～
交 電停大街道から徒歩約1分　P なし

自家製いちごシェイク 500円
自家製レモネードフロート　650円
旬のフルーツを使ったフレッシュジュース

季節ごとにメニューは変わる

みかん農家が営む

CAFE NAWANAWA

● かふぇ なわなわ

興居島 MAP 別冊P.38-A2

興居島のフルーツや、世界各国の素材を使ったスイーツなどを販売する。外皮ごと絞ったミカンジュース450円も人気。

住 愛媛県松山市泊町1370-2　TEL 090-8154-7432
営 10:30～16:00　休 不定休（SNSで要確認）
予 500円～　交 由良港から車で約3分　P なし

愛媛のフルーツの旬を知る

愛媛県内では、1年を通して多くのフルーツが栽培されている。柑橘類の品種については（→P.343）。

みかん

愛媛の柑橘の代表的な存在。温州みかんのほかさまざまな品種があるので食べ比べてみて。

旬 11～2月頃

イチゴ

冬のフルーツといえばこちら。紅ほっぺやあまおとめが主力品種。旬は1～2月頃。

旬 10～6月頃

キウイ

実は愛媛は、キウイフルーツの生産高日本有数! 果肉は緑のほか黄色などさまざま。

旬 10～4月頃

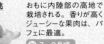

桃

おもに内陸部の高地で栽培される。香りが高くジューシーな果肉は、パフェに最適。

旬 7～9月頃

イチジク

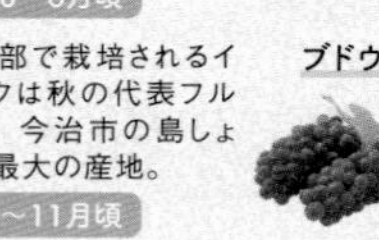

沿岸部で栽培されるイチジクは秋の代表フルーツ。今治市の島しょ部が最大の産地。

旬 7～11月頃

ブドウ

高原部の名産であるブドウ。久万高原町などではブドウ狩りも盛んに行われる。

旬 9月頃

かわいいみきゃんスイーツ

みきゃんパーク梅津寺

●みきゃんぱーく ばいしんじ

松山市郊外 MAP別冊P.38-A2

愛媛のゆるキャラ「みきゃん」のショップで、2階がカフェになっている。思わず写真を撮りたくなっちゃうかわいいスイーツがたくさん！ 大きな窓からは海を望むことができる。

住愛媛県松山市梅津寺町1374-1 TEL089-992-9898 営10:00～16:30（時期により変動） 休月曜（祝日の場合は翌日） 予600円～ 交伊予鉄梅津寺駅から徒歩約1分 P16台

食べるのがもったいない

キャラクターパフェ 800円 砥部焼の器を使ったパフェ。ダークみきゃんとこみきゃんもある

ジュースパックなどおみやげもたくさん

写真映えも◎なスイーツが揃う

→伊予柑ソフトやマーマレード、ゼリー入りの伊予柑ソフトレギュラー480円
←外観もキュート♡

全国区のかき氷人気店

登泉堂

●とうせんどう

今治市 MAP別冊P.44-B2

今治市にある創業130年以上の老舗甘味処。4～10月に提供されるかき氷は、生のフルーツを使って手作りする蜜が絶品！ 晴れた日には行列必至、朝一番に行くのがおすすめ。

住愛媛県今治市郷新屋敷町2-5-30 TEL0898-22-5735 営11:00～18:00（LO17:30） 休月曜、不定休 予800円～ 交JR伊予富田駅から徒歩約12分。今治小松自動車道今治湯ノ浦ICから車で約11分 P30台

↑テーブルとカウンター席がある。外の席はテイクアウト専用

かき氷 いちご 800円 愛媛各地のイチゴを使った蜜が◎。ミルクトッピング100円もおすすめ

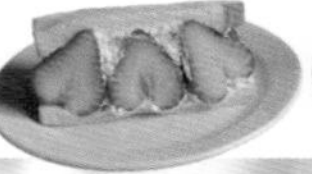

イチゴカスタード700円（左）とGODIVAチョコバナナ560円

断面萌えなフルーツサンド

うみとカモメ山下別邸

●うみとかもめやましたべってい

大洲市 MAP別冊P.45-D1

愛媛県産のフルーツを使用したフルーツサンド専門店。常時10種類前後のサンドイッチが並び、大きなフルーツがごろりと入ってビジュアルも◎。古民家を改装した店舗もすてき！

住愛媛県大洲市大洲251 TELなし 営10:00～16:00 休月曜 予700円～ 交JR伊予大洲駅から徒歩約18分。松山自動車道大洲南ICから車で約3分 Pなし

7種類のMIXサンド 600円 旬のフルーツを使うフルーツサンド。時季により変更

古民家を改装している

愛媛の柑橘 完全ガイド

愛媛県では30種類を超える柑橘が栽培されている。おもな銘柄はこちら！ 旬のカレンダーもチェックして。

温州みかん

柑橘を代表する品種で、通称「みかん」といえばこちら。果皮、袋ともに薄く食べやすい。

甘☆☆★☆☆☆酸

はれひめ

清美タンゴールとオレンジの交配種。果皮は分厚くて、甘味と香りのバランスがよい。

甘☆☆★☆☆☆酸

いよかん

ジューシーな果肉が特徴。果皮、袋とも厚いが、手で簡単にむける。袋をむいて食べる。

甘☆☆☆★☆☆酸

ポンカン

甘味が強い品種で、香りもよくビタミンが豊富。果皮、袋はやわらかくて大きさも手頃。

甘☆★☆☆☆☆酸

不知火（しらぬい）

へたの部分が盛り上がっている。甘さと酸味が絶妙。条件を満たすとデコポンと呼ばれる。

甘☆☆★☆☆☆酸

はるみ

清美とポンカンの交配種。県外にはあまり出回らない希少品種で、プチッとした食感が◎。

甘☆★☆☆☆☆酸

せとか

果皮の色が鮮やかで、贈答用に人気がある。甘味が最も強い品種のひとつで、香りもいい。

甘★☆☆☆☆☆酸

八朔

大玉の品種で、黄色がかった橙色をしている。酸味があり、厚い果皮と袋をむいて食べる。

甘☆☆☆☆☆★酸

甘夏

甘酸っぱくてほろ苦さがある。温州みかんより大ぶりで、袋をむいて食べる。種も多い。

甘☆☆☆☆★☆酸

はるか

果皮が黄色く酸味が強そうだがさわやかな甘味がある。日向夏から選抜育成された品種。

甘☆★☆☆☆☆酸

ブラッドオレンジ

鮮やかな濃いオレンジ色。果肉も赤く、甘味が非常に強い。果皮ごとスマイルカットに。

甘★☆☆☆☆☆酸

清美

温州みかんとオレンジ系を交配して生まれた品種。香りが強くて、果肉もジューシー。

甘☆☆★☆☆☆酸

河内晩柑

和製グレープフルーツと呼ばれる。分厚い果皮ごと横にふたつに切り、スプーンで食べよう。

甘☆☆☆★☆☆酸

カラマンダリン

柑橘のなかで最も樹にある期間が長い品種で、そのぶん濃厚な甘さ。通称「春のみかん」。

甘★☆☆☆☆☆酸

紅まどんな

愛媛オリジナル品種。ぷるぷるの食感とあふれる果汁が特徴。値段も高いブランド柑橘。

甘★☆☆☆☆☆酸

（愛媛オリジナル品種）

甘平（かんぺい）

極薄の果皮と強い甘味が特徴。袋の中に大ぶりの果肉が詰まっている。値段は高め。

甘★☆☆☆☆☆酸

（愛媛オリジナル品種）

＼ 宇和島式、松山式、好みはどちら？ ／

2種類の鯛めしを食べ比べ♪

瀬戸内海や宇和海であがる鯛は、愛媛で絶対に食べたい海の幸。新鮮な鯛は、伝統的な鯛めしでいただくのが大正解！

宇和島式

鯛の刺身と薬味をだし汁に入れ、熱々のご飯にかけて食べる。宇和島発祥の漁師めしだ。

宇和島式鯛めしの食べ方

1 卵を溶く
ご飯をよそい、だし汁に卵を入れかき混ぜる

2 刺身をイン！
鯛の刺身を卵をといただし汁に入れ絡ませる

3 薬味を入れる
シソやネギなど数種類の薬味をどっさりと

4 ご飯にかける
刺身と薬味入りのだし汁をかけて召し上がれ！

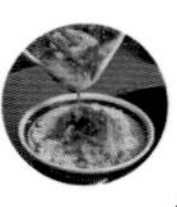

宇和島鯛めし
天然真鯛
2200円
プラス620円で切り身を1.5倍に増量できる

天然鯛のうま味に感動！

元祖 宇和島鯛めし 丸水 本店

● がんそ うわじまたいめし がんすい ほんてん

松山市中心 MAP 別冊P.41-D2

宇和島式鯛めしの専門店。宇和島産の鯛に麦味噌、大洲の巽醤油など素材にこだわり抜いた絶品鯛めしが味わえる。一本釣りの天然鯛と宇和島の養殖鯛からチョイス可能。

住 愛媛県松山市大街道3-7-8　TEL 089-909-8167　営 11:00～15:00（14:30LO）、17:00～20:30（LO20:00）　休 不定休　予 1800円～　交 電停大街道から徒歩約5分　P なし

こだわりの食材を堪能してください

ロープウエイ街に位置している

宇和島づくし鯛めし膳
2500円
鯛めしにじゃこ天など宇和島の郷土料理の小鉢がセット

温泉街の人気店

かどや 道後椿坂店

● かどや どうごつばきざかてん

道後温泉 MAP 別冊P.39-C2

1955（昭和30）年に宇和島で創業した「かどや」の道後温泉店。宇和島産のブランド魚介、伊達真鯛を使った鯛めしを提供。カツオと昆布ベースのだしが鯛のうま味を引き立てる。

住 愛媛県松山市道後湯之町20-24　TEL 089-931-5400　営 11:00～15:00（14:30LO）、17:00～22:00（21:30LO）　休 なし　予 1500円～　交 電停道後温泉から徒歩約3分　P なし

椿の湯の目の前

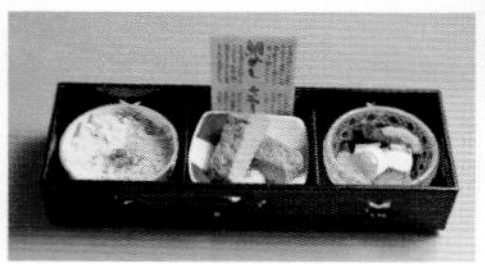

セットの小鉢。右からふか（サメ）湯ざらし、じゃこ天、ふくめん

松山式
鯛の身とだし汁を使った炊き込みご飯が松山式鯛めし。市内北部の北条地区が発祥とされる。

松山鯛めし膳 2350円
土鍋を使い、鯛のだしでひとつずつ炊き上げる

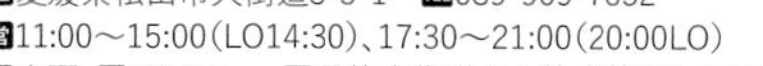

最後はだしをかけてお茶漬け風に!

一つひとつ炊き上げる絶品鯛めし

松山鯛めし 秋嘉 本店

●まつやまたいめし あきよし ほんてん

松山市中心 MAP別冊P.41-D2

瀬戸内海、宇和海で水揚げされた鯛を使った松山式鯛めしが味わえる。鯛は一夜干しにして炙ってから炊き込むことでうま味を凝縮。蓋を開けた瞬間に芳醇な香りが立ちこめ、食欲をそそる。

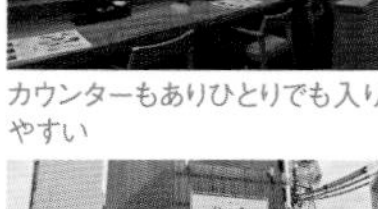

カウンターもありひとりでも入りやすい

地元客の利用も多い

住愛媛県松山市大街道3-5-1 TEL089-909-7652
営11:00〜15:00(LO14:30)、17:30〜21:00(20:00LO)
休火曜 予2200円〜 交電停大街道から徒歩約4分 Pなし

松山鯛めしランチ 1700円
ランチメニュー。鯛めしにじゃこ天などがセット。単品は1200円

鯛めし定食 1800円
天然鯛の鯛めしに刺身、酢の物などが味わえるセットメニュー冬季は北条店で食べられる

多彩な郷土料理が揃う

五志喜 ●ごしき

松山市中心 MAP別冊P.41-C3

1635(寛永12)年創業、愛媛の伝統料理を今に伝える名店。鯛めしは松山式のほか宇和島式、さらに鯛そうめんもある。各種郷土料理も豊富に揃っている。

住愛媛県松山市三番町3-5-4 TEL050-5571-3318
営11:00〜14:00、17:00〜21:30 休不定休
予1200円〜 交電停大街道から徒歩約6分 Pなし

広々して団体でも利用しやすい

元祖北条式鯛めし

太田屋 鹿島店 ●おおたや かしまてん

松山市郊外 MAP別冊P.38-B1

松山沖や今治で取れる天然鯛のみを使った鯛めしが人気。味付けはシンプルなので、鯛そのものの味を感じられる。海を望む眺めも◎。

刺身も歯応えがあって絶品!

住愛媛県松山市北条辻1596-3 TEL089-993-0012 営4月下旬〜10月11:00〜16:00頃(夜は要予約)
休期間中水曜、不定休あり、11月〜4月下旬 予1500円〜 交JR伊予北条駅から徒歩約8分、鹿島公園渡船乗り場からフェリーで約3分 Pなし

海に突き出た建物

＼スタイル別の名店揃い／

愛媛各地の海の幸を食べる

瀬戸内海、豊後(ぶんご)水道、太平洋と3つの海に囲まれた愛媛県は、海の幸の宝庫。
海鮮丼やBBQ、居酒屋に寿司とさまざまなスタイルで味わって！

海鮮丼

A 海鮮丼
2200円
約10種類もの刺身が丼を埋める人気メニュー。卵黄を混ぜて食べよう

CHECK! 一本釣りハマチ
CHECK! 天然鯛

目の前の漁港で仕入れた魚は新鮮そのもの！

食べ方
卵を溶いた特製だれをかけてどうぞ

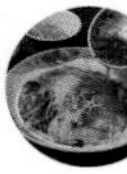

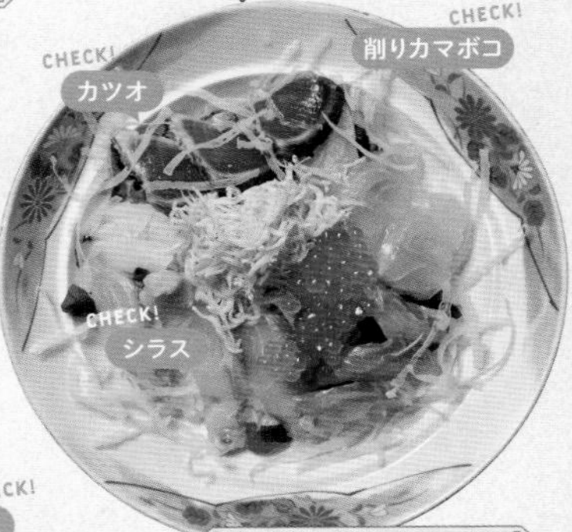

CHECK! 削りカマボコ
CHECK! カツオ
CHECK! シラス

B 三崎の海のお友達丼
1630円
具はシラスや鯛、カツオなど。地元の特産、削りカマボコを散らし鮮やか

SETはコチラ！
カツオのたたきやサラダ、あら汁が付く

C 海鮮丼
2000円
鯛やハマチのほか季節の魚がてんこ盛り。分厚くカットしてあり食べ応え◎

CHECK! サザエ
CHECK! 鱧
CHECK! 鯛

A 港沿いの食事処

大浜
●おおはま

今治市 MAP別冊P.44-A1

漁師から直接仕入れる新鮮な魚介が味わえる。海鮮丼には天然鯛やヒラメ、ハマチなど旬の魚介がぎっしり！ 定食から一品料理までメニューもいろいろ。

住愛媛県今治市大浜町1丁目丙232-4 TEL0898-23-0022 営11:00～14:00LO、17:00～19:30LO 休火曜(月曜不定休) 予1800円～ 交JR今治駅から車で約8分 P20台

B 地場魚を華麗にアレンジ

まりーな亭
●まりーなてい

伊方町 MAP別冊P.22-A1

伊方町の三崎港そば。一本釣りや素潜りなど、伝統の自然漁法で取れた魚介を定食や海鮮丼で提供。米は宇和島の三間米を使用するなど随所にこだわりあり。

住愛媛県伊方町三崎589 TEL0894-54-0527 営11:00～20:00LO 休不定休 予1400円～ 交松山自動車道大洲南ICから車で約1時間15分 P10台

C 海を見下ろすおしゃれ食堂

潮路
●しおじ

伊予市 MAP別冊P.25-C3

夕やけこやけラインにあるスタイリッシュなレストラン。鯛やハマチ、鱧、サザエなどがどっさりの海鮮丼が名物。店主自ら焼いたという器もすてき！

住愛媛県伊予市双海町串1213-38 TEL089-987-0654 営11:00～15:00 休火・水曜 予1800円～ 交JR下灘駅から徒歩約20分。松山自動車道伊予ICから車で約40分 P10台

海鮮BBQ

いかだ屋料理
3800円
鯛の塩釜や魚介BBQ、地元産ウニなど15種類の料理がテーブルを埋める

3日前までに電話で予約してください

焼くのは大将におまかせでOK。ベストな焼き加減に調整してくれる

カラフルなヒオウギ貝

豪快BBQで素材を味わう

いかだ屋 ●いかだや

宇和島市 MAP 別冊P.22-B3

カラフルな大漁旗が飾る漁師小屋のような建物。宇和海の絶景を眺めながら、地元の魚介を浜焼きスタイルで味わえる。じゃこ天や包丁汁などの郷土料理も出て、満足間違いなし！

住 愛媛県宇和島市下波4496　TEL 090-3182-7363　営 11:00～23:00（要予約、1日1組限定、大人5人～）　休 なし　予 3800円～　交 松山自動車道宇和島南ICから車で約45分　P あり

居酒屋

だし茶漬け 生はも（刺身）2250円
淡泊だがうま味が強い鱧。刺身で食べたあとはだしをかけお茶漬けに

目の前で匠の技を眺められる

「技あり鱧」発祥の店

出汁茶漬け 網元茶屋

●だしちゃづけ あみもとちゃや

松山市中心 MAP 別冊P.41-D3

小骨が多く、骨断ちするのが常識の鱧。この常識を覆し骨を取って調理するのが「技あり鱧」だ。包丁を巧みに滑らせて骨を取り除いた鱧は、刺身で食べることができる。

住 愛媛県松山市二番町1-2-11　TEL 089-915-2116　営 18:00～24:00　休 日曜・祝日　予 2000円～　交 電停大街道から徒歩約5分　P なし

松山の繁華街にある

回転寿司

宇和島鯛めし風軍艦（下）
炙り真鯛（右）
朝〆真アジ（左）各231円
宇和島産魚介を使った人気メニュー

宇和島発祥のローカル回転寿司店

回転寿司すしえもん 宇和島本店

●かいてんずしすしえもん うわじまほんてん

宇和島市 MAP 別冊P.45-C3

県内外に7店舗を構える海鮮寿司店。専属バイヤーが仕入れた新鮮なネタをリーズナブルに提供。宇和島のブランドフィッシュを使ったネタも多数。

松山市にも支店あり

住 愛媛県宇和島市弁天町2-1-60　TEL 0895-24-1000　営 10:30～22:00　休 水曜　予 1500円～　交 JR宇和島駅から徒歩約15分。松山自動車道宇和島朝日ICから車で約1分　P 25台

四国4県を比べてみたら……③ 物語のロケ地、舞台となった場所

香川県

『八日目の蝉』

映画：2011（平成23）年公開
ロケ地：小豆島など

角田光代原作の映画。物語の後半、主人公の野々宮希和子が逃亡先として移住したのが瀬戸内海の小豆島。ストーリーのカギとなる「虫送り」が行われた中山千枚田や芝居を見物した中山農村歌舞伎舞台、二十四の瞳映画村などがロケ地となった。

幻想的な虫送りが行われた中山千枚田

『世界の中心で、愛をさけぶ』

映画：2004（平成16）年公開
ロケ地：高松市、さぬき市など

観客動員620万人を記録し、公開当時「セカチュー」ブームを巻き起こした話題作。主人公、松本朔太郎の回想シーンでおもに登場するのが、高松市の庵治地区の海と町並み。庵治観光交流館（住 香川県高松市庵治町5824-4）にはロケのセットが復元されている。

徳島県

『ウェルかめ』

NHK連続テレビ小説：2009～2010（平成21～22）年放送
ロケ地：美波町、阿南市など

主人公、浜本波美が生まれ育った「ウミガメが産卵にやってくる徳島の海辺」のロケ地として美波町がメインに使われた。ドラマに出てくる「ウミガメ館」は、日和佐うみがめ博物館カレッタがモデルとなっている。ほか海辺の町の風景にも使われている。

ウミガメの産卵地となっている大浜海岸

『眉山』

映画：2007（平成19）年公開
ロケ地：徳島市

さだまさし原作、徳島市の眉山をモチーフとした小説の映画版。映画のメインロケ地となったのが徳島市。主人公の河野咲子が寺澤大介に母親のことを相談するシーンで眉山の山頂が使われたほか、咲子と龍子が徳島県立阿波十郎兵衛屋敷で『傾城阿波の鳴門』を観劇したり、また阿波おどりも作中に登場した。

眉山の頂上にある展望台から市内を望む

愛媛県

『東京ラブストーリー』

テレビドラマ：1991（平成3）年放送
ロケ地：松山市、大洲市など

フジテレビの「月9ドラマ」として放送された大ヒット作。おもに最終回で愛媛の松山市や大洲市が登場する。大洲市の大洲神社はカンチの故郷の神社として使われ、近くにはリカがカンチに別れの手紙を出したポストも。また松山市の伊予鉄梅津寺駅はリカが柵にハンカチを結びつけた場所。

梅津寺駅には今でもハンカチを結んでいく人が絶えない

『離婚しようよ』

Netflixドラマ：2023年公開
ロケ地：松山市、今治市など

愛媛が舞台となった最新ドラマ。松山市、今治市のほか宇和島市、伊予市など県内各地でロケが行われた。松山市内の商店街の銀天街と大街道、今治市の大三島にある大山祇神社などで撮影が行われた。また松山市問屋町の洋食店「レンガ屋」では食事をするシーンも。

高知県

『竜とそばかすの姫』

アニメ映画：2021年公開
舞台：高知市、越知町、仁淀川町、日高村など

主人公のすずは、高知県の田舎町に住む女子高生。アニメでは、高知市内を流れる鏡川や越知町の浅尾沈下橋などが美しく描かれている。こうち旅ネットではウェブでロケ地マップを公開しているので、ダウンロードして持参するとよい（URL kochi-tabi.jp/lp/ryu-to-sobakasu-no-hime/#fv-point）。

印象的なシーンで登場する浅尾沈下橋

『県庁おもてなし課』

映画：2013（平成25年）年公開
ロケ地：高知市、香南市、越知町など

高知県庁に実在した、「おもてなし課」をモデルとした有川浩の小説を映画化。映画はほぼ全編が高知県内で撮影された。香南市には「民宿きよとお」に使われた建物が残るほか、越知町の浅尾沈下橋、高知市内の鏡川なども登場する。

高知県

高知県の基本情報

❖ 県章

高知県の藩政時代以前の呼び名である土佐の「とさ」を印象化したもので、縦のけん先は向上することを、円は平和と協力を表している。円の中にある白地の部分は高知（コウチ）県の「コ」を意味している。県章は1953（昭和28）年4月15日に市民の公募により制定された。

❖ 県旗

マルーン（エンジ）色の地に白抜きにした県章を旗の中央部分にあしらっている。旗の構図の縦横比は2：3。

❖ 高知県民の歌

1953（昭和28）年に四国4県を会場として開催された国民体育大会（四国国体）に合わせて制定された。高知の自然や歴史を歌詞に盛り込み歌っている。高知県のウェブサイトで聞くことができるほか、歌詞や楽譜をダウンロードできる。

❖ 県の花…ヤマモモ

4月頃に赤く小さな花を付けるヤマモモ。雌雄異株のため雄株には雄花、雌株には雌花しか咲かない。房のような花で、尾状花序という細い花が集まり下がっている。実は6月下旬～7月上旬にかけてなり、生産高は高知県が全国2位（1位は徳島県）。

❖ 県の木…ヤナセスギ

馬路村の魚梁瀬地区にある天然の杉。秋田杉、吉野杉とともに日本を代表する杉。濃淡が濃く細かい木目が特徴的。高級木材としても知られ、安土桃山時代には長宗我部元親が大仏殿建造のため豊臣秀吉に献上したことが記録されている。

❖ 県の鳥…ヤイロチョウ

体の色が8色（やいろ）からなることからその名がついた、美しい鳥。夏に飛来する渡り鳥で、高知県では毎年5月頃から見ることができる。体長は20cmほどで、「ピィフィー、ピィフィー」と特徴的な鳴き声でさえずる。足が大きく、地上をよく歩きミミズや昆虫類を捕食する。

❖ 県の魚…カツオ

高知県の県魚は、当然カツオ。タタキや鰹節などは、昔から県民にとって慣れ親しんだ味。鰹節が松の節に似ていることから「松魚(しょうぎょ)」とも書かれ、めでたい魚とされている。

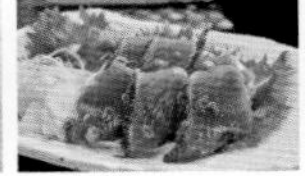

❖ 県庁所在地

高知市丸ノ内

❖ 高知県の面積

7102.28㎢→四国最大
※日本の面積
37万7974.85㎢
※国土交通省国土地理院
※2023（令和5）年7月時点

❖ 高知県の人口

総数：66万6793人
女…35万1193人
男…31万5600人
※住民基本台帳
※2023（令和5）年9月1日時点

❖ 日本の人口

1億2445万人
※総務省統計局
※2023（令和5）年9月1日時点

❖ 高知県知事

浜田省司（第62代）
※2023（令和5）年9月現在。知事の任期は4年で、高知県全域からひとりを選出するための高知県知事選挙が行われ、高知県民の投票によって決まる。

❖ 高知県の予算

2023（令和5）年度の一般会計当初予算の規模は、4785億円。前年度に比べて36億円、0.7%の増額となっている。
※高知県ウェブサイトより

おもな都市からの移動時間

❖ 飛行機
東京（羽田空港） 約1時間20分
東京（成田空港） 約1時間45分
大阪（伊丹空港） 約45分
愛知（中部国際空港） 約1時間
愛知（県営名古屋空港） 約1時間
兵庫（神戸空港） 約45分
福岡（福岡空港） 約50分

❖ 高速バス
大阪（阪急三番街） 約4時間50分
広島BT 約4時間45分

❖ 鉄道（特急）
JR岡山駅
約2時間40分

▶四国への道
→P.470

高知県の気候

年間を通して高温多湿。平均の年間日照時間は2159.7時間と日本でも上位の日照時間を誇るが、一方で多雨なのも特徴。雨天時には、スコールのように一気に多量の雨が降る。夏は太平洋側の湿った空気の影響を受けやすく、蒸し暑い気候が続く。また台風の常襲地でもあるので、旅行前には台風情報のリサーチを心がけて。冬は平野部では降雪が少ないが、山間部では大雪に見舞われることも。

▶四国の気候
→P.464

安全とトラブル

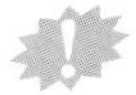

高知の治安は一般的に良好だが、高知市の繁華街など人が集まるところではトラブルに巻き込まれることがないよう注意しよう。特にひろめ市場は1日を通して人でごった返す。外国人の利用も多いので、酔ったうえでのトラブルや言語、マナーの相違によるいさかいなど起こさないように。

また、台風や豪雨などにより公共交通機関の計画運休が実施されることがあるので気象情報をチェックしよう。地震が発生したときの行動や避難場所も自治体の防災情報などで確認を。

●高知県警
TEL 088-826-0110
URL www.police.pref.kochi.lg.jp

▶旅の安全情報とトラブル対策→P.482

その他

▶旅のお役立ち情報
→P.480

❖ 移動は車がベスト
四国で最も広い面積があり、地形も険しい高知。見どころも広範囲に散らばっているので移動は車がベスト。JRは土讃線、予土線が走り私鉄も土佐くろしお鉄道がふたつの路線を走らせているが、人気の観光スポットである室戸岬、足摺岬とも鉄道が通っていない（室戸岬は徳島県から阿佐海岸鉄道が運行）ので車が必須。レンタカーは高知竜馬空港のほか市内にもオフィスがあるので簡単に借りることができる。

❖ 運転の際に注意しておきたいこと
高速道路のインターチェンジには乗り降りの方向が限定されているハーフインターチェンジやETC搭載車のみが利用できるスマートインターチェンジがあるので、気をつけること。なお高速道路も限られており、山間部や室戸、足摺岬へは一般道を利用。山岳部を運転する場合はカーブがきつい箇所も多いのでくれぐれも気をつけて。地方ではガソリンスタンドの数も少なく、日曜・祝日はやっていなかったり平日でも夜間はクローズしてしまう。早めの給油を心がけること。

❖ お遍路など参拝の際のマナー
お遍路の札所（寺院）や神社を参拝する場合、境内で騒いだり走り回るなどの行為はしないこと。なお、お遍路においては［十善戒］という10の行動規範を守るよう心がけよう。

十善戒は①不殺生（ふせっしょう）むやみに生き物を傷つけない②不偸盗（ふちゅうとう）ものを盗まない③不邪婬（ふじゃいん）男女の道を乱さない④不妄語（ふもうご）うそをつかない⑤不綺語（ふきご）無意味なおしゃべりをしない⑥不悪口（ふあっく）乱暴な言葉を使わない⑦不両舌（ふりょうぜつ）筋の通らないことを言わない⑧不慳貪（ふけんどん）欲深いことをしない⑨不瞋恚（ふしんに）耐え忍んで怒らない⑩不邪見（ふじゃけん）間違った考え方をしない。

AREA INFO

高知県 エリアインフォメーション

四国最大の面積をもち、エリアも大きく7つに分かれる高知県。11市、17町に加え村も6あり、全部で34の市町村が存在している。仁淀川や四万十川、物部川の河川と足摺、室戸の東西の岬がおもなエリア区分となっている。

AREA 2 仁淀川とその周辺エリア

仁淀川エリア（→P.366）

高知市の北西、仁淀川の流域にある1市4町1村。最大の見どころは清流・仁淀川。ほか日本の植物分類学の父である牧野富太郎博士の故郷である佐川町もこのエリアにある。

このエリアの市町村

土佐市／いの町／日高村／佐川町／越知町／仁淀川町

おもな見どころ

- 安居渓谷県立自然公園（→P.366）
- にこ淵（→P.366）
- ホエールウォッチング宇佐（→P.369）
- 牧野公園（→P.375）
- 横倉山（→P.375）

澄んだブルーの滝壺が見られるにこ淵

仁淀川町 梼原町 津野町 中土佐町 四万十町 四万十市 黒潮町 宿毛市 三原村 大月町 土佐清水市

AREA 6 四国最南端の景勝地がある

足摺エリア（→P.410）

四国の最南端の岬、足摺岬のある土佐清水市とその周辺の市町村。ダイビングやフィッシング、ホエールウオッチングなど海のアクティビティを楽しみたい。

このエリアの市町村

土佐清水市／宿毛市／三原村／大月町

おもな見どころ

- 高知県立足摺海洋館SATOUMI（→P.80・411）
- 竜串海岸（→P.412）
- ジョン万次郎資料館（→P.412）
- 足摺岬（→P.414）
- 柏島（→P.417）

空海ゆかりの足摺岬

AREA 5 日本有数の清流・四万十川流域

四万十川エリア（→P.392）

四万十川が流れるエリア。実際に川が流れているのは津野町、中土佐町、四万十町、四万十市。津野町や梼原町の北には四国カルストがある。

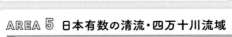

このエリアの市町村

四万十市／四万十町／中土佐町／津野町／須崎市／梼原町／黒潮町

おもな見どころ

- 四万十川（→P.392）
- トンボ自然公園（→P.397）
- 海洋堂ホビー館四万十（→P.400）
- 岩本寺（→P.29・400）
- 久礼大正町市場（→P.401）
- 梼原町立図書館（雲の上の図書館）（→P.407）

四万十川には多くの沈下橋が架かっている

AREA 4

四国のほぼ中央に位置する農業地帯

嶺北エリア（→P.388）

高知の北、四国全体のほぼ中央。土地はほとんどが山間部で、豊かな自然が楽しめるエリアだ。高原に位置し、夏は涼しく冬には雪が降る。

このエリアの市町村	大豊町／本山町／土佐町／大川村

おもな見どころ

- 吉延の棚田（→P.390）
- 汗見川渓谷（→P.390）

「天空の棚田」と呼ばれる吉延の棚田

Q. 読める? 高知県の難読地名

- 介良（けら） 高知市の地名
- 一宮（いっく） 高知市の地名
- 愛宕山（あたごやま） 高知市の地名
- 吸江（ぎゅうこう） 高知市の地名
- 五百蔵（いおろい） 香美市の地名
- 神母ノ木（いげのき） 香美市の地名
- 中村百笑（なかむらどうめき） 四万十市の地名
- 名鹿（なしし） 四万十市の地名
- 宿毛（すくも） 町名
- 還住薮（げんじゃやぶ） 宿毛市の地名

たくさんの動物たちが見られる高知県立のいち動物公園

AREA 3

空港を有する物部川の流域

物部川エリア（→P.378）

白髪山を水源とし、高知県の中央やや東を流れる物部川の流域エリア。4つの市が属し、動物園から鍾乳洞、博物館まで見どころは充実している。

このエリアの市町村	南国市／香美市／香南市

おもな見どころ

- 海洋堂 Space Factory なんこく（→P.379）
- 西島園芸団地（→P.379）
- 香美市立やなせたかし記念館（→P.381）
- 龍河洞（→P.383）
- 高知県立のいち動物公園（→P.385）

桂浜公園に立つ坂本龍馬の像

AREA 1

龍馬を生んだ高知市の中心都市

高知市エリア（→P.354）

県庁所在地で、土佐藩時代からの中心都市。坂本龍馬の生誕地でもあり、ゆかりの場所が多く存在する。高知城に牧野植物園など見どころ満載で、夜は酒場での飲み歩きが楽しい。

このエリアの市町村	高知市

おもな見どころ

- 桂浜公園（→P.358）
- 高知県立坂本龍馬記念館（→P.359）
- 高知県立牧野植物園（→P.360）
- 高知城（→P.71・362）
- 竹林寺（→P.365）

AREA 7

海と山に囲まれた大自然が魅力

安芸・室戸エリア（→P.418）

高知県の東の端にあるエリア。観光の中心となるのは室戸岬。内陸部の北川村と馬路村は高知の特産である、ゆずの里として知られる。

地球創造の記憶をその地形にとどめる室戸岬

このエリアの市町村

安芸市／室戸市／北川村／芸西村／馬路村／奈半利町／田野町／安田町／東洋町

おもな見どころ

- 伊尾木洞（→P.420）
- むろと廃校水族館（→P.81・422）
- 室戸岬（→P.424）
- 中岡慎太郎館（→P.427）
- 北川村「モネの庭」マルモッタン（→P.428）

土佐の文化が息づく高知の中心

高知市 こうちし

人口 31万8099人 面積 309.㎢

エリアの拠点

インターチェンジ

高知自動車道高知IC

鉄道駅

JR高知駅

バス停

高知駅バスターミナル

交通INFO

高知龍馬空港から市内へ
高知龍馬空港からは、とさでん交通の空港連絡バスが運行している。はりまや橋などを経由してJR高知駅のバスターミナルまで行く。料金は900円。

観光案内所

高知観光情報発信館とさてらす
MAP 別冊P.49-D1
住 高知県高知市北本町2-10-17
TEL 088-879-6400
開 8:30～18:00
休 なし
JR高知駅前にあり、高知県全域の観光情報に対応している。

JR高知駅前の観光案内所。MY遊バスのチケットや龍馬パスポート（→P.481）も入手可能

桂浜観光案内所
MAP 別冊P.46-B3
住 高知県高知市浦戸6
TEL 088-842-0081
開 9:00～16:00
休 なし
桂浜公園内にある観光案内所。

現存天守のひとつである高知城。「南海道随一の名城」と呼ばれる優美な姿を誇り、春には桜との共演も楽しめる

高知県の県庁所在地。土佐藩初代藩主・山内一豊が1601（慶長6）年より約10年かけて築城した高知城を中心に城下町が発展。県内随一の繁華街である帯屋町商店街や追手筋があるほか、日本最大規模を誇る日曜市、毎年、夏には1万人以上の参加者が踊るよさこい祭りなどの催しも行われている。また、少し足を延ばせば、龍馬も泳いだといわれる清流・鏡川や高知県立牧野植物園がある五台山（ごだいさん）、市南部には桂浜もあり、中心都市でありながら豊かな自然も広がっている。

高知市内を流れる鏡川。映画『竜とそばかすの姫』でも描かれた景色

空港からのアクセス

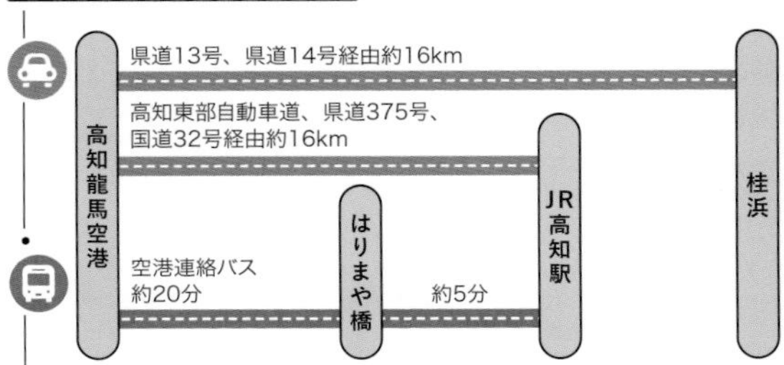

INFO 帯屋町商店街や中央公園などで毎年3月に開催される「土佐のおきゃく」は、高知の食と酒が楽しめるイベント。酒好きで陽気な高知の県民性を体感できる。

高知市の歩き方

中心街は徒歩と電車で移動

高知最大の繁華街となるのが帯屋町商店街と追手筋。アーケード街である帯屋町商店街には、ひろめ市場をはじめ、ショップやカフェが並ぶ。追手筋には高知県立高知城歴史博物館、オーテピア、日曜市のほか、居酒屋やバーが集まり屋台も出没する。どちらのエリアも徒歩で回れ、ホテルも多いので飲み歩きも楽しめる。また、少し足を延ばすなら、はりまや橋近くの交差点を中心に東西南北へ線路が延びる、とさでん交通の路面電車を利用しよう。一日乗車券もある。

線路が平面で交差する「ダイヤモンドクロッシング」になったはりまや橋交差点は見もの

離れた観光地へ行くなら車かバスで

繁華街から離れた観光地へ行く場合は、車かバスを使おう。レンタカー店はJR高知駅周辺を中心に点在している。バスはとさでん交通の路線バスが運行しているが、本数が少ないエリアもあるので事前確認が必須。桂浜公園（→P.358）や高知県立牧野植物園（→P.360）へ行く場合、休日や長期休暇中であれば便利なMY遊バス（→P.357）が運行している。JR高知駅やはりまや橋で乗降でき、市内観光地を周遊するのでスムーズに移動できる。

牧野植物園がある五台山頂上の展望台からの眺め。浦戸湾の向こうに市街地と山が見える

おさんぽプラン

- JR高知駅
  - ↓ 🚌 約50分
- 桂浜公園（→P.358）
  - ↓ 🚌 約30分
- 高知県立牧野植物園（→P.360）
  - ↓ 🚌 約30分、🚶 約15分
- 高知城（→P.362）
  - ↓ 🚶 約5分
- 高知県立高知城歴史博物館（→P.362）
  - ↓ 🚶 約3分
- 高知県立文学館（→P.363）
  - ↓ 🚶 約15分
- はりまや橋（→P.363）

高知市にある お遍路札所

- ◆善楽寺（第30番札所）
- ◆竹林寺（第31番札所）
- ◆雪蹊寺（第33番札所）
- ◆種間寺（第34番札所）

こちらもCHECK!

こうち旅広場（三志士像）

JR高知駅前にあるイベントスペース。休日にはよさこい踊りやグルメイベントが開催される。また、坂本龍馬、武市半平太、中岡慎太郎の三志士像はフォトスポットとして人気。強い台風が直撃する際には、どこかへ運ばれていく光景が見られる。

青空に映える三志士像

INFO 高知で飲んだあとの〆といえば屋台。「安兵衛」や「松ちゃん」の屋台餃子が有名。お茶くみや食器洗いを手作りの全自動ロボットで行う「和楽路屋」（うどん屋台）もおすすめ。

高知市内の交通

とさでん交通
TEL088-833-7121（路面電車）
TEL088-833-7171（路線バス）
URLwww.tosaden.co.jp

路面電車
運【高知駅前発】
月～金6:19～22:05
土・日・祝6:26～21:40
【桟橋通五丁目発】
月～金6:06～21:42
土・日・祝6:14～21:16
【はりまや橋発（後免線）】
月～金6:07～22:17
土・日・祝6:10～22:02
【はりまや橋発（伊野線）】
月～金6:09～22:00
土・日・祝6:09～21:40
料市内中心部200円（均一区間）
電車一日乗車券500円（市内均一区間）、1000円（全路線）
電車24時間乗車券600円（市内均一区間）、1200円（全路線）
電車一日乗車券は路面電車車内のほか、はりまや橋サービスセンター、高知駅バス案内所などでも購入可能。24時間乗車券はモバイル端末専用で、専用のアプリをダウンロードする必要がある。

行き先により電停の場所が変わるので気をつけよう

見どころは中心部にまとまっているが、桂浜や高知県立牧野植物園などは郊外にある。最も便利な交通手段はとさでん交通の路面電車。離れた場所へはMY遊バスを利用。このふたつをマスターすれば、ほとんどの見どころへ行ける。

路面電車

とさでん交通運行の路面電車は、高知市内観光の強い味方。開業は1904（明治37）年で、現存する路面電車のなかでは日本最古。路線ははりまや橋を中心に東へ延びる後免線、西に延びる伊野線、高知駅前からはりまや橋を通り桟橋通五丁目間まで行く桟橋線の3路線ある。路線の総延長は25.3kmで、現存する路面電車のなかでは日本一。運賃は、市内中心部は200円均一（均一区間）、その先は距離により料金が上がる。乗り放題の電車一日乗車券、24時間乗車券もある。

路面電車の乗り方

1 電停で来るのを待つ

路面電車の駅は電停と呼ばれる。行き先は車体前方上部の電光掲示板で確認を。

2 後方ドアから乗車

後ろ乗り前降りのワンマン。現金の場合は整理券を取る。高知駅～桟橋五丁目区間のみ不要。

3 ボタンを押す

降りたい電停に近づいたら、柱などにある停車ボタンを押して運転士に知らせる。

4 前方ドアから下車

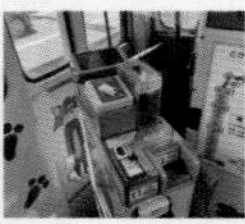
現金の場合は料金箱に運賃を入れる。一日乗車券の場合は運転士に見せればOK。

路面電車路線図

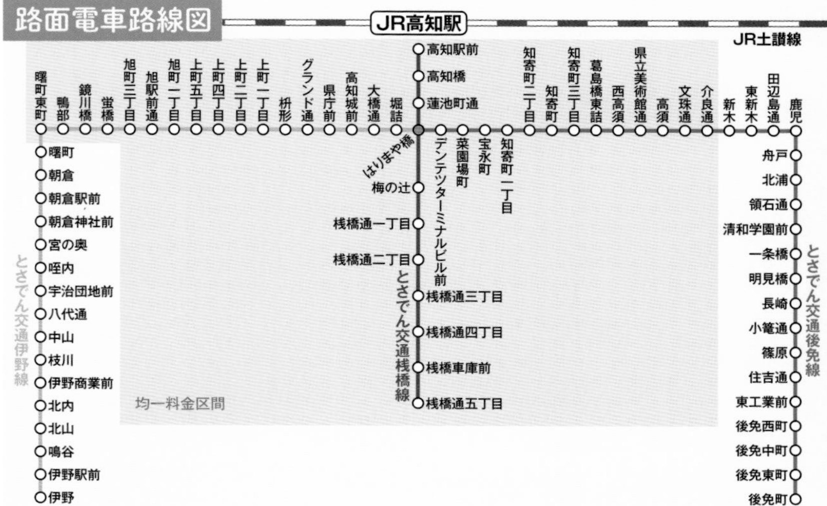

INFO 路面電車の後免行の車体前部はひらがなで「ごめん」という文字が表示されている。謝っているわけではない。

MY遊バス

とさでん交通が運行する、市内各地の見どころを回る循環バス。JR高知駅前の「こうち旅広場」を出発し、はりまや橋、牧野植物園、桂浜などを回る。JR高知駅から桂浜までは所要約52分。チケットは桂浜行きと途中の五台山止まりのものと2種類がある。いずれも1日有効で、乗り放題。乗車時にチケットを運転手に掲示する。またチケット保持者は路面電車の市内均一料金区間の運賃が無料になるほか、一部博物館の入場料が割引になる。

高知市の見どころが盛りだくさんの派手なパッケージバス

MY遊バスのルート

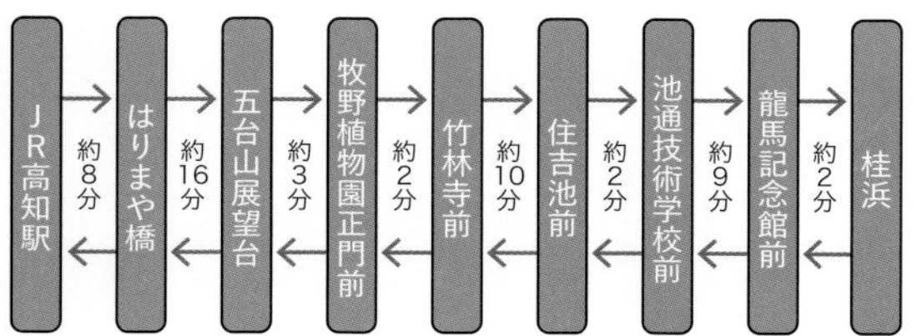

路線バス

路線バスもとさでん交通が運行。市内や近隣の町へ多くの路線があるので、乗りこなすのは難しい。利用しやすい路線は、JR高知駅から桂浜へ行くS3桂浜線。運賃はJR高知駅〜桂浜まで片道700円なので、MY遊バスを利用したほうがお得。

空港連絡バス

高知龍馬空港からJR高知駅前のバスターミナルを結ぶバス。飛行機の発着時間に合わせて運行している。JR高知駅のほかはりまや橋など市内数ヵ所に停車する。

白、オレンジ、グリーンの3色

鉄道

高知市内はJRの土讃線が走っている。市内にはJR土佐大津、JR布師田（ぬのしだ）、JR薊野（あぞうの）、JR高知、JR入明、JR朝日、JR朝倉の7つの駅がある。JR高知駅以外は見どころからはやや離れているので、観光で使うことはあまりない。近隣の都市へ移動する時に使う。

タクシー／観光タクシー

JR高知駅にはタクシー乗り場があるので、そこで簡単に乗車できる。初乗りは580円〜。高知ではハイヤーと名のつく会社が多いが、実際は普通のタクシーと変わらない。

路面電車の乗り継ぎ

3つの路線は、はりまや橋で別路線に乗り継ぐことが可能。均一区間なら追加料金なしで次の電車に乗れる。降車の際に運転士に伝えて乗り継ぎ券をもらう。

MY遊バス

運【JR高知駅発】
毎日8:00〜15:45の1日9〜12便
【桂浜発】
毎日9:30〜17:00の1日9〜12便
料1日券1000円(JR高知駅〜桂浜)、600円(JR高知駅〜五台山)
チケットは高知駅バスターミナルのほか高知龍馬空港、一部のホテルや観光案内所で購入できる。龍馬パスポート（→P.481）利用者はチケット料金が半額になる。

路線バスの料金

距離により運賃が変わる。中心部の最低料金は200円〜、郊外は140円〜。乗車時に整理券を取ることを忘れずに。

空港連絡バス

料900円
料金は乗車時に支払い。PayPayによるスマートフォン決済も利用可能。

交通系ICカードについて

とさでん交通、JR土讃線とも、Suica、ICOCAなどの交通系ICカードは使えない。

おもなタクシー会社

福井タクシー
TEL 0120-180015
URL www.fukuitaxi.com
土佐ハイヤー
TEL 0120-171313
URL www.tosa-taxi.com

シェアサイクル

高知市では、2023年3月よりシェアサイクルPIPPIを導入。利用者はスマートフォンでアプリをダウンロードして、会員登録（無料）。その後利用時間を決める。一時利用は30分ごと110円、6時間550円、12時間880円、24時間1100円。市内にはJR高知駅前、はりまや橋、オーテピア、中央公園、高知市役所前の5ヵ所にポート（停留所）がある。詳しくは（URL www.city.kochi.kochi.jp/uploaded/attachment/133547.pdf）で確認を。

路面電車の一日乗車券と24時間乗車券の利用者は高知市、いの町にある一部施設の入場が割引になる。詳しくは公式ウェブサイトにて確認のこと。

大きな海と坂本龍馬に会える！

桂浜公園をナビゲート

横顔も凜々しい〜♡

高知の観光名所の代表格！　坂本龍馬像をはじめ、2023年に全面リニューアルした商業施設エリアや個性派の水族館など見どころが満載。太平洋が生む見事な景観を楽しもう。

Check!

A 坂本龍馬像

さかもとりょうまぞう

像は5.3m、台座を含む総高は13.48m。小高い丘から太平洋を見つめている。4月上旬〜5月下旬頃と、9月中旬〜11月中旬頃には約13mのやぐらから龍馬像を眺める「龍馬に大接近」を開催。

MEMO

桂浜と坂本龍馬

龍馬も訪れたといわれている桂浜。龍馬像は1928（昭和3）年、地元有志の発案と寄付で建立。その後、全国の龍馬ファンの寄付によって修復が行われている。桂浜は龍馬ファンの聖地なのだ。

1866（慶長2）年に長崎で撮影された写真がモデルとなっている

豪快な波が打ち寄せる 月の名所・桂浜

よさこい節の一節に「月の名所は桂浜」と歌われるように、古くから月の名所として知られる景勝地。浦戸湾口にある龍頭岬と龍王岬の間で弓状に広がっており、浜辺に打ち寄せる白波と、岩山や松林が調和して見事な景色を生み出している。また、浜辺には白やグリーンや赤茶などカラフルな五色石があることでも有名。この石は仁淀川流域に分布する地層などから川を下って流れ着いたものといわれている。遠くを眺めるもよし、足元にじっと目をこらすもよしの美しいスポットだ。

太平洋ならではの激しい波が打ち寄せる。波打ち際には近づかないように注意

見どころが集中する海浜公園

桂浜公園

かつらはまこうえん　MAP 別冊P.46-B3

自然豊かな環境を生かしながら遊歩道や休憩スポットなどを整備。浜辺や木々に囲まれた丘、歴史ある神社などの散策が楽しめる。また、商業施設エリア「海のテラス」にはみやげ店や飲食店が並ぶ。

住高知県高知市浦戸6　TEL088-841-4140（桂浜公園管理事務所）　開散策自由　交JR高知駅からとさでん交通バスで約30分、またはMY遊バスで約50分、バス停桂浜下車、徒歩約1分。高知東部自動車道高知南ICから車で約15分　P500台（開門は6:00〜22:30、8:30〜18:00は400円）

多彩なテーマの商業施設エリア

B 桂浜 海のテラス

かつらはまうみのてらす

MAP 別冊P.46-B3

2023年に新しく誕生した注目のスポット。魚介専門店や山間地域のお茶の専門店など多彩な店が揃う。よさこい踊りや高知の食に関するイベントが行われるスペースやミュージアムも。

TEL088-841-4140(桂浜公園管理事務所) 営・休店舗により異なる

❶休憩や飲食に利用できるテラス席。「桂浜」のモニュメントで記念写真を ❷桂浜の歴史など学べる「桂浜ミュージアム」 ❸龍馬像の歴史や秘密を伝える展示も必見 ❹おみやげ品が並ぶ「SOUVENIR SHOP BOOTS」

桂浜ミュージアム

かつらはまみゅーじあむ

TEL088-841-4140(桂浜公園管理事務所) 開9:00～17:00 休なし 料無料

SOUVENIR SHOP BOOTS

すーべにあ しょっぷ ぶーつ

TEL088-855-5058 営8:30～17:30 休なし

飼育員も熱い個性派水族館

C 桂浜水族館

かつらはますいぞくかん

MAP 別冊P.46-B3

海風を感じながら過ごせる水族館。土佐湾に生息する魚を中心にウミガメ、ペンギン、カワウソなどを飼育展示。餌やり体験が豊富でサプライズ感のあるイベントも人気。

TEL088-841-2437 開9:00～17:00 休不定休 料1600円

❶個性豊かな海洋生物と飼育員たち ❷オリジナルキャラクターのおとどちゃんも人気

楽しみながら龍馬や幕末史を学べる

D 高知県立 坂本龍馬記念館

こうちけんりつ さかもとりょうまきねんかん

MAP 別冊P.46-B3

龍馬の生涯や人となりを紹介する資料館。龍馬が書いた手紙は真物と複製とを合わせ、日本で最も多く展示。また、映像を使った体験型展示や握手ができる龍馬像などもある。

住高知県高知市浦戸城山830 TEL088-841-0001 開9:00～17:00(最終入館16:30) 休なし 料企画展開催期間700円(展示替え期間500円) 交JR高知駅からとさでん交通バスで約34分、またはMY遊バスで約50分、バス停龍馬記念館前で下車、徒歩約1分。高知東部自動車道高知南ICから車で約15分 P42台

❶龍馬が書いた手紙などが並ぶ常設展示室 ❷龍馬が暗殺された近江屋の室内の復元展示 ❸海に突き出るようなデザイン

岩山の上のパワースポット

E 龍王岬

りゅうおうみさき

MAP 別冊P.46-B3

海津見神社（龍王宮）と早高神社のほこらが立ち、パワースポットともいわれている。独立した岩山で、龍宮橋を渡って上ることができる。

TEL088-841-4140(桂浜公園管理事務所) 開散策自由

ふたつある神社のうちのひとつ海津見神社

日本の植物分類学の父・牧野富太郎の名を冠した
牧野植物園で植物観察

高知が生んだ植物分類学者・牧野富太郎博士。植物を愛し、生涯を植物研究と普及活動に費やした博士の業績を称えるため開園したのが、この植物園だ。

五台山に広がる植物の楽園

高知県立牧野植物園

MAP 別冊P.46-B2

こうちけんりつまきのしょくぶつえん

牧野富太郎博士が逝去した翌年の1958（昭和33）年開園の植物園。五台山にある面積約8haの園内には約3000種類の植物が植えられており、四季折々に美しい姿を見せてくれる。

住高知県高知市五台山4200-6
TEL088-882-2601　開9:00～17:00(最終入園16:30)　休年末年始ほか
交JR高知駅からMY遊バスで約30分、バス停牧野植物園正門前下車、徒歩約1分　P225台

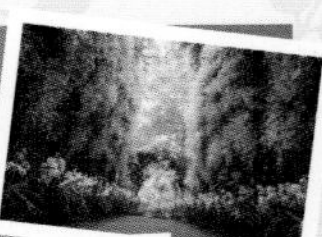
©kate_kuromiya / shutterstock.com

ラン展や春のフラワーショーなど季節イベントもたくさん

南園にある50周年記念庭園　写真：高知県立牧野植物園提供

エリア＆スポットガイド

南園
植物園はここから始まった

かつて竹林寺の境内だった場所で、石垣や参道を生かして造園されている。温室や50周年記念庭園、つつじの群生がある結網山（けつもうざん）や土佐寒蘭センターなど見どころが集結。

園内の一角には牧野富太郎の像が立つ
写真：高知県立牧野植物園提供

北園
工夫を凝らした植栽エリア

芝生広場やこんこん山広場などの、広々した広場がある。また、高知県の植生を再現した土佐の植物生態園も。ふたつの牧野富太郎記念館もこの北園に位置している。

暮らしに関わりのある果樹やハーブ類を展示しているふむふむ広場
写真：高知県立牧野植物園提供

牧野富太郎記念館
牧野博士の生涯を知る

北園にある記念館で、本館と展示館、ふたつの建物に分かれている。常設展示のほか、展示館の中庭には牧野博士ゆかりの植物約250種類を植栽している。

常設展示の「牧野富太郎の生涯」
写真：高知県立牧野植物園提供

温室
世界の草花を通年見られる!

熱帯の気候を再現した温室で、国内外の熱帯花木を栽培。入口にある高さ9mのみどりの塔や水生植物が植栽されているウォーターガーデンほか、展望デッキもある。

みどりの塔の壁面にアコウを植栽
写真：高知県立牧野植物園提供

牧野富太郎博士の愛した花々

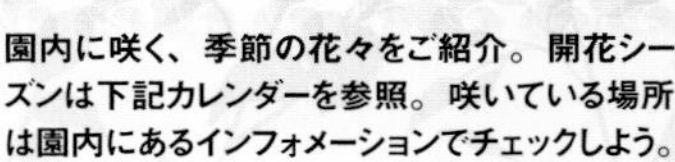

園内に咲く、季節の花々をご紹介。開花シーズンは下記カレンダーを参照。咲いている場所は園内にあるインフォメーションでチェックしよう。

バイカオウレン

幼少期から博士が愛したバイカオウレンは、土佐に春を告げる草花。白い可憐な花を付ける

スエコザサ

博士が仙台で発見したスエコザサ。博士を支え続けた亡き妻の名がつけられている

ヒゼンマユミ

1908年に博士が学名を発表したヒゼンマユミ

ツワブキ

牧野富太郎記念館の本館と展示館を結ぶ回廊に咲くツワブキ

写真：高知県立牧野植物園提供

ヒメアジサイ

長野県戸隠村で発見されたヒメアジサイ。小さめの花と青空のような鮮やかな装飾花が特徴

仙台屋

桜を愛した牧野博士が、特に愛着をもっていた桜がサクラ属の園芸品種'仙台屋'。毎年3月頃に花を咲かせる

写真：高知県立牧野植物園提供

開花カレンダー

春		夏		秋		冬	
3月	**サクラ類**、トサミズキ、ヒスイカズラ、ジンチョウゲ	6月	オウゴンオニユリ、ナゴラン、ヒツジグサ、ヤマアジサイ、ヨコグラノキ、**ヒゼンマユミ**	9月	ヒメノボタン、カリガネソウ、シモバシラ、スダレギボウシ、ダイサギソウ	12月	タイワンツバキ、シオギク、ヒロハノミミズバイ、シロバナヤブツバキ、ヤツデ
4月	ツツジ類、キエビネ、ユキモチソウ	7月	ウマノスズクサ、シロバナクズ、タキユリ、ムカデラン、キバナノセッコク	10月	ジョウロウホトトギス、ホトトギス、ヒメヒゴタイ、スイフヨウ、オオクサボタン	1月	カンヒザクラ'琉球寒緋桜'、**バイカオウレン**、ヤブツバキ、ソシンロウバイ
5月	カマヤマショウブ、**ヒメアジサイ**、トビカズラ、ヤマボウシ、ガンゼキラン	8月	ナツエビネ、ビロードムラサキ、オオオニバス、サガリバナ、トウテイラン	11月	ヤナギノギク、**ツワブキ**、ノジギク、カンラン	2月	ウメ、リュウキュウアセビ、シコクフクジュソウ、セツブンソウ、ユキワリイチゲ

おもな見どころ

優美にたたずむ南海道随一の名城　MAP 別冊P.48-B2

高知城
こうちじょう

現存天守のひとつである高知城。追手門から本丸へは、約10分で上る石段続きの急峻コースと、なだらかな坂道メインで約20分かけて進むコースがある。途中には、かつて築城を断念した長宗我部元親時代の石垣や、雨の多い高知ならではの石樋なども見ることができる。江戸時代に再建された本丸御殿や、市街地を一望できる天守閣など見どころが多い。

現存十二天守のなかでも本丸御殿を残すのは高知城のみ。天守は高さ18.5mの望楼型

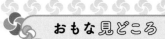

高知城
住高知県高知市丸ノ内1-2-1
TEL088-824-5701
開9:00～17:00（最終入館16:30）
休なし
料420円（高知城天守・懐徳館・東多門・廊下門）
交電停高知城前から徒歩約5分
P65台（有料）

本丸御殿内の懐徳館では資料や模型が展示されている

高知城の麓で歴史探訪　MAP 別冊P.48-B2

高知県立高知城歴史博物館
こうちけんりつこうちじょうれきしはくぶつかん

「ジョーハク」の呼び名で親しまれている博物館。実物展示を基本とし、土佐藩主・山内家伝来の貴重な歴史資料や美術工芸品を中心に、高知県ゆかりの資料を約2ヵ月ごとに入れ替えて展示。多彩な企画展も行われる。展示鑑賞を手助けする音声ガイドに収録されているネイティブな土佐弁ガイドは必聴。高知城を一望できる展望ロビーもある。

歴史資料のほかにも高知城や城下町に関する展示も

高知県立高知城歴史博物館
住高知県高知市追手筋2-7-5
TEL088-871-1600
開9:00～18:00（日曜は8:00～）
休なし
料500円（企画展開催時は700円）
交電停高知城前から徒歩約2分
Pなし

城をイメージしたモダンな建物

▶▶ 土佐っこcolumn ◀◀

高知は漫画の町！

多くの漫画家を輩出している高知県。毎年8月には"高校ペン児"たちが漫画で競い合う「まんが甲子園」を開催するなど、官民一体となって「まんが王国・土佐」を盛り上げている。高知市内には子供も大人も気軽に利用できる漫画関連の施設も。『フクちゃん』の作者・横山隆一の世界観に浸ることのできる「横山隆一記念まんが館」には、1万6000冊以上の漫画を閲覧できる無料ライブラリーが。また、高知の漫画文化を紹介する「高知まんがBASE」には、まんが甲子園の作品展示や漫画雑誌の閲覧コーナー、作画の体験ブースなどがある。

横山隆一記念まんが館
MAP 別冊P.49-D3
住高知県高知市九反田2-1 高知市文化プラザかるぽーと内
TEL088-883-5029
開9:00～18:00
休月曜（祝日の場合は開館）
料常設展示観覧410円
交電停菜園場町から徒歩約2分　P200台（有料）

横山隆一の作品と歩みを紹介する展示

高知まんがBASE
MAP 別冊P.48-B2
住高知県高知市丸ノ内1-1-10 高知県立公文書館内
TEL088-855-5390　開10:00～17:00（月・水・金曜は12:00～18:00）
休火・木曜、臨時休館あり
料無料　交電停高知城前から徒歩約9分　Pなし

誰でも読む・描くが気軽に楽しめる

INFO 日曜市（→P.92）以外にも、火曜市（高知市上町4丁目～5丁目）、木曜市（県庁前）、金曜市（高知市愛宕1丁目）が開かれている。日曜市に比べると規模は小さいがそれぞれ風情がある。

高知が生んだ文学を味わう MAP 別冊P.48-B2

高知県立文学館
こうちけんりつぶんがくかん

紀貫之(きのつらゆき)をはじめ、寺田寅彦や宮尾登美子など高知の文学者たちを紹介する施設。それぞれが生きた時代や前後の出来事も知ることができ、作品をより深く味わえるようになる。幅広いテーマの企画展も行われる。

時代別に高知の文学作家を紹介する展示がある

観光客にもうれしい図書館 MAP 別冊P.49-C2

オーテピア高知図書館
おーてぴあこうちとしょかん

繁華街の中のオアシス的スポット。高知関連の本や資料を集めたコーナーも展開。複合施設となっており、1階には「オーテピア高知声と点字の図書館」、5階には「高知みらい科学館」が入っている。

木を基調としたデザインの建物。追手筋側には寺田寅彦の像が立つ

よさこい節にも登場する名所 MAP 別冊P.49-D2

はりまや橋
はりまやばし

江戸時代、川を挟んで立つふたつの店が往来のために架けたことが始まりといわれている。何度か架け替えられて現在の形となった。僧侶の純信とお馬の悲恋の物語の舞台としてよさこい節にも登場する。

赤い欄干のはりまや橋。周辺は公園になっている

「観たい」を刺激する美術館 MAP 別冊P.46-B2

高知県立美術館
こうちけんりつびじゅつかん

国内外のさまざまなジャンルの作品やアーティストを紹介する企画展や上映会、パフォーマンスを多数開催。公立施設のイメージを覆す攻めた内容で話題を集める。コレクション展では、マルク・シャガールや高知ゆかりの写真家・石元泰博(いしもとやすひろ)の作品を展示。高知の伝統的な建築様式を取り入れた建物も特徴的で、周囲に広がる水や緑との融合が美しい。

池に囲まれた建物。建物は雨量の多い高知の風土に根差したデザイン

高知県立文学館
住 高知県高知市丸ノ内1-1-20
TEL 088-822-0231
開 9:00～17:00(最終入館16:30)
休 なし、臨時休館あり
料 370円(企画展は別途)
交 電停高知城前から徒歩約5分
P なし

石張りの外観。高知城のすぐそば

オーテピア高知図書館
住 高知県高知市追手筋2-1-1
TEL 088-823-4946(代表)
開 9:00～20:00(土・日曜・祝日は～18:00、7～8月の土曜は～20:00)
休 月曜(祝日の場合は開館)、毎月第3金曜(8月および祝日を除く)、8月11日を含む4日間
交 電停大橋通から徒歩約3分
P 100台(有料、手続きにより60分無料)

県産木材がふんだんに使われた館内

はりまや橋
住 高知県高知市はりまや橋1
TEL 088-803-4319(高知市観光魅力創造課)
開 散策自由
交 電停はりまや橋から徒歩約1分
P なし

高知県立美術館
住 高知県高知市高須353-2
TEL 088-866-8000
開 9:00～17:00(最終入館16:30)
休 なし、臨時休館あり
料 370円(企画展・特別展は別途)
交 電停県立美術館通から徒歩約5分
P 144台

シャガール・コレクションの展示室

INFO はりまや橋の下は地下道となっており、その一角には架け替えられた古い欄干や、はりまや橋に関する資料が展示されている。

自由は土佐の山あいより

MAP 別冊P.46-B2

高知市立自由民権記念館

こうちしりつじゆうみんけんきねんかん

近代日本に大きな影響を与えた土佐の自由民権運動。その歩みを、写真や模型、映像を交えながら紹介する施設。高知出身の政治家で自由民権運動の指導者、板垣退助が襲われた短刀など貴重な資料も展示している。

外観は4基の塔を連ねた形になっている

高知市立自由民権記念館

住高知県高知市桟橋通4-14-3
TEL 088-831-3336
開9:30～17:00
休月曜(祝日の場合は開館)、祝日の翌日(土・日曜・祝日の場合は開館)　料320円
交電停桟橋通四丁目から徒歩約1分　P60台

展示室にある「自由大懇親会」の群像

土佐藩上士の暮らしを想像

MAP 別冊P.48-B1

大川筋武家屋敷資料館

おおかわすじぶけやしきしりょうかん

土佐藩で上士にあたる武士の住宅を復原。当時の武家の建築様式を残す市内唯一の建造物となっている。書院造りの主屋と長屋門を忠実に復原しており、落ち着きのある雰囲気が漂う。金具や瓦など細部も必見。

土佐藩時代の武家の建築様式

大川筋武家屋敷資料館

住高知県高知市大川筋2-2-15
TEL088-871-7565
開9:00～17:00
休水曜、臨時休館あり
料無料
交JR高知駅から徒歩約13分
Pあり

まるごとオーガニックな市

MAP 別冊P.47-C2

池公園の土曜市 高知オーガニックマーケット

いけこうえんのどよういち　こうちおーがにっくまーけっと

2008（平成20）年からスタートしたオーガニックマーケット。農薬不使用かつ無化学肥料で栽培された農産物を中心に、無添加の加工食品や工芸品などを作る生産者が出店。ワークショップやライブが開催されることもある。

緑豊かな公園で開かれ、ピクニック気分で楽しめる

**池公園の土曜市
高知オーガニックマーケット**

住高知県高知市池2335
TEL070-9139-6758
営土曜の8:00～14:00（夏季は～13:00）
休荒天時
交JR高知駅からMY遊バスで約38分、バス停住吉池前下車、徒歩約2分。JR高知駅から車で約15分
Pあり

▶▶ 土佐っこcolumn ◀◀

浦戸湾から太平洋へクルージング

市街地に囲まれた浦戸湾や、ひと味違う桂浜を眺めるなら観光遊覧船がおすすめ。龍馬も訪れたといわれる月見台や小さな島々を眺め、橋脚が200m以上ある浦戸大橋下をくぐり太平洋へ。桂浜を海側から見ることができる。春には桜の名所・堀川を進む花見遊覧コースも運航している。希望日の前日までに要予約。

新高知市観光遊覧船　MAP 別冊P.46-B2

住高知県高知市桟橋通6-5-15
TEL080-6286-2847
運3～11月の土・日曜・祝日　休12～2月
料3500円　交電停桟橋通五丁目から徒歩約5分　P12台

浦戸大橋の下をくぐり桂浜が見える太平洋へと進む船

高知市は市街地のイメージがあるが、鏡地区や土佐山地区といった山間地域もあり、キャンプや川遊びを楽しむことができる。

童心に返るわくわくスポット　MAP 別冊P.46-B2

わんぱーくこうち

わんぱーくこうち

たくさんの動物を飼育しているアニマルランド、流れる滝や大きな池がある水辺散策広場、観覧車やレトロな遊具で遊べるプレイランドなどがある公園施設。アニマルランドは入園無料ながらライオンやチンパンジーなど約90種の動物が飼育されており見応え満点。また、シバヤギやヒョウモンガメなどがいる「ふれあい広場」では間近で動物たちを見ることができる。

アニマルランドの人気者、スマトラトラ

わんぱーくこうち
住高知県高知市桟橋通6-9-1
TEL088-834-1890
開9:00～17:00　休水曜(祝日の場合は翌日)、臨時休園あり
料無料(プレイランドの遊具施設は有料)　交電停桟橋通五丁目から徒歩約1分　P125台

池に囲まれた公園。観覧車が目印

市街地も海も山も一望　MAP 別冊P.46-B2

五台山公園

ごだいさんこうえん

標高約146mの五台山の頂上に広がる公園で、桜、ツツジ、モミジなどが植栽されており、季節ごとに色彩の異なる風景を楽しめる。また、園内には高知県産木材で建設された高さ約5.5mの展望テラスもあり、高知市街地のパノマラビューを堪能できる。テラスは南西に向かって大きく開けており、堀川や浦戸湾、さらに遠くには国見山や太平洋までも望むことができる。

県産の杉やヒノキで作られた木製展望テラス

五台山公園
住高知県高知市吸江210-12
TEL088-823-9853(高知県公園下水道課)　開散策自由
交JR高知駅からMY遊バスで約24分、バス停五台山展望台下車、徒歩約1分。JR高知駅から車で約20分　Pあり

見どころの多い第31番札所　MAP 別冊P.46-B2

竹林寺

ちくりんじ

開創1300年を迎えた札所。苔むす参道の奥には1644（正保元）年に土佐2代藩主・山内忠義によって造営された本堂があり、密教寺院建築のなかでも珍しい様式を見ることができる。ほかにも名勝庭園が広がる書院や、鎌倉時代初期の様式をもつ五重塔、春は桜、秋は紅葉など見どころが多い。瞑想や写経、市内3寺を歩く遍路体験など体験メニューもある（要申し込み）。

高さ31mの五重塔。秋は紅葉スポットとしても人気

竹林寺
住高知県高知市五台山3577
TEL088-882-3085
開参拝8:00～17:00(名勝庭園・宝物館は8:30～)　休なし
料拝観料400円　交JR高知駅からMY遊バスで約30分、バス停竹林寺前下車、徒歩約1分。JR高知駅から車で約20分
P100台

こちらもCHECK!

沢田マンション
オーナー家族がセルフビルドし、現在も成長し続けている沢田マンション。一部屋一部屋造りが異なり、屋上には池や畑がある。空きがあれば短期滞在も可能。見学する際はマナーを必ず守ろう。
MAP 別冊P.46-B1
住高知県高知市薊野北町1-10-3
TEL088-845-0528
開見学は10:00～17:00　交JR薊野駅から徒歩約12分　Pなし

「日本の九龍城」ともいわれている

INFO　かつて藁を保管していた倉庫を改修して生まれた藁工ミュージアム(MAP 別冊P.46-B2)がある。不定期で展覧会や演劇が行われている。

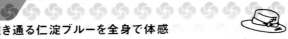

透き通る仁淀ブルーを全身で体感

清流、仁淀川でこう遊ぶ!

回り方アドバイス
公共機関もあるが、便数が少ないので車で回るのがベスト。

川水の透明度が高く、流域一帯に緑色片岩という淡い青緑の石が多いことなどから、独特の青色に見える仁淀川(によどがわ)。奇跡の清流を遊び尽くし、心も体も「仁淀ブルー」に染まろう。

遊びPLAN 01

川沿いハイキングで渓谷美を眺める

まずは川の透明度や美しい青色をその目で確かめよう!そのままの自然が残る絶景ポイントを散策だ。

TRAIL DATA
1.6km
所要約1時間

仁淀ブルーの名が生まれた場所

安居渓谷県立自然公園

やすいけいこくけんりつしぜんこうえん

MAP 別冊P.17-C2

「仁淀ブルー」の名はこの地を撮影していた写真家の高橋宜之が呼んだのが始まり。散策は飛龍の滝などがある川を渡るルートと、水晶淵など川沿いのルートがふたつある。

住高知県仁淀川町大屋　TEL0889-35-1333(仁淀川町観光協会)　開散策自由　交高知自動車道伊野ICから車で約50分　Pあり

❶高い透明度と独特の青色を誇る水晶淵　❷渓谷沿いに延びる遊歩道。滑りにくい靴で行こう　❸遊歩道を奥まで進むと砂防ダムが現れる

TRAIL DATA
約300m
所要約15分

さまざまな青色に出合える

にこ淵

にこぶち　MAP 別冊P.17-D2

仁淀川の支流にある滝つぼ。季節や時間帯によって青色が変化し、特に太陽光が振り注ぐと宝石のように輝いて見える。地元では古くから神聖な場所とされているので、マナーを守って見学を。

住高知県いの町清水上分2976-11　TEL088-893-1211(いの町観光協会)　開散策自由　交高知自動車道伊野ICから車で約1時間、駐車場から徒歩約15分　Pあり

❶神秘的な光景が広がるにこ淵　❷駐車場からにこ淵までは急な階段を通る

遊びPLAN 02

仁淀川のシンボル 沈下橋を巡る

洪水などの対策で欄干を設けていない沈下橋は流域に6ヵ所架かっている。川を間近に感じながら風景に溶け込もう。

1.映画『竜とそばかすの姫』にも登場した浅尾沈下橋　2.いの町と日高村を結ぶ名越屋沈下橋

『竜とそばかすの姫』にも登場

浅尾沈下橋

あそおちんかばし　MAP 別冊P.17-C3

住高知県越知町鎌井田　TEL0889-26-1004（越知町観光協会）　開散策自由　交高知自動車道伊野ICから車で約40分　Pあり

仁淀川最長の191mの沈下橋

名越屋沈下橋

なごやちんかばし　MAP 別冊P.17-D3

住高知県いの町勝賀瀬　TEL088-893-1211（いの町観光協会）　開散策自由　交高知自動車道伊野ICから車で約15分　Pあり

遊びPLAN 03

のんびり派におすすめ! 屋形船クルーズ

服のまま川の真ん中へ！魚や鳥の姿を眺めたり、川面に触れたりしながら風情ある遊覧が楽しめる。

❶雄大に流れる仁淀川を屋形船でのんびり進む　❷水面が間近にあり、涼やかなひとときが楽しめる　❸お弁当（1300円～）は3日前までに要予約（TEL0889-39-1857（ミライエ））

屋形船でのんびりと

屋形船仁淀川

やかたぶねによどがわ　MAP 別冊P.17-D3

約50分の遊覧を楽しめる屋形船。日高村の乗船場から名越屋沈下橋がある上流へ向かう。川面が近く、風情ある時間が流れる。

住高知県日高村本村209-1　TEL0889-24-6988　開9:00～16:00の1日6便　料2000円　交高知自動車道伊野ICから車で20分　Pあり

遊びPLAN 04

アクティブ派なら カヌー&SUPで川遊び

カヌー、カヤック、SUPなどのアクティビティも人気！　流れが穏やかなポイントも多いので安心。

更衣室などがある施設は蛇行する川の真ん中にあり、川まで1分で行ける

天気がよい日はドローンで記念撮影をしてもらえる

クリスタルカヤック

仁淀ブルーの上を透明のカヤックでスイスイ進む

アウトドア体験がいろいろ!

仁淀川アウトドアセンター

によどがわあうとどあせんたー　MAP 別冊P.16-B3

安居渓谷からの水が流れ込む高い透明度のポイントでアクティビティ体験ができる。インストラクターも付いてくれるので初めてでも安心。

住高知県仁淀川町長屋6　TEL0889-20-9619　営8:00～18:00　休なし　交高知自動車道伊野ICから車で55分　Pあり　**クリスタルカヤック体験**　催通年1日1～3回、所要約2時間(要予約)　料6500円～　**SUP体験**　催通年1日1～3回、所要約2時間(要予約)　料6000円～

SUP

立つだけでなく座ったり寝転んだりさまざまな乗り方を楽しもう

川の透明度が高いので宙に浮いているように見える

グルメもレジャーも海の恵み満載

MAP 別冊P.19

土佐市 とさし

人口 2万5031人　面積 91.5㎢

行き方

JR高知駅から中心部まで約25km、約30分。拠点となるインターチェンジは高知自動車道土佐IC。

JR高知駅からとさでん交通バス高岡線で50分～。拠点となるバス停は土佐市役所前など。宇佐地区へはとさでん交通バス宇佐線を利用する。バス停は宇佐など。

交通INFO

土佐市ドラゴンバス
市役所などがある高岡地区から海沿いの宇佐地区までなど広くカバーする市営バス。

観光案内所

土佐市観光協会
MAP 別冊P.19-D1
住 高知県土佐市高岡町甲1892-7
TEL 088-881-3359
開 8:30～17:30
休 なし

海に面し、マリンレジャーが盛ん。宇佐地区ではホエールウオッチングが人気を集めている

高知県の中核都市のひとつで、高知を代表する果物である土佐文旦や小夏の特産地としても知られている。仁淀川の下流域に位置し、海に面する宇佐地区は漁業だけでなく、海産物を扱う加工業や飲食業も多く、なかでも鰹節製造は歴史も生産量も県内屈指。また、マリンレジャーも盛んに行われており、ホエールウオッチングは特に有名だ。市役所がある高岡地区は商業エリアとして発展しているが、高岡商店街には昔ながらの雰囲気が残る。

名物グルメ

旅のおともに！カツオの生節

生節（なまぶし）は柔らかい食感のカツオ節のこと。切ったりほぐしたりして料理に使うほか、そのままかじるスティックタイプの商品も多い。旅のおやつやお酒のおつまみに味わってみよう。

「ドラゴン広場」や「新居地区観光交流施設 南風」などの直販所で購入可能

土佐市の歩き方

鉄道駅はないので、レンタカーか、とさでん交通の路線バスでの移動となる。市内については市営の「土佐市ドラゴンバス」も運行。土佐ICに近い位置にある高岡地区には、商業施設が多く並ぶ。歩いて散策できる高岡商店街では地元密着の商店や、飲食店や直販所が入る複合施設「ドラゴン広場」に立ち寄るのがおすすめ。第35番札所の清瀧寺は車遍路ころがしと呼ばれ、車で行くには険しい道となっている。歩きか、地元の送迎タクシーを利用する手もある。宇佐地区は、町のすぐ目の前に海が広がっており、景色もきれい。海沿いの県道23号から47号を行けば第36番札所青龍寺の登り口がある。

約2kmの旧遍路道、「青龍寺道」

INFO 宇佐は、鰹節のなかでも最高級品といわれる「改良土佐節」の発祥の地。地区では今も伝統製法を守る工場がある。鰹節のおみやげも多い。

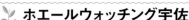

おもな見どころ

大きなクジラに会いにいこう　MAP 別冊P.19-D1

ホエールウォッチング宇佐

ほえーるうぉっちんぐうさ

大海原を自由に泳ぎ回るクジラを見ることができる観光船。ウオッチング対象としては全国でも珍しいニタリクジラをはじめ、マイルカやハナゴンドウなどさまざまな生き物に出会える。所要時間は約5時間。要予約。

船の近くまで寄ってくるニタリクジラ

酒蔵見学やカフェも楽しめる　MAP 別冊P.19-D1

酔鯨酒造 土佐蔵

すいげいしゅぞう とさぐら

最新醸造設備を導入する土佐蔵の見学のほか、併設する「SUIGEI STORE」では純米大吟醸や限定酒の試飲・販売、酔鯨オリジナルグッズもラインアップ。ノンアルコールスイーツを楽しめる「SAKE LAB CAFE」もある。

蔵人たちの酒造りの工程を見学できる土佐蔵

5つの展望所から景色を堪能　MAP 別冊P.19-D1

波介山展望公園

はげやまてんぼうこうえん

園内には5つの展望所のほか、公園や休憩所が設けられている。展望所からは土佐市内を一望でき、天気がよければ室戸岬と足摺岬が見えることも。また、3月中旬から4月には桜やツツジのお花見スポットとなる。

土佐市の町並みと海を一望できる展望所

ピンク色の蓮の花が咲き誇る　MAP 別冊P.19-D1

蓮池公園

はすいけこうえん

池いっぱいに大賀蓮と茶碗蓮が群生する公園。毎年6月下旬から7月上旬には、かわいいピンク色の花が咲き、散策スポットとして人気を集めている。蓮の花がきれいに見える午前中に行くのがおすすめ。

公園の池一面に咲く蓮の花

ドライブプラン

- 土佐IC
  - ↓ 約5分
- 蓮池公園
  - ↓ 約10分
- 酔鯨酒造 土佐蔵
  - ↓ 約20分
- 波介山展望公園
  - ↓ 約25分
- ホエールウォッチング宇佐

土佐市にある お遍路札所

◆清瀧寺（第35番札所）
◆青龍寺（第36番札所）

ホエールウォッチング宇佐

住高知県土佐市宇佐町橋田浜2752-7　TEL090-3782-2554（受付6:00～22:00）
催5～10月の8:00～（8月6～16日は8:00～と13:00～）
休期間中なし　料7000円
交高知自動車道土佐ICから車で約12分　Pあり

酔鯨酒造　土佐蔵

住高知県土佐市甲原2001-1
TEL088-856-8888
営10:00～17:00（蔵見学は木～日曜の10:30～、12:30～、15:00～）　休火曜
料蔵見学500円
交高知自動車道土佐ICから車で約10分　Pあり

お酒やグッズ、カフェメニューも充実

波介山展望公園

住高知県土佐市波介
TEL088-881-3359（土佐市観光協会）　開散策自由
交高知自動車道土佐ICから車で約7分　Pあり

蓮池公園

住高知県土佐市蓮池1329
TEL088-881-3359（土佐市観光協会）　開散策自由
交高知自動車道土佐ICから車で5分　Pあり

INFO　出間地区には6月中旬～下旬と10月下旬～11月上旬の年2回、ヒマワリ畑（MAP 別冊P.19-D1）が出現する。それぞれ「早咲きのヒマワリ」「遅咲きのヒマワリ」と呼ばれている。

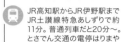

行き方

JR高知駅から中心部まで約13km、約30分。拠点となるインターチェンジは高知自動車道伊野IC。

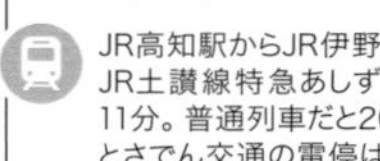

JR高知駅からJR伊野駅までJR土讃線特急あしずりで約11分。普通列車だと20分～。とさでん交通の電停はりまや橋から電停伊野まで約48分。

いの町紙の博物館
住高知県いの町幸町110-1
TEL088-893-0886　開9:00～17:00　休月曜(祝日の場合は翌日)　料500円(手漉き体験400円)　交電停伊野から徒歩約10分。高知自動車道伊野ICから車で約10分　P50台

土佐和紙工芸村くらうど
住高知県いの町鹿敷1226
TEL088-892-1001　開施設により異なる　休水曜(繁忙期は無休)
交JR伊野駅から県交北部交通バスで約13分、バス停岩村下車、徒歩約2分。高知西バイパス天神ICから車で約15分　Pあり
土佐和紙手漉き体験
催9:00～16:00、所要約1時間(要予約)　料草花入り和紙づくり600円、うちわづくり1000円～

UFOライン(町道瓶ヶ森線)
住高知県いの町寺川
TEL088-893-1211(いの町観光協会)　開通行自由　休11月下旬～4月中旬は冬季通行止め
交高知西バイパス天神ICから車で約1時間30分

こちらもCHECK!

大自然を貸切にしてととのう
テントサウナでぬくもり、清流・吉野川でクールダウン。誰からも見えない大自然のなかで究極のととのいを体感しよう。
本川サウナ ニジュマル
MAP 別冊P.17-C2
住高知県いの町中野川34-1
TEL090-7103-9241　営9:00～、11:30～、14:00～(1日3回、要予約)
休火～金曜　Pあり

このうえない開放感に満ちた外気浴の時間

世界に誇る土佐和紙発祥の町

MAP 別冊P.17

いの町 いのちょう

人口 2万372人　面積 470.97㎢

高知県の中央部に位置する。町内を流れる仁淀川の豊富な水源を生かして製紙産業が盛ん。海外でも評価されている「土佐和紙」は同町が発祥といわれている。面積は広く、商業施設が多い平野部の伊野地域から、冬季には雪で覆われる本川地域まで変化に富んでいる。

毎年5月3～5日に波川公園で開催される「仁淀川紙のこいのぼり」の光景

おもな見どころ

土佐和紙ついて学ぶ　MAP 別冊P.17-D3

いの町紙の博物館
いのちょうかみのはくぶつかん

専用の道具で和紙の原料をすくう手漉き和紙体験の様子

土佐和紙の歴史や紙づくりの工程を学べる常設展示のほか、職人による流し漉き実演や、手漉きの和紙づくりの体験もできる。多彩な紙のアイテムが並ぶ販売コーナーや、2・3階で開かれる展覧会にも注目。

和紙体験もできる道の駅　MAP 別冊P.17-D3

土佐和紙工芸村くらうど
とさわしこうげいむらくらうど

草花を使っておしゃれな和紙をつくることができる

オリジナリティあふれる和紙づくりが体験できる施設。特に人気を集めているのは、自分で漉いた和紙に葉っぱや花をあしらってはがきや色紙をつくる草花入り和紙。夏は染色した和紙のうちわづくり体験も。

山の上の絶景ドライブルート　MAP 別冊P.17-C2

UFOライン(町道瓶ヶ森線)
ゆーふぉーらいん(ちょうどうかめがもりせん)

かつてここで撮った写真にUFOが写っていると騒ぎになったことも

標高約1300～1700mの尾根沿いをぬうように走る全長約27kmの絶景ドライブコース。4月下旬から5月中旬はピンク色のツツジ、梅雨明け頃は新緑、10月中旬は紅葉など季節ごとの変化する景色も美しい。

INFO いの町枝川地区には5月下旬から7月上旬にかけてゆでトウモロコシの店が並ぶ「きび街道(MAP 別冊P.17-D3)」が現れる。甘いと評判で連日行列をなす。

オムライスが名物の村

MAP 別冊P.17・19

日高村 ひだかむら

人口 4647人 面積 44.85㎢

広大な湿地帯が広がるめだか池。生き物の観察やフットパスで人気を集める。

高知市から西へ16kmの所にある小さな村。仁淀川や約14haのめだか池など、自然が多くのどかな風景が広がる。村自慢のブランドである「シュガートマト」をはじめとする甘いトマトが特産で、2014（平成26）年より地元産トマトを生かしたオムライス街道を展開。高い人気を誇る。

おもな見どころ

自然公園で生物ウオッチ MAP 別冊P.17-D3

めだか池（日下川調整池）

めだかいけ（くさかがわちょうせいいけ）

季節ごとに変化する景色。梅雨時期のアジサイは圧巻

約14haの内陸型湿地帯で県内最大級の広さを誇る。たくさんのメダカをはじめ、トンボや野鳥、湿地に生息する珍しい植物も観察することができる。6月には3000株以上のアジサイが咲き、散策に訪れる人の姿も多い。

神秘的な洞窟を探検する MAP 別冊P.19-D1

猿田洞

さるたどう

夏でも洞内は寒い。探検をする際は万全の装備で挑もう

全長約1420mの石灰洞で、村の伝説に残る忍者・日下茂平（くさかもへい）の修行地といわれている。現在は約200mのコースが開放されており、ひんやりとした空気と自然のままの洞窟の中を泥だらけになって探検できる。

高知を代表する古社 MAP 別冊P.17-D3

小村神社

おむらじんじゃ

社殿の後ろには枝先が丸くなる牡丹杉の大木がある

杉に囲まれた長い参道の奥にある小村神社は、約1400年以上の歴史を誇る土佐国二宮。社殿の後ろに大きな牡丹杉がそびえ立つ。その枝は有事前に光るという伝説があり、落ちている葉をお守りにする人も多い。

行き方

JR高知駅から中心部までは 約16km、約32分。拠点となるインターチェンジは高知西バイパス鎌田IC。

JR高知駅からJR日下駅までJR土讃線で約30分。ひとつ手前は小村神社前駅。ひとつ先は岡花駅。

めだか池（日下川調整池）
住高知県日高村本郷1478-9
TEL050-3204-1996(日高村観光協会) 開散策自由 交JR岡花駅から徒歩約15分。高知西バイパス鎌田ICから車で約15分 Pあり

猿田洞
住高知県日高村沖名1619
TEL0889-24-5115(日高村教育委員会) 開個人で入洞する際は上記電話番号に要事前連絡(ひとりでの入洞は禁止) 交JR日下駅から車で約7分。高知西バイパス鎌田ICから車で約15分 Pあり
ガイド付きケイビング体験
TEL050-3204-1996(日高村観光協会) 開上記電話番号で要予約 料無料
洞窟内は暗く道も悪い。滑りにくい靴と汚れてもいい服装、懐中電灯を用意すること。

小村神社
住高知県日高村下分1794
TEL0889-24-7466 開参拝自由
交JR小村神社前駅から徒歩約6分。高知西バイパス鎌田ICから車で約5分 Pあり

名物グルメ

オムライス街道

村内の飲食店が特産のトマトや地場野菜を使ったオムライスを提供。プレゼント付きのスタンプラリーも開催されている。

日高村オムライス街道
MAP 別冊P.17-D3
TEL050-3204-1996(日高村観光協会)

レストランやカフェ、中華料理店などが参加。店ごとに趣向を凝らしたオムライスを提供する

INFO 村や周辺地域の野菜やおみやげなどを販売する「村の駅ひだか（MAP 別冊P.17-D3）」には、小村神社に奉納されている国宝「金銅荘環頭大刀」のレプリカが展示されている。

偉人を生んだ文教と植物の町

MAP 別冊P.19・50

佐川町 さかわちょう

人口 1万1824人 面積 100.8㎢

行き方

JR高知駅から中心部まで約30km、約50分。拠点となるインターチェンジは高知西バイパス鎌田IC。

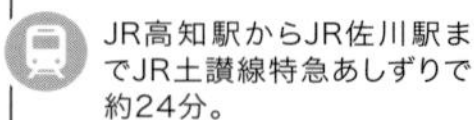

JR高知駅からJR佐川駅までJR土讃線特急あしずりで約24分。

おさんぽプラン

- JR佐川駅
  ↓ 約15分
- 佐川町立 佐川地質館
  ↓ 約20分
- 名教館（→P.375）
  ↓ 約1分
- 酒ギャラリーほてい（司牡丹酒造）
  ↓ 約1分
- 佐川町立青山文庫
  ↓ 約1分
- 牧野公園（→P.375）
  ↓ 約5分
- 牧野富太郎ふるさと館（→P.375）
  ↓ 約20分
- 佐川ナウマンカルスト

観光案内所

さかわ観光協会（うえまち駅）
MAP 別冊P.50-A3
住 高知県佐川町甲1474
TEL 0889-20-9500
開 9:00〜17:00
休 月曜（祝日の場合は翌日）
※2023年度は無休
館内には大正〜昭和初期に運行し、引退後は資料閲覧室として利用されていた「ロ481号客車」が展示されている。

貴重な車両の展示を行う館内。天井には牧野富太郎も好きだったバイカオウレンを模した照明がある

上町地区には酒蔵の道が広がる。雨の多い風土から生まれた水切り瓦や土佐漆喰を用いた蔵が並ぶ

NHK朝ドラの主人公のモデルとなった植物分類学博士・牧野富太郎が生まれ育った町。土佐藩時代、山内家の筆頭家老だった深尾重忠が佐川城を改築し、城下町として栄えてきた歴史がある。中心部に位置する上町地区はかつて商人が多く暮らし、現在も残る商家や酒蔵が風情ある町並みを形成。県内屈指の町歩きスポットとして人気を集める。また、周辺地区には標高約675mの虚空蔵山（こくうぞうさん）やのどかな田園、茶畑や果樹園など風光明媚な景色が広がっている。

佐川町の歩き方

JR佐川駅から通りへ出て西へ約5分歩くと、竹村家住宅や司牡丹酒造などが並ぶ酒蔵の道がある。このエリアには観光客向けの無料駐車場があるので、車で訪れても問題ない。佐川町立青山文庫や牧野富太郎ふるさと館（→P.375）も徒歩圏内にあるので、のんびりと町歩きを楽しもう。佐川町立青山文庫から南へ行くと、牧野博士ゆかりの植物が植栽された牧野公園（→P.375）がある。公園はかつて佐川城があった高台の斜面にあるため、ハイキングの心づもりで訪れよう。散策時間は60〜90分程度見ておく必要がある。公園や自然が多い周辺地区を回るのもおすすめ。路線バスは運行しているが便数が少ないので車移動が便利。地元のタクシー会社は数社ある。

牧野公園をはじめ、町内には桜のスポットが多い

INFO 海に面していない町だが鮮魚店が多い。佐川駅近くにある「宮地鮮魚店（MAP 別冊P.19-C1）」の完全ワラ焼きにこだわったカツオのタタキは絶品。パック入りタタキが並ぶのは16時頃から。

おもな見どころ

高知の地質地形を学べる　MAP 別冊P.19-C1

佐川町立 佐川地質館
さかわちょうりつ さかわちしつかん

四国のなかでも複雑な地質構造をしている佐川盆地をはじめ、県内の地質・化石や地球が誕生してから今までの歴史まで解説する博物館。エントランスには動くチラノサウルス像がおり、迫力いっぱいに出迎えてくれる。

生きいきと動くチラノサウルス像。驚いて泣いてしまう子供も多い

佐川町立 佐川地質館
住高知県佐川町甲360
TEL0889-22-5500
開9:00～17:00(最終入館16:30)
休月曜(祝日の場合は翌日)
料300円
交JR佐川駅から徒歩約15分。高知西バイパス鎌田ICから車で約20分
P30台

高知県の地質や地形を解説する展示

山肌に映える石灰岩　MAP 別冊P.19-C1

佐川ナウマンカルスト
さかわなうまんかるすと

明治時代に町を訪れたドイツの地質学者、エドムント・ナウマンにちなんで命名された広場。山肌には石灰岩が無数に並び、その光景は自然が造った彫刻を見ているようだ。ふたつの巨大なナウマン象の像もある。

ナウマン象の像と無数の石灰岩が生み出す不思議な光景

佐川ナウマンカルスト
住高知県佐川町甲紫円
TEL0889-22-1110(佐川町教育委員会)
交JR佐川駅から徒歩約15分。高知西バイパス鎌田ICから車で約25分
Pあり

幕末の貴重な資料を多数収蔵　MAP 別冊P.50-A3

佐川町立青山文庫
さかわちょうりつせいざんぶんこ

土佐勤王党に加盟し、維新後も要職に就き活躍した幕末維新の生き証人であり同町出身の田中光顕が寄贈した資料を収蔵。深尾重忠に関する資料をはじめ、坂本龍馬ら幕末の志士たちの書状や画も展示する。

佐川城があった高台の麓に立つ

佐川町立青山文庫
住高知県佐川町甲1453-1
TEL0889-22-0348
開9:00～17:00(最終入館16:30)
休月曜(祝日の場合は翌日)
※2023年度は無休、2024年3月11～15日は休み
料400円
交JR佐川駅から徒歩約6分。高知西バイパス鎌田ICから車で約25分
P5台

数多くの考古資料を展示　MAP 別冊P.50-A3

酒ギャラリーほてい(司牡丹酒造)
さけぎゃらりーほてい(つかさぼたんしゅぞう)

420年以上の歴史をもつ、高知を代表する酒蔵「司牡丹」が営むショップ兼ギャラリー。漆喰塗りの建物は、かつて文人たちが集う社交クラブのような場所だった。酒造りに関する資料展示や、司牡丹の販売を行う。

定番から限定酒までラインアップ。雑貨も販売する

酒ギャラリーほてい(司牡丹酒造)
住高知県佐川町甲1299
TEL0889-22-1211
開9:30～13:00、13:45～16:30
休なし　料無料
交JR佐川駅から徒歩約6分。高知西バイパス鎌田ICから車で約25分
P周辺駐車場を利用

当時の姿をそのまま残す建物

INFO　酒の仕込みの時期である10～3月になると、酒蔵の一帯は吟醸香に包まれる。地元住民は香りで季節を感じるという。

日本の植物学のパイオニア

牧野富太郎について学ぶ

佐川町に生まれ、やがて日本を代表する植物学者へとなっていった牧野富太郎博士。NHKの朝ドラのモデルにもなった、博士の波乱に満ちた人生と功績を振り返ってみよう。

高知の野山を飛び回り植物採集に熱中

94年の生涯を植物学に捧げた牧野富太郎博士。1500種類以上に命名、その業績から「日本の植物分類学の父」と称される。幼少の頃から身の回りの植物に興味をもち、成長後は本格的に植物学を志すようになる。当時はまだ日本の植物学が確立しておらず、植物図鑑もない時代。博士は植物採集のため日本各地に出かけ、40万枚もの標本を収集。27歳の時には新種のヤマトグサを発見、日本で初めて学名をつけた。

日本における最初の植物誌や植物図鑑を発行

博士は植物の描写に優れており、採取した植物を自ら描き数々の植物図を残した。最初に出版に携わったのが『植物学雑誌』。そして翌年には日本では前例のなかった完全な植物誌を目指した『日本植物志図篇』の刊行を開始した。この本は自費での出版で、植物の絵はもちろん、印刷も当時の流行である石版印刷の技術を学び自ら手がけた。博士が78歳の時に集大成として刊行した『牧野日本植物図鑑』は現在も改訂を重ね植物学を志す者たちに愛され続けている。

写真：高知県立牧野植物園提供

東京植物同好会にて植物採集の様子
背広姿で植物採集へと行くのが、牧野博士の定番のスタイルだった

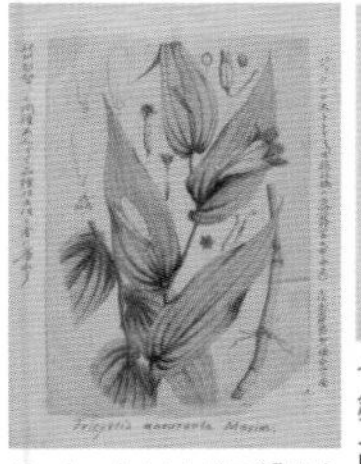

ジョウロウホトトギス（「日本植物志図篇」第1巻第1集より）

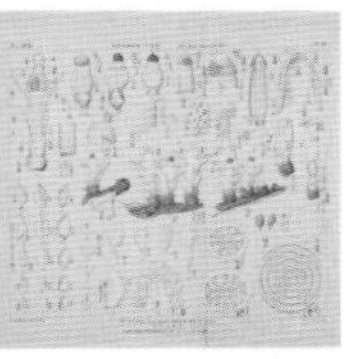

ヤッコソウ（「植物学雑誌」第25巻第299号より）
高知県立牧野植物園所蔵

牧野富太郎 生涯年表

1862(文久2)年	現在の高知県佐川町に生まれる。実家は裕福な造り酒屋
1873(明治6)年	名教館で西洋の諸学科と英語を学ぶ
1876(明治9)年	小学校を自主退学。採集した植物を『重訂本草綱目啓蒙』などで調べ植物の名前を覚える
1884(明治17)年	上京。東京帝国大学理学部植物学教室に出入りを許される
1887(明治20)年	**『植物学雑誌』**創刊に携わる
1888(明治21)年	壽衛と所帯をもつ。**『日本植物志図篇』**刊行開始
1889(明治22)年	**日本初、新種ヤマトグサに学名をつける**
1890(明治23)年	東京都江戸川区でムジナモを発見
1893(明治26)年	帝国大学理科大学助手となる
1896(明治29)年	台湾へ植物採集の出張へ出かける
1899(明治32)年	『新撰日本植物図説』刊行開始。翌年には『大日本植物志』刊行開始
1911(明治44)年	東京植物同好会創立。会長に就任
1916(大正5)年	『植物研究雑誌』を創刊
1928(昭和3)年	妻の壽衛、死去。新種のササに「スエコザサ」と命名
1934(昭和9)年	『牧野植物学全集』の刊行を始める
1940(昭和15)年	**『牧野日本植物図鑑』**刊行
1946(昭和21)年	『牧野植物混混録』を出版
1957(昭和32)年	死去

高知県内

牧野博士ゆかりの場所を巡る

牧野博士のことをもっと知りたいなら、出生地である佐川町とその周辺にも足を運ぼう。

博士の名を冠した植物園

●牧野植物園
（→P.360）

四季の草花に囲まれて富太郎が眠る公園

牧野公園

まきのこうえん MAP 別冊P.50-A3

富太郎が東京から送ったソメイヨシノの苗を青源寺の土手などに植えたのを機に、地元住民が長い年月をかけて自然公園へと整備した。中腹には富太郎と政治家・田中光顕の墓がある。

住高知県佐川町甲2458　TEL0889-20-9500(さかわ観光協会)　開散策自由　交JR佐川駅から徒歩約10分。高知自動車道伊野ICから車で約35分　Pあり

❶3月下旬から4月上旬にかけて桜が咲く牧野公園　❷1～3月の寒い時期に富太郎が愛したバイカオウレンの花も咲く　❸トイレを併設する座敷棟。ワークショップが開かれることもある

少年時代の富太郎の学び舎

名教館

めいこうかん　MAP 別冊P.50-A3

領主・深尾氏が家塾として創設し、幕末まで数多くの人材を育成。明治時代には佐川小学校となり、富太郎少年はここで学問に出会った。玄関部分は当時のものが現存している。

住高知県佐川町上町　TEL0889-22-1110（佐川町教育委員会）　開9:00～17:00　休月曜(祝日の場合は翌日。2024年３月31日までは無休）　料無料　交JR佐川駅から徒歩約7分。高知自動車道伊野ICから車で約35分　P周辺駐車場を利用

玄関部分以外は復元となっている

富太郎の生家跡に立つ資料館

牧野富太郎ふるさと館

まきのとみたろうふるさとかん　MAP 別冊P.50-A3

富太郎の生家跡地に立つ資料館。館内では、博士の遺品や直筆の手紙、原稿などを展示。また、幼少期のエピソードを基に再現した部屋もあり、自由に入って写真撮影ができる。

住高知県佐川町甲1485　TEL0889-20-9800　開9:00～17:00　休月曜(祝日の場合は翌日。2024年３月31日までは無休）　交JR佐川駅から徒歩約10分。高知自動車道伊野ICから車で約35分　P周辺駐車場を利用

富太郎の生家をイメージした外観

富太郎が遊び、草花と出合った山

横倉山

よこぐらやま　MAP 別冊P.17-C3

佐川町の隣、越知町にある標高約800mの山。約1300種類が自生する植物の宝庫で、牧野博士も足しげく通って植物を採集した。地層や歴史も興味深く、トレッキングで人気を呼ぶ。

住高知県越知町横倉　TEL0889-26-1004(越知町観光協会）　交高知自動車道伊野ICから車で1時間　P横倉山自然の森博物館の駐車場を利用

❶頂上付近に厳かにたたずむ杉原神社　❷越知町のほぼ中央にそびえている　❸6～7月には光るキノコ「シイノトモシビタケ」が見られる

行き方

JR高知駅から中心部まで約34km、約1時間。拠点となるインターチェンジは高知西バイパス鎌田IC。

JR高知駅からJR佐川駅までJR土讃線特急あしずりで約30分、佐川駅から黒岩観光バスでバス停越知や宮ノ前公園で下車。

交通INFO

隣接する町を結ぶバスが運行
佐川町、越知町、仁淀川町を黒岩観光バスが運行している。公共交通機関を利用するなら、JR佐川駅からバスで移動。

大樽の滝
住高知県越知町山室耕
TEL0889-26-1004(越知町観光協会) 開散策自由 交高知西バイパス鎌田ICから車で約40分。駐車場から徒歩約15分 Pあり

聖神社(土佐の投入堂)
住高知県越知町小日浦 TEL0889-26-1004(越知町観光協会) 開参拝自由 交高知西バイパス鎌田ICから車で約1時間10分。駐車場から徒歩約20分 P5台

横倉山自然の森博物館
住高知県越知町越知丙737-12
TEL0889-26-1060 開9:00～17:00(最終入館16:30) 休月曜(祝日の場合は翌日) 料500円 交JR佐川駅から黒岩観光バスで約15分、バス停宮の前公園下車、徒歩約10分。高知西バイパス鎌田ICから車で約40分 Pあり

こちらもCHECK!

アジサイの道
日の浦地区では休校中の黒石小学校を起点に約2万株のアジサイが咲き誇る。見頃は6月中旬から7月上旬頃。
日ノ浦あじさい街道
MAP 別冊P.17-C3
住高知県越知町鎌井田日ノ浦
TEL0889-26-1004(越知町観光協会) 開散策自由 Pあり

車で行く場合、道が狭いところがあるので安全運転を心がけよう

深い歴史と自然が残る町 MAP 別冊P.17·19

越知町 おちちょう

人口 4760人 面積 111.95㎢

コスモスの町として知られ、見頃の時期には多くの人が町を訪れる

日本最古の地質といわれ、安徳天皇が落ち延びて暮らしたとの伝説が残る横倉山(→P.325)と、宮の前公園で毎年行われている「コスモスまつり」が町のシンボル。町を横断するように仁淀川が流れ、流域ではキャンプやカヌーなどのアウトドアが盛ん。

おもな見どころ

自然公園内にある名瀑 MAP 別冊P.17-C3

大樽の滝
おおたるのたき

牧野富太郎も訪れたことがある大樽の滝は、落差約34mで日本の滝百選に選ばれている名瀑。横倉山県立自然公園の一部に指定されている。深い緑に囲まれており、春は桜や山ツツジ、秋は紅葉も楽しめる。

大きな樽の水をまくように豪快に流れ落ちることからその名がついた

そそり立つ断崖に立つ神社 MAP 別冊P.19-C1

聖神社(土佐の投入堂)
ひじりじんじゃ(とさのなげいれどう)

断崖絶壁に立つ神社で創建された時代やルーツは謎。その姿が鳥取県の投入堂に似ていることから「土佐の投入堂」とも呼ばれる。駐車場からは、神社へ直接行くルートと対岸を行くハードなルートに分かれる。

道がわかりにくいので越知町観光協会で地図をもらうようにしよう

横倉山について学べる MAP 別冊P.17-C3

横倉山自然の森博物館
よこぐらやましぜんのもりはくぶつかん

自然、歴史、地質、植物、伝説など多角的なテーマで横倉山を学べる博物館。横倉山で植物の研究を行った牧野富太郎に関する展示もある。安藤忠雄による建築も魅力。

牧野富太郎が発見・命名した植物やフィールドワークの様子を展示

INFO 毎年10月頃に約150万本のコスモスが咲く宮の前公園(MAP 別冊P.17-C3)では「コスモスまつり」を開催。出店やイベントもあり、おおいににぎわう。

心をつかむ自然と歴史のある町 MAP 別冊P.16

仁淀川町 によどがわちょう

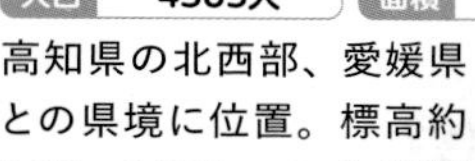

人口 4385人 面積 333㎢

高知県の北西部、愛媛県との県境に位置。標高約100～1800mの山間部にあり、長者川や土居川など仁淀川の支流沿いに集落が形成されている。仁淀川をはじめ、渓谷美や花の名所、歴史ある祭りなど同町ならではの魅力が多く、時季によって観光客や写真愛好家でにぎわう。

毎年2月11日の早朝から夕方にかけて行われる「秋葉まつり」は土佐三大祭りのひとつ

おもな見どころ

渓谷沿いをハイキング MAP 別冊P.16-B3

中津渓谷県立自然公園
なかつけいこくけんりつしぜんこうえん

紅葉滝、雨竜の滝、谷底から約20mある石柱など数々の自然の造形美が点在する渓谷。全長約1.6kmの遊歩道が整備されており、往復約40分の散策ができる。渓谷内には竜神七福神も隠れているので見つけてみよう。

川底の石がはっきり見えるほど透明度の高い渓流

初春の町を彩る花桃の里 MAP 別冊P.16-B3

上久喜の花桃
かみくきのはなもも

町内には、3月下旬から4月上旬に咲く花桃の名所が多い。なかでも有名なのが上久喜地区。地元住民が山を整備し、15年かけて大切に育てた白やピンクの花桃が山を覆う光景は、桃源郷と評されている。

濃淡の異なるピンク色の花が小さな集落を彩る

ユニークな形の桜の木 MAP 別冊P.16-B3

ひょうたん桜公園
ひょうたんざくらこうえん

樹齢約500年の「ひょうたん桜」がある公園。樹高約21m、根元周り約6mあり見事。愛称の由来は下部が膨らんだつぼみを横から見るとひょうたんの形をしているから。見頃となるのは4月上旬頃。

園内でひときわ大きな存在感を見せるひょうたん桜

行き方

JR高知駅から中心部まで約45km、約1時間10分。拠点となるインターチェンジは高知西バイパス鎌田IC。

JR高知駅からJR佐川駅までJR土讃線特急あしずりで約30分、佐川駅から黒岩観光バスでバス停土佐大崎や名野川で下車。

交通INFO

隣接する町を結ぶバスが運行
佐川町、越知町、仁淀川町を結ぶ黒岩観光バスが運行している。公共交通機関で行く場合、JR佐川駅からバスで移動。

中津渓谷県立自然公園
住高知県仁淀川町名野川
TEL0889-35-1333(仁淀川町観光協会) 開散策自由 交JR佐川駅から黒岩観光バスで約35分、バス停名野川下車、徒歩約10分。高知西バイパス鎌田ICから車で約50分 Pあり(旧名野川小学校の校庭を利用可)

上久喜の花桃
住高知県仁淀川町上久喜
TEL0889-35-1333(仁淀川町観光協会) 開散策自由 交鎌田ICから車で約1時間 Pあり(マイクロバス以下の車両のみ通行可)

ひょうたん桜公園
住高知県仁淀川町桜 TEL0889-35-1333(仁淀川町観光協会)
開散策自由 交高知西バイパス鎌田ICから車で約1時間 Pあり

こちらもCHECK!

渓谷上空を歩いて飛んで絶叫体験
手つかずの自然が残る岩屋川渓谷の上空約30mのつり橋を渡り、戻りはジップラインで一気に飛んで渡る絶叫アクティビティ。つり橋は10mおきに足場が丸太やロープなどに替わり、ひとときも安心できず、ドキドキが止まらない。

ニヨドフライハイ
MAP別冊P.16-B3
住高知県仁淀川町別枝石ノ内2551-31 TEL090-4546-0855
営9:00～17:00 休木曜(祝日の場合は翌日) 料5000円
Pあり

つり橋とジップラインのふたつのアクティビティを楽しめる

INFO 1935(昭和10)年に造られた旧川口橋(MAP別冊P.16-B3)では毎週土曜に地元産の野菜や総菜を販売する小さな市が開かれている。橋のレトロなたたずまいとともに楽しもう。

長宗我部元親ゆかりの地

MAP 別冊P.47

南国市 なんこくし

人口 4万5820人　面積 125.3㎢

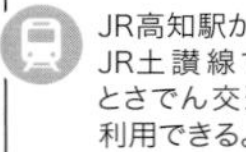

行き方

JR高知駅から中心部まで約10km、約20分。拠点となるインターチェンジは高知自動車道南国IC。

JR高知駅からJR後免駅までJR土讃線で約17分。また、とさでん交通の路面電車も利用できる。電停はりまや橋から電停後免町まで約40分。

交通INFO

市内を走るコミュニティバス
市内一円を南国市コミュニティバス「NACOバス」が運行している。運賃は1回の乗車ごとに200円、中心部をまたぐ場合は300円となっている。

ドライブプラン

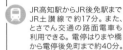

- 南国IC
  ↓ 約10分
- 高知県立歴史民俗資料館
  ↓ 約10分
- 西島園芸団地
  ↓ 約10分
- 海洋堂 Space Factory なんこく
  ↓ 約10分
- 前浜掩体群

こちらもCHECK!

田園に残る不思議な形の史跡
空港周辺の田園地帯に、第2次世界大戦中に高知海軍航空隊の飛行機を空襲から守るため造られた掩体(えんたい)7基が残る。最も大きいものは幅約44m、高さ約8.5m。南国市史跡として保存されている。

前浜掩体群
MAP 別冊P.47-D2
住 高知県南国市前浜　TEL 088-880-6569(南国市生涯学習課)
P 前浜公民館駐車場を利用

平和の大切さを今に伝える史跡

博物館が立つ岡豊山の麓には国分川が流れる。平野部では農業が盛ん

高知県の中核都市のひとつで、高知龍馬空港や南国ICなど「高知の玄関口」として発展した。1年を通して温暖な気候で、土佐の稲作の発祥の地といわれている。平野部ではハウス園芸を中心にした農業が盛んで、シシトウ、大葉、小ナスなど全国トップクラスの生産量を誇るものも多い。歴史では、四国全土を代表する戦国武将・長宗我部元親の出生地で知られ、「高知県立歴史民俗資料館」のある岡豊(おこう)には居城の岡豊城があった。

南国市の歩き方

高知龍馬空港、JR土讃線と土佐くろしお鉄道ごめん・なはり線の両方が発着する後免駅、南国ICがあり、県外からアクセスしやすい。市役所や海洋堂 Space Factory なんこくなどがある後免町が中心部。後免町を終点に、中心部を横断するようにとさでん交通の路面電車が運行。中心部以外のエリアへは、市営のコミュニティバスを利用するか、レンタカーで移動するのが便利。レンタカー店は空港周辺に集中している。高知龍馬空港から南方面へ行くと海岸沿いに延びる県道14号に出る。この道沿いに飛行機の離発着が見える広場、前浜や十市(とおち)の海岸、第32番札所の禅師峰寺などがあるのでドライブするのもおすすめ。

南側は太平洋に面している。県道14号が真っすぐ延び、ドライブに最適

INFO 後免(ごめん)という地名は、江戸時代初期に開拓するに当たって人を集めるため、年貢や諸役を免除(諸役御免)したことに由来する。

おもな見どころ

土佐の歴史に出合える

MAP 別冊P.47-C1

高知県立歴史民俗資料館
こうちけんりつれきしみんぞくしりょうかん

長宗我部氏が居住した岡豊城跡に立つ博物館。各展示室では長宗我部氏や国史跡の岡豊城跡に関する資料のほか、阿波・中富川合戦時の長宗我部軍の本陣を再現したコーナーもあり、戦国時代の雰囲気を体感できる。また、原始・古代から現代までの高知の歴史や文化に関する展示も興味深い。周辺には城跡を巡る遊歩道や長宗我部元親像があり自由に散策できる。

土佐の歴史を物語る多彩な資料が並ぶ常設の総合展示室

ものづくりの楽しさを体感

MAP 別冊P.47-D1

海洋堂 Space Factory なんこく
かいようどう すぺーす ふぁくとりー なんこく

南国市で製造業が盛んなことにちなんで誕生したものづくり体感施設。1階には世界的なフィギュアメーカー、海洋堂の製造工程を見学できるファクトリーや巨大ジオラマなどを展示。2階にはフィギュアの色づけやジオラマづくりを体験できるコーナー、南国市の歴史や製造事業者を紹介する展示コーナー、ミュージアムショップなどがある。

近未来を思わせる空間にはフィギュアが満載。窓からは制作の様子が見られる

1年中トロピカル！

MAP 別冊P.47-D1

西島園芸団地
にしじまえんげいだんち

1年中快適に保たれたハウスの中では、日本有数の規模を誇るブーゲンビリアをはじめ、亜熱帯の花や木々を植栽して南国ムードを演出。併設する園芸ハウスで育てたスイカやメロンなどを使ったメニューを展開するカフェや、1～6月初旬にはイチゴ狩りも開催、老若男女問わず人気を集める。果物やオリジナルジャムなどの販売もあり。

咲き誇るブーゲンビリアの下でカフェが楽しめる

南国市にある

お遍路札所

◆国分寺（第29番札所）
◆禅師峰寺（第32番札所）

高知県立歴史民俗資料館

住 高知県南国市岡豊町八幡1099-1
TEL 088-862-2211
開 9:00～17:00（最終入館16:30）
休 なし
料 470円、企画展開催時は別料金
交 JR土佐大津駅から車で約10分。高知自動車道南国ICから車で約10分
P 50台
※改修工事のため2024年3月28日まで休館予定

入口の前にはポーズを決めた長宗我部元親の像が立つ

海洋堂 Space Factory なんこく

住 高知県南国市大そね甲1623-3
TEL 088-864-6777
開 10:00～18:00（最終入館17:30、体験受付は10:30～16:00）
休 火曜（祝日の場合は翌平日休。GWと7月第4週～8月は無休）
料 入館無料（企画展は有料の場合あり）、色塗り体験1100円、ジオラマ制作体験1650円～
交 JR後免駅から徒歩約10分。高知自動車道南国ICから車で約10分
P あり

宇宙船をイメージした外観

西島園芸団地

住 高知県南国市廿枝600
TEL 088-863-3167
開 9:00～17:00
休 なし
料 入場無料。イチゴ狩り（40分間食べ放題）は1～3月1880円、4～6月1680円
交 JR後免駅からNACOバスで約5分、バス停巨峰園前下車、徒歩約11分。高知自動車道南国ICから車で約5分
P あり

INFO 『土佐日記』の作者・紀貫之が国守として4年間滞在したことでも知られる第29番札所国分寺（MAP 別冊P.47-D1）。9:00～16:30にお寺カフェを営業している。

高知ならではの伝統産業が残る

MAP 別冊P.10-11

香美市 かみし

人口 2万5697人 面積 573.86㎢

行き方

JR高知駅から中心部まで約16km、約30分。拠点となるインターチェンジは高知自動車道南国IC。

JR高知駅からJR土讃線特急南風で約13分、JR土佐山田駅で下車。

交通INFO

アンパンマンバスが運行
JR土佐山田駅から香美市立やなせたかし記念館の間を運行するJR四国バス大栃線は、車体にアンパンマンやその仲間たちがあしらわれており、ファミリー層を中心に人気を集めている。

レンタカー

香長ダイハツ
TEL0887-53-2443

観光案内所

香美市いんふぉめーしょん（香美市観光協会）
MAP別冊P.10-B3
住高知県香美市土佐山田町東本町1-5-1 TEL0887-52-9880
開9:00～17:00
休なし
JR土佐山田駅前にある。やなせたかし直筆のイラストなどを展示している。

ドライブプラン

- 南国IC
  - ↓ 約15分
- 香美市立美術館
  - ↓ 約20分
- 香美市立やなせたかし記念館
  - ↓ 約30分
- 轟の滝（→P.382）
  - ↓ 約15分
- 香美市立吉井勇記念館
  - ↓ 約40分
- べふ峡（→P.382）

徳島県との県境に位置する香美市物部には、紅葉の名所・べふ峡がある

高知県の北東部、物部川の中流域に位置している香美市。市内は大きく分けて、JR土佐山田駅や商店街がある土佐山田町、やなせたかしの故郷で「香美市立やなせたかし記念館」などがある香北町、県内屈指の紅葉の名所、べふ峡がある物部地区の3つに分かれる。市の総面積の約9割を森林が占めており、その多くは国定公園や県立自然公園に指定されている。また、約400年の歴史を誇る土佐打刃物や、子供が誕生した家で掲げられるカラフルな大旗のフラフなど、高知の伝統産業や文化が今も残っている。

香美市の歩き方

JR土佐山田駅は特急列車が停車する。駅周辺が土佐山田町の中心部に当たり、駅から徒歩圏内に商店街や飲食店がある。商店街には、市内外から人気を集めるカフェや居酒屋があるので、散策してみるのがおすすめ。駅前にはタクシー乗り場とバス乗り場がある。バスで龍河洞（→P.383）へ行くには、とさでん交通バスの龍河洞線を、香美市立やなせたかし記念館へ行くにはJR四国バス大栃線を利用しよう。その他のエリアは市営バスが運行しているが、本数がかなり少ないので車移動がおすすめ。市内のレンタカーは「香長ダイハツ」のみ。事前に申し込んでおくと駅前まで配車してくれる。

色鮮やかな大旗のフラフが特産。5月頃になるとはためく光景を見られる

INFO 毎週日曜の早朝から昼過ぎにかけて「土佐山田平成日曜市」が開催され、地元産の野菜や加工品が販売されている。場所は香美市役所の南隣。

おもな見どころ

地元作家の企画展に注目　MAP 別冊P.10-B3

香美市立美術館
かみしりつびじゅつかん

八王子宮の鳥居をくぐり、桜並木の先にある小さな美術館。常設展はなく、年5、6回の企画展や収蔵品展を開催。香美市出身の画家・石川寅治（とらじ）や上島一司（かみしまいちじ）、日和崎尊夫（ひわさきたかお）らの作品のほか、近代から現代にいたるさまざまな作品約800点を収蔵。さらに、高知に縁のある作家で構成するグループ展も企画しており、美術ファンから好評を得ている。

くるくる回る石の風車が目印

香美市立美術館
住 高知県香美市土佐山田町262-1（プラザ八王子2F）
TEL 0887-53-5110
開 9:00～17:00（最終入館16:30）
休 月曜（祝日の場合は翌日）、展示入替期間
料 展覧会によって異なる
交 JR土佐山田駅から徒歩約7分。高知自動車道南国ICから車で約15分
P あり

やなせたかしの原画を展覧　MAP 別冊P.10-B3

香美市立やなせたかし記念館
かみしりつやなせたかしきねんかん

アンパンマンの作者・やなせたかしの作品を紹介する美術館で全3館ある。アンパンマンミュージアムでは描き下ろし作品を展示する「やなせたかしギャラリー」のほか、親子で楽しめる「アンパンマンワールド」などもある。詩とメルヘン絵本館ではアンパンマン以外のやなせの作品展や、他作家の企画展を開催している。

©やなせたかし
©やなせたかし／フレーベル館・TMS・NTV

香美市立やなせたかし記念館
住 高知県香美市香北町美良布1224-2
TEL 0887-59-2300
開 9:30～17:00（最終入館16:30）
休 火曜（祝日の場合は翌日）
※連休中など無休期間あり
料 共通券800円、詩とメルヘン絵本館のみ450円
交 JR土佐山田駅からJR四国バス大栃線で約25分、バス停美良布駅下車、徒歩約5分。高知自動車道南国ICから車で約35分
P あり

さまざまな企画展が開催される詩とメルヘン絵本館

歌人・吉井勇を癒やした地　MAP 別冊P.11-C2

香美市立吉井勇記念館
かみしりつよしいいさむきねんかん

名曲「ゴンドラの唄」の作詞を手がけ、明治・大正・昭和の3つの時代にわたり文芸界で活躍した吉井勇。家庭の不和で苦しんでいた時期に訪れ、再起のきっかけとなったのが香北町猪野々だった。記念館では、この地で過ごした日々を物語る資料や自筆の作品、写真などを展示。また、館の隣には旅の拠点としてひっそりと暮らした渓鬼荘が移築されている。

貴重な写真や映像のほか、友人たちが勇に贈った言葉なども展示

香美市立吉井勇記念館
住 高知県香美市香北町猪野々514
TEL 0887-58-2220
開 9:30～17:00（最終入館16:30）
休 月・火曜（祝日の場合は翌日）
料 420円
交 高知自動車道南国ICから車で約50分
P あり

のどかな自然のなかに立つ記念館

INFO 香美市立やなせたかし記念館から車で約5分の所にある「やなせたかし朴ノ木（ほおのき）公園」（MAP 別冊P.10-B3）は、やなせたかしと妻が眠る墓地公園となっている。

滝つぼが神秘的に輝く3段の名瀑　MAP 別冊P.10-B2

轟の滝
とどろきのたき

落差約82mを３段に分かれて落下する滝で、日本の滝100選にも選ばれている。３つある滝つぼは青く神秘的に輝いており、平家落人一門の娘・玉織姫が大蛇にさらわれたという悲しい伝説が残る。滝の周りは木々が茂り、桜、新緑、紅葉と季節ごとの美しさも楽しめる。滝の真下へ行くこともできるが、滝つぼを見るなら第一駐車場から下流方向にある展望所へ。

展望所から滝つぼを見ることができる

県内随一の紅葉の名所　MAP 別冊P.11-D2

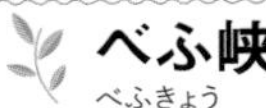

べふ峡
べふきょう

剣山国定公園の物部川源流域にある渓谷。1年を通して渓谷美を楽しめるが、特に11月中〜下旬にかけて見られる山一面の紅葉は見事。長い年月を経て浸食された石灰岩とともに表情に富んだ風景を生み出す。一帯は整備された遊歩道が続いており、屏風岩やアイノウノ釜など見どころが多い。近くにあるべふ峡温泉にも立ち寄りながら、じっくりと散策しよう。

色鮮やかな紅葉に包まれた渓谷

轟の滝

住高知県香美市香北町猪野々柚ノ木　TEL0887-52-9880(香美市いんふぉめーしょん)　開散策自由　交高知自動車道南国ICから車で約1時間10分　Pあり

べふ峡

住高知県香美市物部町別府
TEL0887-52-9880(香美市いんふぉめーしょん)　開散策自由
交高知自動車道南国ICから車で約1時間30分　Pあり

こちらもCHECK!

昭和時代にタイムスリップ

駅前のえびす商店街で毎年9月に開催されるイベント。歩行者天国になった商店街には懐かしの名車が並び、月光仮面やショッカーも登場して会場を盛り上げる。昭和を感じさせるフードも楽しめる。

ゑびす昭和横丁

MAP 別冊P.10-B3
住高知県香美市西本町えびす商店街　TEL0887-53-5151(ゑびす昭和横丁実行委員会事務局)
P臨時駐車場を利用

楽しいイベントのほか全国の愛好家の自慢の名車も並ぶ

▶▶ 土佐っこcolumn ◀◀

刃物まつりは土佐山田の秋の風物詩

温暖多雨地である高知県は古くからよい木が育ち、林業が盛んだった。それにともない、木を伐採するために必要な丈夫で性能のよい刃物も盛んに生産され、「土佐打刃物」として全国に名をはせた。そんな土佐打刃物の一大生産地である香美市土佐山田町では、毎年10月中旬の2日間にわたり「刃物まつり&山田のかかしコンテスト」を開催している。刃物の展示即売や刃物に関する多彩なイベントのほか、大作揃いの「かかしコンテスト」もあり、人々を笑顔にしている。

世相を反映した作品も多いかかしコンテスト

さまざまな用途の刃物の直売が行われる

刃物まつり&山田のかかしコンテスト

MAP 別冊P.10-B3
住高知県香美市土佐山田町宮ノ口(県立鏡野公園内)　TEL0887-53-4111(刃物まつり実行委員会)　催10月中旬の土・日曜　交JR土佐山田駅から車で約10分(期間中のみ無料シャトルバス運行)。高知自動車道南国ICから車で約20分　Pあり

江戸時代に大規模な治水工事と約3000haの新田開発の陣頭指揮を執った野中兼山。香美市には完成までに26年を費やした山田堰跡が残り、その業績を今に伝える。

1億7500万年の時がくれるドキドキ

龍河洞で光る洞窟探検☆

龍河洞には唯一無二の魅力が満載！悠久の時間が生みだした鍾乳洞と古代の人々の面影、そして、最新技術によるダイナミックな演出を体感あれ。

狭い道を抜けた先に大空間が広がる「逢坂峠」。龍河洞の頂上部に当たる

幻想的かつ豪快！神秘の鍾乳洞ツアーに参加

山頂付近の盆地にたまった雨水によって石灰岩が浸食されて生まれた鍾乳洞で、その歳月は1億7500万年ともいわれている。全長4kmのうち約1kmが観光コースとなっており、しゃがんで鍾乳石をくぐったり、階段を上り下りしながら進んでいく。立派な石柱や豪快な滝、古代人の遺した「神の壺」など随所に見どころがあり、さらには光と音による幻想的な演出も！　まるで別世界を探検している気分だ。

観光コースの流れ

① 受付・入場 START!

受付でチケットを購入し、洞窟の中へ！入ってすぐに薄暗い通路が続き、ドキドキが高まる。

② 記念の滝

龍河洞最大の滝。1931（昭和6）年にこの滝を登り、出口までの全容が判明したことからこの名が付いた。

③ サボテンの丘

不思議な形をした鍾乳石が奥のほうまで続いているのが見える。怪獣の口の中にいるような気分。

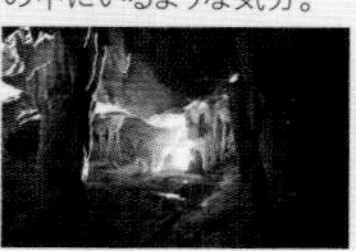

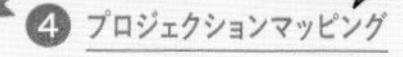

④ プロジェクションマッピング GOAL!

終盤にはプロジェクションマッピングが登場。ときの流れがテーマの壮大なストーリーが投影される。

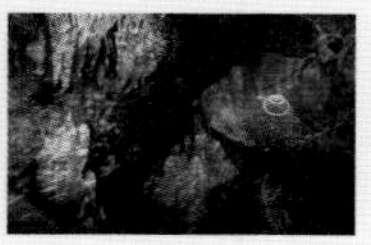

パワースポットもたくさん！

神の壺

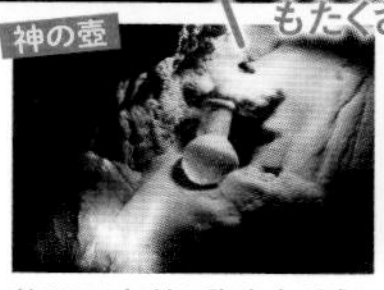

約2000年前に弥生人が残したとされる土器が鍾乳洞と一体化している

天降石

龍河洞の最大の石柱である。美しくライトアップされている

日本三大鍾乳洞のひとつ

龍河洞

りゅうがどう

MAP 別冊P.10-B3

変化に富んだ鍾乳洞を約40分かけて歩く。周辺には緑に囲まれた休憩所、みやげ物や飲食店が並ぶエリア、龍河洞博物館などもある。

住 高知県香美市土佐山田町逆川1424　TEL 0887-53-2144　開 3〜11月8:30〜17:00、12〜2月8:30〜16:30　休 なし　交 JR土佐山田駅からとさでん交通バスで約20分、バス停龍河洞下車、徒歩約3分。高知自動車道南国ICから車で約25分　P 300台

観光コース

催 営業時間中随時、所要約40分　料 1200円

Other PLAN

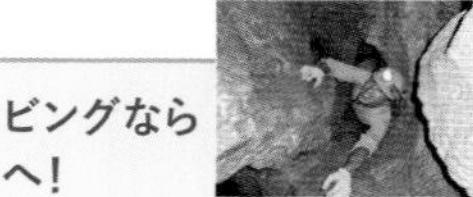

本格的ケイビングなら冒険コースへ！

ガイドの案内とヘッドライトの光を頼りに、狭い岩の間をはって進んだり、ロープをつかんで登ったりしながら進む約200mのコース。つなぎと長靴のレンタル（1000円）も行われている。

冒険コース

催 1日6回、所要約90分（要予約）　料 2900円

海に祭りに動物園に「楽しい」が満載

MAP 別冊P.10

香南市 こうなんし

人口 3万1983人 面積 126.46㎢

行き方

JR高知駅から中心部まで約16km、約30分。拠点となるインターチェンジは高知東部自動車道高知龍馬空港IC。

JR高知駅から土佐くろしお鉄道のいち駅までJR土讃線で約30分。またはJR後免駅で土佐くろしお鉄道ごめん・なはり線に乗り換え、約35分。夜須駅まではさらに約15分。

ドライブプラン

- 高知龍馬空港IC
  - ↓ 約15分
- 高知県立のいち動物公園
  - ↓ 約3分
- 創造広場「アクトランド」
  - ↓ 約1分
- 四国自動車博物館
  - ↓ 約8分
- のいちあじさい街道 (→P.386)
  - ↓ 約20分
- 高知県立公園ヤ・シィパーク (→P.386)
  - ↓ 約20分
- 西川花公園 (→P.386)

こちらもCHECK!

刺さったように見える橋

通行可能時間だけ下り、それ以外の時間は斜めに上がっている手結港可動橋。港に橋が刺さっているように見えると話題に。ちなみに1日のうち渡れるのは約7時間だけ。

手結港可動橋（高知県手結港臨港道路可動橋）

MAP 別冊P.10-B3
住 高知県香南市夜須町手結 手結港入口　TEL 0887-50-3015（香南市農林水産課）　開 通行可能時間は6:30～8:00、9:00～10:00、11:00～12:00、13:00～14:30、15:00～16:00、17:00～18:00
※変動あり　P あり

漁業やマリンレジャーが盛んな夜須町にある手結内港。可動橋も名所となっている

高知県の中央部に位置。市の中心部となる野市町はベッドタウンでありながら、動物公園などの観光施設や飲食店なども多く活気づいている。市の中部は低山が連なり、香我美町の里山では人気の山北みかん（温州みかん）を栽培。また、太平洋に面する南部は肥沃な平野部が東西に広がり、漁業やハウス園芸を中心にした農業が盛ん。特にニラの生産量は日本一を誇る。ヨットや海水浴などのマリンレジャーも盛んで、夏は多くの人でにぎわう。

香南市の歩き方

市内に土佐くろしお鉄道ごめん・はなり線の各駅があり、どろめ祭りや絵金祭りが開かれる赤岡町、ヤ・シィパークがある夜須町は、それぞれ最寄りの駅から徒歩で行くことができる。特に赤岡町の商店街は、規模は小さいが歴史を感じさせる建物や個性的な商店があるので町歩きにおすすめ。商店街があるエリアから国道55号を渡った場所には、どろめ祭りの酒で知られる高木酒造があり、試飲ができるのでぜひ立ち寄ろう。中心部の野市町にはのいち駅があり、構内にある観光案内所でレンタサイクル（電動アシスト付きがおすすめ）も有料で行っている。

海沿いにはサイクリングロードも整備されている

INFO 手漉き土佐和紙に魔除けの意味をもつ赤を基調に多彩な図型を描く「土佐凧」。香我美町にある吉川染物店では現在も手描きで製作している。

おもな見どころ

自然に近い環境で生きいき過ごす動物たち MAP 別冊P.10-B3

高知県立のいち動物公園
こうちけんりつのいちどうぶつこうえん

自然に囲まれた広い園内で、檻や柵を使わない飼育展示に取り組んでおり、生息地に近い暮らしをしている動物たちは、自然な姿や生きいきとした表情を見せてくれる。また、園内にはベンチや休憩スペースが多く、遊具が設置された芝生広場もあり、人も生きいき過ごすことができる。熱帯雨林館「ジャングルミュージアム」や「どうぶつ科学館」などの屋内施設もある。

動かない鳥として知られるハシビロコウ。園では飛んだり歩いたりする姿が見られる

珍しい遊具が満載のテーマパーク MAP 別冊P.10-B3

創造広場「アクトランド」
そうぞうひろば「あくとらんど」

子供も大人も楽しめるテーマパーク。無料エリアのわんぱく広場には、超巨大ジャングルジムや、人力で動かすバイキング船、自転車メリーゴーラウンドなどオリジナル遊具が満載。有料の展示館は、坂本龍馬の生涯を蝋人形で再現した龍馬歴史館をはじめ、絵金派アートギャラリーや世界モデルカー博物館など8つある。遊び疲れたらカフェで休憩を。

自転車で動かす観覧車など個性派の遊具が並ぶわんぱく広場

歴史に名を刻む名車を展示 MAP 別冊P.10-B3

四国自動車博物館
しこくじどうしゃはくぶつかん

フェラーリ、ロータス、ランボルギーニ、ランチァ、アルファロメオなど、誰もが知っている世界の名車が一堂に集まる博物館。館内には1960～1980年代のレースカーやクラシックカーを中心に、国内外の希少な四輪車約30台と自動二輪車約30台がずらりと並び、圧巻の光景が広がっている。生産台数が少ないトヨタ2000GTも展示している。

大切にメンテナンスされた伝説の車が並ぶ館内。車ファンにはたまらない光景だ

観光案内所

香南市観光協会
MAP 別冊P.10-B3
住 高知県香南市野市町西野2056
TEL 0887-56-5200
開 9:00～17:00　休 なし
のいち駅構内。レンタサイクル（有料）も行っている。

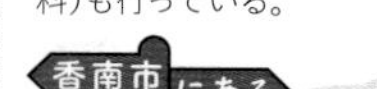

高知県立のいち動物公園
住 高知県香南市野市町大谷738
TEL 0887-56-3500
開 9:30～17:00（最終入園16:00）
休 月曜（祝日の場合は翌日）
料 470円　交 土佐くろしお鉄道のいち駅から徒歩約20分。高知東部自動車道高知龍馬空港ICから車で約15分　P 300台

サバンナを再現した約4000㎡の広大な展示場にいるアミメキリン

創造広場「アクトランド」
住 高知県香南市野市町大谷928-1
TEL 0887-56-1501　開 10:00～18:00（最終入場17:30）
休 月曜（祝日の場合は変更あり）
料 広場は無料、龍馬歴史館1500円、その他展示館各1000円
交 土佐くろしお鉄道のいち駅から徒歩約15分。高知東部自動車道高知龍馬空港ICから車で約10分　P 250台

リアルな蝋人形が歴史的シーンを再現する坂本龍馬歴史館

四国自動車博物館
住 高知県香南市野市町大谷896
TEL 0887-56-5557
開 10:00～16:00　休 月・火曜
料 800円　交 土佐くろしお鉄道のいち駅から徒歩約15分。高知東部自動車道高知龍馬空港ICから車で約10分　P あり

INFO 香我美町岸本にある「かがみチューリップ園（MAP 別冊P.10-B3）」では毎年3月上旬から4月下旬にかけて色とりどりのチューリップが咲き誇る。

土手一面に咲く約1万9000株のアジサイ　MAP 別冊P.10-B3

のいちあじさい街道
のいちあじさいかいどう

6月上～下旬にかけて野市町西佐古から父養寺までの約1.2kmの土手一面に、20種類以上、約1万9000株のアジサイが咲く。約30年前から地元住民が大切に育ててきたものだ。夜になれば用水路沿いにホタルを見つけられるかも。

桜並木がつくる緑のトンネルにアジサイが彩りを添える

のいちあじさい街道
住高知県香南市野市町父養寺　TEL0887-56-5200(香南市観光協会)　開散策自由　交土佐くろしお鉄道のいち駅から車で約10分。高知東部自動車道高知龍馬空港ICから車で約20分　Pあり

南国土佐の夏を満喫できる　MAP 別冊P.10-B3

高知県立公園ヤ・シィパーク
こうちけんりつこうえんや・しぃぱーく

県内屈指の広さを誇る海水浴場をはじめ、ビーチバレーコート、BBQができるピクニックサイト、遊具があるこども広場など多彩なエリアがある複合公園。夏季シーズンにはシャワーや更衣室も利用できる。

多くの人でにぎわう海水浴場。ボードウオークを散歩するのも気持ちいい

高知県立公園ヤ・シィパーク
住高知県香南市夜須町千切537-90　TEL0887-57-7122
開散策自由(エリアにより利用時間が異なる)
料ピクニックサイト(BBQ炭グリル付)2時間4500円～、ビーチバレーコート2時間500円
交土佐くろしお鉄道夜須駅から徒歩約1分。高知東部自動車道高知龍馬空港ICから車で約25分
P有料あり

地域住民手づくりの花の楽園　MAP 別冊P.10-B3

西川花公園
にしかわはなこうえん

西川地区の住民が1999（平成11）年からコツコツと花桃の木を増やし続けて花公園として整備。3月中旬～4月初旬の開花時期には、600本以上の花桃や桜のピンク色と、約50万本の菜の黄色い花が感動的な風景だ。

ピンクとイエロー、そして空のブルーが美しい光景を生む

西川花公園
住高知県香南市香我美町中西川　TEL0887-56-5200(香南市観光協会)　開9:00～17:00　料協力金500円　交土佐くろしお鉄道のいち駅から香南市市営バス西川線で約24分、バス停中西川下車、徒歩約3分。高知東部自動車道高知龍馬空港ICから車で約25分の西川公民館に駐車、徒歩約10分
P臨時駐車場複数あり

花の中を散策することもできる。公園の上からの眺めもきれい

▶▶ 土佐っこcolumn ◀◀

お酒好きの高知らしい奇祭

赤岡町の名物である取れたてのどろめ（マイワシやウルメイワシなどの稚魚）と地元の高木酒造のお酒を味わう祭り。メインイベントとして行われる「大杯飲み干し大会」は、大杯に注がれた酒（男性は1升、女性は5合）をぐいぐい飲み、飲み干す時間や飲みっぷりの総合得点を競い合うもの。優勝者の平均時間は、男性12.5秒、女性10.8秒となっている。酒豪たちの勇姿を見る観客もまたお酒を楽しみ酔いしれる、酒の国・土佐らしい祭りだ。

酒豪たちの飲みっぷりに大盛り上がりする大杯飲み大会。司会者の合いの手も楽しみのひとつ

土佐赤岡どろめ祭り
MAP 別冊P.10-B3
住高知県香南市赤岡町赤岡海浜
TEL0887-50-3013(土佐赤岡どろめ祭り実行委員会)
催4月の最終日曜(予定)　交土佐くろしお鉄道ごめん・なはり線あかおか駅から徒歩約5分。高知東部自動車道高知龍馬空港ICから車で約20分　Pあり

INFO　毎年7月中旬の日曜にヤ・シィパークで開催されている「マリンフェスティバルYASU」では、マーメードコンテストやビーサン飛ばし大会などが行われる。

土佐の名絵師・絵金について知る

絵金蔵の展示室。地元の祭りの雰囲気そのままに、薄暗い空間で芝居絵屏風を見ることができる。

怖いけど見てみたい絵金の世界

香南市赤岡町は「絵金」の町として知られている。絵金とは、おどろおどろしい屏風絵を描いた絵師・金蔵のことである。江戸時代末期、現在の高知市はりまや町に生まれた金蔵は、幼い頃から画才があり、土佐藩家老・桐間家の御用を勤める狩野派の絵師となって活躍していた。しかし、贋作を描いた疑いをかけられて城下追放となり土佐の各地を放浪。やがて腰を据えたのは、おばが住んでいたといわれる赤岡町だった。凧絵やのぼりなど庶民の注文に応じて絵を描く町絵師に転身した金蔵は、町の人からの求めに応じてふたつ折りの大きな屏風に芝居絵を描く「芝居絵屏風」を制作。そこには歌舞伎や浄瑠璃の1シーンがダイナミックに描かれており、今にも台詞が聞こえてきそうなほど感情豊かな表情や、恐ろしくも印象的な血しぶきの赤色などで見る人を魅了。その芝居絵屏風はムーブメントとなって土佐の各地に広がり、昭和初期まで「絵金派」と呼ばれる弟子や孫弟子が多数の芝居絵屏風を残している。

それらの作品を見ることができるのが、毎年7月に赤岡町商店街で開催される「土佐赤岡絵金祭り」だ。各家庭が所蔵する作品が家の軒先にロウソクとともに飾られ、通り一帯がおどろおどろしい雰囲気に包まれる。祭り以外では、町内にある作品の保管・展示施設「絵金蔵」でその一部を通年見ることができる。

収蔵室の壁の穴からは本物の作品2点をのぞき見できる

ろうそくの明かりで作品を見る土佐赤岡絵金祭り

絵金蔵
MAP 別冊P.10-B3
住 高知県香南市赤岡町538
TEL 0887-57-7117
開 9:00～17:00(最終入館16:30)
休 月曜(祝日の場合は翌平日)　料 520円
交 土佐くろしお鉄道あかおか駅から徒歩約10分。高知東部自動車道高知龍馬空港ICから車で約15分　P 香南市商工会駐車場を利用

土佐赤岡絵金祭り
TEL 0887-54-3014(土佐赤岡絵金祭り実行委員会)
催 毎年7月の第3土曜と日曜の18:00～21:00(荒天の場合は中止)

自然の癒やしと冒険が楽しめる

MAP 別冊P.10

大豊町 おおとよちょう

人口 2964人 面積 315.06㎢

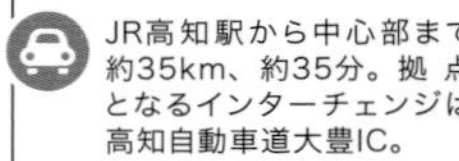

JR高知駅から中心部まで約35km、約35分。拠点となるインターチェンジは高知自動車道大豊IC。

JR高知駅からJR大杉駅までJR土讃線特急南風で約35分。

交通INFO

バスはあるが便数は少なめ

近隣の市町村を結ぶ嶺北観光自動車の路線バスと、町内を走る町営ゆずバスが運行している。ゆずバスはおもに登下校を目的に運行されているため、平日のみで便数も少ない。バス移動をするなら嶺北観光自動車の路線バスを確認しよう。

大豊IC
↓ 約50分
龍王の滝
↓ 約37分
定福寺
↓ 約23分
八坂神社（杉の大杉）
↓ 約20分
ゆとりすとパークおおとよ

平野がほぼなく傾斜地に棚田が広がる。ビュースポットの穴内地区の棚田

高知県北部、四国の中央部に位置。石鎚山系と剣山系が交錯する隆起した山々に囲まれた標高平均450mの山岳地帯にあり、夏は比較的涼しく、冬は雪に覆われることもある。町内を流れる吉野川とその支流が造り上げた渓谷は県内屈指のラフティングの人気スポット。また、特産品のなかには古くから不老長寿の豆といわれている「銀不老」や、400年以上の伝統をもつ独自の発酵茶「碁石茶」といった珍しいものがあり、注目を集めている。

大豊町の歩き方

町内にJRの駅が7つあり、主要駅となるJR大杉駅には特急列車が停車するが、町内の移動は車が基本となるのでタクシー、もしくはレンタカーを利用しよう。自由に車移動ができる場合は絶景スポット巡りを。ゆとりすとパークおおとよ、穴内地区や八畝・怒田地区の棚田がおすすめ。杉の大杉がある八坂神社の隣には、この地にゆかりのある歌手・美空ひばりの遺影碑と歌碑が立つ「大杉の苑」もあるので散策してみよう。穴場では国道32号、山本石油店の近くに近代土木遺産の旧吉野川橋がある。橋を渡ることはできないが風格ある姿は見事だ。

味わい深いたたずまいを見せる旧吉野川橋

INFO 穴内地区にある小さいながらも個性的な外観の「お宝屋敷おおとよ」は、昭和の雑貨や看板が並ぶ私設博物館。情熱的な館主に会いに行こう。（MAP 別冊P.10-B2 開9:00〜16:00 休不定休 料300円）

おもな見どころ

遊んで泊まって大豊の風を感じよう　MAP 別冊P.10-B2

ゆとりすとパークおおとよ
ゆとりすとぱーくおおとよ

標高約750mに位置する園内には、フラワーガーデンやキッズ遊具、ドッグランなどの楽しいエリアが満載。また、テントサイトやコテージなど宿泊エリアもあり、条件が揃えば朝に雲海を見ることもできる。

気象条件が揃うと海のように広がる雲を見ることができる

美しい景色を眺め地域の文化を知る　MAP 別冊P.10-B2

定福寺と豊永郷民俗資料館
じょうふくじととよながごうみんぞくしりょうかん

724（神亀元）年に高僧行基によって創建されたといわれるお寺。自然に溶け込むようにお堂があり、山と一体になった美観が広がる。また、貴重な民俗資料を保存する豊永郷民俗資料館も隣接している。

豊永城跡のすぐ東に立つ。冬は雪に覆われてまた違った景色となる

杉の老木に囲まれた名瀑　MAP 別冊P.10-B2

龍王の滝
りゅうおうのたき

県立自然公園梶ヶ森の7合目にある落差約20mの名瀑。周辺は樹齢数百年の杉に囲まれ、荘厳な風景を見せる。また、弘法大師が若かりし頃に修行した場所といわれており、近くには御影堂や定福寺奥ノ院がある。

滝つぼにはアメゴやサンショウウオなどが生息している

推定樹齢3000年の巨木　MAP 別冊P.10-A2

八坂神社（杉の大杉）
やさかじんじゃ（すぎのおおすぎ）

境内にある杉の大杉は、根元の周囲約20mで樹高約60mある南大杉と、根元の周囲約16.5mで樹高約57mある北大杉と呼ばれる2株の杉からなっており、2株が根元で合着していることから別名「夫婦杉」とも呼ばれている。

少女時代の美空ひばりが「日本一の歌手に」と願をかけた逸話が残るパワースポット

ゆとりすとパークおおとよ
住高知県大豊町中村大王4037-25
TEL0887-72-0700
開10:00～17:00
休火曜（祝日の場合は翌日。春休み、GW、夏休み期間中は無休）、宿泊は無休
交高知自動車道大豊ICから車で約20分
Pあり

定福寺と豊永郷民俗資料館
住高知県大豊町粟生158
TEL0887-74-0305　開参拝自由（豊永郷民俗資料館は9:00～17:00）　休なし　料資料館500円　交高知自動車道大豊ICから車で約30分　Pあり

龍王の滝
住高知県大豊町佐賀山
TEL0887-79-0108（大豊町観光開発協会）　開散策自由　交高知自動車道大豊ICから車で約50分、駐車場から徒歩約10分　Pあり

八坂神社（杉の大杉）
住高知県大豊町杉794
TEL0887-72-1585（大杉料金所）
開8:00～18:00（10～3月は8:30～17:00）　休なし　料200円
交高知自動車道大豊ICから車で約5分　Pあり

こちらもCHECK!

吉野川をワイルドにすすめ！
大豊町といえば吉野川の激流をラフティングボートで下るアクティビティが名物。流域には数店が営業している。そのひとつであるラッキーラフトでは比較的なだらかな流れを下るファミリーコースと、激流を乗りこなす大歩危コースがある。

ラッキーラフト
MAP 別冊P.10-A2
住高知県大豊町川口2050-43
TEL0887-72-0235（8:00～20:00）
料ラフティング6400円～
Pあり

緩急のある流れを全身で楽しむラフティング

INFO 高知を代表する大盛りグルメといえば、大豊町にある「ひばり食堂（MAP 別冊P.10-A2）」のカツ丼。量もさることながらお肉がおいしく、連日大にぎわい。ちなみに「ミニサイズ」が並盛りの量となる。

行き方

JR高知駅から中心部まで約43km、約43分。拠点となるインターチェンジは高知自動車道大豊IC。

交通INFO

路線バス

近隣の市町村を結ぶ嶺北観光自動車の路線バスが運行。また、コミュニティバスのさくらバスも運行しているが、町なかルートは火〜金曜の運行、その他の路線は週1回の運行となっている。

清流と花と文化の町

本山町 もとやまちょう

MAP 別冊P.10

人口 3060人　面積 134.22㎢

四国の中央部に位置する山間地域。集落や農地は標高約250〜740mの間にある。冬は寒さが厳しく積雪することもあるが、夏は比較的涼しい。その気候を生かし、おいしい米の産地として知られる。急峻な地形につくられた棚田の景観も見事。また。町内の帰全山公園は桜の名所として知られている。

山に囲まれた棚田。収穫した稲を天日に干す「はでかけ」もこの地域ならではの光景

おもな見どころ

山の中にある「天空の棚田」　MAP 別冊P.10-A2

吉延の棚田
よしのぶのたなだ

曲線を描いた昔のままの棚田の光景が残る場所で、標高約430mの高さの展望台も設置されている。この地のお米は「天空の郷米」という名で、町の中央部にある直販所「本山さくら市」などで販売されている。

空との近さも印象的で「天空の郷」と呼ばれている

吉延の棚田
住高知県本山町吉延
TEL0887-76-3916（本山町まちづくり推進課）　開散策自由
交高知自動車道大豊ICから車で約18分　Pあり

透き通る水で一躍話題に！　MAP 別冊P.10-A2

汗見川渓谷
あせみかわけいこく

吉野川の支流のひとつ。エメラルドグリーンに輝く色と川底まで透き通る美しさが話題となり、知名度が高まっている。吉野地区にある遊泳場や「汗見川ふれあいの郷清流館」下の沢ケ内河原で川遊びができる。

宝石のように輝く川の色と透明感に感動

汗見川渓谷
住高知県本山町立野、坂本、沢ケ内、屋所、瓜生野、七戸、吉野　各地区　TEL0887-82-1231（汗見川ふれあいの郷清流館）
開散策自由　交高知自動車道大豊ICから車で約25分

汗見川ふれあいの郷清流館
住高知県本山町沢ケ内626
TEL0887-82-1231
開10:00〜16:00
休土・日曜、不定休
交高知自動車道大豊ICから車で約25分　Pあり

戦後最大の女流作家について学ぶ　MAP 別冊P.10-A2

大原富枝文学館
おおはらとみえぶんがくかん

本山町出身の作家、大原富枝の生涯と作品を紹介する資料館。江戸時代初期の土佐藩家老、野中兼山（のなかけんざん）の四女、婉（えん）を描いた『婉という女』にスポットを当てた展示室のほか、サロン、書斎の再現室などがある。

直筆原稿などの資料のほか、町の歴史がわかる展示もある

大原富枝文学館
住高知県本山町本山568-2
TEL0887-76-2837
開9:00〜17:00（最終入館16:30）
休月曜（祝日の場合は翌日）
料300円　交高知自動車道大豊ICから車で約13分　Pあり

書籍やオリジナルグッズも販売している

INFO　帰全山公園（MAP 別冊P.10-A2）は春になると桜やシャクナゲの花が咲き誇り、多くの見物客でにぎわう。

四国の水と森のふるさと　MAP 別冊P.10

土佐町 とさちょう

人口 3494人　面積 212.13㎢

四国4県に分水することから「四国の水がめ」と呼ばれている早明浦ダムがある町。産業は農業、林業、畜産が盛んで、土佐あかうしの産地として有名。近年はダム湖を活用したアクティビティも人気。

早明浦ダムの水の量は約3億1600㎥で、四国で最も大きなダムとなっている

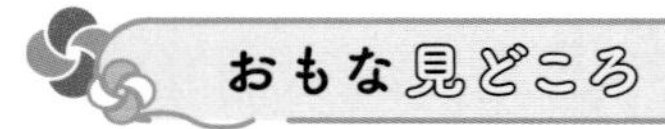

おもな見どころ

さまざまなアクティビティが楽しめる　MAP 別冊P.10-A2

さめうらカヌーテラス（湖の駅さめうらレイクタウン）

さめうらかぬーてらす（みずうみのえきさめうられいくたうん）

早明浦ダムに面した施設で、ダム湖で楽しむカヌーやSUPなどが人気（要予約）。カフェもあり、湖の景色とともに穏やかな時間を満喫できる。レンタサイクルも行っている。

ダム湖でのんびりと楽しむカヌー

1000m以上の山に囲まれた秘境　MAP 別冊P.17

大川村 おおかわむら

人口 349人　面積 95.27㎢

高知県の最北端、愛媛県との県境に位置し、周囲を1000m以上の山々に囲まれている。離島を除いて日本で最も人口が少ない村。

大川村で暮らす夫婦が手作りで始めた「さくら祭・しばざくら祭」も名物のひとつ

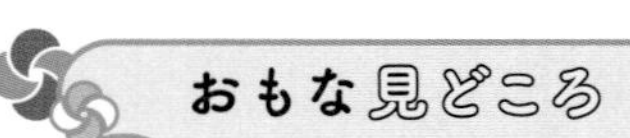

おもな見どころ

廃校をリノベーションした施設　MAP 別冊P.17-D1

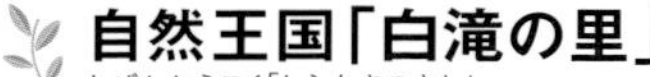

自然王国「白滝の里」

しぜんおうこく「しらたきのさと」

標高約750mにある白滝鉱山跡地に立つ廃校を活用した複合施設。ひとりから大人数までの宿泊や手ぶらキャンプなどができる。

園内にはBBQができる食事処などもある

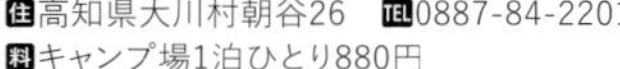

住高知県大川村朝谷26　TEL0887-84-2201
料キャンプ場1泊ひとり880円

土佐町への行き方

JR高知駅から中心部まで約35km、約55分。拠点となるインターチェンジは高知自動車道大豊IC。

交通INFO

路線バス
近隣の市町村を結ぶ嶺北観光自動車の路線バスが運行。

観光案内所

道の駅土佐さめうら
MAP 別冊P.10-A2
住高知県土佐町田井448-2
TEL0887-82-1680
開3～11月9:00～18:00、12～2月9:00～17:00
休なし

さめうらカヌーテラス（湖の駅さめうらレイクタウン）
住高知県土佐町田井146-1
TEL080-1990-1992(体験申し込み)
営9:00～17:00　休不定休
料カヌー体験7700円～、SUP体験7150円～（要予約）　P30台

大川村への行き方

JR高知駅から中心部まで約50km、約1時間20分。拠点となるインターチェンジは高知自動車道大豊IC。

交通INFO

路線バス
近隣の市町村を結ぶ嶺北観光自動車の路線バスが運行。また、村内に限りオンデマンドバスもある（「結いの里」／村のえきへ前日までに予約制。）

観光案内所

集落活動センター「結いの里」／村のえき
MAP 別冊P.17-D2
住高知県大川村船戸239
TEL0887-84-2233
開10:00～16:30　休水曜
物販コーナー休憩コーナーがある。

地元のおみやげも販売

INFO　大川村で毎年11月に開催される「謝肉祭」は希少な大川牛などをBBQで味わえるイベント。9月頃にチケット予約が行われるが即完売する人気ぶり。（TEL0887-84-2201（大川村ふるさとむら公社））

日本屈指の清流

四万十川でどう遊ぶ？

高知県が誇る清流、四万十川。全長196kmの川では、アクティビティに遊覧船、沈下橋巡りなどさまざまに楽しめる。回り方も合わせてチェック！

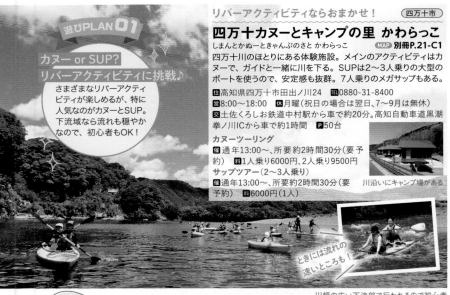

遊びPLAN 01

カヌー or SUP? リバーアクティビティに挑戦♪

さまざまなリバーアクティビティが楽しめるが、特に人気なのがカヌーとSUP。下流域なら流れも穏やかなので、初心者もOK！

リバーアクティビティならおまかせ！　（四万十市）

四万十カヌーとキャンプの里 かわらっこ

しまんとかぬーときゃんぷのさと かわらっこ　MAP 別冊P.21-C1

四万十川のほとりにある体験施設。メインのアクティビティはカヌーで、ガイドと一緒に川を下る。SUPは2～3人乗りの大型のボートを使うので、安定感も抜群。7人乗りのメガサップもある。

住高知県四万十市田出ノ川24　TEL0880-31-8400
営8:00～18:00　休月曜（祝日の場合は翌日、7～9月は無休）
交土佐くろしお鉄道中村駅から車で約20分。高知自動車道黒潮拳ノ川ICから車で約1時間　P50台

カヌーツーリング
催通年13:00～、所要約2時間30分（要予約）　料1人乗り6000円、2人乗り9500円

サップツアー（2～3人乗り）
催通年13:00～、所要約2時間30分（要予約）　料6000円（1人）

川沿いにキャンプ場がある

ときには流れの速いところも！

川幅の広い下流部で行われるので初心者でも安心

遊びPLAN 02

ジップラインで清流の上をひとっ飛び☆

四万十町にある道の駅では、川を渡るジップラインが大人気！上空20m、長さ約220mを滑空する気分爽快のアクティビティだ。

最大高度20mから一気に滑り落ちる！

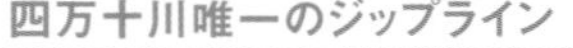

四万十川唯一のジップライン　（四万十町）

四万十川ジップライン

しまんとがわじっぷらいん　MAP 別冊P.23-D3

「道の駅 四万十とおわ」にある。真下に四万十川、周囲には山々が広がる絶景を楽しみながらの空中散歩が楽しめる。集合は道の駅で、対岸にあるスタート台まで車で送ってもらえる。

住高知県四万十町十和川口 62-9　TEL0880-28-5554
営9:00～17:00　休GWを除く5～6月、12～2月の水曜
交JR十川駅から車で約6分。高知自動車道四万十町中央ICから車で約50分　P71台

ジップライン
催9:30～16:00に7回（冬季は10:00～15:30に6回）、所要約40分
料2130円

ハーネスはスタッフが装着してくれる

四万十川の上流域と下流域

全長196kmの四万十川には、上流域と下流域で異なる楽しみ方がある。それぞれの特徴をチェックして。

下流域の楽しみ

流れが穏やかで川幅も広い下流域では、アクティビティなど「川に入って」の楽しみが満載。川の幸が味わえるレストランも多い。おもな市町村は四万十市。

河原も広くのどかな風景

上流域の楽しみ

山が迫り、美しい風景が続く上流域。川や沈下橋を「上から眺める」のが楽しい。四万十川唯一のジップラインも上流域にある。おもな市町村は四万十町。

ゴツゴツとした岩場が多い

遊びPLAN 03 屋形船に乗ってのんびりクルージング

沈下橋の下をくぐるミニクルーズ

四万十川の下流域では、屋形船を使ったのんびりクルージングが人気。途中、沈下橋の下をくぐる。食事付きツアーも好評。

船から沈下橋を眺める （四万十市）

四万十の碧

しまんとのあお

MAP 別冊P.21-D1

四万十川を下る定期船を運航。三里、佐田、ふたつの沈下橋を巡り、周囲の雄大な自然を満喫できる。食事は要予約で、碧弁当が1100円～。

住高知県四万十市三里1446 TEL0880-38-2000 営9:00～16:00 休荒天時 交土佐くろしお鉄道中村駅から車で約20分。高知自動車道黒潮拳ノ川ICから車で約1時間 P約20台

ふらっと堪能コース

催9:00～16:00の1時間ごと（繁忙期は増便）、所要約50分 料2000円

遊びPLAN 04 四万十川の源流点へトレッキング！

登山道は滑りやすいのでトレッキングシューズを用意して

日本最後の清流、四万十川の源流点は津野町不入山にある。登山道を進むにつれて、幻想的な景色が広がる。

清流の源流はここ （津野町）

四万十川源流点

しまんとがわげんりゅうてん

MAP 別冊P.18-B1

源流点があるのは、四国カルストの南にある不入山（いらずやま）の中腹。源流の碑から登山道を歩くこと約25分。岩肌を流れる小さな流れが源流点。ここから196kmにも及ぶ大河が始まるのだ。

住高知県津野町船戸 TEL0889-55-2021（津野町観光推進課） 開散策自由 交高知自動車道須崎東ICから車で約50分 P源流の碑周辺に駐車

遊びPLAN 05 道の駅に立ち寄って地元の味覚を持ち帰り！

川沿いに道の駅があり、地元の特産品を販売。川で採れる海苔やウナギ、アユから菓子類まで、おすすめをピックアップ！

❶四万十ポークを使った四万十川とカリーパン300円 ❷道の駅内にあるとおわのアイス屋さんの四万十栗アイス380円 ❸ご飯のお供にぴったりな四万十天然水使用のりなんです330円 ❹桐島畑のジンジャーシロップ（小）920円 ❺レストランやアイス屋さん、ジップラインもある

四万十川沿いの道の駅 （四万十町）

道の駅四万十とおわ

みちのえきしまんととおわ

MAP 別冊P.23-D3

川を望む道の駅。特産品の揃うとおわ市場のほか、20種類以上の料理が並ぶビュッフェが評判のレストラン、アイス屋さんも評判。ジップラインも併設。

住高知県四万十町十和川口62-9 TEL0880-28-5421 営8:30～17:00（アイス屋さんは10:00～15:00） 休なし 交JR十川駅から車で約6分。高知自動車道四万十町中央ICから車で約50分 P71台

❶四万十川天然鮎のコンフィ缶1500円 ❷おやつにもおかずにも。ジャムのような郷土食柚香500円 ❸豆腐のおからで作った、おからカリカリカリントウ280円 ❹川を見ながらのBBQコーナーもある

周辺施設も充実！ （四万十市） MAP 別冊P.23-D3

道の駅よって西土佐

みちのえきよってにしとさ

JR江川崎駅から徒歩圏内。天然ウナギやアユを販売するアユ市場があるほか、川を見ながらBBQが楽しめるリバーサイドBBQコーナーも。

住高知県四万十市西土佐江川崎2410-3 TEL0880-52-1398 営7:30～18:00 休12～2月の火曜（祝日の場合は営業） 交JR江川崎駅から徒歩約11分。高知自動車道四万十町中央ICから車で約1時間 P42台

四万十川の原風景
沈下橋を巡る

青く透き通った川に架かる沈下橋は、のどかな四万十川を象徴する風景。全48沈下橋のうち、おもなものはこちら。

沈下橋とは?
増水時にあえて川に沈むように設計された橋のこと。流されたり錆びたりしないよう鉄筋コンクリート製で、欄干もない。

四万十川を代表する風景
岩間沈下橋 いわまちんかばし
MAP 別冊P.21-C1

観光ポスターやCMにも登場することが多い。駐車場は国道441号にあり、橋を見下ろす展望スポットにもなっている。橋までは徒歩約3分。

住高知県四万十市西土佐岩間 TEL0880-35-4171(四万十市観光協会) 開散策自由 交JR江川崎駅から車で約10分。高知自動車道四万十町中央ICから車で約1時間10分 Pあり

橋のたもとに展望スペースがある

『釣りバカ日誌』に登場
勝間沈下橋 かつまちんかばし
MAP 別冊P.21-C1

四万十川にある沈下橋のなかでは唯一、橋脚が3本という珍しい沈下橋。2003(平成15)年には映画『釣りバカ日誌14』のロケ地ともなった。

河原に下りることができる

住高知県四万十市勝間 TEL0880-35-4171(四万十市観光協会) 開散策自由 交土佐くろしお鉄道中村駅から車で約35分。高知自動車道黒潮拳ノ川ICから車で約1時間 Pあり

山の中にある穴場
三里沈下橋
MAP 別冊P.21-D1

みさとちんかばし

四万十川下流に架かる橋のなかでも、特にのどかな風景が広がる。夕日のベストスポットとしても知られている。

住高知県四万十市三里 TEL0880-35-4171(四万十市観光協会) 開散策自由 交土佐くろしお鉄道中村駅から車で約25分。高知自動車道黒潮拳ノ川ICから車で約1時間 Pあり

カヌーツアーの拠点ともなっている

水遊びに最適
長生沈下橋
MAP 別冊P.23-D3

ながおいちんかばし

集落に架かる沈下橋。橋のたもとにはキャンプ場があり、夏には地元の人が水遊びをしていることも。橋を渡った先に駐車スペースあり。

住高知県四万十市西土佐長生 TEL0880-35-4171(四万十市観光協会) 開散策自由 交JR半家駅から徒歩約20分。高知自動車道四万十町中央ICから車で約1時間 Pあり

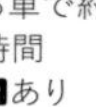

夏には地元の人たちが水浴びしていることも

青い橋脚
佐田沈下橋
さだちんかばし

MAP 別冊P.21-D1

四万十川の最も下流にあり、最長の沈下橋。土佐くろしお鉄道の中村駅からも近く、多くの観光客が訪れる。橋脚は青く、屋形船のルートにもなっている。

住高知県四万十市佐田 TEL0880-35-4171(四万十市観光協会) 開散策自由 交土佐くろしお鉄道中村駅から車で約20分。高知自動車道黒潮拳ノ川ICから車で約1時間 Pあり

中村駅から最も近い

四万十エリア最古の沈下橋

一斗俵沈下橋

別冊P.18-B2

いっとひょうちんかばし

1935(昭和10)年に造られた沈下橋で、四万十地方に現存する橋では最古。壱斗俵と米奥というふたつの集落を結んでいる。国の有形文化財。

住高知県四万十町一斗俵　TEL0880-29-6004(四万十町観光協会)　開散策自由　交JR窪川駅から車で約15分。高知自動車道四万十町中央ICから車で約15分　Pあり

橋DATA　全長 61m　幅 2.5m

のどかな風景が広がる

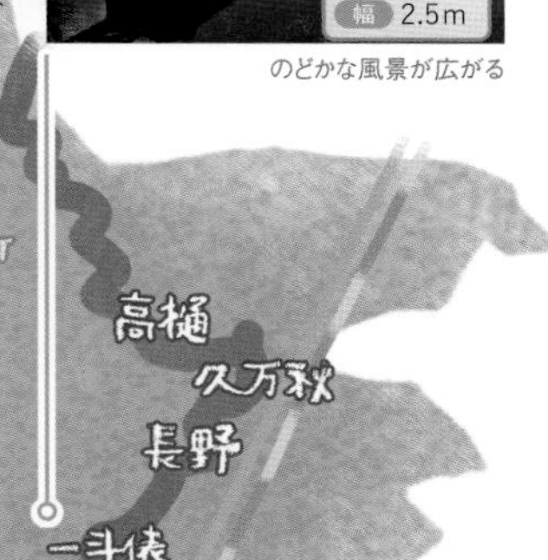

四万十川の回り方

車

メインとなる交通手段。上流域には国道381号、下流域には441号と川に沿った道がある。沈下橋は国道から脇道を進んだ場所にある場合が多い。

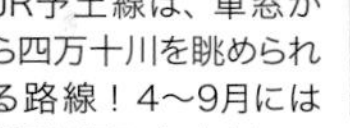

鉄道

黄色のかわいい車体

JR予土線は、車窓から四万十川を眺められる路線！ 4～9月には観光列車・しまんトロッコも運行。通常は週末運行だが、GWや夏休みは毎日運行。

しまんトロッコ

TEL0570-00-4592(JR四国)　料530円(宇和島駅～窪川駅、別途区間乗車券が必要)

バス

車がない時に便利な周遊バス

四万十市の中村駅や江川崎駅間を運行する観光周遊バス、四万十川バスがある。コースは全部で4つあり、出発駅や立ち寄る場所が違う。

四万十川バス

TEL0880-34-1266(高知西南交通)　運3～11月　料周遊Aコース・周遊Bコース1500円、たっぷりABコース2400円

レンタサイクル

中村駅～江川崎駅はレンタサイクルで回ることも可能。貸し出しは両駅に隣接したターミナルで。途中5ヵ所にあるターミナルでの乗り捨てもOK。

四万十川りんりんサイクル

料1日1500円、24時間2000円(要予約)

中村駅の観光案内所内にある

鉄橋とのダブルブリッジ

第一三島沈下橋

別冊P.18-A2

だいいちみしまちんかばし

川の中洲、三島に架かり、すぐそばにJR予讃線の鉄橋が走っている。川が大きく蛇行する場所にあり、ふたつの橋を入れた風景は上流域を代表する絶景。

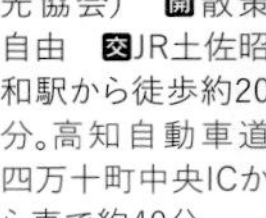

住高知県四万十町昭和　TEL0880-29-6004(四万十町観光協会)　開散策自由　交JR土佐昭和駅から徒歩約20分。高知自動車道四万十町中央ICから車で約40分　Pあり

橋DATA　全長 77m　幅 3.3m

鉄橋を渡る電車が見られる

美しいアーチが特徴

上岡沈下橋

別冊P.18-A3

かみおかちんかばし

上岡集落に架かる。アーチ型の橋が連結する様子から「四万十川で最も美しい」と称される。駐車スペースは橋のたもとにあり、のんびり散策するのに最適。

住高知県四万十町上岡　TEL0880-29-6004(四万十町観光協会)　開散策自由　交JR打井川駅から車で約3分。高知自動車道四万十町中央ICから車で約25分　Pあり

橋DATA　全長 60m　幅 3.7m

別名を向山橋という

四万十下流に開けた高知第3の都市

四万十市 しまんとし

人口 3万1351人 面積 632.32㎢

行き方

JR高知駅から四万十市中心部の中村までは約112km、約2時間。拠点となるインターチェンジは高知自動車道黒潮拳ノ川IC。

JR高知駅から土佐くろしお鉄道中村駅までJR土讃線特急あしずりで約1時間40分。

観光案内所

四万十市観光協会
MAP 別冊P.19-D3
住 高知県四万十市駅前町8-3
TEL 0880-35-4171
開 8:30〜17:30 休 なし
土佐くろしお鉄道中村駅そば。四万十りんりんサイクルのターミナルにもなっている。

ドライブプラン

- 土佐くろしお鉄道中村駅
  - ↓ 約10分
- 四万十市トンボ自然公園
  - ↓ 約7分
- 入田ヤナギ林（→P.398）
  - ↓ 約9分
- 四万十市郷土博物館
  - ↓ 約7分
- 一條神社
  - ↓ 約12分
- 石見寺山（→P.398）

土佐くろしお鉄道中村駅から車で10分ほどの所にある安並水車の里

緩やかな流れの四万十川下流。沈下橋など象徴的な風景を回ろう

日本きっての清流・四万十川の下流域に位置し、四万十川観光の中心となる町。高知中部、津野町の山奥を源流とする四万十川は、四万十町と四万十市の境で大きく蛇行、市内を横切り土佐湾へと注ぐ。河口付近の平野部にある旧中村市の市街は、碁盤の目状に建物が並び「土佐の小京都」と呼ばれている。これは、室町時代に応仁の乱の戦乱を避けてこの地へやってきた前関白の一條教房が京都の町作りに習って開発を進めたため。祇園や鴨川、東山などの地名からその名残が見てとれる。

四万十市の歩き方

四万十市の見どころは何といっても四万十川。町の中心は土佐くろしお鉄道の中村駅の周辺で、ここから川沿いの県道340号を進み、国道441号に合流したらさらに北へ。蛇行する川に沿って走ればJRの江川崎駅に着く。この間こそが、四万十川観光のハイライト。美しい沈下橋が連続し、カヌーなどのアクティビティも楽しめる。車のほかレンタサイクルでも丸1日あれば十分に回れる。サイクリングのルートについては（→P.394）。JR江川崎駅の先、国道381号を西に走れば愛媛県の松野町。同じ国道381号を北に走れば四万十町だ。このあたりから四万十川は中流域となる。

中村地区に架かる赤鉄橋。町歩きの際の目印にもなる

INFO 中村の町なかには、たくさんの喫茶店があり、それぞれ自慢のモーニングを提供している。トーストにジャムではなく砂糖が添えられているのが四万十スタイル。

おもな見どころ

世界初のトンボ保護区　MAP 別冊P.19-C3

四万十市トンボ自然公園
しまんとしとんぼしぜんこうえん

色もきれいなトンボも多い。こちらは夏季に見られるチョウトンボ

四万十市街の郊外にある自然公園。約5haの敷地では81種類のトンボが記録され、世界初の本格的トンボ保護区となっている。園内はトンボが生息しやすい環境に整えられており、1年を通してさまざまなトンボと出合える。季節の花や鳥、小動物も見られる。四万十川学遊館あきついおには、1000種3000点ものトンボの標本があるほか、四万十川を中心に日本全国の淡水・汽水域の魚約300種を飼育。各種イベントも随時開催している。

四万十川学遊館 あきついおはとんぼ館とさかな館に分かれている

トンボ自然公園
住高知県四万十市具同8055-5
TEL0880-37-4110
開散策自由
交土佐くろしお鉄道中村駅から車で約10分、具同駅からは徒歩約20分。高知自動車道黒潮拳ノ川ICから車で約50分
Pあり

四万十川学遊館 あきついお
開9:00～17:00
休月曜(祝日の場合は翌日)、春休み、GW、夏休み、年末年始は無休
料880円

四万十市の歴史と文化がわかる　MAP 別冊P.19-D3

四万十市郷土博物館
しまんとしきょうどはくぶつかん

土佐藩の初代藩主・山内一豊(かずとよ)の弟である康豊(やすとよ)が居城とした中村城跡にある。「川とともに生きる町」をテーマに四万十市の文化や歴史、自然について解説。最上階は展望室となっており、周辺が一望できる。

建物は愛知県にある犬山城の天守閣を模したもの

四万十市郷土博物館
住高知県四万十市中村2356
TEL0880-35-4096
開9:00～17:00(最終入館16:30)
休水曜
料440円
交土佐くろしお鉄道中村駅から車で約10分。高知自動車道黒潮拳ノ川ICから車で約50分
P30台

土佐一條家を祀る神社　MAP 別冊P.19-D3

一條神社
いちじょうじんじゃ

1862(文久2)年、小森山山頂の一條家の廟所跡に創建され、土佐一條家の歴代を祀っている。毎年8月の第1土曜に開催される女郎ぐも相撲大会は、500年もの歴史があるとされ、11月下旬には一條大祭も行われる。

毎年5月3日には公家行列が行われ多くの人でにぎわう

一條神社
住高知県四万十市中村本町1-11
TEL0880-35-2436
開参拝自由
交土佐くろしお鉄道中村駅から徒歩約20分。高知自動車道黒潮拳ノ川ICから車で約50分
P7台

こちらもCHECK!

四万十市の花スポット

四万十市では1年を通して花をテーマにした観光を提案している。入田ヤナギ林の菜の花（→P.398）のほか、安並水車の里（→P.398）のアジサイ、香山寺市民の森（MAP 別冊P.21-D2）の藤の花などが有名。問い合わせは四万十市観光協会へ。

香山寺市民の森の藤の花は4月中旬～5月上旬がシーズン

田園地帯を流れる灌漑用水路　MAP 別冊P.21-D1

安並水車の里
やすなみすいしゃのさと

土佐藩時代に、秋田、安並、佐岡、古津賀の4つの村の灌漑のため作られた水路で、通称「四ヶ村溝」と呼ばれる。周囲は公園として整備され、田畑にくみ上げるための水車が復元されている。6月上旬には水路沿いにアジサイの花が咲く。

水車の周囲にアジサイが咲く

安並水車の里
住高知県四万十市安並2367
TEL0880-35-4171(四万十市観光協会)
開見学自由
交土佐くろしお鉄道中村駅から車で10分。高知自動車道黒潮拳ノ川ICから車で45分
Pあり

春に咲く菜の花畑が名物　MAP 別冊P.21-D1

入田ヤナギ林
にゅうたやなぎりん

四万十川下流に架かる赤鉄橋のたもとの西岸側にあるヤナギ林。川に沿って約200mにもわたり、春には1000万本もの菜の花が咲き乱れる。開花時期は2月下旬〜3月中旬頃で、シーズンには菜の花まつりも開催される。

春になると黄色の絨毯に埋め尽くされる

入田ヤナギ林
住高知県四万十市入田
TEL0880-35-4171
(四万十市観光協会)
開散策自由
交土佐くろしお鉄道中村駅から車で約10分。高知自動車道黒潮拳ノ川ICから車で約50分
P約50台

ミニ四国お遍路88ヵ所　MAP 別冊P.21-D1

石見寺山
いしみじやま

中村地区の北にそびえる東山の一角をなす山で、登山口から頂上まで約2.3kmのハイキングコースが整備されている。コースには四国ミニ88ヵ所の石仏が設置され、回れば結願の御利益が得られる。出発は石見寺から。

仏像に参拝しながら歩こう

石見寺山
住高知県四万十市安並
TEL0880-35-4171(四万十市観光協会)
開散策自由
交土佐くろしお鉄道中村駅から車で約10分。高知自動車道黒潮拳ノ川ICから車で約45分
P10台(安並児童公園駐車場利用)

怪談伝説の残る滝　MAP 別冊P.21-C1

お菊の滝
おきくのたき

怪談『番町皿屋敷』で家宝の皿を割ったとぬれ衣を着せられたお菊が責任を感じ自害したと伝わる滝。入口に木の柵があり、横には10枚の皿を手にかかえたお菊の石像（菊姫之命）が立っている。

黒尊川の中流にある落差約30mの滝

お菊の滝
住高知県四万十市西土佐奥屋内
TEL0880-52-1113(四万十市役所西土佐総合支所産業建設課)
開散策自由
交土佐くろしお鉄道中村駅から車で約1時間10分、JR江川崎駅からは車で約1時間。高知自動車道黒潮拳ノ川ICから車で約2時間
P3台

奥四万十観光の中心地

四万十町 しまんとちょう

MAP 別冊P.18

人口 1万4594人　面積 642.28㎢

山と川が織りなす、のどかな風景が広がる

四万十川の中流域に広がる町。東を土佐湾、北は四万十源流の津野町、中土佐町、梼原町、南を四万十市、黒潮町と接し、西は愛媛県の鬼北町。高知県に「四万十」と名のつく市町村はふたつあるが、「市」が下流域、「町」が中流域にあると覚えるとわかりやすい。見どころは四万十川関連のほか海洋堂の博物館、お遍路札所などさまざまだ。アユの伝統的漁法である「火振り」と人の集まる場所を意味する「駄場」を合わせた焼酎「ダバダ火振」を製造する無手無冠はここ四万十町に本社がある。

四万十町の歩き方

町は東西に幅広く、東は土佐湾、西部は高地となっている。四万十川は町の北東部から南下し、西に大きく曲がり市を横断するように流れている。川に沿って国道381号が通っているので、移動は楽々。沈下橋巡りやジップライン、海洋堂関連の博物館を回っても、車なら1日で十分に回ることができる。四万十市と合わせて四万十川関連の見どころをダイジェストに回るなら1日、くまなく回るなら1泊2日はほしいところ。町の中心となるのは、JR窪川駅周辺。JRと土佐くろしお鉄道のふたつが乗り入れており、JRは川沿いを西へ、くろしお鉄道は南へ進んで黒潮町、四万十市を通って宿毛駅まで行く。

四万十町下津井にあるトロッコ列車の軌道橋、下津井めがね橋

行き方

JR高知駅から中心部まで約70km、約1時間。拠点となるインターチェンジは高知自動車道四万十町中央IC。

JR高知駅からJR窪川駅までJR土讃線特急あしずりで約1時間。普通列車だと約2時間。

観光案内所

四万十町観光協会
MAP別冊P.18-B3
住高知県四万十町琴平町1-1
TEL0880-29-6004
開8:30～17:15　休なし

四万十町にある お遍路札所

◆岩本寺（第37番札所）

ドライブプラン

四万十町中央IC
↓ 約6分
岩本寺（→P.400）
↓ 約25分
海洋堂かっぱ館（→P.400）
↓ 約5分
海洋堂ホビー館四万十（→P.400）

イベントCHECK!

こいのぼりの川渡し
四万十川では、4月中旬から約1ヵ月にわたり約500匹の鯉のぼりが泳ぐこいのぼりの川渡しが行われる。全国にあるこの川渡しだが、ここ四万十町のものが起源とされる。会場は十川地区にあるこいのぼり公園（MAP別冊P.18-A2）。

春の風物詩として親しまれている

INFO 四万十川中流域～上流域にある津野町、中土佐町、梼原町、四万十町、須崎市の5市町村は「奥四万十エリア」と称している（ただし梼原町と須崎市は四万十川が流れていない）。

リアルなフィギュアに釘付け！　MAP 別冊P.18-B3

海洋堂ホビー館四万十
かいようどうほびーかんしまんと

日本を代表するフィギュアメーカー、海洋堂のミュージアム。山奥の小学校をリノベーションした館内では、ブランド創世記の歴史を解説。スペインの帆船・カタロニア船を模した展示室では、海洋堂製作のフィギュア約8000点を展示。誰もが知る国民的キャラクターから食玩までバリエーション豊富で、飽きることがない。オリジナルのミニフィギュアを使ってのジオラマ作り体験（ジオラマ教室）も随時開催している。

ユニークな外観も見どころ

海洋堂ホビー館四万十
住高知県四万十町打井川1458-1
TEL0880-29-3355
開3～10月10:00～18:00、11～2月10:00～17:00(最終入館30分前)
休火曜(祝日の場合は翌日)、夏休み期間中は無休　料800円
交JR窪川駅から車で約25分。高知自動車道四万十町中央ICから車で約30分　P50台
ジオラマ教室
催1日4回(10:30～、12:00～、13:30～、15:00～)、所要約1時間(要予約)　料1650円

カタロニア船の展示室

カッパの造形作品がずらり　MAP 別冊P.18-B3

海洋堂かっぱ館
かいようどうかっぱかん

カッパ伝説が残る奥四万十エリアならではの博物館。館内には今にも動き出しそうな等身大のリアル系から手の平サイズのかわいい系までカッパの造形作品が600点余りも展示されている。カッパのフィギュアに着色する色塗りのワークショップの開催も行っている。四万十の丸太杉や赤土などの天然素材を使った建物にも注目。博物館周辺の森の中にはカッパのチェーンソーアートが配され、散策するのも楽しい。

周囲には川もあり、夏なら川遊びもできる

海洋堂かっぱ館
住高知県四万十町打井川685
TEL0880-29-3678
開3～10月10:00～18:00、11～2月10:00～17:00(最終入館30分前)
休火曜(祝日の場合は翌日)、夏休み期間中は無休　料500円
交JR窪川駅から車で約25分。高知自動車道四万十町中央ICから車で約30分　P30台

ポップアートのような天井画　MAP 別冊P.18-B3

岩本寺
いわもとじ

お遍路第37番札所。本尊は、阿弥陀如来、観世音菩薩、不動明王、薬師如来、地蔵菩薩の5仏。大師堂と本堂の天井に飾られている575枚の格天井画が見もの。2021年には宿坊がリニューアルされて話題に。「!SHiMANTO」と称し、宿坊や寺サウナ、寺キャンプ、寺トゥクトゥクなどさまざまな体験ができるようになった。POPアーティスト、SHETAとのコラボも行い、山門や町なかを鮮やかなアートが彩る。

境内の裏には土佐くろしお鉄道の線路が走っている

岩本寺
住高知県四万十町茂串町3-13
TEL0880-22-0376　開参拝自由
交JR窪川駅から徒歩約8分。高知自動車道四万十町中央ICから車で約6分　P20台
宿坊やキャンプ、サウナなどの各種体験については、公式ウェブサイト(URLat40010.jp)で確認を。

花鳥風月から有名人までさまざまな図柄がある

「ダバダ火振」の無手無冠(MAP別冊P.18-A3)では、限定の焼酎を預け入れする「四万十川焼酎銀行」を開行している。5500円を口座に振り込むと、「預焼酎 栗75%」が金庫に貯蔵されるシステム。

高知を代表するカツオの町

MAP 別冊P.19

中土佐町 なかとさちょう

人口 5490人 面積 193.21㎢

高知県中部の町。沿岸部には久礼、上ノ加江（かみのかえ）という漁師町があり、特に久礼はカツオの一本釣りで有名。町の西部は四万十川源流域に属し、山々に囲まれた農村地帯。高知市から四万十川中流〜下流へ向かう際の中継地点であり、地元の魚介類や農産物が集まる久礼大正町市場は多くの観光客でにぎわう。久礼の港と漁師町は、国の重要文化的景観に選定されている。

11〜2月の急激に冷え込んだ日の朝にのみ見られる毛嵐（海霧）に覆われる久礼港

明治時代から続く商店街 MAP 別冊P.19-D2

久礼大正町市場

くれたいしょうまちいちば

巨大なカツオの看板が目印

久礼漁港のそばにある商店街。もともとは港で漁師が釣った魚を農産物と物々交換したことから始まり、実に140年以上の歴史がある。大正町市場アーケードと久礼お宮さん通り商店街という交差するふたつの通りに鮮魚店や食堂、総菜店、青果店、酒店、カフェなど20余りの店がずらりと並ぶ。店主とお客さんとの人情味あふれるやりとりが今も残る、昔ながらの漁師町の雰囲気も魅力。土佐沖で一本釣りされた鮮度抜群のカツオは、刺身やタタキで味わえる。春の初鰹に夏のメジカのシンコ、秋の戻り鰹と、旬の味も楽しみ。店のなかにはカツオの藁焼きなどの体験を行っているところもあるので、問い合わせてみて。

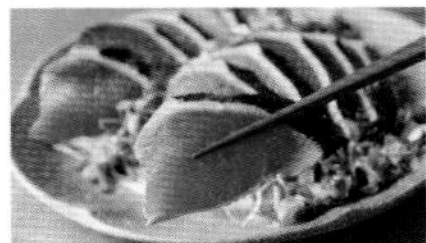
新鮮なカツオを思う存分堪能したい

高知初の町立美術館 MAP 別冊P.19-D2

中土佐町立美術館

なかとさちょうりつびじゅつかん

外には町田菊一と親交のあった司馬遼太郎の残した言葉の碑がある

久礼の町なかにある美術館。地元出身の実業家・町田菊一の寄贈により誕生した。江戸時代後期の浮世絵や近現代の絵画約850点を収蔵。コレクション展や公募展などさまざまな企画が楽しめる。

行き方

JR高知駅から久礼までは約46km、約50分。拠点となるインターチェンジは高知自動車道中土佐IC。

JR高知駅からJR土佐久礼駅までJR土讃線特急あしずりで約50分、JR窪川駅までは約1時間。

久礼大正町市場

住 高知県中土佐町久礼6370-2
TEL 0889-59-1369
営 店舗により異なる
交 JR土佐久礼駅から徒歩約5分。高知自動車道中土佐ICから車で約5分 P あり

イベントCHECK!

久礼大正町市場かつお祭

5月の第3日曜日に開催される中土佐町「かつお祭」にあわせて「久礼大正町市場かつお祭」フェアを久礼大正町市場で開催。各食堂でフェア限定メニューなどを味わえる。

TEL 0889-59-1369（久礼大正町市場事務局）

名物グルメ

一本釣りのカツオを味わう

市場内にある店のなかでも、特におすすめなのが山本鮮魚店。毎朝仕入れる取れたての魚介が楽しめる。こだわりのカツオの藁焼きタタキ800円が一番人気。

山本鮮魚店

MAP 別冊P.19-D2
●DATAは（→P.438）

かつおのタタキ丼950円

中土佐町立美術館

住 高知県中土佐町久礼6584-1
TEL 0889-52-4444
開 10:00〜17:00（最終入館16:30）
休 月曜（祝日の場合は翌日）
料 300円 交 JR土佐久礼駅から徒歩約5分。高知自動車道中土佐ICから車で約5分 P 町民交流会館駐車場利用

行き方

JR高知駅から中心部まで約54km、約1時間。拠点となるインターチェンジは高知自動車道須崎東IC。

&
JR高知駅からJR須崎駅までJR土讃線特急あしずりで約40分。普通列車だと1時間20分～1時間30分。JR須崎駅から高知高陵交通バス須崎・梼原線で約25分。バス停津野町役場本庁舎前などで下車。

交通INFO

町内路線バス
JR須崎駅から高知高陵交通バスが国道197号に沿って運行、また、つのバスというコミュニティバスもある。ただし四国カルスト方面に行くバスはないのでタクシーを利用しよう。

四国山地に抱かれた町

津野町 つのちょう

MAP 別冊P.18-19

人口 4995人　面積 197.85㎢

四国を代表する絶景スポットである四国カルストの天狗高原（→P.41）

北に四国カルストを擁し、中央には四万十川の源流域がある津野町。面積の90%を森林が占め、豊かな自然が広がっている。町は東西に長く、中央を国道197号が貫く。町の中心は東部の葉山地区で、西部の東津野地区までは国道197号を通り車で30分ほど。197号をそのまま西に行けば梼原、国道439号を北上すれば四国カルストへ着く。観光には車が必須だ。

おもな見どころ

ニホンカワウソ最後の目撃地　MAP 別冊P.19-C1

かわうそ自然公園
かわうそしぜんこうえん

園内のそこかしこにカワウソの像が点在

1979（昭和54）年、日本で最後にニホンカワウソが目撃された新荘川沿いにある公園。園内には約20体のカワウソの像が設置されている。宿泊&体験施設の葉山の郷も隣接しており、さまざまに楽しめる。

かわうそ自然公園
住 高知県津野町永野251-1
TEL 0889-55-2381（農村体験実習館 葉山の郷）
開 散策自由
交 津野町役場本庁舎から徒歩約8分。高知自動車道須崎東ICから車で約15分
P 75台

天狗高原麓の「ハートの滝」　MAP 別冊P.18-A1

長沢の滝
ながさわのたき

岩穴から流れる珍しい滝

落差約34mの滝。ハートの形をした岩穴から流れ落ちる直瀑で、恋のパワースポットとして話題に。周囲には圧倒的な木々の高さと豊富な自然を利用したパーク「フォレストアドベンチャー・高知」もある。

長沢の滝
住 高知県津野町芳生野乙5422
TEL 0889-55-2021（津野町観光推進課）　開 散策自由
交 高知自動車道須崎東ICから車で約55分
P あり

フォレストアドベンチャー高知
住 高知県津野町芳生野乙5422
TEL 080-2347-3318
料 アドベンチャーコース4100円

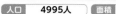

▶▶ 土佐っこcolumn ◀◀

ツノトゥクに乗ろう！

東南アジアで乗られている三輪タクシー、トゥクトゥク。津野町では観光PRカー「ツノトゥク」として町内各所を定期周遊している。乗車は道の駅をはじめとする町内の施設で買い物や食事をした人への無料サービス。周遊コースは月によって替わるので、公式ウェブサイトを参照すること。

ツノトゥク（定期周遊）
TEL 0889-55-2021
（津野町役場観光推進課）
URL tsunotuk.com

窓がないので眺望は抜群！

四万十川や四国カルストへのゲートウエイ　MAP 別冊P.19

須崎市 すさきし

人口 1万9401人　面積 135.2㎢

高知県のほぼ中央に位置し、南は太平洋、北部を蟠蛇森（ばんだがもり）という山地に囲まれた町。西を四万十川の源流点や四国カルストのある津野町、南は中土佐町と接する。横浪半島を走る県道47号は横浪黒潮ラインと呼ばれ、海を望みながらのドライブが楽しめる。見どころもこの周辺に多い。町を代表するご当地グルメが、鍋焼きラーメン。市内の飲食店で食べられる。

リアス海岸が一望できる横浪黒潮ライン

行き方

JR高知駅から中心部まで約43km、約40分。拠点となるインターチェンジは高知自動車道須崎中央ICまたは須崎東IC。

JR高知駅からJR須崎駅までJR土讃線特急あしずりで約40分。普通列車だと1時間20分～1時間30分。

須崎の誇るご当地グルメ、鍋焼きラーメン。食堂やラーメン店でぜひ味わって！

おもな見どころ

海沿いの爽快ドライブルート　MAP 別冊P.19-D1

横浪黒潮ライン
よこなみくろしおらいん

土佐市の宇佐地区から宇佐大橋を渡り、横浪半島の南岸を走るドライブルート。リアス海岸や入江などの絶景が見られる。途中の展望スポットには武市半平太の像が立つ。

武市半平太像の周辺は展望&休憩スポットとなっている

横浪黒潮ライン
住高知県須崎市浦ノ内浦ノ浦
TEL0889-40-0315（須崎市観光協会）
開通行自由
交JR須崎駅、高知自動車道須崎東ICから武市半平太像まで車で約20分
P30台（武市半平太像前駐車場）

アウトドアメーカー監修のテーマパーク　MAP 別冊P.19-D1

LOGOS PARK SEASIDE KOCHI SUSAKI
ろごす ぱーくしーさいど こうち すさき

アウトドアメーカーのLOGOSと須崎市がコラボしたアウトドアのテーマパーク。キャンプサイトやコンテナに宿泊できるほか、BBQエリアでは海を見ながらの手ぶらBBQが楽しめる。

BBQセットにはドリンクの飲み放題が付いている

LOGOS PARK SEASIDE KOCHI SUSAKI
住高知県須崎市浦ノ内東分2251
TEL0889-59-0601
開10:30～17:00（土・日曜・祝日は9:30～18:00）
休1～2月の火～木曜、3～12月の火・水曜（祝日、春・夏・冬休み期間を除く）
料入園無料、BBQ（食材付きセットあり、食材持ち込み3300円）やキャンプ（オート区画サイト6600円～）は別料金
交JR須崎駅、高知自動車道須崎東ICから車で約10分
P約100台

「土佐の宮島」と称される古社　MAP 別冊P.19-D1

鳴無神社
おとなしじんじゃ

海のそばに立つ鳥居や海から境内に真っすぐ延びる参道が印象的。現在の社殿は1663（寛文3）年の再建。毎年8月25日には神輿をのせた船が海上を進む「志那禰祭」が行われる。

海から参拝客が入ってくるために作られた鳥居

鳴無神社
住高知県須崎市浦ノ内東分3579
TEL0889-49-0533
開参拝自由
交JR須崎駅、高知自動車道須崎東ICから車で約20分
P40台

INFO 須崎市のゆるキャラといえばカワウソの姿をした「しんじょう君」。道の駅 かわうその里・すさきの前にあるコンビニの屋根には巨大なしんじょう君が立っている。

モダン建築が点在する雲の上の町

MAP 別冊P.18・50

梼原町 ゆすはらちょう

人口 3081人 面積 236.45㎢

行き方

JR高知駅から中心部まで約83km、約1時間30分。拠点となるインターチェンジは高知自動車道須崎中央IC。

&
JR高知駅からJR須崎駅までJR土讃線特急あしずりで約40分。普通列車だと1時間20分～1時間30分。JR須崎駅から高知高陵交通バス須崎・梼原線で約1時間20分、バス停梼原町役場などで下車。

交通INFO

町内を走る路線バス
須崎から梼原へ行くバスを運行する高知高陵交通バスが、町なかを回る路線バスも運行。便数は少ない。

観光案内所

ゆすはら雲の上観光協会
MAP 別冊P.50-B3
住 高知県梼原町梼原1426-2(ゆすはら・夢・未来館1F)
TEL 0889-65-1187
開 9:00～17:00 休 なし

おさんぽプラン

- **梼原町総合庁舎**(→P.407)
  ↓ 約1分
- **梼原町立歴史民俗資料館(梼原千百年物語り)**
  ↓ 約1分
- **ゆすはら座**(→P.406)
  ↓ 約5分
- **梼原町立図書館(雲の上の図書館)**(→P.407)
  ↓ 約3分
- **まちの駅「ゆすはら」**(→P.407)
  ↓ 約5分
- **維新の門**(→P.77)

地元の木材を多用した隈研吾建築の傑作、梼原町立図書館(雲の上の図書館)

山々に囲まれた高原の町で、北西には最高標高1455mの四国カルストを有する。町面積の91%を森林が占め、ひとたび町の中心を出れば自然豊かな風景が広がっている。吉村虎太郎、那須信吾をはじめ名のある幕末の志士に強いゆかりがある町でもあり、1862(文久2)年には坂本龍馬がここ梼原で1泊し、翌日土佐を脱藩した。当時龍馬の通った道は「脱藩の道」(→P.76)として保存され、一般に開放されている。町の中心部には隈研吾の建築物が集中し、モダン建築の聖地としても注目を浴びている。

梼原町の歩き方

町の中心は梼原町総合庁舎の周辺。隈研吾の建築物は「雲の上ギャラリー」を除いて中心部に集中しており、徒歩で回ることができる。維新の門やゆすはら座を一緒に回っても、2時間あれば十分歩ける。町なかには飲食店も多いので、昼頃に到着しても大丈夫。車で来た場合は梼原町総合庁舎または梼原町立図書館(雲の上の図書館)の駐車場に車を停めよう。郊外の見どころへは高知高陵交通バスの路線バスも利用できるが、便数は少ないので車の利用がおすすめ。四国カルストへは、町なかから国道440号を北上し県道383号へ。途中の道は急カーブの連続。道幅も狭いので運転には注意して。

町のすぐそばに山が迫っている

INFO 龍馬が脱藩のために通ったとされる「脱藩の道」。梼原の町の中心にも道があるので、気軽に歩いてみてはいかが。

おもな見どころ

1100年の歴史を振り返る　MAP 別冊P.50-B3

梼原町立歴史民俗資料館（梼原千百年物語り）

ゆすはらちょうりつれきしみんぞくしりょうかん（ゆすはらせんひゃくねんものがたり）

平安時代から現代まで、1100年にも及ぶ町の歴史や文化を紹介する。梼原で実際に使われていた民俗資料や梼原出身である6人の幕末志士「The Yusuhara Six」について詳しい解説が聞ける幕末維新コーナーも興味深い。

梼原町総合庁舎の目の前にある

斜面を覆う圧巻の千枚田　MAP 別冊P.18-A1

神在居の千枚田

かんざいこのせんまいだ

1200mを超える高低差があり、平地の少ない梼原では、古くから山の斜面を利用した棚田作りが盛んだった。中心部東にある神在居地区には100枚以上の棚田が連なる千枚田がある。「日本の棚田百選」にも選ばれている。

棚田のオーナー制度も採用している（新規の募集は停止中）

森林浴でリフレッシュ！　MAP 別冊P.18-A2

久保谷森林セラピーロード

くぼたにしんりんせらぴーろーど

緑豊かな森の中に整備された、全長3kmのハイキングロード。道は水路に沿って延びており、周りにはふかふかの苔が生える。途中には透き通った久保谷川も通る。春から夏には新緑や草花、秋には紅葉も楽しめる。

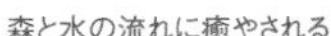
森と水の流れに癒やされる

梼原町立歴史民俗資料館（梼原千百年物語り）

住 高知県梼原町梼原1428-1
TEL 0889-65-1187
開 9:00～17:00（最終入館16:30）
休 なし　料 200円
交 梼原町総合庁舎から徒歩約1分。高知自動車道須崎中央ICから車で約1時間　P 12台

神在居の千枚田

住 高知県梼原町神在居
TEL 0889-65-1250（梼原町産業振興課）　開 散策自由
交 梼原町総合庁舎から高知高陵交通バス須崎・梼原線で約6分、バス停神在居下車、徒歩約1分。高知自動車道須崎中央ICから車で約1時間　P スペースあり

久保谷セラピーロード

住 高知県梼原町松原、久保谷
TEL 0889-66-0044（あいの里まつばら）　開 散策自由
交 梼原町総合庁舎から車で約20分。高知自動車道須崎中央ICから車で約1時間20分　P 40台

こちらもCHECK!

茶堂

梼原には、かつてこの地を訪れる人々に茶菓をふるまいもてなす場として利用された茶堂が現存している。起源は江戸時代初期に遡り、現在梼原町内には13棟の茶堂が残っている。

MAP 別冊P.50-B3

茅葺き屋根の質素な建物

▶▶ 土佐っこcolumn ◀◀

梼原に点在する幕末スポット

梼原町に特にゆかりのある志士は、吉村虎太郎、那須俊平、那須信吾、前田繁馬、中平龍之助、掛橋和泉の6人で、地元では「The Yusuhara Six」とも呼ばれ親しまれている。梼原の町なかには、彼らゆかりのスポットが点在。維新の門には、6人に加え梼原から脱藩した坂本龍馬と澤村惣之丞の8人の像が立つ。また6人の分霊を祀る六志士の墓や旧掛橋和泉邸もあり、それぞれ歩いて回れる。

旧掛橋和泉邸

幕末の志士たちと記念撮影してみては（維新の門）

維新の門　MAP 別冊P.50-B3
六志士の墓　MAP 別冊P.50-B3
旧掛橋和泉邸　MAP 別冊P.50-B3

INFO 森林セラピーロードでは、地元のガイドが案内するガイドツアーを催行。松原まろうど会（TEL 090-4786-3621 下元）にて要予約。料金は人数により変動するため要問い合わせ。

雲の上の町・梼原で

建築家・隈研吾の原点を探る

自然の木を多様し、土地に根ざした建築を手がける隈研吾。現在のような作風にたどり着くには、梼原にある木造建築物との運命的な出合いがあったのだ。

隈研吾が梼原で見た物、感じたこと

現代を代表する建築家・隈研吾。1980～90年代の初期にはポストモダニズムの建物が多かったが、1990年半ばになると自然木を多用した設計を多く手がけるようになる。作風の変化に大きな影響をもたらしたのが、梼原だ。1987（昭和62）年、当時ゆすはら座の保存活動に携わっていた高知の建築家・小谷匡宏に誘われ梼原を訪れたのがきっかけ。ゆすはら座の木造建築に感動した隈研吾は、その後自らも保存活動に携わり、木材を多用した建築物次々とを手がけたのだ。

❶壁から天井まで美しい木目の材木が使われている ❷芝居の入場料を支払う窓口 ❸カラフルなのれんが開館の証 ❹大正時代の和洋折衷様式を取り入れた建物

県内唯一の木造芝居小屋

ゆすはら座

MAP 別冊P.50-B3

ゆすはらざ

1948(昭和23)年に建造された芝居小屋。館内は舞台から天井、2階の桟敷席まですべて木でできており、建築当時の姿をそのままにとどめている。現在は内部が一般に公開されており、観光客でも自由に見学が可能。

住高知県梼原町梼原1496-1
TEL0889-65-1187(ゆすはら雲の上観光協会)
開9:00～16:30　休なし　料無料
交高知自動車道須崎中央ICから車で約1時間
Pあり(梼原町総合庁舎駐車場利用)

Profile

隈研吾

1954年生まれ。東京大学工学部建築学科を卒業、建築事務所に勤めたあと1990年に隈研吾建築都市設計事務所設立。土地に根ざし、自然と人、技術の新しい関係を切り開く建築を提案している。

Kengo Kuma(©J.C. Carbonne)

梼原町にある隈研吾建築

梼原で隈研吾が手がけた建築物は、全部で6つ。最初に建てられた雲の上のホテルは現在改装中だが、ほかは見学ができる。

❶木とガラスがパッチワークのように組まれている ❷内部には梼原に点在する「茶堂」の再現も

梼原のシンボル的な建物

梼原町総合庁舎

MAP 別冊P.50-B3

ゆすはらちょうそうごうちょうしゃ

町の中心にある総合庁舎で、梼原の材木をふんだんに使った建築物。館内はホールの床も柱もすべて自然の木で、温かみを感じる造り。住民以外も自由に出入りすることができる。

住高知県梼原町梼原1444-1
TEL0889-65-1111
開8:30～17:00　休なし　料無料
交ゆすはら座から徒歩約1分　P60台

森の中に溶け込む現代建築

雲の上のギャラリー

MAP 別冊P.18-A1

くものうえのぎゃらりー

梼原の町の郊外にある。何本もの刎木（はねぎ）を重ねて造る刎橋式の建物は、日本伝統の建築方式である斗栱（ときょう）をモチーフにしたもの。

住高知県梼原町太郎川3799-3　TEL0889-65-1250（梼原町産業振興課商工観光係）　開9:00～17:00　休なし　料無料　交ゆすはら座から車で約5分､高知自動車道須崎中央ICから車で約50分　P約20台

❶複雑に組み込まれた木材を1本の柱が支えている ❷陽光が差し込む回廊

❶茅葺きの壁面が特徴的。建物の1階がまちの駅、上部はホテルになっている ❷地元の特産品が揃う

物産館とホテルが融合

まちの駅「ゆすはら」

MAP 別冊P.50-B3

まちのえき「ゆすはら」

メインストリートに立つ、物産館兼ホテル。コンセプトは「町の中の森」で、正面壁面は茅で覆われ、施設内には杉丸太の柱が林立している。

住高知県梼原町梼原1196-1　TEL0889-65-1117　開8:30～18:00　休なし
交ゆすはら座から徒歩約3分　P12台

梼原の文化発信地

梼原町立図書館（雲の上の図書館）

MAP 別冊P.50-B3

ゆすはらちょうりつとしょかん（くものうえのとしょかん）

靴を脱ぎ図書館に入ると、天井から降り注ぐような格子状の木材が目に入る。本が借りられるだけではなく、従来の図書館ではない文化・交流施設として使用されている。

住高知県梼原町梼原1212-2　TEL0889-65-1900　開9:00～20:00　休火曜、毎月最終金曜　交ゆすはら座から徒歩約3分　P25台

❶周囲を緑に囲まれた公共図書館。町民以外も自由に入館できる ❷ボルダリングウォールやステージも備える

雲の上の図書館と同年の建築で、場所も隣接している

自然と呼応する高齢者施設

YURURIゆすはら

MAP 別冊P.50-B3

ゆるりゆすはら

図書館に隣接する形で立つ福祉施設。外壁には梼原の杉材を貼りつかせるように設置している。内部には梼原に工房、かみこや（→P.48）を構える和紙職人、ロギールさんの手漉き和紙が多用されている。

住高知県梼原町梼原1212-2
TEL0889-65-1187（ゆすはら雲の上観光協会）
開外観見学自由
交ゆすはら座から徒歩約3分
P25台

町がまるごと美術館に！

MAP 別冊P.18・21

黒潮町 くろしおちょう

人口 9598人　面積 188.46㎢

行き方

JR高知駅から中心部まで約102km、約1時間40分。拠点となるインターチェンジは高知自動車道黒潮拳ノ川IC。

JR高知駅から土佐くろしお鉄道土佐入野駅までJR土讃線特急あしずりで約1時間45分。

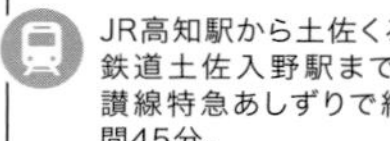

黒潮町観光ネットワーク
MAP 別冊P.21-D1
住 高知県黒潮町浮鞭3573-5（道の駅ビオスおおがた情報館内）
TEL 0880-43-0881
開 5～9月8:30～17:30、10～4月8:30～17:00　休 なし

交通INFO

土佐くろしお鉄道
海岸線に沿って、私鉄の土佐くろしお鉄道が走っている。佐賀地区の土佐佐賀駅と砂浜美術館のある大方地区の土佐入野駅の間は約11分。

こちらもCHECK!

ホエールウオッチング
30年以上続く黒潮町の歴史あるホエールウオッチング。その日に出合うクジラやイルカの性格を見極めながら操船する地元の現役プロ漁師と、クジラ愛にあふれたガイドと一緒に、黒潮町沖へ出かけよう。

大方ホエールウオッチング
MAP 別冊P.21-D1
住 高知県黒潮町入野227－ロ
TEL 0880-43-1058
・定期便ツアー
催 4月下旬～10月下旬の平日は10:00～、土・日曜・祝日や大型連休は8:00～と13:00～。いずれも30分集合、所要約4時間（要予約）
料 8000円

砂浜美術館で年に1回開催されるTシャツアート展。砂浜を舞台に約1000枚のTシャツがはためく

北を四万十町、南を四万十市に挟まれた、太平洋沿岸の町。海岸部には美しい砂浜と荒々しい磯の風景が連続し、ホエールウオッチングなど海に関連のあるアクティビティや体験が盛ん。町の中心部である大方地区の海岸は砂浜美術館になっており、1年に1度開催される「Tシャツアート展」には県内外から多くの人が訪れる。また北の佐賀地区はカツオの一本釣りで有名な漁師町。町の飲食店や居酒屋では取れたてのカツオを使ったタタキなどのカツオ料理が味わえる。

黒潮町の歩き方

黒潮町は2006（平成18）年に大方町と佐賀町のふたつが合併してできた町。砂浜美術館のある入野海岸など観光ポイントが集中しているのは南にある大方地区。ホエールウオッチングの船も同地区にある入野漁港から出発する。四万十町のJR窪川駅から四万十市の土佐くろしお鉄道中村駅を結んで土佐くろしお鉄道の鉄道路線と国道56号が町内を貫いて海岸線を走っているので、四万十川観光の途中に立ち寄る観光客も多い。

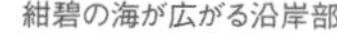

紺碧の海が広がる沿岸部

12mを超えるクジラや数百頭にものぼるイルカの群れに出合える

INFO 黒潮町は、天日干しの天然塩でも有名。ソルティーブ（MAP 別冊P.18-B3 TEL 0880-55-3226）など数軒の製塩所では見学や体験も受け入れている。

おもな見どころ

砂浜すべてが美術館に!　MAP 別冊P.21-D1

砂浜美術館
すなはまびじゅつかん

入江海岸の砂浜には現役のポストが立つ

“私たちの町には美術館がありません。美しい砂浜が美術館です”をコンセプトに、砂浜をまるごと展示スペースに見立てた、建物のない美術館。波の音をBGMに、沖を泳ぐクジラ、流れ着く漂流物、砂浜に残る小鳥の足あとなどありのままの風景を「作品」として楽しむことができる。名物が、毎年GWに開催されるTシャツアート展。期間中、砂浜は1000枚のTシャツがはためく「ひらひら」の風景が広がる。また11月には松原の中に色とりどりのキルトが展示される潮風のキルト展も開催。

サーフィンのスポットとしても知られている

海岸を見渡すモダン建築物　MAP 別冊P.21-D1

大方あかつき館
おおがたあかつきかん

入野海岸のすぐそばに立つ複合施設。設計を手がけたのは團紀彦(だんのりひこ)で、白くモダンな外観と巨大な階段が特徴的。内部には図書館や町民ギャラリーのほか地元出身の作家・上林暁の文学館も入っている。彼の遺品や直筆原稿の展示もある。

黒潮町のシンボル的存在

おさんぽプラン

土佐くろしお鉄道土佐入野駅
↓ 約10分
大方あかつき館
↓ 約2分
砂浜美術館

砂浜美術館
住 高知県黒潮町入野
TEL 0880-43-4915
開 散策自由
交 土佐くろしお鉄道土佐入野駅から徒歩約10分。高知自動車道黒潮拳ノ川ICから車で約30分
P あり
Tシャツアート展
催 5月のGW 9:00～17:00
料 協力金300円
潮風のキルト展
催 11月中旬頃 10:00～15:00
料 協力金300円

大方あかつき館
住 高知県黒潮町入野6931-3
TEL 0880-43-2110
開 9:30～18:00（土・日曜は9:00～17:00）
休 木曜・祝日（木曜が祝日の場合は翌日も休）
交 土佐くろしお鉄道土佐入野駅から徒歩約10分。高知自動車道黒潮拳ノ川ICから車で約30分
P スペースあり

▶▶ 土佐っこcolumn ◀◀

黒潮町のジーンズブランド

高知県黒潮町にあるジーンズ工房が、じぃんず工房大方。1966（昭和41）年の創業からこだわりのジーンズを自社工場にて作り続けている。工房内には自社のデニムブランド「isa」のショップがあり、ヒップポケットにクジラの尾びれがデザインされたオリジナルジーンズを購入できる。

履くごとに美しくエイジングしていく

職人が一本ずつていねいに仕上げるジーンズ

じぃんず工房大方　MAP 別冊P.21-D1
住 高知県黒潮町下田の口536
TEL 0880-43-1247　営 9:00～18:00　休 なし
交 土佐くろしお鉄道土佐入野駅から車で約5分。高知自動車道黒潮拳ノ川ICから車で約30分
P あり

黒潮が育む文化と地形

土佐清水市 とさしみずし

MAP 別冊P.20-21・50

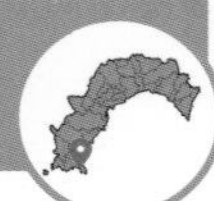

人口 1万1406人 面積 265.42㎢

行き方

JR高知駅から土佐清水市中心部まで約140km、約2時間30分。市内に拠点となるインターチェンジはなく、最寄りは黒潮町の高知自動車道黒潮拳ノ川IC。黒潮拳ノ川ICから土佐清水市中心部までも約62km、1時間15分ほどかかる。

市内に鉄道は走っていないが、四万十市の土佐くろしお鉄道中村駅、また宿毛市の土佐くろしお鉄道宿毛駅から高知西南交通の路線バスが走っている。中村駅から約1時間、宿毛駅からは約1時間20分。

土佐清水市観光協会
MAP 別冊P.50-A1
住 高知県土佐清水市養老303
TEL 0880-82-3155
開 8:30〜17:00 休 なし

お遍路札所

◆**金剛福寺**（第38番札所）

ドライブプラン

黒潮拳ノ川IC
↓ 約1時間5分
大岐海岸（→P.413）
↓ 約7分
大阪・海遊館以布利センター（→P.413）
↓ 約25分
足摺岬（→P.414）
↓ 約15分
ジョン万次郎生家（→P.412）
↓ 約15分
ジョン万次郎資料館（→P.412）
↓ 約13分
竜串海岸（→P.412）
↓ 約2分
高知県立足摺海洋館SATOUMI
↓ 約1分
足摺海底館
↓ 約10分
叶崎（→P.413）

波風により長い年月をかけて浸食されできあがったダイナミックな風景が見られる

四国本土の南西端に位置する。黒潮が日本列島に最初に接岸する沿岸部は古くから好漁場として知られ、室町時代以降は海上交通の要衝としても栄えた。足摺岬から愛媛県の宇和海まで続く足摺宇和海国立公園の一部であり、また足摺岬〜竜串海岸〜叶崎にわたるエリアは土佐清水ジオパークとなっており、日本列島誕生の記憶をその特異な地形にとどめている。幕末に日本人として初めてアメリカへ渡ったジョン万次郎生誕の地でもあり、資料館や生家などの見どころがある。

土佐清水市の歩き方

集落は海岸線に点在。中心は足摺岬の西付け根にある清水地区。見どころは足摺岬から清水地区、その8km西にある竜串地区まで広範囲に点在しているので、車がないと回るのは困難。足摺岬と清水地区、四万十市の中村駅、宿毛市の宿毛駅を結ぶ高知西南交通の路線バスもあるので、足摺岬などにピンポイントで行って観光することは可能でも、周遊には不向き。海岸部を走る国道321号、県道27号をドライブすればほぼすべての見どころに行くことができる。足摺岬の内陸には国道348号（足摺スカイライン）も通っている。なお、市内に高速のインターチェンジや鉄道駅はない。

弘法大師・空海にまつわる伝説が残る足摺岬

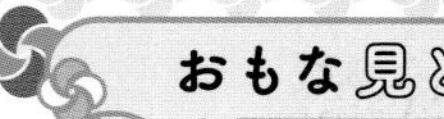

おもな見どころ

高知県最大の水族館 MAP 別冊P.20-A2

高知県立足摺海洋館 SATOUMI
こうちけんりつあしずりかいようかん さとうみ

竜串地区にある水族館で、約350種1万5000点余りの生き物を展示。内部は6つのエリアに分かれている。順路では、半島の豊かな森から始まり、竜串海岸、足摺の海、外洋、深海へとたどり、ただ生き物を見るだけでなく森と海のつながりを学ぶことができるようになっている。必見は、竜串湾エリアにある竜串湾大水槽とイワシ水槽、外洋エリアにある天井まで続く大水槽。また水族館のマスコット的存在のアオウミウシにも注目して。

サンゴや熱帯魚が見られる竜串湾大水槽

海底のサンゴや魚に出合える MAP 別冊P.20-A3

足摺海底館
あしずりかいていかん

竜串海岸の外れにある海中展望塔。ツートーンカラーのレトロな外観から中に入ったら、らせん階段を下って海底7mの展望スペースへ。海中窓から群生するテーブルサンゴやカラフルな魚たちを見ることができる。

ツートーンカラーのレトロな建造物

高知県立足摺海洋館 SATOUMI
住 高知県土佐清水市三崎4032
TEL 0880-85-0635
開 9:00～17:00(最終入館16:30)
休 なし 料 1200円
交 高知自動車道黒潮拳ノ川ICから車で約1時間20分 P 177台

足摺海底館
住 高知県土佐清水市三崎4124-1先 TEL 0880-85-0201
開 9:00～17:00(最終入館16:30)
休 なし 料 900円
交 高知自動車道黒潮拳ノ川ICから車で約1時間20分 P 50台

こちらもCHECK!

海のギャラリー
国内でも珍しい、貝に関する展示館。約3000種、5万点以上の貝殻を展示。日本の三宝と称されるテラマチダカラ、オトメダカラ、ニッポンダカラもある。
MAP 別冊P.20-A2・3
住 高知県土佐清水市竜串23-8
TEL 0880-85-0137
開 7～8月9:00～17:00、9～6月9:00～16:00
休 木曜 料 300円 P 70台

竜串海岸のすぐそばに位置している

▸▸ 土佐っこcolumn ◂◂

グラスボートで見残し海岸へ

竜串湾に突き出た千尋岬にある奇岩の海岸が、見残し海岸。この地を訪れた弘法大師が歩くのが困難で見残したというのが名前の由来。現在も歩いて行くことはできず、アクセスは船のみ。たつくし海中観光、竜串観光汽船の2社がグラスボートによる見学ツアーを催行している。竜串海岸にあるボート乗り場を出港し、約20分で到着。見残し海岸に上陸して散策してもいいし、そのままボートで帰るのもOK。海岸には渦巻岩や愛情の岩、人魚御殿など見どころ満載。40分ほどでひととおり見て回れる。グラスボートでは途中、シコロサンゴをはじめとするサンゴの群生も見られる。

グラスボートで見残し海岸へ

風雨や潮で削られた渦巻岩

見残し海岸
MAP 別冊P.21-C・D3
たつくし海中観光
MAP 別冊P.20-A2
住 高知県土佐清水市三崎4135-2
TEL 0880-85-1155
・グラスボート
運 9:00～15:00の1時間ごと
料 2000円
竜串観光汽船
MAP 別冊P.20-A3
住 高知県土佐清水市竜串19-10
TEL 0880-85-0037
・グラスボート
運 9:00～15:10の40分に1便
料 2000円

INFO 高知県立足摺海洋館 SATOUMI、足摺海底館、グラスボートはセットチケットもある。3つすべてを回るチケットは3000円。販売は各施設で。

竜串海岸
住高知県土佐清水市三崎
TEL0880-82-1212
(観光商工課観光係)
開散策自由
交高知自動車道黒潮拳ノ川ICから車で約1時間20分
P200台

グラスボートやダイビングでサンゴの群生を見に行こう

竜串ダイビングセンター
住高知県土佐清水市竜串3897
TEL0880-85-0790
・体験ダイビング
催通年
料ビーチダイビング1万2250円～、ボートダイビング1万3750円～

奇岩が連続する海岸 MAP 別冊P.20-A3

竜串海岸
たつくしかいがん

日本初の海中公園に指定された竜串湾にある海岸。約1700万年前に形成された砂岩の地層が波風に浸食されることによってできあがった奇岩が連続している。代表的なものには名前がつけられており、節のある奇岩が直線上に並ぶ「大竹・小竹」や「欄間岩」、「蛙の千匹連」、「千畳敷」などが特に有名。沖には100種類を超えるサンゴが生息し、なかでもシコロサンゴの群生は日本有数の規模。ダイビングツアーもある。

海岸一帯に奇岩が点在している。散策には30分ほど見ておこう

ジョン万次郎資料館
住高知県土佐清水市養老303
TEL0880-82-3155
開8:30～17:00(最終入館16:30)
休なし
料440円
交高知自動車道黒潮拳ノ川ICから車で約1時間20分
P150台

ジョン万次郎のすべてがわかる! MAP 別冊P.50-A1

ジョン万次郎資料館
じょんまんじろうしりょうかん

1827(文政10)年、漂流と無人島生活の果てアメリカの捕鯨船に救助され、その後ハワイ、アメリカ本土へと渡ったジョン万次郎の功績をたたえる資料館。グラフィックやトリックアートを駆使したユニークな展示法で、大人も子供も楽しめる空間となっている。万次郎が生きた幕末から維新にかけての活躍を詳細に解説するコーナーやビンテージブランド「ウェアハウス」とコラボして再現した万次郎のスリーピーススーツも必見。

万次郎以下3人が琉球上陸に使ったボート「アドベンチャラー号」の復元模型

ジョン万次郎生家
住高知県土佐清水市中浜
TEL0880-82-9027(中浜区長場)
開8:30～17:00
休なし
料無料
交高知自動車道黒潮拳ノ川ICから車で約1時間20分
Pあり

当時使われていた民具なども展示されている

幕末維新の英雄の生家を復元 MAP 別冊P.50-A1

ジョン万次郎生家
じょんまんじろうせいか

幕末にアメリカ本土へと渡った中浜（ジョン）万次郎は、土佐清水市の中浜地区の出身。茅葺き屋根の木造平屋建ての生家は、当時の写真を元に再現されたもの。内部見学もでき、万次郎が生きた当時の暮らしぶりを垣間見られる。すぐそばには万次郎の写真入りの生誕地の碑や中浜家の墓（ジョン万次郎)、万次郎記念碑などが点在しており、歩いて回ることができる。

住宅街の中にひっそりとたたずむ

ジンベエザメの泳ぐ大水槽　MAP 別冊P.21-D3

大阪・海遊館以布利センター
おおさか・かいゆうかんいぶりせんたー

大阪・海遊館の研究施設でジンベエザメを飼育している。通常は非公開だが、ジョン万次郎資料館、足摺海洋館、海のギャラリーに入館した人に特別公開している。入場にはいずれかの施設のチケット半券の提示が必要。

10:30、14:00には餌やりも見学できる

大阪・海遊館以布利センター
住高知県土佐清水市以布利港内
TEL0880-82-3155（土佐清水市観光協会）
開9:00～15:00
休月～金曜
料無料
交高知自動車道黒潮拳ノ川ICから車で約1時間10分
Pあり

白砂&遠浅のビーチ　MAP 別冊P.21-D3

大岐海岸
おおきかいがん

足摺岬の東の付け根に位置する大岐地区にある天然ビーチ。まばゆくきめの細かい砂浜が約1.6kmにわたって続き、透明度の高い遠浅の海が広がる。沖はサーフポイントとしても人気がある。シャワーやトイレを完備。

夏には多くのサーファーたちでにぎわう

大岐海岸
住高知県土佐清水市大岐
TEL0880-82-1111（土佐清水市役所）
開散策自由
交高知自動車道黒潮拳ノ川ICから車で約1時間
P約60台

黒潮のぶつかる荒々しい岬　MAP 別冊P.21-C3

叶崎
かなえざき

竜串海岸の南西約9kmにある絶景ポイント。荒波が打ち付ける断崖の先に白亜の叶崎灯台が立つ風景は、高知を代表する風景のひとつ。駐車場のそばに展望台があるほか、歩いて灯台の下まで行ける。

荒々しい景観を展望台から眺める

叶崎
住高知県土佐清水市大津
TEL0880-82-1212（観光商工課観光係）
開散策自由
交高知自動車道黒潮拳ノ川ICから車で約1時間30分
Pあり

ロマン感じるパワースポット　MAP 別冊P.50-B1

唐人駄場遺跡
とうじんだばいせき

足摺スカイラインの途中にある。高さ6～7mもある巨岩が折り重なり、まるで人が組んだストーンサークルのよう。付近から縄文や弥生時代の石器や土器が発掘されたことから、太古の巨大文明の名残ではないかと推測されている。

不思議なパワーを感じる巨岩の石組み

唐人駄場遺跡
住高知県土佐清水市松尾
TEL0880-82-3155（土佐清水市観光協会）
開散策自由
交高知自動車道黒潮拳ノ川ICから車で約1時間30分
P3台

こちらもCHECK!

ホエールウオッチング
清水地区にあるあしずり漁業体験くらぶでは、春から秋にかけて土佐湾にやってくるクジラやイルカを見に行くクルーズツアーを催行している。ほかにフィッシングのツアーなどもある。

あしずり漁業体験くらぶ
MAP 別冊P.50-A1
TEL0880-82-1456、090-1005-7167
・ジョン万ホエール&イルカウオッチング
催4～10月8:30、所要約3時間（要予約）
料6000円

INFO 唐人とは中国人、駄場とは「人が集まる場所」という意味。遺跡内には遊歩道があり、20分ほどで巨岩を見て回れる。石の上にも上れ、眺めのよい場所もある。

四国最南端の荒々しい岬

空海ゆかりの足摺岬へ

足摺岬には、四国88ヵ所の霊場を選定した弘法大師・空海の伝説が残る場所。大師ゆかりの札所や岬を巡りながら、荒々しい海と岸壁の絶景を堪能しよう。

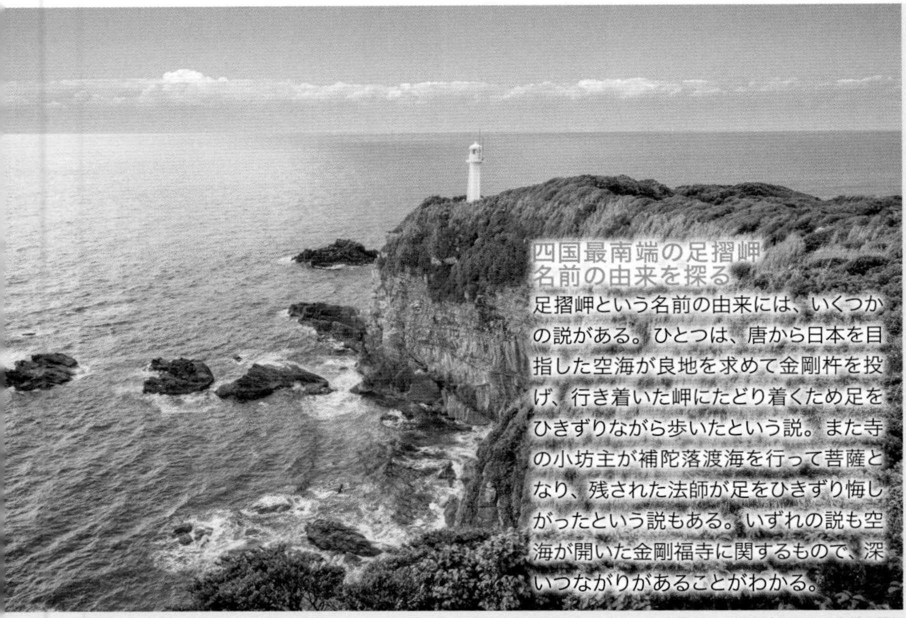

四国最南端の足摺岬 名前の由来を探る

足摺岬という名前の由来には、いくつかの説がある。ひとつは、唐から日本を目指した空海が良地を求めて金剛杵を投げ、行き着いた岬にたどり着くため足をひきずりながら歩いたという説。また寺の小坊主が補陀落渡海を行って菩薩となり、残された法師が足をひきずり悔しがったという説もある。いずれの説も空海が開いた金剛福寺に関するもので、深いつながりがあることがわかる。

足摺岬の展望台から岬の先端を望む

空海の開いた金剛福寺と足摺七不思議

空港（弘法大師）が開いた金剛福寺

四国お遍路の第37番札所岩本寺から第38番札所の金剛福寺は約86.5km離れており、徒歩だと30時間という道のり。お遍路のなかでは最長となる。壮絶な道のりの先にたどり着く金剛福寺は、822（弘仁13）年の建立。岬の先端に観音菩薩が住む、補陀落浄土とのつながりを感じた空海が嵯峨天皇に奏上、勅願を得て開創したと伝わる。寺から岬の先端に立つ足摺岬灯台の間には、空海の伝説が残るスポットが点在。「足摺七不思議」と呼ばれる。

MEMO

足摺七不思議

足摺岬に残る7つの空海伝説。すべて灯台周辺の遊歩道沿いにあり、そばには解説文も。いくつか回ってみるのもおもしろい。

1.空海が爪で「南無阿弥陀仏」を彫った大師の爪書き石 2.金剛福寺の本堂の下へ続いているといわれる地獄の穴

補陀落渡海船（ふだらくとかいせん）とは？

南の海のかなたにある観音菩薩の浄土を目指して船を出す捨身行。おもに戦国時代から江戸時代初期に行われ、足摺岬は熊野那智と並ぶ聖地だった。

断崖に囲まれた景勝地

足摺岬 あしずりみさき

MAP 別冊P.50-B2

高知県を代表する景勝地で、そそり立つ断崖に波が打ち付ける荒々しい風景が望める。岬の先端部分には遊歩道が整備されており、展望台や灯台の真下にまで行ける。

住高知県土佐清水市足摺岬 TEL0880-82-3155（土佐清水市観光協会） 開散策自由 交高知自動車道黒潮拳ノ川ICから車で約1時間30分 P20台

岬周辺 2 hour ウオーク

START!

中浜(ジョン)万次郎の立像

10:00

“ジョン万”像の立つ駐車場からウオーキングスタート！

駐車場に車を停め、遊歩道の入口へ。遊歩道とはいえ足場が悪いところもあるので、歩きやすい靴を用意。

徒歩約10分

紺碧の美しい海と波が砕ける荒々しい景観

10:10

目の前に広がる展望台からの絶景ビュー

森の中を歩いて、小高い丘の上にある展望台へ。海と断崖の絶景を眺めよう。写真は、天狗の鼻と呼ばれる場所。岬の先端まで歩いて行ける。

徒歩約10分

上部には上ることはできない

10:30

岬の先端まで進み白亜の灯台の真下へ

遊歩道の突き当たりにある足摺岬灯台。遊歩道をさらに進むと白山洞門まで行けるが、いったん駐車場まで戻って金剛福寺を目指す。

徒歩約15分

1.池のほとりに本堂や太師堂がある 2.境内には108の仏像や観音像が並ぶ

11:00

駐車場まで戻ったら階段上って札所へ

弘法大師・空海の開いた寺。境内は12万㎡あり、池の周辺に堂や塔など多くの文化財が立っている。本堂には空海が彫ったとされる三面千手観世音立像が納められている。

金剛福寺

こんごうふくじ

MAP 別冊P.50-B2

住高知県土佐清水市足摺岬214-1　TEL0880-88-0038
開参拝自由　P40台

徒歩約10分

11:40

1.下り坂の下に岩壁がある 2.白山神社の鳥居

恋のパワスポ白山洞門に願いを届ける

寺から県道27号を歩き、海岸線へ下りる。海の上にあるのが、激しい波により削られた花崗岩の海食洞・白山洞門。見る角度によってハート形に見えることから、恋のパワスポとして人気に。

白山洞門

はくさんどうもん

MAP 別冊P.50-B2

住高知県土佐清水市足摺岬　TEL0880-82-3155(土佐清水市観光協会)　開散策自由　Pあり

GOAL!

海を望みながら足湯に浸かろう

12:00

たっぷり歩いた後は足湯でリフレッシュ

県道27号に戻ったら、すぐそばにある公共の足湯、万次郎足湯へ。大きな窓からは海と白山洞門を一望できる。ゆっくりとくつろいだら、来た道を通って駐車場へと戻ろう。

万次郎足湯

MAP 別冊P.50-B2

まんじろうあしゆ

住高知県土佐清水市足摺岬482-1
TEL0880-88-0988(あしずり温泉協議会)
開8:00～19:00　休水曜　料無料　Pあり

宿毛湾に面した好漁場

宿毛市 すくもし

MAP 別冊P.20-21

人口 1万7998人　面積 286.14㎢

高知県の南西部にあり、愛媛県の愛南町と接する町。「天然の養殖場」とも呼ばれる宿毛湾に面し、磯釣りやダイビングの人気スポットとして有名。東西に国道56号が走っており、東に行けば四万十川だ。

宿毛湾は、蜃気楼現象の一種であるだるま夕日が見られる場所。時期は11月初旬～2月中旬頃

おもな見どころ

大潮時のみ渡れる無人島

MAP 別冊P.20-B2

咸陽島
かんようとう

本土と橋でつながった大島の西に浮かぶ無人島。月2回、大潮の干潮時のみ出現する砂州の道を通って島へ渡ることができる。縁結びのパワースポット。

砂の道を歩いて島へ渡れる

住高知県宿毛市大島17 TEL0880-63-0801(宿毛市観光協会)

どぶろくとヒメノボタンの里

三原村 みはらむら

MAP 別冊P.21

人口 1361人　面積 85.37㎢

北を四万十市、南を土佐清水市、西を宿毛市に囲まれた山あいの村。山あいに田畑が広がる景観は、「日本の原風景」と呼ばれる。町内バスもあるが、観光するなら車は必須。

夏の星ヶ丘公園

おもな見どころ

四季の花咲く自然公園

MAP 別冊P.21-C2

星ヶ丘公園(ヒメノボタンの里)
ほしがおかこうえん(ひめのぼたんのさと)

池のほとりにさまざまな山野草を植えた公園。夏には10種類以上のスイレンやオオオニバスが咲くほか、9月にはヒメノボタンの花も見られる。

可憐なヒメノボタンの花

住高知県三原村宮ノ川1271
TEL0880-46-2111(三原村地域振興課)

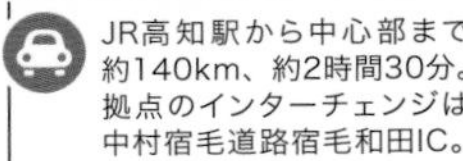

宿毛市への行き方

JR高知駅から中心部まで約140km、約2時間30分。拠点のインターチェンジは中村宿毛道路宿毛和田IC。

JR高知駅から土佐くろしお鉄道宿毛駅までJR土讃線特急あしずりで約2時間15分。JR土讃線と土佐くろしお鉄道を乗り継いで行くこともできる。中村駅で乗り換え。

宿毛市にある **お遍路札所**

◆**延光寺**(第39番札所)

こちらもCHECK!

宿毛まちのえき林邸

3代続けて大臣を輩出し、吉田茂とも親類だった林家の邸宅を利用した複合施設。内部を見学できるほか、カフェを併設している。

MAP別冊P.21-C2
住高知県宿毛市中央3-1-3
TEL0880-79-0563
開9:00～17:00　休月曜(祝日の場合は翌日)　料無料

三原村への行き方

JR高知駅から中心部まで約140km、約2時間30分。拠点となるインターチェンジは中村宿毛道路平田IC。

ご当地グルメ

三原村のどぶろく

米どころの三原村では、古くからどぶろく造りが盛ん。土佐三原どぶろく合同会社では、村内に5軒のどぶろく農家を集め、新たな「土佐三原どぶろく」を開発。仕込みに励む。

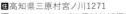

土佐三原どぶろく合同会社
MAP別冊P.21-C2　住高知県三原村宮ノ川1207-1
TEL0880-46-2681　営9:00～15:00　休木・土・日曜・祝日

2023年10月発売新酒。辛口の「あのこ」と甘口の「このこ」

INFO 宿毛市は高知西南交通、三原村は三原バスが路線バスを走らせている。便数は限られているので、利用の場合は時刻表を確認すること。

ダイビングの聖地として名をはせる MAP 別冊P.20-21

大月町 おおつきちょう

人口 4137人 面積 102.73㎢

高知県の西南の端、海に囲まれた町。豊後水道と黒潮がぶつかる海には日本の魚類の3分の1が生息しているとされ、また透き通る柏島の海は日本でも屈指のダイビングスポットとしても知られている。町の主要産業は農業や漁業。町内には鉄道駅はないが、北に隣接する宿毛駅から路線バスで来ることができる。ただしバスは便数が少ないので、実質的には車が頼り。

大堂海岸の遊歩道にある大堂山展望台から柏島を見下ろす

おもな見どころ

海水浴客でにぎわう海中公園 MAP 別冊P.21-C3

樫西海岸（弁天島）

かしにしかいがん（べんてんじま）

美しい海岸線の海水浴場で、周辺は樫西海中公園に指定されている。海岸の少し沖に浮かぶのは、中央にある海食洞が特徴的な弁天島。干潮時には潮が引いて歩いて渡れるようになる。夏にはマリンスポーツも楽しめる。

弁天島の山頂には弁財天が祀られている

エメラルドグリーンの海で話題に！ MAP 別冊P.20-B3

柏島

かしわじま

大月町の西南端、橋で結ばれた島が柏島。周囲約4kmに400人ほどが暮らす小さな島だが、海の透明度は抜群。近年「船が宙に浮かんで見える」とSNSで拡散され話題に。ただし近年は観光客の増加により迷惑駐車やゴミなどの問題も発生。マナーを守った観光を心がけよう。遊泳可能エリアは、島内だと橋のたもと、島へ渡る手前に柏島白浜、竜ヶ浜キャンプ場がある。島には宿泊施設やダイビングショップが点在。食事ができるところは少ないので注意。

透明度の高い水は海底までくっきり。まるで「船が宙に浮いて見える」といわれる

行き方

JR高知駅から中心部まで約150km、約2時間30分。拠点となるインターチェンジは高知自動車道（片坂バイパス）黒潮拳ノ川IC。

町内に鉄道は走っていないが、宿毛市の土佐くろしお鉄道宿毛駅から高知西南交通の路線バス宿毛大月線が走っている。拠点となるバス停はふれあいパーク大月など。所要約30分。

交通INFO

町内路線バス

高知西南交通が町内を走る路線バスを運行している。人気の柏島へも路線がある。

樫西海岸（弁天島）

住高知県大月町樫ノ浦
TEL0880-62-8133（大月町観光協会） 開散策自由
交高知自動車道（片坂バイパス）黒潮拳ノ川ICから車で約1時間30分 Pあり

柏島

住高知県大月町柏島
TEL0880-62-8133（大月町観光協会） 開散策自由
交バス停ふれあいパーク大月から高知西南交通の路線バス柏島線で約30分、バス停柏島下車、徒歩約1分。高知自動車道（片坂バイパス）黒潮拳ノ川ICから車で約1時間30分 P有料171台（柏島観光情報発信センター）

柏島観光情報発信センター

TEL090-5711-0735
開7～9月9:00～16:00
休10～6月
柏島の情報を発信する施設。駐車場があるので、車はここに停めよう。

こちらもCHECK!

大月町で楽しめるアクティビティ

透明度が高く、魚影の濃い大月町の海は、四国でも随一のダイビングスポット。沖合にはサンゴ礁も見られる。ダイビングショップは多数あるので、大月町観光協会のウェブサイト（URLotsuki-kanko.jp）で内容や連絡先を確認しよう。体験ダイビングやスノーケリングを行っているショップもある。

INFO 大堂海岸（MAP 別冊P.20-B3）には遊歩道があり、大道山展望台やお猿公園などの観光スポットを回れる。途中には観音岩と呼ばれる高さ約30mの奇岩もある。

偉人や文化人を輩出した町

安芸市 あきし

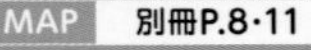

人口 1万5313人 面積 317.16㎢

行き方

JR高知駅から中心部まで約40km、約50分。拠点となるインターチェンジは高知東部自動車道芸西西IC。

JR高知駅から土佐くろしお鉄道安芸駅まで普通列車の場合、JR御免駅で土佐くろしお鉄道ごめん・なはり線に乗り換え、約1時間。

交通INFO

市内は元気バスが運行

市営の元気バスが運行。安芸駅から乗車することができ、市内の観光スポットへ行く便もある。1日2〜3便の路線もあるので時刻表を確認しておこう。フリー乗降となっており、バスに向かって元気に手を挙げると乗車できる。

ドライブプラン

- 芸西西IC
  - ↓ 🚗 約18分
- 岩崎彌太郎生家
  - ↓ 🚗 約5分
- 野良時計
  - ↓ 🚶 約6分
- 土居廓中
  - ↓ 🚶 約6分
- 安芸市立歴史民俗資料館
  - ↓ 🚗 約10分
- 伊尾木洞 (→P.420)

こちらもCHECK!

岩崎彌太郎が祈願した神社

標高約448mの妙見山にある星神社は、彌太郎が江戸遊学に出かける際に、社殿に「吾れ志を得ずんば、再び帰りてこの山に登らじ」と書いた。

星神社 MAP 別冊P.11-C3
住 高知県安芸市井ノ口2927
TEL 0887-35-1122(安芸市観光協会) 開 参拝自由 P あり

岩崎彌太郎生家から山を登って行くこともできる。徒歩約1時間

のどかで文化的な風景を生む野良時計。夏季にはヒマワリとの競演も楽しめる。

高知県東部の中核都市で、阪神タイガースのキャンプ地としても有名。山間部ではゆず、平野部では施設園芸が盛んで、特に冬春ナスの生産量は日本一。また、海に面しており、ちりめんじゃこが特産だ。市内は安芸駅を中心に発展しているが、郊外へ足を延ばすと歴史ある町並みや豊かな自然を残すスポットがいくつもある。三菱グループ創始者の岩崎彌太郎や、「春よ来い」などの童謡を作曲した弘田龍太郎ら、多くの偉人・文化人を輩出している。

安芸市の歩き方

中心部は広く、主要な観光スポットは安芸駅から離れた位置にあるので徒歩以外の移動手段がおすすめ。安芸駅に併設するぢばさん市場にあるレンタサイクルで、風景を眺めながらサイクリングするとより楽しい。駅から自転車で、土居廓中は約10分、岩崎彌太郎生家は約20分で行ける。レンタサイクルは無料(7:00〜18:00、10〜3月は17:00まで)で借りることができる。土居廓中や野良時計があるエリアは住宅街の中に見どころが点在しているので徒歩でじっくり回ろう。また、市内10ヵ所にある弘田龍太郎の曲碑を巡るのもおすすめだ。

安芸市出身の作曲家・弘田龍太郎の曲碑

INFO 安芸市には200年以上の歴史を誇る内原野焼という焼き物がある。ざらっとした手触りと素朴な風合いが特長。「内原野陶芸館(MAP 別冊P.11-C3)」では体験教室や器の販売を行っている。

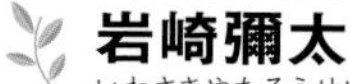

おもな見どころ

三菱グループの創始者が誕生した地　MAP 別冊P.11-C3

岩崎彌太郎生家
いわさきやたろうせいか

修復保存した岩崎彌太郎の生家。茅葺きの平屋で庭には彌太郎が少年時代に日本列島を模してつくったといわれる庭石がある。また、西側と後方にある土蔵の鬼瓦には三菱マークの原型といわれる岩崎家の紋が見られる。

約30坪の茅葺きの平屋。母屋の土間までは入って見学が可能

特徴的な造りを今に残す　MAP 別冊P.8-B1

土居廓中
どいかちゅう

土佐藩家老で安芸1100石を治めた五藤家5代目・五藤正範が約330年前に整地。家臣の役分に応じてつくられた武家屋敷の一部が今も残り、散策スポットとなっている。一般公開されている野村家も見学してみよう。

土居廓中に延びる道。ウバメガシや土用竹を使った生垣が特徴的

地域で愛され続けた時計台　MAP 別冊P.8-B1

野良時計
のらどけい

家ごとに時計がなかった明治時代中頃に地主である畠中源馬が独学で時計組み立ての技術を身につけ、歯車から分銅まで手作りで造り上げた時計台。現在時計は止まっているが趣ある姿が今も愛されている。

建物は一般住宅となっており見学できるのは外観のみ

安芸市ゆかりの偉人の資料を展示　MAP 別冊P.8-B1

安芸市立歴史民俗資料館
あきしりつれきしみんぞくしりょうかん

土居廓中にある安芸城跡地に立つ資料館。五藤家に伝わる美術工芸品や古文書をはじめ、岩崎彌太郎、作曲家の弘田龍太郎、反骨のジャーナリストであった黒岩涙香(るいこう)などのゆかりの品も展示。書道美術館も隣接している。

貴重な民具や考古資料も展示。年2～3回企画展も開催されている

岩崎彌太郎生家

住高知県安芸市井ノ口甲一の宮
TEL0887-35-1122（安芸市観光協会）　開8:00～17:00　休なし
交土佐くろしお鉄道安芸駅から元気バスで約6分、バス停一ノ宮下車、徒歩約3分。高知東部自動車芸西西ICから車で約18分
Pあり

生家近くに立つ岩崎彌太郎の銅像

土居廓中

住高知県安芸市土居
TEL0887-35-1122（安芸市観光協会）　開散策自由、野村家見学は8:00頃～17:00頃
交土佐くろしお鉄道安芸駅から元気バスで約6分、バス停野良時計前下車、徒歩約5分。高知東部自動車芸西西ICから車で約17分
P野良時計駐車場を利用

一般公開されている野村家住宅

野良時計

住高知県安芸市土居638-4
TEL0887-35-1122（安芸市観光協会）　開散策自由　交土佐くろしお鉄道安芸駅から元気バスで約6分、バス停野良時計前下車、徒歩約5分。高知東部自動車芸西西ICから車で約17分　Pあり

安芸市立歴史民俗資料館

住高知県安芸市土居953-イ
TEL0887-34-3706
開9:00～17:00　休月曜（祝日の場合は開館）、資料入れ替えの臨時休館あり　料330円、書道美術館との共通券550円　交土佐くろしお鉄道安芸駅から元気バスで約6分、バス停野良時計前下車、徒歩約5分。高知東部自動車芸西西ICから車で約17分　Pあり

INFO　アイスクリームショップ「安芸グループふぁーむ（MAP 別冊P.8-A1）」では、特産のナスを使った「焼きナスアイス」を製造販売している。香りはまさに焼きナスでクセになるおいしさだ。

海が造りだした緑の洞窟

伊尾木洞で古代の自然にタイムスリップ

高知で人気急上昇中のスポットといえば伊尾木洞。国道沿いにありながら、一歩入るとまるで異世界のような光景が！古代の自然へプチトリップしよう。

伊尾木洞のシダ植物について

確認されただけでも約40種類の熱帯性シダ類が自生。多種のシダが共生するのは珍しく、シダ群落そのものが国の天然記念物に指定されている。

国の天然記念物指定のシダ群落がある

伊尾木洞

MAP 別冊P.8-B1

いおきどう

約300万年前に土佐湾の海底に堆積した地層が隆起し、波に浸食されることで生まれた全長約40mの天然の海食洞。洞の先にはシダ群落、さらに奥には滝も見られる散策スポットだ。

住高知県安芸市伊尾木117　TEL0887-34-8344(安芸観光情報センター)　開散策自由　交土佐くろしお鉄道伊尾木駅から徒歩約7分。高知東部自動車道芸西西ICから車で約20分

P伊尾木洞観光案内所駐車場を利用(無料)

洞窟散策コースへGo!

1 伊尾木洞入口

国道55号沿いにある市街地のそばに洞内への入口がある。入口の足元は整備され、険しい坂や階段もないので比較的気軽に入洞できる。

2 全長40mの海食洞へ！

薄暗い海食洞に入るとひんやりとした空気に変わる。壁には貝の化石が見られるところも。足元に流れる浅い小川をたどって進もう。

徒歩約3分

3 太古のシダ群落にうっとり

海食洞を抜けると、視界は緑一色に一変！約10mある岩壁を覆うのは多種類のシダで、さまざまな葉の形を見るのも楽しい。

4 水流をまたぐ丸太橋を渡る

シダ群落から奥へ進むと道が若干険しくなる。途中にはハシゴを上り、丸太でできた橋を渡るポイントもあり、冒険気分が味わえる。

GOAL!

5 トレイル最奥部の滝でゴール！

洞入口から約400m先にある3段の滝が散策のゴール。決して大きくはないが、その名のとおり3段になって落ちる滝で、水の音に癒やされる。

長靴の無料レンタルも！

伊尾木洞から国道を渡った所に伊尾木洞観光案内所があり、長靴の無料レンタルを行っている。洞内では足元に小川やぬかるみがあるので、履き替えておくと安心だ。

伊尾木洞と周辺の情報を発信。フリーWi-Fiも提供

ダイナミックな自然が広がる

室戸市 むろとし

MAP 別冊P.8-9

人口 1万777人　面積 248.22㎢

太平洋に突き出た室戸岬。市全体が室戸ユネスコ世界ジオパークに認定されている

高知県東部に位置。太平洋へV字形に突き出した室戸岬を中心に、東西53.3kmの海岸線が広がる。大地が隆起し続けている場所で、特異な海成段丘を形成。ダイナミックな自然と共存できるよう、地域の人々は知恵を絞って産業や文化を生み出してきた。2011(平成23)年に世界ジオパークネットワークへの加盟が認定され、国内外から観光客を集める。産業では定置網漁や遠洋漁業、ビワの栽培、土佐備長炭生産が盛ん。室戸海洋深層水の活用にも取り組んでいる。

室戸市の歩き方

市内に鉄道駅はなく、車での移動が基本となる。市西部に位置する吉良川町は伝統的な建築物が残っているエリアで、町歩きスポットとして人気。観光用駐車場は国道55号沿いに2ヵ所あり、バスの停留所も国道沿いにある。そこから北へ向かう路地を歩けば吉良川の町並みに着く。商店などがある通りはもちろん、さらに細い路地にも見どころがあるので観光マップを確認しよう。ジオパークの代表的な景観が多い海岸についても、国道沿いに駐車場やバス停がある。海岸は遊歩道があって散策しやすいが、夢中になって歩いて国道から離れると、トイレや自販機などはないので準備は抜かりなく。

独特の建築様式の家屋が残る吉良川の町並みは町歩きスポットとして人気

行き方

JR高知駅から中心部までは約80km、約2時間。拠点となるインターチェンジは高知東部自動車道芸西西IC。

&
土佐くろしお鉄道奈半利駅から高知東部交通バスが運行。室戸岬までは約1時間。

交通INFO

市内は路線バスが運行
高知東部交通のバスが運行しており、市内や周辺への移動に利用できる。土・日曜・祝日は1日に往復1便になるが、線路と道路の両方を走行できる阿佐海岸鉄道DMVが市内4ヵ所に乗り入れる（要予約）。

ドライブプラン

- **芸西西IC**
- ↓ 約1時間
- **吉良川の町並み**（→P.423）
- ↓ 約5分
- **キラメッセ室戸 鯨館**（→P.422）
- ↓ 約15分
- **室戸ドルフィンセンター**（→P.422）
- ↓ 約8分
- **室戸海洋深層水アクア・ファーム**（→P.423）
- ↓ 約6分
- **室戸スカイライン**（→P.423）
- ↓ 約3分
- **室戸岬**（→P.424）
- ↓ 約8分
- **室戸世界ジオパークセンター**（→P.425）
- ↓ 約5分
- **むろと廃校水族館**（→P.422）

室戸市にある お遍路札所

- ◆**最御崎寺**（第24番札所）
- ◆**津照寺**（第25番札所）
- ◆**金剛頂寺**（第26番札所）

INFO 室戸の早春の味覚に「浜アザミ」がある。キク科の野草でほろ苦い風味とシャキシャキとした食感が特長。天ぷらが絶品。市内の飲食店で見かけたらぜひ賞味を。

おもな見どころ

校舎がまるごと水族館に　MAP 別冊P.9-C2

むろと廃校水族館
むろとはいこうすいぞくかん

廃校になった旧椎名小学校の校舎を生かした水族館。展示されているのは地元の定置網にかかった魚類が中心で、サメやウミガメなど室戸らしさが色濃い。屋外にある25mプールをはじめ、手洗い場や跳び箱なども水槽として使われており、学校と水族館が融合したワクワク感が漂う。オリジナルのぬいぐるみが当たる「ぶりくじ」も人気（1000円）。

館内ではウミガメやエイなど海の生き物たちが優雅に泳ぐ。餌やりできる水槽もある

かわいいイルカと至近距離で触れ合う　MAP 別冊P.8-B3

室戸ドルフィンセンター
むろとどるふぃんせんたー

かわいいイルカと触れ合える体験施設。見学のほか、プールサイドから餌をあげたり触ったりできる「餌やり体験」（600円）や、イルカに関する知識を学び、サインを出してイルカと遊ぶ「トレーナー体験」（2000円）、イルカと一緒に泳ぐ「ドルフィンスイム」（9000円）などのプログラムがあり、子供も大人も楽しめる。夏には水上アクティビティもオープン。

サインを出してイルカとのコミュニケーションを楽しめるトレーナー体験

室戸の捕鯨文化を伝える　MAP 別冊P.8-A2

キラメッセ室戸 鯨館
きらめっせむろと くじらかん

かつて室戸沖は回遊するクジラの通り道だったことから、日本有数の捕鯨の町として知られていた。その独自のクジラ文化を、デジタル技術を駆使して紹介するのがこの資料館。デジタルアートによる躍動感あふれる捕鯨体感や、360度パノラマの乗船バーチャル体験、土佐湾からクジラが飛び出す写真が撮影できるARなど、楽しく体験しながら学べる。

リアルなサイズ感のクジラや捕鯨船なども展示され、館内はダイナミックな雰囲気

むろと廃校水族館
住高知県室戸市室戸岬町533-2
TEL0887-22-0815
開4～9月9:00～18:00、10～3月9:00～17:00　休なし　料600円
交土佐くろしお鉄道奈半利駅から高知東部交通バスで約1時間5分、バス停むろと廃校水族館下車、徒歩約1分。高知東部自動車道芸西西ICから車で約1時間40分
Pあり

室戸ドルフィンセンター
住高知県室戸市室戸岬町字鯨浜6810-162　TEL0887-22-1245
開10:00～17:00（最終入場16:30）
休10～3月の水曜（祝日、冬休み、春休みなどは開館予定）
料見学500円、各体験は別料金
交土佐くろしお鉄道奈半利駅から高知東部交通バスで約50分、バス停住宅前下車、徒歩約8分。高知東部自動車道芸西西ICから車で約1時間30分　P15台

キラメッセ室戸 鯨館
住高知県室戸市吉良川町丙890-11　TEL0887-25-3377
開9:00～17:00
休月曜（祝日の場合は翌日）
料500円
交土佐くろしお鉄道奈半利駅から高知東部交通バスで約30分、バス停キラメッセ室戸下車、徒歩約1分。高知東部自動車道芸西西ICから車で約1時間　P35台

こちらもCHECK!

深海魚を取って食べよう
陸から近い所に深海が広がる室戸の海で、全国的にも珍しい深海魚漁が体験できる。深海に沈めたカニ籠を引き上げる漁法で何が取れるかドキドキワクワク。帰港後は試食タイムも。

高知室戸 漁船・遊漁船 海来
MAP 別冊P.9-C1
住高知県室戸市佐喜浜町1289-2
TEL090-1244-9821
（受付8:00～19:00）
開9:00出港（漁と試食で約4時間）
料1万3200円（要予約、開催最少人数は2名～）　Pあり

室戸の深海に生息するオオグソクムシ。エビに似た味がする

INFO　第25番札所の津照寺（MAP 別冊P.8-A2）の周辺は「港の上」と呼ばれる小さな飲食店街で、帰港した漁師の慰労の場となっている。昔ながらの料亭やスナックが今も多く残る。

室戸の風土から生まれた町並み　MAP 別冊P.9-C2

吉良川の町並み

きらがわのまちなみ

備長炭の産地として栄えた吉良川町に残る歴史ある町並み。建物には強い雨風から守るために設けられた水切り瓦など独自の建築様式が見られる。御田八幡宮前にある「吉良川まちなみ館」で資料の見学ができる。

土佐漆喰の壁や水切り瓦、虫籠窓などが残る古民家

神秘の室戸海洋深層水を知る　MAP 別冊P.8-B3

室戸海洋深層水アクア・ファーム

むろとかいようしんそうすいあくあ・ふぁーむ

水深約200m以深にある海水で、多くのミネラルが含まれ清浄性も高いといわれている海洋深層水の取水施設。施設内では海洋深層水に関する資料や、取水ポンプに迷い込んできた珍しい生き物も展示している。

深海をイメージした幻想的な雰囲気の展示室

ヘアピンカーブを走り絶景へ　MAP 別冊P.8-B3

室戸スカイライン

むろとすかいらいん

室戸岬の山上を尾根伝いに走る道路。ヘアピンカーブが続く坂道を上ると、標高約250mに位置する室戸スカイライン山頂展望台がある。また、途中には廃墟マニアの間で有名なスカイレストニュー室戸の跡地もある。

カーブでは視界を遮るものがなく絶景が広がる！ バイカーにも人気の道だ

海を見つめる巨大な大師像　MAP 別冊P.8-B3

室戸青年大師像（明星来影寺）

むろとせいねんたいしぞう（みょうじょうらいえいじ）

若き日に室戸岬で修行をしたといわれる弘法大師。その凛々しい姿の巨大な像が、室戸岬と太平洋を見下ろすように立っている。約5mの台座を含む全長は約21m。明星来影寺の境内から間近に見ると迫力満点。

太平洋を静かに見つめる青年大師像

吉良川の町並み

住高知県室戸市吉良川町
TEL0887-25-3670（吉良川町並み保存会）　開散策自由（吉良川まちなみ館は9:00～16:00）
休吉良川まちなみ館は火曜
交土佐くろしお鉄道奈半利駅から高知東部交通バスで約22分、バス停吉良川冨屋前下車、徒歩約2分。高知東部自動車道芸西西ICから車で約1時間
P観光用駐車場2カ所あり

室戸海洋深層水アクア・ファーム

住高知県室戸市室戸岬町3507-1
TEL0887-24-2822　開9:00～16:00　休日曜・祝日、臨時休館あり　料無料　交土佐くろしお鉄道奈半利駅から高知東部交通バスで約55分、バス停高岡神社前下車、徒歩約2分。高知東部自動車道芸西西ICから車で約1時間15分　Pあり

室戸スカイライン

住高知県室戸市室戸岬町
TEL0887-22-0574（室戸市観光協会）　開通行自由　交高知東部自動車道芸西西ICから車で約1時間15分　P展望台にあり

室戸青年大師像（明星来影寺）

住高知県室戸市室戸岬町3903
TEL0887-22-0506　開7:00～18:00　休なし　料拝観料300円
交土佐くろしお鉄道奈半利駅から高知東部交通バスで約1時間、バス停大師像前下車、徒歩約5分。高知東部自動車道芸西西ICから車で約1時間20分　Pあり

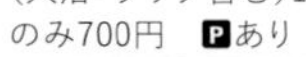

室戸海洋深層水スパ シレストむろと

スパ施設で、不体感温度である約34°Cに設定された温水プールや露天風呂などに海洋深層水が使われている。肌がすべすべになると評判。
MAP別冊P.8-B3
住高知県室戸市室戸岬3795-1
TEL0887-22-6610　開10:00～21:00
休第2・4水曜　料プール利用料（入浴・サウナ含む）1600円、入浴のみ700円　Pあり

温水プールでは、ゾーンごとにアクアマッサージや水中ウオーキングができる

吉良川町にある土佐備長炭職人が営む居酒屋「吉良川魚処 玄 ～kuro～（MAP別冊P.9-C2）」では、備長炭を使った黒色の料理や飲み物が楽しめる。

大地が生まれる最前線

室戸世界ジオパークでしたいコト

大地が隆起し続けている室戸市の自然と、そこに生きる人々の歴史や文化は「室戸ユネスコ世界ジオパーク」に認定されている。歩いて眺めてそのすばらしさを体感しよう。

したいコト 01

遊歩道を歩き大地の形成を感じる

まずは地球の動きを体感できる海岸を歩いてみよう。室戸のなかでも特に多くのジオサイトがある室戸岬では、地層や生痕(せいこん)化石を見られるポイントが満載。まるで生きているかのように躍動感あふれるタービダイト層などの奇岩もすぐ目の前で見ることができる。

❶砂や泥が海底で堆積し、水平の地層となったタービダイト層。隆起したため縦向きの縞模様になっている ❷海だけじゃない! 草木に囲まれた遊歩道の途中には不思議な姿をしたアコウの林がある ❸遊歩道からすぐ目の前に広がる月見ケ浜。ゴツゴツと出現した岩の向こうに太平洋が広がる

不思議でダイナミックな自然に出合う

室戸岬遊歩道

むろとみさきゆうほどう 所要約1時間

MAP 別冊P.8-B3

住高知県室戸市室戸岬町 TEL0887-22-0574(室戸市観光協会) 開散策自由 交土佐くろしお鉄道奈半利駅から高知東部交通バスで約1時間、バス停室戸岬下車、徒歩約1分。高知東部自動車道芸西西ICから車で約1時間20分 Pあり

こちらも行きたい!

室戸岬遊歩道から車で約15分

面に広がるシマシマの地層

新村遊歩道

しむらゆうほどう

MAP 別冊P.8-A2 所要約20分

海底で起こった地滑りによって生まれた、くねくねと曲がった地層が一帯で見られる

室戸岬遊歩道から車で約3分

弘法大師の伝説が残る

乱礁遊歩道

らんしょうゆうほどう

MAP 別冊P.8-B3 所要約30分

岩場に遊歩道が整備されている。奥に見えるエボシ岩は、岩が硬かったため、波に削られずに残った奇岩

したいコト02 ジオパークセンターで自然について学ぶ

「ジオパークって何？」という素朴な疑問から、室戸の環境や風土に合わせて生まれた文化や歴史、産業のことまでわかりやすく紹介する施設。おみやげの販売やお茶が楽しめるジオショップとジオカフェも併設。

知ればもっと楽しくなる

室戸世界ジオパークセンター

むろとせかいじおぱーくせんたー　MAP 別冊P.8-B2

住高知県室戸市室戸岬町1810-2　TEL0887-23-1610　開9:00～17:00　休なし　料無料　交土佐くろしお鉄道奈半利駅から高知東部交通バスで約1時間10分、バス停室戸世界ジオパークセンター下車、徒歩約1分。高知東部自動車道芸西西ICから車で約1時間30分　Pあり

❶パネルだけでなく体感展示も充実。写真は室戸の人々の産業や文化を紹介する「人のいとなみ」コーナー ❷「大地のなりたち」コーナー ❸廃校になった中学校校舎を活用した建物

したいコト03 灯台周辺を歩き灯台とお遍路札所へ

青い海と空に映える白亜の灯台は室戸岬のシンボル。日本で最も光度の強い灯台で、国内に5基しかない第1等レンズが見られる。また、灯台の近くには、807（大同3）年に弘法大師が創建したといわれる第24番札所最御崎寺がある。

室戸岬のシンボル

室戸岬灯台

むろとざきとうだい　MAP 別冊P.8-B3

住高知県室戸市室戸岬町6939　TEL0887-22-0574(室戸市観光協会)　開散策自由　交バス停室戸岬から徒歩約25分　P30台

高知の最初の札所

最御崎寺

ほつみさきじ　MAP 別冊P.8-B3

住高知県室戸市室戸岬町4058-1　TEL0887-23-0024　開参拝自由　交バス停室戸岬から徒歩約25分　P37台

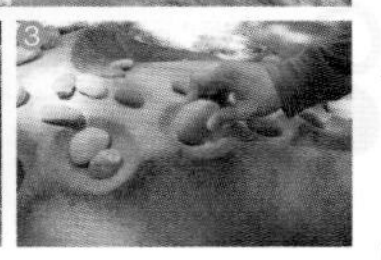

❶灯台は標高約150mの山の上にあり、レンズの大きさは直径2m60cmで日本最大級 ❷荘厳なたたずまいの最御崎寺の本堂。周囲には多宝堂や宝物館、遍路センターなどもある ❸最御崎寺の境内には石でたたくと鐘のような音がする「鐘石」がある

したいコト04 弘法大師が悟りを開いたパワースポットへ

青年時代の弘法大師が修行をした際に住居として使っていたという洞窟。洞内からは空と海の景色が見え、それが弘法大師・空海の由来となったともいわれている。洞内で聞こえる波の音は、日本の音風景100選に選ばれている。

弘法大師が眺めた世界を追体験

御蔵洞

みくらどう　MAP 別冊P.8-B3

住高知県室戸市室戸岬町3225-2　TEL0887-22-0574(室戸市観光協会)　開8:00～17:00(荒天時は見学不可)　交土佐くろしお鉄道奈半利駅から高知東部交通バスで約1時間、バス停岬ホテル前下車、徒歩約3分。高知東部自動車道芸西西ICから車で1時間　Pあり

❶五所神社が祀られている洞内。振り返って入口方向を見ると海が見える ❷御厨人窟の入口

幕末の志士・中岡慎太郎の故郷

MAP 別冊P.8

北川村 きたがわむら

人口 1110人 面積 196.73㎢

行き方

JR高知駅から中岡慎太郎館まで約63km、約1時間30分。拠点となるインターチェンジは高知東部自動車道芸西西IC。

JR高知駅から土佐くろしお鉄道奈半利駅までJR土讃線で約1時間30分。駅から村営バスが運行している。

交通INFO

便利な村営バスが運行

土佐くろしお鉄道奈半利駅から村営バスが運行。北川村モネの庭 マルモッタンや中岡慎太郎館の前で乗降できる。1時間に1便程度。

ドライブプラン

- 芸西西IC
  - ↓ 約40分
- 北川村「モネの庭」マルモッタン（→P.428）
  - ↓ 約10分
- 中岡慎太郎館
  - ↓ 約2分
- 中岡慎太郎生家

山々に囲まれたのどかな風景が広がる北川村。中岡慎太郎館前には山を背景に慎太郎像が立つ

高知県東部の山間部に位置し、総面積の約95%が森林でその間を奈半利川が流れている。坂本龍馬とともに活躍した幕末の志士・中岡慎太郎の出生地として知られている。江戸時代、水田が少ない村の飢饉対策として慎太郎が栽培を奨励したといわれるゆずが現在でも特産品となっている。また、印象派の巨匠、クロード・モネ財団より世界で唯一再現することを認められた北川村「モネの庭」マルモッタン（→P.428）があり、人気を集める。

北川村の歩き方

最寄り駅は隣町にある奈半利駅になっており、そこから村営バスが運行。中岡慎太郎館やモネの庭といった主要観光スポットへは村営バスで行くことができる。中岡慎太郎館の周辺には復元された生家や遺髪を埋葬した墓がある松林寺などがあるので散策を。月・水〜土曜の営業となるがランチとドリンクが楽しめる慎太郎食堂や、慎太郎グッズを取り扱うショップの中岡家もある。また、車で移動するなら、日本遺産に認定された旧魚梁瀬（きゅうやなせ）森林鉄道の遺構を巡るのもおすすめ。観光用駐車場はないので、橋を歩いて渡る際は他の通行の邪魔にならない所に車を停めるように。橋の上からの眺めは格別だ。

二タ又にある旧魚梁瀬森林鉄道施設の二股橋。1940（昭和15）年に建設された橋

こちらもCHECK!

村のあちらこちらにゆず畑

もともと実生のゆずが育ち、中岡慎太郎の奨励によって栽培が広がっていった北川村のゆず。村内ではあちらこちらにゆず畑を見ることができる。初夏の頃には小さな白い花が咲き、秋には青い実、冬には黄色に熟す。

たわわに実ったゆず。ジュースやゆず味噌など加工品も多い

INFO 「いごっそラーメン店長」（MAP 別冊P.8-B1 住 高知県北川村野友乙）は連日行列を生む人気店。おすすめは塩バターラーメン。地元産ゆずと青唐辛子を使った自家製ゆず胡椒を入れても美味。

おもな見どころ

幕末を走り続けた志士の生涯を知る　MAP 別冊P.8-B1

中岡慎太郎館
なかおかしんたろうかん

北川村出身の志士・中岡慎太郎と交流のあった幕末の志士たちの資料を展示。史料や映像を駆使し、まるで幕末にタイムスリップしたかのような気分を味わいながら入る展示室では、慎太郎の幼少時代の逸話や村のために奔走した大庄屋見習い時代、そして、龍馬とともに活躍し非業の死を遂げるまでをドラマチックに紹介している。年数回、企画展も開催。

常設展示室では慎太郎やゆかりある人物の資料を展示

慎太郎のルーツをたどる　MAP 別冊P.8-B1

中岡慎太郎生家
なかおかしんたろうせいか

見取り図を元に1967（昭和42）年11月17日（慎太郎の命日）に復元。中岡家は村の大庄屋だったことから、勘定の間や庭に面した式台、次の間、客間など庄屋ならではの造り。実際に室内に入ることもできるので、縁側に座って村の風景を眺めるのもおすすめ。また、裏には慎太郎がよく登って遊んだと伝えられているナツメの木の切り株もある。

茅葺き屋根の生家。縁側に座ってのんびり過ごそう

遺髪墓地がある慎太郎ゆかりの寺　MAP 別冊P.8-B1

松林寺（慎太郎遺髪墓地）
しょうりんじ（しんたろういはつぼち）

生家から徒歩約5分の所にある松林寺は、慎太郎が幼少時代に通い、読み書きを学んだといわれている。その境内には中岡家の墓所があり、慎太郎の遺髪が埋葬された墓や、その隣には妻の兼、父の小傳次の墓もある。寺の本堂は幕末期に焼失したといわれているが山門は現存のもので、慎太郎が通った道を追体験することができる。

慎太郎が生きていた時代から現存する松林寺の山門

中岡慎太郎館
住 高知県北川村柏木140
TEL 0887-38-8600
開 9:00～16:30（最終入館16:00）
休 火曜（祝日の場合は翌日）
料 500円　交 土佐くろしお鉄道奈半利駅から村営バスで約15分、バス停柏木下車、徒歩約1分。高知東部自動車道芸西西ICから車で約55分　P あり

高知の伝統建築である水切り瓦を設けた建物

中岡慎太郎生家
住 高知県北川村柏木
TEL 0887-38-2413（中岡慎太郎先生顕彰会）　開 9:00～16:30
休 火曜（祝日の場合は翌日）
交 土佐くろしお鉄道奈半利駅から村営バスで約15分、バス停柏木下車、徒歩約1分。高知東部自動車道芸西西ICから車で約55分
P 中岡慎太郎館駐車場を利用

松林寺（慎太郎遺髪墓地）
住 高知県北川村柏木
TEL 0887-38-2413（中岡慎太郎先生顕彰会）　開 参拝自由
交 土佐くろしお鉄道奈半利駅から村営バスで約15分、バス停柏木下車、徒歩約1分。高知東部自動車道芸西西ICから車で約1時間
P 中岡慎太郎館駐車場を利用

こちらもCHECK!

日本遺産の旧魚梁瀬森林鉄道
北川村とその周辺で構成される中芸地域は林業が盛んで、かつては木材を運搬する森林鉄道が運行していた。現在は廃線となっているが、その遺構が村内に残っている。近代化産業遺産群にも認定されている堀ヶ生橋、二股橋、小島橋をぜひ巡ってみよう。
TEL 0887-30-1865（中芸のゆずと森林鉄道日本遺産協議会）

現存する森林鉄道施設のなかでは最も大きな遺構である小島橋

INFO　奈半利町から北川村を通り、東洋町野根にいたる約35kmの野根山街道はハイキングコースとして人気がある。

モネの絵の中に入り込んだよう

「モネの庭」マルモッタンをぐるり

印象派の巨匠と呼ばれる画家、クロード・モネ。彼が愛し、キャンバスに描き続けてきた風景をモデルにつくられた庭が北川村にある。さぁ、美しいモネの絵の中を歩こう！

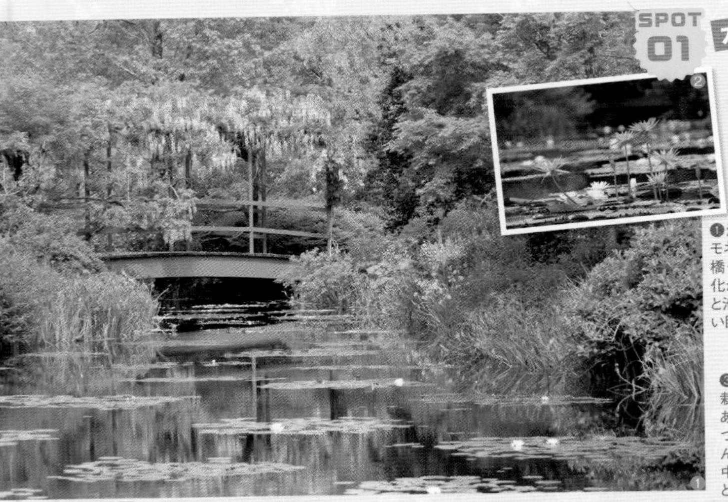

SPOT 01 水の庭

モネの絵の代表作である『睡蓮』の風景に出合えるエリア。緑と花、そして、光と水が織りなす美しさは見ほれてしまうほど。

❶浮世絵の影響を受けたモネ。西洋の草花に、太鼓橋や藤の花などの日本文化が融合する ❷夏になると池にモネが憧れていた青い睡蓮が咲く

❸地中海をイメージした植栽。丘の上には休憩所であるリヴィエラの小屋が立つ ❹北川村の起伏に富んだ地形を生かして絵の中の光景を再現。複製画と見比べてみよう

SPOT 02 花の庭

花壇ごとに花の色を揃えたり、混植にしたりして、パレットの中の色合わせを思わせる庭をつくりあげている。

カラフルな光景が広がる花の庭。バラのアーチが印象的だ

SPOT 03 ボルディゲラの庭

起伏に富んだ地形や太平洋までの眺望など北川村の環境を生かし、地中海地方にあるボルディゲラの景色を再現。

カフェ&ショップをcheck!

カフェ モネの家（レストラン）

園内にあるカフェは朝食、ランチ、カフェタイムに利用できる。北川村の山々を一望できるテラス席もある。

ユズをはじめとする北川村の食材をふんだんに使ったメニューがラインアップ

ギャラリーショップ

建物はモネのアトリエと家がモチーフ。ショップでは、モネ関連のグッズや特産のユズを使った商品を販売。

❶花の絵が描かれたオリジナルパタパタメモ ❷カラフルな色と花の形をした和三盆。モネの絵をあしらった箱もすてき

世界に"ふたつだけ"のモネの理想郷

北川村「モネの庭」マルモッタン

きたがわむら もねのにわ まるもったん MAP 別冊P.8-B1

フランスのモネ財団から公式に認められた庭園。シヴェルニーにある本家モネの庭を手本にしながらモネの絵画を思わせる庭をつくりあげている。

住高知県北川村野友甲1100 TEL0887-32-1233 開9:00～17:00（最終入園16:30） 休6～10月の第1水曜、12～2月（レストランは休園日のほか火・金曜も休み。ただし、祝日の場合は営業） 料1000円 交土佐くろしお鉄道奈半利駅から北川村村営バスで約10分、バス停モネの庭下車、徒歩約1分。高知東部自動車道芸西西ICから車で約40分 P100台

海に面し、平野が広がる村 MAP 別冊P.8

芸西村 げいせいむら

人口 3600人　面積 39.6㎢

県東部に位置。中央を和食川と支流の長谷川が流れ、河口近くで約300haの平野を形成。年間を通して温暖な気候に恵まれ、ナスやピーマン、村オリジナルの花・ブルースターなどの施設園芸が盛んだ。

海に面した芸西村。平野部にはたくさんの園芸ハウスが立つ

おもな見どころ

龍馬ゆかりの像が立つ　MAP 別冊P.8-A1

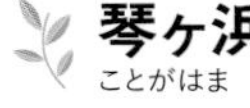

琴ヶ浜
ことがはま

約4kmにわたり砂浜が続く、太平洋のビュースポット。近くには桂浜の龍馬像に向かって手を振る、龍馬の妻、お龍とその妹、君枝の像が建立されている。

琴ヶ浜駐車場付近に立つお龍と君枝の姉妹像

住高知県芸西村和食甲1　TEL0887-33-2114（芸西村役場企画振興課）

ゆずで全国に知られる村 MAP 別冊P.11

馬路村 うまじむら

人口 721人　面積 165.48㎢

集落はふたつで、ゆずの栽培が盛んで高知を代表するドリンク「ごっくん馬路村」の製造工場がある馬路地区と、雨量が多く良質な杉が育つ魚梁瀬（やなせ）地区がある。両地域は車で約30分の距離となる。

清流の安田川とゆず畑

おもな見どころ

ゆず製品の加工工場　MAP 別冊P.11-D3

ゆずの森加工場
ゆずのもりかこうじょう

「ごっくん馬路村」の製造ラインや箱詰めする荷造り場などを見学できる。魚梁瀬杉が使われた建物にも注目。そばにはゆず製品が購入できる直売所もある。

見学者にはごっくん馬路村が1本プレゼントされる

芸西村への行き方

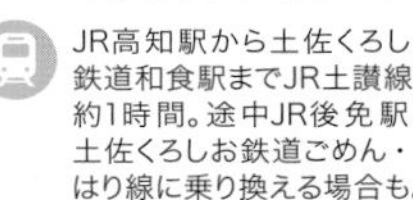

JR高知駅から中心部まで約31km、約40分。拠点となるインターチェンジは高知東部自動車道芸西西IC。

JR高知駅から土佐くろしお鉄道和食駅までJR土讃線で約1時間。途中JR後免駅で土佐くろしお鉄道ごめん・なはり線に乗り換える場合も。

交通INFO

村内を走る鉄道とバス
土佐くろしお鉄道ごめん・なはり線が村を横断。和食駅と西分駅の2駅ある。バスは高知東部交通の路線バスが運行。

馬路村への行き方

JR高知駅から中心部まで約70km、約1時間30分。拠点となるインターチェンジは高知東部自動車道芸西西IC。

JR高知駅から土佐くろしお鉄道安芸駅までJR土讃線で1時間～1時間20分。安芸駅から高知東部交通の路線バスが運行。

ゆずの森加工場
住高知県馬路村馬路3888-4
TEL0120-559-659
開9:00～16:00
休見学は無休（ただし日曜・祝日は加工場休み）　料見学無料
交土佐くろしお鉄道安芸駅から高知東部交通バスで約55分、バス停馬路橋下車、徒歩約5分。高知東部自動車道芸西西ICから車で約55分　Pあり

こちらもCHECK!

レトロな森林鉄道に乗ろう
かつて地域を走っていた森林鉄道の乗車・運転体験ができる。

魚梁瀬森林鉄道
MAP 別冊P.11-D3
住高知県馬路村魚梁瀬丸山
TEL0887-43-2055
運日曜・祝日の10:00～15:30（12:00～13:00は休憩）、8月は土曜も運行
料乗車体験400円、運転体験1000円　Pあり

魚梁瀬丸山公園を周回する森林鉄道

芸西村には伝統製法を守って作られる「白玉糖」という名の黒糖がある。直販所「琴ヶ浜かっぱ市」で購入できる。

奈半利町への行き方

JR高知駅から中心部まで約55km、約1時間20分。拠点となるインターチェンジは高知東部自動車道芸西西IC。

JR高知駅から土佐くろしお鉄道奈半利駅までJR土讃線で約1時間10分。途中JR後免駅で乗り換えの場合も。

こちらもCHECK!

サンゴ礁と熱帯魚を見にいこう
珊瑚礁と熱帯魚が生息する奈半利の海で、スノーケリングや夜のクリアSUP、カヤックなどのアクティビティ体験ができる(要予約)。

奈半利町海浜センター
MAP 別冊P.8-B1
住 高知県奈半利町甲2293-2
TEL 0887-38-5127
営 9:00～17:00　料 スノーケリング4400円～、ナイトクリアSUP6600円～　P あり

穏やかな海をカヤックで進む

伝統産業の記憶と海を感じる　MAP 別冊P.8

奈半利町 なはりちょう

人口 2860人　面積 28.37km²

古くから交通の要衝として栄えてきた町で、現在は農業や漁業のほか、日本でも数少ない大型船舶の修理を行うドックがある。海の浅瀬には珊瑚礁が広がり、シーカヤックやスノーケリングが楽しめる。

奈半利町の浅瀬に広がる珊瑚礁と生息する熱帯魚

おもな見どころ

土佐漆喰の住宅街が残る　MAP 別冊P.8-B1

奈半利の町並み
なはりのまちなみ

交通の要衝として栄え、実業家を多く輩出した奈半利町。その旧道沿いには、幕末から近代にかけて建築された趣のある伝統建築がいくつも残っている。

土佐漆喰の白い壁や水切り瓦が特徴の建物

住 高知県奈半利町奈半利乙　TEL 0887-30-1816(なはりの郷)

田野町への行き方

JR高知駅から中心部まで約54km、約1時間8分。拠点となるインターチェンジは高知東部自動車道芸西西IC。

JR高知駅から土佐くろしお鉄道田野駅までJR土讃線で約1時間5分。途中JR後免駅で乗り換えの場合も。

観光案内所

道の駅田野駅屋
MAP 別冊P.8-B1
住 高知県田野町1431-1
TEL 0887-32-1077
開 7:30～17:30　休 なし
交 土佐くろしお鉄道田野駅から徒歩約1分。芸西西ICから車で約34分　P あり

岡御殿
住 高知県田野町2147-1
TEL 0887-38-3385
開 9:00～16:30　休 火曜(祝日の場合は翌日)　料 500円
P 田野町ふれあいセンター駐車場を利用

四国でいちばん小さな面積の町　MAP 別冊P.8

田野町 たのちょう

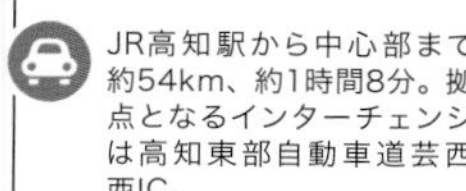

人口 2358人　面積 6.53km²

奈半利川の河口西岸に位置。総面積が四国で最も小さい町だが、田野駅を中心に町が発展している。藩政時代の豪商の屋敷や勤王の志士が眠る二十三士の墓など、歴史を感じるスポットも多い。

小さな町内には岡御殿など歴史を物語る建物が残る

おもな見どころ

書院造りの大豪邸　MAP 別冊P.8-B1

岡御殿
おかごてん

地元の豪商、岡家の屋敷であり、土佐藩主の宿泊所としても使用されていた書院造りの建物。町にゆかりある幕末の志士たちの活躍を伝える資料展示もある。

殿様の気分に浸って庭を眺めることもできる

INFO 田野駅の裏にある「中芸食材工房」(MAP 別冊P.8-B1 住 高知県田野町1386-1 TEL 0887-38-5600 営 8:00～17:00 休 不定休)のテイクアウトフード、すり身をサンドした「すりみードッグ」は絶品。

アユおどる清流の町

安田町 やすだちょう

MAP 別冊P.8

人口 2138人　面積 52.36㎢

町の中央を安田川が流れ、川遊びや川辺でのキャンプが人気。また、ここで取れるアユは「清流めぐり利き鮎会」でグランプリを受賞するなど、おいしさは全国屈指。清流の恵みが町の魅力だ。

アユ釣りも盛んな安田川

おもな見どころ

天然アユの泳ぐ川で遊ぶ　MAP 別冊P.8-B1

安田川アユおどる清流キャンプ場

やすだがわあゆおどるせいりゅうきゃんぷじょう

ダムがなく川本来の自然体系が残り、透明度も高い安田川。そのほとりに広がるキャンプ場。キャンプサイトのほか、キャビン、バイクフリーサイト、ペットフリーサイトもある。

ツリーハウスもあり元気に遊ぶ子供たちの姿も多い

県内有数のサーフィンスポット

東洋町 とうようちょう

MAP 別冊P.6

人口 2019人　面積 74.02㎢

高知県最東端で徳島県と接し、京阪神とを結ぶ高知の東の玄関口。室戸阿南海岸国定公園の真ん中に位置。全国屈指のサーフポイントである生見海岸が有名。潮風でおいしさを育むポンカンが特産。

サーフスポットや海水浴場があるレジャースポット

おもな見どころ

美しく湾曲した遠浅のビーチ　MAP 別冊P.6-A3

白浜海水浴場

しらはまかいすいよくじょう

高知でも有数の人気海水浴場。美しい砂浜海岸で約50mの浅瀬が続き、子供にも遊びやすいスポットとなっている。そばには海の駅東洋町もある。

ファミリー層に人気の海水浴場

住高知県東洋町白浜　TEL0887-29-3395（東洋町役場 産業建設課）

安田町への行き方

JR高知駅から中心部まで約51km、約1時間。拠点となるインターチェンジは高知東部自動車道芸西西IC。

JR高知駅から土佐くろしお鉄道安田駅までJR土讃線で約1時間25分。途中JR後免駅で乗り換えの場合も。

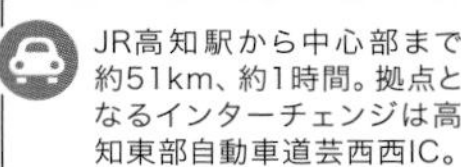

◆神峯寺（第27番札所）

安田川アユおどる清流キャンプ場

住高知県安田町大字船倉500
TEL0887-39-2266　料キャンプサイト3300円～、キャビン1万7600円～　交土佐くろしお鉄道安田駅から高知東部交通バスで約22分、バス停船倉下車、徒歩約3分。高知東部自動車道芸西西ICから車で約48分　Pあり

こちらもCHECK!

無料で化石発掘体験

270万年前頃の地層が隆起した場所で化石の発掘体験ができる。無料で道具の貸し出しもあり。事前に教育委員会へ申し込みを。

安田町化石発掘体験場

MAP別冊P.8-B1
住高知県安田町唐浜
TEL0887-38-6714（安田町教育委員会）　Pあり

農道の途中にある発掘場。掘るとすぐに化石が出てくる

東洋町への行き方

JR高知駅から中心部まで約101km、約2時間30分。拠点となるインターチェンジは高知東部自動車道芸西西IC。

交通INFO

町内を走るバスとDMV

海の駅東洋町へ、室戸方面からは高知東部交通のバスが、徳島方面からは阿佐海岸鉄道のDMVが乗り入れている。

INFO 真夏と真冬以外の土曜11:00～13:00に開店（要確認）する「のきした豆腐カフェ」（MAP別冊P.6-A3 住高知県東洋町河内1005-3 TEL090-5912-3096）が人気。予約可。

＼高知市の夜はここで決まり！／

大衆酒場で飲んだくれる！

四国屈指の酒処である高知市には、魅力的な大衆酒場がいっぱい！一軒に腰を据えるもよし、数軒はしごするもよし。のんべえたちのパラダイスへGo！

うな丸タタキ 1200円
四万十のり天ぷら 800円
突き出し 500円

ウナギを特製だれでさっぱりといただくうな丸タタキ。突き出しは日替わりの6種盛り合わせで500円！

自慢のカツオ料理！ ＼うまかよ～／

カツオ 塩、タレ刺 1600円

塩タタキと生カツオのたれにその日の鮮魚2種類の盛り合わせ

贅沢食材を手頃な値段で

お食事処あおき

●おしょくじどころあおき

JR高知駅周辺 MAP 別冊P.49-D1

気のいいご夫婦が営むアットホームな店。軽快なトークと一緒に食事も酒も進む進む！高知食材満載の料理は、どれもひと工夫されており絶品。

住 高知県高知市北本町1-1-1 TEL 088-875-4744 営 17:00～23:00 休 日曜 予 2000円～ 交 JR高知駅から徒歩約5分または電停高知橋から徒歩約2分 P なし

小上がりのみで相席が基本となる

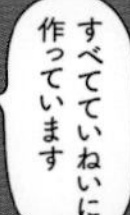

すべてていねいに作っています

路地裏にたたずむ名店

田舎家

●いなかや

はりまや橋周辺 MAP 別冊P.49-C3

入ってすぐに目に飛び込んでくるのは、年季の入ったカウンターとお総菜！ メニューは店内のそこら中に張られており、総数100以上。気になるメニューがあれば店員に聞いてみて。

住 高知県高知市本町3-4-4 TEL 088-823-6453 営 17:00～23:00 休 日曜・祝日 予 2000円～ 交 電停大橋通から徒歩約1分 P なし

カウンター上のメニューにも注目して

カツオ 塩タタキ 1000円
天然ブリ ぬた 1000円

定番のカツオタタキは塩とたれの2種類。刺身はすべて1000円で、こちらは脂ののった天然のブリ

ひとりでも気軽に立ち寄ってください

カウンターメニューのひとつ、鳥もつ煮400円（右）、りゅうきゅう酢400円（左）

自慢のカツオ料理！ ＼その場でじゅわっと／

素材本来の味を感じるカツオの塩タタキ。注文が入ってから焼き上げる

酒のお供！ 珍味いろいろ

ちょっと見慣れぬメニューも多い高知の珍味。変わった味も多いけれど、一度はチャレンジしてみて！

酒盗

カツオの内臓を使った塩辛が酒盗。日本酒との相性は抜群。土佐藩が発祥とされる。

リュウキュウ

ハスイモの茎の部分。細かく刻んで酢漬けにして食べる。しゃくしゃくした食感が◎。

ブリの卵

薄皮をむいてさっと煮付けたブリの卵。皿鉢料理にも使われる、高知の郷土料理。

ぬた

刻んだ葉ニンニクを味噌などで味付けしたもの。刺身のたれのほかご飯にかけても。

マイゴ

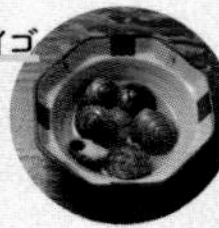

高知の海岸線で取れる巻き貝。塩ゆでにし、つま楊枝で身をほじくり出して食べる。

昼飲みOKの老舗

葉牡丹

●はぼたん

はりまや橋周辺　MAP 別冊P.49-C2

半世紀以上の歴史をもつ名店。カツオをはじめウツボやマイゴなど高知の誇る名物&珍味がずらり。地酒は1合280円～。市民の愛する「うまくて安く酔える」を体現する店だ。

住 高知県高知市堺町2-21 TEL 088-872-1330 営 11:00～23:00 休 水曜 予 2500円～ 交 電停堀詰から徒歩約2分 P なし

うつぼ唐揚 1045円
マイゴ 720円

高知では一般的に食べるウツボのから揚げ。コラーゲンたっぷりでコリコリした食感。マイゴもぜひ

昼には定食（日曜以外）メニューも

自慢のカツオ料理！

これが基本ぜよ

鰹たたき 1210円

表面をさっと炙ったカツオのタタキ。高知ならではの王道の味がこれ

カウンターのほか奥にはテーブル席もある

キビナゴ南蛮漬け、リュウキュウ、ポテトサラダ、マテ貝

カウンター上の皿やメニュー板から好きなものを選ぶ。値段は刺身が1000～1200円、小鉢が日替わりで500～600円

深夜からにぎわう大衆店

たに志

●たにし

はりまや橋周辺　MAP 別冊P.49-C2

こぢんまりした店内は、常連さんでいつもぎっしり！ いち押しは、カウンター中央に鎮座するおでんと〆のお茶漬け。2軒目に利用するのも◎。

カウンター7席とテーブル席がふたつある

住 高知県高知市帯屋町1-9-19 TEL 088-824-2276 営 18:30～翌2:30 休 日曜、祝日 予 2500円～ 交 電停堀詰から徒歩約3分 P なし

自慢のカツオ料理！

かつお茶漬 850円

カツオの醤油漬けに熱々のだし汁をかけて食べる。〆にもぴったり！

半生が時合いじゃ

カウンターの中心にはおでん鍋が。180円～で個数を伝えて注文する

もっとディープに飲むならここへ！

牛すじ煮込み 450円
ベトコン 350円
酒盗 500円

味噌、ニンニクで煮込む牛すじ煮込みと、豚タンの煮込み、ベトコン。自家製酒盗もおすすめ

商店街脇で60年以上！

元祖 赤のれん

●がんそ あかのれん

はりまや橋周辺 MAP 別冊P.49-C2

創業70年以上、経年変化したカウンターには常連さんが鈴なりに並ぶ。つまみにぴったりのメニューが揃い、地元ならではの旬の味が楽しめることも。

住 高知県高知市帯屋町1-8-6
TEL 088-872-0009 営 17:00～22:00
休 日曜 予 2000円～ 交 電停堀詰から徒歩約4分 P なし

（左）1階はカウンター、2階には小上がりもある（右）7～8月の短い期間のみ食べられるシンコ（ソウダガツオの幼魚）

高知市の大衆酒場あるある

カウンターに皿がずらり

カウンターの上に料理の皿がのったおばんざいスタイルが多い。好きな料理を指さしで注文できる。

日本酒定番は3種類

土佐鶴、司牡丹、桂月が大衆酒場の御三家。まれに酔鯨などを扱っている店も。

佐川町に蔵元がある司牡丹

隣り合ったらもう友達！

酒場は客同士の距離感が狭く、隣り合った地元の人と一緒に飲める。次の一軒に同行なんてこともしばしば。

ゆでタン 495円　煮込み 478円
土佐あかうし ミノ焼き 638円

店名のとおり、定番は肉の煮込み料理。年に数回のみ、土佐あかうしの限定メニューも登場する

煮込みつまみに一杯♪

にこみちゃん

●にこみちゃん

はりまや橋周辺 MAP 別冊P.49-D3

酒のアテは煮込み！というホルモンラバーに捧げる一軒。煮込みは牛スジやギアラなどを3種類の味噌で煮込んだ逸品。〆カレー770円も人気。

住 高知県高知市南はりまや町2-14-10 TEL 088-882-0253 営 17:30～22:00
休 月曜、第1・3日曜
予 2000円～ 交 電停菜園場町から徒歩約3分 P なし

繁華街からはやや離れており静か

焼酎ストレートのゆず割350円もぜひ

常連客でいつもごった返している

＼豪華な盛り合わせに釘付け！／

老舗料亭の皿鉢料理で乾杯

高知の宴会に欠かせない皿鉢料理。居酒屋でも注文できるが、せっかくなら高知の食文化を伝える老舗料亭で食べてみては？ 楽しし過ぎるお座敷遊びもご一緒に！

CHECK! 川エビの天ぷら

CHECK! 酒盗

CHECK! アユのから揚げ

CHECK! どろめ

CHECK! チャンバラ貝

CHECK! バイ貝

CHECK! 大丸

CHECK! カツオのタタキ

WHAT'S

皿鉢料理（さわちりょうり）

40cmほどの大皿に海の幸、山の幸を盛り合わせた宴会料理。客人をもてなすためのもの。

土佐皿鉢料理
9900円～
カツオのタタキや刺身、伊勢エビ、川エビや魚、カマボコなど高知の味覚が一度に味わえる。内容により料金が変わる

＼お座敷遊びが楽しい！／

夜には番頭の三味線伴奏のもと、高知に伝わる宴会遊びも楽しめる。

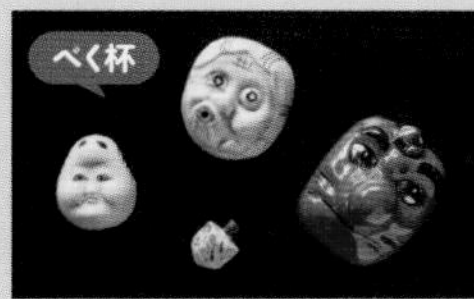

不安定で、飲み干さないとテーブルに杯が置けないという宴会遊びの必需品

べく杯をコマとして回し、当たった人が注がれた酒を飲む干すという遊び

おちょこの下に菊を隠し、当てた人がほかのおちょこに酒をついで飲む

握った朱塗りの箸（箸拳）の本数を当て合う。坂本龍馬が持ち帰ったとされる

贅沢食材を手頃な値段で

料亭 得月楼

●りょうてい とくげつろう

（はりまや橋周辺） MAP 別冊P.49-D2

1870（明治3）年創業の老舗料亭で、見事な数寄屋造りの建物は「南海第一楼」とうたわれるほど。全個室の座敷で、土佐懐石料理（夜9900円～）や皿鉢料理を堪能できる。

住 高知県高知市南はりまや町1-17-3 TEL 088-882-0101 営 11:00～14:00（LO13:30）、17:00～22:00 休 不定休 予 ランチ3300円～、ディナー9900円～ 交 電停デンテツターミナルビル前から徒歩約2分 P なし

宮尾登美子の小説『陽暉楼』の舞台となった

「大丸」はゆで卵が丸ごと入ったかまぼこ。地元では縁起物として親しまれている。

高知の味が何でも揃う!

ひろめ市場ではしご酒

大人気のひろめ市場には、高知の「おいしい」が勢揃い。飲食店からおみやげ、鮮魚店など約60店舗がひしめく市場内は、まるでグルメのテーマパーク!

いつ行っても人でいっぱい! 場所取りは迅速に

⬆ビールなどアルコールはほぼどの店でも注文できる⬇ひろめ市場一と呼ばれるやいろ亭のシオタタキ2600円(2人前)。臭みゼロでとろけるうまさ

赤身のうまさが際立つ塊肉ステーキ(ウデ肉)200g 5000円～と土佐あかうしのワイン煮2000円

注文したらテーブルまで持ってきてくれる

1日中にぎわう屋台街

ひろめ市場

●ひろめいちば

高知城周辺 MAP 別冊P.48-B2

高知市の町の中心にある屋内型屋台村。飲食スペースは館内随所にあり、テーブルは基本早い者勝ち。食べ終わった食器はすぐにスタッフが片付けてくれるのでそのままにしてOKだ。

住 高知県高知市帯屋町2-3-1 TEL 088-822-5287 営休 全体休館日は1･6･10月の年6日、定休日は店舗により異なる 交 電停大橋通から徒歩約3分 P 180台

⬆カツオのタタキやどろめ(生シラス)たっぷりの土佐丼1000円とウツボたたき960円⬇〆におすすめの焼き餃子

うちのタタキは高知で一番おいしいと勝手に思うちゅう
E

やいろ亭にて

C
すごいおいしいき!

クジラの刃タタキとブリの卵各480円 チャンバラ貝580円

市場内の人気店はこちら!

A 郷土料理が揃う大衆酒場

本池澤 ひろめ市場店

●ほんいけざわ ひろめいちばてん

MAP別冊P.48-B2

1925(大正14)年の創業の鮮魚店が直営。自慢は、確かな目利きで選ぶ魚介類。刺身や丼、揚げ物などさまざまな調理法で味わえる。定番から珍味までメニューは豊富。

住お城下広場 TEL088-872-0772 営10:00～22:00(日曜は9:00～) 休なし 予1500円～

ランチにぴったりの丼も充実してます

ひろめ市場の正面入口のすぐ横にある

B 土佐あかうしならここへ!

土佐あかうしとワイン プティ・ヴェール

●とさあかうしとわいん ぷてぃ・ゔぇーる

MAP別冊P.48-B2

高知県の銘柄牛、土佐あかうしを提供。看板メニューのステーキは、肉を熟成せず新鮮なまま焼き上げるので、肉本来のうま味をダイレクトに味わうことができる。

住ぎっちり日曜市 TEL088-822-2520 営11:00～15:00(LO14:00)、17:00～22:00(LO21:00) 休月・火曜 予2500円～

赤身が美しい!

店内にテーブル席があるのでゆっくりできる

C ユニークな酒のアテがずらり

珍味堂

●ちんみどう

MAP別冊P.48-B2

味も見た目もユニークな珍味を小さなパック詰めにして販売している。魚卵に貝類、刺身など常時20種類以上を揃えており、思わず目移りするようなメニューばかり。

住お城下広場 TEL088-872-0266 営10:00～22:30(日曜は9:00～) 休ひろめ市場休館日に準ずる 予1000円～

ひとつからでもお気軽にご注文を!

珍味のほか刺身、フルーツもある

D 高知名物・屋台餃子

ひろめで安兵衛

●ひろめでやすべえ

MAP別冊P.48-B2

1965(昭和40)年創業、県民のソウルフードともいわれる屋台餃子のひろめ市場店。提供までに時間がかかるので、早めに注文して飲みながら餃子の着弾を待つのが正解。

住自由広場 TEL088-822-0222 営12:00～21:00(日曜・祝日は11:00～20:00) 休不定休 予800円～

混雑するので注文は早めに!

屋台餃子500円

E うまいカツオならここ一択!

やいろ亭

●やいろてい

MAP別冊P.48-B2

地元市民が「ひろめでカツオのタタキならここ」と太鼓判を押す店。名物は塩タタキ。2人前からは舟盛りで提供される。四万十川の青さのりの天ぷら600円もおすすめ。

味付きゅうり400円も人気!

住自由広場 TEL088-871-3434 営10:00～21:20(日曜は9:00～21:00) 休なし 予2000円～

いつでも行列が絶えない

F うなぎ料理とこだわり日本酒

ひろめの鰻処 まん

●ひろめのうなぎどころ まん

MAP別冊P.48-B2

高知県産のうなぎ専門店。店内で焼き上げる蒲焼きは、外はカリッと、中はふっくら。鰻重は通常サイズから〆に食べたいちび鰻丼までサイズいろいろ!

住自由広場 TEL088-855-7805 営11:00～22:00(土曜・祝日は10:00～、日曜は9:00～) 休なし 予1500円～

うまい日本酒も揃ってます!

鰻串(白／黒)各1本1100円と鰻の骨せんべい600円

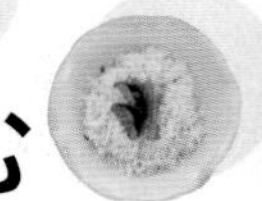

＼こじゃんとうまい！／

高知各地の名物料理を楽しむ

高知の名物って、カツオだけじゃないんです！ 高知県の各地で食べられる極上の海の幸と川の幸を知って、グルメ旅へ出かけてみよう。

うな重（天然）5600円、（養殖）3550円
天然うなぎは数量限定。蒲焼きはカリッと香ばしい関西風

四万十天然うなぎ
四万十川で育ち水揚げされる最高級うなぎ。天然ものは4～9月が漁期。

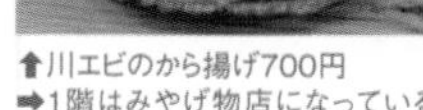

⬆川エビのから揚げ700円
➡1階はみやげ物店になっている。こちらは天然うなぎ佃煮1400円

四万十川の川の幸を提供

四万十屋

●しまんとや

四万十市 MAP別冊P.21-D2

高知の誇るブランド、四万十うなぎが食べられる店。うな重は天然ものと養殖の2種類から選べる。ほかにもアユや川エビ、ゴリ（川魚）など四万十の川の幸を思う存分楽しめる。

住高知県四万十市山路2494-1 TEL0880-36-2828 営10:00～15:00 休水曜 予3500円～ 交土佐くろしお鉄道中村駅から車で約10分。高知自動車道黒潮拳ノ川ICから車で約50分 Pあり

⬆川を眺めながらくつろげる席もある
⬅川のすぐ横に位置している

一本釣りのカツオを堪能

山本鮮魚店

●やまもとせんぎょてん

中土佐町 MAP別冊P.19-D2

「カツオの町」中土佐町の久礼大正町市場に店を構える鮮魚店直営の食堂。毎朝取れる一本釣りのカツオを丼や刺身で提供。分厚くカットされた刺身がどっさりのって、ボリューム満点。

住 高知県中土佐町久礼6369 久礼大正町市場 TEL0889-52-3373 営11:00～14:00頃（小売は10:00～15:00頃） 休月・木曜 予650円～ 交JR土佐久礼駅から徒歩約5分。高知自動車道中土佐ICから車で約5分 Pあり

⬆久礼大正町市場の中にある
➡2023年に改装したばかりで清潔

一本釣りカツオ
船から1本の釣り竿で釣り上げるカツオのこと。一尾ずつ釣るので身の痛みが少ない。

かつおの食べ比べ丼 1100円
生カツオと藁焼きのタタキの2種類をオン！ 特製のたれで食べる

➡その日の鮮魚が日替わりでのる魚屋の海鮮丼950円

港沿いの市場食堂

足摺黒潮市場（土佐清水さかなセンター）

●あしずりくろしおいちば（とさしみずさかなせんたー）

（土佐清水市）MAP 別冊P.50-A1

漁港のそばにある物産店＆レストラン。地元の新鮮な魚介類を使った丼や定食が評判。ブランドサバをメインに味わうなら、清水さばを使ったさばのぶっかけ丼1480円がおすすめ。

住 高知県土佐清水市清水932-5 TEL 0880-83-0151 営 11:00～14:00 休 なし 予 1500円～ 交 高知自動車道黒潮拳ノ川ICから車で約1時間20分 P 10台

清水さば
土佐清水市で水揚げされるブランドサバ。脂がたっぷりのって、とろける食感。

➡さばぶっかけ丼。最後にはだし汁をかけて食べよう

港を眺めながら食事できる

おまかせ 1780円
カツオのタタキにイカ刺身にもう1種類の刺身がのる。刺身の種類は日替わり。

どろめ＆ちりめん
沿岸で水揚げされるシラス。地元では取れた生シラスのことをどろめと呼ぶ。

釜揚げちりめん丼プラスどろめ丼セット 1000円
どろめとちりめんの両方を味わえる贅沢な丼。刺身付きは1700円

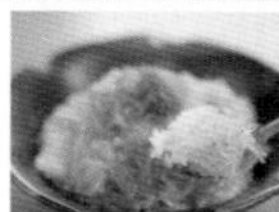

⬅朝取れの新鮮などろめを堪能しよう ➡港のすぐそばにあり、直売所も併設

地元産のしらすを存分に！

安芸しらす食堂

●あきしらすしょくどう

（安芸市）MAP 別冊P.8-A1

毎日行列必至の人気店。どろめやシラスはもちろん、米や野菜にいたるまで地元産にこだわっている。安芸市の本店のほか高知市にも支店がある。ウェブサイトにはオンラインストアもある。

住 高知県安芸市西浜3411-46 TEL 0887-34-8810 営 11:00～LO15:30 休 木曜 予 1000円～ 交 土佐くろしお鉄道球場前駅から徒歩約15分。高知東部自動車道芸西西ICから車で約12分 P 50台

室戸岬の旬の魚介を提供

料亭 花月

●りょうてい かげつ

（室戸市）MAP 別冊P.8-A2

1925（大正14）年の創業以来、地元の魚介類にこだわった料理を提供する料亭。人気の室戸キンメ丼のほか、もっとキンメを味わいたい人にはオールキンメ丼2200円もおすすめ。料亭といっても敷居は高くないので気軽に食事だけでOK。

住 高知県室戸市室津2586 TEL 0887-22-0115 営 11:00～13:30（土・日曜は10:30～） 休 不定休 予 2000円～ 交 高知東部自動車道芸西西ICから車で約1時間 P 10台

キンメ鯛
室戸岬の沖はキンメ鯛の好漁場。このキンメ鯛を使ったご当地メニューがキンメ丼。

室戸キンメ丼 1800円
キンメの刺身のほか地魚の刺身やキンメの照り焼きがのった丼。吸い物付き。〆はダシ茶漬で。

⬅雰囲気のある老舗料亭 ➡座敷席でゆっくりと味わえる

昔から続く伝統の味
高知とカツオの深く熱～い仲

カツオの歴史を学ぶ

高知の人がカツオを食してきた歴史はかなり長い。縄文時代後期に当たる約3500年前の宿毛貝塚からカツオの骨が発見されており、日本料理の歴史においてはカツオを使う料理には「土佐造り」や「土佐煮」など必ずといっていいほど「土佐」の名がついてくる。江戸時代初期にはカツオ節が土佐の名産となり、土佐藩から徳川家康へカツオ節1000本が献上されたともいわれている。そのように、古くから土佐のカツオは全国に誇るブランドだったのだ。

また、高知県民のカツオ愛も筋金入りだ。これも江戸時代、庶民の間ではカツオの刺身が人気を集めていたそうだが、車のない時代ゆえ、宇佐浦（現土佐市）で水揚げされたカツオを、鮮度を保ったまま城下町へと届けるため、約16kmを2時間で走って運ぶ「宇佐のカツオの夜売り」も行われていたという。

現代においても、総務省調査による1世帯当たりのカツオの消費量ランキングでは高知市が1位を独走中。2020～2022年平均では、2位の福島市の2倍以上、全国平均の5倍以上という圧倒的な消費量を誇っている。

高知でカツオといえば、刺身かタタキだ。刺身は皮を残した銀造りも人気。タタキはポン酢醤油のたれ、または塩で食べる場合もある

タタキのほかさまざまなバリエーションで味わいたい。こちらは高知市の居酒屋「たに志（→P.433）」のかつお茶漬

高知県民に愛されているカツオ。県内の水揚げ港としては久礼や須崎が知られている

タタキは表面だけあぶったレア状態にするのがポイント。身の中心部の鮮度を保つため、火力の強い炎で短時間であぶる。燃料は、よい香りがつく藁が人気だ

高知のカツオがおいしい理由

高知県民がこれだけたくさんカツオを食べる最大の理由は「おいしいから」にほかならない。そのおいしさにはれっきとした理由があり、回遊魚であるカツオがちょうど旬の時期に土佐沖を泳ぐことや、近海にカツオの群れがやってくるため鮮度のよい状態で水揚げできる地勢的な利点が挙げられる。

もうひとつ重要なポイントとなるのが、作り手にも食べる人にも備わった「こだわりの強さ」だ。カツオは個体差のある魚で、なかにはゴシやゲジと呼ばれる臭みや食感の悪いものがあり、さばいてみるまでわからない。高知の人は本当においしいカツオを食べたいからこそ、カツオ選びにこだわり、目利きができる店こそがリスペクトを集めていく風土があるのだ。

さらに、カツオのタタキになるとつけるたれや塩、あぶるときの炎など作り手のこだわりがよりディープになっていく。レストラン、居酒屋、食堂はもちろんのこと、鮮魚店やスーパーなどもハイレベルなので、くまなくチェックしてみよう。

地元では「メジカ」とか「新子」と呼ばれるソウダガツオの幼魚。取れるのは8・9月の2ヵ月のみというレアメニュー

歴史と文化

歴史

文化と風習

年表で見る 四国の歴史

時代区分	西暦	和暦	四国のおもなできごと	●日本 ●世界 のおもなできごと
神話時代			イザナギとイザナミの2柱の神により、国生みが行われる。四国は淡路島に次ぎ2番目に生まれた島となった。『古事記』には「伊予之二名島（いよのふたなのしま）」と記されている	
旧石器・縄文時代	約2万年前		国分台遺跡で、ナイフ型などいくつもの石器が発見される（香川）	●エジプトでピラミッド建設(紀元前2700～前2500年) ●アレクサンドロス大王の東方遠征(紀元前4世紀) ●水稲耕作・金属文化が日本に伝わる
	約1万2000年前～紀元前3世紀		瀬戸内海沿岸、吉野川流域、四万十川流域などに集落ができ、土器が使われ始める	
			久万川沿いの石灰崖にある**上黒岩岩陰遺跡**で石偶や装身具、人骨などが発見される。なかでも日本では初となる女性像も見つかる(愛媛) **→P.288**	
弥生・古墳時代	紀元前2～紀元後4世紀		南国市の田村遺跡群で約450軒の竪穴建物跡や約400棟の掘立柱建物跡が見つかる（高知）	●赤壁の戦い(208年) ●倭国の統一(大和朝廷の成立)(350年頃) ●巨大な前方後円墳が出現 ●ローマ帝国が東西に分裂(395年)
			紫雲出山山頂（紫雲出山遺跡）で弥生時代の遺跡が発掘される（香川）	
	5世紀前半		富田茶臼山古墳が造られる。全長139m、高さ最大15.7mで、四国最大の古墳（香川）	
飛鳥時代	596年	法興6年	聖徳太子、**道後温泉**に来浴する（愛媛）**→P.54**	●遣隋使の派遣(600年～) ●ムハンマド、イスラム教創始(610年) ●唐による中国統一(618年) ●大化の改新(645年) ●藤原京へ遷都(694年) ●大宝律令を定める(701年) ●平城京へ遷都(710年) ●墾田永世私財法施行(743年) ●タラス河畔の戦い(751年) ●奈良東大寺の大仏開眼供養(752年) ●後ウマイヤ朝の成立(756年) ●万葉集の編纂(629～759年頃)
	661年	斉明天皇7年	斉明天皇、道後を訪れ、熱田津の歌が詠まれる(愛媛)	
	7世紀後半～		飛鳥時代後期から実施された律令制により、五畿七道の南海道へ組み込まれる。島には讃岐国、阿波国、伊予国、土佐国の4つの令制国があることから、四国と呼ばれるようになった	
奈良時代	717年	養老元年	四国お遍路第88番札所、**大窪寺**創建（香川）**→P.149**	
	724年	神亀元年	四国お遍路第31番札所、**竹林寺**創建（高知）**→P.365**	
	729年	天平元年	四国お遍路第51番札所、**石手寺**創建（愛媛）**→P.275**	
	729～749年	天平年間	四国お遍路第1番札所、**霊山寺**創建（徳島）**→P.22**	
	774年	宝亀5年	現善通寺市内において、弘法大師・空海が誕生する。幼名は真魚（香川）	
	793年頃	延暦12年頃	空海、四国の各地で修行を積み、出家する	
平安時代	807年	大同2年	四国お遍路第15番札所、**総本山善通寺**創建（香川）**→P.167**	●平安京に遷都(794年) ●イングランド王国建国(829年) ●遣唐使の廃止(894年) ●武士の誕生(10世紀頃) ●高麗による朝鮮統一(936年) ●藤原純友の乱(939年) ●宋が中国を統一(979年) ●第1回十字軍遠征(1096年) ●平治の乱(1159年)
	810年	弘仁元年	空海、嵯峨天皇より許しを得て、真言宗を開く	
	821年	弘仁12年	弘法大師・空海、満濃池の治水工事を行う（香川）**香川県満濃池森林公園 →P.174**	
	822年	弘仁13年	弘法大師・空海により足摺岬に**金剛福寺**が建立される（高知）**→P.415**	
	886年	仁和2年	菅原道真、讃岐守として4年間を過ごす（香川）	
	930年	延長8年	紀貫之、土佐守として土佐国へ赴任（高知）	
	934年	承平4年	紀貫之、任期を全うし帰京の途につく。帰京後に『土佐日記』なる（高知）	
	939年	天慶2年	伊予国の藤原純友、平将門の乱に乗じ乱を起こす（承平天慶の乱）。一時は讃岐国の国府を陥落させたが、朝廷により派遣された小野好古により平定される（愛媛）	

時代区分	西暦	和暦	四国のおもなできごと	●日本 ●世界のおもなできごと
平安時代	1156年	保元元年	崇徳天皇、保元の乱に敗れ讃岐に流される。8年後に讃岐国で崩御（香川）	●壇ノ浦の戦い、平氏滅亡(1185年) ●源頼朝死去(1199年) ●チンギス・ハーン遠征開始(1219年) ●承久の乱(1221年) ●元寇 文永の役(1274年) ●元寇 弘安の役(1281年) ●オスマン帝国の建国(1299年) ●鎌倉幕府が滅亡(1333年)
	1180年	治承4年	治承・寿永の乱の戦いに準じ、伊予国の豪族、河野氏が平氏に反乱を起こす（愛媛）	
鎌倉時代	1185年	文治元年	京から落ちた平氏を追い、現高松市の屋島で源氏と平氏による合戦が行われる（屋島の戦い）。再び敗れた平氏は海上を壇ノ浦へと逃げた（香川）	
			伊予国の豪族、河野通信が屋島の戦い、壇ノ浦の戦いで軍船を率いて源氏側につき戦う（愛媛）	
	1245年	寛元3年	金刀比羅宮そばのおみやげ屋、五人百姓の**池商店**が創業（香川）→P.33	
	1288年	正応元年	一遍上人、道後の奥谷宝厳寺にとどまり、湯釜の宝珠に6文字の名号を書く（愛媛）	
室町時代	1337年〜	建武4年・延元2年〜	南北朝から室町にかけて、細川氏が讃岐国、阿波国、土佐国の守護代となる。初代は細川顕氏。のちに土佐、阿波はそれぞれ別の細川氏が守護代になる。伊予国は河野氏が守護代を務める	●室町幕府が成立(1336年) ●英仏百年戦争(1338年) ●ヨーロッパで黒死病流行(1347年〜) ●元滅亡(1368年) ●南北朝が合一(1392年) ●ティムール、トルコを支配(1402年) ●応仁の乱(1467年) ●ルターの宗教改革(1517年) ●マゼラン海峡の発見(1520年) ●種子島にポルトガル船漂着、鉄砲伝来(1543年) ●ザビエル来日、キリスト教伝来(1549年) ●室町幕府滅亡(1573年)
	1362年	正平16年・康安2年	細川頼之と南朝側の細川清氏により白峰合戦が起こる。南朝側が敗北し清氏は戦死（香川）	
	1468年	応仁2年	前関白一條教房が現四万十市（旧中村市）に移る（高知）	
	1539年	天文8年	「土佐の出来人」こと長宗我部元親、生まれる（高知）	
	1560年	永禄3年	長宗我部元親、「長浜の戦い」にて初陣、名を挙げる。その後父の急死により家督を相続（高知）	
	1567年	永禄10年	村上海賊、毛利軍と組んで織田信長を第1次木津川口の戦いで破る	
安土桃山時代	1575年	天正3年	四万十川の戦い。勝利した長宗我部元親、現四万十市（旧中村市）から一條兼定を追い払い土佐を統一する（高知）	●長篠の戦い(1575年) ●本能寺の変(1582年) ●天正遣欧使節、ローマ教皇に謁見(1585年) ●スペイン無敵艦隊、イギリスに敗北(1588年) ●豊臣秀吉死去(1598年) ●関ヶ原の戦い(1600年)
	1582年	天正10年	中富川の戦い。長宗我部元親、三好氏を破り阿波国を支配する	
	1584年	天正12年	長宗我部元親、讃岐の十河城を落とし土佐・阿波・讃岐の3国を完全に掌握する	
	1585年	天正13年	長宗我部元親、伊予国の河野氏を降伏させ四国を統一するも、豊臣秀吉に敗れ土佐一国を安堵される	
			蜂須賀正勝・家政親子が阿波国の領主となり**徳島城**を築く（徳島）→P.205	
			ルイス・フロイス、瀬戸内海を航行。著書に村上海賊のことを記す	
	1586年	天正14年	徳島藩主の蜂須賀家政、徳島城竣工の祝いとして庶民に無礼講で踊ることを許す（**阿波おどり**の起源、ただし諸説あり）→P.100	
	1587年	天正15年	讃岐国の領主となった生駒親正により高松城（玉藻城）が築かれる（香川）**史跡高松城跡 玉藻公園** →P.126	
	1588年	天正16年	豊臣秀吉により海賊禁止令が出され、村上海賊が解体する（愛媛）	
	1600年	慶長5年	長宗我部盛親除封、山内一豊が土佐国主となる（高知）	
	1601年	慶長6年	築城の名手・藤堂高虎により**宇和島城**が築城される（愛媛）→P.321	
	1602年	慶長7年	**丸亀城**のすべての城郭が完成する（香川）→P.158	

時代区分	西暦	和暦	四国のおもなできごと	●日本 ●世界のおもなできごと
	1602年	慶長7年	賤ヶ岳７本槍のひとり、加藤嘉明が松山藩主に。**松山城**が築城される（愛媛）**→P.266**	
江戸時代	1603年	慶長8年	佐川町の酒蔵、司牡丹酒造が創業（高知）**酒ギャラリーほてい（司牡丹酒造）→P.373**	●江戸幕府成立(1603年) ●シェークスピア『ハムレット』初演(1603年) ●平戸にオランダ商館設立(1609年) ●江戸幕府、スペイン船の来航を禁止(1624年) ●島原・天草の乱(1637年) ●明の滅亡(1644年) ●生類憐れみの令(1687年)
	1604年	慶長9年	藤堂高虎により**今治城**が築城される（愛媛）**→P.295**	
	1615年	慶長20年	伊達秀宗、宇和島城に入り宇和島藩主となる（愛媛）	
	1635年	寛永12年	松平定行、松山藩主になり松山城に入る（愛媛）	
	1658年	万治元年	琴平の造り酒屋、**金陵**が創業（香川）**→P.33**	
	1667年	寛文7年	**道後温泉 ふなや**創業（愛媛）**→P.58**	
	1672年	寛文12年	宇和島藩の2代藩主・伊達宗利により**天赦園**が造営される（愛媛）**→P.322**	
	1688年	貞享5年	回遊式庭園の傑作、**中津万象園**が開園（香川）**→P.158**	
	1688〜1704年	元禄年間	大洲藩に来た善之進という僧が紙漉きの技術を伝える〈大洲和紙の発祥〉（愛媛）	
	1691年	元禄4年	別子銅山が開坑。住友家が巨大財閥となる礎を作り上げる（愛媛）**マイントピア別子 →P.318**	
	江戸時代中期頃〜		江戸においてこんぴら参りが大流行。「一生に一度はこんぴら参り」と呼ばれるほど憧れの地に（香川）**金刀比羅宮 →P.30**	
	1745年	延亨2年	**栗林公園**の完成（香川）**→P.122**	●享保の改革(1716年) ●イギリス産業革命始まる(1760年頃) ●アメリカ合衆国独立宣言(1776年) ●フランス革命勃発(1789年)
	1765年	明和2年	**灸まん**創業（香川）**→P.32**	
	1776年	安永5年	平賀源内、長崎で入手したエレキテル（静電気発生機）を修理、復元に成功する（香川）**平賀源内記念館 →P.147**	
	1777年	安永6年	大洲藩主・加藤泰公、地元の陶石を使った焼き物造りを配下に命じる〈**砥部焼**の発祥〉（愛媛）**→P.47・281**	
	1780年	安永9年	豊後の国の焼物師、文右衛門が大谷村に登り窯を造り作陶を始める〈大谷焼の発祥〉（徳島）**大谷焼の里 →P.210**	●ワーテルローの戦い(1815年) ●シーボルトが長崎に来航(1823年) ●アヘン戦争(1840年) ●老中・水野忠邦、天保の改革を開始(1841年) ●ペリー艦隊、浦賀に来航(1853年) ●南北戦争勃発(1861年) ●大政奉還(1867年) ●戊辰戦争(1868年)
	1827年	文久10年	中浜（ジョン）万次郎、漂流のはてにアメリカの捕鯨船に救助されハワイへ。その後日本人として初めてアメリカ本土へ渡る（高知）	
	1835年	天保6年	金刀比羅宮の参道に芝居小屋がオープン。（香川）**旧金比羅大芝居（金丸座）→P.173**	
	1836年	天保6年	**坂本龍馬**、生まれる（高知）**→P.72**	
	1852年	寛永5年	中浜（ジョン）万次郎がアメリカから帰国する（高知）	
	1853年	寛永6年	吉田東洋を参政に登用する（高知）	
	1858年	安政5年	安政の大獄により、土佐藩主・山内豊信（容堂）、幕府より謹慎を命じられる（2年後に解除）（高知）	
	1859年	安政6年	「日本騎兵の父」と呼ばれる**秋山好古**が松山市に生まれる（愛媛）**→P.268**	
	1861年	文久元年	武市瑞山、土佐勤王党を結成する（高知）	
	1862年	文久2年	**坂本龍馬**、土佐藩を脱藩する **→P.76**	
			参政・吉田東洋、土佐勤王党の那須信吾・安岡喜助・大石団蔵により暗殺される（高知）	
			日本の植物学の父、**牧野富太郎**生まれる（高知）**→P.374**	

時代区分	西暦	和暦	四国のおもなできごと	●日本 ●世界のおもなできごと
	1863年	文久3年	土佐藩脱藩浪士の吉村虎太郎の結成した天誅組、大和（奈良県）で挙兵するも約1ヵ月で壊滅（高知）	
	1865年	慶応元年	坂本龍馬、日本初の総合商社、亀山社中を結成	
			武市瑞山、獄中にて切腹（高知）	
	1866年	慶応2年	坂本龍馬が薩長連合に成功する（高知）	
			富国強兵を進める藩の機関、開成館を設立（高知）	
	1867年	慶応3年	坂本龍馬の海援隊、中岡慎太郎の陸援隊が結成される（高知）	
			土佐藩主・山内容堂、徳川慶喜に大政奉還を建白する（高知）	
			坂本龍馬と中岡慎太郎、京都にて暗殺される（高知）	
			山田屋まんじゅう、創業（愛媛）→P.57	
			正岡子規、松山市内に生まれる（愛媛）→P.268	
明治時代	1868年	慶応4（明治元）年	道後温泉に**大和屋本店**が創業する（愛媛）→P.59	
			浪花堂餅店が創業（香川）→P.33	
			日露戦争においてロシア軍を破る**秋山真之**が松山市に生まれる →P.268	
	明治初期		海部ハナ、木綿縞に改良を加えた織物を織り始める〈阿波正藍しじら織の発祥〉（徳島）	
	1870年	明治3年	高知市の**料亭 得月楼**が創業する（高知）→P.435	●明治改元(1868年) ●スエズ運河開通(1869年) ●廃藩置県(1871年) ●大日本帝国憲法発布(1889年2月11日) ●教育勅語発布(1890年10月30日)
	1871年	明治4年	7月の廃藩置県により、四国には12の県が誕生。11月には統廃合が行われ、名東県、香川県、松山県、宇和島県、高知県の5県となる	
	1872年	明治5年	松山県は石鉄県、宇和島県は神山県と名称を変える	
	1873年	明治6年	香川県が名東県と合併、石鉄県と神山県が合併し愛媛県となる	
	1875年	明治8年	名東県と香川県が分離	
	1876年	明治9年	香川県と愛媛県が合併、愛媛県となる。名東県の旧阿波国と高知県が合併、高知県となる。これにより四国には2県しかなくなった	
			日曜市が本町に開かれる（高知）	
	1880年	明治13年	高知県から旧阿波国が分離、現在の徳島県、高知県が誕生	
	1881年	明治14年	自由党が結成され、板垣退助がその総理となる（高知）	
	1883年	明治16年	一六タルトで知られる**一六本舗**創業（愛媛）→P.96	
			つぼや菓子舗、創業（愛媛）→P.56	
	1887年	明治20年	二宮忠八、まんのう町の樅の木峠でカラスの滑空を見て、飛行原理を着想（香川）**二宮忠八飛行館** →P.174	
	1888年	明治21年	愛媛県から讃岐国が分離、現在の香川県、愛媛県となり、ようやく四国4県が定まる	
			伊予鉄道が松山〜三津浜間に四国で初めての鉄道を開通（愛媛）	
	1889年	明治22年	**牧野富太郎**、新種のヤマトグサを発見。日本人として初めて新種の植物に命名する →P.374	

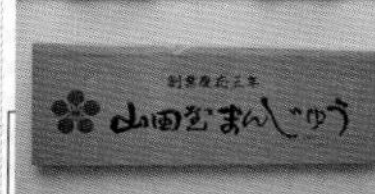

時代区分	西暦	和暦	四国のおもなできごと	●日本 ●世界 のおもなできごと
	1889年	明治22年	讃岐鉄道が丸亀～琴平間に鉄道を開通。これがJR四国の始まりとなる	
	1891年	明治24年	ドイツの地質学者、ヴァインシェイクが讃岐国の石に「サヌカイト」と命名。石はたたくと「カーン」と響くよい音がする	
	1894年	明治27年	道後町長・伊佐庭如矢が「100年後の繁栄」をモットーに**道後温泉本館**を改修（愛媛）→P.54	
			地震のため、道後温泉の湧出が止まる（翌年復旧）（愛媛）	
	1895年	明治28年	高松電灯会社が四国で初めて電力を配電（香川）	
			夏目漱石、松山市の愛媛県尋常中学校に英語教師として赴任する（愛媛）	
	1897年	明治30年	瀬戸内海の小島に大日本帝国陸軍の要塞が建設される（愛媛）**芸予要塞小島** →P.296	
	1906年	明治39年	夏目漱石、俳句雑誌『ホトトギス』にて小説『坊っちゃん』を発表	●日清戦争勃発(1894年8月1日) ●赤痢大流行(1897年) ●日露戦争勃発(1904年2月10日) ●第1次ロシア革命始まる(1905年1月22日) ●韓国併合(1910年8月22日) ●中華民国発足(1912年1月1日)
	1907年	明治40年	日本建築の傑作として名高い**臥龍山荘**が完成（愛媛）→P.327	
	1908年	明治41年	小豆島でオリーブの栽培が始まる（香川）	
	1909年	明治42年	船々せんべいで知られる**本家 船々堂**が創業（香川）→P.32	
	1911年	明治44年	**陸軍第11師団**が善通寺に本拠をおく（香川）→P.168	
大正時代	1916年	大正5年	芝居小屋の**内子座**が建築される（愛媛）→P.331	●大正改元(1912年7月30日) ●第1次護憲運動始まる(1912年12月) ●第1次世界大戦勃発(1914年7月28日) ●関東大震災(1923年9月1日) ●治安維持法公布(1925年4月12日) ●普通選挙法公布(1925年5月5日)
	1917年	大正6年	鳴門市の収容所に第1次世界大戦時のドイツ人捕虜が収容される（徳島）**鳴門市ドイツ館** →P.210	
			直島に三菱鉱業（現三菱マテリアル）の精錬所ができる（香川）	
	1922年	大正11年	フランス式洋風建築の**萬翠荘**が完成（愛媛）→P.269	
	1925年	大正14年	室戸キンメ丼で知られる室戸市の**料亭 花月**が創業（高知）→P.439	
	1926年	大正15年	**盤泉荘（旧松井家住宅）**が完成（愛媛）→P.325	
昭和時代	1929年	昭和4年	日本最古の5連マルチプルアーチ式ダム、**豊稔池堰堤**が完成（香川）→P.182	●昭和改元(1926年12月25日) ●日本で金融恐慌が起こる(1927年3月) ●世界恐慌始まる(1929年10月) ●満州事変(1931年9月18日) ●五・一五事件(1932年5月15日) ●太平洋戦争勃発(1941年12月8日) ●日本敗戦、ポツダム宣言受諾(1945年8月14日) ●終戦の詔書発布 ●日本国憲法施行(1947年5月3日) ●日米安全保障条約調印(1951年9月8日) ●メーデー事件(1952年5月1日) ●町村合併促進法公布(1953年9月1日) ●首都圏整備法公布(1956年4月26日) ●東京タワー完成(1958年12月23日)
	1934年	昭和9年	瀬戸内海国立公園が日本初の国立公園に指定される（香川、愛媛など）	
			室戸台風が四国全域に大きな被害をもたらす	
	1936年	昭和11年	**名物かまど**が荒木屋として創業（香川）→P.156	
	1940年	昭和15年	**牧野富太郎**により『牧野日本植物図鑑』が刊行される（高知）→P.374	
	1945年	昭和20年	松山市大空襲（愛媛）、高知市大空襲（高知）	
	1946年	昭和21年	南海大地震が起こる	
	1952年	昭和27年	銘菓かんざしで知られる**菓舗浜幸**が創業する（高知）→P.97	
	1953年	昭和28年	**道後温泉 椿の湯**が開設（愛媛）→P.55	
	1954年	昭和29年	第１回**よさこい祭り**が高知市で開催される（高知）→P.100	
	1958年	昭和33年	モダニズム建築の傑作として知られる**香川県庁舎東館**が完成（香川）→P.124	

時代区分	西暦	和暦	四国のおもなできごと	●日本 ●世界 のおもなできごと
	1958年	昭和33年	日本の植物学の父、牧野富太郎の業績をたたえ、**高知県立牧野植物園**が開園（高知）→P.360	●カラーテレビ放送開始(1960年9月10日) ●J・F・ケネディ米大統領暗殺(1963年11月23日) ●東京オリンピック開催(1964年10月10日) ●公害対策基本法施行(1967年8月3日) ●小笠原諸島返還、東京都に編入(1968年6月26日) ●川端康成がノーベル文学賞を受賞(1968年10月17日) ●沖縄返還、日本復帰(1972年5月15日) ●日中国交正常化(1972年9月29日) ●ロッキード事件で田中角栄首相逮捕(1976年7月27日) ●東京ディズニーランド開園(1983年4月15日) ●日航機、群馬県御巣鷹山に墜落(1985年8月12日) ●伊豆大島三原山噴火(1986年11月21日) ●国鉄分割民営化(1987年4月1日9)
	1968〜1972年	昭和43〜47年	松山生まれの3人（秋山好古、秋山真之、正岡子規）を主人公として歴史小説『**坂の上の雲**』（司馬遼太郎著）が産経新聞夕刊にて連載→P.268	
	1970年代		瀬戸内海の塩田が廃止される	
	1973年	昭和48年	四国の水がめ「早明浦ダム」が完成（高知）	
			別子銅山、廃坑になる（愛媛）	
	1976年	昭和51年	香川漆器が国の伝統的工芸品に指定される（香川）	
			阿波和紙が国の伝統的工芸品に指定される（徳島）	
			砥部焼が国の伝統的工芸品に指定される（愛媛）→P.47・281	
			土佐和紙が国の伝統的工芸品に指定される（高知）→P.48	
	1977年	昭和52年	大洲和紙が国の伝統的工芸品に指定される（愛媛）	
	1978年	昭和53年	阿波正藍しじら織が国の伝統的工芸品に指定される（徳島）	
	1985年	昭和60年	兵庫県と徳島県を結ぶ大鳴門橋が完成（徳島県）	
			松山自動車道が四国初の高速道路として開通。最初は三島川之江IC〜土居IC間の約11km	
	1988年	昭和63年	瀬戸大橋（全長12.3km）が供用を開始する（香川）**瀬戸大橋記念公園** →P.155	
平成時代	1991年	平成3年	四国唯一の大型遊園地・レオマワールド開園。2000年に閉園し、2004年に**レオマリゾート**として再開園（香川）→P.159	●平成改元(1989年1月8日) ●消費税実施(1989年4月1日) ●ベルリンの壁崩壊(1989年11月9日) ●イラクがクウェートに侵攻(1990年8月2日) ●日本人初の宇宙飛行(1990年11月21日) ●湾岸戦争勃発(1991年1月17日) ●EU発足(1993年11月1日) ●白神山地、屋久島、法隆寺、姫路城が世界遺産に登録される(1993年12月) ●阪神淡路大震災(1995年1月17日) ●特定非営利活動促進法(NPO法)施行(1998年12月1日)
	1992年	平成4年	ベネッセホールディングス、直島に**ベネッセハウス ミュージアム**をオープン（香川）→P.140	
			瀬戸大橋と高松自動車道が結ばれる（香川）	
			久万高原天体観測館が開館（愛媛）→P.292	
	1994年	平成6年	勝浦町で四国初の恐竜（イグアノドン類の歯）が発見される（徳島）**徳島県立博物館** →P.201	
			久万高原天体観測館のスタッフ、中村彰正さんにより最初の小惑星「久万」が発見される（愛媛）→P.293	
			隈研吾、梼原に最初の建築物、雲の上のホテル（現在建て替え中）を建造（高知）	
	1997年	平成9年	**丸亀うちわ**が国の伝統的工芸品に指定される（香川）→P.49	
			松山市と高松市が高速道路で結ばれる	
	1998年	平成10年	**大塚国際美術館**オープン（徳島）→P.214	
			元土佐藩家老、深尾弘人蕃顕（ふかおひろめしげあき）の屋敷跡地に**ひろめ市場**がオープン（高知）→P.436	
			土佐打刃物が国の伝統的工芸品に指定される（高知）	
			高知市、高松市、松山市が高速道路で結ばれる	
			神戸淡路鳴門自動車道が全線開通	
	2000年	平成12年	四国の4県都が高速道路で結ばれる	

時代区分	西暦	和暦	四国のおもなできごと	●日本 ●世界のおもなできごと
	2002年	平成14年	よさこい高知国体が開催される（高知）	●九州・沖縄サミット(2000年7月21日) ●USJ開園(2001年3月31日) ●アメリカ同時多発テロ(2001年9月11日) ●JR福知山線脱線事故(2005年4月25日) ●郵政民営化法が公布(2005年10月21日) ●東日本大震災(2011年3月11日)
	2003年	平成15年	**上勝町**、日本初となるゴミ廃棄ゼロを目標とした「ゼロ・ウェイスト宣言」を掲げる（徳島）**→P.228**	
			大谷焼が国の伝統的工芸品に指定される（徳島）**大谷焼の里 →P.210**	
	2006年	平成18年	広島県尾道市と愛媛県今治市の島々を11の橋で結ぶ西瀬戸自動車道（**しまなみ海道**）が全線開通 **→P.300**	
			隈研吾、**梼原町総合庁舎**を建造（高知）**→P.407**	
	2009年	平成21年	映像プロダクション[ufotable」が係わるイベント、**マチ★アソビ**が初開催される（徳島）**→P.206**	
	2010年	平成22年	直島や豊島、小豆島など瀬戸内海に浮かぶ島々で第１回**瀬戸内国際芸術祭**が開催される。同年、豊島に豊島美術館がオープン（香川）**→P.53**	
			隈研吾、梼原に**雲の上のギャラリー**と**まちの駅「ゆすはら」**を建造（高知）**→P.407**	
	2011年	平成23年	室戸ジオパーク、世界ジオパークネットワークに加盟（高知）	
	2012年	平成24年	県が「うどん県」を商標登録（香川）	
	2013年	平成25年	高知自動車道が四万十町窪川まで開通	
			第2回**瀬戸内国際芸術祭**が開催される（香川）	
	2015年	平成27年	徳島市と高松市が高速道路で結ばれる	
			四国遍路が日本遺産に登録される **→P.20**	
	2016年	平成28年	勝浦町で化石愛好家の親子がティタノサウルス形類の歯の化石を発見（徳島）**徳島県立博物館 →P.201**	
			村上海賊、日本遺産に登録される **→P.452**	
			第3回**瀬戸内国際芸術祭**が開催される（香川）	
	2017年	平成29年	**道後温泉別館 飛鳥乃湯泉**がオープン（愛媛）**→P.55**	
	2018年	平成30年	隈研吾、梼原に**梼原町立図書館（雲の上の図書館）**と**YURURIゆすはら**を建造（高知）**→P.407**	
	2019年	平成31～令和元年	第4回**瀬戸内国際芸術祭**が開催される（香川）	
令和時代	2020年	令和2年	**四国水族館**オープン（香川）**→P.165**	●令和改元(2019年5月1日) ●新型コロナウイルスの世界的流行(2020年2月～) ●イギリス、EUから離脱(2021年1月1日) ●東京オリンピック開催(2021年7月) ●ロシア軍、ウクライナに侵攻(2022年2月24日)
	2022年	令和4年	上島町の弓削島、佐島、生名島、岩城島を結ぶ**ゆめしま海道**が全面開通（愛媛）**→P.308**	
			第5回**瀬戸内国際芸術祭**が開催される（香川）	
	2023年	令和5年	弘法大師・空海の生誕1250年	
			大洲市、世界の持続可能な観光地認証団体「ザ グリーンディスティネーション ストーリーアワード」において世界一を受賞する（愛媛）**→P.324**	

●…日本のできごと　●…世界のできごと

歴史 TOPICS 01

“紀貫之（きのつらゆき）”と『土佐日記』

平安時代に書かれ、日本における女性による日記文学の先駆けとなった『土佐日記』。時代背景や紀貫之の旅程に迫る！

女流文学の先駆け

「男もすなる日記といふものを、女もしてみむとて、するなり」の書き出しで始まる『土佐日記』は、平安時代に成立した日記文学。作者は『古今和歌集』を編纂した紀貫之で、成立年は不明だが、930年代の半ばとされている。紀貫之（男性）が女性になりきって書いたもので、日本では最古の日記文学とされている。書き出しにあるとおり、この時代の日記は男性が書くもの。また漢字は男性が使い、ひらがなはおもに女性が使うものとされていた。『土佐日記』は女性のふりをして書いているということもあり、文字はひらがなが使われていた。後年に成立する『蜻蛉日記』や『更級日記』など女性による作品に大きな影響を及ぼしたとされる。

あらすじと作者について

紀貫之は930（延長8）年に土佐守として赴任。4年間を現地で過ごした。『土佐日記』は4年の任期を終え、土佐から京に帰るまでの55日間の船旅を記したものだ。道中でのできごとや人間模様をユーモアたっぷりに、また時には涙ぐましく語っていく。紀貫之の生誕は866年または872年とされていることから、赴任当時は60歳前後だった。『古今和歌集』の編纂に携わったのが905（延喜5）年であることから、『土佐日記』は晩年の作品ということになる。

日記で書かれた日程

日記は年末の12月21日から始まり、京に到着する2月16日で終了する。21〜26日までは道中の安全を祈願したり、送別の宴などで過ぎていく。官舎を出るのは12月26日で、27日に船の出る大津に到着する。ここで、紀貫之が京で生まれ、土佐で亡くなった娘を思い恋しく悲しむ。大津からまず大湊へ渡り、ここで元土佐守の子や医者より餞別の品を受け取り、年を越す。新年は風雨が強く8日まで停泊。1月7日には七種の節句を祝う。1月9日の早朝にようやく出航、奈半へと向かう。途中、宇多の松原の風景に感動する。夜には心細くなり女は声を上げて泣くが、船乗りたちの歌に心を和ませる。1月10日、奈半に泊まり、11日に室戸岬手前の室津へ向けて出航。途中の羽根という土地で訪ねた女子に自らの子供の姿を思い重ね悲しむ。
その後も風雨により船を出せなかったり、暁月夜に感動し先人の歌を思い出したり、海賊が心配で神仏に祈ったりしながら、鳴門海峡そばの土佐泊に着くのが1月29日。翌30日に和泉の灘へ到着。海岸沿いに北上し、途中貝や石、松を見ては亡き子を思い出す。2月6日に難波（河尻）から川を上り、2月16日の夜に平安京へと入り日記は終わる。

室戸岬にある土佐日記御崎の泊の碑

歴史 TOPICS 02

弘法大師・"空海"

真言宗の開祖・弘法大師（空海）は、讃岐国の生まれ。さまざまな偉業を成し遂げた人生をダイジェストで振り返る。

利発さで知られる幼少期

774（宝亀5）年、讃岐国の多度津郡屏風ヶ浦（現在の香川県善通寺市）に生まれる。父は佐伯田公。同市にある四国お遍路75番札所、総本山善通寺にある「誕生院」は佐伯家の邸宅に当たるため、ここを誕生の地として由緒を伝えている。幼名は真魚（まお）。幼い頃から利発さで知られ、15歳で京へ出て叔父である阿刀大足（あとのおおたり）に学ぶ。18歳の時に大学に進学する。この間に仏教に出合い興味をもつことになったといわれる。

弘法大師・空海の幼少期と伝わる絵

得度、名を空海と改める

大学ではおもに明経道を専攻し、中国の哲学、思想を学ぶ。しかし、官僚を養成するための勉学に疲れ、自らの進む道とは異なると思い定め793（延暦12）年に大学を中退。その後京都や四国など人里離れた場所で修行に励む。20歳の時に得度（出家）し、22歳で名を空海と改めたとされる。797（延暦16）年　、24歳の時に自らの出家宣言である『三教指帰（さんごうしいき）』を著す。これは儒・道・仏の三教において仏教こそが最上であることを示したもので、日本最古の戯曲であるとされている。その後山野で修行を重ねるうち、大和国久米寺の東塔の下に仏教における究極の教えである『大日経』があることを知り、実際に訪問して読む。しかし読んでも十分に理解はできないと考えた空海は、師を求め唐へ渡ることを考えた。

空海が修行したと伝わる室戸岬の御蔵洞。ここから見える空と海に感銘を受け「空海」という名にしたともいわれる

唐へ渡り、真言密教の祖に

転機が訪れたのは空海31歳の時。遣唐使の一員として唐へ渡ることとなったのだ。804（延暦23）年、のちに天台宗を開く最澄らとともに出航したが、暴風雨に見舞われるなどし長い陸路をたどり半年後にようやく唐の都である長安にたどり着く。現地で寺院を回りながらサンスクリット語を学び、密教の正式な継承者である恵果に出会う。ひとめ会って認められた空海は恵果を師として密教のすべて学び、納めたという。805（延暦24）年には遍照金剛の法号を授けられ、真言密教の第8祖となった。

真言宗を開き、高野山へ

唐へと渡ってから約2年後の806（大同元）年に帰国。そして810（弘仁元）年、嵯峨天皇より真言宗を開く許しを得ることとなった。816（弘仁7）年には高野山を修行

お遍路第88番札所、大窪寺に立つ弘法大師の像

空海が治水工事を行った満濃池。現在は公園となっている

足摺岬にある金剛福寺は空海が開基

の場とすることをお願いし、下賜を受ける。822（弘仁13）年には東大寺に灌頂道場真言院を建立、さらに翌年には東寺を賜り、「教王護国寺」と称し修行の場とした。835（承和2）、高野山で生涯を終え、入定。享年は62歳。その後921（延喜21）年、醍醐天皇より弘法大師の諡号を賜った。

宗教家以外の側面

真言宗を開いた宗教家としての顔以外にも、さまざまなことを行った空海。逸話は次のとおり。

①書道家

「弘法にも筆の誤り」にたとえられるように、書家としても優れ、嵯峨天皇、橘逸勢とともに「三筆」に数えられている。また『秘蔵宝鑰』など数々の書物も執筆した。

②教育者

828（天長5）年、空海は藤原三守から譲り受けた京都の左京九条の屋敷に綜芸種智院という私設の学校を設立。当時、大学入学には厳格な身分制度があったが、ここは関係なく庶民でも入学ができたという。仏教のほか儒教も教えていた。

③デベロッパー

現在の香川県まんのう町にある満濃池は、空海が治水工事を行った場所。周囲約20kmの日本最大級のため池で、当時はたびたび氾濫して住民たちを困らせていた。そこで空海は821（弘仁12）年に人々を救うため治水工事を施した。当時空海が考案した治水システムが現在も使われている。

④芸術家

空海はさまざまな寺に手彫りの仏像や曼荼羅の絵を残している。今で言うところのアーティストのような側面もあった。

⑤うどん伝来

香川の名物である讃岐うどんも、空海が伝来者であると考えられている。

四国お遍路と空海

四国お遍路の88札所は空海により選定されたものだが、いつ成立したのかは実はわかっていない。四国の寺院を巡り修行を行ったのは20〜24歳までの時期とされている。遍路道は空海の入定後に弟子たちが札所を巡礼しそれがお遍路の発祥だとされている。平安時代末期の『梁塵秘抄』や『古昔物語集』には「四国辺路」という記述が見られることから、この時期にはできあがっていたとされている。

歴史 TOPICS 03

瀬戸内の王 "村上海賊"

南北朝から戦国時代において、瀬戸内海に影響力をもった村上海賊。海賊とはいっても、高い操船技術と秩序をもった集団だった。

瀬戸内海を制した海賊衆

愛媛県今治市と広島県尾道市に挟まれた芸予諸島には、古くから「海賊」と呼ばれる集団がいた。彼らは瀬戸内海の芸予諸島を根城にし、3つの家で勢力をもっていた。3つの家はそれぞれ能島、因島、来島を本拠とし、時に争い、時に手を携え発展してきた。芸予諸島の一部は現在「しまなみ海道」が通り、四国でも有数の観光地となっている。狭い海域にいくつもの島が密集し、一見すると穏やかに見える海だが、その実3mもの潮の満ち引きや最大時速18kmにもなる潮流があり古来より航海者たちを悩ませてきた。そんな芸予の島々で航海を導く存在であったのが村上海賊だ。「海賊」というと金品を強奪する無法者のイメージだが、実情は通行料の代価として海の交通の秩序や交易を支える海上活動が生業であったとされている。

戦国時代の1585年、瀬戸内海を航海したルイス・フロイスは、その著書の中で「その島には日本最大の海賊が住んでおり、そこに大きい城を構え、多数の部下や地所や船舶を有し〜」と書いている。そしてその後の航海の安全のため村上海賊に対し好意のある処遇を求め、「過所船旗」と呼ばれる許可証を入手したとされる。このように村上海賊は航海の安全を図る代わりに通行料を徴収していたのだ。

○の中に「上」の文字が入った、能島村上家の旗印。村上海賊ミュージアムにて

村上海賊の歴史

村上海賊が歴史上に登場するのは南北朝時代（14世紀半ば〜末頃）が最初。全盛期には瀬戸内海のほぼ全域にその影響力をもっていた。戦国時代には因島村上氏は中国の毛利氏とほぼ行動をともにし、来島村上氏は伊予国の河野氏に臣従していた。能島村上氏はどこにも属さず、つかず離れずの距離間を保っていた。同時代、村上海賊は多くの戦に係わっているが、なかでも有名なのが1567（永禄10）年に織田信長と繰り広げた第1次木津川口の戦いだ。村上海賊は毛利につき、勝利を収めている。2014年に本屋大賞を受賞した小説『村上海賊の娘』はこの戦をモチーフにした小説となっている。そして1588（天正16）年には豊臣秀吉により海賊禁止令が出され、従来のような活動はできなくなり他大名たちの家臣となり解体した。

村上海賊についての解説をしている大島の村上海賊ミュージアム

能島村上家について

村上三家のうち、現愛媛県の能島を本拠としていたのが能島村上家。村上家のなかでも惣領筋に当たり、勢力も大きかったとされる。能島村上家は戦国時代に全盛期を迎え、その時期に当主となっていたのが村上武吉（たけよし）（1536〜1604年）。武吉には長男の元吉と次男の景親というふたりの子供がいた。元吉は前述の第1次木津川口の戦いで能島村上家の大将を務め、景親は1592（文禄元）〜1598（慶長3）年、豊臣秀吉が朝鮮に向けて出兵した文禄・慶長の役や、1600（慶長5）年の関ヶ原の戦いの前哨戦で伊勢・尾張方面の戦いなどで活躍した。

村上海賊ミュージアムに所蔵・展示されている村上景親の肖像
©村上海賊ミュージアム

←能島村上家に伝わる猩々陣羽織
©村上海賊ミュージアム

➡村上海賊ミュージアムの入口には村上海賊が用いた小型の軍用船、小早船の復元が展示されている

村上海賊をさらに知る

文化　海賊というと粗野なイメージがあるが、村上海賊は高い教養をもった文化人としての顔ももっていた。大三島に鎮座する大山祇神社には戦勝を祈願する法楽連歌を奉納していることから、日常に連歌を楽しんでいたことがわかっている。また因島の椋浦（むくのうら）地区には戦いの勝利を願い戦死者の追悼を行う「椋浦の法楽おどり」が伝わっている。武者姿で跳ねるように踊る勇壮な祭事で、広島県の無形民俗文化財に指定されている。

毎年8月15日の例祭で奉納される椋浦の法楽おどり
©村上海賊魅力発信推進協議会

生活　村上海賊には、瀬戸内海の新鮮な魚介類を扱う漁業者としての顔もあったとされる。芸予の島々にはそれをうかがい知るさまざまな料理が伝わっており、島のホテルやレストランで味わうことができる。よく知られるものとしては、たくさんの海の幸を豪快に煮込んだ水軍鍋。当時、海賊たちが船の上で食べていたとされている。

さまざまな魚介を煮込んだ水軍鍋
©村上海賊魅力発信推進協議会

素焼きの器に小石を並べ、魚介類を盛り合わせる法楽焼。戦勝祝いに食したとされる
©村上海賊魅力発信推進協議会

信仰　伊予国の一宮であり日本総鎮守の大山祇神社を、村上海賊は代々氏神として祀っていた。神社には彼らが戦勝のために奉納した連歌が残り、宝物館には武具・甲冑が保存されている。また今治にある光林寺には能島村上家の全盛期を担った当主・武吉が寺に灯籠を寄進したことを示す古文書も保存されている。

大三島に鎮座する大山祇神社

日本遺産とゆかりの地　2016（平成28）年に、村上海賊は日本遺産に登録された。登録名は「"日本最大の海賊"の本拠地：芸予諸島－よみがえる村上海賊"Murakami KAIZOKU"の記憶－」で、今治市本土と尾道市本土、芸予諸島に43の構成文化財が点在している。これら多くの文化財は一般に公開されているので、回ってみるのが楽しい。

ゆかりの場所

- 大山祇神社（→P.34・302）
- 村上海賊ミュージアム（→P.301）
- 能島（→P.306）
- 甘崎城跡（→P.306）
- 因島（→P.307）

歴史 TOPICS 04

“長宗我部元親（ちょうそかべもとちか）”の四国統一

「土佐の出来人」と呼ばれる長宗我部元親は、戦国期に活躍した大名。誕生から四国統一までを振り返る。

「姫和子」から「鬼和子へ」

長宗我部元親が生まれたのは、1539（天文8）年。織田信長より5歳、豊臣秀吉よりも2歳年下となる。生を受けた長宗我部家は土佐の有力7豪族のひとつで、戦国時代に勢力を拡大した。父親は長宗我部国親。幼少期の元親はおとなしく、「姫和子」と呼ばれ揶揄されていたという。しかし、戦国時代としては遅い22歳で初陣を迎えるとその評価は一変する。当時の土佐で最大勢力であった本山氏との戦「長浜の戦い」において自ら槍を振るって敵陣へ突撃。以降は「鬼和子」と呼ばれるように。元親の活躍もあって見事本山家を撃破した。

家督相続から土佐統一

長浜の戦いからほどなくして、父である国親が急死。元親は1560（永禄3）年6月に家督を相続し大名となった。当時の四国は、阿波国と讃岐国を畿内に影響力をもっていた三好家がおさえ、伊予国は河野家を守護代として宇都宮家や西園寺家が勢力をもち、土佐は西部が一条家、中部は長宗我部家をはじめいくつかの豪族が争っていた。

元親の初陣での勝利により、本山家との形勢を逆転した元親は、1568（永禄11）年に本山城を降伏させ四国中央部をおさえた。翌年には土佐東部に勢力をもった安芸家との間に「八流れの戦い」が勃発、当主・国虎を討ち四国東部を傘下とする。これで、土佐統一への障壁となるのは土佐西部の一条家のみ。1575（天正3）年の「四万十川の戦い」で一条兼定を破りついに土佐を統一した。

周辺諸国の情勢

阿波国と讃岐国を制し勢力を誇っていた三好家だったが、1564（永禄7）年に当主・長慶が死去すると急速に衰退。1568（永禄11）年には上洛した織田信長に敗れ畿内から撤退する。四国においても内部分裂などで外へと勢力を拡大することはできなかった。1575年に土佐統一を果たした元親は信長の元へ使者を送り、「四国切り取り次第」という勢力拡大のお墨付きを得る。1578（天正6）年に阿波の白地城、翌1579（天正7）年に重清城を落とし阿波の大部分を制圧、その後讃岐国にも進出し阿波・讃岐のほぼ全域を支配下においた。

織田家による四国侵攻

順調に思えた四国統一への道のりだが、信長の変心により思いも寄らぬ方向に。1580（天正8）年に信長は以前の約束を反故にし、土佐一国と阿波南部のみを領有し臣従するように元親に迫った。元親はその要求を拒絶、こうして長宗我部家と織田家は敵対状態となる。1581（天正9）年には羽柴秀吉が淡路島を平定し、織田家と長宗我部家が隣接することに。1582（天正10）年には織田家のなかに四国制圧軍が編成され一触即発となるも、本能寺の変により状況は一変。元親は危機を脱することとなった。

元親が本拠とした南国市の岡豊城。城郭はないが、碑が立っている

四国統一から降伏へ

本能寺の変により織田家が混乱状態に陥った隙を見て、同年に阿波を完全に平定。2年後の1584（天正12）年には讃岐の十河城を落とし土佐・阿波・讃岐を完全に掌握。その後伊予国へと侵攻、河野家を降伏させ1585（天正13）年には四国を統一した。なおこの四国統一には緒論あり、専門家によっては統一していないという者もいる。
四国を統一した元親だが、同年には豊臣秀吉が弟である豊臣秀長を総大将とする四国征伐軍を編成。元親は10万を超えるとも言われる大軍勢の侵攻を受け、降伏。土佐一国のみ所領を許された。

元親以降の長宗我部家

長宗我部家は土佐の支配者のまま豊臣家に仕えたが、元親は1599年に死去。後継者の長宗我部盛親は1600（慶長5）年の関ヶ原の戦いで西軍につき敗北。土佐を召し上げられ浪人に。盛親はその後大坂冬の陣・夏の陣において大坂城に入ったがここでも敗れ、斬首。これで長宗我部家は滅亡。なお土佐は1601（慶長6）年に山内一豊が初代土佐藩主として入り、維新までの16代にわたり治めることとなった。

「長浜の戦い」が行われた古戦場、鎮守の森公園に立つ長宗我部元親像

四国統一を支えた一領具足

長宗我部元親が四国統一を成し遂げたのにはさまざまな理由があるが、軍制において特徴的だったのが「一領具足」だ。彼らは普段は農民だが、戦の時には武器を取って兵士となった。考案したのは元親の父・国親であるとされるが、本格的に導入し活用したのは元親の時代。有事の際には領主の命令のもと一領（ひと揃い）の具足（武器と鎧）を身につけ駆けつけたことから、このように呼ばれる。山内家が土佐藩主となったあとも元一領具足たちは反乱を起こし、やがて家臣として取り立てられることに。彼らは「郷士」と呼ばれ、山内家直参の「上士」、元長宗我部家に使えた「郷士」という身分制度が生まれ、明治維新まで続くこととなる。なお、この郷士の子孫のひとりが、坂本龍馬だ。

長宗我部元親を主祭神と仰ぐ秦神社

長宗我部元親、四国統一へのあゆみ

1539年（天文8年）	1歳 長宗我部国親の長男に産まれる
1560年（永禄3年）	22歳「長浜の戦い」にて初陣。同年、家督を継ぐ
1568年（永禄11年）	30歳 本山城を陥落させ土佐の中央部を支配
1569年（永禄12年）	31歳「八流れの戦い」で安芸国虎を破る
1575年（天正3年）	37歳「四万十川の戦い」、一条氏を滅ぼし土佐統一。織田信長に使者を送り友好関係に
1578年（天正6年）	40歳 阿波の白地城を落とす
1579年（天正7年）	41歳 重清城を落とし阿波の大部分を支配
1580年（天正8年）	42歳 織田信長から臣従を迫られるが拒否
1582年（天正10年）	44歳 織田家が四国征服軍を起こすが本能寺の変で中止に
1584年（天正12年）	46歳「小牧・長久手の戦い」で徳川家康につき、豊臣秀吉軍を破る。十河城を落とし讃岐を攻略
1585年（天正13年）	47歳 伊予の河野氏を降伏させ四国統一

歴史 TOPICS 05

“幕末の土佐藩”と坂本龍馬

ファンも多い日本の幕末。当時の日本において、土佐藩がどのような考えをして動いたのか、改めて学んでみよう。

土佐藩の藩政改革はじまる

約350年にわたって続いた徳川幕府による支配が終わり、明治維新へと向かう激動の時代、幕末。この時代が揺れ動く大きな契機となったのは、1853（嘉永6）年のペリー来航だ。当時、土佐藩の藩主を務めていたのは15代・山内豊信（容堂）。頭脳明晰で知られる豊信は後の参政となる吉田東洋や家臣に意見を求め、藩の方針を「公武合体論」に決定する。同年には本格的な藩政改革に乗り出し、吉田東洋を起用し海防強化や人材登用へと乗り出す。しかし、当時の将軍だった13代・徳川家定に跡継ぎ問題が発生。一橋慶喜を推す豊信は家茂を推す大老・井伊直弼と真っ向から対立。1858（安政5）年の安政の大獄により隠居、謹慎を余儀なくされた。

参政・吉田東洋の暗殺

豊信蟄居後も参政・吉田東洋は公武合体論を思想に藩政改革を進めるが、この革新的な姿勢は尊皇攘夷派の反感を買い、1862（文久2）年に帰路を襲われ暗殺された。東洋を暗殺したのは那須信吾、大石団蔵、安岡嘉助の3人で、いずれも土佐勤王党の加盟者であった。

土佐山内家歴代藩主と『功名が辻』で知られる初代一豊夫人の見性院を祀る山内神社。境内には山内容堂の像がある

土佐勤王党とは、土佐における尊王攘夷派の急先鋒で、党首は武市瑞山（半平太）。結成は1861（文久元）年。党員には坂本龍馬や吉村虎太郎、中岡慎太郎らも名を連ねた。結成時は薩摩藩と長州藩を中心とした尊皇攘夷運動が高まりを見せており、瑞山はその動きに乗り遅れないよう何度も東洋に提案するも却下。1862（文久2）年には薩摩・長州による義挙（藩主を奉じて京へ上る）の動きがあるも、土佐藩は何ひとつ変わらない状況にあることを危惧。そして東洋暗殺へと踏み切ったとされている。

尊皇攘夷から再度佐幕へ

東洋暗殺以降、土佐勤王党は藩の実権を握り藩主・山内豊範による入京が実現したが、翌1863（文久3）年に謹慎を解かれた山内容堂が土佐へと帰ると徐々に弾圧されることになる。当時は尊皇攘夷派が最高潮とも言える時代であったが、八月十八日の政変により状況は一変。京から尊王攘夷派が一掃されると、藩内でも攘夷派弾圧の気風が俄然強くなり党首の武市瑞山も投獄。1865（慶応元）年に切腹が命じられ土佐勤王党は事実上壊滅した。なお八月十八日の政変直前には土佐藩脱藩浪士

梼原町の維新の門には土佐藩の志士たちの像がある

の吉村虎太郎が天誅組を立ち上げ挙兵するも、政変により短期間で崩壊した。

坂本龍馬と情勢の変化

土佐勤王党による吉田東洋暗殺の直前、土佐藩を脱藩したのが坂本龍馬だ。脱藩後の龍馬は江戸へと移動し、開国派の江戸幕府軍艦奉行・勝海舟のもとを訪れる。その人物に惚れ込んだ龍馬は勝海舟に弟子入りし、以降海軍および神戸海軍操練所設立のために奔走することとなる。当時、八月十八日の政変、さらに幕府による長州征伐、長州藩と欧米列強との下関戦争などを経て、長州藩は攘夷から討幕へと傾倒。薩摩藩も1863年の薩英戦争において諸外国との抗戦に限界を感じ討幕へと動き出していた。

神戸海軍操練所は1864（元治元）年に無事設立を見るが、同年の池田屋事件、禁門の変で塾生が参加していることがわかると、翌年には閉鎖。路頭に迷った龍馬ら塾生は薩摩藩の庇護・援助を受け1865（慶応元）年に亀山社中（後の海援隊）を設立。これが日本初の近代商社であるとされている。

薩長同盟の締結

前述のように討幕へ向かっていた薩摩藩と長州藩だが、禁門の変で敵対したこともありまさに犬猿の仲であった。しかしお互い討幕を思想としており同盟にはメリットが多かったのだ。そこに目を付けたのが坂本龍馬と中岡慎太郎で、ふたりの仲介のもと両藩は1866（慶応2）年に同盟を締結（薩長同盟）。時代は討幕へと大きく動き出すこととなった。

討幕か倒幕か。土佐藩の最終決断

土佐勤王党の壊滅後、土佐藩は吉田東洋の甥である後藤象二郎を参政として改革を進め、国力の増強に努めた。当時、勤王派でありながら幕府に対する温情もある山内容堂の行動は理解しずらく、よく「酔えば勤皇、覚めれば佐幕」と呼ばれ揶揄された。土佐藩は容堂の思想である公武合体論が主流だったが、乾退助（後の板垣退助）は討幕派で、京で中岡慎太郎とともに薩摩藩に接触、武力討幕を議論した。退助はその旨を容堂に報告し、時代は討幕へと向かっていることを説いた。

桂浜公園に立つ坂本龍馬像

同時期、龍馬と一緒にいた後藤象二郎は、土佐へと戻る船内で「大政奉還」を盛り込んだ「船中八策」を受け取り、容堂へと提案。倒幕こそが藩の方針となり、山内容堂は大政奉還を将軍・徳川慶喜へ献策。慶喜は慶応3年10月14日（1867年11月9日）に明治天皇へ奏上、翌15日に勅許された。

大政奉還後の龍馬と日本

明治維新において大きな影響を与えた坂本龍馬だが、大政奉還のわずか1ヵ月後に京の近江屋で中岡慎太郎とともに暗殺される。また武力による討伐をせず戦火を免れたかに見えた大政奉還だが、1868（慶応4）年の幕府軍艦による薩摩藩の軍艦砲撃事件を皮切りに戊辰戦争が勃発。新政府軍と旧幕府軍の戦いは翌年の箱館戦争で旧幕府軍が降伏するまで続くこととなった。

よくわかる！ 幕末の思想

- **尊皇攘夷**…尊皇（天皇を尊び政権を変える）と攘夷（諸外国を武力で討伐すること）を組み合わせた言葉
- **佐幕**…従来どおり幕府を補佐し、さらに盛り立てていこうとする考え
- **公武合体論**…公（幕府）と武（諸藩）の垣根をなくし、富国強兵を進めるという考え
- **開国論**…開国をし、貿易により国を富ませ外国と対抗するという考え
- **討幕**…武力により幕府を倒し、新しい政権を樹立するという考え
- **倒幕**…新しい政権を樹立するという考えは同じだが、武力は用いないという考え

文化と風習 TOPICS 01

各県あるあるウワサ話

四国4県にまつわる、よもやまやウワサ話をまとめてみました。県民なら思わず納得のネタばかり！

うどんだしの出る蛇口は本当らしい

もはや都市伝説的な「うどんだし」の蛇口。これ、本当にあります。あるのは高松空港の2階で、横にあるコップに注いで自由に飲める。なお持ち帰りやうどん持参は禁止です。

年越しそばもうどんらしい

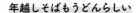

そばのほうが優勢ですが、年末にうどんを食べる習慣はあり、大晦日のうどん店はいつもよりも大にぎわい！「長く生きられるように」と願掛けするのが年越しそばですが、うどんの場合は「太く長く」となるそう。

お雑煮の餅はあんこ入りだ

新年に食べるお雑煮ですが、香川では白味噌仕立ての汁にあんこ入りの餅が入ったお雑煮をいただきます。昔は高級品だった砂糖を、1年に一度だけは贅沢に！という思いで始まったのが起源。

丸亀製麺は香川ではない

全国チェーンのうどん店、丸亀製麺。けれど実は、香川県とも、丸亀市とも関係がありません。ちなみに香川県にある丸亀製麺は高松市にある1店舗のみ（2023年10月時点）。

阿波おどりはひとつじゃない

徳島といえば、阿波おどり。普段まじめでおとなしいとされる阿波っ子も、この日ばかりは大盛り上がりで踊り狂います。徳島市のものが有名ですが、ほか鳴門市や吉野川市、つるぎ町など各地で行われます。

何にでもすだちをかけがち

全国シェアのほぼ100%を占める徳島のすだち。そばにうどん、刺身、揚げ物に味噌汁まで、徳島県人はすだちをかけまくります。

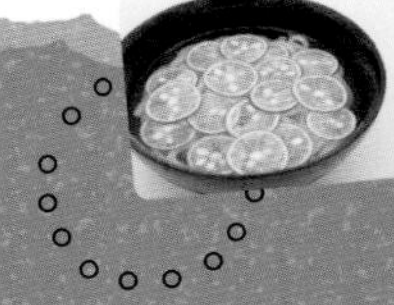

フィッシュカツでご飯を食べる

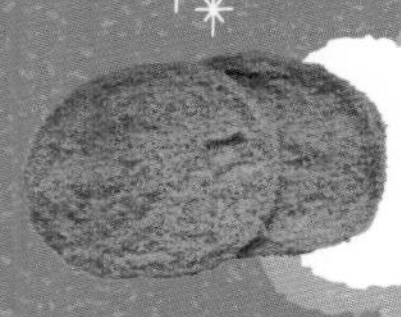

徳島でカツといえば、トンカツではなくフィッシュカツ。徳島県人のソウルフードです。魚のすり身にカレー粉などをまぶして揚げるので、おかずにもぴったり！

愛媛県

みかんジュースの蛇口はホント。でも…

これまた都市伝説の「みかんジュースの出る蛇口」ですが、これも本当。空港はもちろん、道後温泉ではコンビニにもみかんジュースの蛇口が。ただし、どれも有料となっております。

地元っ子は道後温泉に行かない

これもホント。特に本館には行ったことがない人が多数。地元の人はすぐそばの椿の湯に行くんです。あ、温泉街はデートとかでもよく行きますよ！

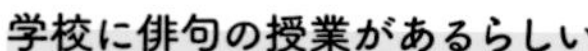

学校に俳句の授業があるらしい

正岡子規を生んだ愛媛県では、俳句に親しむ機会が多い。町には「俳句ポスト（→P.263）」なるものが存在し、特に松山市内では俳句の授業がある学校もあり子供の頃から慣れ親しみます。

かまぼこじゃない、じゃこ天だ

愛媛では魚のすり身のかまぼこをよく食べますが、一番人気は何といってもじゃこ天。スーパーのかまぼこコーナーでは商品の半分くらいをじゃこ天が占めていることも。

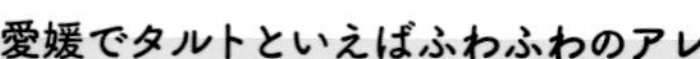

愛媛でタルトといえばふわふわのアレ

タルトと言われたら、パリパリ生地のケーキを思い出しますが、愛媛県民は違います。ここでは、ゆず風味のカステラ生地であんを巻いたロールケーキこそが「タルト」なんです。

高知県

お酒の〆は餃子だ

とにかくお酒好きな土佐っ子。2軒、3軒とはしごしたあとは、屋台餃子で〆るのが定番です。市内中心部の通称「屋台ロード」では、酔っ払いの老若男女が肩寄せ合って餃子をつまみます。

アイスといえばアイスクリン

南国、高知では、アイスクリームが大人気！ 昔から親しまれてきたのが、アイスクリンです。乳成分低めの氷菓子で、しゃりっとした食感とやさしい甘さが特徴です。

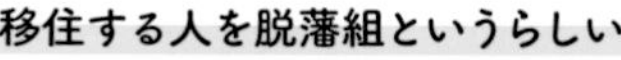

移住する人を脱藩組というらしい

高知県では、他県へ移住する人のことを「脱藩」といいがちです。移住組ではなく、脱藩組。その由来は言わずもがな。

文旦の皮をむく専用器具があるらしい

高知の特産品である柑橘類、文旦。皮が厚いためむくのにかなり苦労するのですが、専用の皮むき器・ムッキーちゃんを使えば楽にむくことができます。

よさこい踊ったことある率はほぼ100%

夏の風物詩でもあるよさこい祭り。小中学校の運動会では、かならずよさこいを踊る高知県人。なので、幼少期から住む県民は全員がよさこいを踊ったことがあると言っても過言ではない。

文化と風習 TOPICS 02

四国のお国言葉

讃岐、阿波、伊予、土佐と、4つのお国言葉が四国には残っている。おもな方言をご紹介。

中予、南予、東予と地方により異なる。松山市など中予地方で話される伊予弁が元。語尾は「けん」や「やけん」(〜だから)、「わい」(〜よ)など。

おもな方言・言い回し

「あらやけ」→「食器洗い」	「とりのこようし」→「模造紙」
「いーえのことよ」→「どういたしまして」	「〜なんよ」→「〜なのですよ」
「いぶしこぶし」→「でこぼこ」	「はしかい」→「ずる賢い」
「いんで(帰って)こーわい」→「帰る(行ってきます)」	「ひやい」→「冷たい」
「おる」→「いる」	「へっちょ」→「見当違い」
「がいな」→「強い、乱暴な」	「ほーなん」→「そうなの」
「〜かいね?」→「〜ですか?、〜か?」	「まがる」→「触る」
「かまんよ!」→「構わない」	「むつこい」→「脂っこい」
「しゃがれる」→「轢かれる」	「もんた」→「帰った」
「そうたいぶり」→「久しぶり」	「やおい」→「やわらかい」
「〜ぞなもし」→「〜ではないですか」	「らっしもない」→「とんでもない」
「だいじない」→「差し支えない」	「ラーフル」→「黒板拭き」

“家におるけん、行ってこーわい!”

(家にいるから、行ってきなさい)

愛媛県

高知県

“たまるか! まっことようけ飲むのう”

(すごい! 本当にたくさん飲むなあ)

四国のなかでも特に独特で、方言が残っている率も高く普段でも耳にする。語尾は「ぜよ」(〜だ)、「きに」(〜から)、「やき」(〜だよ)など。

おもな方言・言い回し

「いごっそう」→「こだわりのある人」	「ごとごと」→「ゆっくり」
「いぬる」→「帰る」	「こんまい」→「小さい」
「えい」→「よい、OK」	「しいや」→「しなさい」
「おっこうな」→「おおげさな」	「たっすい」→「頼りない、薄い味」
「おんしゃ、おんしゃあ」→「お前」	「たまるか」→「驚嘆や感謝の意」
「おんちゃん」→「おじさん」	「なよい」→「やわらかい」
「がいな」→「気が強い」	「なんぼゆうたち」→「いくら何でも」
「かまん」→「構わない」	「はちきん」→「男勝りな女性」
「〜かよ」→「〜しませんか?」	「ひいとい」→「1日」
「きいや」→「来てください」	「ほたえる」→「騒ぐ」
「げに」→「実に、実は」	「まっこと」→「本当」
「こじゃんと」→「とても、かなり」	「ようけ」→「多い、たくさん」

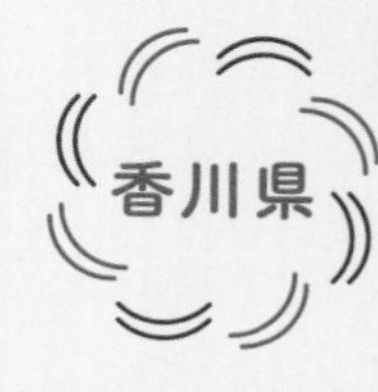

讃岐国で使用されてきた讃岐弁がベース。東讃と西讃で少し異なる。イントネーション、アクセントは関西風。語尾は「やけん」(〜だから) など。

おもな方言・言い回し

「〜かいね？」→「〜ですか？、〜か？」	「しゃんしゃん」→「早く」
「あずる」→「困る」	「じょんならん」→「どうしようもない」
「あんだいな」→「不安な、心配だ」	「ちみたい」→「冷たい」
「いぬ」→「帰る」	「たいぎ」→「面倒くさい」
「おいでんよ」→「おいでなさい」	「なんしょん？」→「何をしているの？」
「おきる」→「満腹になる」	「ほんだらな」→「じゃあね」
「おおける」→「驚く」	「〜まい」→「〜しなさい」
「おとっちゃま」→「こわがり、臆病者」	「まがる」→「触る」
「おまはん」→「あなた」	「まんでがん」→「全部」
「おもっしょい」→「おもしろい」	「むつごい」→「脂っこい」
「がいに」→「とても」	「やちもない」→「つまらない」
「けっこい」→「美しい」	「よっけ」→「たくさん」

やけん

香川県

じょ

徳島県

"じょんならんから、しゃんしゃんしいや"

(どうしようもないから、早くしなさい)

"ほなけんど、私めんどらしー"

(だけど、私恥ずかしい！)

近畿地方の影響を大きく受けた阿波弁。北部は讃岐、南西部は土佐のイントネーションに近い。語尾は「じょ」(〜だよ) で、男性は「じゃ」になる。

おもな方言・言い回し

「あんだいな」→「不安な、心配だ」	「きんしゃい」→「きなさい」
「いぬ」→「帰る」	「きゃいが」→「超、すごく」
「いらう」→「触る」	「ごじゃ」→「でたらめ」
「いんぐりちんぐり」→「不揃いな」	「じゃらじゃら」→「ふざける」
「うちんく」→「わたしの家」	「しわしわ」→「ゆっくり」
「えっとぶり」→「お久しぶり」	「ちんぐー」→「友達」
「おげ」→「うそ」	「つまえる」→「片付ける」
「おっきょい」→「大きい」	「どちらいか」→「どういたしまして」
「おはよーがーす」→「おはよう」	「ひやこい」→「冷たい」
「おまはん」→「あなた」	「ほなけんど」→「だけど、でも」
「おもっしょい」→「おもしろい」	「めんどらしー」→「恥ずかしい」
「かざる」→「におう」	「よわる」→「困る」

文化と風習 TOPICS 03

高知県の酒文化

高知の人は、とにかくお酒好きが多い。昔から独特の酒文化があり、現在に続いている。宴会に料理、酒蔵まで高知の酒文化にまつわる話を紹介。

うまくて楽しい高知のお酒

お酒好きが多いことで知られる高知県。キレイで豊富な水資源と独自に開発された個性的な酵母、さらには、酒蔵同士の仲がよく切磋琢磨しながら地酒を盛り上げている風土によっておいしいお酒が生まれている。宴会遊びや飲み方などほかにはない酒文化もあり、高知でお酒を飲んで高知ファンになる人もあとを絶たない。

杯を下に置けない！「べく杯」

宴会遊びのひとつに「べく杯」というものがある。これはコマを回して指された人が、出た絵柄の杯でお酒を飲む遊びだ。杯はおかめ、穴を指でふさがないとお酒が漏れてくるひょっとこ、鼻の先までたっぷりとお酒が入る天狗の3種がある。おかめは顔を下にするとかわいそうだし、ひょっとこと天狗は物理的にお酒が入ったまま手を離せない。つまり飲み干さないと下に置くことができないのだ。

お酒さえあれば楽しめる遊び

特別な道具がなくても楽しめる遊びもある。そのひとつが「菊の花」。これは、お盆、人数分の杯、料理に盛られている菊の花を使う。杯を裏返してお盆に乗せ、そのうちひとつの杯に花びらを入れてシャッフル！ 歌いながら杯を順番に返していき、花びら入りの杯を引いた人が返された数の杯を飲む。当たるとうれしいが酔いも回る。

「おきゃく」って何だ？

土佐弁で「おきゃく」とは宴会を意味し、人を呼んでワイワイにぎやかにお酒を飲んだり料理を食べたりすることを「おきゃくする」という。その文化にちなんで、毎年3月には県内各地でお酒やグルメなどのイベントを同時開催する「土佐のおきゃく」という一大イベントがある。メインの「大おきゃく」では、高知市中心部の商店街や公園が宴会場と化す。

土佐の宴会には皿鉢（さわち）料理を！

皿鉢料理とは、大きな一枚のお皿に刺身、寿司、煮物、揚げ物、果物、羊羹などさまざまな料理を盛り込んだ高知の宴会料理だ。諸説あるが、女性たちが料理や皿の上げ下げに追われることなく宴会に参加できるようにとの理由で誕生したといわれている。基本的に皿鉢料理は仕出しだが、「とさ市場」（MAP 別冊P.49-D2 住 高知県高知市はりまや町1-3-11 TEL 088-872-0039）では予約不要で1人前サイズの「おもいで皿鉢」を提供。その豪快さを体感できる。

個性豊かな酒蔵を探訪

2023年10月現在、県内には18の酒蔵がある。土佐酒の特長は淡麗辛口といわれるが、高知県独自の酵母や造り手の個性によって実に多彩なお酒が生み出されている。酔鯨酒造（→P.369）や司牡丹酒造（→P.373）など、販売コーナーを設けている酒蔵もあるのでお酒好きならぜひ訪れてみたい。

旅の準備と技術

四国の気候

四国の気候は、瀬戸内海に面する北部と太平洋に面する南部で分かれている。瀬戸内海側は雨が少なく穏やかな気候だが、太平洋側は降水量が多く、台風の影響を受けやすいのが特徴。旅の計画を立てる前に、時季や天候を考慮しよう。

香川県

瀬戸内海に面する香川は、他県に比べ温暖で降水量が少ないのが特徴。晴れの日が多く、年間の平均日照時間は2046.5時間と東京よりも120時間以上長い。夏には、四国山地を越えた下降気流により生じるフェーン現象が発生し、真夏日になる日が多い。体調管理には十分気をつけて。1〜2月には雪が降ることもあるが、多くは積もらない。

徳島県

剣山を境に、徳島市や鳴門市のある北部、美波町や海陽町のある南部で気候が大幅に変わる。北部の徳島市は、年間降水量の平均値が1619.9mmと少雨で温暖。一方、南部の海陽町は3195.9mmと、1年を通して降水量が多い。台風や梅雨の時季に南部を訪れる場合には注意が必要だ。また県面積の8割を占める山間部では気温の変動が激しい。冬には大雪による雪害が発生することもしばしばある。

愛媛県

今治市や新居浜市のある東予は、瀬戸内海に面するので降水量が少なく穏やかな日が多い。春と秋に「やまじ風」と呼ばれる季節風が吹くのも東予ならでは。松山市や伊予市のある中予も瀬戸内気候に属するので、晴天が多く温暖。大洲市や宇和島市のある南予は太平洋側に面する気候区分となり、他地方と同じく温暖ではあるが、冬場は降水量が多くなる。

高知県

年間を通して高温多湿。平均の年間日照時間は2159.7時間と日本でも上位の日照時間を誇るが、一方で多雨なのも特徴。雨天時には、スコールのように一気に多量の雨が降る。夏は太平洋側の湿った空気の影響を受けやすく、蒸し暑い気候が続く。また台風の常襲地でもあるので、旅行前には台風情報のリサーチを心がけて。冬は平野部では降雪が少ないが、山間部では大雪に見舞われることも。

気象情報

→P.482

こちらもCHECK!

山地を境に分かれる気候

四国を東西に横断する四国山地は、石鎚山や剣山などの高山で構成される山脈だ。四国の気候は、この四国山地によって左右される。四国山地の北側、香川県や愛媛県の一部地域では、四国山地が太平洋側からの温暖気流をブロック。そのため降水量が少なくなり、水不足が引き起こされる。一方、四国山地の南側に位置する徳島県の一部地域や高知県では、太平洋側からの暖かく湿った空気が四国山地で上昇流となり雨雲が発達。そのため降水量が多くなり、水災害が頻発するようになる。同じ陸地でも、四国山地を境に少雨地帯と豪雨地帯に二分されるのが、四国の天候の特性なのだ。

愛媛県と高知県の尾根沿いに広がる四国カルスト（→P.40）。眼下には四国山地の山々が広がる

4県と東京の気温・降水量

▶香川県高松市

東京の平均気温 ―― 最高気温 ―― 最低気温 ――

東京の平均降水量 ■ 降水量 ■

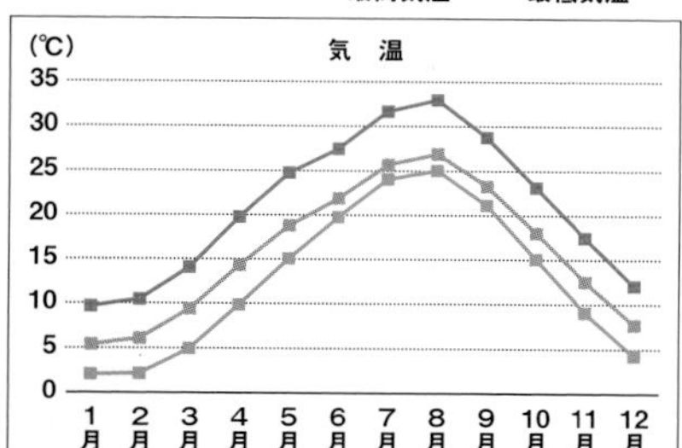

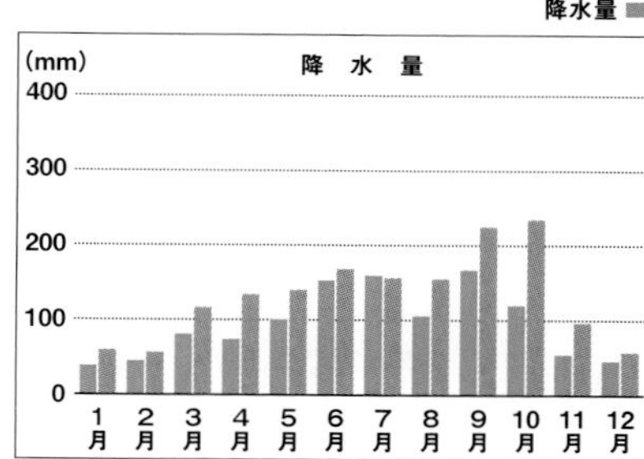

▶徳島県徳島市

東京の平均気温 ―― 最高気温 ―― 最低気温 ――

東京の平均降水量 ■ 降水量 ■

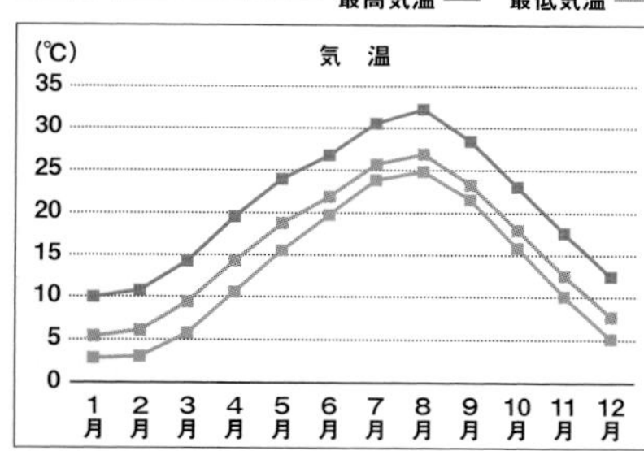

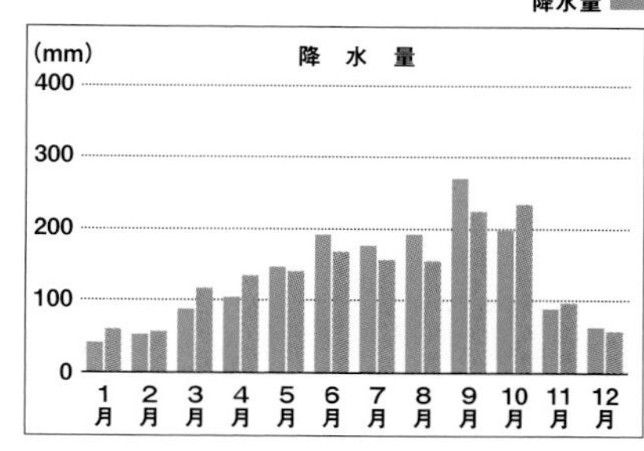

▶愛媛県松山市

東京の平均気温 ―― 最高気温 ―― 最低気温 ――

東京の平均降水量 ■ 降水量 ■

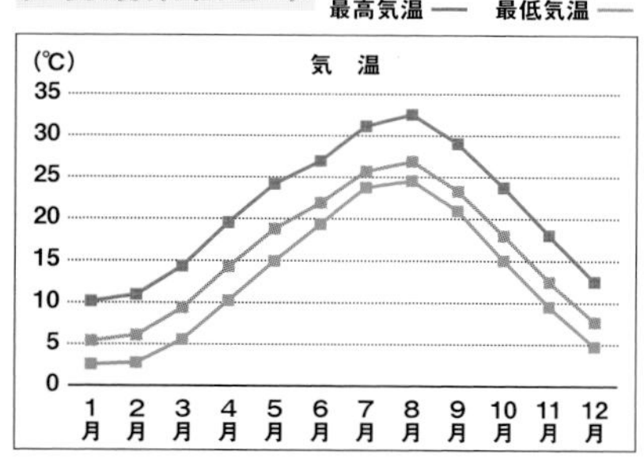

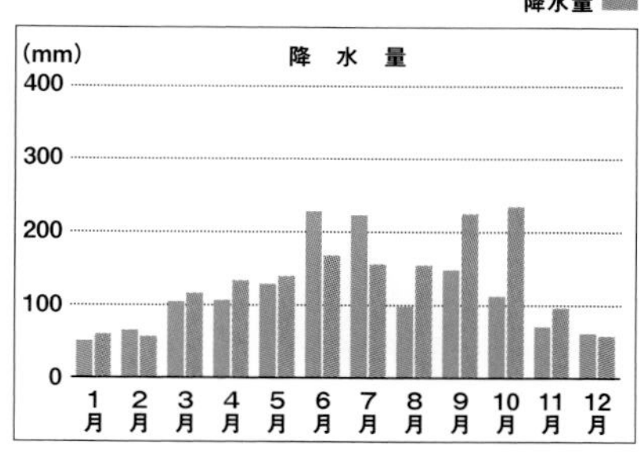

▶高知県高知市

東京の平均気温 ―― 最高気温 ―― 最低気温 ――

東京の平均降水量 ■ 降水量 ■

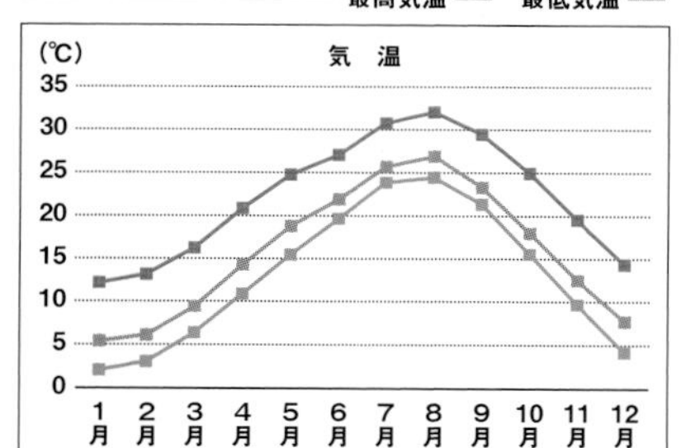

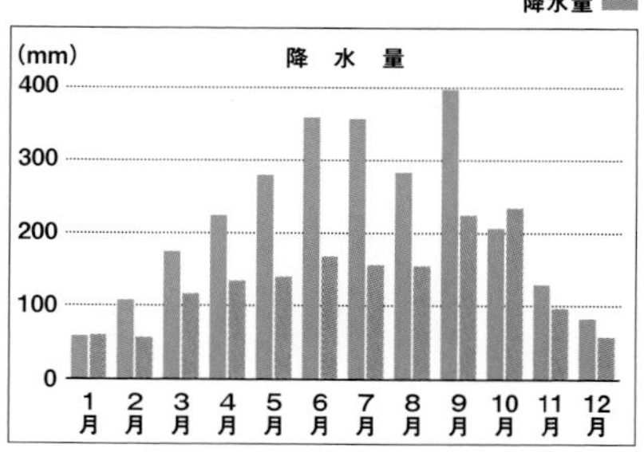

※気象庁気象統計情報より

旅のシーズン

四国には春夏秋冬を問わず、年間を通して楽しめるスポットが多い。各県のシーズン別おすすめポイントをご紹介。

香川県

晴れの日が多く気温が安定している香川は、1年を通して観光に向いている。花見を楽しむなら、3月下旬〜4月上旬を狙って。丸亀市の丸亀城では約650本の桜が咲き誇る。紅葉なら11月中旬が見頃の時季。高松市の栗林公園では、12月上旬まで紅葉が楽しめる。

和船から見上げる栗林公園(→P.122)の紅葉

徳島県

穏やかで過ごしやすい春と秋は、三好市の大歩危峡や祖谷渓の自然が楽しめる季節。またこの時季は鳴門の渦潮が見頃で、大潮の日には巨大な渦潮が見られることも。夏には県内各地で阿波おどりが開催される。冬には山間部で大雪となる場合があるので注意が必要。

冠雪した剣山(→P.238)の剣山本宮宝蔵石神社

愛媛県

愛媛の春は桜だけでなく、天然鯛の旬の時季でもある。鯛グルメを狙うなら、3〜4月の観光がおすすめ。秋には、今治市と広島県尾道市をつなぐしまなみ海道でのサイクリングが人気。12〜3月の冬季は、みかんの旬。みかんスイーツを食べるならこの時期に観光を。

松山城(→P.266)の夜桜ライトアップ

高知県

高知観光をするなら夏がおすすめ。高知市内では8月9〜12日にかけてよさこい祭りが開催される。また四万十川でのアクティビティもぜひ夏に体験したい。カツオ料理を食べるなら、4〜5月の初ガツオ、9〜11月の戻りガツオを。春と秋の年に2回、旬が訪れる。

真夏の四万十川(→P.394)の三里沈下橋

桜開花の時期

- 高松市
  - **2022年** 開花日3月24日・満開日3月30日
  - **2023年** 開花日3月22日・満開日3月29日
- 徳島市
  - **2022年** 開花日3月25日・満開日3月30日
  - **2023年** 開花日3月23日・満開日3月31日
- 松山市
  - **2022年** 開花日3月21日・満開日3月28日
  - **2023年** 開花日3月18日・満開日3月28日
- 高知市
  - **2022年** 開花日3月19日・満開日3月27日
  - **2023年** 開花日3月17日・満開日3月24日

こちらもCHECK!

四国の県の花

・香川県
県の花：オリーブ
開花時期：5月下旬〜6月上旬

・徳島県
県の花：スダチ
開花時期：5月中旬

・愛媛県
県の花：ミカン
開花時期：5月中旬

・高知県
県の花：ヤマモモ
開花時期：3〜4月

1～2月
山間部は積雪する場合があるが、市街地や沿岸部に雪が降ることは少ない。厚手のコートとニット、マフラーで十分寒さを防ぐことができる。

3～4月
春の訪れを感じる3月は、日中でもまだ肌寒いことがあるのでコートは必要。桜の咲く4月は、脱ぎ着できる薄手の羽織ものがあると便利。

5～6月
日中は長袖のシャツ1枚で過ごせる。太平洋側では蒸し暑い気候が続くので、風通しのよい服がベスト。また降雨量が多いので傘を忘れずに。

7～8月
梅雨明け後、夏本番は半袖シャツがマスト。山間部に行く場合は、突然の天気の変化に備え、長ズボン、スニーカー、羽織ものを持っていこう。

9～10月
9月中旬頃までは残暑が続く。10月より、標高の高い地域からだんだんと気温が下がっていくので、体温調節が楽な羽織ものや上着を持っていこう。

11～12月
12月になると各地で初霜や初氷が観測される。平野部での積雪はほとんどないが、山間部では降雪のほか路面凍結の恐れも。厚手のコートが必須。

▶祝日カレンダー

元日	1月1日	年初を祝う。
成人の日	1月第2月曜日	大人になったことを自覚し、自ら生き抜こうとする青年を祝い励ます。
建国記念の日	2月11日	建国をしのび、国を愛する心を養う。
天皇誕生日	2月23日	天皇の誕生日を祝う。
春分の日	3月20日 または21日	自然をたたえ、生物をいつくしむ。
昭和の日	4月29日	激動の日々を経て、復興を遂げた昭和の時代を顧み、国の将来に思いをいたす。
憲法記念日	5月3日	日本国憲法の施行を記念し、国の成長を期する。
みどりの日	5月4日	自然に親しむとともにその恩恵に感謝し、豊かな心をはぐくむ。
こどもの日	5月5日	子供の人格を重んじ、子供の幸福をはかるとともに、母に感謝する。
海の日	7月第3月曜日	海の恩恵に感謝するとともに、海洋国日本の繁栄を願う。
山の日	8月11日	山に親しむ機会を得て、山の恩恵に感謝する。
敬老の日	9月第3月曜日	多年にわたり社会に尽くしてきた老人を敬愛し、長寿を祝う。
秋分の日	9月22日 または23日	祖先をうやまい、なくなった人々をしのぶ。
スポーツの日	10月第2月曜日	スポーツを楽しみ、他者を尊重する精神を培うとともに、健康で活力ある社会の実現を願う。
文化の日	11月3日	自由と平和を愛し、文化をすすめる。
勤労感謝の日	11月23日	勤労をたっとび、生産を祝い、国民たがいに感謝しあう。

※内閣府のウェブサイトより
・「国民の祝日」は、休日とする。
・「国民の祝日」が日曜日に当たるときはその日後においてその日に最も近い「国民の祝日」でない日を休日とする。
・その前日及び翌日が「国民の祝日」である日（「国民の祝日」でない日に限る）は、休日とする。

INFO 都道府県民の日が制定されているのは四国でも愛媛県だけ。1873（明治6）年2月20日、石鐵県と神山県が合併して愛媛県ができたことから2月20日が「愛媛県政発足記念日」に制定されている。

旅のプランニング

理想の旅行を実現するには、事前に計画をよく練ることが大切。まずは日程や予算、目的などをリストアップすること。これらの要素を基準に、パッケージツアーで行くのか個人旅行で行くのかを決め、じっくりプランニングしていこう。

パッケージツアーで行く

旅行会社が、あらかじめ日程や目的地、宿泊施設などを設定してくれているパッケージツアー。四国の場合は、全国の主要都市から出発するツアーがあり、その内容も販売する旅行会社によってさまざま。お遍路を効率よくバスで巡るツアーや、瀬戸内海の島々を巡るツアーなど、個人で計画するには難易度の高い行程も、パッケージツアーなら楽々かなう。魅力は何といっても、予約の手間がかからないことや交通手段を気にしなくていいこと。ただし時間や行動の制限があったりもするので注意。

パッケージツアーのメリット、デメリット

メリット	デメリット
・航空券や宿泊施設の予約の手間がかからない	・時間や行動の制限がある
・効率のいいルートで巡ることができる	・旅の印象が残りにくい
・交通手段の心配がいらない	・旅程変更が難しい
・団体割引が効く	・現地の人との間に交流が生まれにくい
・ガイドの解説が聞ける	・食事内容や宿のグレードが選べない場合も

個人旅行やフリープランで行く

自分の好みに沿った旅を自分で作り上げる個人旅行。利用する交通機関の選択や、宿泊施設の予約など事前準備は大変なぶん、それを含めて記憶に残る旅ができるのはメリットのひとつ。もし個々の手配が難しい場合は、航空券と宿がセットのフリープランを予約するのがおすすめ。出発の時間や宿を自由に選ぶことができ、またそれぞれ別個に予約するよりもコストを抑えて予約できるケースが多い。ただし、個人旅行ではトラブルに遭った際に身近に頼れるスタッフがいない。常備薬を持っていく、事前に避難経路をチェックしておくなど、万一に備えておくと安心。

個人旅行やフリープランのメリット、デメリット

メリット	デメリット
・目的を自由に選べる	・航空券や宿泊施設の予約の手間がかかる
・旅の印象が残りやすい	・トラブルに遭った時に自分で対応しなければならない
・現地の人との間に交流が生まれやすい	・事前のリサーチに時間がかかる
・時間や行動に制限がない	・観覧料などが高くつく場合がある
・食事内容や宿のグレードを選べる	・スケジュールを詰め込み過ぎた場合が大変

ツアーの選び方

四国のツアーは若者向けのエコノミーツアーから宿のグレードが高い高額なツアーまで多種多様。4県周遊のプランやお遍路の区切り打ちプランなど、四国ならではのツアーもあるので、希望の予算や日数に合わせて検討しよう。

お遍路の区切り打ちのパッケージツアーは人気が高い

おすすめのツアー会社

HIS
URL www.his-j.com/Default.aspx

JR四国ツアー
URL www.jr-eki.com/index.html

JTB
URL www.jtb.co.jp/kokunai/area/shikoku

阪急交通社
URL www.hankyu-travel.com/shikoku

日本旅行
URL www.nta.co.jp/kokunai/shikoku

価格変動型ツアーについて

価格変動型ツアー(ダイナミックパッケージ)とは、予約のタイミングに合わせて常に料金が変動するツアーのこと。飛行機とホテルが組み合わさった商品がこの対象となる。メリットは、ホテルの空室や飛行機の空席状況によって料金が変動するので、タイミングによっては格安で申し込みができること。ただし予約のキャンセル料金が即日から課される場合があるので、事前に旅行会社の規約を確認しておこう。

四国で何をしたいか考える

まずは四国で何をしたいのか、旅の目的を考えよう。おいしいものを食べたい、温泉に入りたい、四季折々の景色を楽しみたい、アクティビティに挑戦してみたいなど、目的を決めて、それを軸に旅行計画を練るのがプランニングの極意。

▶何日間で行くか

目的を決めると同時に、旅の日数も決めておこう。1都市を観光するだけなら1泊2日の日程でも問題ないが、複数都市を巡るならば最低2泊以上は欲しいところ。4県周遊の場合は、4泊5日以上が目安。もし道中でアクティビティ体験をするなら、半日以上は時間を費やすと考えておくべきだ。いずれにせよ移動距離や体力を考えて、余裕のあるプランニングを心がけて。

車で通ると音が発生する佐田岬のメロディー道路をドライブ

▶どうやって四国に入るか

四国に入るにはいくつかの方法がある。最も一般的なのは、航空機や車、高速バスを使う方法。列車を利用する場合は、四国には新幹線が通っていないため、JR岡山駅で降りて快速列車に乗り換える必要がある。あるいはJR東京駅から出ている寝台列車を利用する手も。フェリーは、東京都と福岡県から長距離フェリーが出ているほか、岡山県、広島県などの近郊からも運航している。利便性や目的地を考えて、見合った交通手段を選ぼう。

▶四国内をどうやって移動するか

運転免許証を持っていれば、レンタカーを借りるのがベスト。車以外の交通手段としては、JRの特急や都市間バスを使う方法もある。ただし本数が少ないこともあるので、飲食店やアクティビティ体験の予約があるならば時間に遅れないよう事前にリサーチしておくこと。各都市内では路線バスやタクシー、レンタサイクルなどを活用しよう。

▶どんな宿に泊まるか

市街地にはシティホテル、地方都市には旅館やリゾートホテルが多い。ほかには、民宿やペンション、ゲストハウス、グランピング施設などもある。価格帯や食事の有無などによって宿選びをしよう。特に夏季は、徳島県の阿波おどり、高知県のよさこい祭りなどのイベントが続くハイシーズン。市街地の宿は取りにくくなることもあるので早めの予約を。

安く行くなら

・早割を使う

なるべくコストを抑えるならば、早めに航空券を予約する「早割」を活用するのも手段のひとつ。ANAが実施している「ANA SUPER VALUE」では75〜21日前まで、JALの「スペシャルセイバー」は75・55・45・28日前までに予約するとお得に航空券が購入できる。

・LCCを使う

LCC（ローコストキャリア）と呼ばれる格安の航空会社を利用すれば費用を抑えられる。四国へは、成田からJJP（ジェットスター・ジャパン）が高松空港、松山空港、高知龍馬空港に就航している。ただし機内の持ち込み手荷物の制限、機内サービスが有料などの利用条件が発生することもあるので注意。

JJP（ジェットスター・ジャパン）（→P.471）

四国への道

→P.470-473

レンタカーについて

→P.478

こちらもCHECK!

各県の温泉地

秘湯の祖谷温泉、日本三古泉の道後温泉など、四国は温泉の宝庫。1泊は温泉宿を取り入れて、癒やしの旅を楽しみたい。

ホテル祖谷温泉（→P.62）の雲遊天空の湯

各JR駅から温泉地への車での所要時間（目安）

JR高松駅→こんぴら温泉郷
約40km　約50分

JR徳島駅→祖谷温泉
約104km　約1時間50分

JR松山駅→道後温泉
約4.5km　約15分

JR高知駅→あしずり温泉郷
約152km　約2時間50分

四国への道

四国へ入るのには、空路、陸路、海路とそれぞれのルートがある。利便性が高く一般的なのは航空機を使う方法。お得に行くなら高速バス、ゆったり楽しむなら列車など、予算やスタイルに合わせて交通機関をチョイスしよう。

空路

四国へは、本州および九州、沖縄から直行便が各空港に運航している。また航空会社もフルサービスキャリアのANA（全日空）、FDA（フジドリームエアラインズ）、JAL（日本航空）と、LCCのJJP（ジェットスター・ジャパン）が就航している。最寄りの空港からどのフライトが出ているのか、また所要時間がどれくらいかかるのか、事前に調べておくことでスムーズに旅の準備が進められる。

瀬戸内海から内陸約15km、標高約185mに位置し、風水害に強い

小規模空港部門の定時出発率ランキングで、世界1位に輝いた

自衛隊機と民間航空機が使用する官民共用の飛行場

人名を冠した空港の愛称としては日本初

空港から市街地へアクセスする際は、直通のリムジンバス、路線バス、タクシーなどを活用しよう。リムジンバスは路線バスよりも運賃が高いが、所要時間が短い、大型の荷物が乗せられるなどメリットは多い。チケットは、空港内または市街地にある窓口で購入できる。運行会社によっては交通系ICカードが使える場合もある。

四国の空港

高松空港
MAP 別冊P.13-D2
住 香川県高松市香南町岡1312-7
URL www.takamatsu-airport.com
高松市中心部から約15km離れた場所に位置し、ANAとJAL、JJPが就航している。2階には「うどん出汁の出る蛇口」があり、展望デッキからは遠く瀬戸内海や瀬戸大橋を観る事ができる。

徳島阿波おどり空港
MAP 別冊P.34-B1
住 徳島県松茂町豊久朝日野16-2
URL www.tokushima-airport.co.jp
徳島市中心部から約14kmの場所に位置する。就航している航空会社はANAとJALの2社。3階展望ホールにはLEDのイルミネーションが昼夜を問わず点灯している。

松山空港
MAP 別冊P.38-A3
住 愛媛県松山市南吉田町2731
URL www.matsuyama-airport.co.jp
松山市内中心部から約7kmと、四国内の空港のなかで最も市街地に近い。ANA、JAL、JJPが就航。県のマスコットキャラクター「みきゃん」のモニュメントや装飾が館内を彩るほか、みかんジュースが出てくる蛇口もある（有料）。

高知龍馬空港
MAP 別冊P.47-D2
住 高知県南国市久枝乙58
URL www.kochiap.co.jp
高知市街から約16kmの場所に位置し、ANA、FDA、JAL、JJPの4社が就航している。「高知龍馬空港」という愛称は2003年、坂本龍馬の誕生日であり命日でもある11月15日から使用され始めた。

こちらもCHECK!

とにかくうどん推しの高松空港
高松空港の2階、国内線の出発ロビーには通称「うどん椅子」とよばれるソファが設置されている。元はベルギーの家具ブランドが開発した既製品のソファだったが、導入の際にうどんの色と似ている白色をチョイスしたところ「うどん県にぴったり」と利用者から人気が出たそう。

①高松空港へ

出発空港	出発地	航空会社	所要時間	便数(1日)
羽田空港	東京	ANA/JAL	約1時間20分	13便
成田空港	東京	JJP	約1時間40分	2〜3便
那覇空港	沖縄	ANA	約1時間50分	1便

②徳島阿波おどり空港へ

出発空港	出発地	航空会社	所要時間	便数(1日)
羽田空港	東京	ANA/JAL	約1時間10分	10便
福岡空港	福岡	JAL	約1時間	2便
新千歳空港	札幌	JAL	約2時間	1便

※新千歳空港便は8月1〜31日の火・木・土曜のみ運航

③松山空港へ

出発空港	出発地	航空会社	所要時間	便数(1日)
羽田空港	東京	ANA/JAL	約1時間25分	12便
成田空港	東京	JJP	約1時間50分	2〜3便
伊丹空港	大阪	ANA/JAL	約50分	11便
中部国際空港	愛知	ANA	約1時間5分	3便
福岡空港	福岡	JAL	約45分	4便
鹿児島空港	鹿児島	JAL	約1時間	1便
那覇空港	沖縄	ANA	約1時間50分	1便

④高知龍馬空港へ

出発空港	出発地	航空会社	所要時間	便数(1日)
羽田空港	東京	ANA/JAL	約1時間20分	10便
成田空港	東京	JJP	約1時間45分	1便
伊丹空港	大阪	ANA	約45分	6便
中部国際空港	名古屋	FDA	約1時間	2便
県営名古屋空港	名古屋	FDA	約1時間	1便
神戸空港	兵庫	FDA	約45分	1便
福岡空港	福岡	JAL	約50分	2便

※所要時間は目安です。
コードシェア便を含みます。

空港から各地へのおもなアクセス方法

①高松空港
- リムジンバス／約50分 1000円 → JR高松駅
- リムジンバス／約48分 2000円 → JR琴平駅

②徳島阿波おどり空港
- リムジンバス／約28分 600円 → JR徳島駅
- 路線バス／約45分 480円 → 鳴門公園

③松山空港
- リムジンバス／15分 700円 → JR松山駅
- リムジンバス／約40分 950円 → 道後温泉

④高知龍馬空港
- 空港連絡バス／約20分 900円 → JR高知駅
- 空港連絡バス／約20分 900円 → はりまや橋
- 路線バス／約30分 640円 → 桂浜

航空会社一覧

ANA（全日空）
TEL 0570-029-767
URL www.ana.co.jp

FDA（フジドリームエアラインズ）
TEL 0570-55-0489
URL www.fujidream.co.jp

JAL（日本航空）
TEL 0570-025-022
URL www.jal.co.jp/jp/ja

JJP（ジェットスター・ジャパン）
TEL 0570-550-538
URL www.jetstar.com/jp/ja/home

高速バス問い合わせ先

伊予鉄バス
TEL 089-948-3100

中国JRバス
TEL 0570-010-666

徳島バス
TEL 088-622-1826

とさでん交通
TEL 088-884-5666

西日本JRバス
TEL 0570-00-2424

陸路

▶車

本州と四国をつなぐ連絡道路は全部で3つ。1つ目は、兵庫県神戸市から徳島県鳴門市をつなぐ「神戸淡路鳴門自動車道」を通るコース。2つ目は、岡山県倉敷市と香川県坂出市を結ぶ「瀬戸大橋」を通るコース。3つ目は広島県尾道市と愛媛県今治市を結ぶ「しまなみ海道」を通るコース。出発地と到着地を考えて道路を選択しよう。

▶バス

お得に四国へ行くなら、高速バスを使うのもひとつの手段。東京都、神奈川県、大阪府、兵庫県、岡山県、広島県からは、4県へ直通の高速バスが発着している。

▶おもな高速バス

出発地	到着地	バス名	料金	所要時間	運行会社
JR大阪駅	高松駅高速BT	高松エクスプレス大阪号	4500円	約3時間50分	西日本JRバスほか
広島BC		瀬戸内エクスプレス	4100円	約3時間55分	中国JRバス
JR大阪駅	JR徳島駅前	阿波エクスプレス大阪号	4100円	約2時間40分	西日本JRバスほか
広島BC		徳島－広島線	7000円	約4時間25分	徳島バスほか
JR大阪駅	JR松山駅	松山エクスプレス号	7500円	約6時間	西日本JRバスほか
JR岡山駅西口		マドンナエクスプレス号	4800円	約3時間25分	伊予鉄バスほか
大阪(阪急三番街)	高知駅BT	よさこい号	6900円	約4時間50分	とさでん交通ほか
広島BC		土佐エクスプレス	7500円	約4時間45分	

鉄道会社問い合わせ先

JR四国
TEL 0570-004592

JR東海
TEL 050-3772-3910

JR西日本
TEL 0570-002-486

JR東日本
TEL 050-2016-1600

こちらもCHECK!

動くホテル「サンライズ瀬戸」

JR東京駅を夜に出発し、翌朝にJR高松駅に到着する寝台特急列車「サンライズ瀬戸」。寝台は3種類あり、豪華な内装のA寝台、シングルやツインなど選べるB寝台、開放的な空間のノビノビ座席の3種類から選ぶことができる。A寝台、B寝台はともに個室で、浴衣やスリッパなどのアメニティも充実している。

▶鉄道

四国には新幹線が通っていないので、各都市に行くにはJR岡山駅発の特急に乗り換える必要がある。ちなみにJR東京駅からは、夜行の寝台特急「サンライズ瀬戸」がJR高松駅まで直通で運行している。

おもな鉄道路線

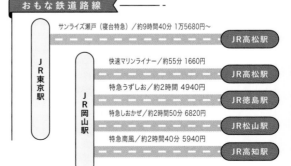

JR東京駅
サンライズ瀬戸（寝台特急）／約9時間40分 1万5680円～ → JR高松駅

JR岡山駅
快速マリンライナー／約55分 1660円 → JR高松駅
特急うずしお／約2時間 4940円 → JR徳島駅
特急しおかぜ／約2時間50分 6820円 → JR松山駅
特急南風／約2時間40分 5940円 → JR高知駅

INFO JR東京駅からJR岡山駅までは新幹線「のぞみ」で所要約3時間20分。運賃は普通車自由席1万6600円～。「ひかり」は所要約4時間。運賃は同一の普通車自由席1万6600円～。

海路

マイカーやマイバイクとともに四国を巡りたい人におすすめなのが、フェリーで四国に入る方法だ。車やバイクなどの車両を一緒に載せることができるので、ぜひ活用したい。航送運賃は車高やバイクの排気量で変動するので、事前に運航会社のウェブサイトでチェックしておこう。おもなフェリーは、本州と九州の各地から運航しており、大阪や神戸、広島といった関西圏からがメイン。長距離フェリーでは、福岡県の新門司港から徳島港、東京都の有明港から徳島港の航路で運航されている。

船会社問い合わせ先

宇和島運輸フェリー
TEL0894-23-2536
オーシャン東九フェリー
TEL0570-055-048
オレンジフェリー
TEL06-6612-1811（大阪）
国道九四フェリー
TEL097-575-1020（佐賀関）
ジャンボフェリー
TEL087-811-6688
瀬戸内海汽船
TEL082-253-1212
南海フェリー
TEL073-422-2156（和歌山）
防予フェリー
TEL0820-22-3311（柳井）
松山・小倉フェリー
TEL089-967-7180

▶本州、九州からのおもな航路

番号	出発港	到着港	所要時間	便数（1日）	旅客のみ料金	乗用車料金 5m未満	船会社
❶	神戸三宮FT	高松東港	約4時間45分	4便	1990円〜	4990円〜	ジャンボフェリー
❷	神戸六甲港	新居浜東港	約7時間	1便	8350円〜	2万600円	オレンジフェリー
❸	大阪南港	東予港	約8時間	1便	8350円〜	2万2000円	
❹	広島港	松山観光港	約2時間40分	約10便	5000円	1万1000円	瀬戸内海汽船（クルーズフェリー）
❺	柳井港	三津浜港	約2時間30分	10〜12便	4200円	1万3000円	防予フェリー
❻	小倉港	松山観光港	約7時間5分	1便	1万200円〜	2万6300円	松山・小倉フェリー
❼	別府港	八幡浜港	約2時間50分	6便	4300円〜	1万5700円	宇和島運輸フェリー
❽	佐賀関港	三崎港	約1時間10分	16〜17便	1250円	1万300円	国道九四フェリー
❾	臼杵港	八幡浜港	約2時間20分	5〜7便	3300円〜	1万4200円	オレンジフェリーほか
❿	和歌山港	徳島港	約2時間15分	8便	2500円〜	1万3000円	南海フェリー
⓫	有明港	徳島港	約18時間	1便	1万4300円〜	3万8500円〜	オーシャン東九フェリー
⓬	新門司港	徳島港	約14時間	1便	1万1000円〜	2万6070円〜	

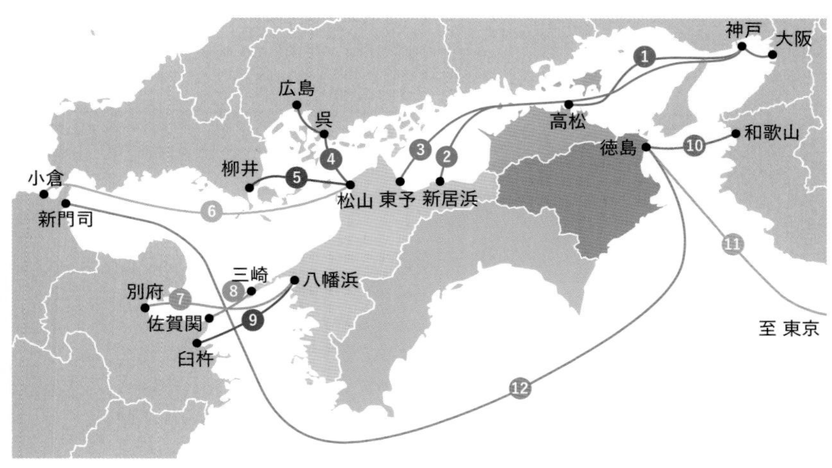

旅のホテル事情

繁華街に位置するシティホテルから、温泉街に並ぶ温泉旅館に、喧騒から離れた大自然にぽつんとたたずむリゾートホテルまで。四国にはたくさんの種類の宿が存在する。料金や立地、温泉の有無、食事などの要素を踏まえて宿選びをしよう。

瀬戸内海を望むリゾートホテル、瀬戸内リトリート 青凪 by 温故知新(→P.65)

おすすめの予約サイト

一休.com
URL www.ikyu.com

HIS
URL www.his-j.com/Default.aspx

JTB
URL www.jtb.co.jp

じゃらん
URL www.jalan.net

トラベルコ
URL www.tour.ne.jp

楽天トラベル
URL travel.rakuten.co.jp

お遍路ハウス四国88
URL henrohouse.jp/ja

遍路宿に泊まるに当たって

お遍路に欠かせない遍路宿。メリットは、女将さんやほかの宿泊者同士でお遍路についての情報交換ができること、素泊まりや2食付きなど滞在方法を選べること、洗濯機を借りられること、荷物を次の遍路宿まで運んでくれたり、昼食を持たせてくれるサービスがあることなど、人のあたたかさを感じる遍路旅ならではの宿泊体験が可能。ただし、支払いが現金のみ、風呂とトイレが共同、もしくはシャワーのみなど、人によって不便に感じる部分もあるかもしれない。特にアメニティやエアコンの有無などは、マストで事前確認しておきたい。

人情味あふれる遍路宿

ホテルの種類

▶シティホテル

駅前や空港付近にあるシティホテルは、ビジネスから観光までさまざまなニーズに応えてくれる万能ホテル。館内設備がシンプルだったり、部屋のアメニティが少ないこともあるが、そのぶんお得に宿泊することができる。ホテルによっては、大浴場や本格的なレストランが併設されていることもあり、都市部にいながら快適な滞在がかなう。

▶旅館

温泉地にあることが多い旅館は、和風建築に囲まれながら食事や温泉をゆったり楽しみたい人におすすめ。ホテルとの大きな違いは、部屋のバリエーションが多いこと。和室だけに限らず、洋室、和洋室など、大人数でも利用できる部屋が多い。また大浴場や露天風呂があるのも旅館ならでは。ただし、部屋に風呂がない場合もあるので予約時に確認を。

▶リゾートホテル

四国だと、瀬戸内海を見渡す立地や、静かな山中に立っていることが多いリゾートホテル。魅力は何といっても、プールやスパ、レストランなどが併設され、充実したサービスを受けられること。また客室も広く、専用の露天風呂が付いていることもある。1日の宿泊組数が限定の場合もあるので、混み合うことが予想される夏季などは早めの予約を心がけよう。

▶民宿（遍路宿）

遍路道周辺に多いのが民宿。いわゆる遍路宿とも呼ばれる。午前中までなら当日予約も可能だが、基本的には前日までに電話またはウェブサイトでの予約を。遍路宿に泊まるメリットは、お得に泊まれる場合が多いこと、お遍路同士で情報交換ができることなど。歯ブラシやタオルなど、基本的なアメニティがない場合があるので事前に用意しておくこと。

 旅の持ち物

基本的には現地調達が可能。ただし、近くにコンビニやドラッグストアがない場合もあるので、替えの効かない常備薬やコンタクトレンズなどは忘れず持っていくようにしよう。特にローカルな場所に行く場合には、現金を多めに持っていくように。

荷物の持っていき方

旅行日数や持ち物の量にかんがみて、スーツケースで行くかバックパックで行くかを決めよう。バックパックは両手が空くので、身軽に動くことができる。スーツケースには多くの荷物が入り、またバックパックに比べて体への負担が少ない。また、航空機を利用する場合は、預け入れ荷物についても考慮する必要がある。パソコンやモバイルバッテリーなどの電子機器は預け入れができないので、機内に持ち込む手荷物に入れておく必要がある。簡単に荷物を仕分けられるように、ボディバッグやエコバッグを持っていくと便利だ。

服装について

市街地は、東京とあまり気候が変わらないので、その時季に見合った服装で行けば特段問題はない。山間部は気候の変動が激しいので体温調節ができるような羽織ものを持っていくとよい。また冬には積雪もあるので、滑りにくいスノーブーツなどを用意しておくこと。

服装と気温の目安

30°C以上…半袖シャツ（室内では羽織ものを）
25°C以上…半袖シャツ
25°C未満…長袖シャツ
20°C未満…長袖シャツ+カーディガン
16°C未満…セーター+薄手のアウター
12°C未満…セーター+トレンチコート
8°C未満…セーター+冬物コート
5°C未満…セーター+ダウンコート+マフラー・手袋

お遍路旅も冬には中に暖かいインナーを着込むなど対策を

▶持ち物チェックリスト

※充電器（モバイルバッテリー）の機内への持ち込みは制限があるので注意

		チェック
貴重品	現金	□
	クレジットカード	□
	健康保険証（マイナンバーカード）	□
	航空券（プリントアウト、またはスマホのQRコード）	□
	運転免許証	□
	ETCカード	□
	スマートフォン、携帯電話	□
	充電器（※）、充電コード	□
	カメラ	□
日用品	タオル	□
	洗面用具	□
	化粧品	□
	日焼け止め	□
	めがね、コンタクトレンズ	□
	エコバッグ	□
	マスク	□
	絆創膏などのファーストエイドキット	□
	常備薬	□
衣類ほか	下着類、靴下	□
	Tシャツ	□
	ボトムス（ズボンやスカート）	□
	トップス（シャツ、カットソー）	□
	アウター（カーディガンやウインドブレーカー）	□
	ストール	□
	帽子	□
	折りたたみ傘（日傘）、雨具	□

旅の予算

四国への旅行が決まったところで、旅行代金はどれくらいかかるのか。交通費やアクティビティ代などを考えて、節約したい人も、贅沢な旅を楽しみたい人も、それぞれの旅のスタイルに合わせて旅行代金をシミュレーションしてみよう。

観光にかかる費用

▶交通費

各都市内を観光するだけなら、レンタサイクルやバスを活用するなどして交通費を安く抑えることができる。一方、四国を周遊する場合は、レンタカーや鉄道などが欠かせないため交通費がかかる。レンタカーの場合は、レンタル料以外にガソリン代、高速道路代などが必要なので忘れずに予算に組み込もう。鉄道で周遊する場合は、JR四国が提供している「四国フリーきっぷ」や「四国グリーン紀行」を活用するのがおすすめだ。

松山市内を走る坊っちゃん列車（→P.264）。1Dayチケットなどお得な乗車券を活用しよう

▶施設観覧料

基本的に、市立や県立などの公営の施設は500円以内で観覧できる。民営の場合でも1000円以内が基本。ただし、施設によっては3000円ほどするところもある。温泉施設の場合、日帰り入浴は1000円前後で可能だ。

徳島県立博物館（P.201）。県立施設なのでお得に入場できる。展示内容も見応え十分

▶ツアー＆アクティビティ

四国はリバーアクティビティの種類が豊富。川でのラフティングは5000〜1万円以内、SUPは5000〜8000円、カヤックは4000〜7000円など。ものづくり体験では、陶芸は5000円以内、藍染めなら1500〜4000円程度が相場。

大歩危でツリートレッキング体験ができるRiverStation West West（→P.242）

高速道路料金の検索

NEXCO 西日本
URL www.w-nexco.co.jp

お得なJRきっぷ

四国フリーきっぷ
高速道路の乗り放題パスや、JR四国で使用可能な周遊きっぷなど、お得なチケットをぜひ活用しよう。→P.112

定期観光バスを利用する

レンタカーがないと行くのが難しい場所も、各バス会社が運行している定期観光バスを利用すれば気軽に行くことができる。→P.111

クレジットカードや電子マネー

クレジットカードや電子マネーなどのキャッシュレス決済はとても便利。しかし四国はまだまだ現金文化が根強い地域。大手のコンビニエンスストアや大型スーパーなどでは、キャッシュレス決済が使える場合もある。しかし都市部でも個人経営の店舗を中心に、支払いが現金のみということもしばしば。またほとんどの自動販売機でもキャッシュレス決済ができない。余分に現金を持っていくように心がけて。

ガソリン代や高速料金に注意

ガソリン代は、地方にいけばいくほど値段が高くなる傾向がある。なるべく都市部で給油をしてからドライブにいこう。また高速料金も、東京と比べると各IC間の距離が長いぶん、高く感じられる。事前に高速料金を調べておくとよい。

コインパーキングについて

コインパーキングを使う際に気をつけたいのが、ハイシーズン時の料金。特に阿波おどりやよさこい祭りといった観光客が集まる時季には、平時の2〜3倍の価格設定になるところも。中心部には停めずに、少し離れたコインパーキングを利用して目的地へ向かうなど、対策をしよう。

飲食にかかる費用

朝食 朝食は宿泊施設の料金に含まれていることがほとんど。素泊まりプランの場合などは、近場のカフェのモーニングを活用しよう。ドリンクやトーストなどがセットで1000円前後が相場。

昼食 ラーメンや海鮮丼、ステーキなど、がっつり食べるのであれば1000～1500円程度。食費を抑えるのであれば、安価なうどん店やコンビニ、ファストフード店を利用するのも手段のひとつ。

カフェ 四国にはおいしいスイーツがたくさん。ソフトクリームは300円～、パフェは800円～、ケーキ800円～など。コーヒーも500円程度で楽しめる。

夕食 ラーメンは1000円前後、鯛めしは1500～2500円、居酒屋の場合はひとり5000円程度。本格的な寿司の場合は、ひとり7000円は見ておきたい。

宿泊にかかる費用

ハイシーズン、オフシーズンで料金の変動が激しい。例えばオフシーズン時は、夏季のハイシーズン時よりも5000円ほど安く宿泊できることもある。コストを抑えて宿泊をしたいのであれば、オフシーズンの1～2月を狙うのがおすすめ。また食事の有無や部屋からの眺望でも料金は変わるので、宿選びの際には留意をしたい。

宿泊費の目安			
最上級ホテル	8万円～	宿坊	6000円～
リゾートホテル	4万円～	民宿(遍路宿)	4000円～
シティホテル	6000円～	ゲストハウス	4000円～

買い物にかかる費用

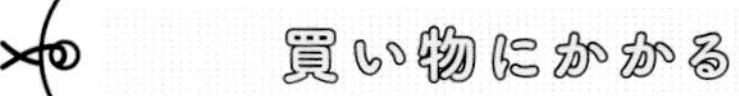

おみやげ選びも旅行の醍醐味。香川県のうどんや徳島県の半田素麺なら1000円～、愛媛県のみかんジュースは500円～、高知県名物のカツオなら3000円～など。各観光スポットをはじめ、道の駅、空港や駅構内の物産館で手に入る。予算や持ち運びの時間などを考えながらおみやげ選びをしよう。

徳島市内のO-ba'sh cafe. →P.253 でモーニング

噛み応えのある麺がクセになる！ 山内うどん店 →P.84

三津浜の人気ベーカリーN's Kitchen & labo →P.271

山本鮮魚店のカツオのタタキ丼 →P.438 はマストで食べたい

割引やクーポンを活用しよう

町なかにあるフリーペーパーや、事前のウェブ予約、オンラインでのチケット購入などで、割引になるケースがある。まずは各施設のウェブサイトをチェックして、お得な情報をゲットしよう。

レンタカーについて

四国を満遍なく、効率よく巡るにはレンタカーは欠かせない。空港の営業所で借りる場合や駅前で借りる場合、離島へカーフェリーを使って行く場合など、それぞれのケースに合わせたレンタカー事情を事前にチェックしておこう。

レンタカーを借りる

▶レンタカーの予約方法

レンタカーのみを利用するなら、レンタカー会社の公式ウェブサイトから申し込む、電話でレンタカーの営業所に連絡する、旅行会社の公式ウェブサイトから予約する、などの予約方法が一般的。列車を利用するなら、JRで実施しているレール&レンタカーきっぷを使うとお得。JRの列車と駅レンタカーをセットで予約すると、割引が効いてお得に利用できるサービスだ。またパッケージツアーのレンタカー付きのプランもリーズナブルに予約できるが、車種の指定ができない場合があるので注意が必要。

▶空港の営業所で借りる場合

空港でレンタカーを借りる場合、空港内で直接レンタカーを借り、そのまま出発できるわけではない。まず、到着出口付近にある各レンタカー会社の受付カウンターで、氏名と予約の確認を行う。その後、送迎のミニバンで最寄りのレンタカー営業所まで移動し、営業所内で改めて貸し渡しの手続きを行う。その後、車までスタッフに案内してもらう、という流れになる。繁忙期には車の受け渡しに1時間以上かかる可能性もあるので、時間に余裕をもって行動しよう。

▶駅前の営業所で借りる場合

JR高松駅、JR徳島駅、JR松山駅、JR高知駅ともに駅前にレンタカーの営業所がある。予約時刻より少し早めに営業所へ向かうと、スムーズに車を借りることができる。もし列車の遅延などで遅れそうな場合は、早めに営業所にその旨を連絡しよう。営業所に到着したら、運転する予定のある全員分の免許証を提出し、補償内容や事故時の対応についてチェックをして契約書を交わす。料金を支払ったあと、車にキズがないか確認してから出発となる。給油口の開け方や、装備品などわからないことがあればこの時にスタッフに聞いておこう。

JR徳島駅前にある駅レンタカー

列車とレンタカーをお得に利用

利用条件を満たせば、利用者全員のJR線の乗車券が20%割引、特急料金やグリーン車料金などが10%割引に、またレンタカーも特別料金で申し込みができるサービス。

レール&レンタカーきっぷ
URL www.ekiren.co.jp/syouhin/006/annai.html

空港内にあるレンタカー会社

高松空港
・オリックスレンタカー
・スカイレンタカー
・タイムズカー
・トヨタレンタカー
・日産レンタカー
・ニッポンレンタカー
・バジェット・レンタカー
・平成レンタカー

徳島阿波おどり空港
・オリックスレンタカー
・スカイレンタカー
・タイムズカー
・トヨタレンタカー
・日産レンタカー
・ニッポンレンタカー
・バジェット・レンタカー

松山空港
・オリックスレンタカー
・タイムズカー
・トヨタレンタカー
・日産レンタカー
・ニッポンレンタカー
・バジェット・レンタカー
・平成レンタカー

高知龍馬空港
・オリックスレンタカー
・スカイレンタカー
・タイムズカー
・トヨタレンタカー
・日産レンタカー
・ニッポンレンタカー
・バジェット・レンタカー

▶レンタカーの車種

車種は、軽自動車やアウトドアに適したSUV、大人数向けのワゴンなど、多種多様な車から選択できる。乗る人数や荷物の量を考慮して、ぴったりの車を選択しよう。カーナビやETCはほとんどの車に標準装備されており安心。その他チャイルドシートやスタッドレスタイヤ、4WD車などはオプションで選ぶことができるので、予約時に追加しよう。

徳島県三好市（→237）を通る国道32号。四国山地の山々を望む

▶保険加入について

レンタカー会社が保有する車には保険の加入が義務付けられている。そのため、対人補償や対物補償など基本的な補償はレンタカー料金に含まれており、別途支払う必要はない。しかし、万一の場合に備えて、オプションで選ぶレンタカー保険に加入するのがおすすめ。事故時に負担しなければならない費用（免責額）が免除される保険や、レンタカーが貸し出せなくなった際のレンタカー会社に対する休業補償（ノンオペレーションチャージ）が免除される保険など、各レンタカー会社によってさまざまなプランがある。

▶返却について

周遊旅行の場合、借りた営業所とは別の営業所に車を返却する「ワンウェイレンタル（乗り捨て）」を利用するのが一般的。ワンウェイレンタルには手数料がかかる場合がほとんどで、料金は出発営業所と返却営業所の距離とエリアによって変動する。レンタカー会社によっては、同一県内の営業所で返却する場合、手数料がかからないケースもあるので事前にチェックを。車の返却時には、指定もしくは最寄りのガソリンスタンドで給油をし、満タンの状態にするのが基本。時間がないなどの理由で給油をせずに返却をした場合は、レンタル中の走行距離に応じて料金を請求される走行距離清算となる。満タンで返すより割高になることが多いので注意しよう。

万一事故に遭ったら

もし交通事故を起こしてしまった場合は、まず車を安全な場所に停車させ、負傷者がいる場合にはその救護を。そして二次被害が起きないように発煙筒をたくなどして後続車に知らせ、その後警察やレンタカー会社に連絡をする。警察やレンタカー会社に連絡を怠った場合や、飲酒運転、レンタカー受付時に申請していない人が運転者だった場合などは、保険は適用されず費用が全額自己負担となる。

ワンウェイレンタル（乗り捨て）の手数料

乗り捨て手数料は、出発営業所と返却営業所が県をまたいだ場合は有料に、同一県内の場合は無料になることが多い。

タイムズカーの場合

出発営業所：高松空港前
返却営業所：徳島空港前
上記の場合、乗り捨て手数料は6600円～

出発営業所：今治
返却営業所：高知駅前
上記の場合、乗り捨て手数料は8800円～

出発営業所：徳島空港前
返却営業所：徳島中央
上記の場合、乗り捨て手数料は無料

ニッポンレンタカーの場合

出発営業所：高松空港
返却営業所：徳島空港
上記の場合、乗り捨て手数料は4400円～

出発営業所：今治駅
返却営業所：高知駅北口
上記の場合、乗り捨て手数料は6600円～

出発営業所：徳島空港
返却営業所：徳島駅東
上記の場合、乗り捨て手数料は無料

タイムズカー
TEL 0120-00-5656
URL rental.timescar.jp/price/oneway.html

ニッポンレンタカー
TEL 0800-500-0919
URL www.nipponrentacar.co.jp/service/oneway.html

離島へ行く場合

離島に行く場合、フェリーに自動車を載せて運送することができる。運賃には自動車1台につき運転者1名分の旅客運賃が含まれていることがほとんど。

四国汽船株式会社
高松港～宮浦港（直島）
5m未満 片道5500円
URL www.shikokukisen.com

国際両備フェリー
高松港～池田港（小豆島）
5m未満 片道6330円
URL ryobi-shodoshima.jp

大三島ブルーライン株式会社
今治港～宗方港（大三島）
5m未満 片道1880円
URL omishima-bl.net

旅のお役立ち情報

旅行に出る前に知っておくと便利な情報をここに集約。観光情報の収集の仕方や、手荷物の預け方、旅先からの荷物の送り方、お得に旅するノウハウなどを事前にチェック。よりすてきな旅行になるように工夫しよう。

観光案内所

観光案内所は、主要なJRの駅前や駅構内、もしくは道の駅や物産館などに併設されていることが多い。観光に関する総合的な案内が聞けるほか、各施設や自治体が発行している無料配布のリーフレットやパンフレットも置いてある。なかには、施設の入場料がお得になる割引チケットが付いている場合もあるので、見つけたら積極的にゲットしよう。

観光案内所で手に入るパンフレット

インターネット&アプリ

各地域の観光協会や、自治体が運営しているウェブサイトでは最新の観光情報が手に入るので、前もって確認しておきたい。またウェブサイトだけでなく、スマートフォンのアプリもうまく活用しよう。特に、JR四国が提供しているアプリ「しこくスマートえきちゃん」は、切符購入から乗車まですべてアプリ内で完結する便利なサービス。上手に活用して、複雑な交通機関もスムーズに乗りこなそう。

▶おすすめの観光情報サイト

香川県

うどん県旅ネット
URL www.my-kagawa.jp
エクスペリエンス高松
URL www.art-takamatsu.com/jp
うどん県【香川県】
インスタグラム:@udonken_kagawa

徳島県

阿波ナビ
URL www.awanavi.jp
インスタグラム:@tokushima_awanavi
Fun!Fun!とくしま
URL funfun-tokushima.jp

愛媛県

いよ観ネット
URL www.iyokannet.jp
インスタグラム:@iyokannet
四国松山 瀬戸内松山
URL matsuyama-sightseeing.com

高知県

こうち旅ネット
URL kochi-tabi.jp
公益社団法人高知市観光協会
URL welcome-kochi.jp
高知観光official
インスタグラム:@naturallykochi

観光案内所

香川・高松ツーリストインフォメーション
MAP 別冊P.29-C1
住 香川県高松市浜ノ町1-20(JR高松駅1階コンコース)
TEL 087-826-0170
開 9:00～20:00
休 なし

トクシマウェルカムセンター
MAP 別冊P.35-C2
住 徳島県徳島市元町1-24 アミコビル東館1階
TEL 088-635-9002
開 10:00～19:00
休 なし

愛媛・松山観光インフォメーションセンター
MAP 別冊P.41-C・D2
住 愛媛県松山市一番町3-1-1 松山三越1階アトリウムコート
TEL 089-998-2205
開 10:00～19:00
休 なし

高知観光情報発信館とさてらす
MAP 別冊P.49-D1
住 高知県高知市北本町2-10-17
TEL 088-879-6400
開 8:30～18:00
休 なし

おすすめのアプリ

しこくスマートえきちゃん
JR四国が提供するチケットアプリ。アプリ内で、乗車券や自由席特急券などの切符がキャッシュレスで購入でき、発行されたQRコードを駅係員に提示することで列車に乗車できる。

しこくるり
四国観光の総合アプリ。観光地の情報が手に入るほか、アクティビティの予約もアプリ内から可能。また、ポイントを購入することで、登録された観光スポットをお得に利用できる「旅ぱす」や、交通期間やイベントで利用できるデジタルチケットも利用可能。

手荷物を預ける

空港や駅に到着してからホテルにチェックインするまで、もしくはチェックアウト後にフライトの時間まで観光したいけれど、手荷物の持ち運びが大変……という時に活用したいのが、コインロッカーや手荷物預かりサービス。手荷物預かりサービスは、予約しているホテルでもチェックイン前、チェックアウト後に預かりサービスを実施しているところがある。または、観光案内所でも預けられる場合が多い。チェックイン前なら、駅や空港から宿泊施設まで手荷物を配送してくれるサービスがあるので、それも併せて活用したい。

荷物を送る

かさばるおみやげや要冷蔵のおみやげは、現地から自宅宛てに発送するのがおすすめ。道の駅や物産館などでは基本的に配送サービスを行っている。一定額以上を購入すると送料が無料になるショップもあるので、その場合はまとめ買いをするのがおすすめ。

お得に旅する

お得な旅をするには、周遊パスポートを活用するのもひとつの手段。四国を代表する周遊パスポートといえば「龍馬パスポート」。提示するだけで、県内にある約730の観光施設で特典が受けられるほか、ステージアップをすると抽選で宿泊ギフト券がもらえるなど豪華な特典も。

観光のマナー

観光をする時は最低限のマナーは守るようにしよう。携帯電話の使用やゴミのポイ捨て、喫煙、飲酒など基本的なことは旅先でも変わらずルールの遵守を。また自然を傷つけない、野生動物に餌付けしない、むやみに危険な場所には近づかないことも旅行先では大切。楽しい旅行についつい浮かれてしまいがちだが、常識のある行動を常に心がけたい。

自分で出したゴミは必ず持って帰るように

みきゃんアプリ
愛媛県内の店舗や交通機関で使えるキャッシュレスアプリ。例えば、伊予鉄の市内電車では交通券が10円引きで購入できるほか、買い物で割引が効くなど、お得な特典がたくさん。

遍路のあかり
お遍路をサポートしてくれるアプリ。88ヵ所の霊場の情報が閲覧できる「霊場紹介」や、現在地から目的の霊場までを案内してくれる「遍路地図」なども利用できる。

駅や空港などから宿泊施設への配送サービス

JR高松駅、JR松山駅から
10:00～14:30までの時間帯に荷物を預けると、17:00までに指定の宿泊施設に荷物を配送してくれる。
料高松駅から市内の指定宿泊施設まで1個600円
高松駅からこんぴら温泉郷の指定宿泊施設まで1個1000円
松山駅から松山市内または道後温泉の指定宿泊施設まで1個600円
URL www.jr-shikoku.co.jp/02_information/baggage-delivery

JR徳島駅、JR鳴門駅、徳島阿波おどり空港から
11:30までにJR徳島駅またはJR鳴門駅、徳島阿波おどり空港で荷物を預けると、20:00までに指定宿泊施設に手荷物が配送される。
料1個500円
URL www.awanavi.jp/archives/40224

JR高知駅 とさてらす営業所から
8:30～14:00にJR高知駅のとさてらす営業所に荷物を預けると高知市内の宿泊施設に、8:30～11:00に預けると高知市外の宿泊施設へも荷物を配送してくれる。
料1個1000円
URL kochi-tabi.jp/img/media/1646179782207.pdf

龍馬パスポート
龍馬パスポートを申請するはがきに、パスポート参加施設で押印されたスタンプを3つ集めてJR高知駅前のこうち旅広場 龍馬パスポート受付窓口へ持っていくと即時交付される。
URL kochi-tabi.jp/ryoma-pass

アプリ「遍路のあかり」は、四国電力送配電株式会社が提供。四国八十八ヵ所霊場や遍路道沿いの電柱に設置した発信機（ビーコン）を活用して、お遍路に関する情報を発信している。

旅の安全情報とトラブル対策

自然災害やひったくり被害など、旅先でのもしもの事態に備えることは大切。事前に天気予報をリサーチしたり、夜間の外出は避けるなど、絶えず十分な注意を払おう。もしトラブルに巻き込まれてしまった場合は、焦らず警察や病院に連絡を。

自然災害

四国は台風の常襲地。また度重なる豪雨や暴風によって地盤が緩み、土砂崩れや河川決壊などの被害が起きることもある。ほかにも、地震や大しけによって、ツアーのキャンセル、飛行機やフェリーの欠航などが生じ、観光に支障をきたす場合もある。あらかじめ、災害に遭うことを想定して事前に宿の避難経路や付近の避難所を調べたりするなど、備えることをしよう。

もし災害に遭ってしまった場合は、すばやく身を守り、頑丈な建物内で状況が落ち着くまで待機すること。

高知県安芸市にある津波避難タワー

▶台風

夏季から秋季にかけては台風のシーズン。出発時に台風が直撃し、飛行機が欠航になった場合は、便の変更や払い戻しの対応になることがほとんどだ。もし滞在中に台風に遭遇してしまった場合は、海岸や川には近づかずに、台風が過ぎ去るまで待機しよう。自治体から避難指示が出ている場合はそれに従う必要がある。もし、帰路に台風が直撃した場合は、飛行機が翌日以降に振り替えられる可能性があるので速やかに延泊の手配を。特にハイシーズン中の宿泊施設は混み合うので、早急な対応が重要だ。いずれにせよパッケージツアーの場合は、販売の旅行会社に問い合わせを。

▶地震

地震が起きた場合には、まずは落ち着いて自分の身を守ろう。火の始末はすばやく行い、逃げ道の動線も確保して。特に注意しなければならないのは津波だ。徳島県や高知県の沿岸部には津波から逃れるための避難タワーが整備されているので活用を。また川を遡る河川津波にも注意。地震が起きたら海や川には近づかず、素早く高台に避難しよう。

気象情報

各県の天気予報、地震情報、防災気象情報を配信している。

高松地方気象台
URL www.jma-net.go.jp/takamatsu

徳島地方気象台
URL www.jma-net.go.jp/tokushima

松山地方気象台
URL www.jma-net.go.jp/matsuyama

高知地方気象台
URL www.jma-net.go.jp/kochi

各県の防災マップ

周辺地域の洪水、土砂災害、津波、高潮などのリスクを調べることができる。

ハザードマップポータルサイト（国土交通省）
URL disaportal.gsi.go.jp

災害用伝言ダイヤル

地震や台風などの災害時に被災地への通信が増加し、電話がつながりにくくなった場合にサービスが開始される。ガイダンスに沿って操作すると、音声の録音、再生ができる。
TEL 171
URL www.web171.jp/web171app/disasterTop(災害用伝言板 web171)

緊急連絡先

警察
TEL 110

救急、消防
TEL 119

海の事故、災害（海上保安庁）
TEL 118

INFO 高知県内では、耐震性や高さなどの条件をクリアした建物が「津波避難ビル」に指定されている。その数は338施設、収容できる人数は28万2425人にも及ぶ。

海や山でのトラブル

アクティビティに危険はつきもの。まず海や川には、増水時に近づかないこと。水難事故につながる可能性がある。また夏季には、カツオノエボシやアカクラゲといった、人に害を及ぼす生物が海岸に打ち上げられることもある。無闇に手を触れないほうがよい。また山でのアクティビティにも十分注意を払って。季節を問わず突然訪れる急激な天気の変化や、ヘビ、ブヨなどの害虫、皮膚に炎症を起こす草木に触れないように長袖長ズボンで行くことが大事。

高知県の仁淀川にある大渡ダム。水力発電や洪水対策を目的とする

ひったくり、置き引き、スリ

ひったくりに遭わないためには、バッグを建物側に持つ、ショルダーバッグはたすき掛けにするなどの対策が有効。また音楽を聴きながら、スマートフォンを触りながらの「ながら歩き」は格好の的となる。もし被害に遭ってしまった場合は、けがを防ぐためにも犯人を無理やり追わないこと。置き引きやスリの被害も、繁華街では起こりうる。ちょっとした用事で席を離れる場合も、荷物を忘れずに持っていこう。

体調不良、けが

道端で急に気分が悪くなったり、けがをしてしまった場合は、無理をせずに付近の人に助けを求めよう。常備薬があるなら念のため、かばんに入れておくこと。もし用意がない場合は、最寄りのドラッグストアで購入を。不安な症状がある場合は病院を受診しよう。ただし、離島や山間部などでは近くに病院がないこともあるので、事前に調べておく必要がある。

忘れ物、紛失物

もし忘れ物や何かをなくしてしまった場合は、まずは利用した店舗や交通機関に連絡を。それでも見つからない場合は、各県警の公式ウェブサイトで公開されている落とし物検索システムを活用しよう。重要な荷物はそれぞれ別のかばんに入れるなど、パッキング時に紛失リスクを分散させるコツも有効だ。

各県の病院

高松赤十字病院
MAP 別冊P.29-C3
住 香川県高松市番町4-1-3
TEL 087-831-7101

徳島市民病院
MAP 別冊P.34-B2
住 徳島県徳島市北常三島町2-34
TEL 088-622-5121

松山赤十字病院
MAP 別冊P.41-D1
住 愛媛県松山市文京町1
TEL 089-924-1111

高知赤十字病院
MAP 別冊P.46-B1
住 高知県高知市秦南町1-4-63-11
TEL 088-822-1201

空港で忘れ物をした場合

高松空港
TEL 087-814-3355

徳島阿波おどり空港
TEL 088-699-2831

松山空港
TEL 089-972-5600

高知龍馬空港
TEL 088-863-2906

機内で忘れ物をした場合

機内で忘れ物をした場合、利用した航空会社や到着空港によって連絡先が変わる。また航空会社のウェブサイトから忘れ物検索ができる場合も。詳しくは各航空会社のウェブサイト→P.471で確認しよう。

各県のおもな警察署

高松北警察署
MAP 別冊P.29-C2
住 香川県高松市西内町2-30
TEL 087-811-0110

徳島中央警察署
MAP 別冊P.35-D2
住 徳島県徳島市徳島町1-5-2
TEL 088-624-0110

松山東警察署
MAP 別冊P.41-D1
住 愛媛県松山市勝山町2-13-2
TEL 089-943-0110

高知警察署
MAP 別冊P.49-C・D1
住 高知県高知市北本町1-10-12
TEL 088-822-0110

INFO 四国4県ではドクターヘリが活用されている。2023年7月には、大阪府や和歌山県などの関西広域連合と、大規模な災害があった場合に県境をまたいでヘリコプターを出動できる協定が結ばれた。

索引 INDEX

か

さ

は

ま

地球の歩き方 シリーズ一覧 2023年11月現在

＊地球の歩き方ガイドブックは、改訂時に価格が変わることがあります。＊表示価格は定価（税込）です。＊最新情報は、ホームページをご覧ください。www.arukikata.co.jp/guidebook/

地球の歩き方 ガイドブック

A ヨーロッパ

A01	ヨーロッパ	¥1870
A02	イギリス	¥2530
A03	ロンドン	¥1980
A04	湖水地方＆スコットランド	¥1870
A05	アイルランド	¥1980
A06	フランス	¥2420
A07	パリ＆近郊の町	¥1980
A08	南仏プロヴァンス コート・ダジュール＆モナコ	¥1760
A09	イタリア	¥1870
A10	ローマ	¥1760
A11	ミラノ ヴェネツィアと湖水地方	¥1870
A12	フィレンツェとトスカーナ	¥1870
A13	南イタリアとシチリア	¥1870
A14	ドイツ	¥1980
A15	南ドイツ フランクフルト ミュンヘン ロマンチック街道 古城街道	¥2090
A16	ベルリンと北ドイツ ハンブルク ドレスデン ライプツィヒ	¥1870
A17	ウィーンとオーストリア	¥2090
A18	スイス	¥2200
A19	オランダ ベルギー ルクセンブルク	¥1870
A20	スペイン	¥2420
A21	マドリードとアンダルシア	¥1760
A22	バルセロナ＆近郊の町 イビサ島／マヨルカ島	¥1760
A23	ポルトガル	¥1815
A24	ギリシアとエーゲ海の島々＆キプロス	¥1870
A25	中欧	¥1980
A26	チェコ ポーランド スロヴァキア	¥1870
A27	ハンガリー	¥1870
A28	ブルガリア ルーマニア	¥1980
A29	北欧 デンマーク ノルウェー スウェーデン フィンランド	¥1870
A30	バルトの国々 エストニア ラトヴィア リトアニア	¥1870
A31	ロシア ベラルーシ ウクライナ モルドヴァ コーカサスの国々	¥2090
A32	極東ロシア シベリア サハリン	¥1980
A34	クロアチア スロヴェニア	¥2200

B 南北アメリカ

B01	アメリカ	¥2090
B02	アメリカ西海岸	¥1870
B03	ロスアンゼルス	¥2090
B04	サンフランシスコとシリコンバレー	¥1870
B05	シアトル ポートランド	¥2420
B06	ニューヨーク マンハッタン＆ブルックリン	¥1980
B07	ボストン	¥1980
B08	ワシントンDC	¥2420
B09	ラスベガス セドナ＆グランドキャニオンと大西部	¥2090
B10	フロリダ	¥2310
B11	シカゴ	¥1870
B12	アメリカ南部	¥1980
B13	アメリカの国立公園	¥2090
B14	ダラス ヒューストン デンバー グランドサークル フェニックス サンタフェ	¥1980
B15	アラスカ	¥1980
B16	カナダ	¥2420
B17	カナダ西部 カナディアン・ロッキーとバンクーバー	¥2090
B18	カナダ東部 ナイアガラ・フォールズ メープル街道 プリンス・エドワード島 トロント オタワ モントリオール ケベック・シティ	¥2090
B19	メキシコ	¥1980
B20	中米	¥2090
B21	ブラジル ベネズエラ	¥2200
B22	アルゼンチン チリ パラグアイ ウルグアイ	¥2200
B23	ペルー ボリビア エクアドル コロンビア	¥2200
B24	キューバ バハマ ジャマイカ カリブの島々	¥2035
B25	アメリカ・ドライブ	¥1980

C 太平洋／インド洋島々

C01	ハワイ オアフ島＆ホノルル	¥2200
C02	ハワイ島	¥2200
C03	サイパン ロタ＆テニアン	¥1540
C04	グアム	¥1980
C05	タヒチ イースター島	¥1870
C06	フィジー	¥1650
C07	ニューカレドニア	¥1650
C08	モルディブ	¥1870
C10	ニュージーランド	¥2200
C11	オーストラリア	¥2200
C12	ゴールドコースト＆ケアンズ	¥2420
C13	シドニー＆メルボルン	¥1760

D アジア

D01	中国	¥2090
D02	上海 杭州 蘇州	¥1870
D03	北京	¥1760
D04	大連 瀋陽 ハルビン 中国東北部の自然と文化	¥1980
D05	広州 アモイ 桂林 珠江デルタと華南地方	¥1980
D06	成都 重慶 九寨溝 麗江 四川 雲南	¥1980
D07	西安 敦煌 ウルムチ シルクロードと中国北西部	¥1980
D08	チベット	¥2090
D09	香港 マカオ 深圳	¥2420
D10	台湾	¥2090
D11	台北	¥1980
D13	台南 高雄 屏東＆南台湾の町	¥1650
D14	モンゴル	¥
D15	中央アジア サマルカンドとシルクロードの国々	¥
D16	東南アジア	¥
D17	タイ	¥
D18	バンコク	¥
D19	マレーシア ブルネイ	¥
D20	シンガポール	¥
D21	ベトナム	¥
D22	アンコール・ワットとカンボジア	¥
D23	ラオス	¥
D24	ミャンマー（ビルマ）	¥
D25	インドネシア	¥
D26	バリ島	¥
D27	フィリピン マニラ セブ ボラカイ ボホール エルニド	¥
D28	インド	¥
D29	ネパールとヒマラヤトレッキング	¥
D30	スリランカ	¥
D31	ブータン	¥
D33	マカオ	¥
D34	釜山 慶州	¥
D35	バングラデシュ	¥
D37	韓国	¥
D38	ソウル	¥

E 中近東 アフリカ

E01	ドバイとアラビア半島の国々	¥
E02	エジプト	¥
E03	イスタンブールとトルコの大地	¥
E04	ペトラ遺跡とヨルダン レバノン	¥
E05	イスラエル	¥
E06	イラン ペルシアの旅	¥
E07	モロッコ	¥
E08	チュニジア	¥
E09	東アフリカ ウガンダ エチオピア ケニア タンザニア ルワンダ	¥
E10	南アフリカ	¥
E11	リビア	¥
E12	マダガスカル	¥

J 国内版

J00	日本	¥
J01	東京 23区	¥
J02	東京 多摩地域	¥
J03	京都	¥
J04	沖縄	¥
J05	北海道	¥
J07	埼玉	¥
J08	千葉	¥
J09	札幌・小樽	¥
J10	愛知	¥
J12	四国	¥

地球の歩き方 aruco

●海外

1	パリ	¥1320
2	ソウル	¥1650
3	台北	¥1650
4	トルコ	¥1430
5	インド	¥1540
6	ロンドン	¥1650
7	香港	¥1320
9	ニューヨーク	¥1320
10	ホーチミン ダナン ホイアン	¥1430
11	ホノルル	¥1650
12	バリ島	¥1320
13	上海	¥1320
14	モロッコ	¥1540
15	チェコ	¥1320
16	ベルギー	¥1430
17	ウィーン ブダペスト	¥1320
18	イタリア	¥1760
19	スリランカ	¥1540
20	クロアチア スロヴェニア	¥1430
21	スペイン	¥1320
22	シンガポール	¥1650
23	バンコク	¥1650
24	グアム	¥1320
25	オーストラリア	¥1430
26	フィンランド エストニア	¥1430
27	アンコール・ワット	¥1430
28	ドイツ	¥1430
29	ハノイ	¥1430
30	台湾	¥1320
31	カナダ	¥1320
33	サイパン テニアン ロタ	¥1320
34	セブ ボホール エルニド	¥1320
35	ロスアンゼルス	¥1320
36	フランス	¥1430
37	ポルトガル	¥1650
38	ダナン ホイアン フエ	¥1430

●国内

東京	¥1540
東京で楽しむフランス	¥1430
東京で楽しむ韓国	¥1430
東京で楽しむ台湾	¥1430
東京の手みやげ	¥1430
東京おやつさんぽ	¥1430
東京のパン屋さん	¥1430
東京で楽しむ北欧	¥1430
東京のカフェめぐり	¥1480
東京で楽しむハワイ	¥1480
nyaruco 東京ねこさんぽ	¥1480
東京で楽しむイタリア＆スペイン	¥1480
東京で楽しむアジアの国々	¥1480
東京ひとりさんぽ	¥1480
東京パワースポットさんぽ	¥1599
東京で楽しむ英国	¥1599

地球の歩き方 Plat

1	パリ	¥1320
2	ニューヨーク	¥1320
3	台北	¥1100
4	ロンドン	¥1320
6	ドイツ	¥1320
7	ホーチミン／ハノイ／ダナン／ホイアン	¥1320
8	スペイン	¥1320
10	シンガポール	¥1100
11	アイスランド	¥1540
14	マルタ	¥1540
15	フィンランド	¥1320
16	クアラルンプール／マラッカ	¥1100
17	ウラジオストク／ハバロフスク	¥1430
18	サンクトペテルブルク／モスクワ	¥1540
19	エジプト	¥1320
20	香港	¥1100
22	ブルネイ	¥1430
23	ウズベキスタン サマルカンド ブハラ ヒヴァ タシケント	¥
24	ドバイ	¥
25	サンフランシスコ	¥
26	パース／西オーストラリア	¥
27	ジョージア	¥
28	台南	¥

地球の歩き方 リゾートスタ

R02	ハワイ島	¥
R03	マウイ島	¥
R04	カウアイ島	¥
R05	こどもと行くハワイ	¥
R06	ハワイ ドライブ・マップ	¥
R07	ハワイ バスの旅	¥
R08	グアム	¥
R09	こどもと行くグアム	¥
R10	パラオ	¥
R12	プーケット サムイ島 ピピ島	¥
R13	ペナン ランカウイ クアラルンプール	¥
R14	バリ島	¥
R15	セブ＆ボラカイ ボホール シキホール	¥
R16	テーマパークinオーランド	¥
R17	カンクン コスメル イスラ・ムヘーレス	¥
R20	ダナン ホイアン ホーチミン ハノイ	¥

地球の歩き方　御朱印

御朱印でめぐる鎌倉のお寺　三十三観音完全掲載　三訂版	¥1650
御朱印でめぐる京都のお寺　改訂版	¥1650
御朱印でめぐる奈良の古寺　改訂版	¥1650
御朱印でめぐる東京のお寺	¥1650
日本全国この御朱印が凄い！　第壱集　増補改訂版	¥1650
日本全国この御朱印が凄い！　第弐集　都道府県網羅版	¥1650
御朱印でめぐる全国の神社　開運さんぽ	¥1430
御朱印でめぐる高野山　改訂版	¥1650
御朱印でめぐる関東の神社　週末開運さんぽ	¥1430
御朱印でめぐる秩父の寺社　三十四観音完全掲載　改訂版	¥1650
御朱印でめぐる関東の百寺　坂東三十三観音と古寺	¥1650
御朱印でめぐる関西の神社　週末開運さんぽ	¥1430
御朱印でめぐる関西の百寺　西国三十三所と古寺	¥1650
御朱印でめぐる東京の神社　週末開運さんぽ　改訂版	¥1540
御朱印でめぐる神奈川の神社　週末開運さんぽ　改訂版	¥1540
御朱印でめぐる埼玉の神社　週末開運さんぽ	¥1430
御朱印でめぐる北海道の神社　週末開運さんぽ	¥1430
御朱印でめぐる九州の神社　週末開運さんぽ　改訂版	¥1540
御朱印でめぐる千葉の神社　週末開運さんぽ　改訂版	¥1540
御朱印でめぐる東海の神社　週末開運さんぽ	¥1430
御朱印でめぐる京都の神社　週末開運さんぽ　改訂版	¥1540
御朱印でめぐる神奈川のお寺	¥1650
御朱印でめぐる大阪　兵庫の神社　週末開運さんぽ	¥1430
御朱印でめぐる愛知の神社　週末開運さんぽ　改訂版	¥1540
御朱印でめぐる栃木　日光の神社　週末開運さんぽ	¥1430
御朱印でめぐる福岡の神社　週末開運さんぽ　改訂版	¥1540
御朱印でめぐる広島　岡山の神社　週末開運さんぽ	¥1430
御朱印でめぐる山陰　山陽の神社　週末開運さんぽ	¥1430
御朱印でめぐる埼玉のお寺	¥1650
御朱印でめぐる千葉のお寺	¥1650
御朱印でめぐる東京の七福神	¥1540
御朱印でめぐる東北の神社　週末開運さんぽ　改訂版	¥1540
御朱印でめぐる全国の稲荷神社　週末開運さんぽ	¥1430
御朱印でめぐる新潟 佐渡の神社　週末開運さんぽ	¥1430
御朱印でめぐる静岡 富士 伊豆の神社　週末開運さんぽ　改訂版	¥1540
御朱印でめぐる四国の神社　週末開運さんぽ	¥1430
御朱印でめぐる中央線沿線の寺社　週末開運さんぽ	¥1540
御朱印でめぐる東急線沿線の寺社　週末開運さんぽ	¥1540
御朱印でめぐる茨城の神社　週末開運さんぽ	¥1430
御朱印でめぐる関東の聖地　週末開運さんぽ	¥1430
御朱印でめぐる東海のお寺	¥1650
日本全国ねこの御朱印＆お守りめぐり　週末開運にゃんさんぽ	¥1760
御朱印でめぐる信州 甲州の神社　週末開運さんぽ	¥1430
御朱印でめぐる全国の聖地　週末開運さんぽ	¥1430
御船印でめぐる全国の魅力的な船旅	¥1650
御朱印でめぐる茨城のお寺	¥1650
御朱印でめぐる全国のお寺　週末開運さんぽ	¥1540
日本全国 日本酒でめぐる　酒蔵＆ちょこっと御朱印〈東日本編〉	¥1760
日本全国 日本酒でめぐる　酒蔵＆ちょこっと御朱印〈西日本編〉	¥1760
関東版ねこの御朱印＆お守りめぐり　週末開運にゃんさんぽ	¥1760

52	一生に一度は参りたい！　御朱印でめぐる全国の絶景寺社図鑑	¥2479
53	御朱印でめぐる東北のお寺　週末開運さんぽ	¥1650
D51	鉄印帳でめぐる全国の魅力的な鉄道40	¥1650
	御朱印はじめました　関東の神社　週末開運さんぽ	¥1210

地球の歩き方　島旅

1	五島列島　3訂版	¥1650
2	奄美大島～奄美群島1～　3訂版	¥1650
3	与論島　沖永良部島　徳之島（奄美群島②）改訂版	¥1650
4	利尻　礼文　4訂版	¥1650
5	天草　改訂版	¥1760
6	壱岐　4訂版	¥1650
7	種子島　3訂版	¥1650
8	小笠原　父島　母島　3訂版	¥1650
9	隠岐　3訂版	¥1870
10	佐渡　3訂版	¥1650
11	宮古島　伊良部島　下地島　来間島　池間島　多良間島　大神島　改訂版	¥1650
12	久米島　渡名喜島　改訂版	¥1650
13	小豆島～瀬戸内の島々1～　改訂版	¥1650
14	直島　豊島　女木島　男木島　犬島～瀬戸内の島々2～	¥1650
15	伊豆大島　利島～伊豆諸島1～　改訂版	¥1650
16	新島　式根島　神津島～伊豆諸島2～　改訂版	¥1650
17	沖縄本島周辺15離島	¥1650
18	たけとみの島々　竹富島　西表島　波照間島　小浜島　黒島　鳩間島　新城島　由布島　加屋	¥1650
19	淡路島～瀬戸内の島々3～	¥1650
20	石垣島　竹富島 西表島 小浜島 由布島 新城島 波照間島	¥1650
21	対馬	¥1650
22	島旅ねこ　にゃんこの島の歩き方	¥1344

地球の歩き方　旅の図鑑

W01	世界244の国と地域	¥1760
W02	世界の指導者図鑑	¥1650
W03	世界の魅力的な奇岩と巨石139選	¥1760
W04	世界246の首都と主要都市	¥1760
W05	世界のすごい島300	¥1760
W06	地球の歩き方的！　世界なんでもランキング	¥1760
W07	世界のグルメ図鑑　116の国と地域の名物料理を食の雑学とともに解説	¥1760
W08	世界のすごい巨像	¥1760
W09	世界のすごい城と宮殿333	¥1760
W10	世界197ヵ国のふしぎな聖地＆パワースポット	¥1870
W11	世界の祝祭	¥1760
W12	世界のカレー図鑑	¥1980
W13	世界遺産　絶景でめぐる自然遺産　完全版	¥1980
W15	地球の果ての歩き方	¥1980
W16	世界の中華料理図鑑	¥1980
W17	世界の地元メシ図鑑	¥1980
W18	世界遺産の歩き方　学んで旅する！　すごい世界遺産190選	¥1980
W19	世界の魅力的なビーチと湖	¥1980
W20	世界のすごい駅	¥1980
W21	世界のおみやげ図鑑	¥1980
W22	いつか旅してみたい世界の美しい古都	¥1980
W23	世界のすごいホテル	¥1980
W24	日本の凄い神木	¥2200
W25	世界のお菓子図鑑	¥1980
W26	世界の麺図鑑	¥1980
W27	世界のお酒図鑑	¥1980
W28	世界の魅力的な道	¥1980
W29	世界の映画の舞台＆ロケ地	¥2090
W30	すごい地球！	¥2200
W31	世界のすごい墓	¥1980

地球の歩き方　旅の名言＆絶景

ALOHAを感じるハワイのことばと絶景100	¥1650
自分らしく生きるフランスのことばと絶景100	¥1650
人生観が変わるインドのことばと絶景100	¥1650
生きる知恵を授かるアラブのことばと絶景100	¥1650
心に寄り添う台湾のことばと絶景100	¥1650
道しるべとなるドイツのことばと絶景100	¥1650
共感と勇気がわく韓国のことばと絶景100	¥1650
人生を楽しみ尽くすイタリアのことばと絶景100	¥1650
今すぐ旅に出たくなる！　地球の歩き方のことばと絶景100	¥1650
悠久の教えをひもとく　中国のことばと絶景100	¥1650

地球の歩き方　旅と健康

地球のなぞり方 旅地図 アメリカ大陸編	¥1430
地球のなぞり方 旅地図 ヨーロッパ編	¥1430
地球のなぞり方 旅地図 アジア編	¥1430
地球のなぞり方 旅地図 日本編	¥1430
脳がどんどん強くなる！　すごい地球の歩き方	¥1650

地球の歩き方　GEMSTONE

とっておきのポーランド　増補改訂版	¥1760
ラダック　ザンスカール　スピティ　北インドのリトル・チベット　増補改訂版	¥1925

地球の歩き方　旅の読み物

今こそ学びたい日本のこと	¥1760
週末だけで70ヵ国159都市を旅したリーマントラベラーが教える自分の時間の作り方	¥1540

地球の歩き方　BOOKS

BRAND NEW HAWAII　とびきりリアルな最新ハワイガイド	¥1650
FAMILY TAIWAN TRIP　#子連れ台湾	¥1518
GIRL'S GETAWAY TO LOS ANGELES	¥1760
HAWAII RISA'S FAVORITES　大人女子はハワイで美味しく美しく	¥1650
LOVELY GREEN NEW ZEALAND　未来の国を旅するガイドブック	¥1760
MAKI'S DEAREST HAWAII	¥1540
MY TRAVEL, MY LIFE Maki's Family Travel Book	¥1760
WORLD FORTUNE TRIP　イヴルルド遙華の世界開運★旅案内	¥1650
いろはに北欧	¥1760
ヴィクトリア朝が教えてくれる英国の魅力	¥1320
ダナン＆ホイアン　PHOTO TRAVEL GUIDE	¥1650
とっておきのフィンランド	¥1760
フィンランドでかなえる100の夢	¥1760
マレーシア　地元で愛される名物食堂	¥1430
やり直し英語革命	¥1100
気軽に始める！大人の男海外ひとり旅	¥1100
気軽に出かける！　大人の男アジアひとり旅	¥1100
香港　地元で愛される名物食堂	¥1540
最高のハワイの過ごし方	¥1540
子連れで沖縄　旅のアドレス＆テクニック117	¥1100
食事作りに手間暇かけないドイツ人、手料理神話にこだわり続ける日本人	¥1100
親の介護をはじめる人へ　伝えておきたい10のこと	¥1000
総予算33万円・9日間から行く！　世界一周	¥1100
台北　メトロさんぽ　MRTを使って、おいしいとかわいいを巡る旅	¥1518
鳥居りんこ　親の介護をはじめたらお金の話で泣き見てばかり	¥1320
鳥居りんこの親の介護は知らなきゃバカ見ることだらけ	¥1320
北欧が好き！　フィンランド・スウェーデン・デンマーク・ノルウェーの素敵な町めぐり	¥1210
北欧が好き！2　建築＆デザインでめぐるフィンランド・スウェーデン・デンマーク・ノルウェー	¥1210
地球の歩き方JAPAN　ダムの歩き方　全国版　初めてのダム旅入門ガイド	¥1712
日本全国　開運神社　このお守りがすごい！	¥1522

地球の歩き方　スペシャルコラボ BOOK

地球の歩き方　ムー	¥2420
地球の歩き方　JOJO　ジョジョの奇妙な冒険	¥2420
地球の歩き方　ディズニーの世界	¥2420

地球の歩き方 旅の図鑑シリーズ

見て読んで海外のことを学ぶことができ、旅気分を楽しめる新シリーズ。
1979年の創刊以来、長年蓄積してきた世界各国の情報と取材経験を生かし、
従来の「地球の歩き方」には載せきれなかった、
旅にぐっと深みが増すような雑学や豆知識が盛り込まれています。

W01
世界244の国と地域
¥1760

W07
世界のグルメ図鑑
¥1760

W02
世界の指導者図鑑
¥1650

W03
世界の魅力的な
奇岩と巨石139選
¥1760

W04
世界246の首都と
主要都市
¥1760

W05
世界のすごい島300
¥1760

W06
世界なんでも
ランキング
¥1760

W08
世界のすごい巨像
¥1760

W09
世界のすごい城と
宮殿333
¥1760

W11
世界の祝祭
¥1760

- **W10** 世界197ヵ国のふしぎな聖地&パワースポット ¥1870
- **W13** 世界遺産　絶景でめぐる自然遺産　完全版 ¥1980
- **W16** 世界の中華料理図鑑 ¥1980
- **W18** 世界遺産の歩き方 ¥1980
- **W20** 世界のすごい駅 ¥1980
- **W22** いつか旅してみたい世界の美しい古都 ¥1980
- **W24** 日本の凄い神木 ¥2200
- **W26** 世界の麺図鑑 ¥1980
- **W28** 世界の魅力的な道 178 選 ¥1980
- **W30** すごい地球! ¥2200
- **W12** 世界のカレー図鑑 ¥1980
- **W15** 地球の果ての歩き方 ¥1980
- **W17** 世界の地元メシ図鑑 ¥1980
- **W19** 世界の魅力的なビーチと湖 ¥1980
- **W21** 世界のおみやげ図鑑 ¥1980
- **W23** 世界のすごいホテル ¥1980
- **W25** 世界のお菓子図鑑 ¥1980
- **W27** 世界のお酒図鑑 ¥1980
- **W29** 世界の映画の舞台&ロケ地 ¥2090
- **W31** 世界のすごい墓 ¥1980

※表示価格は定価（税込）です。改訂時に価格が変更になる場合があります。

地球の歩き方 関連書籍のご案内

四国の神社めぐりに最適な「地球の歩き方」があります!

36 御朱印でめぐる四国の神社　週末開運さんぽ ¥1430

※表示価格は定価（税込）です。改訂時に価格が変更になる場合があります。

女子のためのプチぼうけん応援ガイド

地球の歩き方aruco東京シリーズ

東京で海外気分を楽しむ!

東京で楽しむフランス
東京で楽しむ韓国 
東京で楽しむ台湾 
東京で楽しむ北欧 
東京で楽しむハワイ 
東京で楽しむイタリア&スペイン 
東京で楽しむアジアの国々 
東京で楽しむ英国 

テーマで東京を深堀り!

東京
東京の手みやげ 
東京おやつさんぽ 
東京のパン屋さん 
東京のカフェめぐり 
nyaruco東京ねこさんぽ 
東京ひとりさんぽ 
東京パワースポットさんぽ

あなたの**旅の体験談**をお送りください

「地球の歩き方」は、たくさんの旅行者からご協力をいただいて、
改訂版や新刊を制作しています。
あなたの旅の体験や貴重な情報を、これから旅に出る人たちへ分けてあげてください。
なお、お送りいただいたご投稿がガイドブックに掲載された場合は、
初回掲載本を1冊プレゼントします！

ご投稿はインターネットから！

URL www.arukikata.co.jp/guidebook/toukou.html

画像も送れるカンタン「投稿フォーム」

※左記のQRコードをスマートフォンなどで読み取ってアクセス！

または「地球の歩き方　投稿」で検索してもすぐに見つかります

地球の歩き方　投稿

▶投稿にあたってのお願い

★ご投稿は、次のような《テーマ》に分けてお書きください。

《新発見》――――ガイドブック未掲載のレストラン、ホテル、ショップなどの情報
《旅の提案》―――未掲載の町や見どころ、新しいルートや楽しみ方などの情報
《アドバイス》――旅先で工夫したこと、注意したこと、トラブル体験など
《訂正・反論》――掲載されている記事・データの追加修正や更新、異論、反論など

※記入例「○○編20XX年度版△△ページ掲載の□□ホテルが移転していました……」

★データはできるだけ正確に。

ホテルやレストランなどの情報は、名称、住所、電話番号、アクセスなどを正確にお書きください。ウェブサイトのURLや地図などは画像でご投稿いただくのもおすすめです。

★ご自身の体験をお寄せください。

雑誌やインターネット上の情報などの丸写しはせず、実際の体験に基づいた具体的な情報をお待ちしています。

▶ご確認ください

※採用されたご投稿は、必ずしも該当タイトルに掲載されるわけではありません。関連他タイトルへの掲載もありえます。
※例えば「新しい市内交通パスが発売されている」など、すでに編集部で取材・調査を終えているものと同内容のご投稿をいただいた場合は、ご投稿を採用したとはみなされず掲載本をプレゼントできないケースがあります。
※当社は個人情報を第三者へ提供いたしません。また、ご記入いただきましたご自身の情報については、ご投稿内容の確認や掲載本の送付などの用途以外には使用いたしません。
※ご投稿の採用の可否についてのお問い合わせはご遠慮ください。
※原稿は原文を尊重しますが、スペースなどの関係で編集部でリライトする場合があります。

あとがき

かつて4つの国府が置かれたことからいわれるようになった四国。4つの国はそれぞれ違う文化・気質があることを改めて実感した取材でした。旅行で四国以外から訪れる人にも、また四国に住んでいて隣の県に遊びに行くという人にも、そして地元の人にも、本書で新しい発見があることを願います。

STAFF

制作：清水裕里子
編集：有限会社グルーポ ピコ　田中健作、今福直子、吉山眞未
取材・執筆：有限会社グルーポ ピコ　田中健作、今福直子、吉山眞未
木村秋子、佐々木 恵、高橋さよ、坊野美絵
Winglet（Yu Minami、Satomi Nagano、Chie Shiraga）
写真：有限会社グルーポ ピコ　武居台三、田中健作
高橋さよ、坊野美絵、Winglet（Yu Minami、Akiyoshi Kanno）
関係各市町村、関係各施設、PIXTA、shutterstock.com
デザイン：ロンディーネ、三並あかね、株式会社明昌堂
イラスト、題字：吉山眞未
DTP：株式会社明昌堂
表紙：日出嶋昭男
地図：株式会社周地社
校正：株式会社東京出版サービスセンター

地図の制作にあたっては、国土地理院発行1万分1地形図、2.5万分1地形図、5万分1地形図、20万分1地勢図を加工して作成

本書についてのご意見・ご感想はこちらまで
読者投稿　〒141-8425　東京都品川区西五反田2-11-8
株式会社地球の歩き方
地球の歩き方サービスデスク「四国編」投稿係
https://www.arukikata.co.jp/guidebook/toukou.html
地球の歩き方ホームページ（海外・国内旅行の総合情報）
https://www.arukikata.co.jp/
ガイドブック『地球の歩き方』公式サイト
https://www.arukikata.co.jp/guidebook/

あなたの声をお聞かせください！

毎月3名様に読者プレゼント！

ウェブアンケートにお答えいただいた方の中から毎月抽選で3名様に地球の歩き方オリジナル御朱印帳または地球の歩き方オリジナルクオカード(500円)をプレゼントいたします。あなたの声が改訂版に掲載されるかも！？
(応募の締め切り：2025年11月30日)

https://arukikata.jp/smfkut

※個人情報の取り扱いについての注意事項はWEBページをご覧ください。

地球の歩き方 J12
四国
2024-2025年版
2023年 12月12日　初版第1刷発行

Published by Arukikata. Co., Ltd.
2-11-8 Nishigotanda, Shinagawa-ku, Tokyo, 141-8425, Japan

著作編集　地球の歩き方編集室
発 行 人　新井 邦弘
編 集 人　宮田 崇
発 行 所　株式会社地球の歩き方
〒141-8425　東京都品川区西五反田2-11-8
発 売 元　株式会社Gakken
〒141-8416　東京都品川区西五反田2-11-8
印刷製本　ダイヤモンド・グラフィック社

※本書は基本的に2023年5～9月の取材データに基づいて作られています。
発行後に料金、営業時間、定休日などが変更になる場合がありますのでご了承ください。
更新・訂正情報：https://book.arukikata.co.jp/support/

●この本に関する各種お問い合わせ先
・本の内容については、下記サイトのお問い合わせフォームよりお願いします。
URL ▶ https://www.arukikata.co.jp/guidebook/contact.html
・広告については、下記サイトのお問い合わせフォームよりお願いします。
URL ▶ https://www.arukikata.co.jp/ad_contact/
・在庫については　Tel 03-6431-1250（販売部）
・不良品（乱丁、落丁）については　Tel 0570-000577
学研業務センター　〒354-0045　埼玉県入間郡三芳町上富279-1
・上記以外のお問い合わせは　Tel 0570-056-710（学研グループ総合案内）

学研グループの書籍・雑誌についての新刊情報・詳細情報は、下記をご覧ください。
学研出版サイト　https://hon.gakken.jp/